泰安年鉴

TAIAN YEARBOOK

2015

泰 安 市 人 民 政 府 主办
泰安市地方史志办公室 编

方志出版社
Publishing House of Local Records

图书在版编目（CIP）数据

泰安年鉴.2015/泰安市地方史志办公室编.——北京：方志出版社，2015.10
ISBN 978-7-5144-1762-3

Ⅰ.①泰… Ⅱ.①泰… Ⅲ.①泰安市-2015-年鉴
Ⅳ.①Z525.23

中国版本图书馆CIP数据核字（2015）第255628号

泰安年鉴（2015）

编　　者：泰安市地方史志办公室
责任编辑：梅中英　朱　姝

出 版 人：冀祥德
出 版 者：方志出版社
地址　北京市朝阳区潘家园东里9号（国家方志馆4层）
邮编　100021
网址　http://www.fzph.org
发　　行：方志出版社发行中心
电话（010）67110500
经　　销：各地新华书店
印　　刷：济南黄氏印务有限公司

开　　本：889mm×1194mm　1/16
印　　张：36.5印张
字　　数：957千字
版　　次：2015年10月第1版　2015年10月第1次印刷
印　　数：0001～3000册

ISBN 978-7-5144-1762-3　定　价：298.00元

泰安市地方史志编纂委员会

名 誉 主 任　李洪峰

主　　　　任　王云鹏

常务副主任　成　丽

副　主　任　李诚实　朱玉春　魏　武

任建宙　田　萌　王天宇

委　　　员　孟永辉　李　彤　刘文明　董世武

王光锋　孙兰俊　刘　斌　袁久亮

张广银　王新民　马纯勇　亓利群

吕继祥　杨军昌　戴　冰　牛国新

周美广　高兴学　曹成义

《泰安年鉴（2015）》编审人员

主　　审　王云鹏

常务副主审　成　丽

主　　编　王天宇

常务副主编　周美广

副 主 编　高兴学　曹成义

编　　辑（按姓氏笔画为序）

王云勇　冯宪谟　李　静　张云霞

赵　兵　袁立轩　戚淑娟

彩页编辑　吴兆常

数据审核　戴冰心　张　涛　吕秀芹　杨晓妍

编　　务　贾冉冉　周　燕

编 辑 说 明

1．《泰安年鉴》是由泰安市人民政府主办、泰安市地方史志办公室编纂的综合性、公报性、资料性新闻年刊，是全面记载泰安地情的大型资料性工具书。全书以马克思列宁主义、毛泽东思想、邓小平理论、“三个代表”重要思想、科学发展观为指导，深入贯彻习近平总书记系列重要讲话精神，全面记载2014年度全市政治、经济、文化及各项社会事业发展的新情况、新进展、新变化，旨在为各级领导机关提供决策依据，为社会各界和人民群众提供信息资料，为推进富民强市、建设幸福泰安服务，为宣传、研究泰安服务。

2．《泰安年鉴》每年出版一卷。本卷为总第25卷，文字资料时限为2014年1月1日至12月31日。为增强资料的时效性、新闻性，部分资料时限适当上溯或下延，图片资料截至2015年9月。

3．该鉴采用分类编辑法。框架结构的主体由栏目、分目、条目三个层次组成，有的栏目增设子分目层次。以条目为基本记载单元，条目标题以黑体字加【 】标示。条目中分段落的以楷形标题引领，同一段落内分层次的以“①②③……”引领。

4．本卷设25个栏目，依次为：特载、大事纪要、市情概况、政党•政务、法治、武装、经济管理、农业、工业•信息产业、商务、建设•环保、泰山•旅游、招商引资与项目建设、开发区、交通•邮政、财政•税务、金融、科技•教育、文化•体育、卫生和计划生育、社会•生活、县市区、人物、统计资料和附录。

5．《泰安年鉴》内容记载坚持以经济建设为中心。本卷进一步规范概况等综合性条目内容，充实各栏目信息资料，强化工业经济、项目建设、招商引资、城市建设、旅游等各经济栏目的记载内容，并增加图表，以增强资料性、实用性和可读性。以本市资料为记载主体，载录少量外地资料，以供比较参考。

6．为方便文字记述，文中以市、县（市、区）、乡镇（街道）、村（居）来体现记述范围，以“年内”指代2014年、“上年”指代2013年、“年末”指代2014年年末。正文中副市级以上负责人署名，且职务冠名前，职称缀名后。一般使用法定计量单位，但在记述农业用地时亦可用亩。数字一般记至万以上，小数点后保留两位小数，但在记述人均收入、人均生活支出和在岗职工平均工资时，可记述至个位。

7．为方便读者查阅，本卷进一步完善主题索引，适度增加索引量。读者可通过中（英）文目录、主题索引以及页眉和大事纪要等检索渠道查找所需信息资料。

8．本卷资料和数据均由市直部门、各县（市、区）及有关单位提供，并经负责人审核。全市综合性数据由市统计局提供或审定。增加值、绝对数均按当年价格，增长速度按可比价格计算。

9．本卷年鉴的编辑出版得到各有关部门、单位和社会各界的大力支持，在此谨表谢忱。对书中存在的不足，祈盼读者雅正。

2015年9月

泰安市行政区划图

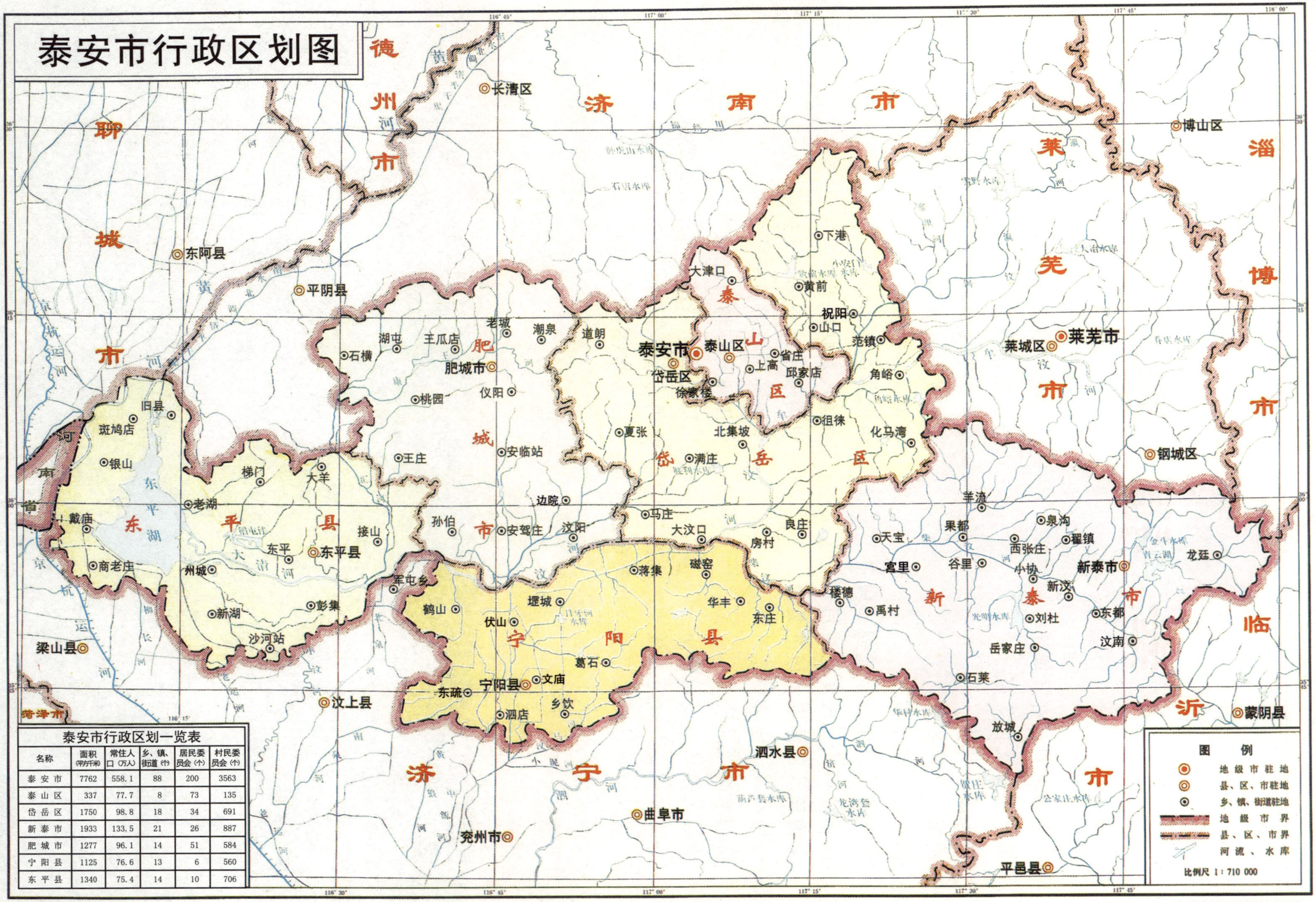

名称	面积(平方千米)	常住人口(万人)	乡、镇、街道(个)	居民委员会(个)	村民委员会(个)
泰安市	7762	558.1	88	200	3563
泰山区	337	77.7	8	73	135
岱岳区	1750	98.8	18	34	691
新泰市	1933	133.5	21	26	887
肥城市	1277	96.1	14	51	584
宁阳县	1125	76.6	13	6	560
东平县	1340	75.4	14	10	706

泰安市行政区划一览表

鲁SN(2010)164号

山东省地图出版社 编制

幸福泰安

国家首批对外开放城市
国家历史文化名城
国家卫生城市
国家园林城市
国家节水型城市
国家首批新能源示范创建城市
国家分布式光伏发电应用示范区
全国民族团结进步模范集体
全国科技进步考核先进市
全国双拥模范城
全国无偿献血先进城市
全国文化体制改革工作先进地区
全国人口和计划生育综合改革示范市
全国创业先进城市
全国婚育新风进万家活动示范市
全国基层中医药工作先进单位
全国文明城市提名城市
全国首批社会组织建设创新示范区
中国优秀旅游城市
中国特色魅力城市
中国人居环境奖
中国城市综合创新力50强
中国商帮推荐投资城市
中国投资环境百佳城市
中国自驾车旅游品牌十大目的地
全国资源综合利用“双百工程”示范基地
中国城市公益百强榜

中华泰山

世界文化与自然遗产
世界地质公园
全国文明风景旅游区
国家地质公园
国家森林公园
国家首批重点风景名胜区
国家AAAAA级旅游景区
国家级风景名胜区综合整治十佳单位
国家级服务标准化示范单位
国家级全民健身登山基地
最佳资源保护十大风景名胜区

中国民间文化遗产旅游示范区
中国书法名山
中国楹联名山
中华十大名山
中国旅游品牌十大景区
中国最值得外国人去的50个地方
中国自驾车旅游品牌十大景区
顾客十大满意风景名胜区
欧洲人最喜爱的中国十大景区
首批“中国森林氧吧”
中国最美的十大名山

泰安 2014

总面积：7762平方公里

年末常住总人口：558.1 万人

生产总值：3002.2亿元

　第一产业：260.3 亿元

　第二产业：1430.0 亿元

　　工　业：1215.2 亿元

　第三产业：1311.9亿元

三次产业构成：8.67∶47.63∶43.70

人均地区生产总值：53853元

地方财政收入：187.4亿元

地方财政支出：285.8亿元

金融机构人民币各项存款余额：2458.4亿元

　城乡居民储蓄存款余额：1530.7亿元

金融机构人民币各项贷款余额：1591.6亿元

全社会固定资产投资：2299.0亿元

社会消费品零售总额：1188.1亿元

外贸进出口总值：29.7亿美元

　出口总值：17.3亿美元

　进口总值：12.4 亿美元

实际利用外资：4.1亿美元

接待海内外游客：5311.8万人次

旅游总收入：500.5 亿元

发明专利授权数：230件

普通高等学校：8所

普通高等学校在校生：10.5万人

中等职业学校：18所

中等职业学校在校生：5.5万人

技工学校：9所

技工学校在校生：2.6万人

普通中学：172所

普通中学在校生：32.0万人

小学：555所

小学在校生：30.3万人

卫生事业机构床位：2.80万张

卫生技术人员：3.46万人

全社会用电量：173.6亿千瓦•时

城区供水综合生产能力：29万立方米

城市道路面积：1709.9万平方米

城镇居民人均可支配收入：30715元

城镇居民人均消费性支出：19714元

农村居民人均纯收入：12913元

农村居民人均生活消费支出：7158元

城市居民人均居住面积：30.5平方米

农村居民人均住房面积：44.7平方米

《泰安年鉴（2015）》单位审稿人名单

（以姓氏笔画为序）

于海涛 马玉军 马庆明 马红中 王 君 王 波 王 欣 王 峰 王 强 王志翔 王序东 王明军
王学春 王春梅 亓顺民 贝绍阳 牛玉忠 牛国新 孔凡洪 孔祥湖 玄绪峰 巩华仁 毕于民 吕乃文
吕卫东 吕军德 吕怀玉 吕桂平 朱 杰 朱元柱 朱玉春 朱永强 朱志平 朱海明 任树凯 刘 华
刘 安 刘 斌 刘卫东 刘云生 刘文明 刘玉考 刘庆华 刘连功 刘建国 刘洪波 刘新乐 关志勇
孙兰俊 孙洪英 孙德育 杜广华 李千弘 李成涛 李向影 李作超 李学春 李炳华 杨承修 肖和元
吴新村 何麦之 辛培佑 张 伟 张 涛 张 斌 张广银 张吉峰 张观富 张春华 张俊敏 张焕昌
张鲁玉 张德臣 陈 晓 陈士昌 陈庆华 苗丰平 金卫东 周 杰 赵玉镇 赵传河 郝 燕 郝呈华
胡兆柱 姜 峰 姜 舜 娄本亮 宫淑瑰 袁久党 贾志秋 徐从军 高 明 高 玲 高 健 高建广
高树顺 郭玉华 曹步山 康荫国 鹿道新 梁进涛 葛 新 葛茂金 董世武 蒋代明 韩志强 程 明
程悦明 鲁玉栋 温孚江 蔺兴民 鞠允平 鞠向群 魏 武 瞿松杰

《泰安年鉴（2015）》单位中心撰稿人名单

（以姓氏笔画为序）

丁 婧 佀 亚 马 敏 马久虎 马金星 王 征 王 峰 王 涛 王 琳 王 斌 王 磊 王玉梅
王亚楠 王传其 王延学 王秀丽 王玲玲 车文翔 牛宏伟 户安乐 尹 健 孔 谦 邓国庆 石 震
田 向 田 倩 史 涛 冯 庆 冯增文 邢曙光 毕玉青 朱 涛 朱传伏 朱秀光 乔 鹏 任延勇
任建波 庄惠丽 刘 伟 刘 峰 刘玉朴 刘庆斌 刘建广 刘洪仁 刘艳祯 刘淑文 刘锦多 齐敏华
安 鲁 安其心 孙 涛 孙 磊 孙启峰 杜 娟 杜 梅 杜荣立 杜继祥 李 乔 李 勇 李 慧
李士栋 李文姣 李冬霞 李昆明 李国庆 李姗姗 李贵友 李慧星 杨 帅 杨 宁 杨 洋 杨新宇
吴 军 吴 擎 吴士锋 吴克欣 邱 凯 邱海燕 辛振华 沈红叶 张 文 张 成 张 明 张 涛
张广东 张立勇 张作祥 张岱群 张洪燕 张海平 张基瑞 张淑蕾 张婷婷 陈 雷 陈 潇 陈丽娜
陈来明 陈梦婷 邵 飞 邵 振 武 军 武建堂 范克岩 范明强 范盛有 岳安玉 金 辉 周 真
周敏敏 郑 岩 单美菁 赵 越 赵 静 赵先法 赵红明 赵续春 郝 航 郝贞明 胡房亭 胡淑芳
侯念胜 姜 锋 姚 文 姚 娟 贾 勇 贾秀梅 贾燕君 高 风 高 磊 郭 华 郭 萌 郭洪省
曹 震 曹丙珂 曹梅玲 梁 波 梁国欣 尉海波 彭彤彤 董 卫 董广明 蒋 钰 蒋 蒙 韩 念
韩 健 韩 超 韩 惠 韩长清 韩合东 韩建国 景 婧 程文涛 程建民 焦 健 谢 礼 路 燕
裴 鹏 谭 践 瞿祥耀

2015年9月4日，联合国秘书长潘基文（前排左一）到泰安参观访问。市委书记、市人大常委会主任李洪峰（前排右一）陪同活动

（武 哲 摄）

2015年3月2日，市委书记、市人大常委会主任李洪峰（前排右一）调研城市建设工作

（王国梁　摄）

2015年4月24日，市委副书记、市长王云鹏（前排右二），市委副书记李希信（前排右三）督导全市全国文明城市创建暨国家卫生城市复审工作。市领导周桂萍、郭德文、陈湘安、鞠向群等陪同活动

（朱新宇　摄）

2015年5月19日，市人大常委会党组书记、第一副主任林华勇（右五）带领部分住泰全国、省、市三级人大代表视察全市国家卫生城市迎审工作情况。市领导周桂萍、宋洪银、尹衍祥等参加活动

（苏智伟 摄）

2015年8月21日，市政协党组书记、主席辛显明（前排右三）到肥城市调研政协工作开展情况

（刘 峰 摄）

2015年4月29日，全国文明城市创建暨国家卫生城市复审工作推进会议召开

（司 刚 摄）

2015年5月13日，市委举办"三严三实"专题教育党课，正式启动全市县处级以上领导干部"三严三实"专题教育。市委书记、市人大常委会主任李洪峰为全市各级领导干部讲专题党课，强调全市各级领导干部要深刻领会"三严三实"的重大意义和丰富内涵，对照检查和着力解决"不严不实"的突出问题，按照"三严三实"要求修身做人、为官用权、干事创业

（司 刚 摄）

2015年6月8日，全市争创全国双拥模范城动员大会召开。市委书记、市人大常委会主任李洪峰出席会议并讲话，市委副书记、市长王云鹏主持会议，市人大常委会党组书记、第一副主任林华勇，市政协党组书记、主席辛显明出席会议，泰安军分区司令员邹风亭讲话

（司 刚 摄）

2015年4月10日，全市科学发展表彰大会召开，市委书记、市人大常委会主任李洪峰出席会议并讲话。市委副书记、市长王云鹏主持会议，市人大常委会党组书记、第一副主任林华勇，市委副书记李希信，市政协党组书记、主席辛显明等出席会议。会议对2014年度科学发展综合考核先进县（市、区）和单位，机关作风和政风行风建设先进单位，“五型”机关建设示范单位，社会管理工作先进县（市、区）、乡镇（街道）、单位和个人，全市信访工作先进单位和个人，全市对外开放工作先进单位和个人等进行了表彰（司 刚 摄）

2015年2月3日，泰安市第十六届人民代表大会第四次会议在泰山国际会展中心泰山会堂开幕。图为大会现场（苏智伟 摄）

2015年2月2日，中国人民政治协商会议第十二届泰安市委员会第四次会议在泰山国际会展中心泰山会堂开幕。图为大会现场（陈 阳 摄）

2015年8月27日，2015年秋季（第74届）山东省糖酒商品交易会在泰山国际会展中心开幕，参加交易会的各地经销商络绎不绝

（赵文文　摄）

2015年9月4日，“交运汽车杯”山东首届少儿图书文化艺术节在泰山国际会展中心开幕。左图为开幕式现场，右图为市民踊跃购买书籍

（司　刚　摄）

2015年4月23～26日，“大安杯”2015中国（泰安）住宅产业博览会在泰山国际会展中心举办。图为开幕现场

2015年7月10日，泰安市第二届青岛啤酒节在泰山国际会展中心举办

2015年8月18日，首届泰山养生养老论坛暨第14届养生养老产业展在泰山国际会展中心开幕。展会为期两天，期间全面展示养生养老产业最新产品与技术，交流产品、经验与信息

2015年8月9日晚，泰安传媒广场音乐会在泰山国际会展中心拉开帷幕，吸引400位音乐爱好者现场聆听。图为音乐会现场

2015年5月8日，首届泰山茶博会、艺博会、珠宝展在泰山国际会展中心开幕 （赵文文 摄）

2015年9月18～20日，山东省第十五届广告节在泰山国际会展中心举办，该届广告节安排了广告作品展、广告产业发展高峰论坛及广告模特大赛、首届泰山艺术品博览会等活动。图为优秀广告作品暨山东省广告模特大赛颁奖典礼现场

2015年9月10日，“玮垒长城汽车杯·第13届泰山国际汽车工业展览会”在泰山国际会展中心开幕，展览会为期4天，60多家经销商参展。图为展览会现场

（本栏未署名图片均由张通供稿）

2015年2月16日，市委书记、市人大常委会主任李洪峰（右二）为落户泰安的山东能源重型装备制造集团有限责任公司揭牌

（王国梁　摄）

2015年8月7日，2015（上海）泰安经济合作项目推介会在上海召开。省政府驻上海办事处主任、上海市山东商会会长李斌，市委副书记、市长王云鹏，市委常委、副市长刘卫东出席会议。会上，参会人员观看了“泰安市重点产业推介”宣传片，各县（市、区）、泰安高新区、高铁新区、徂徕山汶河景区负责人向与会人员推介合作项目，参会双方就开展深层次合作进行对接交流　（韩合东　供）

2015年5月8日，2015（北京）泰安经济技术合作洽谈会在北京召开。市委副书记、市长王云鹏，市委常委、副市长刘卫东，副市长展宝卫出席会议。会上举行部分重点项目签约仪式，现场签约投资项目26个，其中市外投资项目21个、引资总额236.22亿元　（韩合东　供）

2015年4月28日，泰安高新区2015年春季重点项目集中开工仪式举行，共有18个重点项目集中开工建设，计划总投资105亿元　（邱　凯　供）

2015年8月21日，泰安万达广场正式开业。市委书记、市人大常委会主任李洪峰，万达集团商管副总裁黄驾宙，市人大常委会党组书记、第一副主任林华勇，市政协党组书记、主席辛显明，市委常委、秘书长陈刚，市委常委、副市长刘卫东，市委常委、泰山区区委书记宋洪银出席开业仪式，副市长陈湘安主持仪式 （王文正 司 刚 摄）

2015年8月28日，泰安“中南·财源门”项目开工奠基。市委书记、市人大常委会主任李洪峰出席活动并宣布泰安“中南·财源门”项目开工，市委副书记、市长王云鹏致辞，中南控股集团董事局主席陈锦石，市人大常委会党组书记、第一副主任林华勇，市政协党组书记、主席辛显明，市委常委、秘书长陈刚，市委常委、泰山区区委书记宋洪银出席项目开工仪式，副市长陈湘安主持仪式。作为泰安地标性建筑群，泰安“中南·财源门”项目将打造大型购物中心、七星级酒店、高端酒店式公寓、超5A商务办公、泰山十二帝街、SOHO公寓以及高档住宅七大业态，致力于将财源大街西段片区改造为集高档酒店、商业、住宅、商务办公及文化旅游为一体的“中央商务区” （司 刚 摄）

2015年9月6日，中国国际时尚产业设计创意园二期100万套西装智能化生产线投产仪式，在大汶口工业园举行。市委书记、市人大常委会主任李洪峰，市委副书记、市长王云鹏，山东如意科技集团总裁邱栋，市人大常委会党组书记、第一副主任林华勇，市政协党组书记、主席辛显明，市委常委、秘书长陈刚，副市长展宝卫出席活动。图为泰安如意集团生产车间 （司 刚 摄）

2015中国泰安投资合作洽谈会现场　　（赵文文　摄）

2015年9月7日，泰安市经济合作项目推介会举行

（吴昊　摄）

2015年9月7日，2015百家知名外商泰安行——“一带一路”背景下泰安对外开放新机遇中外企业交流洽谈会举行

（司刚　摄）

2015年9月6～12日，第二十九届泰山国际旅游文化登山节暨2015中国泰安投资合作洽谈会举行。该届登山节共安排了开幕式暨泰山国际登山比赛（第二十届全国全民健身登泰山比赛、环泰山万人健身跑）、2015中国泰安投资合作洽谈会和“幸福泰安”旅游文化周三大项活动。重点突出2015中国泰安投资合作洽谈会、百名台协会长泰山行和百家知名外商泰安行等经贸活动；推出“牵约‘水韵东平’·相聚‘运河之心’”京杭大运河旅游城市泰山会盟、中国泰安（泰山）平安文化旅游商品大赛、世界人文最高峰——泰山与世界自然最高峰——珠穆朗玛峰旅游摄影联展等品牌活动；举办“天下泰安”泰山国际旅游航拍邀请赛、“幸福泰安·最美田园”乡村旅游推广活动、第五届泰山石敢当文化节暨泰山石敢当文化大集、山东首届少儿图书文化艺术节以及“全民健身嘉年华”等主题旅游和文化活动。

2015年9月6日上午，第二十九届泰山国际登山比赛暨第二十届全国全民健身登泰山比赛和环泰山万人健身跑起跑仪式在山东农业大学东校区操场（原林校操场）举行　（赵文文　摄）

2015年9月9日，泰安国家高新区跨越发展专家顾问聘请暨重点项目签约仪式举行，全区21个重点签约项目总投资额达128亿元　　（邱　凯　供）

市委副书记、市长王云鹏（前排右一），市委常委、组织部部长唐福泉（前排左一）向跨越发展专家顾问代表颁发聘书　　（赵文文　摄）

2015年9月6日，第二届“远东杯”中国泰山农业博览会在花样年华景区开幕。展会以“科技驱动·产业创新”为主题，设标准展位500个，面积3.7万平方米，分特色农业、农资、农业机械、花卉苗木、农产品自产自销、台湾美食小吃一条街等6大展区，共有上海、浙江、河北、河南、辽宁等地600多家客商到会参展　　（吴　昊　摄）

2015年9月6日晚，泰山艺术节开幕式暨“中国梦·泰山魂”民族交响音乐会在泰安文化艺术中心泰山大剧院举行　　（王文正　摄）

2015年5月3日，以“登泰山保平安”和“逛东岳庙会祈平安福贵”为主题的2015泰山东岳庙会暨台湾信众泰山行、韩国民俗文化交流周启动仪式在岱庙天贶殿举办。庙会持续至5月7日，期间组织开展了非物质文化展示、民族美食节、民族歌舞表演、民族商品展销等12项特色文化、旅游、经贸活动　　　　（吴克欣　供）

2015年8月25日，第二十二届国际历史科学大会泰安卫星会议召开。47位中外专家学者围绕“国际视野下的泰山文化”主题，共商泰山文化传承和发展大计。图为与会专家学者认真聆听发言　　　　（赵文文　摄）

2015年9月11日，“天贶神韵 美丽中国”中国旅游航拍“天贶奖”颁奖盛典在市广播电视台演播大厅举行。市委副书记、市长王云鹏，市委常委、宣传部部长张瑞东，市人大常委会副主任孙运飞，副市长徐恩虎出席活动。2015“天下泰安”泰山国际旅游航拍邀请赛是全国首届无人机影像旅游航拍赛事，以“绽放美丽、感知泰安”为主题，以无人机航拍的形式多元化、多角度展示泰安旅游新面貌。9月7日正式开幕后，北京、上海、广东、新疆等地的20组航拍团队先后对泰山温泉城、泰山封禅大典、宝泰隆旅游度假区、方特欢乐世界等旅游景点和市政广场、大汶河、天平湖等城市风貌进行了拍摄　　　　（王文正　摄）

2015年7月26日，“全球华人大寻根”暨大型歌舞《泰山千古情》首演仪式举行。大型歌舞《泰山千古情》演出分《大汶口》《封禅》《石敢当》《闯关东》《谁不说俺家乡好》等几幕，以声光电气械等高科技特效、上天入地的空间创意，高度凝括六千多年来山东、泰安的历史与民俗文化 （赵文文　摄）

大型歌舞《泰山千古情》剧照

“全球华人大寻根”活动

2015年7月3日，副市长成丽（右）为泰山文化讲坛揭牌

2015年5月25日，市直机关第十四届运动会在市体育中心体育场举行。市委书记、市人大常委会主任李洪峰，市委副书记、市长王云鹏，市人大常委会党组书记、第一副主任林华勇，市委副书记李希信出席开幕式。李洪峰宣布运动会开幕。该届运动会设置了5个大项、60个小项的比赛，共有98个代表队、4000多名运动员参赛 （司 刚 摄）

涂河（王文正 摄）

泰山大桥（王文正 摄）

龙潭路景观（司 刚 摄）

泰安老县衙大院（王文正 摄）

泰安市中心医院（司 刚 摄）

宝龙城市广场（王文正 摄）

泰安市妇幼保健院、泰安市儿童医院（司 刚 摄）

市委市直

2015年3月20日，全市机关党的工作暨“守纪律讲规矩强党性作表率”教育活动动员会议召开，市委常委、秘书长陈刚出席会议。会议表彰了市直机关“优秀服务品牌”“机关党建工作先进单位”“优秀公仆”“先进工作者”等先进集体和个人

2015年5月14日，泰城机关企事业单位迎审创建工作推进会召开，要求驻泰机关企事业单位全力投入全国文明城市创建暨国家卫生城市复审准备工作

2015年6月26日，市直机关举行庆祝建党94周年暨先进集体、个人表彰大会，表彰“市直机关先进基层党组织”50个、“市直优秀共产党员”181名、“市直优秀党务工作者”51名。市委副书记李希信，市委常委、秘书长陈刚，市委常委、组织部部长唐福泉，市人大常委会副主任孙运飞，市政协副主席朱永强为先进集体、个人颁奖

2015年9月18日，市直机关“守纪律讲规矩强党性作表率”主题演讲比赛决赛举行，评选出一等奖2名、二等奖4名、三等奖6名。市委常委、市委秘书长陈刚，市纪委、市委组织部、市委宣传部、市直机关工委有关领导出席并为获奖选手颁奖

近年来，市直机关工委以落实全面从严治党要求为主线，紧紧围绕市委、市政府中心工作，按照“统筹谋划、重点带动”的基本思路，集中主要精力抓好具有全局性、基础性、引领性的工作，推动机关党建各项任务的落实。（一）重点抓好基层党组织基础建设和工作创新。着力开展两方面工作：一是实施机关基层党组织规范化建设三年计划；二是按照市委统一部署要求，在市直机关广泛开展“五化五星”服务型基层党组织创建活动。到2017年，市直机关1437个党支部全部实现规范化目标，目前已有近500个机关基层党支部通过验审，其中150个被确定为样板支部，为市直机关基层党组织建设明确了努力方向。（二）重点抓好“五型”机关创建主题活动。2010年以来，先后开展系列主题活动，已形成鲜明的机关党建品牌。其中，2014年开展的“践行群众路线争创服务品牌”活动，推荐表彰优秀服务品牌50个；2015年部署开展的“守纪律讲规矩强党性作表率”教育活动，重点突出查摆问题、承诺践诺关键环节，市直机关102个部门、单位作出承诺，为全面实现市委、市政府全年工作任务打下坚实基础。（三）重点抓好机关纪律作风监督工作。2014年开展“四风”问题专项整治活动，针对“庸懒散”现象以及其他“四风”问题进行集中整治，设立机关作风监督电话，接收各类电话192人次，解决具体问题52件。2015年，市直机关工委在市直各部门推荐132名党员干部担任机关纪律作风监督员，组织明查暗访，为做好政风行风和机关作风监督工作打下重要基础。

配合以上重点工作，近两年先后开展了最佳支部活动评选、机关党员志愿服务、服务格言征集评审、守纪律讲规矩主题演讲、部门科室个人“三层联创”以及市直机关大讲堂系列讲座等丰富多彩的活动，有效推动了机关党建各方面工作任务落实。

机关工委

2015年5月15日，市直机关工委召开市直机关纪律作风监督员聘任会议，聘请132人为市直机关纪律作风监督员，正式组建市直机关纪律作风监督员队伍

2015年6月1～5日，市委市直机关工委在中央国家机关工委《紫光阁》杂志社支持帮助下，在北京举办全市机关党组织书记培训班

2015年9月16日，组织召开规范化党组织建设经验交流会，市直机关工委有关负责人、政法系统9个单位的分管领导和机关党组织专职书记参加会议，市公安局作典型经验介绍

2015年5月27日，“守纪律讲规矩强党性作表率”教育活动座谈交流会召开，市纪委、市委统战部、市教育局等13个单位分工负责人参加会议并交流发言

2015年7月1日，市委副秘书长、市直机关工委书记吕军德作“三严三实”专题党课辅导

2015年5月25～26日，市直机关第十四届运动会在泰山体育中心举办。市委书记、市人大常委会主任李洪峰，市委副书记、市长王云鹏，市人大党组书记、第一副主任林华勇，市委副书记李希信，市委常委、市委秘书长陈刚，市委常委、市纪委书记赵明东，市政协副主席、市总工会主席张书盈，市政府党组成员、市公安局局长鞠向群，市政府秘书长、泰山景区管委会主任姚霆，以及市人大、市政府、市政协其他有关领导同志出席开幕式。本届运动会设置了5个大项、60个小项的比赛，共有98个代表队、4000多名运动员报名参赛

泰安市

2015年4月14日,市委常委、副市长刘卫东(前排右一)到市财政局调研指导工作

积极推进政府与社会资本合作模式——图为2015年8月21日,召开全市财政系统PPP工作现场会,实地参观宁阳复圣公园现场

2015 年，面对错综复杂的经济形势和艰巨繁重的改革任务，市财政局在市委、市政府的坚强领导下，紧紧围绕“富民强市”奋斗目标,突出抓好财源建设、政府投融资和机关党建三大重点，着力攻坚克难、开拓创新，各项工作进展顺利、成效明显。1～9 月份，全市一般公共预算收入完成 180.1 亿元，同比增长 9.8%，其中税收收入 111.3 亿元，增长 10.7%。全市一般公共预算支出完成 255.7 亿元，增长 18.9%，其中用于各项民生事业的支出达到 207.1 亿元，增长 23.4%，占财政支出的 80.99%，较上年同期提高 2.95 个百分点。同时，扎实推进财税体制改革，科学理财、依法理财的水平不断提升；大力加强机关文化建设，深入开展“三严三实”专题教育和“守纪律、讲规矩、强党性、作表率”教育活动，坚定不移反四风、转作风、树形象，进一步巩固提升了“全国文明单位”创建水平，机关文化、党风廉政、政风行风等建设继续走在全市前列。

大力支持重点工程建设——图为大汶河颜谢坝工程现场

财政局

大力加强基层调研——图为2015年2月4日，市财政局党委书记、局长李诚实（前排中）到岱岳区马庄镇走访困难群众和调研包村工作

积极统筹城乡发展——图为2015年6月26日，市财政局党委书记刘斌（前排左二）到岱岳区夏张镇调研城乡环卫一体化文明共建工作

大力支持财源建设——图为康平纳筒子纱数字化成套技术与装备

积极开展"三严三实"和"守纪律、讲规矩、强党性、作表率"活动——图为2015年9月17日，邀请市委党校教授作弘扬井冈山精神专题辅导讲座

积极保障民生事业——图为东平湖库区一渔民捕捞池塘养殖大鱼时的喜悦情景

认真开展"三严三实"专题教育——图为2015年8月24日进行集中学习研讨

泰山金融

稳如泰山　融通天下

www.taishangjinrong.com

山东华通集团

董事长刘电新荣获“振兴泰安劳动奖章”

华通大厦

在国家政策与各级政府的亲切关怀与大力持下，山东华通集团自从2009年进入金融服务领域以来，取得了较好的发展。

2014年是山东华通集团具有里程碑意义的一年，在工业、农业、建设三大业务板块逆市而上取得良好经营业绩的同时，提出了完善生态金融服务链、建设金融服务榜样企业的战略目标。

2014年，集团积极响应国家大力发展混合所有制经济的号召，引进国泰民安投资集团、泰山创业投资公司等战略投资机构，将山东华通投资担保有限公司塑造成泰安规模最大，山东排名第三的大型混合所有制的融资性担保公司；引进中国企业500强——山东石横特钢集团等投资机构，将泰通小额贷款公司注册资本扩增到4亿元，成为泰安规模最大、山东省排名第三的小额贷款公司；与此同时，山东华通集团紧紧抓住时代脉博顺势而为，全面展开互联网金融业务。

蓬勃发展的山东华通集团，犹如金融服务行业中一颗熠灿明星，在董事长刘电新的带领下，将互联网金融业务与融资性担保公司、小额贷款公司及其他金融服务机构成功对接、有机结合，形成基于混合所有制经济的金融生态服务链，有效破解了中小微企业“融资难、融资贵”的难题，帮助企业突破发展瓶颈，为推动地方经济建设做出巨大贡献！

2014年10月23日，华通担保增资扩股签约仪式

2014年8月25日，泰通小额贷款签约仪式

2014年2月14日，副市长白雪梅到华通担保公司调研指导工作

2015年3月31日，市国资委负责人到公司指导工作

2014年4月15日，市政府特邀咨询闫新建（中），到泰通小额贷款有限公司调研

2014年12月20日，华通担保公司召开增资扩股首届股东大会

2014年9月2日，华通担保公司与泰安市商业银行举行合作签约仪式及业务洽谈

泰通小额贷款公司

泰通小额贷款公司员工合影

华通集团与建设银行市中支行举行羽毛球友谊赛

创新体制机制　服务科学发展

泰安市机构编制委员会办公室

市委副书记、市长、市编委主任王云鹏对机构编制工作提出要求

在“三严三实”专题教育中，组织开展集体学习

2015年，市编办紧紧围绕市委、市政府“推进富民强市、建设幸福泰安”的总目标，牢牢把握机构编制工作面临的新形势、新任务，科学谋划思路，强化责任担当，主动适应和服务新常态，为经济社会发展提供体制机制保障。搞好统筹谋划，上下联动，强力推进简政放权加快政府职能转变，在公布行政审批项目目录的基础上，行政权力清单、政府部门责任清单、中介服务收费清单等陆续公布；坚持积极稳妥，规范操作，深入推进政府机构改革等各项改革；注重严控总量，动态调整，切实规范和加强机构编制管理；进一步创新方式，突出重点，全面加强事业单位监督管理力度；按照中央和省委、市委的统一部署，认真组织开展“三严三实”专题教育，提升办领导班子思想政治素质和领导科学发展能力。市编办被授予“省级文明单位”“全省机构编制宣传工作先进单位”“全省机构编制信息工作先进单位”等称号，被市委、市政府表彰为“科学发展综合考核先进单位”“全市信访工作先进单位”，被市委表彰为“五型机关建设示范单位”“履行计划生育职责先进单位”。

2015年9月2日，中央编办、国务院法制办联合调研组到泰安调研行政复议体制改革情况，市委副书记、市长王云鹏出席会议并介绍情况

高度重视“三严三实”专题教育。5月20日，市委组织部副部长、市编办主任李千弘为全体机关干部上专题党课

2015年8月18日，全体机关干部集体观看《泰汶壮歌——纪念中国人民抗日战争暨世界反法西斯战争胜利70周年主题展》

目　录

特　载

大事纪要

市情概况

政党·政务

法　　治

武　　装

经 济 管 理

商　务

泰山·旅游

招商引资与项目建设

开 发 区

金　融

卫生和计划生育

社 会•生 活

统 计 资 料

附　　录

CONTENTS

Business

Construction and Environmental Protection

Mount Tai and Tourism

Investment and Projects Construction

Development Zones

Transportation and Postal Service

Finance and Taxation Revenue

Finance

Science Technology and Education

Culture and Sports

Medicine and Hygiene

Social life

Cities Districts and Counties

Figures

Appendix

解放思想　锐意进取　拼搏实干 ※ 努力推动经济社会持续健康发展

中共泰安市委书记、市人大常委会主任　李洪峰

同志们：

刚才，希信同志传达了全省经济工作会议精神，云鹏同志还要就全市的经济工作进行全面总结和具体安排，大家要认真学习，抓好贯彻落实。下面，我先讲几点意见：

一、切实把思想和行动统一到中央省委对经济新常态的判断和要求上来

刚刚召开的中央经济工作会议作出了我国经济发展进入新常态的重大战略判断。习近平总书记深刻阐述了经济发展新常态的鲜明特征、内在要求和应对举措，强调我国经济进入新常态带来九个趋势性变化，为我们分析研判形势，做好工作提供了科学依据、重要遵循和科学方法，为我们指明了努力方向和工作重点。这些重大理论和实践创新，是中国特色社会主义理论体系的丰富和发展，是推动我国经济转型发展的科学理论指导和重要遵循。全省经济工作会议深入贯彻中央经济工作会议精神，对做好新常态下我省经济工作作出全面部署，确立了“一个定位、三个提升”的总体要求。我们一定要把思想和行动统一到中央对经济发展新常态的重大判断上来，把力量凝聚到落实省委“一个定位、三个提升”的要求上来，深刻认识经济发展新常态的内涵和规律，准确把握新常态下经济发展的新特征、新变化，在思想观念、认识水平、工作方式等方面积极适应，加快转变、主动作为，深入谋划做好我市的经济工作。

近年来，我们一直坚持以提高经济发展质量效益为中心，以增加财政收入和城乡居民收入为标准，加大招商引资和项目建设力度，经济社会实现了持续健康发展，出现了一些带有根本性和趋势性的变化。实践证明我们的思路与中央和省委的要求是一致的，我们工作也是扎实和富有成效的。一是经济总量迈上新台阶。全市经济平稳较快增长，发展后劲进一步增强。全市 122 个市级重点项目的建设，助推投资突破 2000 亿元，预计达到 2200 亿元，生产总值突破 3000 亿元，预计达到 3100 亿元，地方财政收入接近 200 亿元，达到 187.4 亿元，百亿工业企业有望达到 6 ~ 7 家，实现了量的重大

※ 该文系李洪峰在 2015 年 1 月 8 日召开的全市经济工作会议上的讲话。题目为编者所加

突破。二是结构调整步伐进一步加快。一批新材料、新能源、生物医药、旅游文化休闲项目的建设，使战略性新兴产业比重不断提高，服务业持续保持上升发展势头。其中，装备制造业、信息技术产业的主营业务收入、利税和利润的增幅，都大大高于规模以上工业的平均水平。全年预计服务业增加值占生产总值的比重，同比又提高 1 个百分点左右。1 ～ 11 月份实现服务业税收 95.4 亿元，占全部税收的比重达到 46.6%，增幅高出全部税收 12.1 个百分点。三是发展质量效益加快提升。税收占公共财政收入的比重超过 72%，主体税收占全部税收的比重达到 53.2%。前三季度，高新技术产业产值占规模以上工业总产值的比重达到 25.2%，提高 1 个百分点。万元 GDP 能耗、主要污染物排放总量继续下降。四是发展动力活力持续增强。改革红利不断释放，取消行政审批事项 40 项，下放 20 项。全市新登记企业 6073 户、注册资本 268.5 亿元，同比分别增长 160.9%、235.7%。开放水平进一步提高，预计全年实际到账外资 4.2 亿美元、进出口总额 29.7 亿美元，分别增长 34.6%、19.8%。五是民生社会事业持续改善。去年全市民生事业支出达到 168.5 亿元，占财政支出的比重达到 59%。城镇登记失业率控制在 3.5% 以内。开工保障性住房 10514 套，基本建成 7700 套，分配 2875 套。居民养老保险、医疗保险、低保五保供养水平都有提高。城镇居民人均可支配收入、农村居民现金收入增幅都高于生产总值增幅，居民幸福指数进一步提高。在复杂严峻的形势下，全市经济工作能够取得这样的成绩，这是省委、省政府正确领导的结果，是全市上下顽强拼搏、实干苦干的结果。

同时，也要清醒地看到，新常态下推动我市经济稳定发展仍面临不少问题。主要表现在：经济运行下行压力依然较大，经济发展质量效益还需进一步提高，转方式调结构的矛盾还很突出，全面深化各项改革的任务还很繁重，保障和改善民生方面还有大量工作要做，等等。对于这些问题，都要深入研究，统筹谋划，认真加以解决。

二、进一步明确新常态下经济工作的重点任务

做好 2015 年全市经济工作，总体要求是：全面贯彻落实党的十八届三中、四中全会和习近平总书记系列重要讲话精神，按照中央和全省经济工作会议部署要求，坚持稳中求进工作总基调，以提高经济发展质量和效益为中心，以招商引资和项目建设为抓手，以创新驱动为引领，以增加财政收入和城乡居民收入为评价标准，主动适应经济发展新常态，坚定不移推动工作指导重大转变，着力转型升级，全面深化改革，扩大对外开放，加强民生保障，保持经济持续健康发展和社会和谐稳定，为全省“走在前列”作出积极贡献。

根据上述要求，市委、市政府研究提出了 2015 年经济社会发展的几个主要预期目标：全市生产总值增长 8.5% 左右，公共财政预算收入增长 9.5% 左右，城镇居民人均可支配收入和农民人均纯收入分别增长 9% 左右和 10% 左右等。这是基于经济发展新常态，与国家和省计划盘子相衔接，综合考虑各方面因素和我市实际提出的，也是预期性的、指导性的，各县（市、区）要从实际出发，不要层层加码。

关于今年的经济工作，需要把握好以下几项重点任务。

（一）注重依靠项目建设培育新的增长点。发展是硬道理。只有先做大总量，增加积累，才能为民生社会事业奠定物质基础，为调整结构留出空间和余地。这一点，对于泰安来讲尤其重要。要毫不动摇坚持以经济建设为中心，一心一意谋发展。投资对发展仍然发挥关键作用，项目建设仍然是当前解决发展问题的金钥匙。我们要站在更高的层次上审视、谋划、推进项目建设，努力培育发展新优势。

一要优化投资方向。为了稳增长，国家和省里将在重大基础设施和公益事业方面，加大投资力度。我们要紧跟国家宏观政策取向和省里区域、产业发展规划，加强调查研究，在农林水利、能源交通、城市基础设施建设和社会事业等重点领域，策划储备一批重大项目。比如，济南至泰安城际轨道、聊城至泰安铁路、企业铁路专用线、泰安抽水蓄能电站二期工程、泰安机场等项目，都要积极做好规划论证争取等前期工作。泰安高新区、

5 月 7 日，全市科学技术奖励大会召开，表彰为科技事业发展和现代化建设作出突出贡献的先进单位和个人。左图为会场，右图为 市委书记、市人大常委会主任李洪峰与获奖者合影　　（隋　翔　摄）

徂徕山汶河景区、旅游经济开发区、高铁新区以及各县（市、区）的园区片区，是我市发展的重要增长极，都要精心规划、精准招商、科学发展。同时，个性化、多样化消费渐成主流，新产品、新业态、新商业模式层出不穷，提供了大量商机，只要积极发现、有效引导、积极培育，就能形成新的增长点。在装备制造、电子信息、生物医药、节能减排、现代服务业等领域，策划储备一批高端项目。借新一轮中长期发展规划编制的机遇，通过积极争取上级支持、拓宽招商引资渠道、搭建政府融资平台、借力资本市场等方式，加大项目投资力度，使我市的经济始终保持强大的发展后劲。二要坚持效益导向。从今年开始，将全面清理地方出台的各类优惠政策，靠拼资源、拼价格、拼土地、拼政策的传统招商模式，已经走到了尽头，必须更多地依靠产业、环境、人才和服务开展招商活动，必须推进招商引资向选商选资的转变，招商引资向招才引智的转变。凡是不符合技术质量和环保要求、效益不好的项目，坚决不上。比如在农业方面，要通过规范有序地推进土地流转，引导资本投向有利于农民致富、村集体增收、财政受益的项目，加快农业现代化步伐。在工业方面，瞄准战略性新兴产业，围绕传统产业高新化、高新产业优势化和优势产业集群化上项目。在服务业方面，重点引进像万达、天房、五矿这样有实力的大企业，连片开发，打造精品，进一步提升城市形象、完善整体功能、拉动经济发展。三要完善运作机制。继续坚持完善领导小组领导、领导干部包保、指挥部推进、项目观摩评比，以及项目策划、储备、实施等方面的运行模式和管理机制。对今年安排的重点建设项目，抓住早开工这个关键，一事一议，跟踪督办，全力扫清项目建设的障碍，快开工快建设。对前期推进项目，加大协调服务力度，尽快完善手续，落实要素保障，争取及早动工实施。有针对性地开展招商活动，筹办好泰山国际登山节，举办京津唐、长三角等招商活动，突出产业招商，发挥企业主体作用，努力实现招商工作新突破，助推经济实现新跨越。

扩大对外开放是培植经济增长点的潜力所在。近年来，我市对外开放步伐加快，开放型经济活力显现。从去年的数据来看，我市几项主要指标的增幅，在全省都居于前列，成绩来之不易。同时要看到，我市的开放型经济总量仍然较小，开放型经济仍然是短板，发展的潜力仍然巨大。下一步，要继续发挥优势，强力推进，争取有更大的作为。加大对世界 500 强和跨国知名企业的招商引资、引智的力度，扩大我市先进制造业和现代服务业对外开放。坚持“引进来”与“走出去”

相结合，支持优势企业在全球布局产业链条，在更广领域、更深层次上参与国际经济竞争与合作。加快推动外贸发展方式转变，既要推动产品、技术、劳务出口，又要强化品牌意识，带动国内重大装备和零部件出口，提高出口产品附加值，促进加工贸易转型升级，进一步提高我市开放型经济发展水平。

（二）注重依靠转型升级实现高质高效可持续发展。新常态孕育新机遇，谁见势早、谋事快，谁就能抢得先机。这个新机遇就是转方式调结构。一要着力提高产业素质和竞争力。继续坚持腾笼换鸟、凤凰涅槃的思路和办法，用好政策支持、资金引导、载体培植、项目带动等工作抓手，在“转调创”中打造产业发展新优势。继续大力发展现代物流、金融、会展、服务外包、电子商务等现代服务业，推动旅游产业和文化产业深度融合，旅游业与农业、工业、服务业其他业态的融合发展，大力发展工业旅游、乡村旅游，拓展旅游发展空间，培育新的旅游消费热点，力争服务业增加值占生产总值比重提高 1 个百分点左右。落实好工业转型实施方案，一个行业一个行业、一个企业一个企业地研究落实转型方案。推进工业化与信息化深度融合，促进传统产业加速向中高端迈进，优势产业提高竞争力和市场占有率。在推进工业转型升级的过程中，力争战略性新兴产业和百亿企业培植取得新的突破。着力深化农业农村各项改革，增强发展活力。落实好各项强农惠农政策，加强农业技术创新与推广，着力转变农业发展方式，大力发展有机蔬菜、泰山茶、食用菌等优质高效特色产业，加快培育龙头企业、家庭农场等新型农业经营主体，努力提高农业产出效益和竞争力。二要着力推进绿色低碳可持续发展。群众对生态环境越来越关注，对改善环境质量的要求越来越高。而我市的万元 GDP 能耗比全国、全省平均水平还要高，节能减排的任务很重。要切实把生态文明建设融入经济、政治、文化、社会建设各方面和全过程，着力发展循环经济，培育绿色产业、低碳产业，抓好资源综合利用，积极推行清洁生产。对没有能耗增量的高耗能项目、产品能耗水平达不到先进值的项目，一律不予审批。要严格落实节能减排目标责任制，确保顺利完成省下达我市的“十二五”节能减排总量控制任务。扎实开展新能源示范城市和分布式光伏发电示范区创建工作，加快企业光伏发电示范项目建设。在推进城镇化过程中，要加快生态工程建设，加快建设生态泰安。

（三）注重依靠创新驱动引领发展。一要突出企业在技术创新中的主体地位。康平纳集团去年荣获国家科技进步一等奖，华鲁锻压公司研发的一个专利项目填补了世界空白，在激烈的市场竞争中逆势增长。要认真总结推广这些企业的经验做法，引导企业加大创新投入，提高自主创新能力。要加大对企业创新发展的扶持，推动创新资源要素向企业集聚，使企业真正成为创新投入、科技研发、成果应用的主导者和受益者。二要推进科技成果转化。把有限的资金用在刀刃上，畅通转化渠道，推动科研投入成果化。创新科技成果管理模式，建立重大科技成果跟踪问效机制，切实将科技优势转化为发展优势。支持企业和科研机构联合攻关，着力突破一批制约发展的关键技术、核心技术。以实施重大科技项目为支撑，支持输变电设备、先进装备制造、非金属新材料等优势产业和骨干企业承担重大专项和重大计划，提高全市高新技术产业产值的比重。三要更加重视人才队伍建设。人才资源是第一资源。近年来，我市人才工作实现了较快发展，人才总量、队伍素质有了新提升，特别是引进国家“千人计划”和泰山学者海外特聘专家实现较大突破。要继续紧紧抓住人才这个创新的关键，坚持培养与引进并举，优化整合人才工作政策，大力推进重点人才工程，全面提高各类人才队伍建设水平。要依托重大项目、重点企业、科技园区和特色优势产业，着力培养引进一批创新创业团队、产业领军人才和实用技能人才，以人才引领和支撑泰安创新发展。四要不断优化创新创业环境。探索高端人才创新创业资本支持机制，推动初创型项目和成长性强的中小微企业加快发展。加强科技创新公共服务平台建设，支持骨干企业建立省级以上工程技术研究中心、企业重点实验室等研发平台，大力推进科技孵化器建设。鼓励行业龙头企业组建产业技术创新战略联盟，积极建设院士工作站、博士后工作站等人才工作载体。推进各类生产力促进中心、知识产权服务机构建设，大力发展技术市场，加速知识流动和技术转移，营造支持创业、保护创新、鼓励创造的良好社会环境。

*（四）注重依靠改革增强发展动力。*一是及时跟上改革的步伐。去年以来，中央和省里出台了一系列深化改革的政策文件，作出了一系列的决策部署，其含金量很高，要求也很严。今年，中央、省里的改革举措会更加密集，改革的红利将进一步释放到经济发展上。对此，我们一定要加强学习，全面理解，准确把握，及时跟进，抓好落实。要密切关注改革动向，对即将出台的政策要超前研判、捕捉信息，积极争取改革试点。二是积极稳妥推进各项改革政策落实。各级全面深化改革领导小组、专项小组、改革办，以及重要改革事项牵头单位、参加单位等，都要担当起应尽的职责，以强烈的责任感使命感，切实发挥好协调服务推动作用。要制定好改革中长期规划，明确2015年改革重点任务，制定年度改革总台账、专项领域分台账和部门明细账。中央改革办专门成立了督察局，将加大督查落实的力度。对中央和省里正在推进的改革决策，我们要尽快研究制定配套措施，特别是要抓好经济领域改革的落实，把改革红利转化为发展新动力。三是及时总结推广改革先进经验。我市承担的各类国家级改革试点有15项，省级改革试点有13项，目前这些试点工作都在顺利推进，有的已经取得初步成果，在相关领域形成了新鲜经验。要继续精心组织，大胆探索，注重实效，做到边改革、边总结、边推广，切实发挥好各类改革试点的示范作用。

*（五）更加注重发展民生社会事业。*发展是为了更好地增进民生福祉，同时，改善民生又能有效释放居民消费潜力、拉动内需，催生新的经济增长点。要继续实施一批民生实事项目，统筹做好改善民生各项工作。突出抓好就业工作，实施更加积极的就业政策，积极应对经济新常态对就业工作带来的新挑战。大力发展社会事业，坚持教育优先发展，继续深化医药卫生体制改革，增强基本公共服务能力，推进基本公共服务均等化。进一步完善社会保障制度，抓好社会保险、大病保险、社会救助等基础性工作，使老百姓安居乐业。要加强社会治理创新。高度关注实体经济中产能过剩行业以及企业兼并重组等可能出现的风险，高度关注政府债务风险和企业融资风险，及时采取应对措施，确保不出问题。加强食品、药品、生产安全监管，有效防范和坚决防止重特大事故发生。认真落实维稳第一责任，用法治的思维和方式化解社会矛盾，保持社会和谐稳定。

8月31日，2014中国（泰山）国际矿业装备与技术展览会在泰山国际会展中心开幕。图为市委书记、市人大常委会主任李洪峰等领导参观展览

（王国梁 摄）

三、努力提高新常态下驾驭经济工作的能力和水平

经济发展进入新常态，增长速度、发展方式、经济结构、发展动力都在发生深刻变化，领导经济工作必须与时俱进，做到观念上适应，认识上到位，方法上对路，工作上得力。

第一，要加强学习研究，在素质本领上适应新常态。2015年起，诸如新环保法、新预算法等一批法律法规将正式实施，涉及经济社会各项事业的一系列新政策也将陆续出台和执行。这就要求我们,必须抓好学习与研究。一是提高理论素养。抓好习总书记系列重要讲话精神的学习，掌握贯穿其中的立场、观点、方法，特别是对新常态的九大特征、未来经济走势的战略性判断，要深入学习研究、准确理解把握。要多学一些经济、政治、法律、社会方面的基础知识，多学一些管理、战略、心理等方面的知识，做到不说外行话、不干外行事、不当外行人。二是加强教育培训。省里最近举办了"新常态新作为"系列专题研讨培训班，分期分批对机关干部进行集中培训。我们也要及时跟进，聘请有关专家对领导干部进行培训，缺什么补什么，加深对新常态的认识。三是加强调查研究。要特别关注和研究全面深化改革、推进转方式调结构、实施创新驱动发展战略、创新社会治理等方面的重大问题，增强工作的前瞻性、系统性和创造性。要定期分析把握我市经济运行态势，及时发现苗头性、倾向性问题,超前拿出应对措施。今年,中央、省里都要研究制定"十三五"规划，各级各部门要在产业布局、空间布局、重大项目布局等方面，拿出一批符合泰安发展实际的中长期规划，确保全市经济社会沿着正确的方向持续健康发展。

第二，要把握正确导向，在工作指导上适应新常态。加快转变工作方式方法。中央和省里都明确要求，今后的经济工作，不能再单纯以GDP论英雄，主要任务是转方式调结构，提高经济发展的质量和效益。要处理好发展速度与质量效益、发展速度与转方式调结构的关系。增长速度可以缓一缓，但质量效益必须提上去;发展速度可以有弹性，但转方式、调结构不能有任何弹性，必须毫不动摇地加快向前推进，做到调速不减势、量增质更优。要重视在发展实践中历练培养干部。现在的经济工作专业化要求很高，要求我们既要有深厚的理论功底，更要有丰富的实践阅历。根据省委要求，要注重选拔政治上强、懂经济、守规矩、会管理的领导干部充实到各级领导班子。健全完善科学发展综合考核办法，运用好考核这个"指挥棒"，形成科学合理的激励考核机制。要更加自觉地贯彻党的十八届四中全会精神，强化法纪、规矩意识，更多地依靠法治的思维和方法，更多地通过严格执法、建立制度、健全机制来解决矛盾、推进发展、维护公平、促进和谐。要掌握正确的舆论导向，凝聚改革发展正能量。

第三，要持续改进作风，在干事创业上适应新常态。去年我市教育实践活动取得了扎实效果，但抓作风建设的力度时刻不能放松。抓好新形势下的党建工作，坚持把党要管党、从严治党落到实处，各级党组织要认真履行党风廉政建设主体责任，把抓好党建作为最大政绩，巩固和拓展教育实践活动成果，深入推进党风廉政建设和反腐败斗争。要教育引导党员干部在从严约束下干事创业，从严治党、正风肃纪，是正本清源、回归正常，不能作为"为官不易""为官不为"的借口。要始终保持良好的精神状态，始终保持干事创业的工作热情，始终保持在其位谋其政的责任担当，该争取的还要积极争取，该创新的还要敢于创新，千方百计把工作干上去，同时，又要保持风清气正的良好形象。

同志们，让我们紧密团结在以习近平同志为总书记的党中央周围，在省委、省政府的坚强领导下，以改革创新的勇气和魄力，解放思想，锐意进取，拼搏实干，努力推动经济社会持续健康发展，在推进富民强市、建设幸福泰安的征程上迈出新的更大的步伐。

政府工作报告

——2015年2月3日在泰安市第十六届人民代表大会第四次会议上

泰安市人民政府市长　王云鹏

各位代表：

现在，我代表市人民政府向大会报告工作，请予审议，并请市政协委员和列席会议的同志提出意见。

一、2014年工作回顾

2014年，面对复杂严峻的形势，在市委坚强领导下，全市上下紧紧围绕推进富民强市、建设幸福泰安奋斗目标，攻坚克难，真抓实干，经济社会发展取得新成绩。

*经济保持稳定增长，发展质量逐步提升。*全市实现生产总值3002.2亿元，增长9.4%。三次产业结构调整为8.67∶47.36∶43.70，第三产业提高1.07个百分点。完成地方一般公共预算收入187.4亿元，增长11%，其中税收占比达到72.2%，提高2个百分点，主体税收比重达到53.2%。完成固定资产投资2299亿元，增长16%。实现社会消费品零售总额1188.1亿元，增长12.8%。城镇居民人均可支配收入、农村居民人均纯收入分别达到30715元、12913元，增长8.9%和11.8%。人民币各项存、贷款余额分别为2458.4亿元、1591.6亿元，比年初增长8.7%和12.4%。

*农业基础更加稳固，现代农业加快发展。*粮食总产达到281.7万吨，实现“十二连增”，岱岳区、肥城市、宁阳县、东平县被表彰为全国粮食生产先进单位。全市新增茶园7000亩、高档苗木花卉2.8万亩、奶牛2万头；新认证无公害农产品5.4万亩、绿色食品8.2万亩、有机食品1.2万亩；新增农产品地理标志11件。新增农民合作社1327家、家庭农场943家、规模以上农业龙头企业114家。澳亚牧场、益客食品、东方园林、滕头园林等一批龙头企业和泰安国家农业科技园区、肥城市现代农业示范区、天泽农业科技园、泰茶“良心谷”生态示范园等一批特色园区发展较好，带动作用明显。休闲农业加快发展，岱岳区、东平县被评为全国休闲农业与乡村旅游示范县。全市推广农业生产新技术10余项，引进、示范新品种50多个。完成各类水利工程7060项，建设“旱能浇、涝能排”高标准农田25万亩，解决了15.2万农村人口饮水安全问题。新建改建农村公路907.5公里。农村集体“三资”管理得到加强，新泰市被评为全国农村集体“三资”管理示范县。新型职业农民培训、扶贫开发取得新成效。强农惠农富农政策全面落实。

*工业转型成效明显，创新驱动深入实施。*规模以上工业企业实现主营业务收入7115.1亿元、利税768.3亿元、利润464.4亿元，分别增长12.7%、6.9%和3.6%。新增主营业务收入过10亿元企业3家、利税过亿元企业26家。实现民营经济增加值1636.3亿元，增长10.5%。装备制造业、电子信息产业主营业务收入分别增长19.5%和20.7%。高新技术产业产值占比提高1个百分点以上。国家新能源示范城市、泰安高新区分布式光伏发电应用示范区加快建设。我市被确定为全国资源综合利用“双百工程”示范基地。新泰市被确定为全国首批循环经济示范创建市。全面完成了省下达的淘汰落后产能和节能减排目标任务。

*科技创新能力进一步增强。*全市实施技术创新项目1100余项，研发投入占生产总值比重达到

2.15%，技改投资增长17.3%。国家级高新技术企业达到103家，国家级企业技术中心达到4家，省级工程技术研究中心达到42家。康平纳筒子纱数字化自动染色成套技术与装备荣获国家科技进步一等奖。商标战略深入实施，新增中国驰名商标5件、省著名商标14件。泰安高新区突出高端项目引进，国家“千人计划”智能机器人和激光器制造等一批战略性新兴产业项目先后签约入区。

服务业发展势头强劲，带动作用逐步增强。服务业投资占固定资产投资比重达到53.5%，服务业税收占比达到46.1%。旅游业初步改善了“山热城冷、昼热夜冷、夏热冬冷”局面，“三日游”影响力持续增强，游客满意度指数保持全省前列。全市共接待游客5311.8万人次，实现旅游总收入500.5亿元，分别增长10%和13.3%，泰山游客量首次突破500万人次。现代商贸物流业加快发展，中国物流泰安国际物流园、泺亨（泰安）现代物流中心、速恒物流园等一批物流项目和园区正在建设，新矿物流中心进入全国物流企业百强；泰山钢网、三星物流、杞农云商、泰山义乌购等本土电商企业快速成长。

重点项目加快建设，招商引资力度加大。全市122个市级重点建设项目开工120个，完成投资428.6亿元；100个前期推进项目开工65个。泰安如意科技时尚产业园、泰山玻纤产业园、国电热电联产、奥特莱斯现代服务产业区、华新现代服务城等项目顺利建设。借助全国工商联十一届三次执委会议暨全国知名民营企业家助推山东转调创投资洽谈会，面向民营企业大力开展招商活动，引进8家全国工商联执委企业和114家省外知名民营企业。成功举办了中国泰安投资合作洽谈会、(深圳）泰安经济合作洽谈会、中国（泰山）国际矿山装备与技术展览会等重大活动，签约了一批新项目。全市新开工亿元以上境内招商引资项目350个，同比增加69个；新开工外商投资项目79个，同比增加22个。

重点改革积极推进，开放水平显著提高。实施了市、县政府职能转变、机构改革和行政审批制度改革，承接国务院和省政府下放行政审批事项94项，取消40项，下放20项。推进财税制度改革，完善政府预算体系，公开了市级和6个县(市、区）本级财政预决算、“三公”经费预决算总额，以及67个市直部门和281个县直部门预决算、“三公”经费预决算；加强了财政审计监督，全市财政拨款安排的“三公”经费同比下降16.4%；积极开展“营改增”试点扩围，各项结构性减税政策得到落实。创新国资监管体制，完善了监管机构、投资运营公司和实体企业“三位一体”改革架构，市级国有资本经营预算收入增长71.8%。实施商事制度改革，各类市场主体新登记数量增长60.9%。全市81.1%的村庄完成农村土地承包经营权确权登记颁证，东平县被确定为第二批全国农村改革试验区。深化集体林权配套改革和国有林场改革，徂徕山林场被评为全国十佳国有林场。城乡居民基本医疗保险实现并轨。启动了第二批县级公立医院综合改革。

开放型经济实现新突破。全市合同利用外资7.8亿美元，实际到账4.1亿美元，分别增长49%和34.6%。实现进出口总额29.7亿美元，其中出口17.3亿美元、进口12.4亿美元，分别增长19.5%、26.7%和10.8%。完成境外投资1.6亿美元，增长53.4%。泰安高新区海关综合监管区、青岛保税港区泰安（新泰）功能区建设积极推进。

城乡统筹步伐加快，城乡面貌有新变化。全市城镇化率达到55%。泰城规划实施了104国道改建、徂徕山汶河景区开发，分别拓展发展空间100多平方公里，城市框架进一步拉开。坚持实施片区开发、组团建设，万达城市广场、天房美郡、财源街中央商务区、中国五矿、雨润国际广场5个大型城市综合体和高铁新区、新华片区、万官片区、碧霞国际社区等10个城市片区加快推进。泰山国际会展中心建成运营。万官大街、花园路、温泉路南段、双龙路等顺利建设。引水入城工程全线贯通。西区“汽改水”全面完成。滦河景观提升工程效果显现。龙潭路地下停车场、6处农贸市场建成使用。餐厨垃圾处理厂投入运行。泰城新增139辆公交车，实行了“一小时免费·优惠换乘”。

大力发展县域经济。肥城市被确定为全国主体功能区工作试点县，新泰市被确定为全省县域经济科学发展试点县。积极推进小城镇发展，13个全国重点镇和10个省级示范镇建设加快。全市建成农村新型社区266个，完成农房集中建设4.7万户、危房改造1.17万户。加大城乡环境综合整治力度，深入推进生态文明乡村行动和生态文明示范区建设，69个乡镇建设了垃圾中转站，3386个村（居）纳入城乡环卫一体化；累计建成省级以上生态乡镇58个、省级生态村18个；新泰市、肥城市创建国家卫生城市通过验收。积极开展国家森林城市创建，完成成片造林23.5万亩，森林覆盖率达到39.1%，汶河、康王河两处湿地被批建为国家湿地公园。实施大气污染防治“蓝天工程”三年行动计划，空气质量在全省内陆城市保持领先。

5月8日，由中国重汽集团与芬兰卡哥科特公司合资设立的中国重汽集团希尔博（山东）装备有限公司开业仪式在泰安高新区举行。市委副书记、市长王云鹏（左二），市委常委、副市长辛显明（右一）出席开业仪式 （邱 凯 供）

民生得到持续改善，社会建设不断加强。全市民生支出达到168.6亿元，占公共财政支出的59%。为民要办的10件实事，除泰安一中新城校区正积极推进外，其他9件全面完成。全市新增城镇就业6.2万人、农村劳动力转移就业7.9万人。收缴社会保险费133.7亿元，发放社会保险金114.2亿元；居民养老保险基础养老金由每人每月65元提高到75元；城市月低保、农村年低保、农村五保供养标准分别提高50元、625元和1000元。全市新建老年人日间照料中心72处、农村幸福院506处，新增养老床位13230张，山东泰山社会福利中心建设顺利。开工保障性住房10514套，基本建成7700套。发放住房公积金贷款11.6亿元。

学前教育更加普惠。公办及公办性质幼儿园达到81.5%；义务教育更加均衡，肥城市、宁阳县、新泰市通过国家义务教育均衡发展评估验收；普通高中教育质量进一步提升；职业教育加快发展。国家基本药物制度全面实施，人均基本公共卫生服务标准提高到35元；疾病预防控制、卫生应急工作得到加强，新泰市、肥城市被确定为国家慢性病综合防控示范区；泰安市妇幼保健院主体完工，山东中西医结合大学落户泰安。“群众文化艺术年”活动深入开展，公共文化基础设施加快建设，农家书屋覆盖率达到100%，泰山区、肥城市被评为全国文化先进县，东平戴村坝入选世界文化遗产名录。稳妥实施“单独二孩”政策，积极开展全国创建幸福家庭试点，我市连续13次获得全省人口目标责任考核先进单位称号。群众体育和竞技体育水平有新提高，泰山国际登山节被评为中国体育旅游十佳精品赛事。慈善事业加快发展，我市首次荣登中国城市公益百强榜。高度重视民族团结进步，新泰市荣获全国民族团结进步模范集体称号。双拥共建、国防动员、人民防空、老龄、妇女儿童、助残、宗教管理、外事侨务等工作都取得新成绩。

创新社会组织管理。我市被确定为全国首批社会组织建设创新示范区，“菜单式”志愿服务经验在全国推广。建立了部门综合大救助机制，“平台式”综合救助工作走在全国前列。深入推进平安泰安建设，“天网工程”在全省率先完成，民生警务平台运行良好。县级矛盾排查调处中心和乡镇、村居调解组织不断完善，人民调解作用有效发挥。理顺食品药品监管体制，市县乡村四级监管体系基本建立。完善安全监管长效机制，加大安全隐患排查整治力度，连续3年杜绝了较大以上事故发生。

工作作风进一步转变，服务效能明显提高。扎实开展党的群众路线教育实践活动，严格落实中央“八项规定”，集中开展“庸懒散”专项整治，“四风”问题得到有效整改。大力整治文山会海，以市政府名义召开的会议同比减少36.6%。集中整治行政审批“五不”现象，规范中介机构，对建设项目实行扎口管理，项目审批时限进一步缩短。完善政府依法决策机制，持续抓好机关作风和政风行风评议、群众满意度调查、政务督查、应急管理、便民服务电话、工作日志等工作，政府依法履职能力和服务水平进一步提升。

各位代表，2014年是不平凡的一年，“三期叠加”和经济运行下行，对以资源型、重化工为主的我市经济，带来的影响更大，困难比预料的更多，但是结果比预想的要好，取得这样的成绩实属不易。这是市委科学决策、坚强领导的结果，是全市人民同心同德、团结奋斗的结果。在此，我代表市政府，向全市广大干部群众、各民主党派、工商联、无党派人士，向人民解放军和武警驻泰（安）部队及驻泰（安）单位，向关心支持泰安发展的港澳台同胞、海外侨胞及海内外朋友，表示崇高的敬意和衷心的感谢！

在总结成绩的同时，我们也清醒地看到面临的困难和问题。一是经济持续稳定增长的压力加大，尤其是工业生产经营困难，土地、资金、劳动力、资源环境等要素制约加剧，经济发展预期不容乐观。二是结构性矛盾仍然是制约经济较快发展的主要因素，产业结构偏重，产业链条短；产品附加值低，高科技产品少；企业创新能力不强，发展活力不足，转方式调结构任务仍很艰巨。三是体制性、机制性障碍依然存在，改革开放的力度需进一步加大。四是公共服务体系还不够完善，城市管理、社会治理、民生保障、安全生产等一些与群众切身利益相关的问题，解决得还不够好。另外，“四风”问题仍然存在，转变政府职能、改进工作作风、优化发展环境等还有许多工作要做。对这些问题，我们要认真研究解决。

二、2015年工作总体安排

今年是全面深化改革的关键之年，是全面推进依法治市的开局之年，也是全面完成“十二五”规划的收官之年，做好今年的政府工作意义重大。政府工作总要求是：全面贯彻落实党的十八大和十八届三中、四中全会以及习近平总书记系列重要讲话精神，按照中央、省经济工作会议和省“两会”要求，紧紧围绕推进富民强市、建设幸福泰安奋斗目标，坚持稳中求进工作总基调，以提高经济发展质量和效益为中心，以招商引资和项目建设为抓手，以增加财政收入和城乡居民收入为评价标准，主动适应经济发展新常态，坚定不移推动工作指导重大转变，强化创新驱动，加快转型升级；全面深化改革，扩大对外开放；加强民生保障，创新社会治理，努力保持经济持续健康发展和社会和谐稳定。

主要预期目标是：生产总值增长8.5%左右；地方一般公共预算收入增长9.5%左右；固定资产投资增长15%左右；社会消费品零售总额增长12.5%左右；进出口总额增长11%左右，实际利用外资增长18%左右；城镇居民人均可支配收入增长9%左右，农村居民人均纯收入增长10%左右；城镇新增就业5万人，城镇登记失业率控制在3.5%以内；人口自然增长率控制在10.39‰以内；全面完成省政府下达的节能减排任务。

当前，国内外经济形势依然错综复杂，世界经济仍处在金融危机后的深度调整期，复苏疲弱态势难有明显改观；我国经济发展进入从高速增长转向中高速增长的新常态，经济下行压力加大，结构调整阵痛显现，企业生产经营困难增多。但是，机遇与挑战并存。我国发展处于可以大有作为的重要战略机遇期没有变，经济发展总体向好的基本面没有变；中央全面推进改革，更大规模、更多方面的改革措施陆续落地，改革红利逐步释放；中央继续实施积极的财政政策和稳健的货币政策，这都为经济社会发展提供了有利环境和条件。新常态下，推动经济社会持续健康发展，一是必须更加注重消费、投资和出口的均衡协调拉动，发挥消费的基础性作用，积极培育和打造新的消费热点；发挥投资的关键作用，着力推进内涵效益型投资增长；发挥出口的支撑作用，坚持不懈推动开放型经济快速增长。二是必须更加注重发挥改革的红利效应、创新的驱动支撑和市场配置资源的决定性作用，做好发现和培育新增长点的“加法”，做好化解过剩产能和节能减排的“减法”，做好科技、管理、市场、商业模式创新的“乘法”，做好提高劳动生产率和资本回报率的“除法”，通过“加减乘除”四则运算，加快经济结构调整和转型升级步伐。三是必须更加注重发挥自身优势，创造性地对接好、落实好上级一系列改革发展政策和区域发展战略，找准目标定位，做好结合文章，主动借势发展。四是必须更加注重各业协调并进，在巩固提升农业的基础上，重点抓好旅游业、商贸物流业、先进制造业和城镇化，实施“四轮”驱动，进而带动金融、会展、总部经济、养生养老、教育医疗等“多业”快速发展。

10 月 23 日，市委副书记、市长王云鹏（前排右二）到中国重汽集团泰安五岳专用汽车有限公司调研 （朱新宇 摄）

各位代表，每一次经济大调整，都是资源重新配置、区域竞争最激烈的时期。机不可失，时不我待。我们要进一步强化事业心和责任心，增强紧迫感和使命感，始终做到永不保守、永不满足、永不停顿、永不懈怠，以更扎实的工作，瞄准更高标杆，奋力开创泰安科学发展新局面！

三、全面深化改革

破除体制机制障碍，激发经济发展活力，关键靠全面深化改革。我们要按照中央要求，结合泰安实际，积极稳妥地把各项改革举措落实到位、取得实效。

一是进一步简政放权。深化行政审批制度改革，建立行政审批事项目录清单、行政权力清单、政府责任清单和市场准入负面清单“四张清单”，健全完善政务服务、公共资源交易、便民服务“三个平台”。继续取消和下放行政审批事项，加强事中事后监管。加大政府购买公共服务力度，鼓励社会力量积极参与到更广泛的服务领域。坚持“宽进严管”，进一步深化商事制度改革。

二是深化农村改革。全面完成农村土地承包经营权确权登记颁证工作，探索开展农户土地经营权抵押、担保贷款试点。抓好农村集体建设用地使用权和宅基地使用权确权登记颁证工作。强化农村集体“三资”管理，实施以清产核资、资产量化、股权管理为主要内容的集体资产股份合作制改革。规范建设县级农村综合性产权交易平台，并逐步向乡镇延伸、向农村覆盖。进一步深化供销社改革。继续推进集体林权配套改革和国有林场改革，抓好新泰市全国集体林业综合改革试验示范区建设。深化水利投融资体制和水行政管理体制改革，落实最严格水资源管理制度。

三是深化财税金融改革。认真执行新《预算法》，健全政府“全口径”预算体系，改进年度预算控制方式，全面推进预决算公开。加强预算绩效管理，推行第三方独立评价。积极推动“营改增”试点扩围，全面清理财税优惠政策。深化财政支出管理改革，大力压减“三公”经费等一般性支出，实施公务用车制度改革。整合规范财政专项资金，逐步取消竞争性领域专项，更多地采取基金引导、政府与社会资本合作等市场化运作模式，扶持经济转型升级发展。改革机关事业单位工资制度，调整工资标准，优化薪酬结构，在县以下机关全面实行职务与职级并行制度，进一步提高基层公务人员工作补贴。积极推进机关事业单位养老保险制度改革。加强政府债务管理，建立借、用、还相统一的地方性债务管理机制。

加快金融改革发展，扩大社会融资总量，加大对实体经济，特别是对转方式、调结构的信贷投放和直接融资。大力发展多元股本投资，鼓励各类机构发起设立产业投资基金和股权投资基金。规范发展民间融资，完善多元投融资机制，加快小额贷款公司、融资性担保公司、民间资本管理公司、民间借贷登记服务公司、“金融超市”等普惠金融组织发展。加大农村信用社银行化改革力度，稳妥做好农村合作金融改革试点。推进企业股份制改造，加快企业上市、挂牌步伐。科学规划金融业发展布局，建设金融商务区。加快地方金融信用和信息服务平台建设，优化金融生态环境，防控地方金融风险。

四是深化国资国企改革。完善以管资本为主的国资监管体制，推动国有资本合理流动、有效配置，提升国有资产运营效益。加快国有资产资本化步伐，鼓励民营经济、社会资本参与国有企业改制重组，打造一批体制新、机制活、竞争优势明显的混合所有制企业。深化市属国有企业改革，健全公司法人治理结构，加快建立现代企业制度。建立企业负责人经营业绩考核和责任追究制度，规范市属企业负责人职务消费。

五是加快事业单位分类改革。抓好事业单位分类工作，基本完成经营类事业单位转企改制任务，研究制定承担行政职能事业单位改革方案。探索推进事业单位管办分离，完善法人治理结构，逐步取消学校、科研院所、医院等单位的行政级别。规范中介机构，基本实现行业协会商会与行政机关脱钩。将社会力量举办的非营利性学校、医院、养老等机构逐步纳入事业法人登记管理。

四、大力推进产业结构调整转型

加快产业结构调整转型，关乎泰安的长远发展和可持续发展。我们要把经济工作的着力点放在转方式、调结构上，以转求进、以调促优，努力做到调速不减势、量增质更优。

（一）坚定不移推进工业经济升级壮大。科学编制全市工业发展布局规划，继续大力实施工业经济转型升级万亿三年行动计划和百亿企业培植计划。加快传统产业尤其是重化工产业转型升级，逐个行业制定转型升级方案，提高终端产品和高附加值产品比重。把发展壮大新材料、新能源与节能环保、电子信息、生物制药和生物育种等战略性新兴产业，作为工业转型升级的着力点，制定发展促进计划，尽快把一些新兴产业培育成主导产业。大力发展高端装备业，围绕做强优势产业和骨干企业，加快工业化和信息化深度融合，推动企业生产过程智能化、生产装备数字化和能源利用效率最大化。加大科技型中小企业培植力度，壮大高新技术产业规模，今年高新技术产业产值占规模以上工业总产值比重提高 1.3 个百分点以上。加快工业重大项目建设，重点抓好投资 80 亿元的中国五矿甬泰（泰山）新材料科技园、投资 60 亿元的正大焦化 180 万吨冶金焦煤化工、投资 60 亿元的中美泰山绿色环保产业园、投资 30 亿元的华新金谷科技园、投资 30 亿元的泰山云谷互联网产业园等一批转型升级项目。着力提升企业组织化程度，横向依托县（市、区）工业联盟形成企业团队，解决抱团发展问题；纵向依托行业协会形成企业列队，解决产业链条延伸问题。加强企业家队伍和企业管理团队建设，创新企业运营管理模式，向管理要质量、要效益。提高园区集约发展能力，支持泰安高新区等园区创新体制机制，推动园区“空间换地”“腾笼换鸟”，率先转型升级。

（二）在更高水平上推动服务业提档发展。年内服务业增加值占比提高 1 个百分点以上，服务业税收占比进一步提高。强化旅游业龙头作用，突出内涵提升和品牌打造，加快建设国际著名旅游目的地城市。编制旅游业发展总体规划，健全完善市级旅游业发展管理体制。理顺旅游经济开发区、徂徕山汶河景区管理体制，加快两区开发建设。深度做好旅游和文化融合文章，提升已运营旅游项目品质，同时争取再建成一批质量效益高、可持续发展的精品文化旅游项目。加大旅游宣传促销力度，完善“三日游”工作机制，提高旅游项目整体效益和运营水平。大力发展乡村旅游，建设一批特色鲜明的乡村旅游示范点和集聚区，打造“泰山人家”“水浒人家”品牌。继续强化旅游综合执法、旅游市场管理、旅游设施建设和旅游服务标准化创建，进一步提高泰安旅游满意度。

现代商贸物流业是经济发展新增长点和转型

升级新着力点。我们要把发展现代商贸物流业摆上重要位置，借助后发优势，努力实现弯道超越。高起点编制现代商贸物流业发展规划，重点扶持壮大交运集团、岳华能源物流、容大医药等一批物流企业，加快建设新泰天宝现代物流园、润恒冷链物流园、宁阳康平纳四海物流园、东平现代国际物流园等一批物流园区。支持电子商务与快递业协同发展，规划建设电子商务产业园和快递产业园。完善会展经济发展体制机制，对接引进高端国内外会展资源，办好自办展会，打响泰安特色会展品牌。积极发展连锁经营、物流配送，加快城市特色商业街（区）建设，推动传统商贸流通业转型升级。

大力发展文化产业，推动文化与农业、工业、商贸流通、电子信息、体育等产业深度跨界融合，支持具有浓郁地方特色和较强影响力的文化企业做大做强，打造一批泰山文化产品品牌、活动品牌和企业品牌，构筑泰安文化产业发展高地。加快发展金融保险、研发设计、信息技术、动漫创意、教育科技、健康养生、家政服务等新兴服务业，满足个性化、多样化消费需求，培育新的消费热点。努力促进大众消费，通过增加收入、完善政策、改善环境，让群众能消费、愿消费、敢消费，使大众消费“汇小溪成江河”。

（三）下大气力推动农业发展方式转变。扎实开展千亿斤粮食产能建设和粮食高产创建活动，确保粮食播种面积和产量稳定。深入实施十四大特色优势产业发展规划，抓好国家级、省级“一村一品”示范村镇建设，大力发展优质高效特色农业，新增茶园4000亩、苗木花卉1.5万亩；推进螭霖鱼、四大名药产业化开发。引导农户承包土地经营权规范有序流转，积极培育联户经营、专业大户、家庭农场、农民合作社和农业社会服务组织等新型经营主体，新发展农民合作社200家、家庭农场100家。引导更多的工商资本投向农业，加快推进一产特色化、二产化、三产化和信息化“一产四化”进程，培育壮大一批带动能力强、产品附加值高的产业化龙头企业，新增规模以上农业龙头企业50家。加大农机推广力度，提高农业机械化水平。完善基层农业技术推广体系和运行机制，开展科技进村入户活动，打通农业先进技术转化应用“最后一公里”。加快实施5个小农水重点县工程，构建“旱能浇、涝能排”农田水利工程体系。加强防洪工程和雨洪资源利用工程建设。继续实施农村公路网化工程，新建改建农村公路500公里。建立农产品质量安全监管体系，整建制推进农产品质量安全县建设。认真抓好动植物疫病防控、新型职业农民培训、农村饮水安全、强农惠农富农政策落实等工作。

各位代表，推进产业结构调整转型，是一项长期任务，不可能毕其功于一役，我们要在以下几个方面长期坚持、狠下功夫。

一是以更大的力度抓好项目建设和招商引资。投资仍是拉动经济增长最直接和最有效的手段。要切实把握好“投向、投量、投速、投效”的关系，持之以恒把项目建设和招商引资作为推进转型升级、培育新增长点的重要举措。要进一步完善指挥部工作机制，落实领导干部包保重点项目、检查考核、跟踪服务等制度，争取再开工投产一批税收贡献大、带动能力强、科技含量高的大项目、好项目，使经济发展更有质量、更具活力、更可持续。年内重点抓好120个左右市级重点建设项目，加快实施100个左右前期推进项目，策划储备100个左右能够拉长产业链的重大项目。同时，积极做好济泰东部高速公路、济泰城际铁路、聊泰铁路、泰安机场等重大基础设施项目前期工作。创新招商理念和方式，改变拼资源、拼价格、拼土地的传统模式，更多地依靠环境、人才和服务，招大引强、招新引优、招才引智，努力引进一批引领型、补链型、核心型产业项目，助推产业转型升级。更加注重项目质量和效益，严格项目联合审查，坚决制止盲目投资和高耗能、高污染、低水平重复建设。

二是以更大的力度提升对外开放水平。深入实施开放兴市战略，重视加强开放型人才队伍建设，潜心打造国际化营商环境，坚持引资引技引智相结合，加快构建以开放型经济为核心的全方位对外开放体系。进一步扩大利用外资规模，大力引进世界500强和跨国知名企业，同时鼓励现有外资企业通过兼并、收购、控股、参股等形式做大做强，引导外资参与产业转型升级和区域协调发展。多措并举稳定外贸，启动出口农产品质量安全示范市创建工作，抓好科技兴贸出口创新基地、外贸转型升级基地和公共服务平台建设；鼓励企业扩大能源原材料、关键技术、关键设备及零部件进口，带动产业转型升级。支持有条件的企业向全球布局产业链，搞好境外资源合作开发和优势产能转移，推进境外合作园区建设，开拓高端劳务市场。大力发展服务贸易和服务外包。加快建设泰安高新区海关综合监管区和青岛保税港区泰安（新泰）功能区。积极融入省"一圈一带"、国家中原经济区、"蓝黄"两区和长三角、京津冀等区域发展战略。

三是以更大的力度加强生态文明建设。强化生态环境倒逼作用，确保完成"十二五"节能减排和化解过剩产能硬任务。积极发展循环经济，抓好全国资源综合利用"双百工程"示范基地和新泰全国循环经济示范创建市、国家资源枯竭型城市转型发展等工作。认真落实大气污染防治"蓝天工程"三年行动计划，下大气力治理重点行业、重点区域大气污染尤其是扬尘污染，稳妥推进主城区重污染企业搬迁或转产。加强水生态文明建设，扎实开展全国水生态文明城市试点。全面加快汶河、康王河国家湿地公园建设，抓好天泽湖、柴汶河等人工湿地水质净化项目。大力实施造林绿化，完成成片造林20万亩，创建国家森林城市争取通过国家验收。推进节约集约用地，提高各类土地使用效率。健全生态文明制度体系，深入开展生态文明乡村行动，全面推动生态文明示范区建设，构筑泰安生态文明建设高地。

四是以更大的力度促进创新创业和创造。深入实施创新驱动战略。充分发挥企业创新主体作用、科研院所和大专院校要素支撑作用、泰山科学院平台载体作用，健全完善政、产、学、研、金有机结合协同创新机制，加快建设一批高水平科技创新和服务平台。加大对企业科技研发、技术创新扶持力度，以实施重大科技项目为支撑，支持优势产业和骨干企业承担国家、省重大专项和重大计划，力争在云计算、大数据、新材料、新工艺等方面攻克一批关键技术。

大力实施创业富民工程。认真落实中央、省加快民营经济发展一系列政策措施，放宽准入领域，支持民间资本进入基础产业、基础设施和金融、教育、文化、养老、医疗、体育等领域。健全完善中小微企业公共服务平台，加快中小微企业创业辅导基地、创业园区等载体建设，激发和释放民营市场主体活力。用好中小微企业发展专项资金，大力实施个升微、微升小、小升中、中升大"四升"计划和民营经济倍增计划。强化创业观念引导，加大政策扶持力度，完善大学生创业"三级孵化"模式，建设农民工返乡创业园。

积极实施人才强市战略。健全完善人才培养引进和使用激励机制，依托重大项目、重点企业、科技园区、创新平台和特色优势产业，加大对高层次创新人才、产业领军人才和高技能人才的培养引进力度，构筑泰安人才聚集高地。

我们相信，只要全市营造形成了大众创业、万众创新、人才创造的良好环境和浓厚氛围，我市产业转型升级和跨越发展就指日可待！

五、加快新型城镇化建设

推进以人为核心的新型城镇化，建设好我们共同生活的家园，是每个人的希望和梦想，需要人人参与，共建、共爱和共享。

一是更加注重规划的引领作用。坚持"先规划、后建设"，加快编制全市城镇化发展规划，推动城乡规划与产业发展规划、土地利用规划、环境保护规划等"多规"融合。加快泰城总体规划和历史文化名城保护规划修编，优化空间布局，打造城市特色，拓展发展空间。加强泰城重点片区概念性规划和城区单元控制性规划编制，完善公共服务设施、城市风貌、城市绿道、城市交通等专项规划。抓好小城镇总体规划编制研究，规划发展好农村新型社区。坚持严管重罚，强化批后监管，坚决遏制各类违法违规建设行为。

二是更加注重城镇功能配套完善。泰城重点加快推进5大城市综合体和10大城市片区建设，其中高铁新区年内完成投资100亿元，财源街中央商务区、历史文化轴片区要有突破性进展。积极探索 PPP 等城建项目投融资模式，加大城市基础设施建设投入。泰城继续实施 104 国道改建、万官大街、灵山大街、高铁出站口改造等建设工程，完成温泉路南段、东岳大街拓宽、傲徕峰路、紫欣街等建设工程。加快城市供水配水管网改造、供热管网铺设和“汽改水”，推进供水、供热等基础设施向镇村延伸。加强城市雨污分流管网改造和排水防涝设施建设。高度重视城市饮水安全，完成环湖水厂和小安门水库引水建设工程，抓好“角峪—彩山—大汶河—旧县水源地联合供水工程”前期准备工作。改造升级第一、二污水处理厂，建设完成第四污水处理厂，加快完善城区污水管网。加大城乡环境综合整治力度，重点抓好泰城南部、城乡结合部、镇村环境卫生整治，泮河、开元河等河道治理和城区农贸市场建设。

三是更加注重城市精细化管理。深化城市管理体制改革，进一步完善集管理、执法、服务于一体的“大城管”体制。强化两区和办事处城市管理职能，实行泰城分级和数字化、网格化管理，年底力争实现泰城核心区域数字化管理全覆盖。抓好小区物业管理，提高物业管理服务水平。加强城市文明和社会公德教育，创建全国文明城市，引导市民像爱护自己的眼睛一样爱护我们的城市。

四是更加注重城乡一体化体制建设。深化户籍制度改革，促进有能力在城镇稳定就业和生活的常住人口有序实现市民化。推进城镇基本公共服务常住人口全覆盖，重点放在教育、就业、养老、医疗卫生、住房保障、城乡环卫、邮政普遍服务等民生领域。大力发展公共交通，推动城乡公交资源衔接融合、有序发展。探索将农民工纳入住房公积金制度，扩大制度受益面。

六、加强民生保障和社会建设

民之所盼，政之所往；民之所需，政之所向。让群众生活得更好、更有尊严，是各级政府义不容辞的责任。新常态下，应更加注重保障基本民生，加强社会建设。

一是健全就业和社会保障体系。实施更加积极的就业政策，继续抓好高校毕业生、农村转移劳动力、城镇困难人员、退役军人和“零就业”家庭人员就业，落实好农民工技能提升、权益保障和公共服务 3 个三年行动计划。坚持“全覆盖、保基本、多层次、可持续”，健全社会保障制度，扩大社会保险覆盖面；完善落实城乡居民基本医疗保险、大病保险和临时救助制度；进一步提高城乡低保、五保供养和居民基本医疗保险财政补助标准。加快养老服务设施建设，新增养老床位 3000 张。抓好 0 ～ 6 岁残疾儿童康复救助工作和残疾人康复中心、托养中心建设。积极开展精准扶贫，加快实施东平湖移民避险解困工程。开工建设保障房 3.5 万套，有序推进公租房和廉租房并轨，探索把符合条件的企业建房纳入保障房管理。

二是繁荣发展各项社会事业。坚持教育优先发展，推进基础教育综合改革，完善学业水平考试和综合素质评价办法，探索建立现代学校制度；实施第二期学前教育三年行动计划；理顺义务教育学制，全面改善薄弱学校办学条件，落实困难救助政策，提高义务教育均衡化水平；做好省级区域信息化试点工作，加快实现“校校通、班班通、人人通”，扩大优质教育覆盖面；完善现代职业教育体系，加强校企合作，推进职业特色名校建设。加强对泰山文化资源的挖掘和阐发，创作一批富有时代精神和泰安特色的文艺精品，弘扬中华优秀传统文化；完善现代公共文化服务体系，加强基础设施建设，大力实施文化惠民工程；积极开展全民阅读活动，推进公共博物馆、纪念馆、爱国主义教育基地和文化馆、图书馆、美术馆免费开放；实施“乡村记忆工程”，加大对古村、古街、古巷、古建筑保护利用力度。深化医药卫生体制改革，重点推进县级公立医院综合改革，探索建立分级诊疗制度；巩固国家基本药物制度实施成果，提高基本公共卫生服务补助标准，做好卫生应急和重大疾病防控工作。积极发展中医药事业。抓好市中心医院高新区院区等医疗卫生设施建设。坚持计划生育基本国策不动摇，全面推进转型发展，实现免费孕前优生检查城乡全覆盖，争创全国计划生育基层群众自治示范市。大力发展体育事业和体育产业。依法管理宗教事务，增进民族团结。认真抓好国防动员、人民防空、民兵预备役、双拥共建和优抚安置工作。繁荣发展其他社会事业。

三是加强和创新社会治理。深化社会组织登记管理体制改革，积极培育和发展基层社会组织。探索建立社区、社工、社会组织、社区志愿者“四社”联动机制，推动社区服务专业化、社会化。深入推进平安泰安建设，完善立体化社会治安防控体系，严厉打击各类违法犯罪活动，提升群众安全感。建立完善基层网格化、社会化综合服务平台，及时回应群众诉求。推进涉法涉诉信访改革，把信访纳入法治轨道。加强矛盾纠纷排查化解，重视解决好土地征用、房屋拆迁、企业改制、环境污染治理等引发的矛盾和问题。更加重视食品药品和安全生产监管，做好应急管理、防灾减灾、抢险救援等工作，确保社会和谐安定。

七、加强政府自身建设

打铁还需自身硬。经济新常态、发展新任务、群众新期待，要求各级政府必须在以下几个方面加强建设、改进提高。

一是强化依法行政，建设法治政府。政府的一切权力来自人民、源自法授。全体政府工作人员要强化法律权威意识，坚持依法办事，始终做到学法、尊法、守法、用法。坚持依法科学决策，严格行政决策程序，完善政府法律顾问制度，建立重大决策终身责任追究制度和责任倒查机制。坚持严格规范、公正文明执法，落实重大执法决定法制审核、备案制度和执法案件评查、评议考核制度，健全完善行政执法争议协调机制和纠错问责机制。坚持依法向人大报告工作和向政协通报工作，认真落实人大及其常委会的决议、决定，自觉接受人大的法律监督和政协的民主监督，办理好人大代表议案、建议和政协提案。

二是强化工作创新，建设效能政府。如何做好经济发展新常态下的政府工作，对我们来说是一个新课题。全体政府工作人员要不断加强对新知识的学习和研究，在素质本领上适应新常态，不说外行话、不干外行事、不当外行人。坚决冲破陈旧观念和思维定势，积极探索新形势下做好政府工作的新思路、新办法，勇于创新、勇于实践。始终把干事创业谋发展作为最大责任，坚决克服等待观望和畏难发愁情绪，坚决纠正懒政怠政、“为官不为”行为，切实做到主动作为、善做善成。扎实做好党的群众路线教育实践活动后续整改、成果拓展工作，严格落实中央“八项规定”，加大“庸懒散”等突出问题整治力度。落实行政问责、效能监察、举报投诉制度，深入开展群众满意度调查、机关作风和政风行风评议，提升政务服务效率和水平，构筑泰安营商环境高地。

三是强化为民宗旨，建设务实政府。评价政府工作，关键是看干成了多少事，能否让群众得到更多实惠。各级政府要始终秉持求真务实工作作风，不搞花拳绣腿，不搞形象工程，不搞短期行为。认真搞好调查研究，特别要高度关注深化改革、转型升级、创新驱动、社会治理等重大问题，增强工作的前瞻性和主动性。进一步增强群众观念和为民情怀，广泛深入基层、深入群众，多到困难多、矛盾多的地方去，真情纾民困，真心排民忧，真实解民难。进一步强化目标任务责任制，层层落实责任，层层传导压力，加强督查考核，切实把政府各项重点工作、为民要办的10件民生实事落到实处。

四是强化监督制约，建设清廉政府。严格落实党风廉政建设责任制，严格遵守党的纪律和廉洁自律各项规定，做到思想上警钟长鸣，行为上自觉自律，守法纪、讲规矩。全面推进政务公开，切实加强制度建设，做到既让权力在阳光下运行，又把权力关进制度的笼子。加强行政监督、司法监督、审计监督、社会监督和舆论监督，加大违法违纪案件查办力度，形成正风肃纪的严厉高压态势。全体政府工作人员都要珍惜组织和人民赋予的权力与岗位，清清白白做人，干干净净干事，树立政府良好形象。

各位代表，“长风破浪会有时，直挂云帆济沧海”。让我们紧密团结在以习近平同志为总书记的党中央周围，在中共泰安市委的坚强领导下，不畏艰难，开拓创新，埋头苦干，全面完成“十二五”规划目标任务，为加快推进富民强市、建设幸福泰安进程而不懈奋斗！

编辑·校对 **戚淑娟**

大事纪要

1月

6～9日　政协第十二届泰安市委员会第三次会议在泰城召开。市委书记、市人大常委会主任李洪峰，市政协党组书记、主席白玉翠，副主席宋鲁、朱永强、刘君、谢崇国、王昌元、任先德、张书盈、王淑玲出席会议。李洪峰代表中共泰安市委在会上讲话。白玉翠受政协第十二届泰安市委员会常务委员会委托，向大会作工作报告。大会一致通过市政协十二届三次会议决议和市政协十二届三次会议提案审查情况的报告等。

7～10日　泰安市第十六届人民代表大会第三次会议在泰城召开。大会执行主席李洪峰、林华勇、刘汉玲、滕先森、孙运飞、尹衍祥出席会议。与会430名代表参加会议。市长王云鹏代表市人民政府作《政府工作报告》。大会表决通过市十六届人大三次会议关于政府工作报告的决议、关于泰安市2013年国民经济和社会发展计划执行情况与2014年计划的决议等。

6～7日　副省长邓向阳到泰安市调研安全生产工作。市委常委、副市长刘卫东陪同。

7日　2013年度全市人口和计划生育目标管理责任奖惩兑现大会在泰城召开。市领导李洪峰、王云鹏、张宏伟等出席会议。

8日　山东中西医结合大学落户泰安高新区签约仪式举行。市长王云鹏，山东中西医结合大学董事长、院长王力一出席。

△　市长王云鹏会见国电集团公司董事、总经理陈飞虎一行。

10日　全市2013年度县市区委书记抓基层党建工作专项述职会议召开，听取各县市区委书记和泰安高新区、泰山景区党工委书记履行基层党建工作责任情况和2014年工作打算的汇报，对落实基层党建工作责任制和“强村固基”工程实施情况进行评议。市领导李洪峰、李希信、陈刚、张宏伟、唐福泉、张志华、赵明东出席会议。

16日　全国总工会副主席、书记处书记、党组副书记刘国中到泰安市走访慰问困难企业、困难劳模及困难职工。

21日　泰安市人民政府与济南市人民政府签署推进济泰合作发展框架协议。

24日　全市工作情况通报会召开。市委书记、市人大常委会主任李洪峰向全市老领导、老同志通报了上年全市经济社会发展情况和年内工作的思路部署。市领导王云鹏、白玉翠、林华勇、李希信、唐福泉出席会议。

△　市委书记、市人大常委会主任李洪峰在市委常委、秘书长陈刚陪同下，走访慰问新中国成立前入党的老党员、生活困难党员、农村贫困户及困难职工。

25日　省委书记、省人大常委会主任姜异康到泰安市走访慰问老党员和困难群众，代表省委、省政府向全省广大干部群众致以新年的祝福。省委常委、秘书长雷建国，市委书记、市人大常委会主任李洪峰，市委副书记、市长王云鹏陪同。

26日 中共泰安市纪委十届四次全体会议在泰城召开，会议传达学习省纪委十届四次全会精神，总结2013年全市党风廉政建设和反腐败工作，部署2014年工作任务。市领导李洪峰、王云鹏、白玉翠、林华勇、李希信、辛显明、陈刚、刘卫东、张宏伟、张志华、赵明东、郭德文、徐国乔出席会议。

28日 市委召开常委会议暨党的群众路线教育实践活动领导小组会议，传达学习中共中央总书记习近平在党的群众路线教育实践活动第一批总结暨第二批部署会议上的讲话精神和中央、省委有关会议精神，研究部署贯彻落实意见。市领导李洪峰、王云鹏、白玉翠、林华勇、李希信等出席会议。

△ 泰安市各界人士春节团拜会举行。市委书记、市人大常委会主任李洪峰，市委副书记、市长王云鹏，市政协党组书记、主席白玉翠，市人大常委会党组书记、第一副主任林华勇，市委副书记李希信等市各大班子领导同志；市级老同志；各民主党派主委，工商联主席，港澳台胞代表，住泰城全国人大代表、政协委员，住泰城省人大常委、省政协常委，各界代表，驻军代表；驻泰高校、市直各部门、省属以上驻泰安有关单位主要负责同志参加团拜会。

2月

8日 市政府召开全体成员（扩大）会议。市委副书记、市长王云鹏就做好年内的政府各项工作提出意见和要求。

10日 全省安全生产电视会议召开，泰安市设分会场组织收听收看。市委副书记、市长王云鹏出席会议，并代表泰安市委、市政府作典型发言。

11日 副省长赵润田到泰安市检查森林防火工作。

18日 34个重点项目在泰山区同时开工。鲁商商住综合体项目等在该区奠基。市委书记、市人大常委会主任李洪峰，山东商业集团有限公司董事长、党委书记王仁泉，市委副书记、市长王云鹏，市政协党组书记、主席白玉翠出席奠基仪式。

19日 全市农村工作会议召开，深入学习贯彻中央和全省农村工作会议精神，研究部署全市农业农村工作。市领导李洪峰、王云鹏、李希信、张宏伟、张瑞东出席会议。

△ 市委全面深化改革领导小组召开第一次全体会议。市委书记、市人大常委会主任、市委全面深化改革领导小组组长李洪峰主持会议并讲话。市委副书记、市长、市委全面深化改革领导小组副组长王云鹏宣读有关文件，市委副书记、市委全面深化改革领导小组副组长李希信和领导小组成员出席会议。

20日 市委副书记、市长王云鹏会见中材集团董事长刘志江一行，双方就进一步加大合作项目推进力度进行深入交流。

21日 全市党的群众路线教育实践活动动员大会召开。会议深入学习贯彻中央和全省党的群众路线教育实践活动第一批总结暨第二批部署会议精神，对全市开展党的群众路线教育实践活动进行动员部署。市委书记、市人大常委会主任李洪峰主持会议并作动员部署。市委副书记、市长王云鹏，市政协党组书记、主席白玉翠，市人大常委会党组书记、第一副主任林华勇出席会议。

28日 全市科学发展表彰大会召开，就进一步推进全市科学发展进行动员部署。市委书记、市人大常委会主任李洪峰讲话。

当月 在全省农村工作会议上，新泰市被省委、省政府授予全省生态文明乡村建设工作先进市称号。新汶街道办事处大河村、楼德镇新庄村、翟镇前羊村、东都镇羊蹄村4个村被评为全省生态文明乡村建设先进村。

3月

4日 市委政法工作会议召开。市委书记、市人大常委会主任李洪峰出席会议并讲话。强调各级政法机关要切实维护社会大局稳定，促进社会公平正义，保障人民安居乐业，服务经济社会发展，改进作风提高素质，努力开创全市政法工作新局面。

6日 副省长张超超到宁阳县调研工业经济运行和交通运输工作。市委书记、市人大常委会主任李洪峰陪同活动。

7日 市委举办学习贯彻党

章专题辅导报告会，邀请中央党校党建教研部博士生导师张晓燕教授作专题辅导报告。市委书记、市人大常委会主任李洪峰主持报告会并讲话。

11～12日 副省长季缃绮到泰安市调研文化旅游融合发展工作。市委常委、副市长刘卫东陪同活动。

12日 省政协副主席许立全率团到泰安市调研经济社会发展和省市政协委员所在企业发展情况。市领导李洪峰、白玉翠陪同活动。

14日 市委举办马克思主义群众观点专题辅导报告会，邀请省委党校原副校长、巡视员衣芳教授作专题辅导报告。市委书记、市人大常委会主任李洪峰主持报告会并讲话。

18日 根据中央党的群众路线教育实践活动工作安排，以中组部原常务副部长、原人事部部长张柏林为组长，辽宁省委原副书记张成寅为副组长的中央教育实践活动第六巡回督导组，到泰安市调研督导教育实践活动。市人大常委会主任李洪峰陪同活动。

20日 全市组织工作会议召开，主要任务是深入贯彻中共十八届三中全会和习近平总书记系列重要讲话精神，落实全国、全省组织工作会议和组织部长会议精神，总结全市组织部门党的群众路线教育实践活动，研究部署2014年和今后一个时期全市党的建设和组织工作。

22日 国家林业局局长赵树丛在省林业厅厅长燕翔陪同下，到泰安市调研指导国有林场改革工作。市领导李洪峰、王云鹏、李希信参加活动。

23日 中央农村工作领导小组副组长、办公室主任陈锡文到肥城市调研深化农村改革工作。省委副书记王军民，市委书记、市人大常委会主任李洪峰等陪同。

25～26日 根据省委教育实践活动办公室统一安排，市委书记、市人大常委会主任李洪峰，市委副书记、市长王云鹏，市政协党组书记、主席白玉翠，市人大常委会党组书记、第一副主任林华勇，市委副书记李希信与泰安市省管干部、各县市区长一道，到沂蒙革命老区，接受革命传统教育，增强党的宗旨意识和群众观念。

当月 泰安市上调全市最低工资标准。调整后的全市最低工资标准分为两类：泰山区、新泰市、肥城市执行1350元/月的标准，小时最低工资标准为13.5元/小时；岱岳区、宁阳县、东平县执行1200元/月的标准，小时最低工资标准为12元/小时。调整后的最低工资标准从2014年3月1日起执行。

4月

1日 焦作市委常委、常务副市长姜继鼎率学习考察团到泰安市学习综合治税方面的经验做法。市委常委、副市长辛显明出席交流座谈会。

3日 省委常委、常务副省长孙伟到泰安市调研现代大学制度建设及产业结构调整情况。市领导李洪峰、王云鹏陪同。

8日 副省长孙绍骋到泰安市东平县调研社会养老体系及示范镇建设工作。市委副书记、市长王云鹏陪同活动。

10日 副省长赵润田到宁阳县调研抗旱工作。

11日 省政协副主席王乃静带领调研组，到泰安市调研推动社会力量发展养老服务业情况。市政协党组书记、主席白玉翠陪同活动。

14日 2014泰山东岳庙会暨海峡两岸民俗文化周、韩国信众泰山行启动仪式举行。

18日 市委常委扩大会议召开，市委常委就党的群众路线教育实践活动开展以来集中学习的情况，联系思想和工作实际，交流心得体会。市委书记、市人大常委会主任李洪峰主持会议并作党课辅导。

19日 市委书记、市人大常委会主任李洪峰会见台湾海基会董事长林中森率领的文化参访团一行，双方就扩大经济、文化等领域合作进行深入交流。

25日 中国五矿大型城市综合体项目在泰安高新区开工建设。中国五矿集团公司副总裁、中国五矿股份有限公司总经理孙晓民，市委书记、市人大常委会主任李洪峰，市委副书记、市长王云鹏出席开工仪式。

△ 市委副书记、市长王云鹏会见瑞士驻华大使参赞、瑞

士发展合作署中国区负责人菲利普·查斐一行，双方就开展两国双边“中国低碳城市”项目合作进行交流。

28 日　泰安市庆“五一”先模表彰大会举行。会上表彰近年来为全市经济社会发展作出突出贡献的先进集体和先进个人。

29 日　副省长王随莲到泰安市调研手足口病防治工作情况。市委副书记、市长王云鹏陪同调研。

29 ~ 30 日　省政协副主席栗甲带领调研组，到泰安市调研社会组织管理创新和发挥作用情况。市政协党组书记、主席白玉翠陪同调研。

5月

6 日　市政府与山东农业大学举行发展现代农业全面合作签约仪式。省人大常委会副主任、山东农业大学校长温孚江，市委副书记、市长王云鹏，市委副书记李希信出席。

7 日　市委、市政府召开全市科学技术奖励大会，表彰为科技事业发展和现代化建设作出突出贡献的先进单位和个人。市领导李洪峰、王云鹏出席会议。

8 日　省粮食局与市政府签订战略合作框架协议。省粮食局局长杨丽丽，市委副书记、市长王云鹏出席仪式。

10 日　山东省第四届全民健身运动会开幕式暨全民健身活动月启动仪式在泰安市举行。副省长王随莲，省体育局局长张松林，市委副书记、市长王云鹏出席开幕式。

11 ~ 12 日　全国政协副主席兼秘书长张庆黎到泰安市调研经济社会发展情况。市领导李洪峰、王云鹏陪同调研。

15 ~ 16 日　全国人大委员、全国人大内司委副主任委员王胜明带领全国人大执法检查组到泰安市，就《未成年人保护法》实施情况开展执法检查。

16 日　新加坡泺亨集团泰安现代物流中心在泰安高新区开工奠基。市委书记、市人大常委会主任李洪峰，市委副书记、市长王云鹏，新加坡泺亨集团董事长韩晓丽，新加坡贸发局中国司司长陈泗棕出席开工仪式。

17 日　国家体育总局登山运动管理中心等单位主办的2014“泰山冠军”中国泰山登山系列大奖赛正式开赛。此次比赛规定参赛者年龄为 18 ~ 50 周岁，来自全国各地 1000 余名运动员报名参赛。

19 日　全市防汛工作会议召开。市委副书记、市长王云鹏出席会议，并在会上指出，各级各有关部门单位必须绷紧防汛抗洪保安全这根弦，切实增强工作责任感和紧迫感，确保全市安全度汛。

21 日　2014（深圳）泰安经济合作洽谈会在深圳举行。共签约投资项目 14 个，战略合作协议 2 个，合同引资额 418.1 亿元。深圳市山东商会会长、深圳东华（实业）有限公司总经理王维星，市委副书记、市长王云鹏出席洽谈会。

22 ~ 23 日　国家工商总局党组书记、局长张茅到泰安市调研工商系统群众路线教育实践活动。副省长夏耕，省工商局党组书记、局长牛启忠陪同活动。

23 日　副省长邓向阳到泰安市调研退化湖泊生态保护与修复工作。

26 日　全国广东商会会长泰山行推介会在泰城举行。省政协副主席、省工商联主席王乃静，市委副书记、市长王云鹏出席推介会。

26 ~ 29 日　全市招商引资和项目建设检查考核会议召开，现场检查考核并评价各县（市、区）、泰安高新区招商引资和项目建设情况。市领导李洪峰、王云鹏、白玉翠、林华勇等出席会议。

28 日　国家防汛抗旱总指挥部秘书长、水利部副部长刘宁带领黄河下游防汛旱检查组到东平县检查防汛准备工作。副省长赵润田，市委副书记、市长王云鹏陪同活动。

6月

4 日　市委召开常委会议，传达学习全省党委（党组）中心组深入学习贯彻习近平总书记系列重要讲话精神座谈会精神，研究贯彻意见。

5 ~ 6 日　副省长夏耕到泰安市调研开放型经济发展情况并召开座谈会，市委副书记、市长王云鹏出席会议。

6日 省人社厅、省食药局、泰安市政府共建山东医药技师学院签字仪式在泰城举行。

9日 市委书记、市人大常委会主任李洪峰在泰安会见南非普罗福特公司执行主席艾比·瓦尔特一行，双方就进一步加强合作进行了深入交流。

10～11日 省关工委主任高新亭一行到泰安市调研关心下一代工作开展及全市经济社会发展情况。市委书记、市人大常委会主任李洪峰，市委副书记、市长王云鹏陪同活动。

11日 省委常委、政法委书记才利民到泰安市调研司法执法规范化建设、矛盾纠纷排查调处和反恐维稳等政法工作。

18日 市委副书记、市长王云鹏主持召开第22次市政府常务会议，传达贯彻全省扶贫开发精准识别工作会议和全省城镇化会议精神，研究推进新型城镇化发展和加强城市建设管理等工作。

22日 在卡塔尔首都多哈召开的第38届世界遗产大会审议并通过中国提交的“大运河”申遗申请。“大运河”作为文化遗产正式被列入世界遗产名录。

21～23日 全省第五期港澳台海外代表人士国情研修班暨“情系海联·同心同行”考察活动在泰安市举办。市委书记、市人大常委会主任李洪峰等出席活动。

24日 市委副书记、市长王云鹏在泰安会见韩国交易所理事长崔庚洙一行，双方就进一步加强泰安市与韩国在金融证券领域的合作，推动全市企业赴韩国证券市场上市工作进行深入交流。

25日 国家人社部副部长胡晓义到泰安市调研人力资源和社会保障工作，重点了解大学生就业创业情况。

27日 政协第十二届泰安市委员会第十五次常委会议召开。审议通过市政协《关于推动全市新能源产业发展的调研报告（讨论稿）》《关于依靠科技创新推进工业结构转型升级的调研报告（讨论稿）》和有关人事事项。

7月

3日 全国农村基层党组织助残扶贫工作经验交流会暨农村残疾人扶贫开发工作会在泰安市召开。中国残联党组书记、理事长鲁勇，省委常委、组织部长高晓兵，中央组织部组织二局巡视员、副局长曾贤钦，国务院扶贫办副主任王国良，省残联党组书记、理事长仉兴玉，市委书记、市人大常委会主任李洪峰，市委副书记、市长王云鹏等出席活动。

8日 副省长赵润田在省水利厅厅长王艺华、山东黄河河务局局长张俊峰等陪同下到东平县、新泰市检查大汶河、东平湖防汛工作。

9日 市委召开常委班子专题民主生活会情况通报会。市委书记、市人大常委会主任李洪峰主持会议并通报情况，省委统战部巡视员、省委督导组第一副组长亓同秋出席会议并讲话，市委副书记、市长王云鹏，市政协党组书记、主席白玉翠，市人大常委会党组书记、第一副主任林华勇，市委副书记李希信出席会议。

10～11日 中共十八届中央委员、最高人民法院党组副书记、常务副院长沈德咏一行到泰安市视察法院工作并走访部分全国人大代表。

15日 省委常委、省纪委书记李法泉到泰安调研贯彻落实中央纪委和省纪委全会精神、落实党风廉政建设监督责任情况等。

17日 全市征兵工作会议召开。泰安军分区司令员王兆祯，市委常委、副市长、市政府征兵领导小组组长刘卫东，市委常委、军分区政委王德慧出席会议。

27日 上海市山东商会、上海市山东青年联合会“回报家乡、助力发展”泰安行座谈会召开。省政府驻上海办事处主任、上海市山东商会会长李斌，市委书记、市人大常委会主任李洪峰，市委副书记、市长王云鹏出席会议。

30日 “八一”建军节来临之际，市委书记、市人大常委会主任李洪峰到驻泰安部队走访慰问。

当月 中国地震局公布首批国家防震减灾示范县名单，在受表彰的全国11个示范县中，新泰市位列其中。

8月

5日 市委召开常委会议，听取上半年全市经济社会发展形势汇报，研究下一步工作措施。

市委书记、市人大常委会主任李洪峰主持会议并讲话，市委副书记、市长王云鹏，市政协党组书记、主席白玉翠，市人大常委会党组书记、第一副主任林华勇及市委常委出席会议。

12～15日　中俄人文合作委员会旅游分委会第十一次会议在泰安召开。泰安市与俄罗斯“世界无国界”旅游协会签订旅游战略合作协议，标志着泰安旅游度假产品正式走进俄罗斯旅游市场。

16日　第三届“中国城市公益慈善指数”发布典礼在北京举行。泰安市在294个城市中脱颖而出，荣登中国城市慈善公益百强榜，成为五星级中国慈善公益城市。同时入选的县级城市有新泰市。

20日　全市人口和计划生育工作半年形势分析会议召开，总结年内全市人口计生工作情况，分析当前人口形势，安排部署下半年工作。市领导李洪峰、王云鹏出席会议。

26日　市十六届人大第18次会议召开。会议听取市政府关于泰安市2014年上半年全市国民经济和社会发展计划执行情况的报告、关于2014年上半年全市及市级财政预算执行情况的报告等。

31日　2014中国（泰山）国际矿业装备与技术展览会在泰山会展中心隆重开幕。原煤炭部副部长、中国煤炭工业协会名誉会长濮洪九，市委书记、市人大常委会主任李洪峰出席开幕式。

当月　住房和城乡建设部、国家发改委、财政部、国土资源部等七部委联合下发《住房城乡建设部等部门关于公布全国重点镇名单的通知》，泰安市13个镇榜上有名。分别是泰安市泰山区邱家店镇，岱岳区山口镇、满庄镇、大汶口镇，新泰市翟镇、楼德镇、西张庄镇，肥城市石横镇、边院镇、汶阳镇，宁阳县磁窑镇、华丰镇，东平县银山镇。

9月

3日　2014“百家知名外商泰山行”启动仪式暨泰山国际生态智慧项目洽谈会在泰安举行。来自20个国家和地区的180名客商参加洽谈。

4日　2014中国泰安投资合作洽谈会在泰安举行。共签约重点项目33个。其中，内资项目21个，合同协议引资额312.19亿元；外资项目12个，合同协议外资额21.08亿美元。

5日　全市企业家座谈会暨泰安市工业联盟成立大会召开。市委副书记、市长王云鹏出席。

△　以“相约水韵东平，体验龙舟文化”为主题的2014中国·东平第五届国际龙舟邀请赛在泰安市东平湖拉开帷幕。

6日　第二十八届泰山国际登山节隆重开幕。中国奥委会副主席、中华全国体育总会原副主席吴寿章，市委书记、市人大常委会主任李洪峰，市委副书记、市长王云鹏等出席开幕式。该届登山节围绕“推进富民强市、建设幸福泰安”战略目标，设计安排第二十八届泰山国际登山节开幕式暨第十九届全国全民健身登泰山比赛暨国际邀请赛（环泰山万人健身跑活动）、2014中国泰安投资合作洽谈会、2014中国（泰山）国际矿业装备与技术展览会及“幸福泰安”旅游文化周等四大系列活动，着力打造泰山国际登山比赛竞技品牌，做好泰安旅游文章，扩大投资合作洽谈会等经贸活动成果，丰富群众性文化活动，提升泰山国际登山节的经济和社会效益。

△　中国国际时尚产业设计创意园100万套西装生产线在岱岳区大汶口工业园正式投产。项目总投资60亿元，年产值120亿元，税收7亿元，可安置劳动力8000人。

△　泰安六星国际汽车生态文化产业园项目开工仪式在岱岳区大汶口工业园举行。项目总投资34亿元，集汽车4S店集群、名车博览中心、二手车交易中心、汽车精品百货、汽车零配件集散中心、六星汽车宾馆、汽车体验赛道、汽车影院、国际风情街和汽车文化园区等综合配套商业中心于一体。

9日　市委、市政府召开庆祝2014年教师节暨表彰大会，隆重庆祝第30个教师节，会上表彰了在全市教育工作中涌现出来的先进单位和先进个人。

11日　中国共产党泰安市十届委员会第七次全体会议在泰安举行。出席这次会议的市委委员33人，市委候补委员9人，市纪委常委和有关部门负责人列席会议。市委书记李洪峰作重要讲话，市委副书记、市长王云鹏传达省委十届九次全体会议精神。

12 日　全市质量强市工作会议召开。市委副书记、市长王云鹏出席会议。

15 ~ 16 日　省人民检察院检察长吴鹏飞到泰安市调研检察工作。市委书记、市人大常委会主任李洪峰陪同调研。

16 日　104 国道京福线界首至满庄段改建工程开工典礼，在泰安市岱岳区天平街道办事处起驾店村北施工现场举行。市委书记、市人大常委会主任李洪峰，市委副书记、市长王云鹏，中建筑港集团有限公司董事长王连生出席典礼仪式。

19 日　市政协召开座谈会，庆祝中国人民政治协商会议成立 65 周年。市委书记、市人大常委会主任李洪峰出席会议并讲话，市委副书记、市长王云鹏，市人大常委会党组书记、第一副主任林华勇出席会议。

20 ~ 21 日　全国人大委员、澳门特别行政区立法会主席贺一诚，率澳门特别行政区十二届全国人大代表视察团到泰安市视察。省人大常委会副主任温孚江，市领导李洪峰、王云鹏、林华勇陪同活动。

23 日　市委常委召开议军会议，传达学习习近平主席关于国防和军队建设的重要批示，听取泰安军分区党委关于近年来全市国防后备力量建设情况，并研究有关问题。

30 日　政协第十二届泰安市委员会第十六次常委会议召开。会议传达学习习近平总书记在庆祝人民政协成立 65 周年大会上的讲话精神；听取市政府关于今年以来提案办理情况的通报等。

10 月

13 日　由首都师范大学、泰安市人民政府主办，中国书法文化研究院、中共泰安市委宣传部等单位联合承办的“首泰弘文书苑”揭牌仪式暨“大美泰山——书法艺术展”开幕式在泰安举行。

16 日　全市党的群众路线教育实践活动总结大会召开，深入贯彻中央和全省党的群众路线教育实践活动总结大会精神，学习领会习近平总书记重要讲话精神，对全市教育实践活动进行总结，巩固和拓展教育实践活动成果、加强党的作风建设、落实从严治党要求进行部署。市委书记、市人大常委会主任李洪峰主持会议并讲话，市领导王云鹏、白玉翠、林华勇、李希信出席会议。

△　市政府职能转变和机构改革工作动员大会召开，贯彻落实省委、省政府关于市县政府职能转变和机构改革指示精神，对市政府职能转变和机构改革工作进行动员部署。

17 日　2014 商务发展论坛在泰安市举行。中国商业联合会会长张志刚，副省长夏耕，省商务厅厅长王华，市委副书记、市长王云鹏出席开幕仪式。

19 日　德州市委副书记满春重率德州考察团一行 41 人到泰安市学习考察城乡统筹、生态文明乡村建设、新型城镇化和新农村建设等方面的经验做法，市委副书记李希信陪同考察。

23 日　市委副书记、市长王云鹏会见到泰安调研的国家邮政局党组成员、副局长王梅一行。

27 日　市十六届人大第 19 次会议召开。听取市政府关于全市贯彻落实省“一圈一带”发展规划工作情况的报告、关于全市医疗保险工作情况的报告、关于市政公用事业建设管理工作情况的报告等。

29 日　省财政厅检查组到泰安市调研指导棚户区改造工作，听取泰安市关于高铁新区建设及棚户区改造情况汇报。市委副书记、市长王云鹏出席座谈会。

31 日　全市国防动员委员会全体会议召开，总结“十二五”以来全市国防动员工作，部署新形势下国防动员工作任务。

当月　由中小城市经济发展委员会等联合主编的《中小城市绿皮书：中国中小城市发展报告(2014)》发布，泰山区在 2014 年度中国综合实力百强市辖区、县、市中榜上有名。

11 月

4 日　全市城镇化工作会议召开，贯彻落实中央和全省城镇化工作会议精神，研究部署加快推进全市城镇化工作。

5 日　山东省第四届全民健身运动会闭幕式在泰安市举行。

副省长王随莲出席闭幕仪式。

9日 “泰山温泉城杯”2014泰山国际马拉松赛在泰安文化艺术中心起跑。来自俄罗斯、英国、德国、澳大利亚、日本等10余个国家，及全国30个省、市、自治区及中国香港、台湾地区1.39万名选手参加比赛。

10日 俄罗斯罗布尼亚市政府代表团到泰安市考察访问，双方举行了签约仪式。

13日 省政协副主席许立全，团省委书记、山东青年政治学院党委书记张涛带领调研组，到泰安市专题调研青少年社会工作开展情况。

17日 市委召开常委会议，传达省委十届十次全会精神，研究贯彻落实意见。

19日 市委理论学习中心组举行学习贯彻十八届四中全会精神宣讲报告会，邀请省委宣讲团成员、山东大学法学院副院长、教授周长军就全面推进依法治国、加快建设法治中国作宣讲报告。

△ 副省长赵润田到泰安市调研森林防火、植树造林、农产品质量安全和雨洪资源利用等工作。市委书记、市人大常委会主任李洪峰等陪同调研。

20日 省委教育实践活动第六巡回督导组对泰安市教育实践活动整改落实后续工作进行巡回督导，听取泰安市委汇报。

21日 市委副书记、市长王云鹏主持召开第27次市政府常务会议，研究前三季度经济运行情况、民营经济招商工作情况和《关于加强房屋安全管理工作的意见》起草工作等议题。

25～26日 省委副书记、省长郭树清到泰安市调研2014年度党风廉政建设责任制落实情况，并召开座谈会听取相关情况汇报。省政府秘书长、办公厅主任蒿峰，省纪委副书记王喜远，市委书记、市人大常委会主任李洪峰，市委副书记、市长王云鹏，市委副书记李希信出席会议。

26日 市委召开常委会议，传达学习郭树清省长到泰安市检查2014年度落实党风廉政建设责任制工作和调研经济社会发展情况时的重要讲话精神。

24～28日 全市招商引资和项目建设检查考核会议召开，对年内各县市区、泰安高新区招商引资和项目建设工作进行现场观摩检查和实名评价考核，并安排部署下一步工作任务。

28日 中国共产党泰安市第十届委员会第八次全体会议在泰安召开。出席会议的市委委员35人，市委候补委员8人。市纪委常委和有关部门单位负责人列席会议。全委会深入学习贯彻中共十八届四中全会和省委十届十次全会精神，听取和讨论李洪峰受市委常委会委托作的工作报告，审议通过《中共泰安市委关于贯彻落实党的十八届四中全会和省委十届十次全会精神全面推进依法治市的意见》。

△ 中国共产党泰安市第十届纪律检查委员会第五次全体会议在泰安召开。全会认真学习贯彻中共十八届四中全会、十八届中央纪委四次全会，省委十届十次全会、省纪委十届五次全会和市委十届八次全会精神，对全市纪检监察系统落实全会精神进行部署。

当月 省政府下发《关于公布第一批历史文化街区的通知》，在全省35个首批历史文化街区中，泰安市红门路、岱庙、通天街街区入选。

12月

1日 市委召开全市人大常委会工作会议，认真贯彻落实中共十八届四中全会精神，深入学习贯彻习近平总书记在庆祝全国人民代表大会成立60周年大会上的重要讲话精神，研究部署新形势下加强和改进中国共产党对人大工作领导的任务和措施，努力开创人大工作新局面。

10日 市委书记、市人大常委会主任李洪峰到东平县调研东平湖库区移民工作。

14日 市委副书记、市长王云鹏在泰安会见韩国驻青岛总领事黄胜炫一行。

18日 省政协副主席许立全率队到肥城市调研经济社会发展和政协工作，市政协党组书记、主席白玉翠陪同调研。

19日 泰安市龙潭路停车场建成启用。该地下停车场由市中心医院管理和使用，启用后将为社会提供近600个停车位，彻底解决龙潭路和中心医院区域交通拥堵和停车难问题。

22日 市委书记、市人大常委会主任李洪峰在泰安看望慰问省军区司令员荣森之率领的野营拉练省军区官兵。

24日 市十六届人大第20次会议召开。听取市人大常委会法制委员会关于市十六届人大三次会议第7号议案审议和办理情况的汇报、市人大常委会财经委员会关于市十六届人大三次会议第10号议案审议和办理情况的汇报等。

26日 弘扬泰山文化“四个一百”工程当代中国书画摄影名家作品展暨作品集首发式在泰安文化艺术中心举行。副省长季缃绮，市领导李洪峰、王云鹏、白玉翠、林华勇等出席开展仪式。

△ 副省长季缃绮到泰安市调研社会养老服务体系建设情况。市委副书记、市长王云鹏陪同。

30日 全市2014年县（市、区）委书记抓基层党建工作述职评议会议召开，贯彻全省市委书记抓基层党建工作述职评议会议精神，听取各县（市、区）和泰安高新区、泰山景区党工委书记2014年履行抓基层党建工作责任情况汇报，并进行述职评议。

31日 政协第十二届泰安市委员会第十七次常委会议召开。听取关于召开市政协第十二届四次会议有关事宜的说明、关于政协第十二届泰安市委员会常务委员会工作报告（讨论稿）起草情况所作的说明等。

△ 市委副书记、市长王云鹏主持召开第28次市政府常务会议，研究市级行政审批项目摸底清理和目录编制情况、2014年财政预算执行情况和2015年预算安排意见等工作。

当月 第四批国家级非物质文化遗产代表性项目名录（共计153项）和国家级非物质文化遗产代表性项目名录扩展项目名录（共计153项）公布，泰安市的徐家拳和孟氏正骨入选。

△ 在第三届中国地市报系列“十强”和“十佳”评选中，泰安传媒集团凭借多媒体运营、多元化发展的集团架构，荣膺“经营创新十强”。

第二十八届泰山国际旅游文化登山节

【概况】 9月6日，第二十八届泰山国际登山节暨2014中国泰安投资合作洽谈会在泰安举办。该届登山节围绕“推进富民强市、建设幸福泰安”战略目标，设计安排第二十八届泰山国际登山节开幕式暨第十九届全国全民健身登泰山比赛暨国际邀请赛（环泰山万人健身跑活动）、2014中国泰安投资合作洽谈会、2014中国（泰山）国际矿业装备与技术展览会及“幸福泰安”旅游文化周四大系列活动，打造泰山国际登山比赛竞技品牌，做好泰安旅游文章，扩大投资合作洽谈会等经贸活动成果。该届登山节开幕式与第十九届全国全民健身登泰山比赛暨国际邀请赛（环泰山万人健身跑活动）合并举办。登山比赛共吸引国内外运动员3072人。其中，国内共有来自26个省、市、自治区的2650名运动员参赛；国外方面有来自18个国家和地区的422名运动员参赛。该届登山节还精心策划推出25项丰富多彩的旅游、体育和群众性文化活动。

【开幕式】 9月6日，第二十八届泰山国际登山节在泰安隆重开幕，第十九届全国全民健身登泰山比赛暨国际邀请赛和环泰山万人健身跑活动起跑仪式一并举行。中国奥委会副主席、中华全国体育总会原副主席吴寿章，省体育局副局长李政；市委书记、市人大常委会主任李洪峰，市委副书记、市长王云鹏，市政协主席、党组书记白玉翠，市人大常委会第一副主任、党组书记林华勇，市委副书记李希信等出席开幕式。吴寿章、李政共同为登山比赛鸣枪发令。

李洪峰宣布第二十八届泰山国际登山节开幕。王云鹏代表市委、市政府致辞。有3000多名来自国内外的运动员参加登泰山比赛，有1万名来自机关、企事业单位、大专院校人员以及社会各界群众参加环泰山万人健身跑活动。

【经贸活动】 9月3日，2014“百家知名外商泰山行”启动仪式暨泰山国际生态智慧项目洽谈会举行。来自20个国家和地区的180名客商欢聚泰山脚下，共商发展大计。市委副书记、市长王云鹏，省商务厅副厅长陈泽浦和众多世界知名外商、企业家一起，围绕引领世界产业发展潮流的生态智慧产业进行深入探讨交流。王云鹏致辞并简要介绍泰安经济社会发展情况。泰安高度重视对外开放和产业招商工作，越来越多的世界知名大企业、大集团到泰安投资兴业，寻求合作发展。韩国重工等一批世界500强企业及跨国集团公司在泰安投资落户，岱银集团等500多家本地企业的产品出口世界156个国家和地区，在境外建立生产经营企业30多家。

9月4日，2014中国泰安投资合作洽谈会在泰安隆重举行。市委书记、市人大常委会主任李洪峰，省贸促会副会长连佳军，市委副书记、市长王云鹏，市政协党组书记、主席白玉翠，市人大常委会党组书记、第一副主任林华勇出席投洽会。王云鹏介绍了泰安经济社会发展情况。部分客商代表在致辞，表示愿与泰安在更多领域开展合作，实现互利共赢，共同发展。投洽会上推介了全市重点投资产业，并举行部分重点项目签约仪式。现场签约重点项目33个，其中，内资项目21个，合同协议引资额312.19亿元；外资项目12个，合同协议外资额21.08亿美元。市委常委、副市长辛显明主持投洽会。市领导陈刚、刘卫东、张宏伟、唐福泉及部分省市山东商会、省内异地商会和国内外企业界朋友参加活动。

【体育活动】 9月5日，以“相约水韵东平，体验龙舟文化”为主题的2014中国·东平第五届国际龙舟邀请赛在泰安市东平湖拉开帷幕。该届比赛由山东省体育局、山东省体育总会、泰安市人民政府主办，由泰安市体育局、泰安市体育总会、东平县人民政府承办。共有28支来自国内、国外的龙舟队伍参加。聊城大学代表队囊括所有赛项第一名。

9月6日，第十九届全国全民健身登泰山比赛暨国际邀请赛和环泰山万人健身跑活动起跑仪式在泰安举行。中国奥委会副主席、中华全国体育总会原副主席吴寿章，省体育局副局长李政；市委书记、市人大常委会主任李洪峰，市委副书记、市长王云鹏等出席。吴寿章、李政共同为登山比赛鸣枪发令。来自国内外的3000多名登山健儿参加登泰山比赛，有1万余名来自机关、企事业单位、大专院校人员以及社会各界群众参加环泰山万人健身跑活动。经过紧张激烈的角逐，各个组别的冠军相继产生。省市领导分别在玉皇顶、南天门、中天门为获奖选手颁奖。

9月7日，第二十八届泰山国际登山节“康王河杯”全民健身嘉年华在泰安开幕。在该届全民健身嘉年华开幕式上，各基层组织和各体育协会选送的代表队进行空竹表演《龙凤呈祥》、太极表演《太极功夫扇》等休闲娱乐健身展演。

【文化活动】 9月6日，第四届泰山石敢当文化节在泰安开幕，中国民俗学会副会长兼秘书长、中国社会科学院世界宗教研究所研究员叶涛等出席活动。泰山石敢当是泰山文化的重要组成部分，也是中华传统历史文化的重要内容。该届文化节以“弘扬泰山石敢当文化，祈福国泰民安大中华”为主题，举办海峡两岸泰山石敢当书画长卷联展、寻找泰山石敢当海峡两岸拍客行、泰山石敢当故事大会等活动。9月9～12日晚间，在泰山广场举办幸福泰安广场文艺汇演活动。

9月5日，第二届泰山茶文化艺术节暨校企联盟揭牌仪式在泰安泰山茶博城城开幕。本次活动还邀请泰安市炒茶能手现场手工炒茶，让老百姓与泰山茶零距离接触，品茗话茶之间，让更多人了解茶文化形成的背景。活动期间，泰山茶博城举办“走近群众，健康饮茶”专家系列讲座，邀请山东农业大学茶文化相关专家教授为大家带来精彩的演讲。泰山茶博城总建筑面积约3万平方米，总投资近1.2亿元，是汇集茶文化传播、茶业科研、信息处理、茶叶检测等于一体的综合性一站式茶文化博览交易中心，也是泰安首个大型茶文化主题商城。

编辑·校对 **冯宪谟**

市情概况

环境·资源·人口

【位置面积】 泰安市位于山东省中部，处北纬35°38′～36°28′，东经116°20′～117°59′之间。北以泰山与济南市为界，南与济宁市相连，西隔黄河与聊城市及河南省濮阳市相望，东与莱芜市、淄博市、临沂市相邻。东西长约176.6公里，南北宽约93.5公里，面积7762平方公里，占全省面积的4.94%。

泰安城为市政府驻地，位于泰山南麓，北距省会济南66.8公里，南至孔子故里曲阜74.6公里，处于山东省"一水、一山、一圣人"旅游热线的中间。

【建置沿革】 泰安市是国务院公布的历史文化名城。早在6000至4000年前，汶河两岸的氏族部落创造了繁盛的"大汶口文化"。此后，历代在此设邑、置郡、建府。秦代设济北郡，郡治博阳（故城在今泰安市岱岳区旧县村）。汉武帝封禅泰山时置泰山郡，郡治始为博县，元封二年（公元前109）移至新建之奉高（今泰安市岱岳区范镇故县村），北魏时又移治至钜平县（今岱岳区大汶口附近）。北齐改为东平郡，郡治博县城。唐宋时分属兖州、郓州（北宋末改称东平府）。金天会十四年（1136）设泰安军，治岱岳镇（今泰安城），泰安之名由此始。境内分属泰安军（大定二十二年，即1182年升为州）与东平府，隶山东西路。元明设置泰安州。清雍正十三年(1735)，升泰安直隶州为泰安府，增置泰安县为府治，降东平直隶州为散州，泰安府时辖泰安、新泰、莱芜、肥城、东阿、平阴六县及东平一州，隶山东行省。

抗日战争时期，抗日民主政权设立泰山区、泰西区。1950年5月，泰山、泰西两区合并为泰安专区，成立泰安区行政督察专员公署（同年12月改称泰安区专员公署），机关驻泰安城。1958年10月，撤销泰安专署，辖县分属济南市和聊城专署。1961年7月，复置泰安专署。1967年，成立泰安地区革命委员会替代专署。1978年7月，撤销泰安地区革命委员会，成立泰安地区行政公署。1985年3月，撤销泰安地区，原县级泰安市升格为地级市，实行市管县体制。

【行政区划】 2014年，泰安市辖泰山、岱岳两个区，宁阳、东平两个县，代省管辖新泰、肥城两市（县级）。全市有乡、镇、街道办事处88个（乡7个、镇62个、街道办事处19个）、村（居）委会3763个。其中，泰山区有1个乡2个镇5个街道办事处、208个村（居）民委员会，岱岳区有1个乡14个镇3个街道办事处、725个村（居）民委员会，新泰市有1个乡17个镇3个街道办事处、913个村（居）民委员会，肥城市有11个镇3个街道办事处、635个村（居）民委员会，宁阳县有2个乡9个镇2个街道办事处、566个村（居）民委员会，东平县有2个乡9个镇3个街道办事处、716个村（居）民委员会。另外，在不改变行政区划的前提下，泰安高新技术产业开发区管理岱岳区北集坡街道办事处的47个村（居）民委员会；泰山景区管理泰山区的11个村(居)民委员会和岱岳区的2个村（居）民委员会。

【人口状况】 2014年年末，全市有常住人口558.13万人。常住人口中，泰山区77.72万人，岱岳区90.02万人，高新区8.79万人，新泰市133.50万人，肥城市96.07万人，宁阳县76.60万人，东平县75.43万人。

年末，按常住人口计算，全市人口密度718人/平方公里。泰山区2304人/平方公里，岱岳区547人/平方公里，高新区817人/平方公里，新泰市690人/平方公里，肥城市751人/平方公里，宁阳县680人/平方公里，东平县562人/平方公里。

【民族概况】 2014年年底，泰安市有汉族、回族、满族、壮族、蒙古族、朝鲜族、苗族、侗族、藏族、维吾尔族、彝族、布依族、瑶族、白族、土家族、土族、哈尼族、傣族、黎族、傈僳族、畲族、水族、纳西族、达斡尔族、仡佬族、俄罗斯族、仫佬族、撒拉族、毛南族、鄂伦春族、佤族、拉祜族、景颇族、布朗族、锡伯族、阿昌族、怒族、鄂温克族、东乡族、羌族、哈萨克族、德昂族、柯尔克孜族、赫哲族、裕固族45个民族。汉族547.57万人，占全市总人口的98.5%；44个少数民族8.2万人，占全市总人口的1.5%。其中，少数民族中回族人数为7.9万人，占全市少数民族总人口的96%。少数民族人口在全市呈大分散、小集中分布。全市6个县（市、区）88个乡镇（街道）中，少数民族居住较集中的有39个乡镇（街道）的130个村（居）。其中，少数民族人口占全村人口50%以上的民族村（居）51个，少数民族人口1000人以上的乡镇(街道)20个，少数民族人口1万人以上的县（市、区）有泰山区、岱岳区、新泰市、肥城市4个。

【土地资源及特征】 全市有土地77.62万公顷，其中耕地36.49万公顷，约占土地总面积的47.0%，其中有效灌溉面积23.51万公顷。全市人均占有耕地0.066公顷，农民人均占有耕地0.099公顷。境域地势自东北向西南倾斜，有山地、丘陵、平原、洼地、湖泊等地貌类型。山地集中分布在境域北部和东部，占全市面积的18.3%，其中泰山雄踞境域北部，其主峰玉皇顶海拔1545米，为山东省第一高峰。丘陵主要分布在新泰市西南部、宁阳县东部、岱岳区西北部、肥城盆地边缘及东平县北部，占全市面积的41.1%，海拔在120米～400米之间。平原主要分布在山麓及河流沿岸，占全市面积的40.6%，海拔在60米～120米之间，其中山东省著名四大山麓平原之一的泰（安）莱（芜）肥（城）宁（阳）平原，大部分在泰安市境内。洼地主要分布在东平县“三湖”（老湖、新湖、稻屯洼）周围，占全市面积的11%，海拔在38米～60米之间。湖泊集中在东平县，“三湖”水面6.35万公顷（含市外部分），其中东平湖系山东省第二大淡水湖，为古梁山水泊遗存水域。

【气候特征】 泰安市属于暖温带大陆性半湿润季风气候区，寒暑适宜，光温同步，雨热同季。2014年，全市年平均日照时数2235.8小时，较常年（2313.3小时）偏少77.5小时；年平均气温14.4℃，较常年（13.6℃）偏高0.8℃；年平均降水量537.4毫米，较常年（664.5毫米）偏少19.1%。泰山山顶2014年年日照时数2585.2小时，较常年（2663.8小时）少78.6小时；年平均气温6.6℃，较常年（5.9℃）偏高0.7℃；年降水量934.2毫米，较常年（1046.2毫米）偏少10.7%。

【水源特征】 全市境内有大小河流100条，分属黄河、淮河两大流域。大汶河属黄河流域，为市内第一大河，发源于沂源县松崮山南麓的沙崖子村，自东向西流经全市，由下游的大清河流入东平湖注入黄河，在境流域面积6457平方公里，占全市面积的83.2%。新泰市的东汶河及宁阳县的汉马河、洸府河、宁阳沟属淮河流域的泗河、沂河水系，流域面积1305平方公里，占全市面积的16.8%。全市有水面270平方公里，占全市面积的3.5%，主要包括湖泊、水库、坑塘及部分矿区积水洼地，其中水库529座，总库容8.9亿立方米。发现温泉4处，其中岱岳区桥沟温泉面积8.5万平方米，水深0.5米～8米，混合水温在41℃～49℃之间，水质清澈透明，无臭、无味、无毒，属一级水。全市水资源总量9.95亿立方米，其中地表水3.53亿立方米、地下水8.7亿立方米。

【生物资源】 全市有高等植物239科1212种、动物4纲385种、浮游生物35科136种、农作物害虫天敌3纲39科113种。

粮食作物主要有小麦、玉米、地瓜、高粱、大豆、大麦等。经济作物主要有花生、芝麻、棉花、大麻、烟草、蔬菜等。

木本植物分属71科471种（变种）。用材树种主要有泡桐、油松、赤松、刺槐、毛白杨等50余种。经济树种主要有苹果、梨、桃、板栗、核桃等30余种，其中肥城桃被评为中国地理标志名优产品。观赏树种有40余种，主要有雪松、圆柏、银杏等。有珍稀树木11种，名、古树木16种884株，主要有汉柏、唐槐、六朝松等。

牧草分属35科95属118种，以禾本科最多，菊科次之。全市天然草场年产鲜草约2.5亿千克。

中药材分属110科488种，其中泰山灵芝、何首乌、四叶参、紫草、黄精为泰山名贵药材。肥城栝楼属地方名优品种。

水生植物40种，分属2门18科30属，集中分布于东平“三湖”，主要有藕、芡实、菱角、苇、蒲草等。

畜禽品种50多个，主要有牛、马、羊、猪、鸡、鸭等，其中东平、宁阳一带的鲁西黄牛为全国四大良种牛之一，役肉兼用。小尾寒羊为稀有品种，主要产地东平县被列为全省小尾寒羊保种基地。

水生动物以东平湖、稻屯湖为最多，主要有中华绒螯蟹（毛蟹）、鳖、虾、蚌等。鱼类分属7目19科47属66种，主要有鲫、鲤、鲢、草鱼等，其中泰山赤鳞鱼为国家地理标志产品。

野生动物有两栖动物7种、爬行动物13种、鸟类197种。珍稀动物有属国家一类保护动物

2014年泰安市人口和自然资源情况

表1

指　标	单　位	2014年
人　口		
年末人口总数（户籍）	万人	562.32
人口密度（户籍）	人/平方公里	724
年末人口总数（常住）	万人	558.13
人口密度（常住）	人/平方公里	718
土　地		
全市土地面积	平方公里	7762
各类土地面积所占比重		
山　地	%	18.3
丘　陵	%	41.1
平　原	%	40.6
矿　产		
已发现矿产种类	种	63
已查明资源储量的矿产种类	种	101
主要矿产资源保有储量		
煤	亿吨	20.0
铁（矿产量）	亿吨	5.4
石　膏	亿吨	380.0
岩　盐	亿吨	71.6
自然硫	亿吨	3.2
森　林		
森林覆盖率	%	39.1
活立木蓄积量	万立方米	1419.9
水文、水利		
水资源总量	亿立方米	9.95
地表水资源量	亿立方米	3.53
地下水资源量	亿立方米	8.7
水面养殖面积	千公顷	11.76

的黑鹳、梅花鹿（引进品种）、大鸨（分布在东平湖、大汶河）。

【矿产资源】 境内发现矿藏63种，已查明资源储量的矿产31种，占已发现矿种的49.2%。探明储量居全省第一位的矿产有自然硫、石膏、岩盐、钾盐、蛇纹岩和玉石，第二位的有铝土矿，第三位的有铁矿，第四位的有煤矿。耐火黏土、水泥用灰岩、制碱用灰岩等也占有重要地位。

铁主要分布在东平县和岱岳区角峪一带，保有储量5.4亿吨。煤主要分布在新泰、肥城、宁阳、东平，保有储量20.0亿吨。自然硫系国内发现唯一的沉积型自然硫矿床，保有储量3.2亿吨。石膏主要分布在大汶口和汶东两盆地，保有储量380.0亿吨。岩盐矿分布在大汶口盆地中，地跨肥城市、岱岳区两市区，面积约36.4平方公里，氯化钠平均含量86.76%，保有储量71.6亿吨。石灰岩除泰山区外，其余5县（市、区）均有分布。花岗石主要分布在岱岳区、新泰市、肥城市等地，品种主要有泰山红、泰山花、泰山青、吉祥绿、龙岗红等。耐火黏土主要分布在岱岳区、肥城市等地。

【概况】 2014年，面对复杂严峻的形势，全市上下在市委、市政府的坚强领导下，认真贯彻落实中共十八大、十八届三中、四中全会精神及中央和省各项政策措施，紧紧围绕“推进富民强市、建设幸福泰安”奋斗目标，坚持稳中求进的总基调，以提高经济和社会发展质量为中心，全面深化改革，着力推进转方式、调结构，科学务实，勇于创新，全市经济发展呈现平稳态势，经济运行质量不断提升，民生状况进一步改善，生态环境继续优化，城乡发展更加协调，各项社会事业全面进步。

经济综合 ①生产总值突破3000亿。初步核算，实现生产总值（GDP）3002.2亿元，按可比价格计算（下同），比上年增长9.4%，全年增速保持稳定。第一产业增加值260.3亿元，增长3.9%；第二产业增加值1430.0亿元，增长10.5%；第三产业增加值1311.9亿元，增长9.1%。三次产业结构由上年的9.32∶49.01∶41.67调整为8.67∶47.63∶43.70。人均生产总值53853元，增长8.9%。②物价总水平温和上涨。居民消费价格总指数（CPI）上涨1.8%，全年各月涨幅保持稳定。其中，衣着、医疗保健和个人用品、居住类涨幅较大，分别上涨5.6%、3.6%和3.1%，食品类小幅上涨，涨幅1.5%，烟酒、家庭设备用品及维修服务、交通和通信、娱乐教育文化用品及服务类分别下降1.3%、0.2%、1.2%和0.3%；商品零售价格上涨0.1%。工业生产者出厂价格下降2.7%，工业生产者购进价格下降2.4%。③就业保障程度继续提高。全市新增就业6.24万人，其中安置就业特困人员7378人。城镇登记失业率2.27%，低于3.5%的控制目标。全市新增农村劳动力转移就业7.95万人。全市举办毕业生招聘会176场次，提供就业岗位5.17万个，组织毕业生就业见习3335人。为3430名创业人员发放小额担保贷款4.49亿元，新增创业1.33万人，带动就业5.5万人。④民营经济快速发展。民营经济增加值1636.3亿元，比上年增长10.5%，占GDP的54.5%，增幅高于生产总值1.1个百分点。实现民营经济税收189.4亿元，增长10.1%。⑤招商引资保持平稳增长。新开工3000万元以上境内招商引资项目1082个，比上年增加280个。其中，亿元以上项目350个，比上年增加69个。亿元以上项目中，工业项目192个，现代服务业项目129个。引进省外民企投资过亿元项目139个，其中现代农业项目4个、新兴产业项目25个、高端制造业项目29个、现代服务业项目53个。

经济社会发展中存在的主要困难和问题：经济运行下行压力依然较大，结构调整需进一步推进，科技创新水平还不够高，节能减排、环境保护压力还比较大，民生改善任务还较重。

农林牧渔业 ①生产平稳增长。种植业增加值166.7亿元，增长3.6%；林业增加值5.3亿元，增长2.1%；牧业增加值78.2亿元，增长3.4%；渔业增加值10.1亿元，增长6.0%；农林牧渔服务业增加值11.1亿元，增长9.8%。

2014年泰安市主要农产品产量

表2

品　名	产　量	单　位	增长（%）
粮　食	281.7	万吨	0.1
油　料	23.4	万吨	0.1
蔬菜（含菜用瓜及食用菌）	811.8	万吨	2.7
园林水果	53.2	万吨	0.5
生猪年末存栏	218.2	万头	3.7
牛年末存栏	39.7	万头	4.1
其中：奶牛	26.1	万头	4.0
家禽年末存养	3319.7	万只	-7.0
肉类总产量	46.2	万吨	1.8
奶类产量	58.3	万吨	3.6
禽蛋产量	19.9	万吨	-0.1

②种植业结构进一步优化。农作物总播种面积64.34万公顷(965.1万亩)，比上年增长0.1%。粮食总产281.7万吨，实现“十二连增”。蔬菜播种面积13.73万公顷(206万亩)，总产量811.8万吨，增长2.7%，其中有机蔬菜总面积达到2.34万公顷（35.1万亩）。新发展有机食品800公顷（1.2万亩），其中有机蔬菜666.67公顷（1万亩）。新增绿色食品认证25个，面积5466.67公顷（8.2万亩）。新增无公害农产品16个，面积3600公顷（5.4万亩）。泰山板栗、王晋甜瓜、新泰芹菜通过农业部农产品地理标志评审，农业部农产品地理标志登记总数达到5件。大多数农牧业产品产量有所提高。③林业、渔业稳定发展。完成造林面积15712公顷，其中经济林面积7858公顷、防护林面积5207公顷。年末森林面积25.5万公顷，比上年年末增长2.2%。活立木蓄积量1420万立方米，增长3.0%。拥有国家级湿地公园2处、省级湿地公园3处、市级湿地公园1处。完成7个省级现代渔业园区项目建设，建立基层渔技推广体系示范基地3处，示范面积233.33公顷（3500多亩），带动养殖面积1333.33公顷（2万余亩）。完成3个无公害水产品的认证，新认证面积880公顷（1.32万亩）。水产增养殖面积1.17万公顷（17.6万亩），水产品产量9.3万吨。④农业机械化水平和基础设施建设稳步提高。农机化投入资金3.4亿元，拥有农业机械总动力543.8万千瓦，比上年增长4.7%。种植业耕种收综合机械化水平达到85.5%，实现农机经营总收入26.4亿元。农村集中式供水工程达4007处，其中千吨万人以上83处；机电井22.6万眼，其中规模以上4.1万眼。新增水土流失综合治理面积5133.33公顷（7.7万亩），水土流失综合治理面积达12.6万公顷（189万亩），其中小流域综合治理面积达到6.5万公顷（97.5万亩）。

工业　①工业生产平稳增长。规模以上工业增加值比上年增长11.4%。其中，国有工业增长24.7%；集体工业增长13.1%；股份制工业增长11.1%；外商及港澳台商投资工业增长5.8%。轻、重工业分别增长15.4%和10.3%。②多数工业产品产量提高。在统计的120余种工业产品中，71种产品产量比上年增长，增长超过20%的有28种。③工业企业效益保持稳定。1882家规模以上工业企业实现主营业务收入7115.1亿元，比上年增长12.7%；实现利润464.4亿元、利税768.3亿元，分别增长3.6%和6.9%。反映工业经济效益整体水平的综合指数为340.4%，比上年提高12.6个百分点。④工业结构继续优化调整。装备制造业、电子信息产业快速增长。装备制造业实现主营业务收入2541.1亿元，比上年增长19.5%，实现利税298.4亿元、利润186.4亿元，分别增长13.4%和8.2%，对规模工业增长的贡献率达到30.1%；电子信息产业实现主营业务收入227.0亿元，增长20.7%，实现利税18.8亿元、利润9.6亿元，分别增长32.3%和6.8%。高新技术产业规模进一步扩大，实现高新技术产业产值1742.7亿元，增长15.1%，占规模以上工业总产值的比重为25.6%，比上年提高1.4个百分点。

2014 年泰安市主要工业产品产量

表 3

品　名	产　量	单　位	增长（%）
原　煤	1765.7	万吨	-8.9
发电量	149.4	亿千瓦时	2.8
钢　材	449.8	万吨	1.7
焦　炭	222.0	万吨	0.2
原　盐	75.1	万吨	0.3
化学肥料	128.0	万吨	16.2
化学农药	28692.0	吨	23.4
塑料制品	43.8	万吨	-5.1
水　泥	893.0	万吨	2.1
纸面石膏板	24195.0	万平方米	-4.2
起重机	115.4	万吨	30.7
电力电缆	15.2	万公里	9.4
工业锅炉	9677.0	蒸吨	16.1
变压器	9469.9	万千伏安	32.5
玻璃纤维纱	32.9	万吨	13.6
小麦粉	180.7	万吨	12.1
白　酒	10809.4	万升	-0.6
液体乳	33.9	万吨	-2.5
机制纸	46.8	万吨	-0.2
布	65682.0	万米	18.7
高压开关板	17148.0	面	13.7

固定资产投资　①固定资产投资保持平稳较快增长。固定资产投资完成 2299.0 亿元，比上年增长 16.0%。从投资项目建设性质看，新建项目增长较快，完成投资 977.5 亿元，增长 68.7%。②投资结构进一步调整。第一产业投资 46.4 亿元，增长 5.0%；第二产业投资 1022.6 亿元，增长 15.3%，其中工业投资 987.4 亿元，增长 11.4%；第三产业投资增长较快，完成投资 1229.9 亿元，增长 17.1%。三次产业投资结构由上年的 2.2∶44.8∶53.0 调整为 2.0∶44.5∶53.5。工业投资中，技改投资 653.2 亿元，增长 17.3%，占工业投资的 66.2%，高于工业投资增幅 5.9 个百分点，为工业转型升级提供了动力；高新技术产业投资 298.4 亿元，增长 26.7%，高于工业投资增幅 15.3 个百分点，占工业投资的比重比上年提高 3.6 个百分点；高耗能行业完成投资 160.8 亿元，比上年下降 8.5%，低于全市工业投资增幅 19.9 个百分点，占工业投资比重由上年的 19.8% 降至 16.3%。在第三产业投资中，生产性服务业投资增长较快，完成 933.2 亿元，增长 18.4%，增幅高于全部服务业投资增速 1.3 个百分点，占全部服务业投资的比重为 75.9%，比上年提高 0.9 个百分点。信息传输软件信息技术服务业、金融业、租赁和商务服务业、批发零售业和房地产业投资高速增长，分别增长 248.2%、195.7%、63.9%、33.9% 和 20.1%。③民间投资继续保持活力。民间投资完成 2066.0 亿元，比上年增长 18.5%，占全部投资比重由上年的 88.0% 提高到 89.9%。民间投资主要集中在制造业和房地产业。制造业投资 851.8 亿元，增长 10.2%，占民间投资的 41.2%；房地产业投资 418.2 亿元，增长 20.3%，占民间投资的 20.2%。

房地产业　房地产开发企业完成投资 143.1 亿元，比上年增长 13.4%。商品房屋施工面积 1552.5 万平方米，增长 5.8%，竣工面积 151.1 万平方米，下降 31.3%。商品房销售面积 224.3 万平方米，下降 44.7%，商品房销售额 114.1 亿元，下降 36.3%。

建筑业　三级及以上建筑企业完成总产值 715.5 亿元，比上年增长 4.4%，实现增加值 232.4 亿元，增长 6.8%。实现利税 70.4 亿元，下降 5.3%。其中，国有及国有控股企业完成总产值 103.9 亿元，实现利税 8.0 亿元。

国内贸易　①消费品市场平稳。实现社会消费品零售总额 1188.1 亿元，比上年增长 12.8%。其中，城镇消费品零售额 1053.3 亿元，增长 12.6%，市场份额 88.7%；乡村消费品零售额 134.8 亿元，增长 14.2%。批发业、零售业、住宿业、餐饮业分别实现零售额359.6亿元、718.9亿元、18.4亿元、91.2亿元，分别增长12.9%、12.7%、13.2%、12.8%。②热点商品销售快速增长。统计的21类限额以上批、零企业商品零售额中，除石油及制品类外，其他类增幅均超过10%，金银珠宝类、体育和娱乐用品类、书报杂志类、电子出版物及音像制品类、中西药品类、建筑及装潢材料类增幅超过20%。

交通　全年完成交通投资17.5亿元，全市公路通车里程达到14446.9公里，公路密度每百平方公里186.1公里。泰城新增公交车139辆，新开通和调整优化公交线路27条，实施“公共交通一小时免费·优惠换乘”、残疾人和65岁以上老年人免费乘车、延时服务等惠民措施，泰城公交完成客运量8303万人次，比上年增长5%。全市集约化客运线路达到58条，集约化客车比例达37.1%，居全省前列。新改建农村公路907.5公里，改造危桥6座。

邮电　全年邮电业务总量36.4亿元。其中，邮政业务总量5.1亿元，比上年增长19.6%；电信业务总量31.3亿元，增长6.4%。全市邮政函件1391.9万件；汇兑16.8万笔；快递1217.1万件，增长50.0%。年末固定电话户数90.9万户，下降6.1%；移动电话584.6万户，增长4.5%；上网用户231.8万户，增长9.0%。

对外经济　①进出口贸易增势喜人。实现外贸进出口总额29.7亿美元，增长19.5%。其中，出口17.3亿美元，增长26.7%；进口12.4亿美元，增长10.8%。②利用外资量增质优。新批准设立外商投资企业78家，增长36.8%；合同外资78452万美元，增长49.0%；实际到账外资41314万美元，增长34.6%，其中服务业实际到账外资18050万美元、制造业18386万美元。③外经合作继续深化。新签对外承包合同额27762万美元，增长18.0%；完成营业额33797万美元，增长32.4%；外派各类劳务人员2267人，期末在外4424人；新批境外投资项目13个，中方协议投资额16265万美元。

泰安风光·五桥飞架汶河

旅游　全年接待境内外游客5311.8万人次，实现旅游总收入500.5亿元，分别比上年增长10.0%和13.3%。其中，国内游客5275.2万人次，实现旅游收入486.6亿元，分别增长10.1%和13.9%。宝泰隆度假区、太阳部落、岳海新天街文化旅游景区被评为AAAA级景区。

财政　全年实现公共财政预算收入187.4亿元，比上年增长11.0%，其中各项税收135.2亿元，增长14.2%。各项税收中，增值税18.7亿元，营业税39.6亿元，企业所得税10.1亿元，分别增长17.8%、15.8%和下降5.2%。全市地方财政一般预算支出285.8亿元，增长10.3%；教育支出、社会保障和就业支出、农林水支出和城乡社区支出位列支出总额的前四位，分别为53.1亿元、38.6亿元、35.5亿元和30.4亿元，占全部财政支出的55.1%。国、地两税实现收入（不含契税、耕地占用税和水利基金）200.6亿元，增长6.7%。其中，国税97.8亿元，地税102.9亿元，分别增长3.4%和9.9%。

金融　金融机构年末各项人民币存款余额2458.4亿元，比年初（下同）增长8.7%，其中城乡储蓄存款余额1530.7亿元，增长11.3%。各项人民币贷款余额1591.6亿元，增长12.4%。金融信贷对经济结构调整和民生改善的支持力度较大，信息传输、软件和信息技术服务业贷款增长45.1%，居民服务、修理和其他服务业贷款增长38.6%，涉农贷款增长24.3%，卫生和社会工作贷款增长22.8%。

保险 全年实现保费收入61.2亿元，比上年增长6.4%。其中，财险收入15.8亿元，增长9.8%；人身险收入45.3亿元，增长5.2%。

科技 全市获奖科技成果133项，其中获国家、省科学技术奖33项。山东康平纳集团筒子纱数字化自动染色成套技术与装备荣获国家科技进步一等奖，这是泰安市企业首次作为项目主持单位获此大奖，实现历史性突破。年末国家级高新技术企业达到103家，拥有国家“863”科技成果产业基地2家。发明专利申请1401件，授权230件；每百万人口有效发明专利拥有量达到868件。完成技术交易登记1156项，登记额11.9亿元，同比增长20.0%；技术贸易合同认证31项，金额2366万元。

教育 全市8所普通高校共招生3.09万人，在校生10.5万人，专任教师5409人；中等职业学校在校生5.5万人，专任教师2190人。义务教育水平进一步提高，172所普通中学在校学生32万人，专任教师2.2万人，专任教师达标率超过99%；555所小学在校学生30.3万人，专任教师1.9万人。学龄儿童入学率、成人识字率均达到100%，小学、初中毕业生升学率分别达到97.4%和90.4%。

文化 ①文化事业和文化产业繁荣发展。全市拥有文化馆、公共图书馆、美术馆15个，专业艺术表演团体3个、业余文艺表演团体2100个，艺术表演场馆4个，乡镇综合文化站88处，农村文化大院（社区文化活动中心）3651家；年内新建和提升公共电子阅览室3651个，升级农家书屋400家；博物馆、纪念馆7个，文物保护管理所5个，被列入国家、省、市、县四级非物质文化遗产名录的项目355个，世界文化遗产3处，不可移动文物遗存2422处，其中国家、省、市、县级文物保护单位名录417处。文化产业稳步突破，拥有国家级文化产业示范基地1家、省级文化产业示范园区1家、省级文化产业示范基地8家。②档案、广电事业繁荣发展。全市8个档案馆馆藏档案（非电子）11.1万卷（件、盘、张、册），电子档案3025GB，利用档案、资料3.4万卷（件、盘、张、册）次。全年农村放映公益电影4.3万场，年末有线电视用户92.6万户，比上年增加4.5万户；有线电视入户率达到75.0%，提高3.5个百分点；有线数字电视用户68.1万户，增加17.1万户。

卫生 全市拥有卫生机构4200个，其中医院95家、卫生防疫防治机构19个、妇幼保健机构8个、卫生院74家。各类卫生机构拥有床位2.80万张，卫生技术人员（不含村卫生室）3.46万人，其中执业（助理）医师1.0万人、注册护士1.43万人。

体育 泰安市运动员获世界冠军1项、全国冠军2项；组团参加第23届省运会夺得金牌60枚，比上届增长89%。乡镇(街道)体育组织实现全覆盖，农村（社区）文体小广场、健身站点发展到6000处；深化实施“城区15分钟健身圈”和“农村健身工程”，100%的镇（街道）、60%的社区、84%的行政村配建体育设施，人均体育场地面积1.14平方米。成功承办泰山国际登山比赛、泰山国际马拉松比赛、东平湖龙舟赛、山东省全民健身运动会开闭幕式等赛事，各级累计举办各类群体赛事活动1100次，列全省第一，全市体育人口保持在40%以上。销售体育彩票6.3亿元，比上年增长16.6%，筹集体彩公益金5000多万元。

城乡建设 ①城镇化进程稳步推进。城镇化率达到55.02%，提高1.26个百分点。②城市基础设施日趋完善。城市建设投资完成49.5亿元，比上年增长9.9%。年末城市日污水处理能力42.0万吨，污水集中处理率达到96.3%，其中泰城达96.15%；无害化垃圾日处理能力1700吨，无害化处理率达100%；日供水能力67.9万吨；新增供热面积252.5万平方米。城市用水普及率和燃气普及率均达100%。新增道路面积81.67万平方米，新增绿地面积384.5公顷。泰城路灯完好率和亮灯率达99%。③村镇建设步伐不断加快。完成村镇建设投资96亿元，比上年增长12.9%。集中建设农房4.7万户，改造危房1.2万户。各级示范镇建设成效显著，10个省级示范镇全部完成总体规划编制，13个镇被列为国家级重点镇。69个乡镇全部建有垃圾中转站，建成农村污水处理厂（设施）151个。东平县东平湖湿地渔作景观被评为“中国美丽田园”，岱岳区道朗镇里峪村被同时认定为全国、全省休闲农业与乡村旅游示范点。

环境保护 ①节能降耗卓有成效。全市万元GDP能耗同比下降5.11%，万元GDP电耗下降5.2%，全市规模以上工业能耗累计同比增长2.0%。六大高耗能行业增加值增长8.7%，低于全市规模以上工业2.7个百分点。在重点耗能工业企业调查的31个单位产品能耗指标中，有23个下降，下降面达74.2%。②建筑领域节能扎实推进。继续实施建筑节能闭合式管理，新型墙材在城镇规划“禁实”（禁止使用实心黏土砖）区建筑工程中的应用比例达100%，新开工项目节能标准执行率达100%；全年应用新型墙材12亿标块，节地133.33公顷（2000亩），节标煤6.2万吨。全年完成太阳能光热建筑一体化106.2万平方米，推广利用地源热泵面积40万平方米。③环境保护工作成效显著。泰城大气主要污染物SO_2、NO_2、PM10、PM2.5浓度分别比上年改善18%、4.3%、10.5%、15.4%；蓝天白云天数204天，比上年增加20天，在全省内陆城市排名第一位，重污染以上天数出现22天，下降48.8%；年内淘汰“黄标车”2.81万辆；开展油品升级和油气回收，全市421家加油站、4座储油库、30辆油罐车全部加装油气回收装置。开展生态修复，全市人工湿地总数达到7个，面积2086.67公顷（3.13万亩），水体自净能力进一步提高。削减化学需氧量、氨氮排放量1.32万吨、934吨，削减二氧化硫、氮氧化物排放量7234吨、1.63万吨。④生态市建设步伐有力。全市已有58个乡镇获得省级以上生态乡镇命名，其中国家级生态乡镇22个；已建成省级生态村18个、市级生态村1915个。建成绿色社区77个，其中国家级1个、省级32个；建成绿色学校198个，其中国家级1个、省级55个。

安全生产 全年发生各类安全生产事故127起，死亡74人，分别比上年下降15.3%和6.3%，各行业领域均未发生较大及以上事故。亿元GDP生产安全事故死亡0.025人，下降10.7%。

人口 全市年末常住人口558.1万人，比上年年末增长0.2%。其中，城镇人口307.1万人，增长2.6%。

居民生活 市区居民人均可支配收入30715元，比上年增长8.9%；人均消费性支出19714元，增长8.3%。全市农民人均纯收入12913元，增长11.8%；人均生活消费支出7158元，增长13.3%。

社会保障 ①社会救助积极有效。年末，各种社会福利收养性单位达到122个，拥有床位1.90万张，年末收养人数1.02万人，新增社区服务站9个，新增其他社区服务机构26个。最低保障救助10.98万户、18.3万人，发放低保金37743.3万元。其中，城镇1.5万户、2.6万人，发放低保金8923万元，月人均保障标准324元，比上年提高32元；农村9.4万户、15.5万人，发放低保金28820.3万元，月人均保障标准160元，比上年提高21元。销售社会福利彩票57324.7万元，增长8.8%，筹集社会福彩公益金5058.4万元，增长14.1%，直接接受社会捐赠13100万元。②社会保障水平继续提高。收缴各项社会保险费133.7亿元，比上年增长11.3%。参加城镇职工养老保险124.6万人，收缴保险费64.3亿元；参加医疗保险572.1万人，收缴保险费44.6亿元（含新农合）；参加失业保险58.3万人，收缴保险费2.8亿元；参加工伤保险86.3万人，收缴保险费3.9亿元；参加生育保险75.6万人，收缴保险费2亿元；参加居民养老保险290.1万人，收缴保险费16.1亿元。发放各项社会保险金114.2亿元，增长17.9%。企业离退休人员养老金社会化发放率保持100%；支付职工医疗保险待遇22.3亿元；支付居民医疗保险待遇3.4亿元；支付新型农村合作医疗保险待遇14.3亿元；为1.5万名失业职工支付失业保险金8543万元；支付工伤保险待遇3.7亿元；支付生育保险待遇1.5亿元；为80.6万名居民发放养老金7.7亿元。

（注：该部分摘自统计公报；所列生产总值、各产业增加值绝对数，按当年价格计算，增长速度按可比价格计算）（市统计局）

精神文明建设综述

【概况】 2014年，全市精神文明建设工作按照“围绕大局，强化创新，塑造品牌，扩大影响”的工作要求，乡村文明行动、文明城市创建等各项任务圆满完成，多项成果取得重大突破，“菜单式”志愿服务在全国座谈会上作典型发言，5个典型被评为“中国好人”，11个典型入围“中国好人”候选人，3名典型被评为“山东好人之星”；泰安市被中央文明委表彰为“全国文明城市提名城市”。

【乡村文明行动】 实施“一把手”工程，市、县、乡分别成立由党政主要负责人任指挥的乡村文明行动指挥部，形成“抓一把手、一把手亲自抓”的格局。市、县、乡各级财政分别设立乡村文明行动专项资金，2014年用于乡村文明行动的投入达8亿元。规划设计乡村文明长廊和遍布6个县（市、区）的乡村文明园区，作为全市乡村文明行动道路整治和村镇建设的示范典型，至年底，全市打造乡村文明行动长廊两条（104国道泰安段、103省道新泰段）、乡村文明园区170个。探索建立城乡环卫一体化工作长效机制，全市所有乡镇、村普遍建立“配强一支队伍、配齐一批基础设施、固定一个场所、设立一项专项经费、完善一套奖惩制度”的“五个一”工作长效机制，城乡环卫一体化覆盖率达96.25%。围绕乡村“五化”（净化、绿化、硬化、美化、亮化）建设，推进农村环境综合整治，全年硬化路面150公里，清理“四大堆”（粪堆、土堆、柴草堆、垃圾堆）90万立方米，栽植绿化苗木100万株，全市村（居）绿化覆盖率达到30%以上。高标准建设“一街一场”，按照村规民约、新“24孝”、善行义举四德榜、“十大不文明陋习”、道德模范人物、养老公示榜、科普卫生知识等内容建设文明一条街，全市3215个行政村建有文明一条街，覆盖率达83%；文体小广场3420个，覆盖率达88%。实施乡村文明行动“十百千”工程，开展“美丽村庄”评选活动，组织开展全市10大最美村庄、20个美丽村庄提名奖的评选活动，评选表彰10大最美村庄和美丽村长提名奖。加强督导检查，强化新闻监督，组织新闻媒体对乡村进行实地明察暗访，对好村、好经验、好做法进行宣传报道，对差村及存在的问题限期反馈意见并进行整改。强化地毯式督导工作法，对全市所有乡镇（街道）分批全部进行民调，民调时对该乡镇的村每村选10户进行访问，一村不落，民调结果全市通报，存在的问题限期整改。

泰安市乡村文明行动工作得到省委常委、宣传部部长孙守刚的充分肯定，并专门签署意见要求全省学习。市委书记李洪峰、市长王云鹏分别对全市乡村文明行动工作作出重要批示。鲁文明办《精神文明建设通讯》（7期）专题转发泰安市乡村文明行动工作经验。

乡村文明行动文明一条街建设　（赵　越　供）

【文明城市创建】 成立由市委书记、市长任组长的创建全国文明城市提名城市工作领导小组，领导小组设办公室和10个创建工作组，办公室主任由市委副书记担任，各工作组组长分别由市委、市政府相关分管领导担任，各责任单位主要负责人为成员。印发总体方案和《创建文明城市测评体系责任分解表》《未成年人思想道德建设工作测评体系责任分解表》，明确70个责任单位，准备文明城市测评的资料和现场。

完成2万份材料、图片的收集、审核、整理、建档，整理8万字的文字资料，建立原始档案127盒；对实地考察点多次现场督查，筹备召开调度会10次，印发工作简报10期；在市内主要新闻媒体开设“创文明城市　做文明市民”专栏，刊播文明城市稿件200篇（条），利用公交车站、街道围墙、建筑围挡、大型广告牌、电子屏、公交车、出租车等载体进行公益广告和创建文明城市宣传；在全市道路主干道、路口等安装护栏公益广告242块，大型立柱广告20个，进行文明城市创建和社会主义核心价值观的宣传。

【“菜单式”志愿服务】 按照《“菜单式”志愿服务站建设标准》，完善市、县、乡、村四级服务平台，加大村、社区一级平台建设的力度，实现村村建有志愿服务站，并配备相应志愿服务工作人员，至年底，全市所有村、社区基本实现志愿服务站全覆盖。组织招募第二批菜单式志愿者，推出志愿者名录50名，专业涉及医疗卫生、心理咨询、助残、消防安全、母婴保健、紧急救援等方面。加大泰安文明网、泰安市志愿服务网和网络文明传播志愿者队伍建设力度，探索志愿服务组织、文明单位志愿服务队网络管理的新路径，尝试志愿者网上招募、网上注册、网上管理，实现志愿服务管理网络化。开展第二批志愿服务组织、基层文化团体与文明单位结对共建活动，66个省、市级文明单位与18个志愿服务组织、14个基层文化团体、34个乡镇结成共建对子、帮扶对子，双方实现共同发展。

【未成年人思想道德建设】 做好乡村少年宫入库项目申报工作，加大对乡村少年宫项目的督导帮扶力度，年内，10个乡村少年宫入选中央项目，配套资金每个20万元，计200万元；5个乡村少年宫入选省级项目，配套资金每个10万元，计50万元。推进小记者团工作，在册小记者1.7万人，分布在全市110所中小学，每所学校建有1个小记者站，为小记者服务。依托《泰山晚报》开办《小记者周刊》，定期刊发小记者作品。建立小记者团实践基地18个。6月9日，中央文明办《未成年人思想道德建设工作简报》以“山东泰安以小记者团引导道德实践活动”为题，刊发泰安市的工作经验；省文明办《精神文明建设通讯》宣传推广泰安市小记者团的工作做法。利用重要时间节点深化“我的中国梦”主题教育实践活动，清明期间组织开展“网上祭英烈”活动；“六一”儿童节组织开展学习和争做美德少年活动，在全市评选出市、县、乡、校千名美德少年，号召全市青少年学习，推荐评选的东平小学生姚晓辉获“全省美德少年”荣誉称号；以“七一”党的生日为契机，开展“童心向党”歌咏比赛，组织未成年人开展传唱歌颂党、歌颂伟大祖国、歌颂中国特色社会主义的优秀歌曲，引导未成年人背诵、熟知核心价值观，增强心向党、跟党走的信念。组织参加全国未成年人网络春晚节目选拔报送活动，推荐的舞蹈《快乐的音乐课》节目参加全国网络春晚展演。

泰安市“菜单式”志愿服务走进广场贴近市民生活　　（赵　越　供）

【公民思想道德建设】 开展弘扬中华优秀传统文化经典诵读活动，深入贯彻落实中共十八大提出的“建设优秀传统文化传承体系，弘扬中华优秀传统文化”重大战略任务，推进学习型社会建设和全民读书活动；开展“传承文明 共筑梦想”经典诵读活动，3月30日，泰安选手张延蕾朗诵的作品《泰山极顶》获二等奖。开展“道德讲堂”活动，推进“道德讲堂”活动进社区、进机关、进企业，和西梅、范红艳等道德模范为岱岳区、肥城市机关干部上道德课。

【“好人”评选推树】 年内，泰安市敬业奉献的乡村邮递员徐西国，孝老爱亲的农家妇女王炳兰，诚实守信的煤矿工人魏宗斌，助人为乐的青年教师王绪波，诚实守信的企业负责人王长信、王长义兄弟5个典型被评为“中国好人”。中央文明办在“好人365”专栏中重点宣传推广泰安市典型王炳兰和王长信、王长义兄弟。11名典型入围“中国好人”候选人，3名典型被评为“山东好人之星”，48人被评为“山东好人”。中央、省级主要新闻媒体对泰安市的典型事迹进行专门报道，国内各大网站进行转载。

【“幸福泰安·美在身边”主题实践活动】 召开动员会，联合市公安局、交通局、卫生局、旅游局、工商局、住建委、供电公司等部门、单位，在全市范围内开展文明交通、文明旅游、诚信建设、志愿服务、节水节电、健康知识普及、建设节粮爱粮城市等七大主题实践活动，在全社会培育崇德向善、孝老爱亲、勤劳节俭、遵纪守法的泰安风尚，培育理性平和的社会心态。在新闻媒体和市级各大网站开设“幸福泰安·美在身边”活动专栏，通过“美丽瞬间”宣传栏宣传道德模范先进事迹和群众身边好人好事。全年开展各类主题实践活动50次。

【“讲文明树新风”公益广告宣传活动】 按照省文明办《关于进一步开展公益广告宣传的意见》要求，在泰安电台、电视台和《泰安日报》等媒体开办《讲文明树新风》等专题栏目，完成省里每月刊播任务。在全市主要交通干道、广场、商场、医院、银行等电子显示屏以及车载广告显示屏滚动播放践行社会主义核心价值观等各类公益广告。年内，《泰安日报》刊登公益广告12个整版，泰安电视台刊发公益广告时间累计达2061分钟；中华泰山网、东方泰山网等市内主要网站集中展示文明创建的相关内容。

【文明村镇、文明单位、文明行业创建】 年内，全市有3个单位被表彰为“全国文明单位”、2个镇村被表彰为“全国文明村镇”，新增省级文明单位29个、省级文明村镇19个、省级文明社区6个。 （赵　越）

泰安风光·长城路 （王文正　摄）

2014年泰安市组织机构及负责人

市级领导班子

中共泰安市委员会

书　记	李洪峰
副书记	王云鹏
	李希信
常　委	辛显明
	陈　刚
	刘卫东
	张宏伟（女）
	唐福泉
	张志华（8月止）
	赵明东
	王德慧
	郭德文
	徐国乔（挂职，2月止）
特邀咨询	支建立（正厅）
秘书长	陈　刚
副秘书长	朱玉春（正县）
	吕军德（正县）
	亓　涛（正县）
	亓顺民（正县）
	杨承修（正县）
	彭海训（正县）
	姜士科（正县）
	陈　波
	肖玉果（正县）
	刘茂华（1月起）

泰安市人民代表大会常务委员会

主　任	李洪峰
副主任	林华勇（正厅）
	刘汉玲（女）
	滕先森
	孙运飞
	尹衍祥
副市级干部	张庆建
秘书长	张甲士
副秘书长	董庆木（正县）
	蒋庆蓬（正县，2月起）
	刘传华（正县）
	张建国
	崔拥军（2月起）

泰安市人民政府

市　长	王云鹏
副市长	辛显明
	刘卫东
	徐国乔（挂职，2月止）
	徐恩虎
	周　静（女）
	张瑞东
	陈湘安
	展宝卫
	白雪梅（挂职，女，11月止）
特邀咨询	张庆明
	闫新建（8月止）
	李际山
秘书长	姚　霆
副秘书长	李起峰（正县）
	董树平（正县）
	郑晓明（正县）
	赵玉镇（正县）
	于文龙（正县）
	田书阳（正县，1月起）
	陈建中（正县，1月起）
	张　耀（1月止）
	范福顺（正县，1月止）
	张耀禄（正县，1月止）

中国人民政治协商会议泰安市委员会

主　席	白玉翠（女）
副主席	宋　鲁
	朱永强
	刘　君

谢崇国
王昌元
任先德
张书盈
王淑玲（女）
特邀咨询　张甲太（9月止）
彭　华（3月止）
桑新华（女）
崔义明
秘书长　李玉洋
副秘书长　石峻岭（正县，8月止）
周长欣（正县）
邵　明（正县）
孟永辉（正县）
陈占峰（3月起）
孙德常（3月起）

中共泰安市纪律检查委员会

书　记　赵明东
常务副书记　杨淑东
副书记　张步军
董伟刚
常　委　张丽娟（女，正县，1月止）
蒋庆蓬（正县，1月止）
李和军（1月止）
张　勇（1月起正县）
杨永成
马贵昌（1月起）
娄本亮（1月起）
秘书长　蒋庆蓬（正县，1月止）

市委工作部门

市委办公室

主　任　朱玉春
副主任　刘茂华（1月止）
侯红岩
任　军
高　斌（1月起）

信访局

局　长　亓顺民
副局长　魏　勃（11月止）
李广生
曹永先
赵克俊
党组书记　亓顺民（11月起）
副书记　魏　勃（11月起）

组织部

部　长　陈　平（1月止）
唐福泉（1月起）
常务副部长　张甲军（正县）
副部长　李千弘（正县）
袁久亮（正县）
蒋永斌（正县）
李作超（正县）
郝　燕（女）

老干部局

局　长　李作超
副局长　曲业芝（正县）
苏宝菊（女，正县，8月止）
姜桂成
朱开用（1月止）
鞠晓帆（1月起）

宣传部

部　长　张志华（8月止）
常务副部长　魏　武（正县）
副部长　张耀民（正县）
步衍金
边永彬
苌　晶（女）

精神文明建设委员会办公室

主　任　张耀民
副主任　李　静（女）
范宝品（1月起）

统战部

部　长　朱永强
常务副部长　戴　磊（正县）
副部长　刘卫东（正县）

刘　华（正县）
高树顺（正县）
薛其福
杨　灏

台湾工作办公室（市人民政府台湾事务办公室）

主　任　刘卫东
副主任　马鹏举（回族,2月起正县）
　　　　亓永海

政法委员会（社会管理综合治理委员会办公室）

书　记　郭德文
常务副书记　苗丰平（正县）
副书记　袁　超（正县）
　　　　李　彤（正县）
　　　　魏　宏

社会管理综合治理委员会办公室

主　任　李　彤
副主任　张　训（2月止）
　　　　高建明
　　　　洪　勇（1月起）

政策研究室

主　任　杨承修
副主任　郭　涛（12月止）
　　　　李卫国
　　　　乔国荣

机构编制委员会办公室

主　任　李千弘
副主任　贾代常
　　　　张卫国
　　　　王万福（1月起）

市直机关工作委员会

书　记　吕军德
副书记　王敬泽（1月起正县）
　　　　杨彦民（女）
　　　　魏文峰
纪工委书记　吕　川（1月起）

市政府工作部门

市政府办公室

主　任　李起峰
副主任　王　娟（女）
　　　　董　光
　　　　葛宝文
党组书记　姚　霆
党组副书记　李起峰（正县）

市政府调查研究室

主　任　杨建全（正县，1月起）
副主任　杨建全（副县，1月止）
　　　　魏剑峰（副县）

市政府法制办公室

主　任　侯衍奎
副主任　张观富（1月止）
　　　　毕思忠
　　　　吕传庆（1月起）
　　　　宋鸿鹏（1月起）

发展和改革委员会

主　任　闫恂秋
副主任　高丽丽（女，正县，2月止）
　　　　董　军（正县）
　　　　任广军（2月起正县）
　　　　姚志贤（11月止）
　　　　梁进涛
　　　　田　华
　　　　纪维瑞（2月起，11月止）
党组书记　闫恂秋

物价局

局　长　段爱华
副局长　王胜一
　　　　张晋强
　　　　张吉峰（1月起）
党组书记　段爱华
党组副书记　尚庆国（正县）

粮食局

局　长　蔺兴民

副局长	张　训（2 月起）
	曹兴水
	赵文彬
党委书记	武道乾（8 月止）
	蔺兴民（11 月起）
党委副书记	蔺兴民（正县，11 月止）
	朱效光（正县）

经济和信息化委员会

主　任	王光锋
副主任	韩　波
	郭庆敏
	徐从军
党委书记	王光锋
党委副书记	韩　波
	王培林

中小企业办公室

主　任	陈　峰
副主任	朱　彬（回族，2 月起）
	姜　舜（2 月止）
	李洪涛
党总支书记	陈　峰（2 月起）
党总支副书记	朱　彬（回族，2 月起）

教育局

局　长	张勇华
副局长	苏雪峰（女，正县）
	刘应新（2 月止）
	鞠允平
	张传峰
	徐炳伦（2 月起）
党委书记	张勇华
党委副书记	刘应新（2 月起，8 月止）

科学技术局

局　长	张庆云
副局长	张秀峰（女，正县）
	刘桂选（1 月止）
	陈士昌
	陈书林（1 月起）
党组书记	张庆云
党组副书记	张秀峰（女，正县）

公安局

局　长	鞠向群（副厅）
政　委	高荣国
副局长	亓子海（正县）
	徐志刚（正县）
	韩立强（正县）
	亓景会（正县）
党委书记	鞠向群
党委副书记	高荣国（正县）
	高黎明（正县）
纪委书记	解培虎（正县）

监察局

局　长	杨淑东
副局长	张丽娟（女，正县，1 月止）
	李和军（1 月止）
	谭晓蕾（女）
	马贵昌（1 月起）

民政局

局　长	孙兰俊
副局长	郭大年（正县）
	陈维文
	董　峰
党委书记	孙兰俊
党委副书记	郭大年（正县）
	鹿　锋（1 月起正县）

司法局

局　长	杨传文
副局长	张永伟
	任伟建
	王序东
党委书记	杨传文
党委副书记	张永伟
纪委书记	杜衍娜（女，8 月起）

财政局

局　长	李诚实
副局长	刘　斌（正县）
	刘兴强（正县，4 月止）
	辛海明（正县）
	文学松（8 月止）

孙　磊
殷锡瑞
党委书记　李诚实
党委副书记　刘　斌（正县）

人力资源和社会保障局

局　长　袁久亮
副局长　刘增祥（正县）
蒋建民
王　强
许可丽（女）
吐尔浑•色力木(维吾尔族，挂职，3 月起）
党委书记　袁久亮
党委副书记　刘增祥（正县）
刘金安（正县）

国土资源局

局　长　刘相玉（4 月止）
杨春德（6 月起）
副局长　赵　成
李新建
王　涛
翟广西
党组书记　刘相玉（4 月止）
杨春德（4 月起）
党组副书记　陈锦勇
纪检组长　吕卫东

住房和城乡建设委员会

主　任　张广银
副主任　许　伟
李松林
刘凤祥
党委书记　张广银
党委副书记　王海峰（1 月起正县）

规划局

局　长　吕桂平
副局长　刘忠义（1 月止）
张兴华（1 月止）
窦从东
陈京国（1 月起）
韩　明
党组书记　吕桂平
党组副书记　刘忠义（正县，1 月起）

交通运输局

局　长　邢长彦
副局长　王诗新
季春秋（正县，8 月止）
袁立新（1 月起）
陈　晓（兼）
郭启锋（1 月起）
党委书记　邢长彦
党委副书记　安增利（正县）
纪委书记　袁立新（1 月止）

水利和渔业局

局　长　曹步山
副局长　孙庆进（正县）
李旭光(1 月起正县,8 月止）
董文信（1 月止）
鹿润洪
邢攸三（1 月起）
王意军（挂职，3 月起）
党委书记　曹步山
党委副书记　郑中其（正县）

农业局

局　长　韩志强
副局长　侯　力（正县）
齐田锋
李　伟（1 月止）
王　民（1 月起）
党委书记　韩志强
党委副书记　侯　力（正县）
李　伟（1 月起，8 月止）

商务局

局　长　吕怀玉
副局长　刘学永（1 月止）
王林青（正县）
王成岩
张桂明（1 月起）
党委书记　吕怀玉

党委副书记　刘学永（1 月止）

文化广电新闻出版局（市文物局）

局　长　刘　康

副局长　王广尧（正县，11 月止）

李京泰（2 月止）

徐　涛（11 月起正县）

梁晓东

李　泉（1 月起）

党委书记　刘　康

党委副书记　王广尧（正县，11 月止）

刘玉考（1 月止）

李京泰（正县，2 月起）

卫生局（市中医药管理局）

局　长　刘焕星

副局长　倪庆宾（正县）

姬生勤（正县）

刘建国

刘秀文（女，兼）

党委书记　刘焕星

党委副书记　倪庆宾（正县）

徐学森（1 月起）

人口和计划生育委员会

主　任　肖和元

副主任　王庆忠（2 月止）

安顺本

牛启富（2 月起）

陈增江（2 月起）

党组书记　肖和元

党组副书记　王庆忠（正县，2 月起）

审计局

局　长　马纯勇

副局长　张仁安（2 月止）

刘　安

程　波

王燕华（2 月起）

党组书记　马纯勇

党组副书记　张仁安（2 月起正县）

环保局

局　长　周　杰

副局长　乔建博（正县）

王正增

王炳建

李向农（2 月起）

党组书记　乔建博

民族与宗教事务局

局　长　朱志平（回族）

副局长　乔敬田（正县）

张西忠

许立波（回族）

党组书记　朱志平（回族）

党组副书记　乔敬田（正县）

外事侨务办公室

主　任　张　伟

副主任　张秀芬（女）

苗庆民

杨树国

党组书记　张　伟

党组副书记　柴　力（正县）

市政府国有资产监督管理委员会

主　任　卞同德（1 月止）

刘太荣（1 月起）

副主任　梁立元

孙同峰

李志学（1 月止）

陈　刚（2 月起）

党委书记　展宝卫（副厅，兼）

党委副书记　刘太荣（正县）

梁立元

亓爱强（11 月止）

体育局

局　长　苏有森

副局长　任广中（正县，1 月止）

于桂香（女，1 月起正县，8 月止）

曹东平

许　兵（1 月起）

党组书记　苏有森

统计局

局　长　亓利群
副局长　王　永
万传友（正县）
董彦和
袭金祥
党组书记　亓利群
党组副书记　王　永

林业局

局　长　朱叙民（1 月止）
葛茂金（4 月起）
副局长　葛茂金（4 月止）
陈玉泉（11 月止）
李传生（11 月起）
李　杰（1 月起）
张德涛（1 月起）
党委书记　葛茂金（1 月起）

安全生产监督管理局

局　长　董世武
副局长　仇元青
常成武
邵洪文（1 月起）
党组书记　董世武
党组副书记　张宪廷（正县）

旅游局

局　长　程　明
副局长　高　勤（女，1 月止）
张朝晖
刘　水
宋韶峰（1 月起）
党组书记　程　明
党组副书记　高　勤（女，正县，1 月起）

人民防空办公室

主　任　辛培佑
副主任　梁国言（正县）
鲍曙光
党组书记　辛培佑
党组副书记　梁国言（正县）
纪检组长　朱效建

食品药品监督管理局（食品安全委员会办公室）

局　长（主任）　孟祥彬（回族）
副局长（副主任）刘　明
王自坦
刘秀文（女）
孙洪英
党组书记　孟祥彬（回族）

工商行政管理局

局　长　高　玲（女）
副局长　张树昌
米文珂（回族）
赵东润
党组书记　高　玲（女）
党组副书记　张树昌
纪检组长　季　中

质量技术监督局

局　长　刘运富（10 月止）
副局长　于明磊
相益霖
孙和新
魏传仁
党组书记　刘运富（10 月止）
纪检组长　张　斌

市政府派出机构

泰安经济开发区、泰安高新技术产业开发区管理委员会

党工委书记　陶长江
主　任　陶长江（副厅）
党工委副书记　孔祥湖（正县）
王鲁生（正县）
孙卫连（正县，1 月止）
副主任　王鲁生（正县）
孙卫连（正县，1 月止）
田庆勇（1 月止）
李景文
段崇海
姚来新

王照星
赵　胜
张小烨（女，挂职，7 月止）
范勤耕（1 月起）
纪工委书记　　刘振华

泰安旅游经济开发区管理委员会

主　任　　张庆峰（1 月止）
孙卫连（1 月起）
副主任　　刘凤芝（女，1 月止）
邱仲慧
杨　义
王兆富（兼，8 月止）
孙启龙（兼，11 月止）
党工委书记　　赵传河
党工委副书记　　张庆峰（正县，1 月止）
孙卫连（正县，1 月起）
王兴燕（女）
纪工委书记　　曲宏伟

政务服务中心管理办公室

主　任　　胡兆柱
副主任　　武家新
孙龙杰
党组书记　　胡兆柱
党组副书记　　于　锋（正县）

泰山风景名胜区管理委员会

党工委书记　　谭业刚（副厅）
主　任　　李际山（副厅）
党工委副书记　　李际山
李　锋（女，6 月止）
副主任　　万庆海
吕继祥
刘　慧
朱立辉
纪工委书记　　王建雷

市委、市政府直属事业单位

市委党校（市行政学院）

校　长　　李洪峰（兼）
常务副校长　　牛玉忠（副厅）
副校长　　梅长冬
夏庆涛
陈卫东
牛兰春
张文华
院　长　　牛玉忠（副厅）
副院长　　解西锋（副县）

泰安日报社

社　长　　戴　冰
副社长　　陈晓东
赵利泽（满族）
总编辑　　张洪洲
副总编辑　　郑其国
曲　岩（女）
李建中
党委书记　　戴　冰
副书记　　张洪洲（正县）
吴立银

档案馆（局）

馆（局）长　　杨军昌
副馆（局）长　　张在武（11 月止）
赵力燕（女）
万长江（1 月起）
党组书记　　杨军昌

市委党史征集研究办公室

主　任　　牛国新
副主任　　张　博（1 月起）
李耀德

市直机关事务管理局

局　长　　尤连春
副局长　　刘庆华
王泗明
朱开用（1 月起）
郑合祥（11 月起）
党委书记　　尤连春
党委副书记　　韩克双（8 月止）

地方史志办公室

主　任　　田书阳（1 月止）

	王天宇（1月起）
副主任	周美广
	曹成义
党组书记	田书阳（1月止）
	王天宇（1月起）
纪检组长	高兴学

地震局

局　长	范为民
副局长	马兆生
	刘建中
党组书记	范为民

煤炭局

局　长	袁久党
副局长	于守海（正县）
	顾　兵
	孟　仲
党组书记	于守海

经济合作局（贸促会、商会）

局　长（会长）	王志翔
副局长（副会长）	陈　勇
	刘　勇（1月起）
	张　斌（1月起）
党组书记	王志翔
党组副书记	裴黎明（正县）

老龄委员会办公室

主　任	张德臣
副主任	孟凡玲（女，2月起）
	薛　华（2月起）
党组书记	张德臣

仲裁委员会办公室

主　任	赵敬利
副主任	杨海燕（6月止）
	吕传庆（1月止）
	何麦之（1月起）
	刘月永（党外）
党组书记	赵敬利

行业管理办公室

主　任	陈　强
副主任	康荫国（11月止）
	王　伟（女，11月起）
	高隆生（2月起）
党委书记	陈　强
党委副书记	康荫国（11月止）
	孟兆慧

住房公积金管理中心

主　任	王　峰（回族）
副主任	吕长文
	高　伟
党组书记	王　峰（回族）

金融工作办公室

主　任	任树凯
副主任	高　萍（女）
	陈克忆
	王凤坤
党组书记	任树凯

农业机械管理局

局　长	于海涛
副局长	刘永勤
	邢介斌
	梁孝祥
党委书记	于海涛
党委副书记	刘永勤

畜牧兽医局

局　长	鹿道新
副局长	孟庆新
	王耀辉（1月止）
	柳桂霞（女）
	李　华（女，2月起）
党委书记	鹿道新
党委副书记	孟庆新

供销合作社联合社

理事会主任	朱　杰
理事会副主任	靳兆宏（3月起）
	张志忠（1月止）
	王建国
	苏礼平（3月起）
监事会主任	赵　明（3月止）
	王学光（3月起）

监事会副主任　苏礼平（3月止）
　李庆涛（3月起）
党委书记　朱　杰

广播电视台

台　长　张建东
副台长　胡开剑（1月止）
　付　强
　吴　涛（1月起）
总编辑　王传宝
副总编辑　亓修举
　亓雪峰
党委书记　张建东
党委副书记　王传宝
　胡开剑（1月起）

徂徕山景区管委会

主　任　张庆峰（1月起）
副主任　侯庆国（1月起）
党委书记　张庆峰（1月起）
副书记　边炳梓（1月起）

城市发展投融资管理中心（1月份由部门管理事业单位划转为直属事业单位，4月份建党委）

主　任　杨荣和
副主任　张书祥
　孙　晶
党委书记　杨荣和（4月起）

法院、检察院

泰安市中级人民法院

院　长　朱旭光
副院长　李　宏（正县，6月止）
　孙岱峰（党外，正县）
　吴新安（正县，3月止）
　林建森（1月起）
　李成涛（1月起）
党组书记　朱旭光
党组副书记　李　宏（正县，6月止）
纪检组长　田志云（女，1月起）

泰安市人民检察院

检察长　胡宗智
副检察长　岳荣胜（正县）
　刘学刚（正县）
　吴新村（正县）
　王敬政（正县，1月起）
党组书记　胡宗智
党组副书记　岳荣胜（正县）
纪检组长　王志方（正县）

人大、政协、纪委机关

人大专门委员会

法制委员会

主任委员　孙运飞
副主任委员　刘栋梁

财经委员会

主任委员　刘汉玲（女）
副主任委员　赵　明
　田文飞

农业与农村委员会

主任委员　尹衍祥
副主任委员　朱叙民
　梁望东（党外）

城乡建设与环境资源保护委员会

主任委员　刘汉玲（女）
副主任委员　吴洪建

教育科学文化卫生委员会

主任委员　尹衍祥
副主任委员　赵同玉
　何广文

民族侨务外事旅游委员会

主任委员　孙运飞
副主任委员　石　岩（女）

人大机关办事机构和工作机构

办公室

主　任　蒋庆蓬（2月起）
副主任　王德全
　苏俊昌

毕可波（2 月起）

人事选举代表工作室

主　任　　高　翔

副主任　　刘　锋

郭　霞（女）

研究室

主　任　　刘文明

副主任　　辛振华（2 月起）

王衍婷（女，2 月起）

法制工作委员会

主　任　　刘栋梁

副主任　　张文珂

财政经济工作委员会

主　任　　田文飞

副主任　　谷红卫（2 月起）

农村经济工作委员会

主　任　　梁望东

副主任　　李渊祥

城乡建设环境保护工作委员会

主　任　　吴洪建

副主任　　刘凤芝（女，2 月起）

教育科学文化卫生工作委员会

主　任　　赵同玉

副主任　　彭长青

民族侨务外事旅游工作委员会

主　任　　石　岩（女）

副主任　　周光林

政协专门委员会

提案委员会

主　任　　宋　鲁

副主任　　侯迎孔

经济委员会

主　任　　任先德

副主任　　侯永涛

人口资源环境委员会

主　任　　宋　鲁

副主任　　王爱军

科教文卫体委员会

主　任　　张书盈

副主任　　李建国

黄会平（女）

社会法制和民族宗教委员会

主　任　　张书盈

副主任　　杨　红（女）

文史资料委员会

主　任　　任先德

副主任　　张亚莉（女）

周建国

港澳台侨和外事委员会

主　任　　朱永强

副主任　　张　清（女）

政协机关办事机构和工作机构

办公室

主　任　　邵　明

副主任　　王建国（3 月起）

单光德

孙　健

研究室

主　任　　王　波

副主任　　毕研坤

李洪奎

委员活动工作室

主　任　　石峻岭

提案委员会工作室

主　任　　侯迎孔

副主任　　陈占峰（3 月止）

徐宗林（3 月起）

经济委员会工作室

主　任　　侯永涛

副主任　　杨庆木

人口资源环境委员会工作室

主　任　　王爱军

副主任　　徐国峰

科教文卫体委员会工作室

主　任　　黄会平

副主任　　刘雪菲（女，3 月起）

社会法制和民族宗教委员会工作室

主　任　　杨　红（女）

文史资料委员会工作室

主　任　　周建国

副主任　　李有成（3 月起）

港澳台侨和外事委员会工作室

主　任　　张　清（女）

副主任　　刘　宁（3 月起）

纪委内设机构

办公室

主　任　　娄本亮

组织部

部　长　　李学军（11 月起）

宣传部

部　长　　曹长钰（11 月起）

党风政风监督室

主　任　　马贵昌（1 月起，11 月止）

张同武（11 月起）

市政府纠风办

主　任　　杨淑东（兼）

副主任　　张同武（11 月起）

李志学（11 月起）

信访室

主　任　　孙　鹏

第一纪检监察室

主　任　　袁明山

第二纪检监察室

主　任　　李海平

案件审理室

主　任　　刘爱科（1 月起）

纪检监察干部监督室

主　任　　朱玉山（11 月起）

派驻纪检组（监察室）

第一组

组　长（主任）　　王　蕾

副组长（副主任）续丙西

公丕臣

第二组

组　长　　王　军（6 月止）

副组长（副主任）张振涛（1 月起）

第三组

组　长　　李　勇（1 月止）

李和军（1 月起）

副组长（副主任）亓玉战

张丽华

第四组

组　长　　田志云（女，1 月止）

张丽娟（女，1 月起）

副组长（副主任）于京山

亓习忠

第五组

组　长　　成坤志

副组长（副主任）刘恩泉（1 月止）

任　为

孟继录（1 月起）

第六组

组　长　　王新慧

副组长（副主任）张　冰

许　红（女）

第七组

组　长　　崔耕和

副组长（副主任）张卫胜（1 月止）

李文秀（女，1 月起）

李群实

第八组

组　长　　盛东风

副组长（副主任）周生华（1 月止）

刘　军

刘　旼（1 月起）

民主党派

中国国民党革命委员会泰安市委员会

主　委　　徐恩虎

副主委　　张建忠

刘世琦

刘　磊

林国志

秘书长　　李　芳（女）

中国民主同盟泰安市委员会

主　委	周　杰
副主委	孙岱峰
	程卫民
	张春庆
	丁　爽（女）
秘书长	崔拥军（2月止）
	徐建英（女，2月起）

中国民主建国会泰安市委员会

主　委	滕先森
副主委	英　玲（女）
	张文泉
	张庆明
	黄屹峰
秘书长	戚　锋

中国民主促进会泰安市委员会

主　委	王昌元
副主委	董　洁（女）
	吕忠堂
	苏雪峰（女）
	贾汇红（女）
秘书长	孙圆景（女）

中国农工民主党泰安市委员会

主　委	谢崇国
副主委	王庆才
	徐　坤
	周广芳
	陈玉社
秘书长	巩相会

致公党泰安市委员会

主　委	梁望东
副主委	张丽霞（女）
	鞠达青
	李传泰
秘书长	唐晓飞（女，3月止）
	卢晓堂（3月起）

九三学社泰安市委员会

主　委	刘　君
副主委	孟庆伟
	孙启凯
	刘　峰
	诸葛玉平
秘书长	孙德常（2月止）
	刘彦涛（2月起）

人民团体

总工会

主　席	张书盈
常务副主席	巩华仁（正县）
副主席	郭　青
	李宝荣
党组书记	张书盈
党组副书记	巩华仁（正县）

共青团泰安市委员会

副书记	孔凡洪
	朱延华（女）
	苏伟丽（女）

妇女联合会

主　席	葛　新（女）
副主席	张伟贞（女）
	马　俏（女，2月起）
党组书记	葛　新（女）

科学技术协会

主　席	董树亭
副主席	张辛东（正县）
	刘玉考（2月起）
	闫　敏（女）
	王　倩（女）
党组书记	张辛东

文学艺术界联合会

主　席	杜广华
副主席	周　鹏
	孙　黎
秘书长	孙启媇
党组书记	杜广华
副书记	周　鹏

社会科学联合会

主　席　贾志秋
副主席　米清国（回族）
　夏　昕（2 月止）
　李光冉（2 月起）
党组书记　贾志秋

工商业联合会（总商会）

主　席（会长）　王淑玲（女）
副主席（副会长）　高树顺
　朱　彬（回族，2 月止）
　亓金海（2 月起）
　杨启航
秘书长　周　晓
党组书记　高树顺
党组副书记　朱　彬（回族，2 月止）

残疾人联合会

理事长　吕乃文（6 月止）
副理事长　尹燕青
　刘海力
党组书记　吕乃文（6 月止）

归国华侨联合会

主　席　刘　华
副主席　周国顺
党组书记　刘　华

各县市区领导班子

泰山区

区　委

书　记　宋洪银
副书记　赵　斌
　张京洲
　赵书刚（正县，援疆）
常　委　陈庆业
　展延安（回族）
　宋宪春
　刘焕民
　安　丽（女）
　石中华
　毕华年

人大常委会

主　任　宋洪银
副主任　李殿勤（正县）
　王志亮
　刘　凤（女）
　葛安华
　史书超
　李志科

政　府

区　长　赵　斌
副区长　陈庆业
　毕华年
　贾汇红（女）
　刘　伟
　徐立勇
　赵永斌
　祁先福（3 月起）

政　协

主　席　王成金
副主席　王德玉
　李占德
　钱　涛
　张　玲（女）
　甄永莲（女）

纪　委

书　记　展延安（回族）

人武部

部　长　张建智
政　委　石中华

法　院

院　长　刘国锋

检察院

检察长　王增爱

岱岳区

区　委

书　记　王永征
副书记　张　韧
　刘兆泉

常　委	徐永涛
	李效军
	蔡丽霞（女）
	雷建民
	张　军
	刘　琳
	朱延华（女，挂职）
	张　彬
	徐宗才

人大常委会

主　任	王永征
副主任	宋海林（正县）
	孙启印
	吴秀峰
	唐晓飞（女）
	李振华（2 月起）

政　府

区　长	张　韧
副区长	李效军
	朱延华（挂职）
	徐宗才（回族）
	袁义明
	王　华
	朱　丽（女）
	王勇强

政　协

主　席	黄东葵
副主席	赵平明
	游志成
	郑成领
	法臣文（回族）
	肖　玲（女）
	方增群（2 月起）

纪　委

书　记	徐永涛

人武部

部　长	张　强
政　委	张　彬

法　院

院　长	侯庆国

检察院

检察长	姚红秋（女）

新泰市

市　委

书　记	张宏伟（女，兼）
副书记	刘钦海
	梁久军
常　委	王长勇
	刘　玉
	倪建军
	韩学锋
	陈师超
	桑　民
	杨树国（挂职）
	李文强
	戴先锋

人大常委会

主　任	张　宏
副主任	郭志强
	张传军
	郭传富（5 月止）
	毕汝凤（女）
	宋炳华

政　府

市　长	刘钦海
副市长	刘　玉
	倪建军
	杨树国（挂职）
	侯　丽（女，回族）
	韩庆东
	夏念新
	赵文坡
	开萨尔·马木提（3 月起）

政　协

主　席	马秀义
副主席	李光君
	耿玉松

殷培文
尹承学
渠红梅（女，回族）
万传宦

纪　委

书　记　王长勇

人武部

部　长　李军府
政　委　李文强

法　院

院　长　吕　华

检察院

检察长　卜静波（女）

肥城市

市　委

书　记　张成伟（1月起）
副书记　常绪扩
王新民
常　委　李华民
张　莉（女）
侯庆洋
王爱新（女）
辛　涛
孟庆刚
曹振兴（2月止）
乔　磊
徐传柏（2月起）

人大常委会

主　任　张成伟（2月起）
副主任　赵燕军（正县）
副主任　武　伟（2月止）
王同华（女）
杜玉江
宁洪法
刘　益（2月起）

政　府

市　长　张成伟（2月止）
常绪扩（2月起）
副市长　李华民
王爱新
名树伟
李向东
侯卫国
赵兴广（回族）
刘月永（挂职）
王志勇
玉江山•卡斯木（挂职，3月起）

政　协

主　席　何敬鹏
副主席　杜尊春
江玉祥
杨淑贞（女）
张　伟
邹家强
付振江

纪　委

书　记　张　莉（女）

人武部

部　长　冯强升
政　委　徐传柏

法　院

院　长　石　军（2月起）

检察院

检察长　杨希沧（2月起）

宁阳县

县　委

书　记　刘学保
副书记　黄正玉
陈晓娜（女）
常　委　徐兆兵
仇义军
董　磊
侯　涛
孟宪东
王国强
付望舒（女）
马兆生（挂职）

张培峰

人大常委会

主　任　　徐　鑫

副主任　　靳恩松

苑继常

胡胜利（2 月止）

周慎凯

马海荣（女）

政　府

县　长　　黄正玉

副县长　　徐兆兵

马兆生（挂职）

张培峰

刘　明

崔　媛（女）

柳桂敏（女）

董　骞

尹立明（科技）

艾尼瓦尔·尼亚孜（挂职，3 月起）

政　协

主　席　　李为群

副主席　　尚　勇

程洪良

连桂荣

辛艳珍（女）

韩运来

董先思

纪　委

书　记　　仇义军

人武部

部　长　　吴　成

政　委　　孟宪东

法　院

院　长　　杨福桐

检察院

检察长　　尚晓兵

东平县

县　委

书　记　　赵德健

副书记　　王　骞

吴国庆

常　委　　苗明峻

郭冬云（女）

于志开（2 月止）

宫庆会

常庆智

陈传帅

周　民

殷锡瑞（挂职）

陈　锋

王有敏（2 月起）

人大常委会

主　任　　赵德健

副主任　　刘思宏（正县）

副主任　　何振泉

李元申

尹承海

陈兰芳（女）

政　府

县　长　　王　骞

副县长　　苗明峻

宫庆会

殷锡瑞（挂职）

张立国

臧玉海

程　鹏（女）

郭　凯（科技）

侯圣玉

华栋梁（科技）

政　协

主　席　　刘祥涛

副主席　　赵永恕

侯宪平

吴绪季

王金艳（女，满族）

王成生
孟　光

纪　委

书　记　郭冬云（女）

人武部

部　长　匡瑞积
政　委　王有敏

法　院

院　长　周　辉

检察院

检察长　张　亮

驻泰安部队

泰安军分区

司令员　王兆祯
政　委　王德慧
副司令员　焦念斌
钱利庆（7月止）
副政委　于松林
吴　伟
参谋长　李学春（12月止）
任建宙（12月起）
政治部主任　花赤军（12月止）
刘秤荣（12月起）
后勤部部长　邹吉东（7月止）
吴　斌（7月起）
党委书记　王德慧
党委副书记　王兆祯
纪委书记　于松林

武警泰安市支队

支队长　杜衍文
第一政委　鞠向群（兼）
政　委　王　成（1月止）
周显喆（1月起）
副支队长　陈　建（3月起）
郝亮光（3月起）
副政委　闫新广
参谋长　贾　涛（1月起）
政治处主任　党光敏（1月起）
后勤处长　朱　越（1月起）
第一书记　鞠向群（兼）
党委书记　王　成（1月止）
周显喆（1月起）
纪委书记　闫新广

泰安市公安消防支队

支队长　许传升
政　委　李红宇
副支队长　贾永奎
张　杰
吴中彬
副政委　李士忠
参谋长　丰　光
政治处主任　车永忠（6月止）
张传勇（6月起）
后勤处长　于平国
防火监督处长　任彦博
党委书记　李红宇
党委副书记　许传升
纪委书记　李士忠

中央、省属驻泰安单位

国家税务局

局　长　孙庆华（9月止）
王　浩（9月起）
副局长　张焕昌
陈　平
刘先军
党组书记　孙庆华（9月止）
王　浩（9月起）
党组副书记　张焕昌
纪检组长　崔　健

地方税务局

局　长　郝　玲（女，12月起）
副局长　郝　玲（女，12月止）
朱海明（12月止）
李　达（12月起）

党组书记　　郝　玲（女，12 月起）
党组副书记　　郝　玲（女，12 月止）
纪检组长　　张鲁光

气象局

局　长　　姚圣贤
副局长　　张兴强
　　徐学义
党组书记　　姚圣贤
纪检组长　　玄绪峰

泰安海关

关　长　　张　辉
副关长　　田忠承（3 月止）
　　郝呈华（3 月起）
党组书记　　张　辉

泰安出入境检验检疫局

局　长　　尹　明（2 月止）
　　王兴雷（2 月起）
副局长　　李茂山（正县，8 月止）
　　周升扬
　　马红中（8 月起）
党组书记　　尹　明（2 月止）
　　王兴雷（2 月起）
纪检组长　　李茂山（8 月止）
　　马红中（8 月起）

中国人民银行泰安市中心支行

行　长　　关志勇（8 月起）
副行长　　关志勇（8 月止）
　　庞建敏
　　刘慧英（女）
　　李　瑞（8 月止）
　　檀吉波（8 月起）
　　王　伟
党委书记　　关志勇（8 月起）
党委副书记　　关志勇（8 月止）
　　庞建敏
纪委书记　　孙世超

中国银监会泰安监管分局委员会

局　长　　王希娟（女，1 月起）
副局长　　王希娟（女，1 月止）
　　刘　健
　　蒋代明（11 月起）
党委书记　　王希娟（女，1 月起）
党委副书记　　王希娟（女，1 月止）
纪委书记　　魏吉锋

中国工商银行泰安市分行

行　长　　宋鲁田（5 月止）
　　刘洪波（5 月起）
副行长　　卞　涛（9 月止）
　　李新武
　　刘洪波（5 月止）
　　梁尔政（5 月起）
　　陈福五（10 月起）
党委书记　　宋鲁田（5 月止）
纪委书记　　李德华

中国农业银行泰安市分行

行　长　　孟宪军
副行长　　张常晟
　　王明军
　　单伟强
　　王会堂（3 月起）
　　刘文国（1 月起）
党委书记　　孟宪军
党委副书记　　张常晟
　　王明军
纪委书记　　刘文国（1 月起）

中国银行泰安分行

行　长　　孙成刚
副行长　　周　源（6 月起）
　　刘　钧
　　冯德厚（6 月止）
　　王　华
党委书记　　孙成刚
纪委书记　　张文华

中国建设银行股份有限公司泰安分行

行　长　　张岱山（6 月起）
副行长　　张岱山（6 月止）
　　张开锦
　　李　涛

	李　军（10月起）
党委书记	张岱山（6月起）
党委副书记	张岱山（6月止）
纪委书记	李其祥

交通银行泰安分行

行　长	梁发强（1月起）
副行长	任宪富
	乔立华
党委书记	梁发强（1月起）
纪委书记	任宪富

中国农业发展银行泰安市分行

行　长	王　烽
副行长	巩克深
	王　君（女）
党委书记	王　烽
纪委书记	巩克深

省农村信用社联合社泰安办事处

主　任	陈运成（8月起）
副主任	陈运成（8月止）
	焦学杰
	郑允幸
党委书记	陈运成

中国人寿保险股份有限公司泰安分公司

总经理	刘新乐
副总经理	冯金国
	余　巍
党委书记	刘新乐
纪委书记	余　巍

泰安供电公司

总经理	刘加国
副总经理	赵灵臣
	刘金修
	张爱群（女）
党委书记	刘玉树
党委副书记	刘加国
纪委书记	高　强

中国电信股份有限公司泰安分公司

总经理	崔洪利
副总经理	耿立明
	侯启敬
	孙　赫
党委书记	崔洪利
纪委书记	侯启敬

中国移动通信集团泰安分公司

总经理	张　磊
副总经理	曲振洪（12月止）
	朱　晖（12月起）
	程化伟
	贾景坤（12月起）
	王汝强
党委书记	张　磊
纪委书记	曲振洪（12月止）
	朱　晖（12月起）

中国联合网络通信有限公司泰安市分公司

总经理	李永涛
副总经理	聂树秋
	侯　忠
	王　平（4月起）
	温　鹏
	齐　平
	付　翔
党委书记	李永涛
党委副书记	聂树秋
纪委书记	侯　忠

泰安市邮政局

局　长	刘凌辰（12月止）
	姜　峰（12月起）
副局长	赵　磊
	曲雅南
	孔　山（9月起）
党委书记	刘凌辰（12月止）
	姜　峰（12月起）
纪委书记	赵　磊

泰安市邮政管理局

局　长	陈　晓
副局长	张学东
党委书记	陈　晓
纪委书记	张学东

山东省煤田地质局

局　长　刘焕立
副局长　武旭仁（12月止）
　刘吉伦
　赵广金
　郑良村
党委书记　刘焕立
党委副书记　高洪雷
纪委书记　林　茂（7月止）
　李　浩（7月起）

烟草专卖局（公司）

局　长　孙德育
副局长　陆广勇（1月止）
　张洪强
总经理　孙德育
副总经理　范绍臣
　初　旭
　孙　涛
党委书记　孙德育
纪委书记　张洪强

盐务局（盐业公司）

局　长（经理）　程悦明
副局长（副经理）　杨祖兴
　马金果
　李昌一
党委书记　程悦明（4月起）

泰安水文水资源勘测局

局　长　崔着义（3月止）
　宋云峰（3月起）
副局长　宋云峰（3月止）
　侯　元
　李　岩
党支部书记　崔着义（3月止）
党支部副书记　宋云峰
　侯　元
纪检委员　段建筑

山东科技大学

校　长　任廷琦
副校长　陈维健
　王少鹏
　刘新民
　王志刚
　张士强
党委书记　袁俊平
党委副书记　任廷琦
　李曙光（4月止）
纪委书记　李道刚

山东农业大学

校　长　温孚江
副校长　孙永华
　张宪省
　车先礼
　朱　莉（女）
　高东升
　嵇景涛
　王振林（12月起）
　吴衍涛（12月起）
党委书记　邢善萍（女）
党委副书记　张敬和（1月止）
　董新胜
纪委书记　董新胜

泰山医学院

院　长　王学春
副院长　王庆宝
　张成利
　彭春雷
　徐淑凤（女）
党委书记　王长松
党委副书记　王学春
　付朝广（12月止）
纪委书记　刘太来

泰山学院

院　长　秦梦华
副院长　张建东（3月止）
　高德海
　王雷亭
　于鸿远
　殷　敏

	徐　跃
党委书记	王庆功
党委副书记	邹成顺
纪委书记	胡立东

新汶矿业集团

董事长	张　文
总经理	张　文
副总经理	张圣国
	葛茂新
	姚　峰
	佟　强
	周　峰
党委书记	张　文
党委副书记	彭绪军
纪委书记	彭绪军

肥城矿业集团

董事长	孙廷华（8 月止）
	朱立新（8 月起）
总经理	朱立新
副总经理	王洪忠
	桑红星
	张振华（8 月止）
	赵树华
党委书记	孙廷华（8 月止）
	朱立新（8 月起）
党委副书记	朱立新（8 月止）
	张玉海
纪委书记	张玉海

高职高专院校

泰山职业技术学院

院　长	毕于民
副院长	马培安
	张小烨（女）
	刘洪东
党委书记	闫远东
党委副书记	毕于民
	马培安
	张清民
纪委书记	张广健

山东服装职业学院

院　长	孙京家
副院长	侯长城
	王建洪
	刘贞锋
党委书记	任玉涛
党委副书记	孙京家
	贾　军
纪委书记	刘光珍（女）

泰山护理职业学院

院　长	郭向军
副院长	张建国
	孙元儒
	刘　琳（女）
党委书记	刘连功
党委副书记	郭向军
	房　华
纪委书记	项　岚（女）

泰安技师学院

院　长	韩向民（11 月起）
副院长	董　军
	李冬梅（女）
	马成禄
党委书记	范培玉（女，11 月起）
党委副书记	韩向民
	马腾文
纪委书记	张建信

（市委组织部　供）

编辑·校对　**戚淑娟**

政党·政务

中国共产党泰安市委员会

【概况】 党组织　全市有1.71万个基层党组织。其中，党委660个，总支部1283个，党支部1.51万个。全市有各级党组242个，地方党委派出工委56个。全市企业有党组织6313个，事业单位有党组织3685个，机关有党组织1848个，建制村有党组织3700个。

党员队伍　①至年底，全市有党员38.29万名，比上年增加2887名。党员总数中，预备党员6531名，占1.71%；女党员6.91万名，占18.04%；少数民族党员3417名，占0.89%。从党员的入党时间看，抗日战争之前入党的1名；抗日战争期间入党的289名，占0.08%；解放战争期间入党的1672名，占0.44%；新中国成立后至“文化大革命”前入党的3.0万名，占7.85%；“文化大革命”期间入党的5.77万名，占15.06%；粉碎江青反革命集团后至中共十六大召开前入党的18.69万名，占48.82%；中共十六大至中共十八大期间入党的8.81万名，占23.02%；中共十八大召开以后入党的1.82万名，占4.75%。从党员的年龄看，35岁及以下的5.65万名，占14.76%；36～45岁的7.66万名，占20.0%；46～60岁的12.85万名，占33.55%；61岁及以上的12.14万名，占31.69%。从党员的学历看，研究生5201名，占1.36%；大学本科5.97万名，占15.59%；大学专科6.39万名，占16.68%；中专4.03万名，占10.53%；高中、中技7.87万名，占20.55%；初中及以下13.51万名，占35.29%。从党员的职业看，在岗职工14.97万名，占39.11%（其中公有制单位12.15万名、非公有制单位2.82万名）；农牧渔民14.08万名，占36.77%；学生4230名，占1.10%；离、退休人员7.21万名，占18.82%；社区居民等无业人员、个体工商户、中介组织从业人员等1.61万名，占4.20%。②全市发展新党员6294名。新党员中，女党员2422名，占38.48%；少数民族党员32名，占0.51%。从新党员的年龄看，35岁及以下的4597名，占73.04%；36～59岁的1692名，占26.88%；60岁及以上的5名，占0.08%。从新党员的学历看，研究生58名，占0.92%；大学本科1528名，占24.28%；大学专科1158名，占18.40%；中专532名，占8.45%；高中、中技2432名，占38.64%；初中及以下586名，占9.31%。从新党员的职业看，在岗职工2893名，占45.96%（其中公有制单位2170名、非公有制单位723名）；农牧渔民1334名，占21.19%；学生1958名，占31.11%；社区居民等无业人员、个体工商户、中介组织从业人员等107名，占1.70%。新发展党员中，在生产、工作第一线的4523名，占71.86%（其中，企业生产第一线1670名，农村生产第一线1277名，教学、科研第一线308名，机关第一线163名）；企事业、民办非企业单位专业技术人员463名，占7.36%；农村1996名，占31.71%；共青团员3456名，占54.91%。　（组织部）

·重要会议·

【全市农村工作会议】 2月19日召开。市领导李洪峰、王云鹏、李希信、张宏伟、尹衍祥、张瑞东、任先德出席会议。会议由市委副书记李希信主持。市委书记、市人大常委会主任李洪峰，市委副书记、市长王云鹏分别讲话，副市长张瑞东宣读全市农业农村工作先进单位和个人表彰通报。

【全市党的群众路线教育实践活动动员大会】 2月21日召开。会议深入学习贯彻中央和全省党的群众路线教育实践活动第一批总结暨第二批部署会议精神，对全市开展党的群众路线教育实践活动进行动员部署。市委书记、市人大常委会主任李洪峰主持会议并作动员部署。市委副书记、市长王云鹏，市政协党组书记、主席白玉翠，市人大常委会党组书记、第一副主任林华勇，市委副书记李希信出席会议。

李洪峰在讲话中指出，要深刻认识开展教育实践活动的重要性紧迫性，切实把思想高度统一到中央和省委部署要求上来。要深刻认识中央和省委对教育实践活动的坚定决心和鲜明态度，切实增强政治责任感；深刻认识开展教育实践活动对推进改革发展的现实意义，切实增强紧迫感；深刻认识全市党员干部“四风”方面存在的突出问题，切实增强危机感。

李洪峰代表市委常委一班人，向全市作出承诺：坚决贯彻中央和省委要求，认真参加教育实践活动，带头学习、带头剖析、带头整改，要求别人做到的自己首先做到，要求别人不做的自己坚决不做，请全市广大党员干部群众进行监督。

动员大会采取视频形式召开，市里设主会场，各县（市、区）设分会场。在主会场参加会议的有：市委常委；现职市级领导干部（含特邀咨询）；正市级老领导和近5年退出领导岗位的副市级老领导；在泰安市工作的省委委员、候补委员和省纪委委员；市委委员、候补委员；市人大常委会、市政府、市政协秘书长，市纪委常委，市级民主党派、工商联主要负责人和无党派代表人士，各县（市、区）党政正职，市委副秘书长；市直及省属以上驻泰安各单位主要负责人；不在上述人员范围内的省级以上党代会代表；市委组织部副部长；市委教育实践活动领导小组成员及其办公室负责人。

2月21日，泰安市党的群众路线教育实践活动动员大会召开

【全市科学发展表彰大会】 2月28日召开。市领导李洪峰、王云鹏、白玉翠、林华勇等出席会议。会议表彰2013年度科学发展综合考核、机关作风和政风行风建设、“五型”机关建设和社会管理综合治理先进单位和个人。

李洪峰在讲话中指出，2013年全市经济呈现稳中有进、稳中向好的良好局面，在4个方面实现重大突破：工业新增3家百亿企业，旅游文化产业形成成龙配套的局面，外贸工作特别是利用外资取得跨越式发展，获得中国人居环境奖。与经济建设同步，全市政治建设、文化建设、社会建设、生态文明建设协调发展，党的建设进一步加强。强调2014年要统筹推进各个领域各个环节的改革，提高对全面深化改革重要性的认识，坚定改革信心，凝聚改革力量，形成深化改革的正能量，促进经济社会发展。

王云鹏就贯彻落实会议精神讲了意见。

5月26～29日，全市招商引资和项目建设检查考核会议召开，现场检查并评价考核各县（市、区）、泰安高新区招商引资和项目建设情况。图为市委书记、市人大常委会主任李洪峰（前排右二），市委副书记、市长王云鹏（前排右一）以及与会人员检查泰安高新区项目现场（王国梁 摄）

【全市科学技术奖励大会】 5月7日召开。会议表彰为科技事业发展和现代化建设作出突出贡献的先进单位和个人，动员和组织科技工作者同心协力，改革创新，努力开创科技工作新局面。市领导李洪峰、王云鹏、辛显明、尹衍祥、展宝卫、张书盈出席会议。

李洪峰为2013年度泰安市科学技术最高奖获得者周满山、吴科颁奖。李洪峰、王云鹏等市领导为2013年度科技创新先进县泰山区、新泰市以及2013年度国家、省、市科学技术奖获奖代表颁奖。辛显明主持会议并就贯彻落实会议精神讲了意见。展宝卫宣读《中共泰安市委、泰安市人民政府关于表彰2013年度科技创新先进县（市、区）的通报》和《泰安市人民政府关于2013年度科学技术奖励的决定》。

王云鹏代表市委、市政府向获奖单位和个人表示祝贺，向全市广大科技工作者表示诚挚问候和崇高敬意。强调要着力深化科技体制改革，要大力促进科技与经济紧密结合，要加快创新型人才队伍建设，要进一步优化科技创新环境。

【全市招商引资和项目建设检查考核会议】 5月26～29日召开。会议现场检查并评价考核各县（市、区）、泰安高新区招商引资和项目建设情况。市领导李洪峰、王云鹏、白玉翠、林华勇、李希信等市几大班子领导和各县（市、区）、泰安高新区、市直有关部门主要负责人参加会议。李希信主持会议并就贯彻落实会议精神讲了意见。

会议分两个阶段进行。26～29日上午，与会人员先后实地检查6个县（市、区）、泰安高新区的60个项目。29日上午，集中开会，总结经验，分析形势，安排部署下一步工作任务。与会人员对各县（市、区）和泰安高新区招商引资和项目建设情况进行实名评价考核。

【中共泰安市委十届七次全体会议】 9月11日召开。出席会议的有市委委员34人，市委候补委员7人。市纪委常委和有关方面负责人列席会议。会议由市委常委会主持。市委书记李洪峰作重要讲话。

全委会认真传达学习习近平总书记视察山东时的重要讲话和省委十届七次全会精神，对全市学习贯彻作出部署。强调要深入贯彻省委十届七次全会精神，用习近平总书记视察山东重要讲话精神统一思想凝聚力量。按照省委全会上提出的“深化、拓展、提升”六个字的总体要求，结合泰安实际，努力在5个方面实现工作指导转变：一是在发展理念上实现新转变，二是在谋划改革上实现新转变，三是在发展动力上实现新转变，四是在发展途径上实现新转变，五是在考核导向上实现新转变。

【全市党的群众路线教育实践活动总结大会】 10月16日召开。会议深入学习贯彻中央和全省党的群众路线教育实践活动总结大会精神，深入学习领会习近平总书记重要讲话精神，对全市教育实践活动进行总结，对巩固和拓展教育实践活动成果、加强党的作风建设、落实从严治党要求进行部署。市委书记、市人大常委

6月28日，市委常委班子专题民主生活会召开

会主任李洪峰主持会议并讲话，市领导王云鹏、白玉翠、林华勇、李希信出席会议。

李洪峰在讲话中指出，全市教育实践活动自2014年2月21日启动以后，市委坚决贯彻中央和省委部署要求，精心组织、精心实施，全市670个市县乡党委（党组）领导班子、1.06万个基层党组织、28.6万名党员积极参加活动。市委和各级党组织牢牢把握活动正确方向，坚持把学习教育贯穿始终，聚焦“四风”查摆突出问题，组织召开高质量专题民主生活会和组织生活会，立说立行狠抓整改落实，夯实责任严格要求，全市教育实践活动进展有序、扎实推进，达到预期目的，取得重要成果。党员干部获得重要启示：一是必须坚持党员领导干部带头示范，形成以上率下的强大推动力；二是必须突出问题导向，紧紧扭住反对“四风”不放；三是必须拿起批评和自我批评的武器，开展严肃的党内政治生活；四是必须坚持开门搞活动，充分调动群众的积极性；五是必须坚持从严从实要求，以“准狠韧”的劲头狠抓落实。教育实践活动有期限，作风建设无尽期，收尾不等于收场。全市各级党委（党组）要把学习贯彻习近平总书记在中央教育实践活动总结大会上的重要讲话，作为当前和今后一个时期的重大政治任务，深刻认识党担负的历史使命和奋斗目标，准确把握新形势下从严治党的重大意义和科学内涵，切实把作风建设不断引向深入，把从严治党的各项要求真正落到实处。

会议采取电视电话会议形式，在市政大楼东一楼会议厅设主会场，市及各县（市、区）设分会场。在主会场参加会议的有：现职市级领导干部；正市级老领导和近5年退出领导岗位的副市级老领导；在泰安市工作的省委委员、候补委员和省纪委委员；市委委员、候补委员；市人大常委会、市政府、市政协秘书长；市纪委常委，市级民主党派、工商联主要负责人和无党派代表人士；市委副秘书长；市直及省属以上驻泰安各单位主要负责人；省委赴泰安市督导组全体人员；不在上述范围的省级以上党代会代表；市委组织部副部长；市委教育实践活动领导小组成员及办公室人员。

【中共泰安市委十届八次全体会议】 11月28日召开。出席会议的有市委委员35人，市委候补委员8人。市纪委常委和有关方面负责人列席会议。会议由市委常委会主持。市委书记李洪峰作重要讲话，市委副书记、市长王云鹏传达省委十届十次全体会议精神。

全委会深入学习贯彻中共十八届四中全会和省委十届十次全会精神，听取和讨论李洪峰受市委常委会委托作的工作报告，审议通过《中共泰安市委关于贯彻落实党的十八届四中全会和省委十届十次全会精神全面推进依法治市的意见》。

全委会充分肯定市委常委会工作，进一步明确法治泰安建设的重点任务。要按照中央和省委要求，积极探索推进地方立法有关工作，坚持科学立法、民主立法，切实发挥立法的引领和推动作用。要加快建设法治政府，坚持依法履行职能，科学民主决策，规范行政行为，强化制约监督，加快建设职能科学、权责法定、执法严明、公开公正、廉洁高效、守法诚信的法治政府。要着力推进公正司法，坚持把公平正义作为核心价值追求，加强司法规范化建设，推进“阳光司法”，加强人权司法保障，加强对司法活动监督，让人民群众在每一个司法案件中感受到公平正义。要着力推进全民守法，坚持把全民普法和守法作为依法治市的长期基础性工作，在全社会形成办事依法、遇事找法、解决问题用法、化解矛盾靠法的法治环境。要全面推进依法治理，深入开展多层次多形式法治创建活动，把经济、政治、社会、文化、生态文明各项建设纳入法治化轨道。强调要以法治的思维和法治方式全面推进改革发展稳定各项工作。

全委会号召，全市各级党组织和广大党员干部要紧密团结在以习近平为总书记的中国共产党中央周围，认真贯彻落实中共十八届四中全会和省委十届十次全会精神，凝心聚力，开拓创新，全面推进法治泰安建设进程，为富民强市、幸福泰安建设而努力奋斗。（刘淑文）

·组　织·

【全市党的群众路线教育实践活动】 全市有670个市县乡党委（党组）领导班子、1.06万个基层党组织、28.62万名党员参加教育实践活动。市委常委会开展集体学习11次，集中学习时间达到7天；各级各单位领导班子集中学习时间均在5天以上；集中培训、轮训党员162万人次。市委常委带头建立联系点，先后召开不同层面座谈会62次，面对面征求意见建议830条；各级党委（党组）累计收集各类意见建议19.4万条，其中“四风”问题14.2万条，占73%。参加活动的领导班子和领导成员，认真撰写对照检查材料，深入开展谈心谈话，以整风精神开展严肃认真的批评和自我批评，从6月28日到9月2日，普遍召开一次高质量的专题民主生活会和组织生活会，其中市委常委班子专题民主生活会时间达到一天半。市委常委班子研究提出3个方面39项整改内容及措施，并逐一明确牵头领导、责任单位和整改时限；全市先后公布整治事项54项，已办结50项；104项分类督查事项已办结95项；21项领导重点交办事项已全部完成。活动中，先后召开督导工作培训会、座谈会、推进会6次，从严从实抓好督导指导。

5月4日，市委常委、组织部部长唐福泉（左三）陪同省委督导组负责人到市财政局调研教育实践活动开展情况

【市“两会”人事选举和市人大常委会、政协专门委员会建设工作】 根据市委提名，精心组织，补选市人大常委会常委6名、市政协常委8名。结合实际，新设立市人大常委会6个专门委员会、市政协7个专门委员会，在通盘考虑、审慎研究的基础上，提出相应的人选，并按照规定程序通过和明确各专门委员会组成人员。

【领导班子和干部队伍建设】 丰富完善干部现实表现台账，定期开展分析研判，为加强领导班子和干部队伍建设提供依据；对部分市直部门、单位领导干部和乡镇党委书记进行调整配备；配合做好有关厅级领导干部考察调整工作；认真做好“一圈一带”挂职干部选派管理，以及试用期满干部考核、到龄干部任免、科级干部备案和双管干部任免职征求意见等日常工作。举办各类领导干部培训班主体班次15个，培训干部2850人。实施战略性高端培训，组织举办赴北京大学中青年干部专题培训班等，培训干部450人。开发“干部培训信息管理系统”，建立干部培训信息数据库，实现对全市近1500名县级干部培训信息的实时查询、统计、分析功能。在中组部到山东调研座谈会上，泰安市作为全省两个地市之一，介绍干部教育培训工作的经验做法。印发《关于改进完善科学发展综合考核工作的意见》，调整完善县（市、区）和市直部门科学发展综合考核《实施细则》，搭建起县（市、区）共性评价指标、目标差异指标、重点和特色指标、绩效奖惩、群众满意度“五位一体”和市直部门重点业务工作、重要共性项目、多维评价、绩效奖惩“四位一体”的考核指标体系。做好超职数配备干部和提前离岗整改消化工作，2014 年 11 月全部完成整改消化任务；开展“带病提拔”领导干部选拔任用工作倒查；开展领导干部个人有关事项报告汇总综合和抽查核实，随机抽取 64 名干部，对报告情况进行抽查核实。受理组织信访 338 件，办结率 100%，居全省首位。

【干部人事制度改革】 学习贯彻《干部任用条例》，抓好选人用人工作清理整改，研究提出解决干部任职年龄层层递减的具体意见，完成超职数配备干部和提前离岗问题整改消化工作，做好领导干部在企业兼职和社团兼职清理规范工作。选派 88 名干部担任村第一书记，选派 8 名干部到市信访局驻厅工作，选派 8 名专业技术人员短期援疆，接收 33 名岳普湖县干部人才到泰安培训。督促各县（市、区）、高新区、泰山景区足额落实乡镇工作人员津补贴，审核批复乡镇非领导职务职数。

【基层党组织建设】 推进村、社区“两委”换届选举，全市 99.5% 的村、98.1% 的社区完成“两委”换届，一次换届成功率达 100%。选派 2100 名机关干部到后进村担任第一书记；确定市级财政扶持项目 725 个、涉及财政资金 7427.52 万元，确定农村集体经济发展基金项目 14 个、发放贷款 4600 万元；至年底，全市村集体经营性收入达 8.5 亿元，5 万元以上的村达到 90.6%。泰安市“实施强村固基工程，发展壮大村级集体经济”获全省组织工作优秀奖。开展民主评议党员工作，处置不合格党员 97 人；抓好农村、城市社区党员大规模轮训，市级举办示范培训班 10 期，县、乡两级把村“两委”班子成员和党员全部轮训一遍。2014 年村级组织运转经费全部达到 5 万元以上。开展县乡党委书记抓基层党建工作述职评议考核工作。推进远程教育转型发展，指导探索“岱岳先锋”微信、宁阳远教广播、东平乡镇党员教育中心等多种形式的学用新模式；评选并命名表彰明星服务基地 12 个、特色服务站点 50 个；山东卫视《齐鲁先锋》栏目采用稿件 27 篇，列全省第一位；策划推出《红色历程——泰安党史大事记》系列党史文献节目。

【人才工作】 创新人才政策机制，分 18 个子课题对“人才强市战略研究”课题开展全面调研，形成研究报告；引进省级以上高层次人才 30 人，其中“泰山学者”、“千人计划”专家 24 人。实施人才工作目标责任制考核，推进实施重点人才工作项目 29 个。加大平台建设力度，全市新增省级以上人才平台 12 家。实施“泰山人才金桥工程”，开展“校地科技合作行动”，构建各具特色的“人才强县”新格局。实施“创业助飞计划”，探索建立高端人才创业金融资本支持机制。

（范克岩）

• 机构编制 •

【概况】 2014 年，市编办被评为“省级文明单位”“全省机构编制信息工作先进单位”“全省《机构与行政》宣传工作先进单位”，全省机构编制工作考核成绩名列前茅；被市委、市政府表彰为“2014 年度科学发展综合考核先进单位”“全市信访工作先进单位”，被市委表彰为“2014 年‘五型’机关建设示范单位”“履行人口和计划生育职责先进单位”。

【市县政府机构改革】 10 月 16 日，全市政府职能转变和机构改革动员大会召开，明确改革总体要求，部署改革工作。执行中央和省政策要求，研究制订实施意见，将市政府工作部门调整到 32 个限额内，基本完成改革涉及部门的“三定”制订工作。强化统筹把握，严格审核把关，批复下达 6 个县（市、区）政府职能转变和机构改革方案。重视改革稳定，抓好思想政治工作，有针对性地做好宣传解释和沟通协调，改革期间未出现任何问题。经济发达镇行政管理体制改革试点工作进展顺利。

【简政放权】 将行政审批制度改革和推行行政权力清单制度作为突破口，泰安市及6个县（市、区）全部完成行政审批事项的摸底清理和目录编制，市级目录于2014年12月31日正式公布。印发行政审批制度改革工作实施意见，明确相关部门任务分工，实行定期调度，加强对上对下沟通协调，省编办对泰安市工作给予肯定。做好国务院和省政府下放行政审批事项的承接落实以及市级事项的取消下放，承接国务院和省政府行政审批事项94项，取消40项，下放20项。推行行政权力清单制度开局良好，成立领导小组，强化人员培训，建立协调推进机制，“一审”基本完成。优化营商发展环境，促进招商引资和项目建设，安排投资负面清单制订工作。

【事业单位分类改革】 拟定分类目录，初步确定应纳入分类的431个事业单位类型。将全市行政类事业单位名单和事业单位分类情况上报省编办备案。学习省事业单位改革配套政策，举办专题政策解读培训班，组织、编制、财政、人社等部门根据职责分工分别进行讲解，为改革的顺利推进奠定基础。

8月1日，在收听收看全省推行行政权力清单制度工作电视会议后，泰安市接着召开全市电视会议，市委副书记、市长王云鹏出席会议并讲话 （朱传伏 供）

【体制机制理顺】 将市城市发展投融资管理中心由部门所属事业单位调整为市政府直属，加强人员力量配备，理顺内部机构设置。保证徂徕山汶河景区推进进度，新设立规划分局，完善内部机构设置。按照精简优化效能原则，调整理顺市食品药品稽查支队、市企业国有资产管理中心、市行业发展服务中心、市规划设计院等部分单位内部运行机制。解决涉及民生保障重点领域和科学发展关键环节的机构编制事项，设立市安全生产应急救援指挥中心、山东泰山社会福利中心、台商投资促进中心等。

【机构编制管理】 强化总量控制，从严控制行政机构编制增量，从严审批事业机构编制，落实中央和省委、省政府控编减编工作要求，全市精简压缩行政编制506名、事业编制1756名。制订市级及6个县（市、区）编制使用计划，安排公务员用编进人计划530人，事业单位用编进人计划1989人，统筹安排政策性安置人员等专项用编计划。完成全市5043个机关事业单位和11.7万人的核查工作，建立起机关事业单位机构和人员实名制管理数据库。做好机构与人员编制核查信息系统的升级和数据完善维护，实现省市县三级联网。开展机构编制绩效管理，研究制订《县市区机构编制工作绩效管理实施办法》《2014年度县市区机构编制工作绩效管理评价标准》，明确行政审批制度改革、政府职能转变机构改革等6大类23项任务。推进机关事业单位履职评估，对市司法局、市体育局等10个部门单位开展评估，形成评估报告。

【事业单位绩效考核】 总结2013年度先期试点经验，完善制度机制，全面铺开市直195个事业单位的考核，涵盖教育、科研、文化、卫生等27个行业类别。注重体现行业特色，强化中心任务，加强指导协调，分级分类审查，完善“3+X”的指标体系。严格按照发布预告、组建考核组、实地考核、社会评价、确定等级、公开结果的程序进行，确保考核公平公正。抓好考核结果运用，实行与干部使用、评先树优、绩效工资总量、机构编制挂钩的“四挂钩”政策，有效调动事业单位的积极性。

（朱传伏）

·老干部管理与服务·

【概况】 年内，市委老干部局以让市委放心、老干部满意为目标，围绕服务全市离休干部和推进老干部工作转型发展，强化工作落实和创新，各项工作走在全省前列。在全国离退休干部“双先”表彰大会上，泰安市2名老领导被评为“全国离退休干部先进个人”；在全省老干部工作“双先”表彰大会上，泰安市委老干部局被省委、省政府授予“全省老干部工作先进集体”荣誉称号，会议印发泰安、潍坊两市的工作经验。连续7年保持“省级文明单位”称号，被市委、市政府表彰为“2014年度科学发展综合考核先进单位”。

【老干部党的建设和思想政治建设】 创新老干部党建工作机制，岱岳区、宁阳县、新泰市3个县（市、区）建立离退休干部党工委；各级老干部党校举办培训班24期、专题辅导报告会10场，对老干部进行中共十八大、十八届三中全会精神和习近平总书记系列重要讲话精神集中培训；组织老领导开展党的群众路线教育实践活动，在离退休干部中开展为民、务实、清廉“红色印迹”和“人品、家风、官德”征文活动；9个离退休干部党支部被评为全省“五好”离退休干部党支部，9名离退休干部党员被评为全省“五好”离退休干部党员，评选表彰全市“五好”离退休干部党支部50个、全市“五好”离退休干部党员50名。推进老干部网上党支部建设。

【泰山老年人才服务中心建设】 成立泰山老年人才服务中心，为老年人才发挥作用和服务老干部搭建载体和平台，成为全省第一个实现干休所顺利转型和第一个建立老年人才服务中心的市。该做法作为全省老干部工作转型发展的典型案例上报中组部老干部局，在全省老干部工作会议上得到领导肯定，被省委老干部局《情况反映》专刊采用，省委组织部副部长、老干部局局长厉彦林，市委常委、组织部部长唐福泉分别作出重要批示，给予高度评价。举行泰安市干休所转型发展现场会暨泰山老年人才服务中心揭牌仪式。

【老干部政治、生活待遇落实】 落实老干部阅文、通报情况、参观视察等制度。春节前夕，召开全市工作情况通报会，集中走访慰问市级老领导、老红军，各级各单位普遍开展走访慰问活动。组织市级老领导参观视察市文化项目建设情况和泰山区、新泰市经济社会发展和重点项目建设情况。争取省离休干部“两费”专项转移支付资金668万元，离休干部“三个机制”有效运转。为市直特困单位离休干部协调报销医药费820万元，调整企事业单位离休干部抚恤金标准，市直改制破产企业和特困事业单位离休干部各项经费全部纳入预算，军休干部管理服务工作有效落实。对异地安置、市直部分生活困难离休干部及遗属进行走访慰问。做好老干部信访工作。

【发挥老干部作用】 在全省成立首个市级老干部志愿者协会，省委老干部局《工作通报》专刊刊发，全省予以推广，在全省离退休干部组织建设工作经验交流会上作典型发言。完善老干部志愿者协会建设，形成不同专业结构、不同行业分布的志愿服务网络，打造出“泰山夕阳红”等一批志愿服务品牌。调整理顺市关心下一代工作委员会（以下简称关工委）办公室隶属关系，组织开展各项活动，省关工委主任高新亭一行到泰安市调研，给予充分肯定。泰安市、泰山区、新泰市关工委获全国第二届青少年普法教育活动“优秀组织奖”。

【老干部精神文化生活】 参加第五届全省老干部艺术节文艺汇演，获团体二等奖、组织奖、优秀表演奖；组织开展全市第四届老干部文化艺术节，举办全市老干部迎新春联欢会。推进“老年大学在社区”工作，全市社区老年教育覆盖率达50%。全国首家社区文联——金山社区文联在市老年大学揭牌成立，“中国楹联名山”揭牌仪式、市楹联艺术家协会成立仪式在市老年大学举行。

【老干部工作理论研究】 研究新形势下老干部工作带有趋势性特点的问题，理清“树立三大理念、实现转型发展”的工作思路，在省委老干部局《情况反映》及《中国老年报》刊发。承担完成中组部老干部局“发挥老同志积极作用的有效途径和方法”调研课题任务，获“全国老干部工作部门调研成果一等奖”。制订老干部工作者“十要十不十争当”工作规范，打造“敬爱致恭、情暖桑榆”为老服务品牌。（冯增文）

·宣　传·

【概况】 2014年，泰安市宣传思想文化工作以学习宣传贯彻中共十八大和十八届三中、四中全会精神为主线，突出重点，注重特色，各项工作任务圆满完成。泰安市荣获“全国文明城市提名城市”“全省2013～2014年度‘四德工程’建设示范市”称号。“乡村文明行动”经验被省委宣传部在全省推广，“菜单式”志愿服务在全国座谈会上作典型发言；电影《世界屋脊的歌声》获第十三届全国精神文明建设“五个一工程”影视类优秀作品奖。市委宣传部获全省“文艺精品工程”组织工作奖，群众文化生活满意度提高，在2014年全省民意调查中名列第二位。

6月18日，市委副书记李希信（左三）到新泰市新甫街道办事处调研基层教育实践活动

【社会主义核心价值体系建设】 组织各级党委中心组学习中共十八大和十八届三中、四中全会精神及习近平总书记系列重要讲话精神。市委中心组开展集体学习24次，举办专题辅导报告会3场。省、市委宣讲团深入全市理论大众化示范点、村镇社区、企业和学校基层单位开展宣讲活动100场，培训宣讲骨干100人次。围绕习近平总书记重要讲话精神和市委中心工作开展社科课题研究，结项49项，立项66项。泰山区、新泰市、肥城市获全省先进党委中心组，4个单位获理论教育先进单位。泰安市获全国青少年爱国主义读书教育活动“组织特等奖”。

【“四德”工程建设】 推进“四德”工程建设工作，实现村居上榜率54.57%，四德榜村居覆盖率100%，网络平台展示村居上传数量、覆盖率均达100%，180个村四德榜建设列入省财政扶持。泰安市被评为2013～2014年度全省“四德工程建设先进市”，先进经验在全省推广。开展“泰山道德游”主题活动。开展“泰安好人”推荐评选活动，每月评出“泰安好人”10名，徐西国，王炳兰，魏宗斌，王绪波，王长信、王长义兄弟5个典型被评为“中国好人”，9名典型入围“中国好人”候选人，3名典型被评为“山东好人之星”，泰安市“好人”推树工作位列全省第三。加强公益广告宣传，开办《讲文明树新风》专题栏目。

【“乡村文明行动”和文明城市创建活动】 成立市、县、乡三级乡村文明行动指挥部，推进农村环境集中整治、城乡环卫一体化、绿化和文明一条街工作。设立乡村文明行动专项资金，累计投入8亿元。规划设计乡村文明长廊

8月14日，泰安市乡村文明行动现场观摩推进会在新泰市召开

（杨新宇 供）

和遍布6个（县市、区）的乡村文明园区，打造乡村文明行动长廊两条（104国道泰安段、103省道新泰段）、乡村文明园区170个。3215个行政村建有文明一条街，覆盖率达83%。实施乡村文明行动“十百千”工程，开展“美丽村庄”评选活动。在省农村环卫一体化群众满意度电话调查中，列全省第7位。乡村文明行动工作经验在全省推广。凝聚全市力量开展全国文明城市创建工作，获“全国文明城市提名城市”荣誉称号。

【“菜单式”志愿服务】 制订《泰安市“菜单式”志愿服务站建设标准》《泰安市志愿服务工作考核试行办法》，完善市、县、乡、村四级菜单，加大村、社区一级平台建设力度。开展第二批志愿服务组织、基层文化团体与文明单位结对共建活动。招募第二批“菜单式”志愿者，推出“菜单式”志愿者名录50名。6月18～19日，泰安市在全国志愿服务工作座谈会上作典型发言。开展“幸福泰安·美在身边”献爱心捐赠活动。

【新闻舆论宣传】 宣传党的群众路线教育实践活动、转方式调结构、科技创新、文化旅游产业、改善民生工作典型经验和典型做法。组织“落实党的十八大、三中、四中全会精神”“推进富民强市建设幸福泰安”重大主题宣传。开展市人大常委会、政协“两会”、电影《世界屋脊的歌声》重大活动的宣传报道。省以上新闻媒体刊播各类稿件3000件，重头稿件300件，《人民日报》刊发稿件7篇，《新闻联播》播发报道11篇，中央广播电台播发5篇。设计制作《大美泰山》画册和高铁车站外宣品，完成《中国山东》画册“泰安篇”的撰稿。举行新闻发布会10场。“泰安发布”官方微博微博发布量近2900条。山东香港周泰安市重点项目签约仪式刊发专版《投资泰安·稳如泰山——开放的泰安欢迎您》。《中国日报》以“泰山，一座承载着中国历史的名山”为标题，向世界介绍泰山的人文、自然、历史文化。开展“孔子故乡·中国山东——国家历史文化名城探访”采访活动。完成外宣新闻媒体供稿工作300篇。举办第二届“泰山网络文化传播奖”颁奖典礼。完成“泰山幸福e家园”改版提升工程，省委书记姜异康给予高度评价。开展“一纸公益”爱心捐助系列网络惠民活动。

【公共文化服务体系建设】 泰安市被纳入全省基层综合性文化服务建设5个试点之一。泰安文化艺术中心建成并承办多项大型活动。开展基层公共文化服务体系建设“个十百千”工程和农村文体小广场“六个一”建设。建成文体小广场3420个，树立文化墙2915面，安装便民信息屏657个，铺装健身路径2650套，安装固定式或移动式音箱2890组，设置广场灯3250盏，全市文体小广场覆盖率达92.5%。打造一批文化品牌，组织举办“泰山文化·泰山画派”学术研讨会、“首泰弘文书苑”揭牌暨“大美泰山——书法艺术展”和“泰山画派——泰安名家中国画提名展”展出活动。《世界屋脊的歌声》《两狼山上》《泰山情缘之石敢当》《大汶口》《人间泰山·天下泰安》和《乡志》6件作品获“省文艺精品优秀作品奖”，列全省第三，市委宣传部连续9届获“省‘文艺精品工程’组织工作奖”。繁荣群众性文化活动，举办各类文化人才培训班20期，培训5000人次。

举办“和平颂中国梦”主题音乐会、“泰山秋韵”民族音乐会、“百姓大舞台泰安市大明星”广场汇演系列文化活动。开展“文化进万家、千戏下基层”活动，组织各类文化活动8600场次。群众文化生活满意度全省民意调查得分80.26，高于全省平均分0.58分。

【文化产业大项目建设和招商引资】 年内，重点推进泰山区泰山云谷互联网一期、泰山高科技文化产业园（二期）、万达AMC院线、大汶口国家考古遗址公园等文化产业项目18个。组织参加第十届中国（深圳）国际文化产业博览交易会、第五届山东文化创意产业博览交易会、首届中国徐州民间工艺博览会、孔子家乡山东文化贸易展、第16届（大阪）中国山东出口商品展览会和两岸城市文创经济合作发展论坛，促成泰山天元石画、400呼叫平台、泰山玉文化产业园、绿色印刷高速联动生产线项目的签约。2014年全市投资过千万元的在建文化产业项目111个，总投资额633亿元。实施文化产业人才培养工程，举办全市文化产业人才培训班。落实歌舞团划转交接工作。推动泰安日报社进行的第三轮改革，保留泰安日报社事业单位建制，组建企业建制泰安传媒集团。

【组织党的群众路线教育实践活动宣传】 开设《为民务实清廉践行群众路线》专栏和《整改进行时》《基层实践》两个栏目，跟踪报道全市各级各部门教育实践活动开展情况。《大众日报》理论专版刊发市委书记李洪峰“学习习总书记讲话精神心得体会”署名文章《坚持问题导向 推进改革发展》；在山东卫视《山东新闻联播》、山东广播电台《山东新闻》栏目播发报道18篇；在《大众日报》刊发泰安市教育实践活动报道9篇。 （杨新宇）

•统一战线•

【概况】 年内，全市统战工作围绕市委中心工作和全市发展大局，履职尽责、积极作为，团结拼搏、开拓创新，各项工作取得新进展。市委统战部通过省级文明单位复核，被评为全省统战理论调研宣传“四新工程”先进单位、全省统战宣传工作一等奖。

【多党合作事业】 学习贯彻中共十八大、十八届三中、四中全会和习近平总书记系列重要讲话精神，支持民主党派、无党派人士开展坚持和发展中国特色社会主义学习实践活动，支持非公有制经济人士开展理想信念教育实践活动，全市统战系统举办读书班、研讨会、座谈会等学习教育活动30次，增进广大统战成员对中国特色社会主义的道路自信、理论自信和制度自信，统一战线共同团结奋斗的思想政治基础进一步巩固。推进政党协商工作，制订、落实2014年政治协商计划，召开民主协商会、征求意见会、情况通报会、专题座谈会等8次，市委、市政府主要领导出席4次，通报全市发展重要情况，就重大方针政策、重要工作部署、重要人事安排等与党外人士进行协商。支持民主党派推进组织发展，指导、协助4个民主党派基层支部完成组建成立和届中调整工作，全市民主党派基层组织达到105个，成员总数2114人。

【为经济社会发展服务】 引导各民主党派、工商联、无党派人士通过议案提案、专题调研、即时反映等多种形式参政议政、建言献策。在市政协十二届三次会议上，市各民主党派、无党派人士提交提案217件，占提案总数的80.1%，其中8件被评为政协年度重点提案。健全完善“党委出题、党派调研、政府采纳、部门落实”的参政议政工作机制，协助各民主党派市委围绕全市经济社会发展重大问题，与政府有关部门联合开展各类考察调研、协商座谈、成果论证等活动30次，形成重大调研协商成果17件，为党委政府科学民主决策提供有益借鉴。创办党外人士《建言专报》，全年编辑15期，完善民主党派和无党派人士以集体或个人名义向中共泰安市委提出意见建议的报送办法。推进党外人士社会服务品牌工程，引导各领域统战成员开展科技医疗文化“三下乡”、捐资助学、就业服务、爱心敬老、维权援助、公益慈善等各类社会服务活动，累计捐款捐物价值达680万元。民革“泰山金秋助学”行动、“五个一百”帮扶工程，民

7月16日，市政协副主席、市委统战部部长朱永强（前排左三）到泰山区调研基层统战工作　　（张基瑞　供）

建"大学生就业创业促进工程""三微"（微心愿、微平台、微营销）服务活动，致公党农业科技帮扶基地建设等服务活动渐成品牌。联合市民族与宗教事务局、公安局、国家安全局等部门，开展禁止歧视少数民族政策落实情况督查检查工作，调处涉及民族宗教因素的矛盾纠纷；成立全市宗教工作领导小组，明确成员构成及责任分工，推动建立统战部门牵头负责的宗教工作协调机制；抵御非法宗教渗透，巩固非宗教活动场所专项治理成果，促进民族宗教领域和谐稳定。依托泰山国家级海峡两岸交流基地优势，加强与港澳台海外代表人士的联谊交流。承办全省第五期港澳台海外代表人士国情研修班暨"情系海联·同心同行"泰安考察活动。全年接待港澳台海外团组20个、330人到泰安参访交流。

【党外代表人士队伍建设】 部署开展"党外代表人士素质提升年"活动，实施以"建制度打基础、抓培训提能力、重安排显实效、强管理促提升"为主要内容的"党外代表人士素质提升工程"。印发《2014～2017年全市党外代表人士教育培训规划》等文件7个，健全完善教育培训、实践锻炼、管理服务等制度规定，党外代表人士队伍建设制度化规范化水平不断提高。加强党外代表人士教育培养，坚持推行市、县两级组织部、统战部共同制订计划、共同选调学员、共同培训管理的教育培训模式，重点举办全市民主党派基层组织负责人培训班、全市党外干部培训班等核心班次。年内，全市统战系统举办各类培训活动24次，培训党外代表人士1100人。建设党外代表人士实践锻炼基地，市、县两级党外代表人士挂职锻炼和社会实践基地达到31处，420名党外代表人士参加各种形式的实践锻炼活动。开展摸底调查，对全市61名县处级、537名科级党外干部建档立册，全面掌握党外代表人士的人才结构和总体状况。推进党外代表人士政治安排、实职安排和社会安排，市一级年内增补6人担任市政协委员，提拔4人担任副县级领导职务，交流2人到市人大常委会和市政协机关担任专职副秘书长，推荐5人担任市检察院特约检察员。

【"双百建功"行动】 实施统战系统"双百建功"（百人服务、百亿投资）行动，引导各领域统战成员发挥人才智力优势和联系广泛优势，直接参与全市招商引资、招才引智和项目建设。全年统战系统协调促成126名党外人才与非公有制企业建立服务合作关系，通过招商引资和推动非公有制企业增资扩规等途径，实现全市新增投资163亿元。12月22日，在济南召开的全国知名民营企业家入鲁助推转调创投资洽谈会上，泰安市正式签约省外知名民营企业项目122个，投资额2088亿元。　（张基瑞）

·台湾事务·

【对台经贸】 年内，新批台资企业6家，增资项目2个，合同台资额5.78亿美元，实际利用台资额6450万美元，新增企业数和实际利用台资额分列全省第五位、第七位；5家台资企业被评为"全省百强台资企业"，列全省第六位。全市在谈台资项目11个，总投资5.21亿美元；在建台资项目6个，总投资11亿美元，到位资金1.17亿美元。举办海峡两岸（泰安）“产学研合作”项目考察洽谈会，台湾中国文化大学、大同大学等10所台湾高等院校的代表和驻泰安20家高校、企业负责人出席洽谈会活动。市政府与“台湾中华永续教育协会”初步达成《海峡两岸产学研合作备忘录》。组织举办泰台经贸文化交流周活动、两岸连锁经营及文创产业项目对接会等涉台招商推介活动，牵头组团参加“2014山东·台湾周暨第二十届鲁台经贸洽谈会”“厦门9•8国际投资洽谈会”，分别在新泰、肥城两地举办“新泰樱桃节两岸生态循环农业研讨会”和“肥城第九届国际有机农业博览会”。开展“台资项目推进落实年”活动，对全市6个县（市、区）的在谈在建台资项目进行逐一摸底、核实。10月18日，全省首家海峡两岸有机农业合作交流示范基地——肥城市海峡两岸有机农业合作交流示范基地挂牌。总投资30亿元人民币的台湾商业中心项目，一期工程投资的7400万美元全部到位。岱岳区总投资34亿元人民币的六星（泰安）国际汽车生态文化产业园项目和山东泰山台湾高新产业园项目进展顺利。

【泰台交往交流】 全年接待包括台湾海基会文化参访团、台湾东岳大帝·碧霞元君信众朝圣团、台湾关公文化两岸交流促进会参访团、海峡两岸“产学研合作”论坛专家组等台湾各界人士和基层民众500人次到泰安参访交流。办理应邀赴台团组36个，赴台总人数268人次，其中经贸考察团组15批52人次。策划举办“台湾东岳大帝、碧霞元君信众泰山行”“台湾苗栗县泰安乡乡镇里长泰山行”等对台交流活动项目10项，其中3项被国台办交流局确定为2014年重点交流项目。4月，在泰山东岳庙会期间，举行“泰山海峡两岸交流基地授牌仪式”，同时举办“海峡两岸·情重泰山”经贸文化交流周活动。

【对台宣传和涉台教育】 通过入岛交流和接待台胞，发放各类宣传材料1000份；在“中国台湾网”“华夏经纬网”等网络媒体发表稿件100篇。做好赴台团组的行前教育和归后回访。“海峡两岸（肥城）有机农业合作交流示范基地设立”被列入2014年山东省涉台十大新闻。

【对台服务和涉台稳定】 保障台商台胞台属权益，深化台胞、台企服务，优化对台经贸发展环境和台资企业发展环境。开展“台资企业走访季”活动，走访台资企业30家，对40名台商、台胞进行走访慰问，召开台商、台胞座谈会20次，解决实际困难和问题30起。邀请部分政协委员对台资企业进行工作视察。6月中旬，邀请市政协台港澳侨委的20名委员视察全市对台经贸工作，对山东嘉安远隆食品有限公司等3家台资企业进行现场视察，政协委员提出有关优化投资环境、促进台资企业发展的意见建议30条。做好台胞台属联谊工作，保护台胞台属合法权益。加大台胞投诉协调工作力度，开展创建台商“零投诉地区”活动。全市台商投诉和防范涉台突发事件工作总体情况良好，未出现越级重复投诉和纠纷升级，无涉台突发事件发生。（任延勇）

·政策研究·

【概况】 年内，市委政研室（改革办）高质高效地做好文稿起草、调查研究、深化改革、党刊编辑等工作，积极参与全市阶段性重点工作和重大活动的组织、协调和服务，多人次被抽调参与群众路线教育活动领导小组办公室、招商引资和重点项目建设指挥部等，承担文字材料起草和有关组织协调工作。通过“省级文明机关”复查，被市委、市政府表彰为“2014年度机关作风和政风行风建设先进单位”，多人次被评为优秀共产党员、服务先锋。

【文稿起草】 全年组织起草各类文稿300篇（件）。其中，完成市委十届七次、八次全会，两次招商引资和项目建设检查考核会议，全市科学发展表彰大会，全市创建全国文明城市工作会议，全市农业龙头企业暨生态文明乡村建设现场观摩会等重要会议文稿；完成省委全会、省“两会”、山东西部经济隆起带联席会议等在省以上有关会议上的发言材料；完成人大、政协、纪委、工会、党管武装等各种专业和专题会议方面的材料；完成市委书记李洪峰、市委副书记李希信教育实践活动期间的座谈会、推进会及参加全市各类重大活动时的致辞等；完成市委教育实践活动领导小组及其办公室一系列重要方案、文件、领导讲话和活动《简报》《专报》的编辑工作；起草巡视组反馈情况整改、省委常委征求意见等以市委名义的各类报告；承担上级领导到泰安调研、检查指导工作的有关材料，包括汇报、主持词、市情和项目简介的起草、把关、印制等；完成《山东通讯》《山东年鉴》《省情手册》的供稿工作。起草审核把关流动电台解说词、市媒体重要新闻报道、评论员文章等。

【调查研究】 围绕全市改革发展的全局性、突出性问题开展调研，做到“三个更加注重”（更加注重一线调研，更加注重深化改革、民生和法治领域调研，更加注重转变调研作风）。围绕推进农业现代化进程、发挥农业龙头企业的示范带动引领作用调研，提出促进一产特色化、工业化、三产化、信息化，即“一产四化”观点，并形成调研报告。针对如何化解全市企业面临互联互保风险不断积聚的难题，形成《关于做大做强国有担保公司促进企业健康发展的调研报告》；总结全市林场改革经验，形成《泰安市国有林场改革情况调研报告》；为把握全市电子商务和快递业发展现状，形成《关于加快发展快递新兴服务业的调研报告》；与市地税局开展联合调研，形成《泰安市深化体制机制改革，破解地税服务群众“最后一公里”问题探析》；深入剖析泰山区服务业发展的好做法，形成《加快全省服务业综合改革试点区建设的调查报告》等。在2014年度全省党委政研系统优秀调研成果评选中，3篇调研报告分别获一等奖和三等奖。

【全面深化改革】 2月，市委决定成立市委全面深化改革领导小组办公室（简称市委改革办），由市委政研室组建，与政研室一个机构、两块牌子。筹备召开市委全面深化改革领导小组第一次会议，通过领导小组、专项小组、改革办“两规则、一细则”。先后制订改革办备案工作流程、会议工作制度、备案工作意见、专项小组联络员工作职责等工作机制。印发《市委关于深入学习贯彻党的十八届三中全会精神落实全面深化改革重点任务的分工方案》《市委全面深化改革领导小组2014年工作要点》2个文件，重点加大对14项国家级和13项省级改革试点的调度指导。政研室作为民主法制领域改革专项小组的牵头部门，筹备召开市委民主法制领域改革专项小组第一次会议。改革办全年印发工作简报6期，会议纪要3期，翻印并报送省委改革办工作简报48期和工作信息交流35期。

【阵地载体建设】 按照“贯彻市委意图，研究政策法规，交流工作经验，提供决策服务”的办刊宗旨，加大《泰安工作》创新力度。全年编发12期，发行6万份。电子版全新改版，全面实现数字化。扩大覆盖面，赠阅范围扩大到中央有关部委，交流范围扩大到中央机关有关杂志社和全国300个大中城市，发行范围扩大到基层党代表。编发《领导参阅》3期，顺利进入领导决策。

（贾燕君）

• 机关党建 •

【概况】 年内，市委市直机关工委以深入开展党的群众路线教育实践活动为主线，组织开展市直机关“践行群众路线、争创服务品牌”活动，全面加强机关党的思想、组织、作风、反腐倡廉、制度建设，被评为“省级文明单位”“全省机关党建宣传报道先进单位”，被市委、市政府表彰为“2014年度机关作风和政风行风建设先进单位”。

【思想建设】 学习贯彻中共十八届三中、四中全会精神和习近平总书记系列重要讲话精神。制订印发市直机关中心组学习意见，指导市直机关各部门单位组织开展党委理论中心组学习。拿出36.2万元留成党费，为所属1600个基层党组织，发放十八届三中、四中全会决定《辅导百问》和《支部生活》《党员干部之友》等学习资料。编发《泰山公仆》3期，《机关党建通讯》18期、宣传栏7期。

3月19日，全市机关党的工作暨"践行群众路线 争创服务品牌"活动动员会议召开，市委常委、秘书长陈刚出席会议并讲话（王 斌 摄）

【组织建设】 换届、调整机关党组织28个，调整组成人员126名，新建、改建机关党组织8个。贯彻中央《发展党员工作的细则》，制订印发学习宣传《细则》工作的实施意见、《关于做好市直机关2014年发展党员工作的意见》。做好入党积极分子的确定和培养教育，发展对象的确定和考察，预备党员的接收、审批和转正等环节工作。对2014年的350名预备党员进行考察，对2013年度65名预备党员转正进行审查审批。举办2014年市直机关入党积极分子培训班，198名入党积极分子参加培训。举办全市机关党务干部党的群众路线暨机关党的工作研讨班，对各县（市、区）直机关工委书记、市直各部门及省属驻泰安机关党组织书记、副书记计210人进行培训，12个部门（单位）介绍经验、做法，督促指导市直部门（单位）党委（党组）对所属1500名基层党组织书记进行集中轮训。

【作风建设和反腐倡廉建设】 制订党风廉政建设实施意见，落实党风廉政建设责任制特别是党委主体责任、纪委监督责任。严格执行领导干部个人事项报告、述职述廉和民主评议制度。深化机关廉政文化建设，梳理健全机关规章制度，重新修订完善"3+1"工作体系，把加强机关作风和政风行风建设，与市直机关党建活动结合起来，做到同部署、同检查、同考核。坚持依法依纪办案，受理市直机关科级以下党员违纪案件2起，处分2人，办理违纪党员恢复党员权利2人。

【机关和精神文明建设】 组织做好市直机关"五型"机关示范单位考评工作，研究制订机关党的工作暨"五型"机关建设情况考评意见，调整充实千分考核标准，突出机关党组织书记的述职评议，增加平时工作考评。组成8个考评组，对107个部门（单位）机关党的工作暨"五型"机关建设情况进行全面考评考核和表彰。指导市直部门（单位）开展文明创建活动，采取复查与新审报区别对待，分大口集中述职、各单位互相借鉴，机关工委重点抽查的创新举措，10月份组成7个考评组，对67个市级文明单位和77个市直文明单位进行集中考评和表彰。推荐表彰"五型"机关示范单位30个，表彰市直文明单位77个、机关党建先进单位6个、优秀公仆60名、先进工作者206名。

【群团组织建设】 加强以党建带群团工作力度，健全群团组织机构，年内新建工会组织2个，调整工会组织2个；机关团、妇委组织调整、新建8个。举办市直机关"十大杰出青年"和青年服务队评选表彰活动，分别对市直机关"十杰"青年、20名"优秀青年"和25个"青年先锋队"进行表彰。举办市直机关第二十四届乒乓球比赛和第二届羽毛球比赛。开展市直机关庆"三八"妇女保健知识讲座，市直部门150名女干部参加。做好市直机关征兵工作，向部队输送合格兵员。

【"践行群众路线、争创服务品牌"活动】 以"为民务实清廉，践行群众路线"为主题，在市直机关开展"践行群众路线、争创服务品牌"活动，召开部署会，印发活动实施意见。征集102个单位的机关服务品牌，在《泰安日报》集中展示，公开服务内涵承诺，接受社会和群众的监督。9月召开"践行群众路线、争创服务品牌”活动交流推进会，4个单位代表在会上发言，11个单位作书面交流。开展市直机关“争做服务先锋”活动，评选表彰服务先锋集体47个、服务先锋个人42名。召开庆“七一”暨“争创服务品牌·争做服务先锋”活动事迹报告会，各党建协调组和部分部门（单位）先后组织事迹报告会15场次，4000人接受教育。选取部分服务先锋集体和个人事迹编辑成册。组织开展市直机关“服务格言”征集活动，104个部门（单位）编撰、推荐服务格言1000条，评出市直机关和部门“最佳格言”各20条、“优秀格言”50条，编辑成册印发各单位。

【机关作风集中整治活动】 市直机关工委、市监察局制订集中整治活动方案，先后17次向市委活动督查组汇报活动进展情况，组织明察暗访7次，处理解决自查问题234项，群众投诉问题52件。参加活动的102个市直及省属以上驻泰安单位在《泰安日报》公开服务承诺。（陈来明）

·党史资料征编与研究·

【概况】 2014年，市委党史办贯彻“以史鉴今，资政育人”的工作理念，在党史研究、党史资料征集、党史宣传教育、党史专题资政等方面推出一批精品成果，在全省优秀党史成果评选中，获一等奖2项、二等奖6项、三等奖10项。

【党史征集和研究】 编纂完成《历史的足迹——泰安地方党史专题编研丛书》第二、第三卷。深入研究泰安各个历史时期的重要文献资料，按不同阶段、分不同时期汇编成册，全面、系统、客观地记载和反映泰安党组织在各个历史时期的重大事件和活动，重点完成解放战争时期（1945～1949）和全面建设社会主义时期（1956～1966）两个分卷，共70万字。该专题获2014年度全市社科成果一等奖、全省著作类优秀党史成果一等奖。

【党史宣传教育】 全年出版《泰汶春秋》4期，发行8000册。与全国各地的老领导以及党史工作者、党史爱好者建立广泛长期的联系，向其征集不同时期的回忆录、老照片等珍贵历史资料，征集有价值稿件100篇、近40万字。在党的群众路线教育实践活动中，参与全市教育实践活动革命传统教育专题片《使命——徂徕山起义与群众路线的关系》脚本撰写和录制工作，在徂徕山革命传统教育基地播放，全市200个单位、近3万名党员观看，该专题片获全省视频类优秀党史成果一等奖。整理编写革命传统教育教材《徂徕山起义》读本，面向全市广大党员干部发放。与省电视台联合录制反映泰安地方党组织斗争史的电视专题片《山东抗日第一枪——徂徕山起义》，在省电视台《山东往事》栏目播出。与泰安市党建频道联合拍摄《红色历程——泰安党史大事记》专题片，系统讲述泰安地方党组织在革命战争年代通过艰苦卓绝的斗争所取得的光辉业绩。录制完成《齐鲁红色文化讲坛——徂徕山起义》电视讲座并在全省发行。

（李贵友）

·党 校·

【概况】 以党的群众路线教育实践活动为抓手，学习贯彻宣讲中共十八大及十八届三中、四中全会精神和习近平总书记系列重要讲话精神，克服干部培训任务量大、新校建设后续工程和竣工验收任务重等困难，新校建设、教学、科研、学员管理等各项工作取得良好成绩。年内，通过市级文明单位复查。

【新校后续尾工和竣工验收】 10月，完成室外景观、校园绿化、室外装饰、智能化等新校后续尾工工程，并组织工程竣工验收，为工程决算做好准备。与神憩宾馆签订解除托管租赁协议，全面完成老校区腾空交接工作。新校软、硬件磨合周期短、运转效果良好，全年培训规模突破7000人次。新校建设倡导和实践“绿色低碳、节能环保”的规划建设理念，年内被列入2014年第二批全国公共机构节能示范单位名单，该项荣誉全市仅有两家单位入选。

【教学工作】 完成21个主体班次教学培训任务，培训学员2808人次，比上年增加332人次。推进主体班次教学改革和创新，发挥教研团队优势，探索“双向团队式互动教学”模式，提高教学吸引力。通过严格教学效果评估、严格教学协调督导抓教风，狠抓考试环节、创新考核方式抓学风，对学员采取全日制全封闭教学，教风学风建设和教学效果实现双赢。选派骨干教师到中央党校、北京大学、浙江大学、山东大学等高端名校进行培训进修35人次。组织开展中共十八届四中全会精神宣讲辅导50场次。按照市委要求派出2名骨干教师赴新疆岳普湖党校支援教学。

【科研工作】 在各类省级以上报刊发表理论文章80篇。确定省级课题6项，市社会科学课题11项（重点课题3项）、市规划课题5项（重点课题3项），人口和计划生育社会科学研究中标课题4项，校级课题29项。获全省党校系统优秀科研成果奖4项，省市级研讨会获奖3项，泰安市社会科学优秀成果奖5项。5人进入“泰安市社会科学理论专家库”，3人入选泰安先锋网专家库，是全市唯一被确定为入围“全国党建研究机构数据库”单位。

【对外培训和学员管理】 全年承担主体班和对社会培训班次45个，培训规模突破7000人次。2014年录取在职研究生81人，是省委党校确定的全省5个研究生招生考点之一，年底近700名考生在泰安考试。学员管理重点围绕“学前承诺、学中考核、学后跟踪”3个环节开展工作。严格执行中组部“九条规定”和省委组织部“十不准”规定，实行封闭式管理，强化对主体班次学员学风学纪督导检查，干部培训质量得到提升。

3月11日，泰安市委党校2014年春季开学典礼举行 （姬大鹏 摄）

【后勤服务】 学员餐厅、公寓实行外聘“店长”、党校负责财务的经营模式，保证国有资产科学合理使用、保值增值，保证学员餐饮安全和服务质量，狠抓管理制度、监督约束机制和奖惩机制，取得良好效果。该管理模式得到省委党校主要负责人的充分肯定，多家省内外党校到泰安学习经验。公开招标物业管理，后勤保障运转高效有序。以确保新校和谐运转为重点，制订并实施物资集中采购等一系列规章制度，形成以制度带管理、抓管理促效益的新格局，后勤管理更加规范化、效益化。 （刘庆斌）

·信访工作·

【概况】 年内，纳入国家信访局评价的信访事项，总体满意度水平居全省第二位。到省上访事项处理群众满意率为86.7%，高出全省平均水平22个百分点，居全省第六位。11月份，全省信访事项办理群众满意度评价工作现场推进会在泰安召开。在全国、全省“两会”以及中共十八届四中全会、APEC会议等重点敏感时期，全市未发生有影响的信访问题。市信访局被省文明委表彰为“省级文明单位”，被市委、市政府表彰为“2014年度科学发展综合考核先进单位”，被市委表彰为“‘五型’机关建设示范单位”，被市“强村固基”工程领导小组表彰为“实施‘强村固基’工程先进集体”。局机关工会被评为市直机关工会工作先进单位。局接访中心被表彰为“市直机关青年服务先锋队”，办信科被市委争创“五型”机关活动领导小组办公室、市直机关工委表彰为“服务先锋集体”。1人被市委、市政府表彰为“维护社会稳定工作先进个人”，1人被市委、市政府表彰为“全市信访工作先进个人”，1人被市直机关工委表彰为“先进工作者”，1人被市委争创“五型”机关活动领导小组办公室、市直机关工委表彰为“服务先锋个人”。

【案件处理】 年内，受理群众到市上访2913起，其中集体访319起。发生到省上访545起，其中集体访42起。发生进京上访83起，其中集体访11起。受理群众来信3187件（初信2517件、重信670件），其中网上信访1249件，按期结案率100%。立案督查上级交办信访事项、市领导批示及党政领导公开接访事项47件，按期办结率100%。市、县党政主要领导亲自办理信访事项168件，按期结案率100%。

【集中化解信访积案】 结合党的群众路线教育实践活动，开展“集中化解信访积案和进京非访”专项整治行动，市委、市政府两次召开专题会议进行安排部署和调度推进，市联席办、市信访局明确4名县级干部靠上跟踪督查督办和指导帮促，一批难案老案实现案结事了、息诉罢访，其中市联席办集中排查交办的105件信访积案和进京非访，结案率100%，化解率80.9%。

【提升基层基础工作】 推进以“无到省进京集体上访、无非正常上访、无信访积案”为主要内容的“三无”县乡创建活动，全市88个乡镇（街道）有76个达到“三无”要求，占87.4%。推进领导干部接访下访制度和包案化解信访突出问题措施落实，全市各级领导干部累计接访和包案处理信访事项1500件，有效化解率98%。 （范明强）

【概况】 2014年，市人大常委会先后召开常委会会议6次，听取审议专项工作报告13项，开展视察调研和执法检查19次，作出决议、决定和审议意见19项，任免国家机关工作人员94人次，圆满完成市十六届人大三次会议确定的各项目标任务。

把握正确政治方向 ①实现人大工作“三个转变”。转变工作理念，常委会及机关自觉践行群众路线，真诚听民声、解民忧、纾民困，形成人往基层走、心往基层靠、事往基层办的良好导向。转变工作方式，大兴学习之风、调查研究之风、求真务实之风，加强常委会与代表、代表与群众的联系，围绕教育、医疗、就业等民生热点难点，全年开展专题调研20次，形成调研报告46篇。转变工作体制机制，设立并充实常委会办事机构和工作机构，发挥各专门委员会在大会闭会期间的作用；坚持以制度固化教育实践活动成果，新建制度12项，修订14项，废止3项。②增强法治泰安建设的思想自觉和行动自觉。常委会坚持用中央和省、市委决策部署统一思想，深入学习领会“党的领导是中国特色社会主义最本质的特征，是社会主义法治最根本的保证”重要论断，深刻领会习近平总书记系列重要讲话论述，深入贯彻习近平总书记和张德江委员长对人大工作提出的总体要求，切实把思想认识统一到中央和省、市委对形势的科学判断和决策上来，明确在全面推进依法治市进程中的重要职责和使命。针对加强宪法实施、开展地方立法、全口径预算监督等具体工作要求，制订方案，分解目标任务，落实工作责任，开展有关调研活动，逐步推进，分步实施，增强工作的主动性、计划性和前瞻性。强化舆论宣传，以人大刊物为阵地，以新闻媒体为平台，宣传各级人大代表的履职风采、人大及其常委会的履职经验、全市经济社会发展新成就、新风貌，树立人大工作品牌。以纪念全国人民代表大会成立60周年、《中华人民共和国宪法》颁布60周年为契机，组织举办人大系统书画摄影展、主题演讲等活动，集中开展系列宣传报道和泰安人大新闻奖、优秀调研论文评选，总结回顾泰安市人大常委会及其常委会取得的成就和经验。全年在《中国人大年鉴》《人民权利报》《山东人大工作》等省级以上新闻媒介发表各类文章140篇。

促进经济社会平稳健康发展 ①关注宏观经济运行质量。常委会分别听取审议市政府上半年国民经济和社会发展计划及预算执行情况、下半年工作安排计划的报告，听取审议市政府市级财政

决算和审计工作报告，加强对经济运行形势的分析研判，重点审查预算收支平衡、重点支出安排和资金拨付使用情况，督促市政府全面落实宏观调控政策，科学合理用好财政资金。听取审议市政府关于审计及审计查出问题整改情况报告，整改问题21项。落实市级财政预决算公开的建议，市级预决算、“三公”经费预决算总额、67个市政府组成部门及所属单位的部门预决算和“三公”经费预决算，首次向社会公布。②关注重点项目建设。连续3年对招商引资和重点项目建设进行视察和调研，深入包保企业和重点项目，研究加快发展的思路举措，协调解决影响发展的主要问题。对全市深化体制改革、转变政府职能、推进依法行政工作情况进行视察，要求市政府精简审批流程，改善发展环境。听取审议市政府关于贯彻落实“一圈一带”发展规划实施情况的报告，提出要在“一圈一带”区域协同发展中，立足泰安实际，以招商引资和项目建设为抓手，实施产业招商，优化要素配置，加快项目建设。配合省人大视察企业技术进步和自主创新工作，对小微企业发展情况进行调研，及时反映企业家的建议和意见。③关注农业现代化发展。常委会专题调研全市新型农业经营体系建设情况，听取审议专项工作报告，建议市政府加大培育引导力度，加强土地流转服务，加大政策扶持，加快基础设施建设，提升科技支撑能力。市政府及有关部门对此

8月20日，市人大常委会党组书记、第一副主任林华勇（右三）到市公安局调研信息化工作　（苏智伟　摄）

高度重视，加强标准化生产基地建设，拉长农业产业链条，增强龙头企业辐射带动能力，提高农民组织化程度，新增一批规模以上农业龙头企业、家庭农场和农民合作社。对农产品质量安全、小农水重点县建设和气象工作等进行调研视察，督促市政府落实各项支农惠农政策，加强农业基础设施建设，全面提升农产品质量安全监管水平，提高防灾减灾能力。④关注现代服务业发展。对《中华人民共和国旅游法》实施情况进行执法检查，要求发挥政府主导作用，加快推进旅游管理体制改革创新，完善旅游基础设施，依法规范旅游市场秩序。对全市现代商贸物流业、电子商务产业等发展情况进行调研并提出意见建议。

推进民生改善　①夯实基层医疗网底。对全市农村基层医疗卫生服务工作情况进行视察，提出加大投入力度，加强基础设施建设，依法依规抓好政策落实，有效稳定、补充和优化城乡医疗队伍建设，提高基层医疗卫生机构服务水平等建议。市政府围绕“保基本、强基层、建机制”，多措并举，加强基层医疗卫生服务体系建设，保证基本公共卫生质量和“网底”安全。②关爱残疾人事业。对《中华人民共和国残疾人保障法》开展执法检查，针对薄弱环节提出建议，督促市政府完善残疾人权益保障制度，做好残疾人基本公共服务，落实残疾人免费乘坐公交车，减半缴纳基本收视维护费，设立盲文读物图书室和电子阅览室，使残疾人平等参与社会生活，共享发展成果。③推进生态家园建设。对大气污染防治工作进行检查，听取审议市政府大气污染防治情况报告，要求市政府加快产业结构调整，严格依法管理，“铁腕”治理污染，改善生态环境，构建大气污染防治工作新格局，推进“蓝天工程”实施，建设美丽泰安。开展“泰汶环保世纪行”宣传活动，就产业和能源结构调整、燃煤电厂脱硫脱硝治理、重点行业

和城市扬尘污染控制进行集中采访报道，促进解决环保热点难点问题，将人大监督、舆论监督和群众监督有机结合。④加快职业教育发展。对现代职业教育体系进行专题调研，要求市政府高度重视职业教育整合提升，构建中职高职纵向衔接、职前职后互为补充的现代职业教育体系，把职业教育纳入公共财政保障范围，完善校企合作办学模式，搭建以综合性实训基地为龙头、专业性实训基地为骨干的实训网络，培养专业型、实用型人才。就市政公用事业建设管理、医疗保险、民族事务等，听取专题汇报，开展视察调查，提出意见建议。

发挥代表主体作用 ①服务保障规范化。先后组织代表参加全国和省人大举办的培训班，重点学习人民代表大会制度理论和《中华人民共和国地方各级人民代表大会和地方各级人民政府组织法》《中华人民共和国全国人民代表大会和地方各级人民代表大会代表法》，学习相关履职经验。按时为代表订阅《中国人大》《山东人大工作》《人民权利报》等报刊，及时通报常委会的工作，协调“一府两院”及有关部门向代表介绍工作情况、寄送相关资料，邀请100名代表参加常委会会议、执法检查等活动，组织300名代表参加政风行风评议。②代表履职常态化。开展“践行群众路线，联系选民献爱心”主题实践活动，各级人大代表按照“四个一”的要求，联系一个社区（村居）选民、提出一条改善民生的建议、帮扶一个困难家庭、资助一个贫困学生，激发履职为民热情，拓宽联系群众渠道。深化常委会组成人员联系代表、代表联系群众的“双联系”活动，38名常委会组成人员与436名各级人大代表建立经常性联系，收集代表意见建议200条。③议案建议督办制度化。坚持专门委员会分工领办、工作委员会归口专办、“一府两院”对口承办、邀请代表共同督办制度，对代表议案建议的办理实行全程跟踪问效。对市十六届人大三次会议确定的建立法律顾问制度、发展优势产业优质企业和大气污染防治3件议案，采取代表视察、新闻媒体跟踪报道、面对面答复、常委会审议等形式进行督办，加快办理进度。其中，关于在政府和政府部门普遍建立法律顾问制度的议案，市政府法制办、司法局、财政局等部门认真研究落实，成立“泰安市法律专家库”“泰安市法律咨询机构库”，吸纳60名法律工作者和15家律师事务所参与政府法律事务。市十六届人大三次会议以后代表提出的56件建议，均在法定时限内办理完毕并答复代表。

【市十六届人大三次会议】 1月7～10日召开。会议审议通过市长王云鹏作的《泰安市人民政府工作报告》、市政府《关于泰安市2013年国民经济和社会发展计划执行情况与2014年计划草案的报告》《关于泰安市2013年预算执行情况和2014年预算草案的报告》、市人大常委会第一副主任林华勇作的《市人民代表大会常务委员会工作报告》、市中级人民法院院长朱旭光作的《市中级人民法院工作报告》、市人民检察院检察长胡宗智作的《市人民检察院工作报告》，表决通过各项有关决议。会议批准泰安市2013年国民经济和社会发展计划执行情况和2014年市级预算。会议依法补选市十六届人大委员，表决通过市十六届人大各专门委员会组成人员名单。会议收到代表提出议案31件，经议案审查委员会审查，大会主席团通过《关于加强大气污染防治，推进大气质量持续改善的议案》《关于在政府及政府部门普遍建立法律顾问制度的议案》《关于进一步加大对优势产业、优质企业扶持发展的议案》作为议案处理，其余作建议办理。

【市十六届人大常委会会议】 2014年，市十六届人大常委会举行会议6次。

市十六届人大常委会第十五次会议 2月18日召开。会议听取市人大常委会秘书长张甲士作的山东省十二届人大三次会议精神传达提纲，听取和审议市人大常委会研究室主任刘文明受主任会议委托作的《关于泰安市人大常委会2014年工作要点（草案）的说明》，市人大常委会人事选举代表工作室主任高翔受主任会议委托作的《关于提请任免市人大常委会工作人员职务的报告》，市中级人民法院院长朱旭光作的《关于提请任免市中级人民法院审判人员职务的报告》；会议书面印发泰安市人大常委会2014年工作要点（草案）。会议审议通过《泰安市人大常委会2014年工作要点（草案）》；表决通过人事任免事项。

市十六届人大常委会第十六次会议 4月28日召开。会议听取和审议市中级人民法院院长朱旭光作的《关于深化司法公开工作情况的报告》，市人大常委会教育科学文化卫生工作委员会主任赵同玉作的《泰安市人大常委会执法检查组关于检查〈中华人民共和国体育法〉和〈山东省全民体育健身条例〉实施情况的报告》，市政府副市长徐恩虎受市长王云鹏委托作的《泰安市人民政府关于提请任免市政府组成人员职务的议案》，市中级人民法院院长朱旭光作的《关于提请任免中级人民法院审判人员职务的报告》，市人民检察院检察长胡宗智作的《关于提请任免市人民检察院检察人员职务的报告》；会议书面印发市人大常委会调研组关于市中级人民法院关于深化司法公开工作情况的报告的审议意见，市政府关于泰人办发〔2013〕22号、25号文件办理情况的报告及相关审议意见；会议表决人事任免事项。

市十六届人大常委会第十七次会议 6月26日召开。会议听取和审议市财政局局长李诚实受市政府委托作的《关于泰安市2013年市级财政决算（草案）的报告》，市审计局局长马纯勇受市政府委托作的《关于泰安市2013

7月25日，市人大常委会党组书记、第一副主任林华勇（左四），市人大常委会党组副书记、副主任刘汉玲（左二）到徂徕山汶河管委会调研，市政府特邀咨询李际山（左五）陪同活动　　（苏智伟　摄）

年市级预算执行和其他财政收支情况的审计工作报告》，市农业局局长韩志强受市政府委托作的《关于全市农产品质量安全工作情况的报告》，市人大常委会城乡建设环境保护工作委员会主任吴洪建作的《泰安市人大常委会执法检查组关于检查〈中华人民共和国大气污染防治法〉实施情况的报告》，市人大常委会民族侨务外事旅游工作委员会主任石岩作的《泰安市人大常委会执法检查组关于检查〈中华人民共和国旅游法〉实施情况的报告》，市委常委、市政府副市长辛显明受市长王云鹏委托作的《泰安市人民政府关于提请任免市政府组成人员职务的议案》；会议书面印发市人大常委会财政经济委员会关于泰安市2013年市级决算情况的调查报告、泰安市人大常委会关于批准泰安市2013年市级财政决算的决议草案、关于泰安市2013年市级预算执行和其他财政收支情况审计工作报告的决议草案、市人大常委会调研组关于全市农产品质量安全工作情况的调研报告。会议表决通过《泰安市人大常委会关于批准泰安市2013年市级财政决算的决议》《泰安市人大常委会关于泰安市2013年市级预算执行和其他财政收支情况审计工作报告的决议》。会议表决人事免职事项。

市十六届人大常委会第十八次会议 8月26日召开。听取和审议市发展和改革委员会主任闫恂秋受市政府委托作的《关于2014年上半年国民经济和社会发展计划执行情况的报告》，市财政局局长李诚实受市政府委托作的《关于2014年上半年全市及市级财政预算执行情况的报告》，市卫生局局长刘焕星受市政府委托作的《关于全市基层医疗卫生工作情况的报告》，市人大常委会代表资格审查委员会副主任委员张甲士受主任会议委托作的

《关于个别代表的代表资格终止的报告》，市中级人民法院院长朱旭光作的《关于提请免去中级人民法院审判人员职务的报告》，市人民检察院检察长胡宗智作的《关于提请任免市人民检察院检察人员职务的报告》；会议书面印发市人大常委会财政经济委员会关于全市上半年国民经济和社会发展计划及财政预算执行情况的报告的初审意见、市人大常委会教育科学文化卫生委员会关于全市基层医疗卫生工作情况的报告的初审意见，印发市政府对泰人办发〔2013〕24号、〔2014〕6号文件办理情况的报告，市人大常委会视察组关于检察机关执法规范化建设工作情况的视察报告；会议表决人事任免事项。

市十六届人大常委会第十九次会议 10月27日召开。听取和审议市发展和改革委员会主任闫恂秋受市政府委托作的《关于全市贯彻落实省"一圈一带"发展规划工作情况的报告》，会议听取和审议市人力资源和社会保障局局长袁久亮受市政府委托作的《关于全市医疗保险工作情况的报告》，市住房和城乡建设委员会主任张广银受市政府委托作的《关于市政公用事业建设管理工作情况的报告》，市农业局局长韩志强受市政府委托作的《关于全市新型农业经营体系建设工作情况的报告》，市人大常委会秘书长张甲士受主任会议委托作的《泰安市人大常委会有关制度制定、修改和废止情况的说明》。会议书面印发市人大常委会财政经济委员会关于全市贯彻落实省"一圈一带"发展规划工作情况的报告的初审意见、市人大常委会法制委员会关于全市医疗保险工作情况的报告的初审意见、市人大常委会城乡建设与环境资源保护委员会关于市政公用事业建设管理工作情况的报告的初审意见、市人大常委会农业与农村委员会关于全市新型农业经营体系建设工作情况的报告的初审意见、市人大常委会有关制度，印发市政府对泰人办发〔2014〕12号、〔2014〕14号文件办理情况的报告，市人大常委会调研组关于全市民族工作情况的调查报告。

市十六届人大常委会第二十次会议 12月24日召开。会议听取和审议市人大常委会法制委员会副主任委员刘栋梁受市人大常委会法制委员会委托作的《关于市十六届人大三次会议第7号议案审议和办理情况的报告》，市人大常委会财政经济委员会副主任委员赵明受市人大常委会财政经济委员会委托作的《关于市十六届人大三次会议第10号议案审议和办理情况的报告》，市人大常委会城乡建设与环境资源保护委员会副主任委员吴洪建受市人大常委会城乡建设与环境资源保护委员会委托作的《关于市十六届人大三次会议第1号议案审议和办理情况的报告》，市政府副秘书长赵玉镇受市政府委托作的《关于政府系统办理市十六届人大三次会议代表建议、批评和意见情况的报告》，市人大常委会研究室主任刘文明受主任会议委托作的《关于泰安市人民代表大会常务委员会议事规则修订草案的说明》，市人民检察院检察长胡宗智作的《关于提请免去市人民检察院检察人员职务的报告》；会议书面印发市人大常委会关于召开泰安市第十六届人民代表大会第四次会议的决定（草案）、泰安市第十六届人民代表大会第四次会议列席人员范围（草案）、市人大常委会人事选举代表工作室关于市十六届人大三次会议以后代表所提建议、批评和意见办理情况的报告、市政府关于2013年度市级预算执行及其他财政收支审计查出问题整改情况的报告、市政府关于泰人办发〔2014〕13号文件办理情况的报告及相关审议意见、市人大常委会农业与农村委员会关于全市小型农田水利重点县建设情况的调查报告和市人大常委会教育科学文化卫生委员会关于全市职业教育发展情况的调查报告，请大家审阅；会议审议通过市人大常委会关于召开泰安市第十六届人民代表大会第四次会议的决定；表决人事任免事项。

【人事任免】 年内，常委会依法行使人事任免权，任免国家机关工作人员94人次。

2月18日，市十六届人民代表大会常务委员会第十五次会议决定任命蒋庆蓬为泰安市人大常委会副秘书长、办公室主任，崔拥军为泰安市人大常委会副秘书长，毕可波为泰安市人大常委会办公室副主任，辛振华为泰安市人大常委会研究室副主任，王衍婷为泰安市人大常委会研究室副主任，谷红卫为泰安市人大常委会财政经济工作委员会副主任，刘凤芝为泰安市人大常委会城乡建设环境保护工作委员会副主任；任命朱惠东为泰安市中级人民法院立案一庭副庭长，尹衍春为泰安市中级人民法院立案二庭副庭长，王蕾为泰安市中级人民法院未成年人案件综合审判庭（刑事审判第三庭）副庭长，范红艳为泰安市中级人民法院未成年人案件综合审判庭（刑事审判第三庭）副庭长、审判员，魏军为泰安市中级人民法院民事审判第二庭副庭长，王西珍为泰安市中级人民法院行政审判庭副庭长，张国强为泰安市中级人民法院审判监督庭副庭长，张宗强为泰安市中级人民法院执行二庭副庭长。免去杨福桐泰安市中级人民法院审判委员会委员、审判员职务，石军泰安市中级人民法院审判员职务，朱惠东泰安市中级人民法院行政审判庭副庭长职务，尹衍春泰安市中级人民法院执行二庭副庭长职务，王蕾泰安市中级人民法院民事审判第一庭副庭长职务，魏军泰安市中级人民法院审判监督庭副庭长职务，王西珍泰安市中级人民法院立案二庭副庭长职务，张国强泰安市中级人民法院未成年人案件综合审判庭（刑事审判第三庭）副庭长职务，张宗强泰安市中级人民法院立案一庭副庭长职务。

4月28日，市第十六届人民代表大会常务委员会第十六次会议决定任命葛茂金为泰安市林业局局长；任命李宗录为泰安市中级人民法院民事审判第二庭副庭长、审判员，王庆为泰安市人民检察院检察委员会委员、检察员，谭荣强为泰安高新技术产业开发区人民检察院副检察长、检察委员会委员、检察员，梁斌为泰安市人民检察院检察员，周新宇为泰安市人民检察院检察员，张汶庆为泰安市人民检察院检察员，岳涛为泰安高新技术产业开发区人民检察院检察员；批准任命杨希沧为肥城市人民检察院检察长。免去吴新安泰安市中级人民法院副院长职务，杨希沧泰安市人民检察院检察委员会委员、检察员职务，王庆泰安高新技术产业开发区人民检察院副检察长、检察委员会委员、检察员职务，魏海军泰安市人民检察院检察员职务，许正力泰安市人民检察院检察员职务，张申杰泰安市人民检察院检察员职务，闫秀兴泰安市人民检察院检察员职务。

6月26日，市第十六届人民代表大会常务委员会第十七次会议决定任命杨春德为泰安市国土资源局局长；免去刘相玉泰安市国土资源局局长职务。

8月26日，市第十六届人民代表大会常务委员会第十八次会议任命刘天军为泰安市人民检察院检察员，宁静为泰安市人民检察院检察员，黄勇为泰安市人民检察院检察员，郑岩为泰安高新技术产业开发区人民检察院检察员。免去李宏泰安市中级人民法院副院长职务，许连元泰安市中级人民法院审判员职务；朱绪社泰安市人民检察院检察员职务，常友泰安市人民检察院检察员职务，于瑞祥泰安市人民检察院检察员职务，杨文良泰安市人民检察院检察员职务，刘林泰安市人民检察院检察员职务。

12月24日，市第十六届人民代表大会常务委员会第二十次会议决定免去吕传怀泰安市人民检察院检察员职务，周长安泰安市人民检察院检察员职务。

【人大信访工作】 从提高认识、健全制度、热心接待、重点督办4个环节入手做好信访工作，继续坚持常委会领导定期接待群众来访和阅批群众来信制度，分级负责、归口办理，强化源头预防、跟踪督办，注重实效、案结事了。全年受理人民来信41件，接待群众来访224人次，办理上级人大交办的重点信访事项9件。

（辛振华）

【重要决策、决定】 1月3日，市政府印发《关于切实做好新形势下农民工工作的意见》，提出坚持统筹城乡发展，把以人为本、公平对待作为解决农民工问题的根本要求，推动实现更高质量就业，稳步推进农民工市民化，促进农民工在工作、生活、文化等方面融入城市。

1月9日，市政府办公室印

发《关于促进创业带动就业的意见》，提出通过设立创业带动就业扶持资金、提高创业补贴标准、强化小额担保贷款支持、搭建创业孵化扶持平台，全面提升创业就业服务能力，鼓励支持自主创业。

1 月 22 日，市政府印发《关于加快推进棚户区改造工作的实施意见》，提出将加快棚户区改造与完善住房保障体系、城市片区开发和社区建设相结合，加大棚户区改造力度，提高基础设施和公共服务设施建设水平，改善棚户区居民住房条件。

2 月 8 日，市政府办公室转发市民政局《关于泰安市未成年人社会保护试点工作实施方案的通知》，提出健全完善未成年人社会保护服务网络，拓展流浪未成年人救助保护内容，通过生活帮扶、医疗救助、就业扶助等措施，帮助困境未成年人及家庭解决生活、监护、教育和发展问题，严厉打击涉及未成年人违法犯罪行为，最大限度地减少未成年人外出流浪和其他受侵害现象，促进未成年人健康成长。

2 月 26 日，市政府印发《关于加快发展科技型中小企业的意见》，提出重点培育一批高科技、高成长型中小企业，开发一批技术含量高、竞争力强的新产品，转化一批高水平科技成果，形成一批具有自主知识产权的关键技术和核心技术，在电子信息、新材料、新能源、装备制造、生物医药、节能环保、现代农业等领域打造一批高新技术产业和战略性新兴产业集群。

2 月 27 日，市政府办公室印发《泰安市整合城乡居民基本医疗保险工作实施方案》，提出理顺居民基本医疗保险管理体制，优化职能配置和机构设置，建立统筹城乡、惠民高效、公平可及的居民基本医疗保险制度，为城乡居民提供均等化的基本医疗保障服务。

3 月 14 日，市政府印发《关于公布全市最低工资标准的通知》，对全市最低工资标准作出调整，明确各县（市、区）月最低工资标准和小时最低工资标准，维护劳动者的合法权益。

3 月 18 日，市政府印发《关于进一步提升邮政普遍服务水平加快推进快递业健康发展的意见》，提出构建覆盖城乡、功能完善、惠及全民、服务一流的邮政普遍公共服务体系和便捷高效、竞争有序、技术先进、服务优质的快递服务体系，满足经济社会发展、城市建设及人民群众需求。

3 月 27 日，市政府印发《关于进一步加强和改进城乡最低生活保障》，提出规范城乡居民最低生活保障工作，完善认证程序，加强低保管理，保障城乡困难群众基本生活。

4 月 25 日，市政府办公室印发《泰安市居民基本养老保险工作实施方案》，提出加快建立全市统一的居民基本养老保险制度，建立个人缴费、集体补助和其他资助、政府补贴相结合的居民养老保险制度，实行社会统筹与个人账户相结合，与家庭养老、社会救助等其他社会保障政策措施相配套，缩小城乡差距，保障居民老年基本生活。

5 月 6 日，市政府办公室印发《泰安市 2014 年主要污染物减排计划》，确定 2014 年主要污染物总量控制目标和减排项目，提出将减排项目工程进展情况定期向社会公布，接受社会各界和人民群众监督。

5 月 7 日，市政府印发《关于开展小额贷款保证保险工作的实施意见》，提出积极稳妥地开展小贷险工作，创新银保合作和金融服务模式，着力缓解小微企业和农业种养殖大户贷款抵押担保难问题，有效控制和分散信贷风险，增强金融业服务经济社会发展能力。

5 月 12 日，市政府办公室印发《关于进一步推进预决算公开工作的通知》，提出自 2014 年起，政府预决算、部门预决算和“三公”经费预决算公开试点范围扩大到市本级和各县（市、区），并逐年扩大至除涉密部门外所有使用财政拨款的部门和单位，逐步建立起全面规范、公开透明的预算制度。

5 月 13 日，市政府印发《关于化解过剩产能的实施意见》，提出将化解过剩产能作为产业结构调整的重点，发挥市场决定性作用与政府宏观调控作用，建立健全防范和化解过剩产能长效机制，“消化一批、转移一批、整合一批、淘汰一批”过剩产能，优化产业结构，加快产业转型升级。

5月23日，市政府办公室转发市经济和信息化委《关于加快促进信息消费扩大内需的实施意见的通知》，提出加快培育信息消费市场，增强信息产品供给能力，优化信息消费市场环境，推进重点领域信息化应用，加快促进信息消费，推动消费升级、产业转型和民生改善。

5月26日，市政府办公室印发《关于落实2014年和2015年县级政府耕地保护责任目标的通知》，对县（市、区）政府2014、2015年耕地保护责任目标进行分解下达。

6月18日，市政府印发《关于优化建设项目审批服务工作的意见》，提出优化建设项目审批服务流程，加强政务服务窗口人员队伍建设，推动相关部门最大限度对窗口授权，坚决杜绝“体外循环”，全面提高建设项目审批效率和服务水平。

6月24日，市政府印发《关于切实做好2013年冬季退役士兵接收安置工作的通知》，对全市2013年冬季退役士兵接收安置工作提出明确要求。

6月30日，市政府办公室印发《关于提高全市农村五保供养标准的通知》，提出自2014年1月1日起提高农村五保对象供养标准。

7月1日，市政府印发《关于加强泰城城市建设管理工作的意见》，提出完善城市建设管理长效机制，提高泰城建设管理水平，构建数字化、精细化、全覆盖的城市建设管理格局，将泰城建设成生态文明宜居城市。

7月3日，市政府印发《关于发布2014年企业工资指导线的通知》，明确2014年全市企业工资指导线，引导各类企业按照工资指导线要求，科学安排工资增长，保障企业职工合法权益。

7月9日，市政府办公室印发《关于提高城乡居民最低生活保障标准和补助水平的通知》，提出自2014年1月1日起，提高城乡居民最低生活保障标准和补助水平。

8月4日，市政府印发《关于推进工商注册制度便利化加强市场监管的实施意见》，提出改革工商注册制度及市场监管体系，推进工商注册制度便利化，提高市场监管透明度，优化营商环境，激发投资创业活力，促进各类市场主体健康发展。

8月4日，市政府办公室印发《关于印发泰安市国有建设用地使用权及矿业权网上交易暂行办法的通知》，对国有建设用地使用权及矿业权网上交易作出明确规定。

8月25日，市政府办公室印发《关于开展食品生产加工小作坊整治工作的通知》，提出对食品加工小作坊进行集中整治，规范小作坊生产经营行为，消除食品安全隐患，保障群众饮食安全。

9月18日，市政府办公室印发《关于建立政府法律顾问制度的意见》，从聘任原则、聘任条件、聘任程序、相关费用、工作规则等方面，对建立政府法律顾问制度有关事宜作出明确规定。

9月27日，市政府办公室印发《关于推行行政权力清单制度的通知》，提出按照职权法定、简政放权、权责一致、公开透明、便民高效的原则，开展政府职权清理和履职分析，依法公开权力清单和权力运行流程，加强对行政权力运行的监督，努力构建权界清晰的政府职能体系，加快推进简政放权和政府职能转变。

10月27日，市政府办公室印发《泰安市农民工职业技能提升3年行动计划实施方案》《泰安市农民工权益保障3年行动计划实施方案》和《泰安市农民工公共服务3年行动计划实施方案》，就农民工的相关权益及保障措施作出明确规定。

10月27日，市政府印发《关于切实加强要素保障确保工业经济平稳运行的通知》，提出以提高经济运行质量和效益为中心，以加快转方式调结构为主线，强化资金、能源、人力等生产要素保障，破解制约工业企业发展的瓶颈，维护工业经济平稳运行态势，确保全市工业经济健康快速发展。

10月27日，市政府办公室印发《关于做好2014年普通高等学校毕业生就业创业工作的通知》，从拓宽高校毕业生就业领域、实施新一轮大学生创业引领计划和离校未就业高校毕业生就业促进计划、提升高校毕业生就业指导服务水平、促进高校毕业生公平就业等方面，对做好全市2014年高校毕业生就业创业工作提出明确要求。

11月12日，市政府办公室印发《泰安市市辖区国有建设用地使用权出让定价工作规则》，对市辖区国有建设用地使用权出让定价的有关事宜作出规定。

11月17日，市政府印发《关于加强泰城社区物业管理工作的意见》，提出完善物业管理工作体系，引导物业服务企业经营管理方式从粗放型向集约型转变，提高物业从业人员服务意识和服务技能，在充分尊重业主意愿的基础上，推行以专业化物业服务为主、产权人自行管理和物业服务站管理为辅的多种物业管理服务模式，开创社区物业管理工作的新局面。

11月21日，市政府印发《关于取消下放一批行政审批项目和承接国务院、省政府下放行政审批项目等事项的通知》，提出有序推进市级审批项目的取消下放工作，对国务院、省政府取消和下放的行政审批项目作出具体安排，明确取消和下放的行政审批项目目录，进一步推进简政放权。

11月24日，市政府办公室印发《关于实行企业设立登记"证照联办"制度的通知》，提出在市政务服务中心大厅分别设立内资、外资企业注册登记"证照联办"窗口，统一受理相关企业注册登记申请，按照"一口受理、一表登记，信息共享、协同审批，限时办结、统一发放"的要求，协调组织企业注册登记有关事项，简化企业设立登记流程，提高审批服务效率。

12月8日，市政府办公室印发《关于贯彻落实〈计量发展规划（2013～2020年）〉的通知》，提出加强计量科技创新，加快质量强市建设步伐，提高计量监管和装备水平，满足经济社会发展需要。

12月10日，市政府办公室印发《泰安市居民经济状况核对管理暂行办法》，对全市居民经济状况核对管理有关事项作出明确规定。

12月15日，市政府印发《关于加快发展现代职业教育的意见》，提出加快发展具有泰安特色的现代职业教育，到2020年，构建起满足全市经济社会发展需求、产教深度融合、中职高职衔接、职教普教融通，体现幸福教育、终身教育理念的现代职业教育体系。

12月15日，市政府印发《关于加强房屋安全管理工作的意见》，提出实行市、县（市、区）、乡（镇、街道）三级监管网络和条块结合、属地为主的监管体系，维护公众利益，保障公共安全。

12月22日，市政府办公室印发《关于建立疾病应急救助制度的通知》，明确疾病应急救助的对象，提出建立市级疾病应急救助基金，加强疾病应急救助基金管理，推动建立疾病应急救助制度，构建多层次医疗保障体系。

12月29日，市政府办公室印发《泰安市市场主体住所（经营场所）登记管理暂行办法》，对市场主体住所（经营场所）登记管理有关事宜作出明确规定。

12月30日，市政府印发《关于加快发展养老服务业的意见》，提出坚持政府引领、社会主办、市场运作，推动养老方式多样化、服务对象公众化、投资主体多元化、运作机制市场化、服务队伍专业化，不断满足老年人日益增长的养老服务需求。

12月30日，市政府印发《关于印发泰安市森林防火管理责任追究规定的通知》，对森林防火管理责任追究的有关事项作出明确规定。（李　乔）

【政府调研】 年内，市政府调查研究室围绕市委、市政府中心工作，准确把握经济社会发展大局，突出调查研究、重要文稿起草和经济形势分析，积极参加政务活动，全面完成各项工作任务，充分发挥政府决策的参谋助手作用。做好重点文字综合材料的起草和审核工作。完成《政府工作报告》和全市经济工作会议、市政府全体成员（扩大）会议、招商引资和项目建设检查考核会议、城镇化工作会议、财税工作会议等重要会议、公务场合的领导讲话、汇报、致辞等各类文字材料200份，有效文字量90万字。承担市政府党组群众路线教育实践活动有关材料起草工作，参与市政府党组对照检查材料、整改工作方案、专项整治工作方案、制度建设计划，圆满完成市长在市政府党组动员大会上的主持讲话、党课辅导报告、总结大会讲话等重要文字材料42篇8万字。加大调查研究工作力度，形成每年由各位市长牵头承担重点调研课题和各部门承担专项调研课题的长效机制。组织各县（市、区）和市直部门参加全省政府系统优秀调研成果评选，9项调研成果分获全省政府调研系统优秀调研成果一等、二等、三等奖。印发《全市政府系统优秀调研成果评选办法（试行）》，在全市政府系统第五次开展优秀调研成果评选工作。承担完成《山东经济战略研究》等刊物的联络和供稿工作。做好省政府研究室、参事室、公报编辑室交办的各项调研、考察等接待服务工作。（杨　凯）

【政务信息】 全年编发《政务信息》52期、《要情快报》48期、《信息专报》47期，其中《泰安市创新监管机制实现安全生产形势持续平稳》《市城管执法局“四整一建一设”提升城市管理水平》《城镇保障性安居工程“毛地”供应问题应引起重视》《我市闲置宅基地问题突出综合整治任重道远》《我市污染物总量减排工作进展缓慢完成“十二五”目标形势严峻》等29条信息被市领导批示。上报国务院办公厅和省政府办公厅信息518条，国务院、省政府办公厅采用149条，其中《山东省泰安市反映实施出口信用保险制度存在的制约因素及相关建议》《山东省泰安市反映二季度以来中小企业融资难问题加剧趋向明显》《山东反映分布式光伏发电项目总体推进缓慢》《山东省建立统一的城乡居民养老保险工作情况及问题反映》《我省企业用工需求减少就业形势不容乐观》《山东省反映2014年高校毕业生就业存在的困难问题》《山东金融支持小微企业的主要做法、存在问题及建议》7条上报信息得到国务院领导批示。《山东省部分市反映近期水泥行业走出低迷明显回暖》《山东省基层干部群众对政府工作报告的反应》《山东反映注册资本登记制度改革实施首日业务量大幅增长政策效果明显》《山东省稳增长促改革调结构惠民生政策落实情况自查阶段的做法和成效》《山东建材行业运行情况、存在困难及建议》《山东省农村信用社改革进展情况、遇到的困难及建议》等8条信息被国务院办公厅采用。《泰安市创新监管机制实现安全生产形势持续平稳》《泰安市突出网络建设全面提升森林防火综合防控能力》2条“省长专报”信息分别得到山东省副省长邓向阳、赵润田批示。

（张仁新　乔　强）

【政务督查】 年内，市政府督查室从“创新工作机制、提高督查实效、强化督查措施、确保政令畅通”入手，推进政府重大决策、重要工作部署和其他督查事项的贯彻落实。全年办理省、市政府决策督查70项次，组织现场督查36项次；组织暗访督查、跟踪督查22项次；印发泰政督字文件37件、督查通知书11件、督查室便函通知15期，编发《政务督查通报》82期、《政务督查专报》27期。承办省、市领导批示件17件，办理市长信件256件，人民网省长信箱（网上留言）转办件12件；承办省人大代表建议2件，市人大常委会议案3件、建议56件，市政协提案237件，均按期办结。完成市人大常委会10次常委例会听取市政府23项工作报告材料的组织起草和审核报送及23件审议意见的办理等工作。先后形成《关于加快中央商务区房屋征收的督查调研报告》《关于泰山景区宗教活动整改工作的调研报告》以及《关于建立一站式机动车辆检测综合服务平台的调研报告》。结合党的群众路线教育实践活动，以转作风、重实效为重点，坚持破立并举，从“立、改、废”三方面着手，编发《泰安政务督查工作规范》，形成科学规范、务实管用、指导性较强的督查工作制度体系。（陈　超）

【电子政务】 为整合利用全市党政机关信息资源，解决市直机关电子政务重复投资建设、资源信息共享困难的问题，市电子政务办公室基于云计算、虚拟化技术，按照“统一规划、统一建设、数据集中”原则，投资556.9万元利用已有网络设备建设市级机关电子政务内网和电子政务外网云平台，将已有的部门老系统和新建系统逐步纳入云平台，减少部门建设机房以及购置服务器、存储器、中心交换机、安全设备、UPS电源等设备支出，仅硬件

9月25日，市委副书记、市长王云鹏（前排左三）到“12345”便民服务电话受理中心调研　　（朱新宇　摄）

部分为全市节约资金3000万元。至年底，20个部门和单位的网站转到平台上，实现统一管理和维护，促进了全市信息资源的共建共享。　　（曹　磊）

【“12345”便民服务电话】 年内，市政府便民服务电话受理中心推进受话服务外包项目，人工受话座席由6个增至30个，接通率由原来的40%提升至100%，解决“电话打进难”的问题。将新泰市、肥城市、宁阳县和东平县政府纳入受理中心网络单位，扩大区域受理范围，实现“12345”全市覆盖。发挥新系统平台技术优势，推行全媒体应用，开通微信、微博及民生版手机座席等新服务方式，畅通群众诉求渠道。至年底，受理中心通过“12345”公开电话、“市长电子信箱”“12345民生直通车网站信箱”、民生版手机座席和微信微博座席受理群众诉求10.3万件，有效来电、来信7.7万件，直接答复或协调解决4.3万件，转交网络单位办理3.4万件，涉及群众生产生活的近2万个困难和问题得到解决，综合满意率达98%以上，收到人民群众感谢电、感谢信等280件。　　（周小龙）

【应急管理工作】 年内，全市应急管理工作围绕大局、强化基础、突出重点，努力提高值班工作水平和处置问题的能力，各项工作有序开展，未发生较大及以上级别突发事件。①值班和政务服务工作。完成全年市政府24小时值班任务，实现全年值班工作零差错目标。接听各类来电1.1万件，接收办理明传电报359件、密码电报109件、传真函件190件，印发明传电报107件、便签通知22件、应急办通知20件，领取、办理、分流各种通知、方案48件。编印《市政府领导今日活动》248期。起草审核电报会议通知89份，办理电视电话会议57个，组织市政府全体成员扩大会议、市政府暨办公室党组群众路线教育实践活动动员会等大型会议30个，调度与会人员名单500次，处置各类请柬类文书37份。②应急管理常态性工作。加强应急队伍建设，更新市政府应急管理专家信息库，制订印发《市政府应急管理专家组工作规则》，公布第一届市政府应急管理专家组成员名单；对全市应急救援工作现状进行调研，起草《关于加强全市专业应急救援队伍建设的意见》。做好预案修编和演练，修订《泰安市防汛抗旱应急预案》《泰安市处置电网大面积停电事件应急预案》等专项预案6个，组织开展突发事件应急预案评比活动。参与并指导泰安市处置电网大面积停电应急演练、泰安市金融机构突发事件应急演练等活动7次。开展应急宣教培训，与市民政局联合举办“5•12防灾减灾日”系列宣传教育活动；7月、11月分别组织各县（市、区）政府应急办主任参加山东省应急管理培训基地举办的“全省应急管理办事机构负责人专题培训班”、中国政法大学举办的“新时期突发事件应急管理与演练实操培训班”。加大应急管理考核力度，修订全市应急管理工作考核办法，12月组织开展2014年度全市应急管理工作现场考核，对88个考核单位按照考核指标逐一进行现场查看登记，确保考核结果公平公正。推进应急平台建设，配合省政府应急办完成应急平台有关设备的安装调试，实现视频会议、监控图像采集、应急信息数据库等功能；牵头组织开展全市应急指挥车整合工作，调研并起草《泰安市整合应急指挥车资源实施方案》。③突发事件处置工作。汛前组织召开全市应急管理工作座谈会暨汛期气象灾害防御联席会议，预测分析泰安市汛期气候趋势特点，完善各部门气象灾害防御联动机制，确保全市汛期安全无事故。编印《泰安市常见突发事件处置流程库》，为值班人员处置突发事件建立标准化的操作规程。妥善协调处置泰安市1例人感染H7N9禽流感输入性病例、马航失联客机乘客家属稳控、普照寺路菜篮子科技园宿舍爆炸等突发事件15起。（田　野）

【政务服务】 年内，市政务服务中心管理办公室坚持“为民服务、重于泰山”的服务理念，打造“阳光政务、亲情服务”品牌，围绕“提高审批效率、提高服务质量”两大任务，全年办理各类审批服务事项20.1万件，组织税费收入26.99亿元，连续9次获得“省级文明单位”称号，被市委表彰为“‘争创’五型机关先进单位”。

清理整治审批服务项目　重新确定219项（子项320项）进厅审批服务事项，优化审批流程，申报材料平均5.3项，压缩17%；审批承诺时限平均5.6天，在原承诺的基础上压缩38%；办理环节平均3.2环节，压缩18%。建立窗口事项办理情况月报制度，随机抽查审批事项和服务项目办理情况，核实汇总后在《政务服务动态·业务督查专刊》予以通报。集中整治项目“五不”(不放权、不精简、不集中、不提速、不脱钩）现象，由市政府办公室牵头，摸清部门保留的行政许可和非许可审批事项，面向企业和社会的行政确认、备案、审核、年检、管理、服务事项和前置的中介审查、服务项目的底子。

建设项目审批和证照联办服务　印发《关于优化改革建设项目审批流程的意见》，对建设项目审批服务流程进行优化改革，实行扎口管理、集中受理、封闭审批、过程监督，职能部门审批承诺总时限控制在32个工作日，加上中介编制相关报告、图纸修改、工程招投标及政府会议决策时间，每个项目实际办理总时限最长不超过5个月。推行企业注册“证照联办”联合审批，按照“一口受理、一表登记，信息共享、协同审批，限时办结、统一发放”的要求，设立“证照联办”窗口，统一受理企业注册登记申请，一表登记企业注册信息，工商、商务、公安、质监、国税、地税等窗口在限定时限内完成各自审批，内、外资企业设立登记分别在1～2个工作日完成审批。

公共资源交易平台建设　采取“分块移交”方式，1月底完成原市建设工程交易中心职能、人员、资产的整体划转和移交，3月底完成政府采购业务移交，4月20日完成国土资源交易业务移交。印发《关于推进公共资源交易统一规范管理的意见》《泰安市国有建设用地使用权及矿业权网上交易暂行办法》，与市住建委联合制订《泰安市房屋建筑和市政工程项目招标投标工作规程（试行）》，拟订建设工程项目交易操作规程、政府采购项目进场交易操作规程、投标保证金管理办法及行为规范、行政管理、党建管理三大块32项内部管理制度。精简规范业务办理程序，按照“政事分开、管办分离”的运行体制要求，将建设工程招投标、政府采购的审查备案业务纳入市政务服务大厅集中办理；简化项目办理环节，除中标通知书发放环节由分管负责人审签外，其余环节均由科室即时办理、当场办结。实现投标保证金集中收退管理，采取市场运作的办法，合作开发保证金虚拟账户管理系统，统一收退投标保证金和履约保证金；具体交易项目投标人交纳投标保证金“匿名”进行，既避免围标、串标问题，也有利于保证金的安全管理。推进网络交易平台建设，按照“市县一体、网上交易、全程监控、安全可靠”的目标要求，编制涵盖市直及6个县（市、区）、高新区、泰山景区建设工程招投标、政府采购、土地矿产交易、产权交易业务的《泰安市公共资源交易平台建设方案》，完成公开招标。自业务移交至年底，完成建设工程交易166个项目、304个标段，比预算控制价节约资金7.1亿元，资金节约率8.02%；完成各类政府采购项目375个，节约资金1.2亿元，资金节约率9.9%；发布土地网上交易公告10期，挂牌土地26宗、面积112.84公顷，已完成交易15宗、面积72.14公顷，其中2宗形成溢价，总成交额11.35亿元，溢价额2414万元。

服务品牌建设　完善《考核管理办法》，突出考核的可操作性和导向性，调动部门和窗口人员的积极性，加强与窗口单位的沟通协调。建立窗口工作例会和督查通报制度，完善窗口管理机制，建立窗口、联组、党小组之间相互监督、相互配合、相互协调的三级管理机制，强化窗口自我管理能力。开展创建“红旗窗口”“先进个人”“共产党员先锋岗”“服务标兵岗”等活动。年内，18个窗口被评为“红旗窗口”，74人被评为“先进个人”，39人被评为“共产党员先锋岗”，57人被评为“服务标兵岗”。树立“为民服务、重于泰山”的服务理念，打造“阳光政务，亲情服务”品牌，以服务品牌建设提升管理水平。

（吴　军）

【市直机关事务管理】　年内，市直机关公共机构节能、市政中心人防工程、绿化升级、机关食堂二期建设等重点工作取得新突破，完成市政中心空调末端节能改造工程，市政中心人防工程顺利投入使用、绿化升级改造呈现自然和谐的景观效果；财务结算、车辆管理、办公环境等日常管理保障服务工作取得新进展。市直机关事务管理局被评为首批“国家级节约型公共机构示范单位”，继续保持“省级文明单位”称号，被市委表彰为“2014年度‘五型’机关先进单位”。

公共机构节能工作　贯彻落实《公共机构节能条例》，全市公共机构人均能耗和单位建筑面积能耗分别比上年下降3.1%和2.3%。继续开展“四节”（节水、节电、节气、节油）宣传，组织“节能宣传周”等系列主题活动，普及节能知识，提高机关工作人员节能意识。“能源紧缺体验日”活动当天，集中办公区节电6000千瓦时、节水160立方米。抓好节能改造，在全市机关和事业单位推广应用节能灯具、节水器具，实施楼房保温、门窗密封等改造项目；争取资金110万元，实施市政中心空调末端节能改造工程，实现室内温度的远程控制，每年节约能源资源35%，节约财政支出20万元。抓好示范单位创建工作，泰安市委党校、新泰市机关行政事务管理局通过国家级公共机构示范单位初审；泰安市第六中学、岱岳区住房和城乡建设局、肥城市交通运输局通过省级公共机构示范单位初审验收。加强节能管理，完善能源消耗监测系统，实现与省机关事务管理局、市住房和城乡建设委员会的能耗适时数据传输。开展能源审计、能耗统计上报工作，建立科学规范的节约能源资源管理体系。

重点工程建设　抓好市政中心人防工程、绿化升级、机关食堂二期建设等项目，完善集中办公区服务功能。2014年5月6日，市政中心人防（地下车库）工程建成并投入使用。该工程是市级重点工程，2012年10月正式开工建设，总投资2亿元。按照自然和谐、简洁大气的思路，对市政中心绿化进行重新设计，注重与周边环境的协调融合，并兼顾功能特点，年内该项工程基本完成。做好报业大厦工作人员服务保障工作，市政府青年路办公区的26个单位搬迁到报业大厦办公，通过积极协调，解决新办公点物业、通信、停车等需要，自筹资金3.6万元，为报业大厦办公区安装指纹式智能售饭系统，解决工作人员就餐问题，使报业大厦的机关服务水平与市政中心同档同步。争取财政资金280万元，做好机关食堂二期建设工程，新增厨房面积1400平方米，增加就餐位200个。投资40万元，在市政中心安装新型节能净水型开水器50台。

管理服务保障工作　制订《厉行节约反对浪费制度》，对公务接待、财务结算、车辆管理、办公用房管理等作出详细规定。严格财务管理制度，规范收支行为，建立报账单位和结算中心两道支出的审核“门槛”，形成多层有效监督指导体系。开展“安全生产责任落实年”活动，在电力、消防、车辆、食品安全等方面突出抓好布置、落实、检查、考核等工作，为集中办公区和机关宿舍区创建安定祥和的办公、生活环境，实现安全责任事故为零。规范国有资产管理，建立健全国有资产管理制度，开发应用智能管理软件，实现资产管理工作规范化。提升生活服务保障水平，机关食堂严把原材料采购、加工和餐具消毒等环节，确保食品卫生安全。利用电子屏、宣传栏倡导光盘行为，在食品加工环节开发制作小菜10种，做到物尽其用，避免食材浪费。注重食物营养搭配，不断丰富菜品花色，提高饭菜质量。（李冬霞）

·外事侨务·

【概况】 全市外事侨务工作以外事侨务服务年活动为主线，以品牌活动、涉外服务、涉外管理、特色侨务、华文教育、友好关系、招才引智为切入点，提高涵养侨源为侨服务水平，开展对外友好民间外交。市外侨办继续保持"省级文明单位"称号，2个县（市、区）外侨办被评为"全省侨务工作先进单位"。

【接待与出访】 全年接待瑞典外交大臣、瑞士专家考察组、韩国国会预算委员会委员长、中美洲三国政党干部考察团、日本富士山协会代表团等35批360人次到访，其中副部级以上团组10批138人次。批准出国（境）团组50批125人，其中市级出访团组14批次。

【国际友好城市及友好关系】 年内，泰安市与斐济西部区巴省南迪市建立国际友好合作关系城市，泰山学院附属中学与美国康州西北地区中学签订友好校际关系。至年底，泰安市与15个国家的20个城市保持密切往来（其中县级友好城市1个），与16个国家的53个社团、院校、医院等建立基层友好关系，缔结国际友好山关系5个。协会交流方面，4月23～24日，以韩国21世纪韩中交流协会会长金汉圭为顾问的韩国妇女知名人士一行9人到泰安进行友好访问，双方就企业交流、合作办学、美容产业发展等事项达成一致意见，签订合作备忘录，并就泰安市泰山石刻园引进韩资设立韩国石刻书法作品进行初步磋商。授荣工作方面，泰安市有山东省荣誉公民1名、山东省人民友好使者4名、泰安市荣誉市民22名。6月，以泰安市荣誉市民、德国啤酒专家——卢特哈德的故事为主线，协助举办"齐鲁情　中国范儿——2014外国人看省会城市群经济圈"主题对话活动。

4月25日，市委副书记、市长王云鹏（右）会见瑞士驻华大使参赞、瑞士发展合作署中国区负责人菲利普·查斐一行（任建波　供）

【领事工作】 全年办理来自32个国家181批289人次的涉外邀请业务。翻译中外人员所持证件材料392份，其中办理国际驾照翻译业务369批次、其他翻译业务23批次。推动APEC商务旅行卡工作，山东康平纳集团等11家外向型企业的20名商务人员办理APEC商务旅行卡。

【归侨侨眷权益维护】 以《中华人民共和国归侨侨眷权益保护法》和《山东省归侨侨眷权益保护法实施办法》为重点，通过宣传栏、网络媒体、走访慰问、发放侨法手册和"明白纸"等多种形式，在归侨侨眷集中的单位、侨资企业，集中开展侨法宣传月活动，形成爱侨护侨的浓厚社会氛围。做好排忧解难解困工作，全年发放侨务扶贫、救济资金19万元。协调有关部门为侨资、侨属企业解决各类经济纠纷20起，帮助解决生产中的实际困难20件。开展社区侨务工作，全年开展活动37次，参加活动人数1550人，各级投入经费68万元，帮扶人数276人，走访慰问485

2014 年国外团组到泰安访问情况

表 4

批次	国籍及团队名称	领队姓名	到访目的	时 间
1	韩国京畿道交流通商课	金能植	协商两省交流工作，游览泰山	2 月 13 日
2	瑞士发展合作署专家考察组	白晨曦	考察泰安市在对外合作、低碳发展等方面情况，探讨合作可能性	2 月 18～19 日
3	瑞典外交大臣一行	卡尔・比尔特	游览泰山	2 月 24 日
4	韩国国会预算委员会委员长一行	金光琳	考察市情及经济社会发展情况，游览泰山	3 月 12 日
5	日本山口县教育旅行促进访中团	原田和生	协商推介赴山口县教育旅行事宜	3 月 23～24 日
6	美国柴维斯郡公民国际委员会	沈中平	拜会市领导，洽谈结好事宜；举行交流座谈会	4 月 16～18 日
7	瑞士驻华大使馆参赞代表团	菲利普・塞纳	拜会市领导，考察泰安市经济社会发展现状，举办"新能源城市管理"专题讲座	4 月 25 日
8	越南党政干部考察团	裴士利	考察泰安市经济和社会发展情况，游览泰山	5 月 14 日
9	中美洲三国政党干部考察团	格拉迪斯・洛佩斯	考察泰安市经济社会发展情况，游览泰山	5 月 24～25 日
10	南非普罗福特公司执行董事一行	艾比・凡・迪尔・瓦尔特	拜会市领导，考察泰安市经济社会发展状况	6 月 9～10 日
11	拉美智库学者、媒体人士考察团	赫苏斯・埃依塞・索托隆戈	考察泰安市改革开放成就，增进拉美学术界和媒体界对泰安认识	6 月 15 日
12	富士山北麓城市建设联合委员会日本富士山协会代表团	樱井孝美	拜会市领导，感受泰山文化，探讨旅游等领域的交流与合作	6 月 16～17 日
13	美国健康产业投资开发考察团	阿兹曼	考察投资合作建立肿瘤专科医院、综合医院、健康城、生命科学城等项目	6 月 16～18 日
14	韩国交易所理事长崔庚洙一行	崔庚洙	考察泰安市上市资源，加强泰安市与韩国在金融证券领域的合作	6 月 24 日
15	越南党政考察团	陈青海	考察泰安市经济社会发展情况，游览泰山	7 月 13～15 日
16	缅甸全国民主联盟干部考察团	埃吞	考察青年组织建设、服务青年就业、青少年教育与权益保障等情况	7 月 25～27 日
17	联合国教科文组织世界地质公园专家	伊利亚斯・瓦利亚科斯	对泰山世界地质公园进行中期评估	7 月 26～29 日
18	德国埃克森公司考察团	安德烈亚斯・奥瓦尔特	考察泰安市养老产业现状，探讨合作模式并开展前期选址工作	7 月 29～30 日
19	日本富士通集团	深谷朋昭	考察肥城有机蔬菜基地，讨论成立中国研发中心合作方案	8 月 6 日
20	中俄人文合作委员会旅游分委会第十一次会议	萨利什维利	签署旅游战略合作协议	8 月 12～15 日
21	津巴布韦哈拉雷省省长一行	奇库科瓦	考察泰安市社会经济发展情况，推动交流与合作	9 月 3～4 日
22	柬埔寨贡布省省长一行	奎坤华	拜会市领导，推动经贸、农业、旅游等领域的友好交流与合作	9 月 8～9 日
23	斯里兰卡议长团	恰马尔·拉贾帕克萨	在泰安服务区短暂停留	9 月 25 日
24	日本和歌山县议会访问团	坂门登	探讨在养老、旅游、文化等领域的交流与合作	10 月 22～23 日
25	日本八王子市日中友好协会代表团	夏耀芳	拜会市领导，考察泰安市经济社会发展状况	10 月 24～25 日
26	日本八王子市议会代表团	小林信夫	拜会市领导，考察经济社会发展情况，推动两市友好合作关系	11 月 4～6 日
27	俄罗斯罗布尼亚市政府访问团	斯梅什利亚耶夫・叶甫盖尼	拜会市领导，探讨在卫生、农业、教育等领域的交流与合作	11 月 8～10 日
28	马来西亚成功集团与新加坡华侨银行金融联合考察团	刘墨灯	拜会市领导，考察泰安市在招才引智领域的具体措施，考察投资环境	11 月 12～13 日

续表 4-1

批次	国籍及团队名称	领队姓名	到访目的	时 间
29	澳大利亚驻华大使馆商务参赞一行	刘初阳	进一步推动澳大利亚与泰安市的经贸往来	11 月 25 ~ 26 日
30	韩国驻青岛总领事	黄胜炫	考察市情	12 月 14 ~ 15 日
31	韩国外交部副部长	赵兑烈	参观考察	12 月 23 ~ 24 日

人。真心实意为侨办实事，办理“三侨考生”身份认定 21 人次（其中高考 2 人），办理归侨侨眷身份证 15 人次，受理来信来访、涉侨案件 15 件次。

【侨务引资引智】 在全市范围内对归侨侨眷知识分子进行统计摸底，建立数据库。至年底，泰安籍华侨华人、港澳同胞约 3 万人。其中，新华侨华人 2.6 万人，分布在全球 40 个国家和地区；归侨侨眷、港澳眷属约 4.7 万人。归侨侨眷知识分子 119 人，其中高级技术职称的有 65 人、中级 54 人。建立海外华侨华人人才库，2014 年收集海外人才 75 人。成功促成新加坡泺亨集团泰安现代物流中心项目落地。做好政府外文网站建设工作，组织英、日、韩 3 个语种的 6 名翻译人员对全市政府英、日、韩外文门户网站翻译中文资料 21 万字。加强海外联络处建设，依托海外知名侨团、侨领和友好人士，着眼全市重点产业和重大项目人才需求，明确海外招才引智重点区域，分别在美国（覆盖联络美洲）、意大利（覆盖联络欧洲）、马来西亚（覆盖联络东南亚、香港）、日本（覆盖联络日本、韩国）建设招商引资和招才引智的海外人才联络处。

【海外捐赠】 坚持把争取捐赠作为外联侨心、内兴事业的双赢工程，加强与香港“应善良基金会”、美国“欣欣教育基金会”、美国华商总会等华社团体的联系。全年接受捐赠 91 万元，用于捐建学校 1 个，续捐学校 1 个，救助贫困学生 350 人。至年底，全市累计引进海外捐赠项目 56 个，捐赠总额达 3200 万元。

【华文教育】 与中国华文教育基金会合作邀请 100 名韩国华裔青少年到泰安进行“2014 中国文化行——回家过节海外华裔青少年坤祥齐鲁文化行”活动。邀请 30 名海外华文教师到泰安进行培训；泰安市与国务院侨办合作邀请 100 名泰国裔青少年到泰安进行“2014 年海外华裔青少年‘中国寻根之旅’——秋令营泰山营”活动。接待国务院侨办、省侨办组织的华裔青少年夏令营 5 批 446 人次。外派教师 5 人，累计外派教师 52 人次。

【2014 泰山国际马拉松赛】 11 月 9 日由泰安市人民对外友好协会、泰安市体育总会、泰安传媒集团共同举办。俄罗斯、英国、德国、澳大利亚、日本、布隆迪、肯尼亚、尼日利亚、印度、巴基斯坦、尼泊尔、孟加拉国等 10 多个国家的国外选手以及全国 30 个省、市、自治区及港台地区的 13856 名选手参加比赛。该次比赛按照国际上最为尖端、先进的赛事标准进行组织和操作，全程和半程马拉松采用芯片计时。该项赛事由世界冠军吴敏充当代言人，是泰安首次完全市场化运作的国际重大体育赛事。（任建波）

· 地方史志 ·

【概况】 全市史志系统有市、县两级地方史志机构 7 个（不含新汶、肥城矿业集团，下同），在 6 个县级史志机构中，1 家为单设，5 家与党史办公室合署；市、县两级史志办公室有工作人员 45 人，其中市史志办公室 13 人。年内，《徂徕山志》编修工作进展顺利，9 月 26 日召开志稿评审会，修改完善后经市政府批准，年末交付印刷厂排版；督促指导《岱岳区志》编纂初稿 29 编；《莲花山志》出版发行，《大汶河志》《和圣志》《东平县文化志》等修改完善。《泰安年鉴（2014·袖珍本）》3 月份出版发行，《泰安年鉴（2014）》10 月份出版发行，完成《山东年鉴（2014）》泰安部分的供稿工作；《泰安年鉴（2014）》参加全国第五届编校质量评比，获一等奖；在第五届全省优秀年

9月26日，《徂徕山志》评审会在泰安召开，副市长徐恩虎出席评审会并致辞　（贾冉冉　摄）

鉴评选中，被评为全省优秀年鉴综合特等奖。泰安市情网站改版运行，栏目设置更具地域和时代特色，网站维护和技术服务工作更加规范高效。泰安市方志馆迁入新址并对外开放。推荐7篇论文参加全省方志论坛。派专门人员参与市人大常委会《中外名人与泰山》、市政协《记忆大汶河》和水利局《大汶河志》的组编工作，先后为《财政志》《农业开发志》《大汶河志》等志书的撰写提供资料支持，为城市规划、招商引资等提供资料和咨询10次，为地理标志产品提供资料服务10次。市史志办被评为“市级文明单位”，市史志办志书编审科被评为全省史志工作先进集体。

【《徂徕山志》评审会召开】 9月26日在泰安召开。市政府副市长徐恩虎、省史志办副主任翟世林出席会议，青岛市史志办、泰山风景名胜区管委会、泰山学院、泰安市林业局、徂徕山林场等单位有关专家，《徂徕山志》参编人员计21人参加会议。徐恩虎向评审会致辞，泰安市史志办负责人介绍《徂徕山志》编纂情况，与会专家对志稿进行探讨讲评，提出具体修改意见和建议。

【《莲花山志》出版发行】 4月，由新泰市地方史志办公室编纂的《莲花山志》出版发行。该书上限因事上溯自有史实可供稽考，下限止于2012年。2012年5月启动编纂工作，2013年12月终审定稿，2014年由山东友谊出版社出版，全彩精印2000册。该志全面反映莲花山在自然地理、风景名胜、古迹遗址、封禅祭礼、宗教文化、文学艺术、旅游开发等各个方面的独特风貌，为了解和研究莲花山提供重要依据和宝贵资料，是一部集可读性、资料性、收藏性于一体的地方文献。该志书对提升莲花山的知名度和品牌影响力，促进新泰市旅游事业发展起到极大的推动作用。该志获山东省优秀史志成果奖——优秀基层（专门）志奖项。

【《泰安年鉴（2014）》出版发行】 10月，由市政府主办、市地方史志办公室编纂的《泰安年鉴（2014）》出版发行。该卷年鉴设《特载》《市情概况》《政党·政务》《工业·信息产业》《商务》等栏目25个、分目（子分目）186个、条目1155个，穿插示意图13幅、表格74个、随文图片130幅，时政图片43码，总计83万字。该卷年鉴优化栏目，将原《政法·军事》析分为《法治》《武装》，在《法治》栏目中增设《法治政府建设》，凸显全市推行“依法治市”的新成果；将《招商引资与项目建设》单设为栏目，反映市委、市政府以招商引资和项目建设引领经济社会发展所取得的新成就；新设《卫生和计划生育》栏目，从篇目安排、内容取舍等方面做到与政府机构改革和职能转变相呼应。突出时代特征，在《特载》中增加《全市党的群众路线教育实践活动综述》内容，在“时政图片”专栏增设专版图片介绍活动开展情况，记述截至9月份全市党的群众路线教育实践活动开展情况；增加“幸福泰安”“中华泰山”中新的名片内容，将“时政图片”重要会议、经贸活动、项目简介、登山节等各个板块选载至2014年9月，彰显年鉴时代特点，增强时效性。规范编排格式，统一大事记日期记载格式，规范随文图片、示意图图说，统一表格表题、表序的字号、字体；规范条目标题、作者署名、图表的位置等，优化版面格式。卷首编制中英文目录，卷末编有综合性主题索引，便于查阅，年鉴实用性增强。

【《泰安年鉴（2014·袖珍本）》出版发行】 3月，由市政府主办、市地方史志办公室编辑的《泰安年鉴(2014·袖珍本)》出版发行。该书内容由各供稿单位依据2013年度工作总结或科学发展考核情况纂辑提供。设领导讲话、市级领导班子、2013年大事记、2013年经济和社会发展综述、2013年市级各部门（单位）主要工作和县（市、区）主要工作等栏目，系统总结2013年全市科学发展成就，记载全市“推进富民强市、建设幸福泰安”进程，反映各级各部门、各单位在富民强市进程中取得的突出成绩，总字数22.3万字。内容全面，记述精炼，出版及时，小32开印刷，易于携带，便于查阅。

【泰安市情网改版】 年初，市史志办确定对泰安市情网改版。通过多方考察，认真筛选，确定与技术力量雄厚、工作经验丰富的北京拓尔思信息技术公司进行合作，投资6万元进行改版。改版后的泰安市情网设泰安概况、史志动态、泰山文化等20个主栏目。页面设计简洁美观，时代特征明显；内容设置地域特色突出，资料性更强、更丰富，服务功能更全，能更好地发挥宣传泰安服务社会功能。年内，泰安市情网新增信息130条、图片53幅，全年点击量突破20万次。

【泰安市方志馆迁入新址】 泰安市方志馆自2006年3月起在原泰安市图书馆四楼（普照寺路六号）办公。因市历史文化轴建设工程需拆迁山东农业大学东校区部分楼房，经市政府与山东农业大学协商，将原泰安市图书馆馆址置换给山东农业大学使用。4～8月，市历史文化轴建设工程指挥部多次召集有关单位会议，要求尽早搬迁腾空。市史志办组织人员多方考察，未找到适宜方志馆藏书、展览、研究于一体的办公地点。11月上旬，经市政府领导提议，市文化广电新闻出版局和市史志办同意，市图书馆和市方志馆达成暂借用图书馆读者服务区为方志馆临时藏书、阅览地点的协议。11月中旬，市史志办组织力量间隔、整修办公区；对原址的藏书进行清点、打包，联系搬家公司于13日、14日进行集中搬运；在新址重新整理、上架、布展。11月26日，市方志馆正式对社会开放，年内提供查阅服务60人次。

中国人民政治协商会议泰安市委员会

【思想政治建设】 2～10月，认真开展党的群众路线教育实践活动，政协党组和机关党员干部深入学习贯彻习近平总书记系列重要讲话精神，加强理想信念、革命传统和反腐倡廉教育，深入查找“四风”方面问题，落实整改措施，解决“四风”方面存在问题，教育实践活动取得明显成效。以庆祝人民政协成立65周年为契机，强化思想政治建设，通过主席会议、常委会议、政协讲座、读书征文活动等形式，组织开展系列学习活动，自觉把思想和行动统一到中央的决策部署上来，进一步巩固合作共事的思想政治基础，增强贯彻中国共产党领导的多党合作和政治协商制度的坚定性，更加自觉地维护和依靠共产党的领导，把中央和省、市委的决策部署落实到政协工作中，与市委保持同心、同向、同力。

【推进协商民主】 ①围绕关系发展大局的重大问题开展专题协商。就推进科技创新、发展现代商贸物流、新能源产业发展召开专题协商会议，为党政领导科学决策提供重要参考。②围绕影响经济社会发展的重点问题开展对口协商。就加快高新技术产业发展、防治大气污染、食品安全监管、和谐宗教场所创建、历史文化遗产保护开展对口协商活动，促进有关问题解决。③围绕社会各界关注的热点难点问题开展界别协商。各党派团体和界别活动组，围绕发展体育服务业、加快高新区配套设施建设、完善职业教育体系、推进土地流转、推动城区殡仪馆搬迁、加强农村环境保护、推进行业商会建设、推进公共设施配套建设、建设法治泰安、发挥科技社团的创新引领作用，组织相关界别委员、专家教授和有关部门开展协商活动，分别向市委、市政府和有关部门报送协商成果。

6月11日，市政协党组书记、主席白玉翠（前排右二）到泰山职业技术学院视察“深化产教融合加快名校建设”情况（马少亮 摄）

【开展调研议政】 开展专题调研，着眼推动产业转型升级，形成《关于依靠科技创新，推动工业结构转型升级的调研报告》《关于推动全市新能源产业发展的调研报告》和大力发展现代商贸物流的对策建议；着眼保护传承历史文化资源，启动《记忆大汶河》资料征集编纂工作，以“泰山颂·中华魂”为主题，与省文联、省美协联合举办庆祝人民政协成立65周年大型画展，展出作品100幅；着眼推进生态文明建设，就大汶河绿色长廊建设提出整体思路和具体实施建议。开展专题视察，围绕转方式调结构，就泰城重点工程项目、旅游基础设施建设、发展会展经济、快递物流园区建设、培植壮大畜牧业等进行专题视察，推动党政决策部署落实；关注文化教育事业发展，对全市非物质文化遗产保护、大汶口文化遗址保护开发、加快泰安名校建设和学前教育等进行跟踪视察，促进有关政策措施更好落实；聚焦发展环境优化，就泰城交通管理、城市管理执法、城乡建设规划、全市河道管理、公共体育服务体系建设、“六五”普法等进行视察，向有关部门提出中肯建议。

【坚持履职为民】 ①协商办理提案。审查立案提案269件，确定重点提案10件、重要提案10件。完善提案办理协商机制，坚持主席、副主席领衔督办、相关委室分工负责、联合市委市政府督查室检查等制度，加大重点提案督办力度，一些民生热点难点问题得到有效解决，如出台《泰安市大气污染防治“蓝天工程”三年行动计划（2013～2015年）》，推行公交线路延时运行，实行一小时免费换乘，实施“万名医师支援农村卫生工程”等。②反映社情民意。加强对社情民意信息工作的考核，开展优秀社情民意信息、社情民意信息工作先进单位和先进工作者评选表彰活动，编发社情民意信息124条，被市委、市政府和省政协、全国政协采用62条。③搞好评议监督。推荐200名政协委员参与全市政风行风网上投票，组织50名委员对市直部门年度工作进行综合评价，受聘担任党政部门和司法机关的社会监督员。④深入基层帮民解忧。市政协领导包保重点项目，定期到联系点调研督导，走访慰问贫困户；委员企业家联谊会积极促进银企对接；委员医疗保健服务团开展义诊活动；做好驻村帮扶工作。

【市政协十二届三次会议】 1月6～9日举行。政协第十二届泰安市委员会第三次会议应出席委员428名，实到委员409名。会议听取和讨论中共泰安市委书记李洪峰的讲话，听取和审议政协第十二届泰安市委员会常务委员会工作报告和提案工作报告。与会委员列席泰安市第十六届人民代表大会第三次会议，听取并讨论政府工作报告及有关报告。大会收到提案267件，收到大会发言材料26份，10位委员作大会现场发言，16位委员作书面发言。委员们围绕加快经济转型升级步伐、稳妥推进城乡统筹发展、抓好以民生为重点的社会建设、加强政府自身建设等问题，进行议政建言。会议补选王元成、石峻岭、曲惠菊、杨红、李建国、张亚莉、周建国、戴磊为十二届政协常委。会议审议通过十二届三次会议提案审查情况的报告和大会决议。大会对提案工作“一优

2014 年政协泰安市十二届三次会议重点提案要目

表 5

提案人	提案内容
刘 君 张 清 田忠承 陈惠霞 孙德常 诸葛玉平 孙启凯	关于加快发展会展经济的建议
农工党市委 王庆才 李传泰 徐海立	关于泰安市城市道路交通拥堵问题的解决建议
李玉洋	关于城镇化过程中注意保护传统文化的建议
市工商联 公维章	关于加大小微企业扶持发展力度的建议
汤建泉	关于大力推行节能创新，促进节能服务产业发展的建议
九三学社市委 诸葛玉平	关于加强大气污染防治，全面推进泰安市"蓝天工程"的建议
民进市委 孙圆景	关于加快推进泰安快递物流产业园区建设的建议
张传稚 刘小燕	关于泰安市发展文化、艺术产业的建议
渠红梅	关于加强对社会组织培育引导，推动社会治理方式改进提升的建议
民革市委	关于创新我市农村经营体制的建议

双先"先进单位和个人进行表彰。市政协主席白玉翠在大会闭幕式上作重要讲话。

【市政协常委会议】 年内，市政协召开常委会议 6 次。

十二届十二次常委会议　1 月 7 日举行。应到常委 81 人，实到 80 人。市政协副主席宋鲁主持会议。会议听取市委组织部负责人关于补选政协第十二届泰安市委员会常务委员候选人协商名单的说明；协商审议政协第十二届泰安市委员会第三次会议选举办法、监票人名单和常务委员候选人协商名单；协商审议政协第十二届泰安市委员会第三次会议决议和提案审查情况的报告。

十二届十三次常委会议　1 月 8 日举行。应到常委 81 人，实到 80 人。市政协副主席朱永强主持会议。会议听取大会组织组负责人汇报委员讨论组关于补选政协第十二届泰安市委员会常务委员候选人名单讨论情况；审议通过政协第十二届泰安市委员会第三次会议选举办法、常务委员候选人名单、监票人名单；审议通过政协第十二届泰安市委员会第三次会议决议和提案审查情况的报告。

十二届十四次常委会议　3 月 31 日举行。应到常委 89 人，实到 76 人。市政协副主席宋鲁主持开幕会，市政协主席白玉翠主持闭幕会。会议传达全国"两会"、省"两会"精神；审议通过市政协 2014 年协商工作计划；审议通过市政协各专门委员会组成人员名单；审议通过市政协主席会议成员、常委联系委员工作制度；审议通过有关人事事项：陈占峰任政协泰安市委员会副秘书长，不再担任政协泰安市委员会提案委员会工作室副主任职务；孙德常任政协泰安市委员会副秘书长；王建国任政协泰安市委员会办公室副主任（列副主任第一位）；刘宁任政协泰安市委员会港澳台侨和外事委员会工作室副主任；徐宗林任政协泰安市委员会提案委员会工作室副主任；刘雪非任政协泰安市委员会科教文卫体委员会工作室副主任。白玉翠在会议结束时讲话。

十二届十五次常委会议　6 月 27 日举行。应到常委 89 人，实到 73 人。市政协副主席宋鲁主持开幕会和闭幕会。会议听取市委常委、副市长辛显明关于全市上半年经济运行和社会发展情况的通报；审议通过市政协《关于推动全市新能源产业发展的调研报告》《关于依靠科技创新推进工业结构转型升级的调研报告》；审议通过《关于撤销亓兴华、孙鹏政协第十二届泰安市委员会委员职务的决定》。白玉翠在会议结束时讲话。

十二届十六次常委会议　9 月 30 日举行。应到常委 89 人，实到83人。市政协副主席宋鲁主持开幕会和闭幕会。会议传达学习习近平总书记在庆祝中国人民政治协商会议成立65周年大会上的重要讲话精神；听取市政府负责人关于政府系统提案办理情况的通报；审议通过市政协《关于建设大汶河景观大道的调研报告》《关于城镇化进程中历史文化遗产保护传承情况的调研报告》和《关于大力发展现代商贸物流增创经济发展新优势的调研报告》；审议通过有关人事事项：石峻岭不再担任政协泰安市委员会副秘书长职务。白玉翠在会议结束时讲话。

十二届十七次常委会议 12月31日举行。应到常委89人，实到83人。市政协副主席宋鲁主持开幕会，市政协主席白玉翠主持闭幕会。会议审议通过市政协关于召开政协第十二届泰安市委员会第四次会议的决定、政协第十二届泰安市委员会常务委员会工作报告及报告人、政协第十二届泰安市委员会常务委员会提案工作报告及报告人；审议通过政协第十二届泰安市委员会第四次会议的议程（草案）和日程、政协第十二届泰安市委员会第三次会议秘书长和副秘书长名单、常委会组成人员轮值名单、各组召集人名单、列席单位名单等有关事项；审议通过市政协2015年工作要点；审议通过关于部分委员辞去市政协委员职务的决定；表彰2014年度市政协委员“十佳创业之星”。

【重要活动】 文史编纂工作座谈会 4月17日市政协文史资料委员会召开。邀请有关专家就《泰安文史》和《记忆大汶河》编纂工作进行座谈。

依靠科技创新推动工业结构转型升级专题调研座谈会 5月7日由市政协组织召开。会议分别听取市科技局、市科协、市委组织部（人才办）、市发改委、市财政局、市经信委、市人社局、市国资委关于科技推动工业结构转型升级的情况汇报，听取泰安市部分金融机构、专家、企业代表的意见建议。

政协常委暨新任委员培训班 5月23日由市政协举办。邀请中国政治学会副会长包心鉴作协商民主理论辅导报告。

大汶河景观大道建设调研活动动员会 7月10日由市政协组织召开。市直有关部门负责人以及各县（市、区）政协主席出席会议。与会人员实地参观汶口二号坝、宁阳县大汶河标准化堤防等工程现场。

全市政协提案办理协商工作座谈会 7月24日召开。会议传达全省政协提案办理协商工作座谈会精神，市规划局、交通运输局、农业局和6个县（市、区）政协围绕健全提案办理协商机制、提升提案办理协商质量、转化运用提案办理成果等作交流发言。

“防治大气污染，实施蓝天工程”对口协商活动 8月21日开展。委员们实地察看温泉路南段“金域缇香”工程工地扬尘治理、解放军第八十八医院锅炉煤改气实施情况，就做好防治大气污染工作进行协商座谈。

庆祝人民政协成立65周年座谈会 9月19日召开。市委书记、市人大常委会主任李洪峰出席会议并讲话，市委副书记、市长王云鹏，市人大常委会第一副主任、党组书记林华勇，市委副书记李希信出席会议。市政协党组副书记、副主席宋鲁主持会议。民革市委主委徐恩虎、民建市委主委滕先森、农工党市委主委谢崇国作会议发言。市政协副主席，市政协秘书长、部分驻泰常委，各民主党派市委会主委、副主委、秘书长，市工商联主席、副主席、秘书长，市法院、检察院、市直各有关部门单位负责人，市政协副秘书长，市政协有关委室负责人参加会议。

城镇化进程中历史文化遗产保护与传承对口协商座谈会 9月25日由市政协组织召开。会上，与会委员和专家听取市文广新局关于全市城镇化进程中历史文化遗产保护与传承工作开展情况，并就相关问题进行协商交流。

“依靠科技创新推动工业结构转型升级”专题协商座谈会 10月11日由市政协组织召开。会上，市科技局介绍全市科技创新工作基本情况，与会企业家和专家教授就依靠科技创新推动工业结构转型升级提出意见和建议。

全市政协工作座谈会 10月24日召开。会上，各县（市、区）政协主席和2个乡镇政协工作室的负责人介绍各自开展工作的做法和体会，部分乡镇政协工作室书面交流工作情况。

“大力发展现代商贸物流增创经济发展新优势”专题协商会议　10月30日由市政协组织召开。会上，市商务局介绍全市现代商贸流通工作情况，与会企业家、专家教授和政协委员就如何推进现代商贸物流发展提出意见建议。

重点提案面复座谈会　10月30日，市政协召开重点提案《城镇化过程中注意保护传统文化的建议》面复座谈会。

“我与人民政协”征文活动　为庆祝中国人民政治协商会议成立65周年，引导广大委员增强政协意识、委员意识和责任意识，市政协面向全市举办“我与人民政协”征文活动，收到作品80篇，评出一等奖5名、二等奖10名、三等奖20名。

全市政协界别工作座谈会　11月20日召开。会议传达全省政协界别工作座谈会精神，市政协经济委、科技组、民建市委和东平县政协作发言，交流开展界别工作的成效和做法。

发挥科技社团在实施创新驱动战略中的引领作用界别协商座谈会　11月18日由市政协组织召开。市政协科技组委员实地考察市医学影像学研究会、市计算机用户协会、市气象协会、市板栗协会4个科技社团。

8月7日，市政协党组书记、主席白玉翠视察泰城道路交通管理情况　（马少亮　摄）

【政协各专门委员会】　提案委员会　市政协十二届三次会议以后，收到提案300件，立案269件，其中党派团体提案88件。遴选确定重点提案10件、重要提案10件，市委书记、市人大常委会主任李洪峰，市委副书记、市长王云鹏分别作出重要批示。市委、市政府高度重视提案工作，将其纳入年度科学发展考核体系。把协商理念贯穿提案工作全过程，通过跟踪督办、界别督办、常委会议督办、视察督办、主席督办等形式，提升提案的办理实效。

经济委员会　围绕经济发展的热点难点问题，先后组织开展全市新能源产业发展、烟草专卖工作和畜牧兽医发展情况等专题调研和视察。召开促进委员企业发展交流座谈会，举办相约健康沙龙活动，帮助委员企业家注册成立民间管理资本公司，参与市政协委员“十佳创业之星”评选活动。承担并完成市政协十二届三次全委会议的大会发言筹备工作和市政府主要领导讲话的起草工作。

人口资源环境委员会　围绕社会热点难点问题，开展城市管理执法、河道管理工作、城乡规划工作、泰城重点工程建设、开发区（园区）土地利用情况等视察，开展防治大气污染、实施蓝天工程对口协商活动。协同提案委开展《泰城道路交通拥堵问题》提案办理协商工作。配合省政协人资环委调研全市养老服务业发展情况。做好政协包村的帮扶工作。

科教文卫体委员会　开展“依靠科技创新推动工业结构转型升级”专题调研和专题协商活动，开展公共体育服务体系建设、深化产教融合加快名校建设、学前教育工作等视察活动。开展旅游餐饮食品安全监管视察，并召开对口协商座谈会，做好重点提案督办工作。组织委员医疗保健服务团下乡义诊，举办心肺复苏急救知识讲座。做好省政协到泰安市调研医改工作和基本药物制度实施情况的服务工作。

社会法制和民族宗教委员会　对创建和谐宗教场所、推动宗教事务有效管理、城市道路交通管理和“六五”普法、依法治理工作情况等进行视察，就全市和谐宗教活动场所创建工作情况开展对口协商活动，配合省政协就贯彻落实国务院国宗发〔2012〕41号文件情况追踪活动进行调研。配合省政协做好全市养老服务业、社会组织管理创新和发挥作用、青少年社会工作的调研。建立200名政协委员组成的评议代表备选名单库，组织评议代表对全市政风行风情况进行网上投票。

文史资料委员会　制订《关于加强文史资料工作的意见》。面向社会聘请文史资料委顾问3人、研究员36人，邀请省政协文史委主任高峰岗进行授课培训。开展《记忆大汶河》《山东抗战编年纪事》等史料的征集、编纂、整理工作，完成二期《泰安文史》的编纂出版。开展城镇化进程中历史文化保护传承的专题调研和对口协商活动，开展全市非物质文化遗产保护利用情况、大汶口文化遗址保护利用情况视察活动。做好重点提案的督办工作。

港澳台侨和外事委员会　开展大力发展现代商贸物流、增创经济发展新优势专题调研和专题协商活动，对市侨联招商引资工作、全市对台工作、全市旅游发展和会展经济发展情况进行视察。做好重点提案督办、大会发言和提案工作。邀请市政协港澳台侨和外事委顾问列席市政协十二届三次全委会议，接待省政协港澳台侨和外事委员会工作顾问考察团、台湾大陆参访团到泰安考察。

【加强自身建设】　①加强与各民主党派的合作共事。研究制订《市政协与各民主党派、工商联秘书长联席会议制度》，就政协的重大活动、重要事务进行沟通协商；支持各民主党派履行职能，对党派团体提案进行重点督办，对党派社情民意信息进行重点报送。②发挥界别渠道作用。召开全市政协界别工作座谈会，调整充实界别活动组，研究确定各界别组活动经费，制订各专委会联系界别的意见。③发挥委员主体作用。落实主席会议成员、常委联系委员制度，培训新任委员，开展委员“十佳创业之星”评选表彰活动，开展“我与人民政协”征文活动，建立委员履职档案。④加强机关作风建设。以党的群众路线教育实践活动为契机，着力整治“四风”问题，落实中央“八项规定”，对机关办公用房进行整改，规范调研视察活动，精简会议文件，制订政协党组成员联系基层政协工作办法、加强和改进调研视察工作的意见等制度，编印《泰安市政协机关工作制度汇编》，开展“践行群众路线、争作履职为民表率”主题活动。加大对外宣传力度，在《人民政协报》《联合日报》等省级以上新闻媒体发表宣传稿件120篇。

（邵　飞）

2月12日，市委常委、市纪委书记赵明东（前排右二）到泰山区调研反腐倡廉工作
（冯　庆　供）

纪检·监察

【概况】　年内，市纪委全力转职能、转方式、转作风，聚焦中心任务，突出主责主业，强化监督执纪问责，全市党风廉政建设和反腐败工作方向明确、思路清晰、措施有力、成效明显。

【体制改革】　在全省率先完成第二轮内设机构调整，委局机关和派驻机构监督执纪人员达80%以上。清理议事协调机构，参与的议事协调机构由151个减至11个。严格规范基层纪委书记（纪检组长）工作分工，着力解决分工调整不到位问题。创建集“目标、责任、制度＋考评考核”于一体的监督责任落实体系，严格检查监督、责任追究等制度，以监督责任落实促进和保障主体责任落实。建立“市县乡村”四级约谈机制，形成横到边、纵到底的压力传导体系。

【监督检查】 严明党的政治纪律、组织纪律，对违反纪律的苗头性、倾向性问题及时提醒和纠正，严肃查处上有政策、下有对策和有令不行、有禁不止行为，保证中央、省委和市委政令畅通。狠抓中央“八项规定”精神落实，开展“庸懒散”、婚丧喜庆大操大办及领导干部出入私人会所等专项整治。全市查处违反“八项规定”精神案件712起，处理829人，其中党政纪处分239人、责任追究297人。通报违反“八项规定”精神问题54起、62人，通报“庸懒散”典型问题312个、公开曝光349人。

【案件查办】 严格审查和处置党员干部违反党纪政纪、涉嫌违法行为，保持惩治腐败高压态势。全市纪检监察机关接受信访举报5680件次，立案938件，结案931件，给予党政纪处分938人，其中县处级干部20人、乡科级干部95人，涉嫌犯罪移送司法机关44人。

【工作亮点】 深化县级党政领导班子成员向同级纪委全委会专题述廉，试点单位扩大到3个县（市）。落实市纪委常委与县处级党政领导干部廉政谈话制度，约谈165人；督促搞好政风行风网络热线直播及测评评议活动，实现党内监督、社会监督及舆论监督的有机结合；加强廉政风险防控工作监督检查，督促规范关键岗位和环节权力运行；深化德廉教育活动，全市9700名副科级以上党员干部参加测试；加大警示教育力度，组织1万名党员干部到市反腐倡廉教育基地接受警示教育；开展“警示教育基层行”活动，巡回宣讲150场次、2万人参加；开展廉政文化创建活动，建成省级廉政文化示范点6个、市级示范点85个。强化派驻监督职能，对派驻机构实行“大换防”，将市级党和国家机关、企事业单位及省以上驻泰安单位全部纳入监督和联系指导范围；借鉴巡视工作模式，创新方法手段，突出发现问题，全面启动派驻专项巡查工作。

【重要会议】 1月26日，中共泰安市第十届纪律检查委员会第四次全体会议召开。会议传达学习省纪委十届四次全会精神，回顾总结2013年全市反腐倡廉工作，研究部署2014年党风廉政建设和反腐败工作任务。市委书记、市人大常委会主任李洪峰出席会议并作重要讲话，市委常委、市纪委书记赵明东代表市纪委常委会作工作报告。11月28日，中共泰安市第十届纪律检查委员会第五次全体会议召开。会议传达学习中共十八届四中全会、十八届中央纪委第四次全会，省委十届十次全会、省纪委十届五次全会和市委十届八次全会精神，对全市纪检监察系统落实全会精神进行部署。

【自身建设】 围绕打造忠诚、干净、担当的纪检监察干部队伍，开展“纪律作风提升年”活动。制订纪检监察干部监督管理纪律规范。落实中央“八项规定”精神，规范公务接待、财务管理、公车使用。落实党风廉政建设责任制，健全机关岗位廉政风险防控机制，组织干部签订《廉政承诺书》。严格执行请示报告制度和业务流程。强化系统内部监督，建立工作责任倒查机制，以零容忍态度查处违纪违规问题，坚决防止“灯下黑”。加强党性党风党纪教育，强化业务培训、干部上讲坛及轮岗交流、“业务能手”评选等工作。

（冯　庆）

·中国国民党革命委员会泰安市委员会·

【概况】 简称民革泰安市委会。年内发展党员12名，总数达到270人。民革泰安市委会获“省级文明机关”称号，被评为民革山东省委“参政议政先进集体”。民革新泰支部被民革中央评为全国“博爱·牵手”活动十佳基层组织，1名民革党员被民革省委评为“坚持和发展中国特色社会主义学习实践活动优秀党员”。

【思想建设】 召开六届九次、十次全委扩大会议，学习中共十八届三中、四中全会精神。各支部召开支部委员会、调研座谈会等各类会议26次。开展坚持和发展中国特色社会主义学习实践活动，成立学习实践活动领导小组，开展学习中国特色社会主义理论文章撰写工作，收到理论文章9篇，向民革省委报送2篇。参加民革省委组织的红色教育活动，到临沂市莒南县八路军115师旧址考察学习。结合“薪火相传、圆多党合作之梦”“抢救性采集民革前辈史料工作”等主题活动，开展爱国主义教育，弘扬民革优良传统。4月1日，组织为爱国将领冯玉祥扫墓。采集黄埔老人傅汝有的视频资料及老照片、荣誉证书等电子资料，留存手模、手印，并上报民革省委。看望慰问抗战老兵傅柏龄。接待民革上海市委会调研组到泰安交流学习。接待第十三届台湾高校杰出青年赴大陆参访团一行35人。民革新泰支部组织全体党员开展纪念中日甲午战争爆发120周年主题活动。

【组织建设】 加强领导班子和后备干部队伍建设，市委会班子成员参加支部活动11次，开展领导班子成员述职活动，推荐骨干党员参加民革省委组织的学习培训班。组织13名基层组织负责人参加市委统战部举办的“全市民主党派基层组织负责人培训班”。推荐4名党员参加民革全省基层组织主委培训班。新泰支部成立新泰党员企业家联谊会。泰安中山书画研究院在新泰设立分院。

【参政议政】《关于推进我省养老服务体系建设的建议》作为民革省委的集体提案提交省政协十一届二次会议。向市政协十二届三次会议提交集体提案11件，其中《关于创新我市农村经营体制的建议》《关于加强对社会组织培育引导，推动社会治理方式改进提升的建议》被市政协列入“十件重点提案”。开展的调研课题《加快发展养老服务业，推进富民强市建设》呈报中共泰安市委领导。《在泰城推行公共自行车系统项目》《将甲磺酸伊马替尼列入我市基本医疗保险药品目录》以市委统战部《建言专报》的形式报市委主要领导。

【社会服务】 在长城中学开展“泰山助学行动”第四批捐助活动，捐款2万元。新泰支部依托“海燕慈善基金”，开展实施“五个一百”帮扶工程（每年资助100名儿童、100名贫困母亲、100名孤残老人、100户困难家庭、100名贫困学生）；实施“铃兰工程”，活动覆盖面涉及18个乡镇200个行政村；组织党员到敬老院看望慰问老人，组织医疗专家开展“心连心·健康义诊”活动。岱岳区支部开展下乡义诊3次，为乡镇、农村医生举办培训2次，为满庄敬老院赠送价值8000元的物品，为贫困学生捐资7000元。

（王　磊）

·中国民主同盟泰安市委员会·

【概况】 简称民盟泰安市委会。设总支1个，支部20个，学习小组1个。民盟泰安市委会先后获得民盟山东省基层组织建设人才建设奖、民盟山东省委社会服务工作优秀组织奖、民盟山东省委思想宣传工作先进集体、民盟山东省委参政议政工作先进集体。1个支部获民盟中央“先进基层组织”荣誉称号。5个支部被民盟山东省委授予先进基层组织。3个支部被评为山东民盟思想宣传工作先进基层组织。6人被民盟山东省委评为参政议政工作先进个人。1名盟员获“全国优秀科技工作者”荣誉称号，1名盟员获第八届山东省教学名师称号，1名盟员获国家教学成果一等奖。

【思想建设】 召开民盟市委全委（扩大）会议2次，传达学习中共十八届三中、四中全会精神、中国特色社会主义学习实践活动精神。在泰安民盟网站开辟专栏，报道学习实践活动的最新内容、动态和经验。参加市委统战部组织的群众路线教育实践活动、每周学习例会、征文比赛，参观红色革命基地、警示教育基地等活动。6月28日举办庆“七一”羽毛球比赛。9月15日举行“庆国庆·书画作品展暨泰安民盟书画院成立仪式”。在民盟中央网站、民盟省委网站、《联合日报》《泰安日报》、泰安电视台等媒体发稿27篇。

【组织建设】 全年发展盟员30人，其中特级教师1名，硕士以上学历7名，中高级以上职称15名,副科级领导职务2名,县（市、区）人大常委1名，县（市、区）政协常委1名。1月开展领导班子及成员年度述职和民主评议工作。2月份民盟市委进行届中调整，补选秘书长。6月25日承办民盟省委调研组到肥城进行基层组织建设情况现场调研，并为民盟肥城支部揭牌。11月18日成立民盟泰安市委书画艺术支部，选举产生第一届支部委员会。12月4日召开民盟岱岳区支部二届四次盟员大会，对岱岳区支部进行届中调整，补选支部主委、副主委。5月中旬各基层支部负责人参加市委统战部组织的泰安市民主党派基层组织负责人培训班。9月下旬选派3名优秀基层组织负责人参加盟省委首次在中央社院举办的专题培训班。11月盟领导参加山东省委统战部举办的第十六期全省民主党派领导干部进修班。11月中旬机关干部参加民盟山东省盟员组织管理系统统计报表培训班，并及时对全市民盟中央组织管理系统盟员信息进行更新。12月中旬，8名盟员参加由市委组织部、统战部联合举办的全市第四期党外干部培训班。各基层组织开展“三八国际妇女节”座谈会、走访老盟员、“九九重阳节座谈会”等活动。

10月10日，省政协副秘书长、民盟山东省委专职副主委董利忠（左二）带领民盟省委调研组成员实地参观泰安市岱岳区现代农业科技示范园 （王玲玲　供）

【参政议政】 向市政协十二届三次会议提交政协提案42件，其中集体提案17件、个人提案25件。形成《推进新型农村社区建设 提升居民生活质量》专项调研报告并提交中共泰安市委。形成《新经营模式下现代农业技术需求研究》的调研报告交盟省委，盟省委以重点课题成果报民盟中央和中共山东省委。确定《关于促进泰安体育服务业发展》的协商课题，与市体育局就促进泰安体育服务业发展工作举行界别协商座谈会，形成界别协商成果报市委、市政协。向省民盟、统战部门、政协等报送社情民意信息40条，盟中央采用1条、盟省委采用8条、市委统战部建言专报采用1条。10月，盟市委对岱溪河沿河上下游饭店、河道、环境状况进行实地调研，形成“加强岱溪河沿河生态环境综合整治的建议”。10月10日，陪同盟省委带领的省内各地课题调研组成员，实地调研岱岳区现代农业科技示范园。11月8日，山东农业大学农学、蔬菜、林学、食品加工、畜牧等方面的盟员专家，到岱岳区考察调研3个土地成功流转的典型。

【社会服务】 4月26日，盟市委组织开展民盟企业界成员联谊考察活动，参观3个盟员企业并进行座谈；10月，组织部分农业专家盟员到东平县沙河镇吴桃园村开展番茄种植技术指导。7月，岱岳区支部成立“慈善基金会”，募得善款2万元，对困难家庭和学生开展帮扶活动；9月9日，化马湾乡开展以“心连心·献爱心·送健康”为主题的下乡活动，为驻地中心小学的教师进行免费义诊，赠送价值千余元的口腔清洁保健品，并开展保健知识讲座。5月，新泰支部筹资为果树、蔬菜种植业户送去价值600元的科技书籍；25日，组织医疗专家免费为上豹峪村老人查体义诊，自筹1500元资金慰问3户特困老人；“六一”期间，向上豹峪村幼儿园捐赠书包等学习用具60套。4月初，民盟肥城支部承办汶阳镇党委政府主办的大型文化广场晚会；29日，承办肥城市委统一战线纪念中共中央发布“五一口号”66周年文艺演出活动。11月26日，中心医院支部与市中级人民法院联合为宁阳县石门村村民开展义诊服务。

（王玲玲）

·中国民主建国会泰安市委员会·

【概况】 简称民建泰安市委会。设基层支部10个、专委会6个，有会员211人。民建泰安市委会被民建山东省委表彰为“参政议政工作先进单位”“新闻宣传工作先进单位”。

【思想建设】 以民建中央“宣传思想建设年”活动为契机，加强对中共十八大和十八届三中、四中全会精神及习近平总书记系列重要讲话精神的学习领会，加强对民建会章、会史和会的优良传统的学习。开展坚持和发展中国特色社会主义学习实践活动，与“我为富民强市作贡献”活动和“爱岗敬业，爱会乐群，双岗贡献，做优秀会员”活动相结合，深化思想政治教育。

【组织建设】 新发展会员15人（新社会阶层人士9人、政府机关1人、高等教育3人），会员总数达到211人。其中，女会员64人，占会员总数的三分之一；具有大专以上文化程度、中级以上职称、新社会阶层人士分别有198人、148人、79人，分别占会员总数的93.8%、70.1%、37.4%。5月17日，举办2014年新会员培训班，对近两年新入会的20名会员进行专门培训。选派2名市委会副主委参加省委统战部组织的第16期全省民主党派领导干部进修班，选派秘书长参加民建全国市级组织专职副主委培训班，选派5名骨干会员参加民建省委组织的骨干会员培训班、8名支部负责人参加全市民主党派基层组织负责人培训班、3名优秀会员参加全市党外干部培训班。

【参政议政】 在市政协十二届三次会议上，提交集体提案13件、个人提案30件。其中，《关于加快泰城城市雕塑建设的建议》被《泰山晚报》追踪报道，《关于加大小微企业扶持发展力度的建议》被列为重点提案。3名会员在第二次全体会议上作发言。在县（市、区）政协会议上提交提案32件，大会发言2篇，重点提案1件。组织开展专题调研活动，8月13日开展全市新型城镇化建设情况调研活动，9月23日到高新区开展题为《加快基础设施建设，完善高新区配套功能》的界别协商活动，11月12～14日，到新泰、滨州博兴开展关于农村电子商务方面的调研；开展“关于完善基础设施提升泰城城市功能”的调研。向省级报送社情民意信息3篇，其中民建省委采用2篇、省政协采用1篇。《关于实行招商引资成本核算和责任追究制度的建议》被表彰为2014年度民建山东省委优秀参政议政成果。

【社会服务】 1月19日，启动实施“民建之光——点亮留守儿童微心愿活动”，首期为160名山区孩子达成微小心愿，年底实施第二期圆梦活动，实现150名小学生“书包、文具、图书或体育用品”的微心愿。坚持开展大学生就业创业品牌工程系列活动，3月18日，组织30家会员企业开展大学毕业生招聘会；举办“民建讲堂•励志成才与就业创业”系列讲座3期；9名会员企业家被聘为泰山学院校外导师。举办微信营销方面的专题讲座2场。8月2日，联合市口腔医院开展“送健康进企业”口腔保健义诊活动。新泰市支部组织专家开展科技下乡活动3次，图书捐赠3次，为14户困难户办理低保手续，为80名有就业愿望的村民联系对接企业，节日期间自备米、面、油，看望慰问贫困户。中秋节前夕，泰西支部联合中心支部到岱岳区满庄镇敬老院开展爱心敬老活动。妇女工作委员会到下港第十六中学开展爱心助学活动，长期资助3名贫困学生。

（杜荣立）

·中国民主促进会泰安市委员会·

【概况】 简称民进泰安市委会。设支部8个，有会员204人，其中新发展会员11名。会员中具有大学以上文化程度181人，占总人数的88.7%；中高级以上职称会员183人，占总人数的89.7%。山东农业大学支部被民进中央表彰为“民进全国组织建设先进基层组织”，1名会员被表彰为“民进全国组织建设先进个人”；泰山学院支部被民进山东省委表彰为“民进山东省基层组织建设先进集体”，1名会员被表彰为“民进山东省基层组织建设先进个人”。

【思想建设】 召开主委办公会5次。组织引导会员学习贯彻全国“两会”、中共十八大和十八届四中全精神；开展坚持和发展中国特色社会主义学习实践活动，在全市民进会员中进行思想状况问卷调查。举办由全体会员参加的“坚持和发展中国特色社会主义学习实践活动”专题报告会。机关人员参加党的群众路线教育实践活动。

【组织建设】 组织开展市委会成立20周年纪念活动，召开纪念大会，召开由支部委员以上人员参加的座谈会。加强领导班子建设和后备干部队伍建设，1人参加中央社会主义学院举办的市级组织负责人培训班，2人参加民进省委举办的“2014年民进骨干会员培训班”，9人参加全市民主党派基层组织负责人培训班，3人参加民进山东省基层组织负责人会议，1人参加第十六期全省民主党派领导干部进修班。完成泰安市民进企业家联谊会的换届工作，选举成立第三届理事会。

【参政议政】 泰安民进会员有1人担任省政府参事，在任各级人大代表、政协委员32人。其中，山东省人大代表1名，山东省政协委员1名；泰安市政协副主席1名、常委6名、委员17名；县区级政协委员6人。在任县处级干部9名。在市政协十二届三次会议上提交提案48件，其中集体提案9件、个人提案39件。《关于加快推进泰安快递物流园区建设的建议》《关于泰安市城市道路拥堵问题的解决建议》2件提案被市政协列为重点提案。牵头完成《完善我市现代职业教育体系》界别协商课题，形成协商报告，被市政协列为领导参阅件。围绕《关于新高考模式下我市中等职业教育发展》的调研课题开展专题调研，并形成调研报告。

【社会服务】 本着“量力而行，尽力而为，发挥优势，注重实效”的原则，开展社会服务。开展“六一”捐赠助学活动，向岱岳区黄前镇红河村小学赠送价值1.5万元的书包、文具、饮水机及各种球类和玩具。泰山区支部联合泰山区人民医院为130名群众开展义务查体。岱岳区支部到下港乡“维拓希望小学”进行捐书助教活动。山东农业大学支部组织会员专家赴济宁市（兖州）国家级农业科技园区开展科技服务。

（王传其）

·中国农工民主党泰安市委员会·

【概况】 简称农工党泰安市委会。设总支2个、支部19个，有党员293人。

【思想建设】 召开市委扩大会议、政协委员会议，专题学习习近平总书记在庆祝人民政协成立65周年大会上的重要讲话精神和中共十八届四中全会工作报告。召开市委扩大会议，学习转达农工省委《关于开展坚持和发展中国特色社会主义学习实践活动方案的通知》，部署安排农工党泰安市委会《关于开展坚持和发展中国特色社会主义学习实践活动工作方案》。开展“中国梦、农工情”征文活动和演讲比赛，19个支部30名党员参加。

【组织建设】 发展新党员16名，其中博士2名、硕士4名。6月26日，举行颁发入党批准通知书仪式，主委为新党员颁发入党批准书并作培训报告。以政治坚定、民主团结、关系和谐、廉洁自律为总要求，加强领导班子建设。创新工作思路，提升参政党履职水平。参加农工省委和市委统战部组织的各类培训班、专题学习班和考察活动，5人参加农工党省委举办的处级实职干部专题研讨班，3 人参加农工党省委“农工党党史和革命优良传统教育”学习班，1 人参加省委企业家联谊会赴两广参观考察学习班，市委班子、总支、支部成员及党员骨干多人次参加市委统战部举办的“开展坚持和发展中国特色社会主义学习实践活动”学习班和市委党校处、科级培训班。做好代表性人士的统计工作。

【参政议政】 在市政协十二届三次会议上，提交集体提案 13 件、个人提案 13 件，其中 2 件被列为重点提案。向农工省委、市委统战部、市政协报送社情民意信息 25 条。各支部推选 1 名信息员，建立信息员联络制度，半年召开 1 次信息员交流座谈会，机关信息联络员参加市政协社情民意信息和议政建言工作培训班。针对园区农业开展调研，成立调研小组，形成《充分发挥农业园区在地区现代农业发展中的作用的建议》的调研报告。做好界别协商工作，11 月 6 日，在宁阳县鹤山乡召开“加快土地流转步伐，促进农业经营创新”界别协商会议，主委及 5 名专家学者参加会议。

【社会服务】 以医药卫生关爱行动为重点，开展为民义诊、医药卫生宣传、对口帮扶等活动。6 月 8 日，到新泰市羊流镇开展“中国环境与健康宣传周”义诊活动，选派 7 名专家为 200 名群众进行义诊。11 月 15 日，在泰山区省庄镇兴隆村开展第 26 届“国际科学与和平周”义诊活动，1 名党员捐赠近万元药品。1 名副主委多次到社区文化广场为群众做健康知识讲座。11 月，岱岳区支部在区委统战部包村点进行义诊活动；支部党员看望孤儿院孩子。新泰总支开展坚持和发展中国特色社会主义学习实践义诊进村活动。1 名副主委与宁阳县葛石镇政府建立长期联系，为该镇的林果生产管理进行指导。（丁　婧）

·中国致公党泰安市委员会·

【概况】 简称致公党泰安市委会。致公党市直一支部被评为“海外联谊先进集体”，泰山区支部被评为“社会服务工作先进集体”，市直二支部被评为“宣传思想工作先进集体”，9 名党员被评为“同心·创先争优”优秀党员。

【思想建设】 组织集体学习 6 次，重点学习中共十八大和十八届三中、四中全会精神，习近平总书记系列重要讲话精神。开展坚持和发展中国特色社会主义学习实践活动，制订实施方案、工作安排，成立领导小组。举行辅导报告会，邀请市委党校专家讲解改革开放历程、国际国内形势。采取主委联系支部的办法，市委主委、副主委、秘书长各联系 1 个支部，督促搞好学习，帮助解决困难问题。

【组织建设】 设支部 9 个，有党员 112 人，其中新发展党员 10 人。强化班子建设、组织建设、机关建设“三个建设”，为市委会各项工作开展提供保障。

【参政议政】 通过设立参政议政专门委员会、实行党员“一人一案”等形式，整合参政议政资源，完成调研课题 11 项，其中省委会课题 4 项，呈报中共泰安市委领导审批课题 1 项。报送社情民意信息 21 条，其中 15 条被省委会、市政协、市委统战部采用。开展界别协商探索，形成《关于加强农村环境保护的协商报告》。

【社会服务】 确定社会服务主题为“服务社会改善民生”。开展“三下乡”社会服务活动 6 次，为农民讲解农业实用技术、开展司法法律咨询、免费查体。帮扶救助困难家庭，筹资 11 万元救助困难家庭 40 户、一对一结对资助困难学生 50 名。泰山区支部捐助 5 万元救助困难家庭 30 户，并与中心医院支部联合开展医疗下乡活动，为敬老院老人赠送药品、免费体检；市直一支部长年对 3 所乡村学校的学生进行音乐辅导，对困难学生进行资助。

【海外联谊】 致公党党员“侨海”特色明显，鼓励有海外联系的党员通过考察、访问、探亲等时机，加强联谊对接，宣传泰安、泰山，促进交流合作。（张淑蕾）

·九三学社泰安市委员会·

【概况】 简称九三学社泰安市委

会。设基层工作委员会2个、支社21个、小组2个，有社员494人。九三学社泰安市委会荣获九三学社山东省委参政议政工作二等奖，《九三学社泰安市委开展“庆国庆·祝长寿”慰问泰安市荣军医院残疾军人活动》荣获九三学社山东省委思想宣传工作新闻报道类优秀作品三等奖。5名社员被评为九三学社山东省委坚持和发展中国特色社会主义学习实践活动先进个人，4名社员被评为社省委参政议政先进个人。1名社员被教育部授予“长江学者奖励计划”特聘教授。

【思想建设】 学习贯彻中共十八大和十八届三中、四中全会及习近平总书记系列重要讲话精神。召开七届八次市委（扩大）会议，专题研究部署“学习实践活动”工作并成立“学习实践活动”领导小组及其办公室。组织部分社员参加社省委举办的贯彻中共十八届四中全会精神专题报告会。举办座谈会、学习参观活动，围绕“如何推进社会主义协商民主”等重大问题进行研讨。

【组织建设】 学习《九三学社山东省委关于进一步加强组织建设的实施意见》并抓好落实。坚持领导班子向市委扩大会议报告工作制度，自觉接受社员监督。社市委机关修改、完善机关人员培训、出差、会议、接待制度。建立60人的代表人士队伍，强化社市委代表人士人才库建设，实现分类管理、动态跟踪和及时更新。推荐20人参加市委统战部举办的民主党派基层组织负责人培训班学习。推荐5人参加泰安市第四期党外干部培训班。9月25日，召开九三学社中央机关建设（泰安）座谈会，社中央办公厅副主任张魁林、社省委秘书长王博出席会议。

【参政议政】 向市政协十二届三次会议提交集体提案27件、个人提案39件，其中《关于加强大气污染防治，全面推进泰安市“蓝天工程”的建议》入选重点提案，《关于加快发展会展经济的建议》被列为第一号重点提案，《大力发展会展经济，推动我市第三产业发展》入选大会口头发言。向中共泰安市委报送的《泰安市农业科技创新服务体系建设情况》调研报告得到市委书记李洪峰和市长王云鹏的审阅签批。12月20日，向中共泰安市委报送《关于大力推进我市家庭农场健康发展建议的调研报告》。社市委主委刘君带领调研并参加界别协商推进会议，形成《关于搬迁泰山区殡仪馆的调研报告》，报送市委、市政府主要领导。

【社会服务】 8月3日，召开九三学社泰安市委科技合作项目推进会，山东农业大学资源与环境学院等学科的九三社员帮助大宝公司解决生产中的技术难题。9月17日，社市委赴泰安市荣军医院开展“庆国庆·祝长寿”慰问残疾军人活动，赠送价值6000元慰问品。9月27日，到岱岳区黄前镇敬老院看望孤寡老人，送去价值2000元的全新过冬衣裤等物品。12月21日，邀请山东农业大学植保学院周成刚教授，到泰山区省庄镇东苑庄村，为该村80户从事苗木种植的农民讲解苗木病虫害防治知识。

（陈梦婷）

·泰安市总工会·

【概况】 年内，市总工会职工服务中心被全国总工会评为“全国职工教育培训优秀示范单位”，市总工会女职工委员会被山东省总工会评为“山东省先进女职工委员会”。

【发挥工人阶级主力军作用】 开展劳动竞赛，深化“工人先锋号”创建活动，在县级以上“工人先锋号”开展挂牌亮岗活动。举办全市技能人才职业技能大赛，涉及20个赛场38个工种，为荣获部分工种第一名的选手授予“振兴泰安劳动奖章”荣誉称号。联合有关单位举办卫生监督执法能力技能、气象行业职业技能等单项大赛8个。创新劳模选拔管理机制，建立完善劳模培养对象储备制度，将工作重心由“评时”转向“平时”。召开庆祝“五一”国际劳动节暨推进富民强市、建设幸福泰安先模表彰大会，推荐评选表彰全国五一劳动奖章获得者2名、全国工人先锋号2个、

“中国梦·劳动美”庆“五一”文艺演出　　（张婷婷　供）

富民兴鲁劳动奖状5个、山东省工人先锋号7个、富民兴鲁劳动奖章22个、市劳模和先进工作者100名。表彰“泰安市劳模创新工作室”16个，将创新资助资金由5000元提至1万元，该做法在全省劳模创新工作室经验交流会议上作典型发言。加强社会主义核心价值观教育，开展“中国梦·劳动美”主题教育活动，骏马奔腾庆新春职工文化活动周活动，庆“五一”、国庆文艺演出，举办劳模事迹展、“最美瞬间”职工摄影展和全市首届职工书画展。“五一”期间，在市电视台、《泰山晚报》开辟“最美劳动者”专栏，集中宣传先进典型26名。制订《关于进一步推进职工文化企业文化建设的实施意见》，培养典型单位36家。实施职工素质建设工程五年规划，全市完成职工学历层次提升8000人、技能水平提升1.2万人次。筹集专项资金重点扶持职工教育示范点建设，全市总工会给予市职工服务中心10万元资金扶持。建设全国工会“职工书屋”示范点3个、省级11个、市级“职工书屋”自建点20个。

【加强维权帮扶】 深化创建劳动关系和谐企业、工业园区的内容、标准、措施，全市达到各级劳动关系和谐企业标准的企业5465家。推进工资集体协商工作，全市签订工资专项集体合同7230份，覆盖企业2.1万家、职工92.6万人，建会企业工资集体协商建制率达86%。以“厂务公开民主管理培训提升年”活动为载体，推动职代会、厂务公开民主管理法制化、规范化建设，已建工会的公有制企业厂务公开、职代会制度实现全覆盖，已建工会的非公有制企业厂务公开、职代会建制率均达95%以上。开展“查保促”（查身边隐患、保职工安全、促企业发展）活动，各级工会干部参加督导活动1.32万人次，查出安全隐患1.62万项，整改1.57万项，实行挂牌督促整改隐患122项；制订《关于建立完善群众性安全隐患排查治理长效机制的意见》；开展“安康杯”竞赛活动，参赛企事业单位2865家、班组2.86万个、职工56.8万人。

【完善工会惠员工程】 实现工会服务对象由困难群体向全体会员、服务内容由帮扶维权向公共服务的拓展，投资300万元加强市职工服务中心软硬件建设。制订《关于推进全市工会职工服务体系建设的指导意见》。建立“一卡五化”体系（“一卡”即“泰山情·职工服务卡”，“五化”即服务体系网络化、服务项目多样化、服务制度规范化、教育培训经常化、服务资源多元化），首批发放“泰山情·职工服务卡”10万张，与全市72家商贸、旅游、餐饮、文化、医疗、职业教育、家政服务等社会服务机构签订对持卡工会会员提供优惠服务的协议。推动“四季服务”活动深化发展，“冬送温暖”活动筹集发放送温暖资金1087.6万元，慰问困难职工、困难劳模1.98万户；“春送岗位”活动开展“春风行动”就业洽谈招聘会、“就业援助月”“技能培训促就业行动”等活动，帮助1852人实现就业；“夏送清凉”活动慰问一线职工和农民工7000人；“金秋助学”活动筹集资金27.8万元，资助困难职工和农民工子女1009人。深化“工友创业”行动，举办下岗失业职工和大中专毕业生短期技能培训班46期，培训职工6075人次。创新实施“女职工心灵关爱工程”，开展“相约星期五，关心你我她”大型心灵关爱公益沙龙活动，邀请知名心理咨询专家就心理健康、自我发展、职业规划等进行讲解和疏导。深化女职工“关爱行动”和“帮扶送教育”活动，帮扶特困女职工1294户，帮扶资金72.6万元。举办困难女职工家政服务培训班，月嫂、育婴师培训班等。做好“缘结泰山”单身职工联谊工作。

【推进工会组织规范化建设】 截至9月底，全市基层工会组织达到8255个，会员发展到124.7万人。按照“会、站、家”一体化的思路，开展“双亮、双争、双述、双评”（工会组织亮牌子、工会干部亮身份，争创“职工之家”、争当职工“娘家人”，工会主席向会员述职、下级工会向上级工会述职，工会会员评议工会主席、上级工会评议下级工会）活动，表彰市模范职工之家50个、市模范职工小家51个，授予10个单位“全市工会工作红旗单位”称号并颁发“振兴泰安劳动奖状”。《工人日报》《山东工人报》和全国总工会《工会要情》等媒体刊登该做法。以群众路线教育实践活动促进工会自身建设，21项整改事项全部完成，制订和修订规章制度12项，建立领导班子成员基层联系点、牵头调研等制度；规范基层工会经费管理使用，严控“三公”经费开支；认真履行党组主体责任和纪检监督责任，落实“一岗双责”。

（张婷婷）

·中国共产主义青年团泰安市委员会·

【概况】 年底，全市有共青团员26.46万人，团委486个，团总支760个，团支部760个，团干部1.08万名。团市委机关设办公室、组织宣传部、学校维权部、经济统战部4个部室；设机关党总支（下辖两个党支部）、少先队总队两个辅助专职工作机构。辖泰安市青少年教育培训活动中心1个直属单位，另有青联、学联、青年企业家协会（以下简称青企协）、青年摄影家协会（以下简称青摄协）和学校共青团工作联谊会等组织。

【组织工作】 以外出务工青年群体为对象集中组织开展“一起回家”“一起过年”活动。5月4日，召开全市纪念“五四”运动95周年表彰大会，评选表彰“泰安市五四红旗团委”42个、“泰安市五四红旗团支部(总支)”38个、“泰安市优秀共青团干部”83名、“泰安市优秀共青团员”91名。8月，印发《关于加强基层服务型团组织建设的意见》，开展基层服务型团组织建设工作。规范团员发展工作，由各基层团组织按年度上报年度团员发展计划，团省委审核确定统一发展，2014年度团省委审核批复团员发展计划1.47万人。以团省委在全省村(社区)“两委”换届选举工作中加强基层团组织建设工作为契机，引导团员青年参与村（社区）“两委”换届选举工作，加强村（社区）团组织建设。年底，开展共青团基层团建创新项目征集活动，征集优秀基层团建创新项目11个。

【宣传工作】 印发《关于在全市广大青少年中开展“我的中国梦——奋斗的青春最美丽”系列分享活动的通知》，组建成立市级分享团成员5人，在“五四”青年节前后，举办分享团走基层活动4场次，现场参与人数1400人。参与“山东好青年”推选活动，推荐4名青年典型参加山东好青年评选活动。5月，启动网络宣传员队伍建设，在全市建立1500人的网络宣传员队伍，组织网络宣传员开展网络舆论引导工作。9月，开展“庆祝新中国65华诞青春践行核心价值观”主题活动。

【青少年维权工作】 组织各级团组织深入基层，尤其面向进城务工青年及其子女，集中开展“青春同行 爱心暖冬”送温暖活动；开展“青少年权益工作创新”试点工作，重点就“青少年社会工作者队伍建设”开展工作创新；联合教育、消防支队、护理学院、泰安市关心下一代工作委员会办公室及社会公益组织开展安全自护知识进校园活动，为在校青少年提供应急救护、心理健康、意外灾害应急知识、绿色上网和消防安全知识等自护知识教育；组织青少年参与团省委、省青少年保护委员会办公室、省网络文化办公室联合开展的“彩虹伞·安全小卫士”青少年自我保护知识竞赛，9名参赛青少年获表彰。11月，迎接省政协青少年社会工作调研，泰安市青少年社会工作得到省政协副主席许立全等领导的肯定。12月，泰安市“彩虹村”

4月17日，泰安团市委举行纪念青年文明号二十周年"团旗接力"活动 （单美菁 供）

关爱服刑人员未成年子女公益项目获评山东省优秀青少年维权工作项目。

【青年志愿者工作】 开展市级阳光助残行动4次、县级69次，促成结对助残机构204个、结对残疾青少年家庭2460个，覆盖残疾人2635人次，筹集资金7.8万元。在东平八里湾村成立四点半学校，为农村留守儿童创建活动场所，建立爱心图书室和爱心超市；开展泰安市"平安行•你我他——青年志愿者在行动"活动，招募培训志愿者600名，保障全市中小学生平安出行。12月，"流动青少年宫"携手"教育惠民大篷车"走进宁阳华阳双语学校，28名青年教师公益大使为500名留守儿童送去泰山皮影演出、3D电影放映、体育器材等校外活动课程和爱心大礼包；开展泰安市"服务春运暖冬行动"，招募志愿者61名，面向春运旅客开展志愿服务；在岱道庵社区和肥城仪阳镇石西社区建立青年志愿服务站。

【学校少先队工作】 在市、县两级配备专职少先队总辅导员7名，落实少先队专项工作经费。7月，组织开展"红领巾相约中国梦"少先队基本知识学习实践活动，2.3万人次参与，上传优秀作品600件；举办"圆梦蒲公英•乡村学生看县城""心愿直通车"少年儿童关爱行动等活动，54名少年儿童的微心愿得到实现。举办2014年泰安市少先队辅导员骨干培训班，110名少先队辅导员参与培训；开展全市"核心价值观记心中"主题活动、"说优点，讲不足，手拉手，同进步"观摩活动；开展"泰安市优秀少先队辅导员"评选活动，评出优秀少先队辅导员30名。11月，开展第九届少年儿童"争当小实验家"科学体验活动，242名同学赴南京和天津参加，获92金、76银。开展第七届少年儿童书信文化教育活动，发放邮简10万份，收到书信作品6万份；开展"城乡少年好书传递万里行"活动，覆盖6个县（市、区）410所学校，为贫困儿童捐赠图书1.3万册，为学校图书室捐赠图书2.7万册，捐建"红领巾书屋"12所。12月，"心愿直通车 新华关爱行"走进良庄镇山阳小学活动，救助贫困儿童100人次；开展"与人生对话——我的中国梦"主题教育系列活动、"彩虹人生——奋斗的青春最美丽"主题分享会、"青春献祖国"主题团日活动等。74所学校、420人次参与全省"挑战杯——彩虹人生创新创效创业大赛、山东省中学（职）生社团手工制作大赛、"国学达人"挑战赛、第一届全国中学生模拟联合国大会观摩团等活动。

【希望工程工作】 全年筹集希望工程资金88.5万元，结对救助贫困生270名，建成希望小学2所，发放图书2400册。举行易盟希望小学捐赠仪式，捐赠物资3万元，建立图书室1所。开展"说事有爱 新春送福"活动，为50名贫困青少年送去物资。

【服务经济社会和青少年工作】 开展"乡村好青年"评选活动，推报省级乡村好青年、全国农村青年致富带头人联谊会会员以及省级农村青年致富带头人。在全市范围内开展纪念青年文明号20周年"团旗接力"活动，提升青年文明号的影响力。深化青年创新创效活动，开展“泰航特车”杯全市技能人才职业技能大赛。与市人社局、市经信委、市科技局联合开展青年岗位能手评选工作，在全市各系统一线青年职工中评选出杰出青年岗位能手10名、优秀青年岗位能手30名。做好创业资金服务，向创业青年发放贷款1000万元。推进青年创业就业培训服务，建立青年创业导师库。举办“青春好梦想”青年创业就业报告会、全市大学生创业座谈会活动。开展市级示范性青年农民合作社创建工作，建立优秀青年农民专业合作社资源储备。开展“青春绿色行动 共建美丽泰安”主题活动、“青春汇 绿色梦”微话题讨论、全市少年儿童环保创意主题绘画、节约用水宣传、“垃圾文明一日游”生态文明宣传等活动。支持青年企业家协会众筹项目“青青农场”，建立“O2O”（线上到线下）直供系统平台，打造从线上到线下、从田间到餐桌的绿色食品产业链，为泰城市民提供生态放心食品。开展“青春绿色行动”植树活动，在全市形成青年爱绿护绿的良好氛围；动员青年社会组织力量，开展“低碳减霾 绿动泰安”环保公益骑行活动，吸引近50名骑友参与，倡导市民绿色出行、文明出行，宣传绿色环保的公益理念。

【团属社团和阵地建设】 组织市青年书法家协会、青年摄影家协会、青年文明号集体等单位及青年文明号成员代表等30人，开展“爱在暖冬”联系服务农村青年月活动，为农村青少年免费赠送500册图书及2000元慰问品。加强与青年组织和社团的联系，团结凝聚高层次青年人才。开展第九届十大杰出青年企业家评选活动，10名青年企业家被授予“泰安市十大杰出青年企业家”称号。开展“融合之旅”系列活动，通过“破冰之旅”“非遗之旅”“休闲之旅”主题活动，增加青年企业家协会向心力和凝聚力，达成抱团发展的共识。至年底，全市有中国青年企业家协会会员5名、省青年企业家协会会员33名。

（杨　帅　单美菁）

·泰安市妇女联合会·

【概况】 年末，全市有县（市、区）妇联工作机构6个，乡（镇、街道）妇联工作机构88个，社区妇联156个，村妇代会3578个，市、县两级党政机关、科教文卫单位妇委会395个。市妇联机关工作人员15人，县（市、区）33人，乡镇、街道90人，社区妇联主席、村妇代会主任3734人；市妇联下属有市直机关幼儿园、市妇女儿童活动中心、市妇女儿童服务中心3个事业单位。年内，92个集体、60名个人受到全国、省表彰，市妇联被省妇联授予“全省维护妇女儿童权益先进集体”“山东省城乡妇女岗位建功先进集体”荣誉称号。

【妇联组织建设】 *组织阵地建设* 在“两委”换届工作中，深入调研摸底、加强宣传教育、全程分类指导，推进全市女性进“两委”工作顺利开展。完成换届的3727个村（社区）党支部中有1891个村（社区）有女性成员，占已换届村（社区）总数的50.7%，有女支部书记167名，较上届有较大提高；村委会（居委会）中，100%有女性成员，妇代会主任100%由女性“两委”成员兼任，实现“两个100%，两个提高”的目标任务。加强基层妇联工作经费保障工作，推动全市87个乡镇（街道）妇联专项工作经费全部列入2014年度财政预算。加强“妇女之家”建设，推动在新建社区、“两新”组织等领域同步建设“妇女之家”，全市建立县级示范“妇女之家”352个，2014年争取省资金42万元，新建家园项目6个。

工作作风建设 以开展党的群众路线教育实践活动为契机，结合“团结进取、创新奉献”教育活动，加强妇联干部队伍建设，加强改进思想作风建设，全市各级妇联干部深入基层调研，倾听妇女心声，了解妇情民意，为妇女群众办好事、办实事、解难事。

【组织妇女参与经济建设】 *技术技能培训活动* 推进“十万妇女技术技能培训”活动，召开现场会交流培训经验，培训注重围绕当地主导产业，按照“一村一品，一乡一业”的产业布局，因地制宜分类开展普及培训、订单培训等形式的科技培训，呈现规范

3月6日，泰安市救助贫困母亲现场捐助发放仪式举行。图为市妇联负责人现场为贫困母亲发放救助金　（贾秀梅　供）

化、多样化特点。年内，全市举办培训活动911场次，培训妇女12.59万人。开展“巾帼科技泰山行”活动，送科技下乡98场次，发放科普资料11.5万份，为农村妇女赠送农资物品10.6万元。

巾帼创业就业行动　联合有关部门举办以“平等就业，共享幸福人生”为主题的妇女就业专场招聘会，提供就业岗位1700个，480名女性达成就业意向。“春风行动”期间，组织女性就业专场招聘会27场次，发放宣传资料5万份，成功介绍3968名女性就业，跨地区有组织劳务输出女性3045人。鼓励妇女创业，为1518名创业妇女及女企业家提供小额担保贷款、专项贴息资金1.2亿元。加强女企业家协会建设，先后推荐20名会员参加清华大学、北京大学、浙江大学等举办的培训和省妇联赴韩国交流活动。

巾帼家政服务工作　印发《关于发展巾帼家政服务业，促进妇女就业创业的意见》，加大组织宣传、业务指导和政策扶持力度，召开现场观摩会，推进巾帼家政服务工作。发挥泰山爱心大姐家政服务中心的示范带动作用，开展巾帼家政服务员培训工作。各级与有关部门合作，举办家政服务技能培训班49场次，培训5000人次，其中2591人获得职业资格证书。

巾帼收入倍增、巾帼建功活动　组织农村妇女参加首届山东省巾帼花木博览交易会、手工艺品展览等，促进交流发展，实现增收致富。全市培养县以上巾帼增收带头人128人，新增“妇字号”龙头企业、专业合作组织24个。与有关部门联合开展城镇女职工职业技能大赛，对获得优异成绩的女职工授予泰安市“巾帼建功标兵”称号。加强对巾帼文明岗的规范管理，开展全国、省、市三级巾帼文明岗自查。

【组织妇女参与精神文明建设】

培养树立先进典型　培养树立在经济社会发展和精神文明建设中涌现出的各类妇女先进典型，全市表彰县以上“三八”红旗手、巾帼建功标兵、巾帼文明岗、家庭教育先进个人等先进集体378个、先进个人1162名。开展寻找“最美家庭”活动，组织家风家训评议会5763次，晒“最美家庭”照片2万幅。1户家庭获全国“最美家庭”提名奖，2户家庭被评为山东省“最美家庭”，5户家庭被评为省“五好文明家庭”，20户家庭被评为市“最美家庭”。

开展特色活动　“三八”节期间，市妇联组织开展全市各界妇女纪念“三八”国际妇女节104周年暨表彰大会、女性书画作品展、“三八”维权周等多项活动。“六一”前夕，副省长、省妇儿工委主任季缃绮一行到宁阳县走访慰问留守儿童，市委副书记李希信等市领导分别带队走访慰问儿童少年。各级妇联相继开展纪念大会、事迹报告会、文艺演出等活动。抓好“新农村新生活”培训，提升农村妇女文明素养和生活质量，举办培训班498场次，培训妇女10.7万人。深化“送温暖，献爱心”巾帼志愿服务主题实践活动，为1万名妇女提供义务服务。开展家教讲座、亲子阅读等活动。

开展鲁喀联谊　开展鲁·喀“维汉一家亲”结对联谊活动，接待新疆喀什地区岳普湖县家庭代表团到泰安市开展交流学习活动；开展“恒爱行动”，组织爱心妈妈编织爱心毛衣200件，捐赠新疆贫困儿童。

【维护妇女儿童合法权益】*“贫困母亲救助”活动* 年内，全市各级妇联动员社会力量捐资500万元，救助贫困母亲5450人、贫困儿童4320人。争取省妇联专项救助金40万元，救助“两癌”贫困患病母亲40名。《大众日报》《齐鲁晚报》《泰安日报》、泰安电视台等新闻媒体对救助活动进行宣传报道。

妇女儿童权益保护 发挥“12338”妇女维权热线和妇女维权服务站的作用，做好妇女来信来访。市县两级接待来信来访541件，处结率100%。开展以维护妇女权益为重点的村规民约修订完善工作，与市民政局联合印发文件，成立专项工作小组，通过抽查督导等方式深入基层检查指导，推动工作开展。深化“平安家庭”创建活动。开展“法律温暖、家庭幸福”主题活动，发放普法宣传资料3.8万份，举办各类法律培训班32场次。

关爱留守妇女留守儿童工作 健全完善互助网络，立足解决留守妇女生产、生活、情感抚慰等实际问题，加大留守妇女互助组创建力度，召开全市邻里互助、爱心帮扶留守妇女工作现场推进会，促进留守妇女互助工作的开展。至年底，全市组建互助组9834个，吸引9万名妇女参加活动。推动农村留守流动儿童活动站规范化建设和农村留守流动儿童关爱服务体系试点工作，开展关爱帮扶活动，省市两级为农村留守流动儿童关爱服务体系试点县宁阳县捐赠价值27.96万元的慰问物资、价值16万元的“蜜儿餐”，捐建高桥村省级留守流动儿童活动站。全市各级为贫困留守儿童等捐款捐物折合人民币140万元。

【推进妇女儿童规划有序实施】推进妇女儿童发展规划顺利实施，开展男女平等基本国策、“两个规划”宣传月活动，推动男女平等基本国策被正式列入党校培训班教学内容。争取市委、市政府对妇女儿童工作的重视支持，加大为妇女儿童做好事、办实事、解难事力度，稳步推进农村妇女“两癌”免费检查及救助工作，市县财政投入1270万元，对全市10万名农村妇女进行“两癌”免费检查，实现县（市、区）全覆盖。开展妇女儿童工作优秀调研报告征集活动，完成妇女儿童发展规划2013年度监测统计工作。（贾秀梅）

·泰安市科学技术协会·

【概况】年内，市科协被授予“省级文明单位”，被中国科协授予“2014年全国科普日优秀组织单位”“第29届全国青少年科技创新大赛优秀组织奖”，被省科协授予“山东省全民科学素质知识竞赛优秀组织奖”等称号，市科技馆晋升“市级文明单位”。

【全民科学素质工作】开展院士专家校园行、科普报告百校行活动，邀请刘嘉麒院士、童庆禧院士、位梦华教授等10位专家在6个县（市、区）举办科普报告100场。省“县域流动科技馆”在东平、肥城、新泰市巡展，参观人数10万人次。泰山学院附中科技馆成为全省校园科技馆项目首批10个试点馆之一。制作科普旅游专题片2期。在市级媒体开设《普及科学知识 提高市民素质》专栏，建立泰安市全民科学素质网站，改版、编辑出版《泰山科普》2期。举办全民科学素质迎检研讨会，邀请中国科普研究所、省科协专家进行专题辅导。组织参加全省科学素质知识竞赛，获优秀组织奖。宁阳县科协获2014年全国农村妇女科学素质网络竞赛第一名。

【科学普及】加强科普惠农人才项目培育，3个协会、1个基地、2名个人、1个社区受中国科协、财政部表彰，1个社区、1个协会受省科协、省财政厅表彰，争取无偿资金130万元。开展订单式科普培训50场次；取消农民职称评审费用，495人获高级、中级任职资格。新安装数字接收终端260台，全市达到480台；新增省级科普教育基地8个、市级科普教育基地10个。泰山医学影像博物馆晋升为四星级科普教育基地。泰山学院附中科技馆成为全省校园科技馆项目首批10个试点馆之一，获赠价值60万元展品1套。举办科普迎春月、科技周、科普消夏、科普日（科普金秋）、科普暖冬主题活动。

【学会活动】 新审批成立市工艺美术学会、市健康公益事业发展协会和市春晖素质教育研发中心3个社团组织。指导卫生监督协会、古树名木学会、营养学会换届。年内各学会举办学术交流、科普宣传活动200次，参加人数10万人次，交流学术论文1100篇；参加省级、国家级学术交流80人次。组织科技组政协委员开展界别协商，形成《关于科技社团服务实施驱动创新战略的调研报告》。引导科技学会承接政府职能转移，市科普志愿者联合会被评为AAA级社会组织，具备承接政府职能转移和购买社会服务资质。《反邪教与和谐文化建设初探》等4篇论文获全省学术年会一等、二等、三等奖，市反邪教协会被评为优秀组织单位。

【青少年科技活动】 泰安市青少年获全国青少年科技创新大赛三等奖2项，全国机器人竞赛一等奖1项，全国信息学奥林匹克竞赛一等奖11项、二等奖13项。创新项目省一等奖10项、二等奖13项、三等奖10项；科幻画省一等奖11项、二等奖8项、三等奖9项。机器人竞赛一等奖11项、二等奖10项、三等奖8项。承办山东省第三届模型科技、无线电竞赛。组织20名优秀高一学生参加高校科学营活动，60名品学兼优、家庭困难的农村初中学生参加青少年科普夏（冬）令营。

【科技工作者之家】 举办中国工程院•泰安市科技人才合作引领产业转型交流活动，邀请中国工程院谭天伟院士等10位专家到泰安市对接交流，与华阳集团氨基葡萄糖项目、博润特药业再生纸项目、惠尔制革集团有限公司TPO合成革项目达成合作意向。与中国农业大学合作开发天花等传统优势农产品。新成立企业科协23家、院士工作站1家。1个团队、1个院士专家工作站、1名标兵受到中国科协等四部委表彰。2名科技人员分获全国优秀科技工作者、全省优秀科技工作者荣誉称号。2个项目获2014年山东省自然科学创新奖一等奖、二等奖；6个项目获第四届淮海科学技术奖。市科协成为第二批省级科技思想库建设试点单位，《关于加快农业院校智库的建议》等3篇建议获山东省优秀科技建议二等奖、三等奖。在人民网、中国科协网、《科协论坛》等国家级媒体发表各类稿件39篇，省级新闻媒体发表各类稿件101篇，"跨越'两山'的科技牵手"在《泰安日报》头版头条刊登，位居全省科协系统前列。

（武建堂）

•泰安市文学艺术界联合会•

【文艺精品创作】 2014年山东省第三届泰山文艺奖评奖中，长篇报告文学《天地之间》（谭践），中篇报告文学《家在敦煌》（陈瑞仪），儿童文学《皮休外传之蓝星拯救》（赵先德）获泰山文艺奖文学创作奖，长篇小说《乡志》（石玉奎）获山东省五个一精品工程奖，获奖数量位居全省前列。在第七届"泰山文艺奖"艺术作品奖评选中，山东梆子新编历史剧《两狼山上》、歌曲《追梦桃园》、张志鸿的篆刻《古玺印选》分获一等奖、二等奖；在第12届全国美术作品展中，全市有3件作品入选，2件作品获提名奖，泰安市画家首次获得美术界奖项的提名奖。

【对外文化交流】 推进形成"泰山画派"，先后举办"泰山画派年度精品展""泰山文化符号系列——王书侠中国画作品展""泰山画派走进沈阳中国画作品展"，召开"泰山画派"学术研讨会；"泰山画派"理论专著被列入省社科院重大课题。推出"石敢当"文化名片，第四届泰山石敢当文化节举办期间，先后在济南、泰安组织海峡两岸泰山石敢当书画长卷联展活动，首个校内泰山石敢当民俗文化馆落成，泰山石敢当被纳入校本课程。

【服务改革发展大局】 先后主办或承办第三届国际舞蹈公开赛暨泰安市第三届国际舞蹈锦标赛、中华国际舞蹈联合会第三届"牡丹花"明星舞蹈艺术赛、第四届泰安曲艺小品大赛、第七届山东国际大众艺术节暨第三届"佰笛杯"全国手风琴大赛、第六届"走进泰山"中国画名家作品邀请展、第二届泰安民间歌舞大赛、"相约泰山舞动人生”首届泰安市青少年舞蹈大赛等活动。

【文艺惠民活动】 开展文化进万家活动，先后在肥城市边院镇、岱岳区粥店办事处、泰山区职工服务中心、泰安军分区、解放军新泰二库、市新华书店等举办大型送文化下基层、书画家义卖助学等活动30次，受益群众10万人次。 （谭 践）

·泰安市社会科学联合会·

【概况】 泰安市社会科学联合会（以下简称市社科联）所属学会、研究会50个，会员3000人。2014年，市社科联扎实开展社科普及惠民工程、社科理论研究、社科联组织建设等各项工作，充分发挥桥梁纽带、思想库和智囊团的作用，各项工作取得新进步、新提高。年末，被评为“省社科普及工作先进单位”“山东省社科界首届人文艺术作品大赛暨‘梦想起航’少年儿童人文艺术作品大赛组织先进单位”和“市直文明单位”。

【社科普及】 5月31日，围绕践行社会主义核心价值观、实现中国梦等主题，在岱岳区满庄镇南留北村文体广场举办2014年度泰安市社科普及周活动启动仪式。组织驻泰安高校、市属学会开展咨询服务活动，现场发放社科普及读物，并邀请书画家为群众现场作画。开创社科普及走出机关、走出礼堂、走进乡村、走进群众的新局面，受到省、市领导的一致好评。岱岳区、新泰、肥城、东平等县（市、区）社科联组织开展现场咨询服务、人文社科讲座、理论热点面对面等社科普及活动。围绕群众关心的热点、难点问题，组织专家基层行活动，深入农村、社区、学校、企业举办社会主义核心价值观以及四德教育、普法教育、心理健康教育等社科讲座。10月，省、市联合在岱岳区举办“齐鲁大讲坛·泰山分坛”“我的价值观——社科专家基层行”主题报告活动，邀请专家作“培育和践行社会主义核心价值观”专题报告。组织参加山东省首届社科界人文艺术作品暨“梦想起航”少年儿童人文艺术作品大赛，报送作品1000件，获奖数量列全省第一，其中一等奖53人。利用各县（市、区）符合条件的文体小广场、图书馆、展览馆、城镇文化活动中心等公共文化场所，市委宣传部与市社科联联合命名全市首批社科普及教育基地30处。新泰市被表彰为全省首批三个社科普及示范县（市、区）之一，岱岳区满庄镇和东平县彭集街道前郑海村分别被表彰为示范镇和示范村。

【社科研究】 制订《泰安市社会科学课题管理办法（试行）》，开展泰安市社科类课题评审立项工作，确定对6项重大课题、32项重点课题和125项一般课题批准立项。12月，根据《2014年全市社会科学课题结项工作实施方案》，组织专家对申请结项的139项课题进行鉴定结项。做好研究成果的转化推广工作。组织开展第28次市社科优秀成果奖暨第8次社科优秀人才评审工作，研究制订《泰安市社会科学优秀成果奖评选细则》，收到参评作品213项，评选社科优秀成果奖102项，其中一等奖11项、二等奖37项、三等奖54项，评选市社科优秀人才1名。组织推荐优秀成果参加省社科评奖，获奖情况在全省居于前列。9月23日，举办以“泰山文化创新发展”为主题的“山东社科论坛——泰山文化研讨会”，围绕泰山文化品牌建设、泰山文化与社会主义核心价值观、泰山文化与“四德工程”建设等方面开展研讨，收到论文60篇，评审入会论文40篇，并印刷合集《文化泰山》。该研讨会被省社科联评为“山东社科论坛优秀研讨会”，1人被评为“山东社科论坛组织工作先进个人”。在全市首次建立涵盖社科领域主要学科的社会科学理论专家库，聘请54人为泰安市社科理论专家，组织专家参与社科研究、社科普及、优秀成果评选、课题立项结项、重大课题攻关等工作。

【基层组织建设】 推进驻泰安高校、县（市、区）社科联建设工作，3月和11月，山东农业大学、山东财经大学东方学院分别成立社会科学界联合会。强化社科类社团管理工作，对全市社科类各学会及驻泰安各高校、县（市、区）社科联情况进行调研，摸清社

2014 年泰安市第八次社会科学优秀人才获奖者

毕于民　泰山职业技术学院教授

2014 年泰安市第 28 次社会科学优秀成果奖获奖情况

表 6

作品名称	成果形式	类　别	申报者	作者单位	获奖等级
法官的道德自觉与法的确定性	论文	哲政	汪　栋	山东农业大学	一等奖
“和谐山东”视域下医患信任构建研究	研究报告	应用普及	陈士福　尹瑞法　谢兆娟等	泰山医学院	
转方式调结构 提升发展质量——来自山东泰安的财政实践	论文	经济	李诚实	泰安市财政局	
泰安市县级医院数字化建设面临的主要问题与对策研究	研究报告	管理	马晓艳　邹　浩　张兰华等	泰山医学院	
惠农政策的成效评价：农民视角——基于全国 245 村 3641 户农民的调查与思考	论文	管理	王元成	泰山职业技术学院	
高校教学科研团队构建研究：教师领导理论的视角	研究报告	教育	梁东荣　苏宝利　于忠军等	泰山医学院	
历史足迹	著作	文史	牛国新　李耀德　封彦君	中共泰安市委党史办	
产业转型背景下劳动力市场的结构性失衡及对策研究——以泰安市为例	研究报告	应用普及	赵　慧　苏宝利　刘德鑫等	泰山医学院	
泰安区域文化通览·岱岳区卷	著作	文史	黄东葵　马广东　孔祥新等	岱岳区政协	
试述当前经济社会发展和改革开放的难点问题	论文	哲政	崔伟华	中共泰安市委党校	
区域创新体系构建中的人才资源共享机制及政策支持研究	研究报告	应用普及	于忠军　张继鹏　苏宝利等	泰山医学院	
从“简政放权”到“强镇扩权”——对改革开放后两次乡镇改革的比较分析	论文	哲政	李媛媛　王　泽　陈国申	山东农业大学	二等奖
基于收益现值法的农村土地流转价格研究	论文	经济	张振华	山东科技大学	
中国道路选择的意识形态分析	论文	哲政	郭晓玲　李培挺	泰山学院	
泰安市农村老年社会服务体系建设研究	研究报告	应用普及	张　鑫　陈士福　于乐军等	泰山医学院	
高职院校学生心理健康问题分析及对策研究	研究报告	应用普及	贾　军　陈　健　石吉勇等	山东服装职业学院	
医学生高职语文	著作	教育	毕劭莹	泰山护理职业学院	
民事主体制度哲学论证与实证解读	论文	哲政	李春华	山东农业大学	
博客著作权相关法律问题探讨	论文	哲政	王　莉	泰山学院	
基层领导干部基础知识手册	著作	哲政	牛玉忠	中共泰安市委党校	
中国相声的包袱艺术新论	论文	文史	陈建华	泰山学院	
泰山国山议：文献校释与学术新诠	著作	文史	杨军昌　周　郢　车文翔等	泰安市档案局	
宁阳方言志	著作	文史	宁廷德	泰山学院	
国有老煤炭企业转型发展的探索与实践	论文	经济	张　文	新矿集团	
农村公共文化服务体系建设的调查与思考——基于泰安市的实证研究	论文	文史	苏宝芳　李京泰	泰山学院	
泰安南下干部纪实	著作	文史	韩庆伟　李海卫	中共泰安市委党史办	

续表6-1

作品名称	成果形式	类别	申报者	作者单位	获奖等级
图说齐鲁地名文化	著作	文史	齐焕美 于建华	泰山学院	二等奖
中国农村经纪产业发展问题研究	著作	经济	周霞	山东农业大学	
山东省民营企业中层管理者激励现状及对策分析	论文	经济	王爱琴 袁庆远	泰山学院	
全面贯彻党的十八大精神 努力推动财政可持续发展	论文	经济	刘斌 李民 陈祥云	泰安市财政局	
加强文化旅游融合 打造旅游经济升级版	论文	经济	贾鲁音	中共泰安市泰山区委党校	
卫生类中职学校新生状况调查分析	论文	教育	刘琳 张静	泰山护理职业学院	
西欧社会转型时期的女性教育	论文	教育	郭华	泰山学院	
高等院校大学生创业教育体系构建初探	论文	教育	袁庆远 王爱琴	山东科技大学	
社区护理	著作	教育	刘培勇 朱军 万从碧	泰山护理职业学院	
小学幸福教育的现状与实施策略研究	论文	教育	王蓓	泰山学院	
让课堂更有魅力——新型课堂文化的构建	著作	教育	毕泗建	泰安一中	
泰山木版年画在教学中的应用研究	论文	教育	李莹	山东服装职业学院	
医学院校公共事业管理专业人才培养模式创新研究	研究报告	教育	于青 任慧成 魏欣芝等	泰山医学院	
社会管理创新推进机制探讨——以山东泰安市为例	论文	管理	亓慧亭	中共泰安市委党校	
新型农村合作医疗财政补助问题研究——政策评价、补助需求与政策优化	论文	管理	毕红霞 薛兴利	山东农业大学	
山东省低碳经济战略、途径与市场化机制研究	研究报告	应用普及	周洋 宗科 吴言忠等	山东科技大学	
试论社会工作在青少年犯罪社区矫正中的介入	论文	管理	王伟	山东农业大学	
对村民自治的形而上思考	论文	管理	刘友田	山东农业大学	
山东省实施创新战略转变经济发展方式研究	研究报告	应用普及	张立柱 谢芳 刘军等	泰山学院	
山东省四大经济圈经济差异及时空演变的空间统计学研究	研究报告	应用普及	时涛 徐笑腾 王海群等	泰山医学院	
新泰莲花山宗教文化旅游开发研究	研究报告	应用普及	于超 刘明合 徐家珠等	泰山学院	
医患沟通效果影响因素及对策研究	研究报告	应用普及	滕志香 范立军 苏宝利等	泰山医学院	

科类社团底数，制订《泰安市社会科学类社会团体管理办法（试行）》。

【平台建设】 改版提升《泰安论坛》，由季刊改为双月刊，全年出版6期，发表理论文章60篇。1月16日，泰安市社会科学界联合会网站开通运行，成为发布社科信息、宣传推介社科成果和社科专家的重要平台。 （韩超）

·泰安市工商业联合会·

【概况】 年内，市工商联践行“两个健康”工作主题，深化党的群众路线教育实践活动和非公有制经济人士理想信念教育实践活动，突出特色强化引导教育，开展服务促进转型升级，勇于创新打造工作亮点，面向基层切实转变作风，全面完成市工商联九届四次执委会议部署的各项工作任务。泰安市在全国工商联商会建

4月9日，市委副书记、市长王云鹏（右四）会见到泰安考察的全国工商联礼品业商会、金银珠宝业商会一行　　（王亚楠　摄）

设调研座谈会上作典型发言，泰山钢材大市场商会被推选为全国“百佳商会”。

【组织建设】 印发《泰安市工商联2014年“五好”县级工商联建设工作实施意见》，分类指导各县（市、区）工商联加强领导班子建设、会员队伍建设和基层商会建设，改善工作条件，实现全联、省联提出的县级工商联建设“一个设立、五个有”的阶段性目标。泰山区工商联、肥城市工商联分别被评为全省“五好”（领导班子好、会员发展好、商会建设好、作用发挥好、工作保障好）县级工商联建设示范单位和先进单位。开展“行业商会建设推进年”活动，在对全市商会建设情况进行专项调研的基础上，召开全市商会建设现场推进会，通过典型引路、专题培训等形式，促进商会建设和工作开展。新成立行业商会17家。在全国工商联副主席庄聪生到山东专题调研座谈会上，泰山钢材大市场商会和泰山区省庄商会作经验介绍。印发《全市工商联2014年会员发展工作指导计划》，按照注重质量、成熟一个发展一个的原则，新发展会员610个，超额完成年度计划。

【宣教工作】 举办全市非公经济人士理想信念教育报告会、向党学智慧大讲堂、中国商道与现代宏观经济——企业家国学高峰论坛等讲座培训，1100名民营企业家参加学习培训。开展非公有制经济人士理想信念教育实践活动，全国工商联党组成员、副主席安七一专程到泰安调研活动开展情况，对泰安市做法给予充分肯定。《中华工商时报》、全国工商联网站进行宣传报道。完成泰安市多种所有制经济融合发展调研、全国第十一次私营企业调查、中小企业监测、民营企业劳动关系监测等工作，组织68家企业填写调查问卷，调查民营企业31家，形成调研报告2份。全年编发《工商联信息》24期，全市工商联系统上报信息50篇（次），被各类媒体、刊物采用30篇(次)。

【参政议政】 年内，全市工商联系统提交各类提案、议案、建议256件（条），其中152件（条）被纳入各级党委政府决策，市工商联《关于加大小微企业扶持发展力度的建议》被市委、市政府列为重点提案。

【经济服务】 搭建合作服务平台，加强与政府部门和各地工商联组织的对接合作，分别与市发改委建立促进服务非公有制经济发展合作机制，与市人社局、科技局、金融办、经合局等单位建立联合服务机制，加强政企对话，为民营企业发展破解难题；先后与广东深圳、山西临汾等地工商联建立友好商会。搭建融资服务平台，帮助会员企业争取银行信贷支持，促成银企合作，全年组织银企对接活动20次，为全市民营企业融资贷款5.6亿元。搭建人才和科技服务平台，先后组织50家企业参加全市春季人才招聘会、“助力民企·乐业山东”系列活动暨2014年“民营企业招聘周”、全省2014秋冬季高校毕业生就业集中招聘等活动，累计达成用人协议200个。引导和推荐会员企业与省、市高校及科研单位开展项目对接，在全国工商联组织的2014年度全国科技进步奖项评选中，泰安市有2家企业荣获三等奖，肥城金塔机械有限公司董事长张继生荣获2014年度全国工商联科技创新企业家奖。

【联络工作】 以全国工商联十一届三次执委会暨全国知名民营企业入鲁助推转调创洽谈会为契机，主动服务，积极对接，借力招商。全国“两会”期间，市委副书记、市长王云鹏带队拜会全国工商联副主席谢经荣、黄荣，并与多名企业家和商会负责人洽谈。邀请全国工商联民营经济国际合作商会、金银珠宝业商会、礼品业商会等多家商会到泰安进行考察，走访民生银行、吉利汽车、特变电工等知名民营企业和全国工商联直属商会；举办全国广东商会会长泰山行、上海山东商会泰安行、中国深圳泰安投资合作洽谈会等活动。参与省工商联、市政府及有关部门组织的招商活动，先后赴厦门、贵州、深圳、上海、安徽、山西等地推介泰安市的环境优势和招商项目。至年底，全市正式签约落地省外知名民营企业招商项目122个，投资额达2088亿元。

【光彩事业】 会同市慈善总会、泰安日报社组织开展“认领冠名慈善公益项目活动”。举办“同心·光彩助学行动”捐助仪式，为山东农业大学50名特困生提供助学金25万元；与深圳一生一本信息科技有限公司开展“一生一本、同心助学”捐赠活动，为210所中小学赠送教学物品价值100万元。至年底，全市设立企业和个人冠名慈善基金104个，基金数额3.2亿元，全市非公有制企业捐款捐物2200万元。

【非公有制企业党建工作】 以党的群众路线教育实践活动为契机，以解决职工群众反映强烈的突出问题和非公有制企业发展中遇到的实际困难为切入点，在非公有制经济组织党组织中开展“九个一”（建立一本党员台账、组织一次集中培训、开展一次专题讨论、开展一次集中查摆、开好一次专题组织生活会、开展一次民主评议活动、集中开展一次党务厂务公开活动、集中开展一次承诺践诺活动、健全完善一套长效制度）活动。瑞星集团股份有限公司等企业入选全国工商联民营企业党建工作500强，山东岱银集团被列入全省非公党建联系点。推进新经济组织社会管理综合治理工作，市工商联江苏商会被评为省级劳动争议预防调解示范单位，并在全国非公有制企业劳动争议预防调解工作经验交流会上作典型发言。 （王亚楠）

·泰安市归国华侨联合会·

【概况】 全市有市级侨联组织1个，市侨联委员49人，专职侨联工作者6人，高校侨联组织2个，委员8人，有归侨侨眷6658人，其中归侨135人。市侨联被评为市直机关文明单位、市直机关先进党组织；在第十五届世界华人小学生作文大赛中，获优秀组织奖。1人被评为“先进工作者”。4名侨联委员被评为“泰安市十大杰出青年企业家”，2名侨联委员获全市“十大慈善明星”称号，1名侨联委员获“泰安市十大孝子”殊荣。2名侨资企业负责人获“市政协十佳创业之星”称号。

【招商引资】 市侨联促签经贸合作意向30个、协议22个、合同3个，开工项目1个，实际到位资金2.6亿元人民币。促成（中美合作）山东莫顿油业公司在泰安建立高级润滑油科研开发、生产制造项目。中国泰山CAA国际休养中心项目一期工程投资1.3亿元人民币。接待巴西里约华人联谊会、巴西中国浙江商会、阿联酋华人商会及奥地利、日本、韩国等国家和中国香港地区经贸团组，协助市内企业与海外华商企业签署经贸合作协议14个，协议金额9.6亿元人民币。帮助市内企业走出去，包装策划海外招商项目29个，建立驻外办事机构3个，开设分公司5个，设立海外投资企业2家。泰安市华商联合会海外会员企业新增21家，年内组织中国泰安·马来西亚新山经贸洽谈会、中国泰安·阿联酋迪拜经贸洽谈会、中华海外知名科技专家泰山论坛等活动4次。借助山东泰山侨商投资服务基地，举办“中国泰安高科技孵化成果展”和“山东泰山海外留学人员回国创业行”活动，引进海外专业人才9人，促成高科技孵化项目2个。

【对外交流】 举办第五届世界华语校园歌手大赛、第四届泰山之子乡音乡情音乐会、世界旅游文

“亲情中华·汉语桥”山东夏令营泰安泰山行　　（胡淑芳　供）

化形象大使山东总决赛等活动。介绍8名中文、音乐、舞蹈等专职教师赴海外4所华文学校执教。开展“中华泰山文化寻根之旅”主题旅游活动，接待海外华侨华人、港澳同胞、外国友人旅游团组5000人（次）。组织参加由全国侨联举办的世界华人学生作文大赛，获特等奖1个、一等奖10个、二等奖36个、三等奖31个、教师辅导奖66个、组织奖6个。组织侨界各级美协、书协会员参加中国侨联第二届世界华侨华人美术书法展山东赛事，1幅作品获优秀作品奖。

【捐资助教】 接受、办理海外华侨华人、港澳台同胞、国外友好人士无偿捐赠100万元人民币，受益对象涉及教育、卫生、民族、宗教、工商、农村、企业等界别的单位和个人。其中，资助优秀贫困大中小学生1000人、残障儿童120人。发挥泰安市华侨（华商）慈善基金会作用，完善山东兴邦重工慈善基金、杨悦孝王海霞慈善基金、泰安泰颐置业慈善基金、山东万事达慈善基金等慈善基金，首次推出“个人慈善冠名基金”认捐活动，辅助爱心人士开展慈善捐赠活动。

【维权护侨】 受理侨界群众来电来访62件（次），协助归侨侨眷解决房产纠纷、家庭婚姻、子弟升学、工作就业、出国事务、生产经营等实际困难和问题35件（次）。开展“进侨家、送温暖”活动，走访贫困归侨侨眷61人（次），发放扶贫救济金2万元。开展“结对子帮扶活动”，与10户贫困归侨侨眷家庭、2所侨心小学、3家侨资侨属企业建立长期帮扶关系。组织归侨侨眷学习中央、省《关于加强和改进新形势下侨联工作的意见》，并向市委提出《泰安市关于加强和改进新形势下侨联工作的实施意见》。组织侨界企业家参加中国侨联组织的“新侨创新成果与专利项目推介会”及“新侨创新成果”的评选活动，3人获奖。

【参政议政】 全市侨界人大代表、政协委员提交提（议）案6件。协助4名侨界代表人士加入民主党派，推荐2名归侨侨眷进入各级政协、3名侨界先进代表为市政协港澳台侨和外事委顾问。5月，与市政协共同组织重点侨资侨属企业专题视察活动，为企业解决困难和问题11件。

【对外宣传】 在市级以上新闻媒体刊载稿件98篇（件），向海外侨领、侨团寄送节日贺卡、明信片和简介手册5000份，与35个海外中华会馆、宗（乡）亲会、华人商会、华侨机构建立起定期信息交流关系，与巴西华侨华人总会、阿联酋山东同乡会、德国中国同乡会等缔结友好合作关系。　　（胡淑芳）

编辑·校对　**戚淑娟**

法治

综述

【政法工作概况】 2014年，全市政法机关围绕中心、服务大局，推进平安泰安、法治泰安、过硬政法队伍“三大建设”，加强和改进工作，维护全市和谐稳定，为经济社会发展作贡献。5月，中央综治办到泰安市调研，6月，省委常委、政法委书记才利民到泰安调研，均对泰安政法工作给予肯定。11月，泰安市“社会治理创新‘六大工程’”创新实践，被评为“中国社会治理创新范例50佳”。

【服务发展大局】 围绕市委、市政府“项目带动”总要求，对市、县确定的重点项目提供保障。健全完善旅游秩序、医疗卫生、教育安全、食品药品、环保整治等联席会议制度，解决民生领域安全问题。全市法院以“司法为民、公正司法”为主线，依法调节、理顺、规范经济社会关系，审执结各类案件4.77万件。执行罪刑法定、疑罪从无原则，审结刑事案件2721件。发挥司法服务职能，依法审结各类商事案件1.69万起，标的额45.88亿元。检察机关履行法律监督职责，办理审查起诉2453件、3600人。查办和预防职务犯罪，立查职务犯罪133件、170人。推进基层基础建设，建成派驻检察室33个。公安机关加大治安防控力度，构建起“封边、控点、锁城”立体化治安防控体系。开展“打黑恶、反盗抢、防诈骗、追逃犯”等系列安民行动，破获刑事案件6569起。做好应急处突、反恐维稳各项工作，确保万无一失。司法行政部门全面推进基层调解、律师公证、法律援助、社区矫正等各项工作，提高服务经济社会发展的质量、水平和效率。民政部门推进社会组织建设，2月，泰安市被民政部确认为“全国社会组织建设创新示范区”。

【法治泰安建设】 落实市委、市政府深化改革、依法治市部署，发挥政法机关熟悉政策、法律优势，在法律引导、依法调节、规范保障上下功夫，提供法律适用、程序规范、关系调节、权益维护等方面支持，为全市深化改革助力护航。加强执法规范化建设，狠抓严格执法、公正司法，加大复杂、疑难案件督查督办力度，完善国家司法救助制度，发放救助金99万元，救助困难群众97人。

【政法队伍建设】 坚持把队伍建设作为推进政法工作的永恒主题，加强思想政治、纪律作风和执法能力建设，增强政法队伍政治意识、大局意识和责任意识，提升履职能力。夯实基层工作根基，坚持重心下移、力量下沉、保障下倾工作机制，健全完善基层综治工作平台，加强社区、村居网格化管理，加强人民法庭、派驻检察室、公安派出所、司法所建设，加强县、乡综治机构和村居（社区）综治办、警务室、调委会、巡防队建设，形成整体工作合力。2014年，全市政法系统有159个集体和553名个人受到省级以上表彰。 （尉海波）

·社会治安综合治理·

【平安泰安建设】 坚持谋划在前、防范在先，深化社会治安综合治理，把握工作主动权。深化“天网工程”应用管理，在全省率先建成上下贯通、全面覆盖的视频监控体系，提前2年完成省下达的任务目标。实施社会治安“巡防工程”，推动治安巡防向社区、村居和机关、学校、企事业单位延伸，提升治安防控能力。开展严打整治斗争，遏制刑事案件多发势头，全市抢劫、抢夺、盗窃等多发性侵财犯罪同比下降24.28%、15.63%、24.72%。集中整治治安突出问题，排查整治混乱区域、部位144处。全市社会治安群众满意度和安全感分别为97.65%和97.87%，同比提高0.4个百分点和1.39个百分点，居全省前列。

【创新社会治理】 把握系统治理、综合治理、源头治理、依法治理要求，提升社会治理现代化水平。坚持重心下移，规范基层综治工作中心建设，推进政法综合治理信息化建设，加强城乡社区网格化管理，强化特殊人群和流动人口、实有房屋服务管理，把公共服务和社会治理各项措施落实到基层。坚持关口前移，预防化解社会矛盾，全市发生矛盾纠纷1.35万起，调解成功1.32万起，成功率98%。5月，泰安市在全国医疗纠纷人民调解工作现场会上作典型发言。

【见义勇为表彰】 2014年，全市涌现出一批见义勇为先进分子、先进群体。为弘扬正气，鼓励先进，市社会管理综合治理委员会、市社会治安见义勇为奖励基金会决定，授予王涛等16人“全市见义勇为先进分子”称号，各奖励人民币伍仟元；授予李光红、范沅昆等2个群体“全市见义勇为先进群体”称号，对先进群体成员各奖励人民币叁仟元。（尉海波）

地方立法与法律监督

【法律实施监督】 围绕《中华人民共和国大气污染防治法》《中华人民共和国体育法》《中华人民共和国旅游法》等法律贯彻实施情况开展执法检查，促进相关法律在本行政区域内得到遵守和执行。配合全国人大、省人大对《中华人民共和国未成年人保护法》《中华人民共和国矿产资源法》《中华人民共和国邮政法》等贯彻实施情况开展执法检查，对山东省《老年人权益保障条例（草案）》和《南水北调条例（草案）》等进行立法调研。督促市政府实施市县政府机构改革和行政审批制度改革，推行行政权力清单制度，推进简政放权，提高行政效能。做好规范性文件备案审查，坚持应备必备、有备必查，依法开展备案审查工作，规范政府行政行为，维护法制统一。

【司法工作监督】 听取审议市法院深化司法公开工作情况的报告，要求各级法院深化认识，加大人财物投入，推动阳光司法、公正司法，提高司法公信力。组织部分省、市人大常委会代表，视察市检察院执法规范化建设情况，要求全市检察机关强化主体建设，提升规范化执法水平，打造“阳光检察”“为民检察”“公信检察”。对全市公安大数据警务云计算应用情况进行视察，要求全市公安机关适应社会发展新需求，强化信息化警务新意识，打造信息化公安新平台，引领泰安数字化建设新突破，为幸福泰安建设提供支撑和保障。

（辛振华）

法治政府建设

【概况】 2014年，泰安市健全落实推进依法行政工作机制、探索建立依法行政联系点、坚持依法行政工作报告制度等经验做法受到国务院法制办、省政府法制办肯定，市政府法制办获省级文明单位、全市争创“五型”机关先进单位等称号。

【依法行政组织协调和督促指导】 ①依法行政组织协调。印发2014年政府法制工作要点，组织召开全市政府法制工作会议，安排部署2014年依法行政和政府法制工作任务。开展评先树优工作，评选表彰全市依法行政先进集体13个、先进个人50名。参与起草《中共泰安市委关于贯彻落实中共十八届四中全会和省委十届十次全会精神全面推进依法治市的意见》，对推进全市依法治市特别是加快建设法治政府、提高依法行政能力提出实施意见。②依法行政督促指导。将行政复议体制改革和行政执法体制改革列入全市科学发展综合考核指标体系，加强依法行政工作考核。落实依法行政报告制度，全市坚持依法行政报告制度的做法受到省政府法制办通报表扬。探索建立依法行政工作联系点制度，以点带面推动依法行政工作深入开展，受到省政府法制办主要领导肯定。③法制宣传教育。落实领导干部学法制度，组织开展干部法律知识培训，为市卫生局、公安局等部门和单位作专题辅导报告13场次，培训人员1500人。发布法制工作信息材料100余条。

【政府法律顾问制度建设】 印发《泰安市人民政府办公室关于建立政府法律顾问制度的意见》(含政府法律顾问工作规则)，在制度设计上突出两项创新：一是政府法律顾问的组成为个人与机构并行，在聘请专家学者、法律实务人员的同时，聘任律师事务所作为政府法律顾问单位；二是市、县政府法制机构对本级政府各部门（单位）聘任的法律顾问统一管理。组建由15个律师事务所组成的“泰安市法律机构库”和60名专家、律师组成的“泰安市法律专家库”，选聘10名专家、律师和3个律师事务所担任市政府法律顾问。组织市政府法律顾问参与政府法律事务工作，先后对《市政府与齐鲁银行合作框架协议》《徂徕山汶河景区旧村改造意见》等进行书面审查，并提出法律参考意见。

【制度建设】 ①规范性文件制定审核。遵守规范性文件制定程序，落实征求意见、听证和评估等制度。全年制定审核各类文件62件，其中规范性文件和政策性文件34件。②规范性文件监督管理。审查县（市、区）规范性文件8件，统一登记、统一编号、统一公布市直部门规范性文件7件，向省政府法制办和市人大常委会报送市政府备案文件9件，组织对市政府涉及投融资管理等领域相关文件进行清理，修订4件、废止3件、部分废止1件。

【决策服务】 ①合法性审查。依法开展重大行政决策合法性审查和政府重要行政经济事务法律审查工作，审查经济适用住房基准价格及浮动幅度调价、山东省粮食局与泰安市人民政府战略合作框架协议等13项政府决策和协议，开展国有土地房屋征收体制、泰城城市建设管理、规划执法等多项法制调研。②重点项目建设。参与市委、市政府对外经贸发展指挥部、城市环境综合整治指挥部、城市建设指挥部工作，在中央商务区、历史文化轴、灵山大街、虎山公园、万官大街等重点项目建设中，为各指挥部提供法制参谋服务。

【行政执法监督协调】 ①执法人员资格管理。组织开展行政执法人员证件申领、审验，审核申领、补领执法证件信息1190人，审验到期执法证件7300个，清理注销不合格执法证件647个，对全市618名新上岗行政执法人员统一培训考试。②规范行政处罚自由裁量权。组织做好行政处罚裁量基准的制定、公布和执行工

4月18日，市政府法制办参加泰安市机关作风和政风行风网络热线活动 （李昆明 供）

作，公布39个市直部门行政处罚裁量基准。③规范城乡规划政府责成执法程序。组织开展《中华人民共和国城乡规划法》和《山东省城乡规划条例》有关政府责成程序专题调研，向市政府提出处理建议并得到采纳，按照责成程序责成市规划局会同有关部门强制拆除违章建筑。④行政审批制度改革等。配合市编办等部门开展行政审批制度改革，完成市级行政审批目录编制，做好“乱收费、乱罚款、乱摊派”问题专项整治、审批事项和服务项目“五不”（不放权、不精简、不集中、不提速、不脱钩）现象集中整治、行政审批中介服务组织专项治理。

【行政复议应诉调解】 ①行政复议。受理市政府行政复议案件56件，办理省政府复议案件147件。推进行政复议体制改革，完成相对集中行政复议职权工作，创新行政复议案件审理机制，普遍推行公开审理，对重大行政复议案件实行听证。强化行政复议工作机制和保障能力建设，修订行政复议工作制度，设立专门行政复议接待室、审理室、听证室，对设施设备升级改造。②行政应诉。办理市政府应诉案件18件，组织答辩材料，履行举证责任，组织相关主管部门出庭应诉，提升应诉水平。联合市中院举办新修订《中华人民共和国行政诉讼法》培训班，培训政府法制系统人员100余人。③行政调解。推进行政调解与行政复议工作衔接，贯彻行政复议案件先行调解工作思路，加强行政调解工作机制建设，提高行政复议案件调解结案率。（李昆明）

【概况】 2014年，全市公安机关围绕维护社会大局稳定、促进社会公平正义、保障人民安居乐业目标，以平安泰安、法治公安、过硬队伍“三大建设”为载体，为维护全市社会大局做出应有贡献。市公安局连续6年被评为省级文明单位，在省委、市委科学发展满意度调查中，泰安市“群众对社会治安满意度”居6项调查指标第1名，连续3年保持全市第一；在全省调查中，全市群众安全感为97.87%，群众满意度为97.65%。

【反恐维稳工作】 ①对敌斗争。建立情报搜集、研判预警、人员稳控、现场处置各环节紧密衔接的维稳工作链条，搜集信息1800条。破获各类邪教案件54起，抓获邪教违法犯罪嫌疑人195人，收缴反宣品1.6万份。东平县公安局打击邪教违法犯罪的做法受到公安部、省公安厅推广。②反恐处突机制建设。着眼反恐维稳新形势，推进反恐维稳“十大体系”（反恐维稳指挥、情报信息、人口管理、重点物品管控、重点场所管控、现场处置、网络防控、宣传培训、区域部门协作和考核评估工作），市、县公安机关组建专职维稳处突应急力量，实行24小时武装巡逻、执勤，依托指挥中心调度，重点区域实现“一分钟现场处置、五分钟增援到达、半小时关闭城门”工作机制。③重点维稳。完成新中国成立65周年、APEC会议等安保任务120次，警卫21次。④社会矛盾化解。印发《处置市政中心非正常信访群体性事件工作规范》，接待群众到访1124件，办结率99.5%，息访率98%。

【严打整治】 ①大要案侦破。以“打黑恶、反盗抢、防诈骗、扫毒害、追逃犯”系列安民行动为主线，全市破获刑事案件7465起，逮捕2271人，刑事拘留3553人，行政拘留6988人；33起命案现案全部破获，命案发案数同比下降40%；8类严重暴力犯罪案件破案率达95%以上，先后侦破肥城市“1•5”张某强杀妻案、泰安高新技术产业开发区“4•28”特大绑架案等大要案。②整治治安。深化打黑除恶专项斗争，打掉恶势力团伙43个，一审判决434人，破获案件253起；打击“黄赌毒”百日会战，破获“黄赌毒”案件195起，抓获违法犯罪嫌疑人840人，端掉卖淫嫖娼窝点36个，缴获毒品5.38千克，查处涉“黄赌毒”娱乐场所224家，其中责令停业整顿56家、取缔36家。③打击经济犯罪。在全国公安机关缉捕境外逃犯“猎狐”行动中，抓获目标逃犯2名；破获岱岳区BTC网上购物商城网络传销案、泰山区“11•3”系列涉外合同诈骗案等经济犯罪案件294

起，移诉案件278起356人，涉案金额3.2亿元。④整治非法传销。端掉传销窝点63处，审查传销人员397人，处理违法人员213人，抓获传销组织B级头目10人、C级头目16人。

5月15日，市委、市政府在市公安局举行全市"天网工程"启动仪式，市领导王云鹏（中）、刘卫东（右一）、郭德文（左一）出席仪式

（李　英　供）

【治安防控体系建设】　①"天网工程"建设。按照"五位一体"布局，深化立体化治安防控体系建设。提前1年半在全省率先建成全面覆盖、四级联网的"天网工程"，新建高清监控点1.7万个，整合"数字泰山"、校园安保等社会监控点1.1万路，形成"封边、控点、锁城"的立体化防控布局。利用"天网工程"挖掘案件线索3700条，破获案件1300起，抓获违法犯罪嫌疑人1600人。②巡逻防控。继续实施"警灯闪烁工程"，动员出租车司机等多方面社会力量参与巡防，形成常态化、制度化、立体化的社会大巡防格局。通过巡防抓获违法犯罪嫌疑人326人，救助服务群众586人次，抢劫、抢夺、盗窃等多发性侵财犯罪同比分别下降10.1%、23.51%、2.28%。③网络社会防控体系建设。在全省公安机关率先建立"网络安全社会专家库"，处置网上有害信息5.4万条，破获省厅督办的张某等人非法获取国家秘密案等一批大要案件。

【基层基础工作】　①信息化建设。建成拥有13亿条数据、20个功能业务图层的大数据空间云平台，整合引进工商、电力、"数字泰山"、3G公交车监控等70类信息资源。完善DNA、指纹、在逃人员、失踪人员、疑似被侵害人员、拐卖妇女儿童等各类数据库。全市利用信息化手段直接破案占破案总数的60%。②执法规范化建设。围绕执法安全、流程、责任、质量等，完善制度机制，形成事前风险评估、事中动态监控、事后追踪问责的链条式执法管理体系，提升监管执法水平，实现监所、监管民警队伍"双安全"目标。③科技研发。"公安机关有毒有害食品快速检测仪暨食品药品与环境犯罪分析研判平台""县级情报信息研判应用系统"2项科技成果分别获山东公安科技进步奖"应用技术类二等奖"。④基础硬件建设。刑事科学技术中心暨国家级实验室通过认可评审，完成泰山区分局、技侦支队等重大基础项目新建、迁建。

【行政管理服务】　①服务经济建设。制定《服务发展便民利民二十条措施》《服务保障重点项目建设工作方案》，围绕"一圈一带"总规划及高铁片区、徂徕山汶河片区、时代发展线、历史文化轴等重点项目，开展周边治安综合整治86次，排查整改治安和安全隐患1060起，破获涉及全市重点工程建设的刑事、治安案件297起。②服务民生。按照校园门口、走进校园、辐射社会"三步走"思路，提升校园固定勤务工作模式。"泰安民生警务平台"受理涉警民生诉求3万件，办结率100%，群众满意率99.8%。免费为群众登记打码电动自行车突破110万辆。增设泰山区、岱岳区、高新区分局受理点，审查、批准公民出国境申请10万人次，查处各类涉外案（事）件15起，查获非法居留外国人7名。

5 月 29 日，举行全国公安系统武装越野登泰山比赛　（宋　涛　供）

【公共安全监管】 ①交通安全管理。深化道路交通“平安行•你我他”行动，全市道路交通事故起数、死亡人数、受伤人数、财产损失同比分别下降 3.84%、11.01%、3.73%、11.11%。开展集中整治“代步车”违法行为专项行动，推动交通设施改造升级，推进交管、车管、事故处理和基层基础工作创新，改善城区道路交通秩序。②消防安全管理。推进社会面火灾防控体系建设，加强人员密集场所、劳动密集型企业、高层建筑、九小场所消防安全管理，完成“4•5”长生林等灭火救援工作。消防后勤管理、火灾高危单位管理、战训改革等经验在全省公安机关推广。③危爆物品管理。开展缉枪治爆专项行动，查破涉危案件 7 起，查处违法犯罪嫌疑人 13 人。④人员密集场所、大型群众性活动安全监管。落实风险评估、安全审批、情况预警、现场维护等措施，防止发生拥挤踩踏等安全责任事故。

【队伍建设】 ①立功创模。选树“中国好交警”、首届“山东最美警察”等一批先进典型，全市 39 个集体和 260 名个人受到市级以上表彰。②干部人事。成立市看守所女子巡视监管队伍，充实刑事科学技术、技术侦察、网安、禁毒等警种力量。③教育训练。培训民警 6316 人次。30 名民警通过司法考试，2600 名民警通过高级、中级执法资格考试。市公安局被省公安厅评为组织民警参加司法考试工作成绩突出单位。④从优待警。成立山东公安民警优抚基金会泰安办事处，落实牺牲、病故民警家属优抚、老干部慰问及民警休假等举措，发放民警优抚、大病救助资金 50 万元。

（张立勇　李晓磊）

检察院

【概况】 泰安市人民检察院辖 6 个基层检察院和 1 个派出检察院，33 个派驻检察室。全市有检察干警 787 人（市检察院机关 152 人），其中检察员 426 人，助理检察员 48 人，书记员 74 人，法警 44 人。全市检察机关践行“干在实处、干出实效、走在前列”工作总要求，履行法律监督职责，严格公正文明执法。有 51 个先进集体和个人获省级以上表彰。市检察院及 6 个基层检察院均被评为省级文明单位，新泰市检察院被高检院记集体一等功，岱岳区检察院被省院记集体二等功，东平县检察院侦监科被评为“全国青少年维权岗”，肥城市检察院民生检察服务中心被高检院评为“全国文明接待室”，宁阳县检察院控申接待室被高检院评为“全国检察机关文明接待示范窗口”。

【惩治预防职务犯罪】 年内，立查职务犯罪案件 133 件 170 人。其中，贪污贿赂案件 99 件 125 人，渎职侵权案件 34 件 45 人；大要案 68 件 95 人，大要案率 51%。查办贪污贿赂犯罪，查处土地批租、工程建设、新型城镇化和农业现代化建设领域职务犯罪 59 件 75 人。预防职务犯罪，提供行贿犯罪档案查询 1790 次，开展警示教育 283 场次，撰写案例分析报告、调研报告 44 篇。

【刑事犯罪检察】 年内，办理审查逮捕案件 951 件 1299 人，审查起诉案件 2453 件 3600 人。打击危害食品药品安全犯罪，批捕 10 件 10 人，审查起诉 42 件 73 人。落实宽严相济刑事政策，对 161 名犯罪情节轻微犯罪嫌疑人依法作出不捕不诉决定。探索符合未成年人特点办案模式，全市检察机关均成立专门办案机构，采取品行调查、刑事司法救助、犯罪记录封存等方式，对33名涉嫌犯罪未成年人作出处理，帮助其重新回归社会。办理各类信访案件764件，其中控申信访278件、举报信访486件，连续3年涉检进京“零上访”。

【诉讼监督】 加强立案监督和审判监督，对86起案件立案监督，追捕69人，追诉119人，纠正违法129件，提出刑事抗诉13件。开展刑事执法专项监督，发现违法375处，监督立案18件，监督撤案25件。加强监管执行监督，纠正监管违法8件，纠正监外执行违法45件，办理羁押必要性审查案件25人次。开展减刑、假释、暂予监外执行专项检察，审查减刑、假释、暂予监外执行案件972人次，重新收监5人。加强民事行政检察，办理抗诉案件4件，行政执法监督等新型案件219件，挽回直接经济损失2.5亿元。

【司法规范化建设】 印发《2014年执法规范化建设实施方案》，全市案件评查卷宗2450册，提出整改意见90条。开展检察宣告工作，公开宣告23件。深化案件管理制度改革，对执法办案实行流程管理和动态监督，全面推行律师预约系统，接待律师阅卷、会见376人次。

【信息化建设】 推行业务软件应用系统，所办案件全部、全程纳入网上运行，录入案件信息6423条。推行案件信息公开系统，全市发布案件程序性信息1177条，重要案件信息14条，法律文书203份。

【基层基础建设】 2014年，检察机关把工作重心放到检察室职能发挥上，加强与辖区内法庭、派出所、司法所联系，开展法律宣传、法律咨询和矛盾化解等工作，把检察工作延伸到基层。开展警示教育332场，受理信访776件，提供法律咨询752次，化解矛盾纠纷161件。

【队伍建设】 开展“建设学习型检察院、争当学习型检察官”活动，举办素质能力培训班28期、业务竞赛25期。开展“增强党性、严守纪律、廉洁从政”专题教育和“无违法违纪、无责任事故”检察院创建活动。开展大走访活动，走访村居760个、社区132个、学校172所、企业251家，联系群众1万户，征集意见建议492条。在省检察院组织的社情民意调查中，市检察机关群众满意率94.97%，比上年提高四个百分点。

（郑　岩）

法　院

【概况】 泰安市中级人民法院（简称市中院）辖6个县（市、区）人民法院和1个高新技术产业开发区人民法院，设人民法庭33处。全市法院有法官742人，其他工作人员340人。全市法院受理案件5.1万件，审执结案件4.77万件，标的额72.88亿元，其中市中院审结4875件，同比增长14%。基层法院一审服判息诉率92.67%，市中院一、二审服判息诉率分别为88.49%和98.96%，市中院结案均衡度80.68%。全市法院有39个集体、48名个人获市级以上表彰。市中院保持全市“五型”机关示范单位称号，市中院和6个基层法院均评为省级文明单位，市中院、新泰市法院、宁阳县法院分别被表彰为全国法院少年法庭工作先进集体、全国优秀法院和全国法院涉民

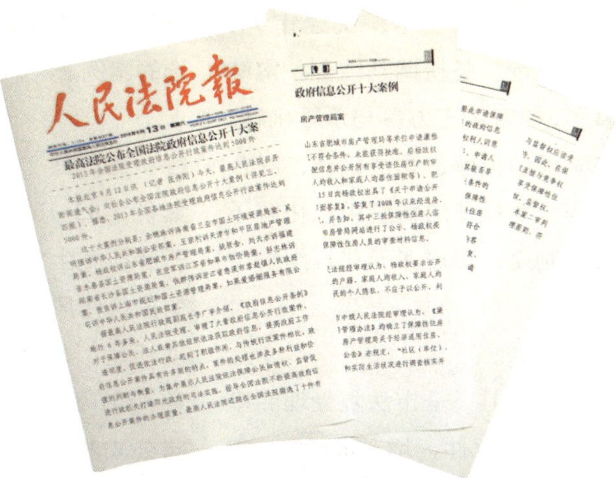

市中院审结的一起行政审判案件入选“全国法院政府信息公开十大案例”，是山东唯一入选的案例

（周敏敏　供）

生案件专项集中执行工作先进集体。市中院审结的一起行政案件入选“全国法院政府信息公开十大案例”。

【刑事审判】 全市法院受理刑事案件2724件，审结2721件，判处罪犯3522人，分别上升10.69%、9.63%和13.72%，其中审结杀人、抢劫等严重暴力犯罪和多发性侵财犯罪1159件，组织和利用邪教组织破坏法律实施犯罪9件，破坏市场经济秩序犯罪227件，危害食品安全犯罪50件，职务犯罪114件。

【民事审判】 全市法院受理民事案件1.69万件，审结1.61万件，分别上升5.63%和2.32%，其中审结婚姻家庭、相邻关系等案件8745件，人身损害赔偿案件4090件，劳动争议、土地承包案件1095件，房产合同案件282件。重视弱势群体权益保护，对追索赡养费、扶养费、抚育费和农民工讨薪等案件建立“绿色通道”，优先立案、快速审判、及时执行。坚持调判结合、案结事了，探索第三方参与矛盾化解，完善诉前调解、司法确认、联合调解、委托基层调解组织化解矛盾等制度，形成多元化解纠纷整体合力。

【商事审判】 全市法院受理商事案件1.88万件，增长0.82%；审结1.69万件，降低8.84%；标的额增45.88亿元，同比增长165.36%。审结金融借款、民间借贷等纠纷9688件，涉泰山文化、泰山石膏等知名品牌著作权、商标权纠纷223件，新汶矿业集团与新加坡麦达斯公司买卖合同纠纷等涉外商事案件11件。发布知识产权司法保护状况白皮书和20大典型案例，制裁假冒商标等侵权行为。

【行政审判】 年内，全市法院受理行政案件882件，审结829件，同比分别下降16.79%和23.24%。①建立实施行政案件相对集中管辖制度，将9类行政案件统一交由7个基层法院分类管辖。②与行政机关建立联席会议、行政审判白皮书、行政机关负责人出庭应诉等制度，提高依法行政水平。③加强司法建议工作，向行政机关反馈审判工作中发现的问题。其中关于规范农村土地承包、企业法定代表人变更登记的司法建议，分别获全省法院优秀司法建议二等奖和三等奖。④市中院审结的杨某某诉山东省肥城市房产管理局案入选全国法院政府信息公开十大案例，是山东省唯一入选的案例。

【执行信访】 全市法院受理执行案件1.03万件，结案9832件。开展涉民生案件集中执行和“转变执行作风、规范执行行为”专项活动。公布失信被执行人信息4757例，拘留拘传979人次，向公安机关移送妨碍抗拒执行案件9件。市县两级法院全部建成远程视频接访系统，实现上级法院信访部门、信访群众和基层法院信访部门三方“零距离”交流。

【司法为民】 ①建立互联互通的诉讼服务中心，提供材料收转、案件查询等便民服务。②开通司法服务电话，推行预约立案、巡回审判、网上送达，构建“四位一体”便民服务网络。③开展司法救助，全市法院为当事人缓减免诉讼费310万元，市中院为特困刑事被害人、申请执行人和涉诉信访人员发放救助金30.3万元。

【司法公开】 ①升级审判信息系统，完善终端查询触摸屏、庭审视频录播直播和微博直播功能。②执行短信告知系统和失信被执行人名单制度，推行随机抽取评估拍卖机构、电子网络平台竞拍等。③市、县两级法院审判流程公开、裁判文书公开、执行信息公开“三大平台”全部建成使用，在中国裁判文书网公布生效裁判文书1.95万份，案件信息录入完整率99.99%。④向社会公开新闻发言人信息9名。

【司法民主】 印发《关于加强和改进人民陪审工作的实施意见》，增选人民陪审员370人，市中院与基层法院人民陪审员参审率为47.9%和88.86%。开展法官“五进”（进机关、进企业、进学校、进社区、进农村）法律咨询等活动，加大文书说理、判后答疑、以案释法力度，定期举办法院开放日活动。

【规范管理】　①完善审判流程管理，实行审判效率、办案质量和未结案件三项通报制度，采取发改案件质询定责、瑕疵案件责任追究等做法，《人民法院报》以《抓住短板所在、找准进身之阶》为题予以报道。②探索建立以庭审为中心的审判权运行机制，厘清院庭长、审委会职责权限，强化主审法官和合议庭办案责任，推行随机组成合议庭，制约内部不当干预。③自主研发审判质效管理软件，实现上下级法院审判管理信息的资源共享、互联互通，提高管理效率、降低管理成本。

【基层基础】　落实“面向基层、服务基层、建设基层”方针，强化对基层工作的指导、服务和保障。实施“天平工程”，推进信息集控中心建设，打造集审判执行信息、司法公开信息、司法协助信息于一体的司法资源数据库，实现两级法院案件数据的实时传输汇总，提升数据生成的准确性、完整性和及时性。市中院11处法庭（含监狱法庭）全部改造或建设为超高清科技法庭。新建、改扩建人民法庭9处，宁阳县法院综合审判大楼建成启用。　（周敏敏）

【概况】　2014年，全市司法行政系统围绕平安和谐发展总目标，推进法治、平安、队伍建设，拓宽为民渠道，提升服务水平，为维护社会稳定、促进经济发展、保障改善民生发挥有效作用。市司法局被评为省级文明单位，在全省司法行政系统综合考评中记集体二等功，宁阳县司法局被司法部记集体一等功。

【法制宣传教育】　4月，全市第19个法治宣传月，启动“菜单式”志愿服务“情暖万家”千场法律知识讲座活动，开展宣传活动，辅导讲座468场，发放资料5万份，接受咨询2000人次，受教育10万人次。8月，南湖“法治文化公园”二期升级工程竣工。全市6个县（市、区）均被评为全省首批“法治文化示范基地”和“法治宣传教育示范基地”。成立“六五”普法讲师团，通过开展理论研讨、法制讲座等形式，推动普法工作向深层次发展。开通普法考试网络系统，实现网上答卷、阅卷、管理、通报，为全省首家。在市、县（市、区）电视台、广播电台开设《法治之窗》《法律在线》等专栏，以案说法。印发《关于充分发挥司法行政职能作用深化平安泰安建设的意见》，开展法治泰安、法治县（市、区）创建活动，肥城市被评为全国法治县（市、区）创建活动先进单位，新泰小良庄村被评为全国民主法治示范村。在省“六五”普法中期总结表彰中，全市有16家单位（县市区、部门、普法办）、9人分别被评为省部级先进单位和先进个人。

【基层工作】　①人民调解组织建设。重点抓好县级矛盾排查调处中心和乡镇（街道）、村居（社区）调解组织建设，指导县（市、区）成立婚姻家庭纠纷调解委员会、劳动人事争议调解委员会，扩大调解领域。开展“大排查大调解”活动，开展拉网式排查，重点排查农村征地、房屋拆迁、环境污染、企业改制等引发的矛盾纠纷。5月5日，在全国医患纠纷人民调解工作现场会上，泰安市作为唯一地级市作经验介绍。年内，全市各级调解组织调解纠纷1.21万件，调解成功1.19件，成功率98%。②社区矫正工作。建立社区矫正信息管理平台，实现市、县、乡三级联网，提升社区矫正工作信息化水平。根据社区服刑人员的犯罪类型和现实表现，划分严管、普管、宽管三个级别，进行分类管理。给社区干部、民警、服刑人员近亲属和原单位工作人员发放社区服刑人员监督卡，明确职责和任务，定期检查督导，实现社区矫正工作社区抓的工作目标。③安置帮教。排查安置帮教对象，完善安置帮教与监狱衔接沟通机制，建立安置基地，提高安置帮教工作针对性和实效性。与泰安监狱、鲁西监狱建立对接机制，及时对服刑人员开展基本信息核查，不脱管、不失控。刑释人员登记建档，组成帮教小组，把帮教管理落到实处。依托企业和社会组织，建立“阳光之家”“新起航”等过渡性安置基地17个，鼓励刑释人员就业、创业。

【法律援助】 全市87个乡镇（街道）和7个部门（单位）建立法律援助工作站。泰安市已建立市、县、乡、村四级法律援助网络体系，形成覆盖全市的法律援助网络。引导律师、公证员、司法鉴定人参与法律援助，开通农民工、老年人、残疾人等法律援助维权“绿色通道”。全市法律援助机构接待和解答咨询8600人次，免费代写法律文书213份，办理法律援助案件3573件。

【司法鉴定】 年内，办理司法鉴定援助案件24件，减免鉴定费用2.79万元，全市办理各类司法鉴定案件4239件。司法鉴定采信率96%。

【律师业务】 全市律师共担任政府、机关、企事业单位常年法律顾问947家，办理刑事案件1377件、民事案件3610件、行政案件113件、非诉讼案件733件、仲裁案件132件、法律援助案件426件，法律调解676件，参加社会公益事业活动1197人次，律师业务收费3623万元。

【公证业务】 组织开展争创“零错证、零投诉、零上访公证员”活动，完善对违法违规执业行为的处罚和行业惩戒制度，推动公证服务规范高效。全市公证机构围绕国家楼市调控政策，加大房产继承、委托类公证业务承办力度，深化服务内容，提升工作质量。全市公证机构办理各类公证2.14万件，业务收费420万元。

（尹 健）

仲裁

【概况】 全年受理案件156件，标的额4.26亿元，标的额比上年增长2.46亿元，审限内结案率96.2%，调解和解率36.5%。

【仲裁业务】 ①案件审限管理。动态控制立案、组庭、庭审、裁决、文书送达等几个关键点，严防案件超时限，快捷解决纠纷。②开展“提速增效、化解积案”活动。集中办案、化解2013年后仲裁案件积压、拖延等问题，审理、办结超过1年仲裁积压案件8件。③制度建设。将审结案件的程序审查与裁决内容审查职责分开，分别划归案审室和督查室，防止内部运转责任不清、推诿扯皮。④与市中级人民法院工作衔接。就落实仲裁法有关问题与市中级人民法院联合行文，规范仲裁协议审查、财产保全、证据保全及裁决执行等具体问题，依法接受司法监督。

【仲裁宣传】 ①网站改版。新修改网站背景，原有版块重新布局，及时更新内容，使网站功能齐全。②拓宽仲裁服务领域。发挥仲裁职能作用，在处理农民工工资清欠、城市房屋拆迁补偿、促进民营经济发展、企业上市法律服务方面，提供支持。参与社会综合治理，通过走访调研、上门普法等方式，增加与市场主体面对面接触机会，先后走访调研市房管局、山东盛鼎投资担保有限公司等单位，征求仲裁发展意见和建议。泰安市仲裁委被列为全市社会管理综合治理委员会成员。③派出机构管理。修订完善《泰安仲裁委员会派出机构管理办法》，严格业务操作规范，统一收费标准、统一案件流程管理。重新规定新设立办事处、联络处的条件和程序。

（安 鲁）

编辑·校对 王云勇

武　装

泰安军分区

【概况】 2014年，泰安军分区以“坚持根本、聚焦打赢、夯实基础、确保稳定”工作思路和“六个不断”具体要求，铸军魂，抓准备，改作风，顺利完成各项工作任务。年内，军分区被济南军区表彰为“兴武建功”先进单位，军分区司令部被济南军区表彰为先进司令部，肥城市人武部、宁阳县人武部被省军区表彰为兴武建功先进单位，干休二所被解放军总政治部表彰为全军先进干休所；军分区2人被济南军区分别表彰为优秀参谋长和干部保健工作先进个人，肥城市1人被省委、省军区党委表彰为党管武装好书记，东平县1人被省国防动员委员会表彰为关心国防建设十佳人物。

【政治工作】 ①思想政治建设。开展“牢记强军目标、献身强军实践”主题教育活动和战斗力标准大讨论，强军目标战略思想深入人心。开展隐蔽斗争和“四反”教育，确保政治坚定。②党委班子和干部队伍建设。开展“讲党性、守党规、严党纪”学习教育，增强党员干部政治意识、服从意识和纪律意识。③老干部工作。拓展细化服务渠道，提升干休所规范化、精细化、亲情化、个性化、社会化服务。重视待安置退休干部教育管理，完成移交地方安置任务。开展政策法规“学考用”和“三先”评比活动，干休二所被全军表彰为先进干休所。

【军事工作】 ①实战化训练。完成作战值班系统试点建设，组织应急拉动课题研究，10月，军分区机关各部和预备役高炮团，指导市人防办迎接省军区和国家人防军事斗争准备检验评估，考评成绩在全国6省12个受检地市中名列第一。开展岗位大练兵活动，参加军区参谋长、教导队长集训和省军区民兵应急营骨干比武，取得优秀成绩。5月，分2期组织首长机关带人武部干部在综合训练基地封闭轮训。12月，保障省军区首长机关冬季野营训练驻训工作，并演示《快速动员演练》《军事地理介绍》课目2个。②依法治军。开展“学法规、用法规、守法规”活动，修订《保密管理规定》，制定军车管理措施，召开正规化建设观摩会，规范部队管理秩序。组织“大谈心、大排查、大整治”和“百日安全竞赛”活动，促进安全工作落实。③人武和专武干部训练。11月，对预备役高炮团和各人武部现役干部、预任和专武干部进行基础军事科目考核和应急分队拉动点验。

【国防后备力量建设】 ①国防动员基础工作。召开泰安市国动委会议，推进国防动员指挥规范化建设，调整全市国防动员指挥机构成员，修订国防动员潜力调查和各项预案。②后备力量改革。召开全市民兵预备役组织整顿工作现场会。推广泰山区民兵应急分队和岱岳区驾驶员储备队伍建设试点经验做法，构建新型民兵力量体系。对全区11个基层单位民兵整组情况抽查验收，提高民兵整组工作质量。③征兵工作。严把体检政审定兵关口，专项组织廉洁征兵巡查，完成兵员征集任务。④扶贫帮困。全区为帮扶村提供援建资金20.6万元，协调援建资金21万元，定点联系贫困户32个，修建道路3.22公里。

【后勤装备保障】 落实省军区“打仗型”后勤建设集训要求，抓好民兵后勤专业分队建设，修订完善战备计划方案。做好训练装备保障，保障实弹射击训练150次，消耗弹药10万发，完成年度报废弹药调运销毁工作。

（董广明）

武警泰安市支队

【概况】 武警泰安市支队（简称泰安支队）坚持以内涵发展为方向、凝心聚气为前提、强基固本为根本、建章立制为关键、攻坚克难为突破，完成各项工作任务。泰安支队被总队表彰为“正规化执勤优秀单位”。

【军事训练】 突出实战化训练，抓好基础、专业和新兵训练，建强应急班和特勤排，组织“卫士”系列演习和灭火、抗洪、反恐演练。3月，泰安支队官兵参加总队狙击手比武竞赛，获团体第一名。6月18日，泰安支队联合用兵单位山东物资储备管理局252处开展反恐、灭火和危险化学品泄漏事故应急救援演练，强化一线应急力量，提高应急处置能力。8月8日，泰安支队召开“百日大练兵”暨“三哨”（练哨兵、研哨法、强哨位）活动动员部署

武警泰安市支队抓好实战化训练，图为训练现场　　（韩建国　供）

会，提高官兵军事训练水平和遂行多样化警卫勤务能力。

【执勤战备】 开展“练哨兵、研哨法、强哨位”活动，提高部队执勤能力，抓好执勤隐患治理，确保固定目标安全。1月21日，宁阳县发生劫持人质案件，泰安支队启动应急预案，历经4个多小时，抓获犯罪嫌疑人，成功解救人质。泰安支队完成泰安监狱在押犯移监武装押解勤务、完成泰山国际旅游文化登山节暨全民健身登泰山比赛、泰山国际马拉松赛等临时警卫勤务任务225起。

【政治工作】 把学习贯彻习近平系列讲话精神作为首要任务，创新教育模式，开展“尊干爱兵、兵兵友爱”教育和经常性教育，强化官兵职能使命意识，打牢举旗铸魂、履行使命的思想根基。开展“警营夜校”“泰山警营大讲堂”“中国梦·强军梦·我的梦”以及强军战歌教唱、读书伴我成长等系列配合活动，发挥谈心、网络政工等载体作用，积蓄正能量，筑牢生命线。

【后勤保障】 4月，与泰安市应急办、市粮食局等单位签订应急保障协议，形成警地一体化保障格局。组织“一长五员”（司务长，驾驶员、炊事员、卫生员、理发员、军械员）培训。落实警地融合式保障机制，严把经费开支、工程招标、集中采购、审计监督等关口，开展“伙食管理年”和炊事员轮岗活动，严格枪弹、车辆管控，集中诊治病号，投入资金157万元完善配套设施。

（韩建国）

公安消防支队

【概况】 全市公安消防部队忠诚履行职责，不断提高消防监督和灭火救援能力、顺利完成各项消防安保任务。支队被公安部评为全国公安机关执法示范单位；连续3年被公安部消防局评为全国

安全工作先进支队，连续13年被评为“省级文明单位”；支队党委被省公安厅党委表彰为“先进党委”。全市有1个单位、24名个人获三等功以上奖励，新泰市1人被国家安全监管总局、新华网评为“百姓生命保护神”，泰山中队1人被评为全省善行义举先模人物，特勤中队1名士官被评为“山东省十大百姓身边消防卫士”。

【政治工作】 建设“两廊一栏一基地”，创办“一校两报”，创新实施“铸魂、保先、规范、聚力”4项工程，开展“牢记强军目标、献身强军实践”主题教育和肃风正气专题教育，引导官兵加强自我修养，立足岗位履职尽责。开展“安全年”创建和“百日平安竞赛”活动，加大实地督察、视频抽查频次力度。

【火灾防控】 建立消防安全委员会各成员单位联系机制，分级分类开展约谈工作。强化三级网格指导，推进“消防进社区”工作，夯实社会火灾防控基础。加强火灾高危单位管理，创新火灾高危单位与维保企业“1+1”值班工作模式，督促全市181家火灾高危单位加强内部管理措施，物防设施配备率均达80%以上，省公安厅召开现场会推广支队经验做法。组织第二次“清剿火患”战役、“打非治违”行动、消防安全重点单位集中整治工作被综合评定为优秀等次。推进消防执法记录仪应用，做好执法办案场所优化升级和使用管理，火灾调查案例被总队评为全省优秀案例。年内，财政拨付专款300万元，用于城乡消防水源建设，安装更换消火栓507具。开展“家庭社区、学校、农村、人员密集场所、单位消防安全宣传教育”5个专项行动和“青少年安全自护知识进校园”等消防宣传活动，受教育群众10万人。

【部队建设】 推进大练兵、大培训、大比武、大熟悉、大演练“五大活动”，探索战训改革举措，规范灭火救援作战关键环节，形成“训练实战化、作战规范化、支撑信息化和保障机制化”战训工作新格局。总队在支队召开全省公安消防部队战训改革工作现场推进会，公安部消防局、山东消防总队先后4次编发工作简报，总结推广支队经验做法。年内，全市公安消防部队接警出动3316次，出动车辆6632台次，出动警力3.9万人次，抢救被困人员418人，保护财产价值4亿元。参与处置“4•5”长生林山林火灾、“8•12”泰山国际采购中心火灾等急难险重任务。

【后勤保障】 新建消防站2个，在建4个，全市消防队站总数23个。投资1.6亿元、占地13.3公顷、建筑面积3.4万平方米应急救援训练基地开工建设。加强消防装备建设，利用美国政府贷款购置高精尖消防车18部，争取地方财政经费购置消防车辆9部。6月，总队在泰安召开全省后勤工作推进会，推广支队后勤管理经验做法。支队被总队评为全省消防部队财务会审先进支队。（路 燕）

【概况】 2014年，全市人防工作以持续加强人防军事斗争准备为根本使命，统筹推进人防指挥通信体系建设、人防工程建设管理与质量安全监督、人防行政执法、县级人防工作等业务建设，提高城市防空袭核心能力、服务经济社会发展能力和人防综合保障能力。市人防办被济南军区人防办表彰为“人防军事斗争准备先进单位”，被市政府办公室表彰为“全市应急管理工作先进单位”。

【国家人防军事斗争准备检验评估】 按照国家、济南军区和省人防办部署，组织迎接国家人防军事斗争准备检验评估。调整市人防指挥部编程，制定全市人防应对行动方案，按计划修订市本级防空袭方案和防空袭应急预案；调整全市重要经济目标，实行分类分级管理；完成人民防空专业队整组（组建），开展实战化组织指挥演习演练。参加“鲁防——2014”人防应对行动研究性演习，并组织县（市、区）人防办现场观摩。11月，市人防办代表济南战区参加国家人防军事斗争准备检验评估，在迎检同类城市中，成绩优异，为济南战区获全军第一名做出了贡献。

【人防指挥通信体系建设】 加强市级“三位一体”人防指挥体系使用、维护和管理，设备设施处于良好战备状态；改造升级市级人防基本指挥所，与泰安军分区基本指挥所、各县（市、区）机动指挥所实现互联互通；改造升级地下指挥所柴油发电机组及供电系统配套工程，确保供电不间断；建成全省应急平台视频会商系统，与全省应急系统实现互联互通。

泰安市人防办组织人防专业队伍进行集结点验训练　　（梁　波　供）

【人防信息化与通信警报建设】 完成人防光缆通信骨干网建设，升级“人防地理信息系统”软件系统，完成“城市防空袭演练指挥系统”建设，启动“北斗卫星导航定位系统”。短波出联、视频会议、卫星联调等联通率保持在100%。对警报设备维护检修，组织“9•18”警报试鸣，城市警报音响覆盖率100%。

【结建防空地下室审批建设与防空地下室易地建设费征缴】 落实结建防空地下室报建联审制度，全市核准修建防空地下室面积（含兼顾工程）同比增长157%，竣工验收面积同比增长55%，并依法足额征缴防空地下室易地建设费。

【单建人防工程建设】 市本级1101人防工程基本完成土建主体建设；1201人防工程投入使用；901人防工程设备设施安装。8月，市人防办在全省城市地下空间开发利用工作会议上介绍经验。10月，泰安市被省住建厅、省人防办确定为全省城市地下空间规划、建设和管理工作试点城市。

【人防工程维护管理】 对93个在建和建成使用的人防工程进行质量安全巡查，组织安全生产百日攻坚行动，排查治理全市人防系统安全隐患。与15家建设单位签订结建人防工程使用和维护协议，收取人防工程使用费同比增长10%。10月，市人防办在全省人防工程建设管理现场会上作典型发言。

【人防行政执法】 市本级巡查城区新建民用建筑项目61个，督促补缴防空地下室易地建设费项目23个。各县（市、区）人防办规范执法流程，开展市、县（市、区）联合执法，提升县级人防执法成效。

【人防宣传教育】 落实人防教育“五进”要求，发放人防知识宣传图册500份，在社区、企业安装人防展板100块，向初级中学人防教育施教学校发放《人防知识》课本3万册，人防教学器材28套，受教育学生3万人，普及率100%。

【县级人防机构队伍建设】 年内，协调编制部门将县（市、区）人防办由政府办公室管理调整为由县（市、区）政府直接管理，增加人员编制16人，新招录专业技术人员8人。　　（梁　波）

编辑·校对　王云勇

经济管理

发展和改革

【概况】 2014年，全市实现生产总值3002.2亿元，增长9.4%。一、二、三次产业结构调整为8.67∶47.63∶43.70。完成地方一般公共预算收入187.4亿元，增长11%，其中税收占比达到72.2%，主体税收比重53.2%；粮食总产281.7万吨，实现“十二连增”；规模以上工业增加值比上年增长11.4%；完成规模以上固定资产投资2299亿元，增长16%；实现社会消费品零售总额1188.1亿元，增长12.8%；进出口总额29.7亿美元，增长19.5%；城镇居民人均可支配收入30715元，农村居民人均纯收入12913元，分别增长8.9%和11.8%。市发展和改革委员会（简称市发改委）被市委、市政府表彰为“2014年度科学发展综合考核先进单位”“2014年度机关作风和政风行风建设争先进位先进单位”，被市委表彰为“2014年‘五型’机关建设示范单位”，被市政府表彰为“2014年度对外开放工作先进单位”；并获得“全国优秀农村经济动态监测点”等称号。

【经济体制改革】 市委、市政府成立经济体制和生态文明体制改革专项领导小组，印发《经济体制和生态文明体制改革专项小组改革任务分工方案》。牵头推进医药卫生体制改革，启动第二批县级公立医院综合改革，13所公立医院参与试点，对城乡居民基本医疗保险管理体制进行整合。牵头启动全市公车改革工作，对第一批公车改革情况进行调查摸底。深化行政审批制度改革，做好国家、省发改委取消和下放审批事项的落实和承接工作，除上级要求必须市以上审批项目外，一律下放到县级发改部门。推进国有林场改革试点工作，争取中央资金4400多万元。

【计划编制】 ①年度计划。提出2015年国民经济和社会发展计划，通过市人代会审议。2015年经济社会发展的主要预期目标为：总量指标，全市生产总值增长8.5%左右，规模以上固定资产投资增长15%左右，一般公共预算收入增长9.5%左右，社会消费品零售额增长12.5%左右，进出口总额增长11%左右，实际利用外资增长18%左右；社会发展指标，城镇居民人均可支配收入增长9%左右，农村居民人均纯收入增长10%左右，城镇新增就业5万人，农村劳动力转移就业6万人，城镇登记失业率控制在3.5%以内，人口自然增长率控制在10.39‰以内；结构调整指标，服务业增加值占生产总值的比重提高1个百分点以上，税收收入占财政收入的比重进一步提高，高新技术产业产值占工业总产值的比重提高1.3个百分点以上；生态建设指标，完成省政府下达的年度节能减排约束性目标任务、过剩产能化解任务，强化制度建设，形成节能减排长效机制，持续推进绿色、低碳、循环发展，提高生态泰安建设水平。②长期计划。启动“十三五”规划编制课题研究工作，确定各个领域“十三五”前期重大研究课题30个。牵头制定《泰安市职业教育发展规划（2014～2020年）》，从培养规模、基础能力建设、专业建设、师资建设等六个方面明确量化发展目标，从完善招生考试办法和统一招生平台建设、完善“知识＋技能”的春季高考、发展产学研良性互动的校企合作办学模式、优化专业设置和专业建设、加强公共实训基地建设、建设高素质的教师队伍、完善职业教育经费保障机制等方面指导未来六年职业教育发展。

【服务业发展】 落实服务业发展各项政策措施，制定加快服务业发展的任务分工方案，对49项任务落实单位和责任单位作出明确分工。争取国家、省服务业引导资金扶持泰盈科技、众志电子创新团队等现代服务业项目13个，安排市级服务业引导资金扶持项目13个。实施服务业载体建设“103030工程”（重点培植10个市级服务业集聚区、30家市级重点服务业企业、30个市级重点服务业项目），开展主辅分离企业改革，确定主辅分离企业559家，办理税务登记529家。服务业增加值占生产总值的比重提高1.07个百分点，达到42.74%；服务业税收占全部税收的比重为46.1%，同比提高5.1个百分点；服务业投资占全部投资的比重达到53.5%。

【“双对接”和对口支援】 组织进京“双对接”活动2次，对接项目96个，落实资金10.94亿元。年内争取中央、省预算内投资项目171个，落实投资8.67亿元。泰山创业投资有限公司、泰安市华源创业投资有限公司共获得引导资金3000万元。争取国家发改委批准将东平县列入国家中原经济区享受中部地区政策，争取沂蒙革命老区、资源枯竭城市政策等区域发展政策。推进泰安市创建国家首批新能源示范城市和国家首批分布式光伏发电应用示范区工作。争取泰安市被国家发改委列为全国资源综合利用“双百”工程示范基地，泰山石膏股份有限公司被列为骨干企业。争取肥城市被国家发改委列入全国主体功能区工作试点县（市、区），新泰市被国家发改委列为全省县域经济科学发展试点县（市、区）。开展对口支援，投入援建资金1.6亿元，组织实施援疆项目29个，组织“内地企业岳普湖行”系列活动，邀请山东和外省市企业到岳普湖考察投资，引进产业合作项目34个，落地17个，投资12.7亿元；开展“手拉手、心连心”结对共建活动，协调结对共建单位6家，选派援疆干部人才71名到受援地工作。筹集资金380万元，支持重庆市巫溪县建设。组织有关部门和企业参加中国新疆喀什·中亚南亚商品交易会（喀交会）、中国东西部合作与投资贸易洽谈会（西洽会）、中国西部国际博览会（西博会）等经贸洽谈活动，并组织民营企业招商活动。

【区域经济发展】 ①编制规划。配合济南市编制《省会城市群空间发展战略》，配合省交通厅编制《省会城市群经济圈公路水路交通基础设施发展规划》《西部经济隆起带公路水路交通基础设施发展规划》。②“一圈一带”规划实施。发起成立“一圈一带”交通运输专业委员会，推进104国道界首至满庄段改建工程、济南至泰安东部高速公路项目、聊泰铁路、济南至泰安城际铁路等重大项目进展。争取省“一圈一带”专项资金近2亿元，实施项目55个。落实省、市相关规划，推进泰安市与省发改委、济南市战略合作框架协议的实施。主动对接“一圈一带”各市，促进全面合作交流和一体化发展，实现产业互补和资源共享。（*石　震*）

国有资产监督管理

【概况】 2014年，全市国有资产监督管理工作以“转型发展、二次创业”为统领，创新“三点一面”（破难点，创新完善国资监管体制；抓重点，确保国有资产保值增值；培亮点，释放国有资本发展潜能，推动全面工作）国资监管工作格局，建立“三位一体”（国资监管机构、国有资本投资运营公司、实体企业三位一体）的改革构架，打造“国资之本、国企之家”服务品牌，国资国企改革发展稳定。年末，全市国有及国有控股企业226户，较上年增加19户；资产总额985.8亿元，较上年增长24.8%；所有者权益总额338.5亿元，同比增长9.6%。其中，市属企业112户，较上年增加19户；资产总额539.4亿元，同比增长34.3%；所有者权益总额193亿元，同比增长17.3%。市国有资产监督管理委员会（简称市国资委）获省级文明单位称号，被省国资委评为全省国有资产统计工作先进单位，被市委、市政府表彰为“2014年度机关作风和政风行风建设争先进位先进单位”，被市委表彰为“2014年五型机关建设示范单位”；市企业国有资产管理中心被市委、市政府表彰为“全市信访工作先进单位”，被市政府表彰为“2014年度全市对外开放工作先进单位”。

【国有资产监管】 年内，上缴国有资本收益18419万元，超年初预算1.2倍，同比增长71.8%。按照“合法合规、简政放权、提质增效”的要求，制定《资产减值准备财务核销》《市属企业投资管理办法》等国资监管制度7项，对国企重大事项由过去事前审批，向事中和事后监管转变，将不影响国有权益的事项由审批改为备案。对分布在国资、财政、住建、粮食等10个部门的低效闲置国有资产进行专题调研，确定“盘活提升一批、清理退出一批、做强做大一批”的总体思路，探索“无效变有效、低效变高效”的新路子。泰山城区热力公司通过售后回租的融资租赁方式，以管网资产向海晟国际融资租赁有限公司融资3000万元，盘活企业资产，破解了“融资难”瓶颈。

【组建泰安市国泰民安投资集团】为破解国有资产分散管理瓶颈、优化国有资产布局、提升国有资产运营效益，将原市国资公司进行改建。2014年11月5日，泰安市国泰民安投资集团有限公司成立，实现投资主体、融资主体、产业整合主体和投资创业主体的功能定位，重点投资优势骨干工业、高科技、金融、房地产、文化、旅游服务业六大板块，为全市国资企业搭建国有资本有进有退、合理流动的平台，完善监管机构、投资运营公司和实体企业“三位一体”的改革架构。全市构建“三位一体”国资监管改革架构的成功经验在《山东政务信息》刊发。

【百亿企业培植】 先后组织全市百亿企业培植座谈会、国有企业暨百亿企业项目登山节专场推介会，承办全市企业高端培训会议，邀请商务部和国务院研究发展中心专家授课，助推百亿企业培植工作。年内，泰丰矿业集团主营业务收入突破百亿元。完善发展动态监测平台，实行服务企业直通车制度，完成《全市百亿企业培植工作调研报告》，获市政府系统优秀调研成果一等奖。

【市属企业转型发展】 年内，市属国有参控股企业实现营业收入224.2亿元，利润21.7亿元，利税28.4亿元，同比分别增长11.1%、9.3%和14.7%。突出抓好招商引资和项目建设，到位招商引资额3.6亿元，完成全年目标的120%，其中实际利用外资到位975万美元。21个投资过千万元的重点项目完成投资31亿元，超额完成全年计划指标。其中，泰山石膏股份有限公司2014年续建、新建6条线，总投资7.2亿元，全部投产后新增石膏板生产能力2.6亿平方米，新增销售收入14亿元。泰山玻纤新区投资9亿元建设第二条8万吨生产线。

【市属企业改革】 将泰山图片社和泰山华侨大厦整建制划转市国资中心管理，山东泰安保安服务公司、金土地测绘整理中心、长城驾校、东岳检测线公司4家企业出资人变更为市国资委，其中山东泰安保安服务公司、金土地测绘整理中心完成整体移交划转，扩大了监管范围，拓宽了国有资本运营平台。在保持正常经营的前提下，367名职工全部兑付权益。推进泰山华侨大厦改制工作，遗留问题得到妥善解决，职工队伍总体保持稳定。

【重大事项管理】 批复泰山投资公司利用山东信托·城市发展基金1号集合信托争取50亿元城市重点建设项目资金；批复市国资公司以持有的航天特车28.94%的股权为航天特车贷款提供反担保，缓解企业资金压力。批准市公交公司将资本公积中的7681.6万元用于转增资本，使公交公司实收资本达到8000万元，促进了企业经营资质升级。

【县级国有资产监管】 9月，举办全市深化国资国企改革专题培训班，召开县级国资监管机构暨市属参控股企业负责人座谈会，深化思想认识，加大监督指导力度。宁阳县在全省率先建立国有资本经营预算制度，以金阳矿业集团为主体，成功发行全国第一只县级煤炭类企业私募债券，并运作以山东泰阳实业有限公司为主体发行产业债。泰山区国资局打造融资发展平台，批准山东泰汶实业有限公司注册1000万元成立泰安市泰汶汇金投资有限公司。东平县国资局以水浒旅游公司为主体发行短期融资券3亿元。

（李国庆　刘锦多）

【概况】 2014年，市工商行政管理局（简称市工商局）实施商事制度改革，完成工商管理体制调整、流通领域食品监管职能和人员划转等任务，被评为全市就业工作先进集体，并通过“省级文明单位”复查。泰山景区分局南天门工商所作为全国先进集体成功入选国家工商总局宣讲团，赴全国11省市作事迹报告20余场次，山东卫视《齐鲁先锋》栏目、《工商行政管理》等多家媒体予以报道。肥城市工商局“先行一步用心服务”品牌创建和泰山区工商局查处侵害消费者权益案件入选全国工商系统百佳案例（事例）。

【职责机构调整】 年内，根据省委、省政府《泰安市人民政府职能转变和机构改革方案》和市委、市政府《关于泰安市人民政府职能转变和机构改革的实施意见》，市工商行政管理局为市政府工作部门，由省以下垂直管理改为分级管理，7个县级局调整为县（市、区）管理，其中泰安高新区组建市场监管局。景区分局作为市工商局分局，管理体制不变。机构职责调整后，全市工商管理系统向食药系统划转行政编制453个，实际划转人员266名，占划转前在职在岗人员的19.12%。①职责调整。原流通环节食品安全监督管理职责划入市食品药品监督管理局，增加根据国家工商行政管理总局授权，承接外国（地区）企业在中国境内从事生产经营活动核准登记和外国企业常驻代表机构登记；外国（地区）企业在境内从事生产经营活动核准、外商投资广告企业项目审批、外商投资广告企业设立分支机构审批、户外广告登记和固定形式印刷品广告审批等职责。②机构编制。下设企业注册局、公平交易局（挂泰安市工商行政管理经济检查支队、打击传销办公室牌子）副县级行政机构2个，办公室、人事科、财务装备科、政策法规科、市场合同管理科、商标广告管理科、消费者权益保护科、网络监管科共内设科室8个。机关行政编制39名，配备局长1名，副局长3名，正科级领导职数11名（含机关党委专职副书记1名、总经济师1名、总会计师1名），副科级领导职数8名。企业注册局行政编制16名，公平交易局行政编制13名。

【商事制度改革】 2月7日，国务院印发《注册资本登记制度改革方案》，规定自3月1日起，实施注册资本登记制度改革。市政府成立工商登记制度改革领导小组，印发《关于推进工商注册制度便利化加强市场监管的实施意见》《泰安市市场主体住所（经营场所）登记管理暂行办法》，充实窗口登记力量，加大软硬件设施建设，下放登记管辖权限，开通网上服务平台，提高了服务效率。至年底，全市新登记注册个体工商户2.92万户，注册资本（金）250935万元，分别增长50.82%和62.56%；个体工商户19万户，从业人员40.93万人，注册资本（金）858234.02万元，分别增长16.60%、16.90%和45.02%。新登记私营企业8212户，注册资本2853556万元，分别增长122.49%和235.64%。实有私营企业3.50万户，私营企业从业人员34.07万人，注册资本（金）11751475.33万元，分别增长27.98%、15.73%和43.17%。新登记农民专业合作社1489户，出资总额539385.17万元，成员总数8432人，分别增长39.55%、68.90%和41.19%。农民专业合作社5996户，出资总额1797059.09万元，成员总数41898人，分别增长32.92%、58.78%和29.21%。新登记内资企业188户，注册资本（金）94512万元，分别增长16.05%和27.41%。各类内资企业4809户，注册资本（金）3656593.76万元，同比增长2.28%和6.46%；新登记注册外商投资

6月6日，省政府副省长夏耕（右三）到宁阳县工商局调研商事制度改革工作　　（刘　露　摄）

企业83户，增长36.07%。实有外商投资企业549户（外商投资的公司308户、分支241户），投资总额356820.97万美元，注册资本(金)总额212924.29万美元，外方认缴总额166937.47万美元，同比增长11.59%、46.36%、47.41%和56.55%。

【市场监管执法】 ①专项整治。组织“双打”（打击侵犯知识产权和制售假冒伪劣商品）执法行动100余次，查处各类侵犯商标专用权和制售假冒伪劣商品案件80件。与107家重点企业建立联手维权机制，为企业挽回和避免损失1000多万元。开展虚假违法医药广告专项整治，查处各类广告违法案件12件。查处销售假劣农资行为，查办农资案件184件。加强成品油市场质量监管，重点抽查全市大型油库2个、加油站180个，发现不合格样品26个，全部立案处理。加大金融、保险、电信等领域不正当竞争行为的治理力度，立案查处联通公司“IPTV”推广中的虚假宣传行为和广电公司强制用户购买节目自选包的限制竞争强制收费行为。②开展“红盾网剑”行动。开设网络市场“微监管”平台，举办电商和网络运营商约谈会，建成市局电子证据取证分析实验室，网上检查网站6720个，查处涉网违法案件16件。③合同管理。加强公用事业及汽车销售行业不公平合同格式条款的规范监管，全市收集合同文本253份，分析点评问题条款41条，查处不公平格式条款案件38件。④打击传销活动。继续保持对传销活动的高压态势，开展“无传销城市”创建活动，开展打击传销集中行动14次，打掉传销聚集点111处，查获遣返传销人员426人。

【维护消费者权益】 ①“12315”体系建设。制定“12315”指挥中心工作标准，强化“12315”投诉受理指挥中心建设，增强数据信息采集能力。“12315”热线接听来电1.8万余人次，形成投诉单3426件，为消费者挽回经济损失778万元。创新消费维权“直通车”工作模式，倡导消费者与经营者直接和解。编制“12315”专情分析简报45篇，发布消费警示56篇。②组织开展“3•15”主题纪念活动，印制宣传单1万余份、宣传手册1.5万册，在网络、电视、报纸等媒体开辟专栏6个。

【服务经济发展】 组织开展“万家民营企业大走访”活动，帮助企业解决困难。在全市非公有制企业党组织群众路线教育实践活动中开展“九个一”活动（建立一本党员台账、组织一次集中培训、开展一次专题讨论、开展一次集中查摆、开好一次专题组织生活会、开展一次民主评议活动、集中开展一次党务厂务公开活动、集中开展一次承诺践诺活动、健全完善一套长效制度），发挥个私企业律师服务团作用，在媒体刊登案例分析和风险提示3期。深化动产抵押、商标权质押、股权质押和推荐诚信文明企业等“三押一推”工作，帮助企业融资63亿元。①商标注册服务。推广“5S商标服务模式”，加大马德里国际商标注册力度。全市新增行政认定驰名商标5件，著名商标14件，地理标志证明商标3件。全市注册商标达到12500件，行政认定驰名商标27件，省著名商标127件，地理标志证明商标19件，马德里国际注册商标313件。②开展“守合同重信用”活动。推进企业信用体系建设，营造诚实信用、公平有序的市场交易环境，根据《山东省守合同重信用企业公示办法》公示国家级“守重”企业22家，省级“守重”企业201家。

·链接· 马德里国际商标注册

商标注册申请人到国外申请注册商标有两种途径：一种是逐一国家注册，就是向各国商标主管机关分别申请注册；一种是马德里商标国际注册，即根据《商标国际注册马德里协定》或《商标国际注册马德里协定有关议定书》的规定，在马德里联盟成员国间所进行的商标注册。通常所说的商标国际注册，即马德里商标国际注册。

（刘建广　张岱群）

【概况】 年末，全市有物价管理机构7个，在编干部职工187人，其中市级管理机构1个，在编51人；县（市、区）级管理机构6个，在编136人。全市物价系统以打造“阳光物价、民生至上”服务品牌为目标，发挥“稳物价、推改革、惠民生、促发展”职能作用，市物价局被省文明委授予“省级文明单位”称号。

【价格总水平】 价格总水平基本稳定。全市居民消费价格总指数（CPI）全年累计上涨1.8%，与上年持平，分别比全省、全国平均水平低0.1和0.2个百分点。构成CPI的八大类商品总体波动幅度在6%以内，呈“四涨四降”态势。其中，食品类累计上涨1.5%，衣着类累计上涨5.6%，医疗保健和个人用品类累计上涨3.6%，居住类累计上涨3.1%；烟酒类累计下降1.3%，家庭设备用品及维修服务类累计下降0.2%，娱乐教育文化用品及服务类累计下降0.3%，交通和通信类累计下降1.2%。

【价格调控】 ①价格监测预警。落实价格监测报告制度，新增道路货物运输价格监测，向上级主管部门报送监测数据4.5万条，向市委、市政府报送分析资料200篇，被通报采用27篇，其中3篇被上报国务院办公厅。开展生猪价格应急监测，报送分析资料30篇。启动价格信息公共服务平台建设，开发智慧物价信息网和价格通手机终端。②价格调节基金。征收价格调节基金9000万元，入市级国库7800万元。探索使用价格调节基金支持蔬菜目标价格政策性保险工作，全省蔬菜、生猪目标价格政策性保险课题结题会议在泰安召开。③临时价格监管。“五一”、国庆期间，对城区大中型宾馆酒店客房价格实施临时价格监管措施，对结算价格超过正常平均水平50%的，按哄抬价格行为论处，防止客房价格过度上涨。

【价费管理】 ①能源价格管理。落实山东省物价局一系列涉民涉企电价政策。对港华燃气、安泰燃气和中油华气3家公司2013年生产经营情况进行审价。调整泰山燃气集团与下游公司管道天然气非居民用存量气结算价格、非居民用管道天然气和车用天然气销售价格。调整成品油价格18次。②民生价费管理。加强零售药价和医疗服务收费管理，对11家零售药店、诊所医保资质进行审核。联合有关部门对全市非公立医疗机构医疗服务价格实行市场调节。调整公办幼儿园收费标准，重新审核11所市直幼儿园收费并公示备案。对全市公共停车场收费实行分类管理，制定新的停车服务费收费办法及标准，对42家停车场收费公示情况进行审核备案。制定普通住宅物业服务收费基准价格，规范泰山区、岱岳区、泰安高新技术产业开发区和泰山景区普通住宅物业服务收费标准，并进行公示和明码标价。备案11所高职院校收费标准，核准批复10所教育机构收费标准和6个景区、景点门票价格。调整城区客运出租汽车等时计费标准。根据新供热条例要求，制定新制热价政策2部。③行政事业性收费管理。联合市财政局印发《2014年泰安市市直部门行政事业性收费项目目录》。审验市直和省以上驻泰安单位2013年度收费情况，审查单位232个，查出无资质单位3个、乱收费单位3个、无依据收费单位4个，取消、免征和停征收费项目14个，减轻企业和群众负担4100万元。换发收费许可证，重新审查各单位收费资质，147个单位通过审核。

对市直及省以上驻泰安135个部门和单位开展“乱收费、乱罚款、乱摊派”问题专项治理，梳理收费项目290个，取消或停止收费项目14个。梳理全市涉及行政审批的收费项目和标准，清理免征项目（政府性基金）4项。④其他价格管理。开展服务价格公示备案工作，对全市有关部门和单位服务价格管理情况进行摸底，备案并公示合格单位74家。

【价格服务】 ①价格鉴证。完成各类价格鉴证业务1166件，标的额1.4亿元，未发生复核案件。②成本监审。对医院自制剂、供热企业运营、经济适用住房、建筑垃圾处理等11个项目开展定调价成本监审和定期监审，监审总金额14.18亿元，核减不合理费用1.16亿元。③特色农产品调查。调查泰山女儿茶、大蒜、大棚西红柿、麻鸭养殖、围网养鱼等10种特色农产品成本及收益情况，撰写调查报告22篇。④市场调查。完成农民种植意向、成本收益预期、存售粮状况、农资购买情况以及粮油、生猪价格运行情况等专项调研10次，撰写分析报告20篇。⑤便民服务。开展党员“活力细胞”志愿服务行动，在15个社区认领服务岗位58个，进社区义务宣传价格政策5场次，举办知识讲座2场，发放政策解读材料300份，印发“价格与收费明白卡”7万份。参加民生热线网络直播，现场答复问题8个，事后答复39个。⑥价格咨询举报。全年受理各类价格举报和咨询1045件，实施经济制裁55.15万元，其中“12358”价格举报热线举报430件，网络举报278件，“12345”便民热线337件，回复率100%，群众满意率98%以上。

【价格监督检查】 ①节假日市场检查。“五一”、国庆期间，出动检查人员500人次，检查餐饮、零售、车站等重点行业单位800家，发放宣传资料1500份，规范不正当价格行为200起，对4家违反明码标价规定的商场分别处以罚款。②明码标价整治活动。扩大整治范围，新增教育、医疗、汽车销售与维修3个行业，行业总数增加至14个。全面整顿房地产标价行为，商品房明码标价实现常态化。对全市17家大型医疗机构和主要汽车4S店明码标价进行现场指导，并制作工作规范和管理档案。③专项检查。开展停车场收费专项检查，检查各类停车场53家，对5家违规停车场下发限期整改通知。开展涉农价费专项检查，纠正部分乡镇卫生院、殡葬服务和农机推广服务不当行为。开展教育收费专项检查，立案审查14所学校违规收费行为，罚没款52.8万元。开展涉企收费专项检查，检查收费单位40家，对涉嫌违规单位收缴罚没款62.54万元。处罚电信行业乱收费案处2起，收缴罚没款9.2万元。处罚商业银行违规行为1起，收缴罚没款80.38万元。

【农副产品平价商店建设】 7月，联合市商务局、财政局在全市启动蔬菜平价商店建设试点工作。投入启动资金60万元，在东岳银座、东湖银座、齐鲁银座、中百商厦、宝龙新时代商厦和银宝连锁金山店等6家零售企业建立平价蔬菜直销区，将32种蔬菜纳入平价政策执行范围。各平价商店每天确定13种蔬菜让利销

2014年7月，市物价局工作人员在东岳银座超市平价蔬菜直销区指导工作　（王　涛　供）

售，其中10种平价菜售价低于当日农贸市场平均水平15%以上，3种特价菜每斤售价低于1元。

（王　涛）

质量技术监督管理

【概况】 年末，市质量技术监督局（简称市质监局）辖市质量技术监督局稽查局、市计量测试所、市产品质量监督检验所、山东省特种设备检验研究院泰安分院、市纺织纤维检验所、市技术监督情报所6个直属单位，在职职工182人。年内，市质监局坚持“抓质量、保安全、促发展、强质检”的工作方针，推进质量泰安建设，服务全市经济社会发展大局，加强特种设备和重点工业产品质量安全监管，继续保持省级文明单位、全国纤维质量监督工作先进单位称号。获全省安全生产工作先进单位、全市依法行政先进集体、全市争创“五型”机关先进单位、全市综合治税先进单位、全市扶持小微企业发展优秀单位、全省质监系统首批省级依法行政示范单位称号。市质监局驻政务服务中心窗口获全市政务服务工作优胜窗口称号。

【职责机构调整】 年内，根据省委、省政府《泰安市人民政府职能转变和机构改革方案》和市委、市政府《关于泰安市人民政府职能转变和机构改革的实施意见》，市质量技术监督局为市政府工作部门，由省以下垂直管理改为分级管理，县级局调整为县（市、区）管理。①职责调整。将生产加工环节的食品（含食品添加剂）、化妆品安全监督管理等有关职责划入市食品药品监督管理局，增加承接省质量技术监督局下放的修理计量器具许可职责。②机构编制。市质监局设办公室、人事科、质量管理科（挂认证科牌子）、产品质量监督与法制科、标准化科、计量科、特种设备安全监察科、行政审批科8个职能科室，机关行政编制27名，配局长1名，副局长3名，正科级领导职数10名（含机关党委专职副书记1名、总工程师1名），副科级领导职数8名。

【质量强市战略】 继续实施“质量工作211工程”（全市确定20个重点产品培育争创省级名牌、10家企业培育争创省长质量奖、10个产业集群培育争创省优质产品基地），明确全市名牌、质量奖、优质基地重点培育单位。年内，全市新增18个山东名牌，其中17个产品荣获山东名牌产品，1个服务品牌获山东省服务名牌，全市山东名牌总数达100个。年初，2013年度泰安市市长质量奖评选活动揭晓，8家企业、4名个人荣获泰安市市长质量奖。组织开展2014年度泰安市市长质量奖评选活动。

【计量管理】 市政府办公室印发《贯彻落实〈计量发展规划（2013～2020年）〉的实施意见》，就夯实计量基础，加强计量科技创新，提高计量监管和装备水平提出明确要求，并于2016年、2020年对规划贯彻落实情况进行中期评估和全面评估。组织开展重点领域安全用计量器具等专项计量监督检查。完成城区客运出租汽车等时计费标准调整工作。

【标准化工作】 ①旅游服务标准化。依据《山东省地方标准管理办法》制定《泰安市旅游服务地方规范管理办法》，并于2014年4月7日起正式实施。自2013年4月，全市启动创建国家级旅游服务综合标准化示范市工作，在全市旅游服务行业开展综合标准化建设，累计创建国家级、省级旅游类服务业标准化试点7个，主持、参与制定旅游服务类省地方标准13项。②标准制订、修订。全市企事业单位参与或主持制修订国家标准7项、行业标准13项、省地方标准10项。提报的39项山东省地方标准获得立项。全市140万重奖标准制修订项目。③采标工作。办理企业产品标准备案188个，产品执行标准登记113个，采用国际标准或国外先进标准121个。④组织机构代码。核发组织机构代码证书8004套，信息卡6465个，办理条码注册108家。

【特种设备安全监察】 年内，全市特种设备产业列入工业发展“六个一批”项目（办成一批核心技术项目、扶持一批重点技改项目、培育一批自有品牌、做大做强一批品牌企业、孵化一批科技创业项目、申报一批自有专利）22个，累计投资金额12.4亿元。推进特种设备安全生产百日攻坚行动，开展大型游乐设施、车站和商场电梯、客运索道、安全生产资质等专项治理。检验各类特种设备4万余台（套），压力管道52千米，常压罐车163辆，校验安全阀9550只，发现并督促整改隐患1181个，在用特种设备定期检验率保持在98%。

【工业产品质量监督】 全市接受国家、省监督抽查产品198批次，合格177批次，合格率89.3%；开展市级定期检验560批次。对重点生产企业的生产条件、出厂检验、关键工序等项目进行核查，开展全市汽车及零配件、危险化学品、食品相关产品等产品质量专项整治，推进工业产品企业分类监管，将334家获证企业纳入分类监管。

【检验检测能力建设】 完成市计量所红门实验室（除出租车计量检测中心）搬迁工作。国家再制造机械产品质量监督检验中心建设稳步推进。全市完成桑蚕干茧公证检验3816吨，生丝公证检验154批，各类棉花公证检验15.5万吨。

【计量文化体系建设】 加强计量文化建设，构建“度万物、量天地、衡公平”计量文化体系，打造计量核心价值理念。印发《泰安市质量技术监督局关于进一步转变职能优化营商环境的措施》，以“世界计量日”“质量月”等活动为载体，加大新闻媒体宣传报道力度，普及计量知识，提高公众计量意识。开展“计量惠民”“阳光纤检进社区”等公益活动。代表山东省质监局参加国家质检总局组织的质监执法现场单兵演练。省政府上报国务院《关于报送山东省2014年促进市场公平竞争维护市场正常秩序重点工作方案的函》，对泰安市质监局3G电子取证系统做法给予充分肯定。开展质监系统执法工作和案卷质量专项检查，10起复议案件均维持原行政行为裁定。

（马　敏）

食品药品监管

【概况】 年末，市、县（市、区）有食品药品监督管理行政管理机构9个（含高新区和泰山景区）、乡镇食品药品监管所88个；食品药品稽查机构7个，食品药品检验机构5个，药品不良反应监测机构1个。在职干部职工672人，其中市食品药品监督管理局机关在职工作人员40人。全市有规模以上食品生产加工企业420家，食品经营单位2.33万户，其中零售单位1.97万户，批发单位824家，批发市场7处，农贸市场33处，集贸市场313处，大型商场、超市（经营面积1000平方米以上）50家。餐饮服务单位7000家，医药生产企业19家，药品批发企业26家，药品经营企业1700家，药品使用单位3300家，医疗器械生产企业26家，医疗器械经营企业524家，保健食品经营单位近2000家，化妆品经营企1000家。全市食品药品监管系统基层站所建设、食品流通“票档一体化”档案账册制度、学校周边食品安全专项整治、“三小”整治等工作经验在全省推广。市食品药品检验检测中心在全省第一个取得食品资质认定。

【职责机构调整】 年内，根据省委、省政府《泰安市人民政府职能转变和机构改革方案》和中共泰安市委、泰安市人民政府《关于泰安市人民政府职能转变和机构改革的实施意见》，泰安市食品药品监督管理局承担全市食品的生产、流通、餐饮环节和药品、医疗器械的研究、生产、流通、使用全过程的行政监督、技术监督及保健品、化妆品安全监管工作。①职能调整。市、县两级均整合原食品安全办公室、原食品药品监管局职责、质监局食品生产监管职责、工商局食品流通监管职责，组建新的食品药品监督管理局，高新区成立市场监管局，泰山景区成立食品药品监管局，组建市食品药品稽查支队和县（市、区）食品药品稽查大队。独立设置市药品不良反应监测中心，组建市食品药品检验检测中心，各县（市）均整合食品药品检验资源，组建综合性检验检测中心，统一履行食品药品检验职责。②机构编制。市局内设办公室、政策法规科、综合协调科、食品生产监管科、食品流通监管科、餐饮服务食品监管科、保健食品化妆品监管科、药品生产监管科、药品市场监管科、医疗器械监管科、人事科、规划财务科职能科室12个和机关党委。6个县（市、区）均完成工商质监人员及职责划转工作，县级局机关共核定行政编制182人，实有153人；稽查编制129人，实有128人。全市88个乡镇(办事处)均设立食品药品监管所，共核定行政编制440人。全市3682个村居设有协管员的村（居）3091个，协管员3113人。

【综合治理】 ①集中整治行动。开展以“彻底排查群众反映食品药品安全突出问题、严厉打击食品药品违法犯罪行为”为主题的集中整治行动。确定食用农产品、食品添加剂、地沟油、明胶、蜜饯、白酒、乳制品、调味品、肉制品、药品、医疗器械、保健食品等重点品种，对农村、城乡接合部、学校及景区周边等重点区域和社会热点、敏感问题，开展集中专项执法检查活动。出动执法人员7063人次，检查单位9564家次，责令整改3242家次，查办案件114起，涉案金额66.59万元，移交公安部门案件5起。各县（市、区）共出动执法人员4.69万人次，检查单位3.0万家次，责令整改4976家次，查办案件1147起，涉案金额62.34万元，移交公安部门案件6起。全市公安机关食药环侦部门排查犯罪线索500条，侦办犯罪案件19起，抓获犯罪嫌疑人35人。②重点突出问题整治。针对公众反映强烈的突出问题，部署重点突出问题整治10项。在食用农产品源头治理中，查处违法违规案件289起，取缔违法生产经营单位20家，查获有毒有害食用农产品及相关产品16.23吨，抓获犯罪嫌疑人27人；食品生产、流通、餐饮服务环节查处违法违规案件1102起，取缔违法经营单位147家，抓获犯罪嫌疑人145人。

【专项整治】 ①农村食品市场专项整治。按照“严管批发户、规范零售户、取缔无照户”的分类监管工作思路，对农村市场进行全面清查，共检查食品经营户2.09万户次，依法取缔72户。②学校周边食品安全专项整治。按照“亮证经营、安全承诺、单据留存、原料公示、卫生整洁”五项规范标准，组织开展学校周边200米范围内食品店、餐饮店及食品摊贩的治理工作，为食品摊贩免费发放食品安全信息公示牌1500余套。全市完成学校周边807个食品店、551个餐饮店和769个食品摊贩的规范工作。③食品加工小作坊专项整治。在全省率先开展小作坊整治，初步形成“政府引导、连片改造，地方扶持，产业聚集”的规范化治理模式。全市建立小作坊示范点200家，示范片区12个。国家食品药品监管总局网站和省食药局简报刊发《泰安市食品加工小作坊监管指导意见》，推广泰安市经验。

【食品监管】 ①食品生产。一是健全完善食品生产许可机制。承接下放食品生产许可事项8类，完善食品生产许可受理、技术审查、审查员管理等工作制度，规范工作程序，规范全市食品生产委托加工行为。二是破解食品生产加工小作坊监管难题。市政府印发《关于开展食品生产加工小作坊整治的通知》，市食药局印发《泰安食品加工小作坊监管指导意见》《泰安小作坊生产基本要求》，明确具体措施12项，为指导基层小作坊整治工作提供依据。各县（市、区）划定小作坊加工产业园区，对达到规范要求的小作坊，给予适当财政补贴。全市打造小作坊示范点200家，示范片区12个。三是稳步推进食品安全责任保险。组织2家保险公司、6家食品生产企业分别签订食品安全责任险。②食品流通。全面推行“票档一体化”档案账册制度，全市824家食品批发单位中应用率达85%以上，辐射全市食品经营单位1.9万余家。做好流通环节婴幼儿配方乳粉监管工作，督促27户不符合单项审核条件的经营业户及时整改。推行药店销售婴幼儿配方乳粉，确定销售婴幼儿配方乳粉试点药店15家。建立完善食用农产品市场准入机制，在泰城推进食用农产品农药残留自行检测工作，大型超市新时代商厦五马店率先建立“农药残留检测室”，检测结果在超市内公示，另有4家大型超市正在筹备建立食用农

2014 年 6 月 6 日，省食品药品监管局局长马越男（左三）在市政府副市长徐恩虎（左二）陪同下到泰安市调研食品药品安全监管工作

（王玉梅　摄）

产品“农药残留检测室”。③餐饮服务。制定《泰安市奶吧食品安全监督管理办法（试行）》，实行乡村厨师档案登记，试点实施中型以上餐馆、学校食堂、连锁门店质量受权人制度，建立受权人备案考核档案。

【保健食品和化妆品监管】 开展会议传销、互联网销售等进行专项治理，对全市保健食品 GMP、化妆品生产企业卫生规范进行跟踪检查，完成保健食品风险监测抽样 40 批次，化妆品国抽 38 批次，审批保健食品产品广告 28 件。

【药品监管】 ①药品生产。严格特殊药品监管和审批，实施药品 GMP 认证，全市 19 家生产企业，获新版 GMP 证书 11 张，在产无菌制剂生产企业新版 GMP 通过率 100%。加强基本药物监管，4 家在产基本药物生产企业全部实施基药电子监管，赋码药品 76 个。完成基本药物品种处方工艺核查 89 种，并建立品种档案；完成在产中标基本药物质量评估和风险排查 34 种。②药品流通。对全市 26 家药品批发企业、1700 家药品零售企业、3300 家药品使用单位进行动态全覆盖现场检查。推进实施新修订药品经营质量管理规范，全市有 5 家药品批发企业获得药品 GSP 认证证书，10 家药品零售企业通过药品 GSP 认证。新增连锁企业 22 家、门店 377 家，药品零售企业连锁率已提高到 26%。加强药品电子监管，26 家药品批发企业加入中国药品电子监管网，35 家药品零售企业试行入网。③医疗器械。开展医疗器械专项整治活动，检查医疗器械生产企业 26 家、经营企业 524 家、使用单位 1056 家，责令整改 140 家；查处无证生产义齿黑窝点 1 家，立案 56 件，罚没款 80 万元。加强对新修订《医疗器械监督管理条例》的培训，制定一类生产及二类经营企业备案工作流程，完成抽验 14 个品种、20 个批次。

【监管能力建设】 ①检验检测技术支撑能力。开展检验参数扩项工作，食品、保健食品和化妆品检验参数达到 1.39 万个、药品 131 个，全部通过实验室资质认定现场评审，居全国地级市食品药品检验中心第 1 位。省局给予 600 万元的仪器设备专用资金支持，市政府有偿划转 8200 平方米的楼房作为新实验楼。②药械不良反应监测与风险评估能力。市、县、乡、村四级监测网络建设初步形成。全市上报药品不良反应报告 6249 例，新严例 768 例，器械不良事件 1250 例，严重 228 例。

（王玉梅）

安全生产监督管理

【概况】 年末，全市有安全生产监督管理机构（简称安全监管）机构 7 个，其中市级 1 个，在职人员 25 人；县（市、区）级 6 个，在职人员 64 人。2 月，市机构编制委员会批准设立泰安市安全生产应急救援中心，为正科级财政拨款事业单位，隶属于市安监局管理，编制 4 名。县（市、区）均建立安全生产监察大队，配备安全生产执法人员 81 人，乡镇均成立安全管理办公室或安全监管所，有安全监管人员 312 人。各级安全监管工作部门以开展“安全生产责任落实年”活动为载体，积极预防，落实责任，强化监管，全市安全生产形势保持持续稳定。全市共发生各类事故127起、死亡74人，分别下降15.3%和6.3%，事故起数、死亡人数连续13年保持“双下降”，连续3年未发生较大以上事故，是全省未发生较大及以上事故的4个市之一。市委副书记、市长王云鹏，副市长展宝卫分别在全省安全生产大会和全省非煤矿山攻坚克难会议上作典型发言。市安监局获得“全国安全生产先进单位”“全国职业病防治知识竞赛优胜单位”“全省安全生产先进单位”“全省2014年‘安全生产月’活动优秀组织奖单位”等称号，连续4年被省文明委命名为“省级文明单位”。

【安全生产目标管理】 ①强化组织领导。调整由市长任主任，各副市长任副主任，6个县（市、区）政府主要负责人、75个市直部门主要负责人为成员的政府安全生产委员会。设立由各副市长任主任的专业委员会18个，明确牵头部门，形成横向依托县（市、区）安委会、纵向依托专业安委会的全覆盖、无缝隙安全监管体系。②层层落实责任。年初，与6个县（市、区）和57个部门单位签订安全生产目标管理责任书，将全年目标任务和安全生产控制指标落实到各级各部门和企业单位；对县（市、区）排查上报的生产经营单位安全监（主）管责任进行明确。③强化过程管控。实行安全生产周调度制度，盯紧抓牢重点时段，春节、“两会”、夏季汛期等重要敏感时期实行县（市、区）县级领导干部包保重点行业领域、重点乡镇、重点企业、重大隐患责任制。明确各县（市、区）及15个重点部门每周五向市政府汇报制度，确保关键时段安全稳定。④严格考核奖惩。年初召开全市安全生产工作会议，对上年度完成控制指标、工作成绩突出的24个先进单位和20名先进个人给予通报表彰，兑现奖金54万元，其中6个县（市、区）全部受到奖励。贯彻落实省委、省政府《关于进一步加强安全生产工作的意见》，推进“五个责任”（企业安全生产主体责任、主要负责同志安全工作第一责任、属地监管责任、安监部门综合监管责任、行业部门专项监管责任）的落实。12月，市政府安委会派出4个考核组，对各县（市、区）、市直各部门单位2014年度安全生产工作任务完成情况进行考核。

【重点领域专项整治和“打非治违”】 ①推进重点行业领域隐患排查治理和专项整治。在非煤矿山领域开展通风、提升运输、防治水等专项整治，深化“三级安全评估”“五级隐患排查”。开展危险源辨识和风险评估，推进矿山关闭工作，关闭非煤矿山企业42家，完成省政府安委会下达的2013～2015年度关闭任务的63.6%。开展与全市地下非煤矿山、危险化学品企业主要负责人集体谈心、谈话活动。聘请工艺、设备专家和技术人员集中开展诊断排查，对蒸馏、蒸发回收处理物料和“三废”处理环节实施专项整治。对全市金属、粮食加工等7个领域361家涉粉尘类企业进行全面排查整治。在烟花爆竹、冶金有色、煤矿、油气管线、道路交通、建筑施工、人员密集场所和劳动密集型企业等行业领开展隐患排查治理和专项整治，累计排查整改各类隐患近5.4万条，落实隐患治理资金3400万元。②开展企业主体责任落实专项执法检查、打非治违专项行动等活动。年初，市安全监察支队科学编制年度执法计划，将118家市管企业和229家县（市、区）重点企业列入年度执法计划，并编制涉及危险化学品等13个行业的执法检查参照表，使执法监察更具可操作性。在市直企业和每个县（市、区）选取2～3家主体责任落实较好、安全管理较为规范的企业作为“龙头”企业，通过经验交流、现场观摩等形式，引领同行业企业健全完善基础资料和台账，规范一个企业，带动一批企业、提升一个行业。累计开展专项执法检查8453家次，下达各类执法文书1.11万份，打击非法违法、治理纠正违规违章行为2.5万项，组织跨区域、跨部门联合执法249次，采取“四不两直”（不发通知、不打招呼、不听汇报、不用陪同和接待，直奔基层、直插现场）方式对重点地区和单位实施暗查暗访715次，向社会公布列入“黑名单”企业

8家,实施"一案双查"企业25家,预防和减少了各类事故的发生。

【安全生产基层基础建设】 ①实行精细化监管。发挥各行业专家和技术的作用,在矿山、化工等企业开展安全技术交流、会诊式安全检查,实施专业化、精细化安全监管。深化地下非煤矿山"三级安全评估""五级隐患排查",露天采石场推进实施"五化"建设,连续多年杜绝死亡责任事故。危险化学品领域,细化落实企业保障生产安全十条规定,推广企业外聘专家查隐患制度,累计聘请各类专家350人,提升了精细化管理的水平。②开展安全创建活动。持续推进企业安全标准化创建,全市三级以上安全标准化达标企业782家,其中煤矿、烟花爆竹、危险化学品生产企业达标率均为100%。加大安全文化建设示范企业培育引导力度,3家企业被评为省级安全文化建设示范企业,14家新申请和复审企业被命名为市级安全文化建设示范企业。开展优秀班组、班组长评选活动,50个班组获"泰安市安全生产优秀班组"称号,10个班组获"泰安市安全生产十佳班组"称号、10人获"泰安市安全生产十佳班组长"称号。③加强应急管理。全市171家非煤矿山企业(井工开采)、危险化学品生产企业、烟花爆竹经营(批发)企业等高危行业企业全部完成应急预案评审备案,680家规模以上企业全部完成安全生产应急预案备案。全市开展各类安全生产综合应急救援演练及针对重大危险源的专项安全生产应急救援演练活动1600次,参演人数9.6万人,动用各种器材1.7万件,车辆4520辆,观摩演习人数17.8万人。

【安全生产宣传教育培训】 开展第十三个"安全生产月"活动,全市共计30万人次参加各项活动,共设置展板2.6万块、咨询台2100个,发放宣传材料80万份。泰安市被省政府安委会表彰为"安全生产月"活动优秀组织单位。市委组织部、市安监局联合举办全市分管乡镇长(安办主任)、安全生产监管执法资格培训班2期,各县(市、区)安监局、全市各乡镇(街道办事处)安全生产分管负责人、安全执法人员共计268人参加培训并考试合格。加大新《安全生产法》宣传力度,市政府安委会及各县(市、区)、市有关部门单位均制定方案,通过召开会议、媒体宣传、专家授课、视频讲座、集中培训等形式开展新安法宣传培训,向市民发送宣传新安法短信8万条,在市政大楼大厅、有关部门单位驻地和主要街道悬挂安全生产法宣传条幅,泰城主要街道、各县(市、区)辖区内共设置普法宣传点7个。市安监局订购新法单行本、新法释义发放到每一位安全生产监管执法人员;印制新安全生产法、致企业家一封信等宣传材料,发放到各生产经营单位。开展安全生产大培训活动,全市累计培训企业负责人、安全管理人员和特种作业人员3万人次。

【安全生产长效机制】 ①建立市政府安全生产月督导制度。坚持"单月督导行业系统、双月督导县(市、区)",每月一次集中督导。先后对6个县(市、区)及城镇燃气和油气长输管线、烟花爆竹、建筑施工、道路交通等重点行业领域进行集中督导12次,通报问题隐患1400余,督促限期整改。②实施安全生产倒逼管理。对2013年黄牌警告、实施半年重点管理的首批28家企业进行审查验收,摘牌21家,关闭4家,将仍存在问题较多的3家企业延长一个重点管理期。继续对第二批、第三批共54家企业实行重点管理,抄报财政、金融等部门,敦促企业安全管理上水平。③推进科学预防体系建设。投入1200万元,实施集综合监管、政务管理和应急指挥于一体,涵盖隐患排查治理等18项功能,贯通市、县、乡、企业四级的"智慧安监"综合监管信息化平台建设。为确保风险防控体系切实可行,自行研究探索覆盖政府、行业主管部门(单位)、生产经营单位、车间和班组人"五级六步"风险辨识、控制、治理方法步骤,以实现安全生产风险的定期识别评估、管控对象确定、风险源管控和隐患排查整改,确保监管领域安全生产风险可控、在控。成立专门课题小组,启动"安如泰山"文化品牌下的地方政府安全生产科学预防体系创建项目,主要建设安全发展目标、事故风险防范、安全文化理念体系、安全三基建设规范等12大体系,以促进区域安全监控网格化、隐患排查治理信息化、行业安全监管规范化和企业安全管理标准化，安全发展目标、安全效能评价等六个体系已基本完成。“安如泰山”安全生产科学预防体系和“智慧安监”安全生产综合监管信息化平台建设，分别被省安监局、国家安监总局列为省安全生产科技实施项目、安全生产重大隐患治理科技攻关项目。 （郝贞明）

审　计

【概况】 年末，市、县（市、区）审计机关 7 个，审计人员 210 人。市、县两级审计机关审计单位 281 个，查出违规问题金额 7.31 亿元，促进增收节支 2.81 亿元，移送有关部门处理 85 人。提交综合报告和信息专报 206 篇，被市委、市政府和上级审计机关采用批示 132 篇（次），向被审计单位提出建议，其中被采纳 216 条，促进制定整改措施 52 项，建立健全规章制度 16 项。市审计局连续五年获“省级文明单位”称号。

【重大决策部署落实情况和民生项目审计】 对全市贯彻落实稳增长、促改革、调结构、惠民生政策措施情况进行跟踪审计；对肥城农村信用联社、东平农村合作银行信贷业务风险管控情况进行审计调查；对城乡居民医疗保险基金、保障性安居工程、“全省百个示范镇”建设情况、福彩资金、新泰农村土地综合整治项目和东平县扶贫资金进行专项审计和审计调查，重点关注政策落实情况和实施效果、资金使用效益和项目管理绩效，揭示和纠正侵害群众利益问题金额 1.1 亿元，促进政策措施实施和惠民政策落实。

【预算执行审计】 审计预算执行部门 47 个，延伸审计相关单位 62 个。结合部门审计开展“三公经费”使用情况调查，严格审查部门单位落实“八项规定”精神情况，关注财政资金的安全和使用效益，揭示财政资金在管理、分配、使用等方面存在的突出问题，提出改进建议。市审计局按照市人大常委会要求跟踪督促审计问题的整改情况，通过召开部门会议、实施审计回访、帮助完善制度等措施，督促审计整改落实，并向市人大常委会专题报告整改结果。

【经济责任审计】 健全工作机制，市审计局制定《市本级经济责任审计对象分类管理暂行办法》《市管领导干部离任经济责任事项交接办法》等制度，推进工作规范开展。审计中，统筹审计力量，创新审计方式，把握权力与责任两个重点，关注执行国家政策、科学民主决策、财政财务管理、依法行政、廉洁自律等方面责任履行情况。审计领导干部 194 名，查出各类违规问题金额 5.81 亿元。组织市、县两级审计机关对 6 个县（市、区）的 25 名市管干部实施经济责任审计，采取“上审下”与“同级审”相结合，对 16 个乡镇的党政主要领导干部实施同步审计。

【政府投资项目审计】 为克服异地审计实际困难、降低审计成本，探索尝试联网跟踪，前后互动、实时监控等方式，重点关注资金使用效益和项目运行效果，及时发现和纠正存在问题，促进援建项目资金规范管理。审计全市重点项目 120 个，审计投资额 14.67 亿元，审减 3.12 亿元。对泰山社会福利中心、市文化艺术中心、财源街西段改造等 16 个新建、续建项目进行跟踪审计，审计投资金额 4.36 亿元，审减 7634 万元，审减率 17.5% 。连续四年对支援新疆项目资金进行跟踪审计。

【内部审计】 市、县审计机关加强对内部审计工作的管理和指导，发挥内审协会的桥梁和纽带作用，推动内审工作全面发展。全市有内审机构 225 个，内审人员 644 人，完成审计项目 2810 个，提出意见建议被采纳 1915 条，促进增收节支 4.15 亿元，移送案件线索 23 件，建议行政处分 18 人。 （杨　宁）

统　计

【概况】 2014 年末，市及县（市、区）有统计机构 10 个，其中市级机构 2 个，县（市、区）机构

8个；有乡镇(街道)统计站87个。市统计局被国务院表彰为“第三次全国经济普查先进集体”，连续第七年被省文明委授予“省级文明单位”称号，在全省统计工作综合考核中被省统计局表彰为“先进市统计局”。

【经济普查】 2014年1月1日起，第三次经济普查开始进行现场登记。普查范围涉及采矿业，制造业，电力、热力、燃气及水生产和供应业，建筑业，批发和零售业，交通运输、仓储和邮政业，住宿和餐饮业，信息传输、软件和信息技术服务业，金融业，房地产业，租赁和商务服务业，科学研究和技术服务业，水利、环境和公共设施管理业，居民服务、修理和其他服务业，教育，卫生和社会工作，文化、体育和娱乐业，以及公共管理、社会保障和社会组织等，涉及全市法人单位、产业活动单位和个体经营户近40万个。各级普查机构选调普查指导员、普查员6000名，完成普查现场登记、数据审核与质量控制、事后质量抽查、数据评估、资料开发应用等环节工作。普查工作中首次采用1473台PDA手持数据采集设备，现场采集基本单位数据，对生产经营场所、主要建筑物和相关证照进行拍照、采集基本信息，进行逐户普查。普查的数据通过有线或者无线网络实时上传国家数据平台，实现数据采集、报送、处理的自动化、电子化、科学化，节约统计时间，杜绝错误数据和虚假数据的产生。此次普查全面调查掌握全市第二产业、第三产业发展规模及布局，掌握各生产要素的构成，查实服务业、战略性新兴产业和小微企业发展状况，摸清全市各类单位的基本情况，全面更新相关行业的基本单位信息，为科学决策提供准确的统计信息支持，为科学制定“十三五”规划奠定基础。

【统计创新】 12月30日，泰安市综合数据信息平台“数据泰安”开通。此平台是由市统计局牵头，依托市电子政务网建成的全市首个综合性数据信息服务平台，也是全省仅有的三个数据平台之一。平台通过对全市各有关部门及相关城市的经济、社会、人口等基础性信息资源进行规范持续地收集、整合、存储、管理和开发，形成全市统一的综合数据信息系统，并通过数据交换、资源共享、查询分析，信息发布，满足领导决策、部门管理和社会应用三个层面的要求，实现采集、管理、发布、查询以及应用功能“五位一体”。平台整合涉及部门30多个表格160余张，涵盖GDP及三次产业、投资、消费、财税、金融、就业、社保、外经贸等1000项指标，可以定期采集有关部门和重点企业的综合统计数据，并实现对宏观、历史、区域等数据的集聚和比对，为政府掌握经济运行、指导经济发展和城市管理提供依据。该项目在全市科学发展考核中获得创新工作突出奖。

【统计服务】 加大经济运行的监测分析力度，完善统计摘要、快报、月报、公报等传统服务载体的同时，巩固统计微博服务阵地，被市委宣传部评为政务微博发布先进单位。全年撰写统计分析、统计报告、研究课题192篇，被领导机关和新闻媒体采用208篇

2014年12月30日，“数据泰安”——综合数据信息平台开通。市委常委、副市长辛显明（前左）、省统计局副局长刘星彗（前右）出席开通仪式 （张涛供）

次，政务信息被市以上采用156条，在省统计局信息采用通报中位居全省各市第2名。实施"双百强"企业定期发布制度，在《泰安日报》发布全市纳税百强企业和全市地方财力贡献百强企业，由市政府办公室发文建立"双百强"半年发布制度，统计服务功能得到新拓展。

【统计宣传】 借助"世界统计日""中国统计开放日""法制宣传日"统计继续教育等活动，开展多形式、全方位、立体式宣传统计法和统计工作。充实、完善《数说》杂志的编辑，发行范围和发行量进一步扩大。开展政风行风和事业单位满意度民意调查，并先后完成科学发展考核等十多项调查，为党委政府及时了解民情、民愿搭建起了桥梁。中国信息报社对市统计局进行专访，扩大了泰安统计的影响。

【统计基础基层建设】 ①统计法制建设。召开全市统计法制工作会议，印发《统计普法学习材料》，修订完善《泰安市统计法制工作年度目标考核评分办法》，建立评议考核机制。开展"统计执法检查突击月"活动，查处统计违法行为44起。②统计基层建设。推动统计基层建设重心向企业统计转变，全面规范评定程序和标准，保证企业星级评选逐年达标。以统计工作先进乡镇和文明统计站考核评比为抓手，力促乡镇统计机构完善、制度健全、人员优化、经费保障。市政府在宁阳召开全市统计基层基础建设现场会，推广宁阳县双基建设工作经验。③统计信息化建设。开展网站安全检测、安全整改，完成软件正版化工作，为企业一套表联网直报和综合业务平台建设提供安全畅通的网络环境。④数据质量。修订统计业务操作规范，整合专业统计工作考核办法，规范《季度GDP数据审核评估控制办法》，为市、县（市、区）数据衔接提供制度保障。严格实行统计数据下管一级制度，实施数据质量全程控制，准确把握宏观指标间的逻辑关系，确保主要统计指标数据客观反映全市发展实际。 （张　涛）

编辑·校对　**赵　兵**

农　业

综　述

【概况】 2014年，全市农业增加值271.4亿元，增长3.9%；农民人均纯收入1.29万元，增长11.8%。粮食播种面积573.12万亩，减少1.96%，总产281.67万吨，增长0.14%，每亩单产（下同）491.47公斤，增长2.14%，粮食生产实现“十二连增”。蔬菜面积206.14万亩，增长1.5%，总产811.77万吨，增长2.7%，单产3938.1公斤，增长1.2%。岱岳区、肥城市、宁阳县、东平县4个县（市、区）被表彰为全国粮食生产先进单位。

【农业结构优化调整】 全市蔬菜播种面积206.14万亩，总产811.77万吨；4个农业部蔬菜标准园、6个市级设施蔬菜标准园建成达标。新认证无公害农产品5.4万亩、绿色食品8.2万亩、有机食品1.2万亩。泰山板栗、王晋甜瓜、新泰芹菜通过农业部农产品地理标志评审，农业部农产品地理标志登记总数达到5件。岱岳区房村镇和新泰市龙廷镇掌平洼村被列入第四批全国“一村一品”示范村镇。

【农业产业化经营】 市农业局与市财政局联合制定印发《泰安市农业产业化专项资金管理暂行办法》，召开全市农业产业化发展史上的第一次农业龙头企业建设现场观摩会、全市农业产业化发展工作联席会议，落实专项扶持资金2000万元。至年末，规模以上农业龙头企业发展到826家，其中国家级、省级、市级农业产业化龙头企业分别达到3家、32家和378家。农业龙头企业实现销售收入732.5亿元，利税43.4亿元。

【生态农业建设】 推广水肥一体化、绿色植保防控技术和统防统治，完成测土配方施肥面积631万亩。加强农村清洁能源建设，农作物秸秆综合利用率达86.2%。累计建成户用沼气池13.57万户。东平县东平湖湿地渔作景观被评为“中国美丽田园”，岱岳区道朗镇里峪村被认定为全国、全省休闲农业与乡村旅游示范点。组

5月9日，农业部种子管理局领导到泰安市种业区域试验站调研指导工作　　（张洪燕　供）

2014 年泰安市农业科技成果获奖情况

表 7

项目名称	获奖等级	完成单位（个人）
山东省小麦玉米简化高效施肥技术研究与应用	市科技进步一等奖	泰安市农科院
泰山云芝新品种选育及人工栽培技术研究	市科技进步二等奖	泰安市农科院
优质高产食用型甘薯新品种泰中 6 号选育及利用	市科技进步二等奖	泰安市农科院
泰山云芝新品种选育及无公害栽培技术示范推广	省农牧渔业丰收奖二等奖	泰安市农科院
1500 万亩小麦玉米高效施肥关键技术研究与示范	省农牧渔业丰收奖二等奖	泰安市农科院
大穗型小麦品种泰山 9818 选育及高效配套技术示范推广	省农牧渔业丰收奖二等奖	泰安市农科院
高产优质食用型甘薯新品种泰中 6 号大面积推广	省农牧渔业丰收奖三等奖	泰安市农科院
保护地土壤氮肥运筹模式在蔬菜上的应用与推广	省农牧渔业丰收奖三等奖	泰安市农业局科教管理站

织参加 2014 全国休闲农业创意精品推介活动，获得“一金一银两优秀”的好成绩。“泰山泥塑”荣获产品创意金奖，为全省 4 件创意金奖之一。

【农业科技创新与推广】 推广新技术 10 项，引进示范新品种 50 个。以新型职业农民培育为重点，构建起农业科技人才大培训格局，累计培训新型农民 28.6 万人次。17 位农业一线的人员当选为省、市“乡村之星”。荣获省农牧渔业丰收奖 5 项，市科技进步奖 3 项；评选市级农牧渔业丰收奖 19 项。新泰市在全省率先应用电信网络农技推广服务平台，利用“农技宝”云平台终端设备，开创农技推广服务方式的新路子。

【农业新型经营主体培育】 坚持把新型农业经营体系建设作为推进农业规模经营的重大举措，强化引导扶持，规范发展，催生以家庭农场、农民合作社等为代表的新型经营主体。年内，新增农民合作社 1327 家，达到 6114 家；新增家庭农场 943 家，达到 1821 家。全市国家级示范合作社达到 13 家、省级 42 家、市级 202 家，市级示范家庭农场 10 家。

【农村基本政策落实】 开展农民负担专项检查，减轻农民不合理负担 136 万元，向农民及村级组织退还各种乱收费资金 28 万元。严格执行粮食直补、农资综合补贴、良种补贴等政策，向农民发放各类补贴资金 4.19 亿元，保证及时足额到户。开展扶贫开发精准识别工作，识别出 605 个贫困村、28.26 万贫困人口。争取省级专项扶贫资金 2923 万元，扶持 97 个贫困村；安排市级财政扶贫资金 300 万元，实施市级扶贫开发项目 36 个。完成 605 个省、市贫困村的“第一书记”或“驻村工作队”派驻工作。

【农产品质量安全监管】 开展农产品质量安全专项整治“双百行动”、农资打假等活动，摸清 227 个基地、种植大户、家庭农场的生产信息，对全市 102 家农药批发经营单位和 691 家（次）农药生产企业的 8192 个农药产品(次)进行集中登记备案，查处各类违法案件 125 件，查获各类假劣农资货值 400 万元。全市 88 个乡（镇、街道）均建立农产品质量安全监管服务站，设立村级监管员 2745 名，市、县、乡、村四级监管体系初步建立。新泰市、肥城市率先建立农产品质量安全追溯信息平台。在自检及农业部、省农业厅抽样检测中，泰安市农产品质量合格率均保持在 98%。

【招商引资和项目建设】 加强农业招商引资，扩大农业对外开放，山东益客食品有限公司、泰安市天泽农业科技有限公司、泰茶“良心谷”茶产业生态示范园、内蒙古永业生物科技集团“大粮仓”等一大批好项目、大项目落户泰安。全年产业招商到位资金 15.53 亿元，增长 16.5%。对上争取到位资金 8.67 亿元，增长 15.3%，均圆满和超额完成市农业招商引资和项目建设指挥部下达的“双增15%”的任务目标。参加国家和省农交会、茶博会，签订产品贸易合同和意向协议90个，签约额1.1亿元。

【农村经济体制改革】 开展农村土地承包经营权确权登记颁证工作，完成登记工作的村3011个，占有地村数的86.4%；完成登记面积397万亩，占承包地面积的86.0%；已完成颁证的村2827个，占有地村数的81.1%；颁发承包经营权证书95.2万本，占农户总数的81.4%。完善“三资”管理网络平台，704个村实现与县、乡两级农村财务管理联网。推行农村集体资产资源招投标制度，开展招投标的乡（镇、街道）、村(居)分别达到85个和3040个。开展农村集体“三资”委托代理中心规范化创建活动，代管经济合同22万份，代管率达85%。新泰市、肥城市分别被评为全国、全省农村集体“三资”管理示范县。（张洪燕）

农业综合开发

【概况】 市农开办连续三年保持“市级文明单位”称号，2012年被市委、市政府授予“政风行风建设争先进位先进单位”，2013年被评为“全省农业综合开发工作绩效考评先进单位”，2014年被省财政厅评为“全省农业综合开发综合绩效考评优秀单位”。

2012年度情况 全年争取到位农业综合开发项目23个，总投资5.1亿元。改造中低产田、建设高标准农田4666.67公顷（7万亩），帮扶农民专业合作组织4个，扶持农业龙头企业9家，推广先进适用技术2项。土地治理项目区年新增粮食生产能力609万公斤，直接受益农民5.8万人，人均增收1200元；扶持的产业化项目，年新增总产值11亿元，新增利税1.6亿元，直接受益农户6.1万户，直接或间接带动农民就业2.1万人。

2013年度情况 年内争取到位农业综合开发项目25个，总投资3.76亿元，其中各级财政资金7413万元，银行贷款2.92亿元。改造、建设中低产田和高标准农田4000公顷（6万亩），培植优势农产品基地4000公顷(6万亩)，帮扶农民专业合作组织9个，扶持农业龙头企业11家，推广先进适用技术2项。土地治理项目区年新增粮食生产能力589万公斤，直接受益农民5.6万人，人均增收1320元；扶持的产业化经营项目，年新增总产值8.60亿元，新增利税1.61亿元，直接受益农户5.29万户，新增就业人数1.53万人。

2014年度情况 全年争取到位项目26个，其中土地治理项目13个，产业化经营项目13个。项目总投资1.9亿元，其中吸纳银行贷款和社会资本1.03亿元，财政资金8688万元。改造、建设中低产田和高标准农田3733.33公顷（5.6万亩），培植优势农产品基地3733.33公顷(5.6万亩)，帮扶农民专业合作组织7个，扶持农业龙头企业11家，推广先进适用技术3项。扶持的土地治理项目，年新增粮食生产能力486万公斤，农民人均增收180元；扶持的产业化经营项目，年新增销售收入2.51亿元，利税3646万元。7月份，项目顺利通过省级验收，在接受验收的临沂、济宁、泰安三市中排名第一。

（曹 震）

3月14日，市农业领导与农业专家检查指导农业生产 （张洪燕 供）

种植业

【概况】 全市农业种植业增加值166.68亿元，比上年增长3.6%。全年农作物总播种面积882.07万亩。其中，粮食作物面积573.12万亩，总产281.67万吨，单产491.47公斤；油料作物面积78.14万亩，总产23.4万吨，单产298.9公斤；棉花面积9.59万亩，总产8500吨，单产88.3公斤;麻类面积600亩，总产74吨，单产123.3公斤；烟叶面积150亩，总产26吨，单产175.3公斤；药材类面积1.05万亩；瓜菜面积210.87万亩，总产827.1万吨，单产3922.4公斤；其他作物9.22万亩。

【粮食生产】 全年粮食播种面积573.12万亩，总产281.67万吨，单产491.47公斤。夏粮播种面积281.38万亩，总产131.45万吨，单产467.2公斤。秋粮播种面积291.74万亩，总产150.22万吨，单产514.9公斤。开展粮食高产创建，小麦十亩高产攻关田和万亩示范片平均单产分别达到722.07公斤和612.48公斤。玉米十亩高产攻关田和万亩示范片平均单产分别达到923.88公斤和754.01公斤。整乡整建制高产创建项目4个乡（镇、街道）小麦平均单产595.65公斤，玉米平均单产683.2公斤。设在岱岳区大汶口镇的“省长指挥田”，单产达到2010.84公斤（小麦单产771.7公斤，玉米单产1239.14公斤），实现亩产“双吨粮”的历史性突破。

【蔬菜生产】 全市蔬菜种植面积206.14万亩，总产811.77万吨，单产3938.1公斤。有机蔬菜面积达到35.1万亩。争取农业部蔬菜标准园（省菜篮子扶持项目）创建项目4个，全部通过省级验收，建设完成市级设施蔬菜标准园6个。马铃薯高产创建十亩攻关田平均单产达到6049.34公斤，居全省首位。加强与驻泰安高校、科研院所合作，聘请蔬菜专家、学者等，成立蔬菜产业技术指导组，加大蔬菜高产优质高效技术的指导与培训，全面提升蔬菜产业水平和效益。

【泰山茶生产】 新发展茶园7000亩，全市茶园种植面积达到3万亩，其中可采摘茶园2万亩，全市种茶地区涉及20多个乡（镇、街道）50多个村，集中连片面积200亩以上的茶园22个，形成以泰山、徂徕山周围为主产区，逐渐向周边泰山区、泰山景区、岱岳区、新泰市、肥城市等适宜地区扩展的良好态势。加大品牌创建工作，农产品地理标志“泰山绿茶”逐步被社会认可。举办第四届“泰山茶炒茶技能大赛”，在与泰山区联合举办泰山明前茶炒茶比赛暨春茶拍卖会上，创下单斤茶拍卖价格9万元的记录。

【植物检疫】 ①加强植物检疫宣传培训。开展农业植物检疫宣传

2014年泰安市粮棉油菜生产情况

表8　　单位：万亩、公斤/亩、吨

名称	粮食			棉花			花生			蔬菜、瓜果类		
	面积	单产	总产	面积	单产	总产	面积	单产	总产	面积	单产	总产
合计	573.12	491.5	2816707	9.59	88.3	8471	77.20	300.2	231764	210.87	3922.4	8271176
泰山区	10.26	494.6	50750	0.02	90.5	19	0.06	196.7	120	6.60	2473.3	163241
岱岳区	99.62	512.7	510779	1.02	84.4	861	9.89	296.2	29297	68.19	3766.1	2568106
新泰市	88.19	487.6	430047	0.42	86.2	362	33.45	294.1	98374	35.76	4131.3	1477345
肥城市	115.05	507.9	584336	1.72	97.8	1682	4.03	272.2	10971	51.60	4367.9	2253839
宁阳县	122.68	487.2	597659	0.75	95.2	714	23.20	315.5	73196	28.11	3586.6	1008205
东平县	137.31	468.4	643136	5.66	85.4	4833	6.57	301.5	19806	20.61	3883.7	800440

月活动，活动期间，全市设立55个现场咨询点，现场咨询8150人次，发放宣传材料2.43万份，派出植物检疫宣传车99车次，举办培训班18期，培训人员2178人。②搞好检疫性有害生物和重大植物疫情调查防控。结合山东省重大植物疫情阻截带建设，开展小麦腥黑穗病菌、玉米干腐病菌、马铃薯甲虫、黄瓜绿斑驳花叶病毒、番茄溃疡病菌、瓜类果斑病等检疫性有害生物的调查监测防控工作。③做好检疫登记管理。年内，全市共产地检疫小麦13.92万亩，生产合格良种6.96万吨；花生9120亩，生产合格良种2280吨；棉花3400亩，生产合格良种476吨；黄瓜3955亩，生产合格良种158吨。全市签发检疫证书3423份，调运无危险病虫种子1.23万吨，苗木1000多万株，新办理和换发检疫登记证13个。④开展检疫执法检查。分别于春、秋两季对种子公司、良种场、各乡（镇、街道）种子站等种子生产经营业户进行检疫检查，通过查账、查报表、查柜台等方式，累计检查种子250批次、3000万公斤。⑤做好新增补专职植物检疫员工作。按照《关于调整补充2014年山东省农业专职植物检疫员的通知》文件要求，做好新增补专职检疫员的报名审核、培训等工作，新增补专职植物检疫员66名。

【农作物病虫害防治】 全市病虫草鼠害共累计发生3606.7万亩次，同比减少105.9万亩次，防治3393.5万亩次，占发生面积的94.1%。其中，病害发生965.3万亩次，虫害发生1806.2万亩次，杂草发生802.2万亩次，飞蝗发生20万亩次，农田鼠害发生13万亩次。挽回粮食损失47.4万吨，棉花1545.03吨，油料3.1万吨，蔬菜177.3万吨。①病虫害监测预警。完善县级有害生物监测预警与控制区域站和乡村基层测报点相结合的监测预警网络，组织全市监测预警技术培训班，提高测报人员的素质。开展病虫害系统调查和大田普查，加强对小麦、玉米、蔬菜、花生等作物病虫害的规范调查，突出对东亚飞蝗、条锈病、麦蚜等突发性、暴发性、流行性重大病虫害的监测预警。全年编发病虫情报82期，电视预报15期。②病虫害防控工作。针对麦蚜、条锈病、黄化叶病毒病、赤霉病、灰飞虱、粘虫、东亚飞蝗等重大病虫害，在防治关键时期及重点区域，通过组织现场技术指导和发布技术意见等方式，指导农民适时开展防治，严防突发性、迁飞性、流行性重大病虫在全市范围内的暴发成灾。全年共发布技术意见48次。③推进专业化统防统治工作。不断发展壮大植保合作社、植保协会、农资经营大户等多种形式的专业化防治组织。全市共有植保专业化防治组织165个，其中在工商局登记注册58个。从业人员3382人，拥有大型喷药器械100台，中型喷药器械944台，小型喷药器械2538台套。日作业能力超过16.7万亩，统防统治面积达到239.86万亩次，其中全程承包面积52.43万亩。④推广植保绿色控害新技术。坚持科学选点、示范带动，建立示范点10处，建立以杀虫灯、诱虫板、性诱剂等物理诱控技术为主的绿色控害示范区8万亩，推广16种作物安全控害技术规程。通过开展植保新技术试验、示范，减少农药的使用量，降低施药对环境的污染。 （张洪燕）

林果业

【概况】 2014年，全市共完成造林1.57万公顷（23.5万亩），森林覆盖率达39.08%，实现林业产业总产值365亿元。泰安市林业局被评为“第十一届中国（菏泽）林产品交易会先进单位”“省级文明单位”“全省重大林业有害生物防控工作先进集体”“全省林木种质资源调查工作先进集体”“全市争创五型机关先进单位”“全市安全生产先进集体”“全市农业产业化工作先进单位”“全市履行人口计生工作职责先进单位”。

【林业生态建设】 全市各级林业系统坚持以“创建国家森林城市”为引领，以实施城区绿色空间建设、生态廊道建设、荒山绿化攻坚、水系生态绿化、破损山体植被恢复、村镇绿化提升等林业生态建设工程为重点，造林绿化的规模和质量均实现新突破。全市共完成成片造林1.57万公顷（23.5 万亩），占省下达计划的 117.5%，其中中央财政投资长防林造林 1033.33 公顷（1.55 万亩）；完成道路绿化 1391 公里，建设高标准农田林网 9333.33 公顷（14.03 万亩）；森林抚育作业面积 2.67 万公顷（40 万亩），其中中央财政投资森林抚育 6600 公顷（9.9 万亩）；完成义务植树 920 万株，义务植树尽责率达 85%；宁阳县被评为山东省绿化模范县，新泰市新汶街道办事处、肥城市边院镇、东平县接山镇获得山东省绿化模范镇称号。

【林业产业建设】 坚持培龙头、带基地，着力培植特色经济林、苗木花卉、木材加工、林下经济、森林旅游五大重点产业。全市规模以上林业龙头企业总数达到 346 家，新发展核桃、大樱桃等特色经济林基地 8666.67 公顷（13 万亩），林下经济面积达到 1.87 万公顷（28 万亩），新发展合作经济组织 117 家，创建经济林标准化示范园 48 个、精品园 26 个，示范带动面积达 5.33 万公顷（80 万亩），完成省果品质量安全抽检 254 批次。全市新增高档苗木花卉面积 1873.33（2.81 万亩），总面积达到 2.55 万公顷（38.22 万亩），继续保持全省领先水平。全市参与林业开发的工商企业有 306 家，其中从事特色种植业企业 185 家、林下养殖业 51 家、林业生态旅游开发 20 家，从事果品加工储运、木材加工等行业的企业 50 家。

【集体林权制度改革】 全市新增林权抵押贷款 1.8 亿元，占年计划的 360%，累计发放林权抵押贷款 4.02 亿元，居全省第一位；共落实政策性森林保险投保面积 3.57 万公顷（53.53 万亩），保险金额达 4.39 亿元，居全省第三位；新增林业专业合作社省级示范社 19 家，省级示范社总数达到 43 家，居全省第二位。新泰市被国家林业局列为全国集体林业综合改革试验示范区；东平县成立全省首家经工商注册的县级农村综合产权交易所，实现林权流转的规范化、便民化。

【森林防火工作】 严格落实各级各层面防火责任制和“双向责任追究制”；着力强化市、县两个层面的森林消防力量，县以上列入财政预算的专业消防力量达到 1050 人；进一步完善提升重点林区防火道路、扑火水源、电力通讯、瞭望监控等设施保障条件，市财政投资 1600 多万元，配备远距离大型水灭火装备。在全省春季造林绿化暨森林防火电视会议和全省冬春造林绿化暨森林防火电视会议上，泰安市均作了典型发言和经验介绍。

【林业有害生物防控工作】 加强林业有害生物防控，春、夏两季实施飞防作业 1600 个架次，完成飞防面积 33.33 万公顷（500 万亩）；释放周氏啮小蜂 5 亿只，生物防控面积 1666.67 公顷（2.5 万亩）；在有 2 处省级湿地公园的基础上，泰安市的汶河湿地和肥城康王河湿地，顺利通过国家林业局的评审验收，被批准为“国家湿地公园”。

【林业执法建设】 强化林地监管，划定森林资源保护“红线”，加强森林公安队伍建设，规范执法行为。全市共办理林木采伐许可证 1.55 万份，采伐蓄积 22.5 万立方米；办理占用林地项目 13 件，占用林地面积 65.32 公顷（979.8 亩）；解决便民服务热线群众诉求 8 起，答复满意度均达 100%；全市森林公安机关共查处涉林案件 322 起，其中涉林刑事案件 20 起。市森林公安局先后被国家林业局森林公安局和省森林公安局记集体三等功。

【科技教育培训】 组织开展“结对联户富民兴林”活动和林业科技助农增收“三到一通”工程。市林业局人员，分别与 6 个林果重点乡镇、2 个林场、12 个林果重点村（工队）、120 个林果重点大户结成对子，在林业科技、信息、产业、政策等方面开展“一对一”帮扶；举办各类林果培训班 720 场（次），培训新型林果农 15 万人次；通过“林业科技 110 热线”、网络平台为广大林果农解答疑难问题 300 件；开展科技“赶大集”下乡活动，发放科技明白纸 4 万张；与山东农业大学合作正在实施的科研推广项目有 27 项，意向合作项目 42 项；创建市级林业科技示范园 30 个。

【国有场圃管理】 以泰安市被列为全国国有林场改革试点为契机，深入推进国有林场改革，重点加强路、水、电、讯、房等基础设施建设。年内，国家林业局局长赵树丛专程到徂徕山林场调研指导改革试点工作，并在泰安市召开了全省国有林场改革座谈会，对泰安国有林场改革发展的做法给予充分肯定。在国家先期启动划定国家储备林基地工作中，泰安市的徂徕山林场和新泰的3处国有林场争取划定国家储备林8066.67公顷（12.1万亩），占全省划定总面积的22%；泰山林场被确定为“全国国有林场森林经营示范林场”，徂徕山林场被评为“2013年度全国十佳国有林场”。（朱秀光　张海平）

【概况】 全市水利渔业总投资28.5亿元，争取省级以上无偿资金12.3亿元，征收各项水利规费2.83亿元。完成各类水利工程7060项，新增灌溉面积6666.67公顷（10万亩），改善恢复灌溉面积1万公顷（15万亩），发展节水灌溉面积1.33万公顷（20万亩），建设“旱能浇、涝能排”高标准农田1.33万公顷（20万亩）。解决15.2万农村人口饮水安全问题；治理水土流失面积80平方公里；完成水产增养殖面积2.83万公顷（42.5万亩），水产品产量9.3万吨，实现产值16亿元，渔民人均收入达到1.96万元；发放移民直补资金2亿元，发放渔船燃油补贴5500万元。泰安市水利和渔业局被市委、市政府评为“全市科学发展先进单位”“‘五型’机关建设示范单位”“机关作风和政风行风先进单位”。

【水利投资】 全年上报8大类45个水利渔业项目，总投资19.74亿元。到位省以上资金12.3亿元，落实产业招商项目到位资金2660万元，增长15%。东平县大中型水库移民避险解困试点第一期工程争取省以上资金4.23亿元。胜利水库除险加固及瀛汶河、石汶河两个拦河闸除险加固工程落实资金6358万元。争取8个中小河流治理项目和1个中小河流重点县项目，争取资金2.8亿元。新泰市被确定为省级小型水库管理体制改革试点县，到位省市县三级财政资金348万元。

【大汶河综合开发】 汶口2号坝发电手续办结，正式并网运行发电。颜张坝、唐庄坝配套设施全部通过验收，交付运行管理单位管理。投资1.5亿元的泮河湿地主体工程全面完工，橡胶坝蓄水运行，完成征地59.33公顷（890亩），建净化池108个，水生植物种植后即可投入运行，日处理污水10万吨。为期6年的大汶河综合开发完成，累计建成泉林、颜谢、汶口二号、颜张、泮河湿地、唐庄6座拦河坝，推动大汶河滨河新区开发建设进程，实现泰城由“依山而建”向“依山傍水”发展的战略转移。

【防汛抗旱】 组织修订《泰安市防汛抗旱应急预案》，由市政府批复实施。国家、省、市组织防汛督查检查6次。投资1057万元，实施岱岳区黄前水库上游山洪沟防洪治理项目，完成山洪沟治理3公里，建防冲消能坎9座，新建、改建、加固生产桥13座。投资932万元，实施岱岳区、宁阳县山洪灾害防治项目，建成雨量、水位、图像综合监测站51处，视频监测站19处，无线预警站52处，县、乡应急检修工具12套。建设无线通信应急通信专网，利用信息平台实时监控重点防洪工程视频信息，是全省唯一试点市。投资830万元，完成6个水库的维修养护、3个应急度汛、17个抗旱应急、4个小水电改造项目。完成86座小型水库除险加固任务。全市投入抗旱资金6230万元，抗旱浇灌面积33.33万公顷（500万亩）次，实现有旱无灾。

【水利工程管理】 全市通过省级规范化管理单位考核验收水库6座，有1个国家级、12个省级规范化管理单位。新泰市田村、宁阳县月牙河两座小型水库扩容升级为中型，全市大中型水库数量由14座增至16座。

【小农水重点县建设】 全市5个小农水重点县项目在省级考评验收中，市、县两级均获优秀等次，市级连续5年获优秀等次。新泰市3年总验收获优秀等次，成功申报新一轮重点县建设。肥城市、东平县成为省级农田水利设施产权制度改革和创新运行管护机制试点县。获中央补助资金1000万元的泰山区中央统筹土地出让收益高效节水灌溉项目建设任务全部完成。

【农村饮水安全】 开展全市农村饮水安全大普查，建立3626个行政村饮水档案。开展农村饮水安全工程“十二五”规划执行情况调查，形成调查报告。市政府下发《关于加强农村饮水安全工作的意见》，将农村饮水安全纳入市、县两级政府重要考核内容和重点督查事项。投资7389万元解决15.2万农村人口饮水安全问题。东平县引湖灌区李所农民用水者协会被评为全国农民用水合作示范组织。

【中小河流治理】 8个中小河流治理项目完成投资2.15亿元，工程数量、进度、质量、竣工验收均列全省第一。新修筑标准化堤防8.7公里。全市列入国家2013～2015年治理规划已下达投资计划的13个项目全部通过竣工验收，验收率全省排名第一。

【水资源管理制度】 泰安市在省政府最严格水资源管理考核中列全省第一，并代表省政府迎接国家考核，山东省列全国第一。市政府印发《泰安市实行最严格水资源管理制度考核工作实施方案》。6月，市政府组成督查组对县（市、区）和市直有关部门就最严格水资源管理制度落实情况进行专项督查。泰安市被水利部确定为全国水生态文明城市建设试点，是全省第一批地级水资源管理规范化建设示范市，新泰市成为第二个规范化建设示范县。东平县成为全省水权水市场建设试点县。全市征收水资源费5800万元，开展水资源论证225个，换发取水许可证41个，核减水量2000万立方米；地下水位自动在线监测系统二期工程完成107眼观测井建设任务。

【水行政执法】 泰安市成为全省第一批水政执法规范化建设示范市，泰山区成为全省第二批水政执法规范化建设示范县。宁阳县河道管理局、东平县河道管理局成为全省第一批省级河道执法规范化管理单位。全市建立水政监察支队1个，大队8个，中队18个，水政监察站87个，专职执法人员391人，村级执法联络员3000人，形成“支队监督管理、大队统一执法、中队重点配合、乡镇巡查辅助、村级信息通报”全覆盖、无缝隙的水利综合执法网络体系。建立水利综合执法内部衔接工作制度，形成公安、交通、建设、国土等部门共同参加的水利综合执法联席会议制度，建成联合执法办公室12个，水利警务室16个。开展自备井封停专项执法行动4次，封停自备井36眼。与市公用事业管理局等单位联合开展城区水资源联合执法工作，检查取用水单位431家，排查使用自备井单位83家，城区范围内完成水资源费征收469万元。以市政府名义印发《泰安市人民政府关于对大汶河水域进行专项集中整治的通告》，会同市公安局等单位开展大汶河水域专项集中整治行动，开展专项执法检查9次，累计出动执法人员200人，执法车辆52台，清除违法设置渔网95具，收缴非法鱼获物200公斤。省水利厅两次在泰安市举办全省水利综合执法培训班，推广泰安市经验。

【河砂管理】 建立完善大汶河砂场普查档案，对全市127处采砂场开采现场进行实地勘察，通过GPS系统重新定位采砂场实际开采范围，进行出让位置核定，完成表格130份，收集图片700余张。全年下达执法文书365份，拘留28人，罚款104万元，征收河砂税费2.15亿元，十年累计征收河砂税费达17亿元。

【水土保持】 全年实施坡耕地治理项目1个、中央专项资金项目3个、省级重点治理项目3个、市重点治理项目16个，总投资4451万元，治理水土流失面积80平方公里。新泰、宁阳、东平三个第二批全国监督管理能力建设县通过水利部验收。泰山区、岱岳区将水土保持方案审批纳入建设项目立项、环评的前置条件，6个县（市、区）水土保持监督执法全部实现规范化管理。东平县坡改梯项目实施方案在全省率先通过批复。印发《泰安市“四型”小流域建设实施方案》，确定岱岳区龙湾、里峪小流域、新泰上豹峪、掌平洼小流域、肥城前寨子小流域作为“四型”小流域培植对象。全市审批水土保持方案116个，征收水保补偿费1004万元。

【移民后期扶持】 泰安市移民考核连续三年位居全省第一。大中型水库结余资金完成投资1.04亿元，实施项目212个；移民后期扶持项目资金完成投资4117.5万元，实施项目270个；小型水库扶持基金完成投资780万元，实施项目45个；发放移民直补资金2亿元。总投资12.4亿元的东平县大中型水库移民避险解困试点第一期工程全面启动，全市安置移民1.69万人，争取省以上资金4.23亿元。创新实施小额贴息贷款试点工作，274个项目纳入贷款贴息扶持范围，涉及养殖业、种植业、加工业等领域，贷款金额6840万元。

【南水北调工程建设】 南水北调东线一期工程实现正式通水，调水入东平湖3750万立方米。东平湖蓄水影响处理工程累计完成投资3亿元。完成南水北调干线工程永久征地131.93公顷（1979亩）确权发证工作。通过国调办审计组对泰安市南水北调工程征地移民资金使用情况的审计。

【渔业生产】 3月11日，省海洋渔业厅与泰安市政府签订支持泰安渔业重点工作对接任务书，11个渔业项目到位扶持资金1249万元。新命名省级现代渔业园区3个，奖励资金90万元，全市省级现代渔业园区达到11个。全市渔业标准化基地达到26个，面积达5000公顷(7.5万亩),基地产量4.9万吨，带动渔户7686户。1个国家级水产健康养殖示范场通过考评，全市国家级健康养殖示范场达到14个；1个国家级、2个省级农民合作社示范社申报成功，全市省级农民合作社示范社达到6个；申报市级农民合作社示范社4个。岱岳区角峪水库黄颡鱼省级水产种质资源保护区成为全市第4个省级水产种质资源保护区，东平县优质鱼产业项目连续5年立项实施。东平湖大青虾通过国家地理标志保护产品认证，全市“三品一标”认证基地24个，品种32个，认证面积3333.33公顷（5万亩），水产品养殖面积认证率达55%以上。东平湖放流优质苗种3194.19万尾（只），湖内鱼类种类恢复至46种，新增捕捞产量近2000吨，增加产值1500万元。申报燃油补助渔船4915艘，总功率66433.35千瓦，合计用油量16328.48吨，发放渔船燃油补贴5500万元。开展水产品质量安全专项整治行动，检查生产经营企业142次，出动执法人员328次，责令整改21家（次），完成年度部级、省级、市级监督抽检任务，抽检151个样品，产品抽检合格率100%。东平县成为全省唯一内陆渔船普查及“三证合一”试点县。全市水产增养殖面积达到2.83万公顷（42.5万亩），水产品产量9.3万吨，渔业总产值16亿元,渔民人均收入1.96万元，产量、产值和渔民收入分别比上年增长2.2%、8%、22.5%。

【泰山螭霖鱼】 4月25日，召开新闻媒体记者座谈会，正式启用“泰山螭霖鱼”标准名称，“泰山螭霖鱼”通过国家地理标志商标认定。编制完成《泰山螭霖鱼产业发展规划》和《泰山螭霖鱼种质资源保护规划》。举办首届“泰山金螭霖鱼创新厨艺大赛”，研发的金螭霖深加工产品荣获泰安平安文化旅游商品大赛金奖第一名。螭霖鱼活饵生产基地全面建成，泰山螭霖鱼科技馆建设完成并对社会开放。7月15日，在泰山水系放流螭霖鱼12.3万尾，6年来累计放流70万尾。

（牛宏伟　焦　健）

【概况】 全市牛、羊、猪、禽饲养量达到59.4万头、493.5万只、605.2万头和1.2亿只，同比增加2.2%、4.6%、2.9%和减少7%；肉蛋奶产量124.5万吨，畜牧业产值167.1亿元，同比增长2.3%和3.6%，牧业产值占农业总产值的35.3%。市畜牧兽医局被表彰为“全省畜牧兽医工作先进集体”“全省畜产品质量安全工作先进单位”“全省重大动物疫病防控工作先进单位”“市级文明单位”。

【畜牧产业化】 全市发展各类规模养殖场4837个，规模养殖比重70%；发展市级以上标准化养殖示范场638家(其中国家级17家，省级63家)；发展畜禽专业合作社998家(国家级4家,省级8家)。全市375家市级以上农业产业化重点龙头企业中，畜牧类的115家，占29%（其中国家级3家畜牧类的2家，占67%；省级35家畜牧类的12家，占34%）。全市畜牧企业注册商标101个，中国驰名商标4个，省著名商标11个。宝来利来生物工程股份有限公司年底上市“新三板”，岱岳区兴岳食品、新泰鑫基牧业在齐鲁股权交易中心挂牌。

【高效特色畜牧业】 全市奶牛存栏26.1万头，奶产量58.3万吨，同比增加4%和3.6%，奶牛存栏量连续8年位居全省第一位。全市养蜂场户181家，蜂群存养量6万群，蜜产量1260吨。全市肉羊存栏181.8万只，年出栏311.7万只，同比增长3.8%和5%。7家畜牧养殖企业申报第二批全省畜牧旅游示范区，省级畜牧旅游示范区达到12家。

【动物疫病防控】 完成春秋两季重大动物疫病强制免疫工作，应免畜禽免疫密度均达100%，免疫牲畜挂标率100%，抗体检测水平全部达到国家标准，全年没有发生重大动物疫情。全年落实防控资金1684万元、村级防疫员误工补助266万元。全年监测样品5.28万份，确保畜禽始终处在免疫保护期内。加强技术培训，全市共开展免疫技术培训26期，轮训村级防疫员3689名。做好H7N9流感和小反刍兽疫的防控工作，开展流行病调查和重点地区疫情排查，开展疫情监测和紧急免疫，确保畜禽养殖生产安全。

【畜产品安全】 开展“瘦肉精”、生鲜乳违禁物质、兽用抗菌药、饲料质量安全、畜禽屠宰等五大专项整治行动，共抽检尿、生鲜乳、肉、蛋、蜂产品等1036批次，兽药、药物残留213次，饲料91批次，检查相关生产经营单位7808个，责令整改37家，查处违法违规42起，罚款16.8万元。查处私屠滥宰20起，取缔私屠窝点6处。全市认证无公害畜产品产地342个，无公害畜产品170个，认证总量居全省第二。

【动物卫生监督】 2014年，全市共有官方兽医237人。加强执业兽医管理，开展动物诊疗机构专项清理工作，全市注册执业兽医27人，有执业兽医登记备案的动物诊疗机构11家。加强检疫员巡视制度，全市共有405名动物检疫员，落实检疫范围，严格考核标准，保证检疫到位。完善动物检疫申报制度，设置检疫申报点224个，加强检疫证照管理，落实追溯责任。全市畜牧部门相应成立畜禽屠宰管理科，畜禽屠宰监管工作有序开展。

【兽药发展】 创新监管手段，履行监管职责，开展整顿兽药市场秩序系列专项行动，净化兽药市场环境，保证全市养殖用药安全。在兽药生产环节，完善质量监督员巡查企业制度；在流通环节，实施市场准入制度，逐户登记造册，确保经营企业经销产品采购兽药来源合法；在使用环节，加强指导、培训和监管，规范养殖企业的用药行为。

【饲料工业发展】 全市新建饲料企业19家，持证饲料生产企业达到91家。饲料产量430万吨、产值103亿元，同比增加2.3%和1.9%；全市农作物秸秆青贮280.02万吨，同比增加4.94%。其中玉米秸青贮259.02万吨，干秸秆饲喂量254.97万吨，干秸秆饲料化加工量16.17万吨。第7次承担国家秸秆养畜示范项目，争取中央、地方配套资金138万元。

【惠农政策落实】 全市共争取畜牧类惠农政策28个，到位资金1.2亿元，同比增长18.3%。新泰、肥城和宁阳争取全省现代奶业扶持资金1700万元，新泰、肥城、宁阳、岱岳区获生猪调出大县奖励1689万元，全市争取生猪、奶牛标准化改造项目资金1930万元、良种补贴724万元、畜禽健康养殖300万元。岱岳区被列为全省高效特色畜牧业示范县，争取省扶持资金430万元。宁阳县被列为全省肉牛基础母牛扩群项目县，获省扶持资金300万元。

（彭彤彤）

【概况】 2014年，全市农机总动力达到543.8万千瓦，增长4.69%；

种植业耕种收综合机械化水平达到85.52%；农机经营服务总收入26.4亿元，增长3.1%。完成对上争取资金9450万元，增长15.9%。引进重点项目7个，产业招商实际到位资金6.1亿元，增长22.12%。市农机局被市政府表彰为“2014年度全市安全生产工作先进集体”“全市新型职业农民培训工作先进单位”等。

至年底，拖拉机发展到8.1万台，增长2.5%；联合收获机1.68万台，增长9.2%，玉米联合收获机保有量6173台，增长16.7%。机耕、机播、机收水平分别达到98.36%，80.16%和73.77%。粮食作物中，小麦机收、机播水平稳定在99%以上；玉米机收面积18.14万公顷，机收率达到91%，机械化玉米直播面积19万公顷，机播率96.7%。经济作物中，花生机播面积3.8万公顷，薯类机械化收获1.63万公顷。落实国家农机购置补贴资金8720万元，补贴各类机械9701台（套），受益农户及服务组织5355户。全市新增农机合作社90个，总数达到386个，完成作业面积23.7万公顷。

【农机科技推广】 推广土地机械化深松和保护性耕作机械化技术。小麦免耕播种机保有量达到2898台，完成保护性耕作面积12.5万公顷。完成机械化还田面积31.6万公顷。新增深松机591台，完成土地深松面积4.49万公顷。全市建设花生、露天及大棚蔬菜生产、茶叶加工等农机化创新示范基地5个。推广花生收获机械215台，保有量2332台，花生机收面积3.2万公顷；新增薯类收获机291台，保有量8076台，薯类机收面积1.35万公顷。

【农机跨区作业】 三夏期间，全市共有4305台联合收割机参加跨区作业，作业面积14.7万公顷。三秋期间，参加跨区作业的机械5000多台（套），其中玉米收获机1133台，作业面积4.4万公顷。

【农机科教培训与修配管理】 全市完成新型职业农民农机师资人员培训400名，培训各类农机技术、操作人员2.5万人。实施农机维修网点规范化管理，星级文明农机维修网点达到13个。全市核发农机维修技术合格证465个，完成职业技能鉴定2659人。

【农机安全监理】 推进“平安农机”示范创建活动，新创建全国“平安农机”示范县1个（新泰市），总数达到3个。开展“为民服务创先争优”、农机安全生产隐患排查治理等活动，全市农机“三率”（挂牌率、持证率、检验率）水平稳步提高，挂牌率、持证率和年审率分别达63%、62%和71%。

（田　向）

• 链接 •

里峪香椿

道朗镇里峪村地处道朗镇北部山区，三面环山，背风朝阳，得天独厚的地理优势，形成了林果生产的独特小气候，尤其盛产香椿等，“里峪香椿”古为贡品，曾经被评为山东省绿色食品。

里峪香椿叶厚芽嫩，绿叶红边，犹如玛瑙、翡翠，香味浓郁，营养之丰富远高于其他蔬菜，历史上传说早在汉朝，曾与荔枝一起作为南北两大贡品，深受皇上及宫廷贵人的喜爱。

药用价值：主治外感风寒、风湿疼痛、胃疼、痢疾等。有补虚壮阳固精、补肾养发生发、消炎止血止痛、行气理血健胃等作用。香椿含有丰富的维生素C、胡罗卜素等，有助于增强机体免疫功能，并有润滑肌肤的作用，是保健美容的良好食品。

食用价值：香椿含有极丰富的营养。据分析，每100克香椿芽中、含维生素C115毫克、含磷135毫克、胡萝卜素1.36毫克，以及铁和B族维生素等营养价值。

二奇楼小米

道朗镇二奇楼村盛产小米，因米色自然金黄、米粒均匀饱满、米味纯正清香、营养价值高而远近闻名，曾作为贡品进入皇宫，迄今已有1000多年的种植历史。

小米是谷子脱壳加工后的产物，谷子是一年生草本植物，须根粗大，秆粗壮，直立，高0.1～1米或更高。叶鞘松裹茎秆，密具疣毛或无毛，毛以近边缘及与叶片交接处的背面为密，边缘密具纤毛；叶舌为一圈纤毛；叶片长披针形或线状披针形，长10～45厘米，宽5～33毫米，先端尖，基部钝圆，上面粗糙，下面稍光滑。圆锥花序呈圆柱状或近纺缍状，通常下垂，基部多少有间断，长 10 ～ 40 厘米，宽 1 ～ 5 厘米，常因品种的不同而多变异，主轴密生柔毛，刚毛显著长于或稍长于小穗，黄色、褐色或紫色；小穗椭圆形或近圆球形，长 2 ～ 3 毫米，黄色、桔红色或紫色；第一颖长为小穗的 1/3 ～ 1/2，具 3 脉；第二颖稍短于或长为小穗的 3/4，先端钝，具 5 ～ 9 脉；第一外稃与小穗等长，具 5 ～ 7 脉，其内稃薄纸质，披针形，长为其 2/3，第二外稃等长于第一外稃，卵圆形或圆球形，质坚硬，平滑或具细点状皱纹，成熟后，自第一外稃基部和颖分离脱落；鳞被先端不平，呈微波状；花柱基部分离。

小米富含蛋白质、维生素 B_2，其中蛋白质 9.7%、脂肪 1.7%、碳水化合物 77%，而且在每 100 克小米中，含有胡萝卜素 0.12 毫克，维生素 B_1 0.66 毫克和维生素 B_2 0.09 毫克，烟酸、钙、铁等。不仅供食用，入药有清热、清渴，滋阴，补脾肾和肠胃，利小便、治水泻等功效，又可酿酒，适宜老人孩子等身体虚弱的人滋补。同时常吃小米还能降血压、防治消化不良、补血健脑、安眠等功效。还能减轻皱纹、色斑、色素沉积，有美容的作用。

小米气味咸，微寒，无毒；可以养肾气，除脾胃中热，利小便，治痢疾。磨成粉可以解毒，止霍乱。做粥食用可以开胃补虚。《本草纲目》记载："养肾气，去脾胃中热，益气。陈者：苦，寒。治胃热消渴，利小便。"

二奇楼红瓤地瓜

二奇楼红瓤地瓜产于道朗镇二奇楼村，迄今已有 1000 多年的种植历史。

《本草纲目》《本草纲目拾遗》等古代文献记载，地瓜有"补虚乏，益气力，健脾胃，强肾阴"的功效，使人"长寿少疾"，还能补中、和血、暖胃、肥五脏等。当代《中华本草》说其："味甘，性平。归脾、肾经""补中和血、益气生津、宽肠胃、通便秘。主治脾虚水肿、疮疡肿毒、肠燥便秘"。地瓜又称红薯、甘薯、番薯、山芋等，含有多种人体需要的营养物质。每 500 克地瓜约可产热能 635 千卡，含蛋白质 11.5 克、糖 14.5 克、脂肪 1 克、磷 100 毫克、钙 90 毫克、铁 2 克、胡萝卜素 0.5 毫克，另含有维生素 B_1、维生素 B_2、维生素 C 与尼克酸、亚油酸、赖氨酸等。地瓜中还含有一种类似雌性激素的物质，对保护人体皮肤，延缓衰老有一定的作用。

地瓜已被营养学家当作一种药食兼用、营养均衡的食品，它的热量只有同等重量大米所产生热量的三分之一，而且几乎不含脂肪和胆固醇。常吃地瓜有益于人体健康，并有一定减肥功效。

岱鼎茶

道朗白马禅寺周边山上生产一种茶，叫岱鼎茶。

据考证，道朗镇白马禅寺始建于公元 773 年，建寺初期就有大德高僧引种南方茶籽，并获得成功。后经多次扩种，种植规模曾达到 500 余亩，因茶香高味浓、叶厚耐泡、汤绿明亮，又种植于泰山附近，僧人及当地信众称之为岱鼎茶。

上世纪末，随着名优绿茶的兴起，茶叶经济效益显著提高，茶产业作为道朗镇重点发展的农业特色产业之一，呈现出良好的发展态势，成为部分农民致富、农业增效的特色产业之一，现累计发展岱鼎茶茶园面积 3000 余亩。

经测定每 100 克岱鼎茶含钙 2 毫克、钠 3.92 毫克、锌 0.03 毫克、锰 0.12 毫克、磷 1 毫克、硒 0.08 毫克、钾 1 毫克、铁 0.1 毫克、铜 0.01 毫克。岱鼎茶叶不仅具有提神清心、清热解暑、消食化痰、去腻减肥、清心除烦、解毒醒酒、生津止渴、降火明目、止痢除湿等药理作用，茶中含有的茶多酚，也具有很强的抗氧化性和生理活性，是人体自由基的清除剂，可以阻断亚硝酸胺等多种致癌物质在体内合成。它还能吸收放射性物质达到防辐射的效果，从而保护皮肤。用茶叶洗脸，还能清除面部的油腻、收敛毛孔、减缓皮肤老化的作用。（程建民）

编辑 · 校对 冯宪谟

工业·信息产业

工业综述

【概况】 2014年，围绕“推进富民强市、建设幸福泰安”奋斗目标，全市工业发展坚持稳中求进工作总基调，推进转方式、调结构，提高发展质量和效益，工业经济实现平稳发展，结构持续优化。市经济和信息化委员会连续九年获省级文明机关称号，被市委、市政府表彰为科学发展综合考核先进单位、“五型”机关建设示范单位。

【工业生产】 全市规模以上工业企业工业增加值同比增长11.36%，居全省第8位，比全省平均水平高1.74个百分点，比年初目标高0.76个百分点。从用电量看，2014年累计完成工业用电量129.96亿千瓦时，同比增长3.43%。

【工业经济效益】 在宏观经济下行压力不断加大和煤炭、钢铁等行业持续低迷的形势下，全市规模以上工业企业累计实现主营业务收入7115.11亿元，同比增长12.69%，增幅居全省第5位，比全省高2.88个百分点，比年初目标高1.09个百分点；累计实现利税768.33亿元，同比增长6.89%；累计实现利润464.44亿元，同比

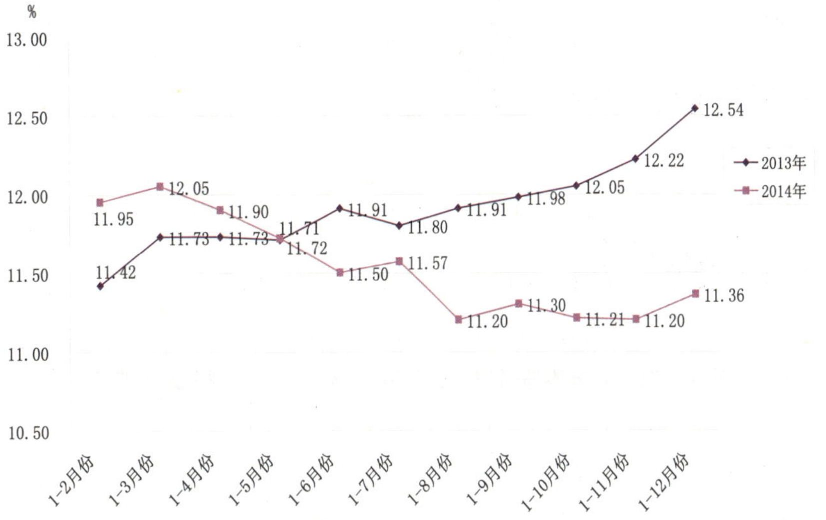

图1 2014年泰安市各县（市、区）工业增加值变化趋势

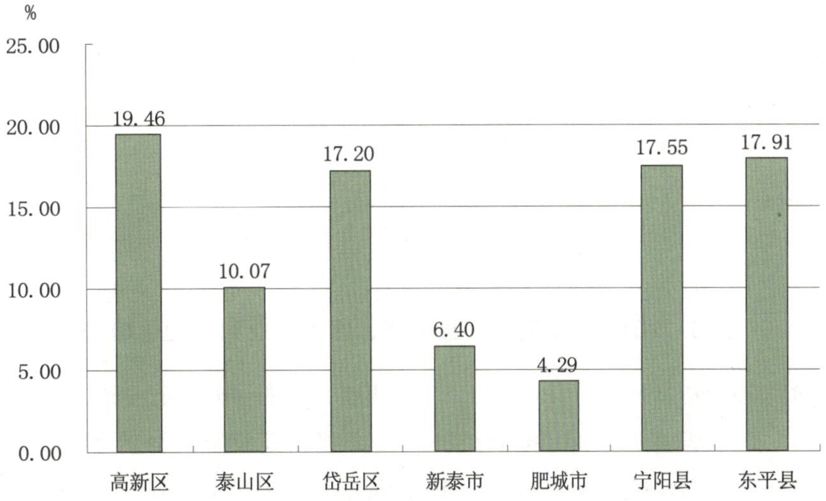

图2 2014年泰安市各县（市、区）工业增加值增幅

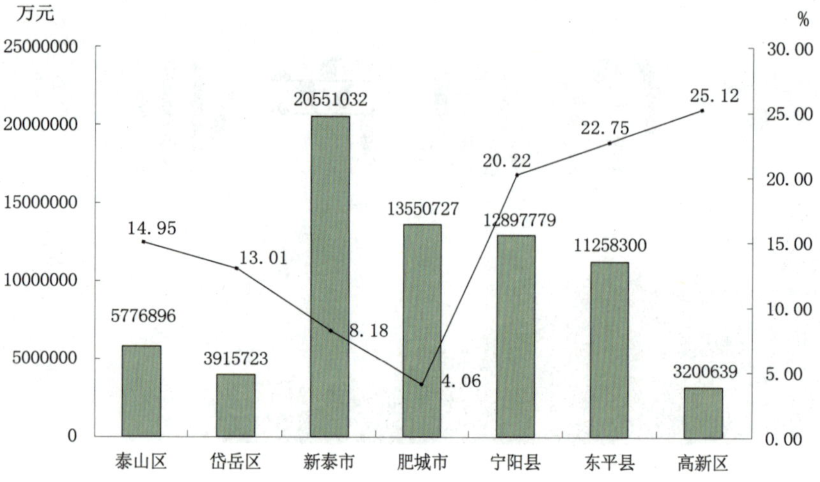

图 3　2014 年泰安市各县（市、区）工业主营业务收入变化趋势

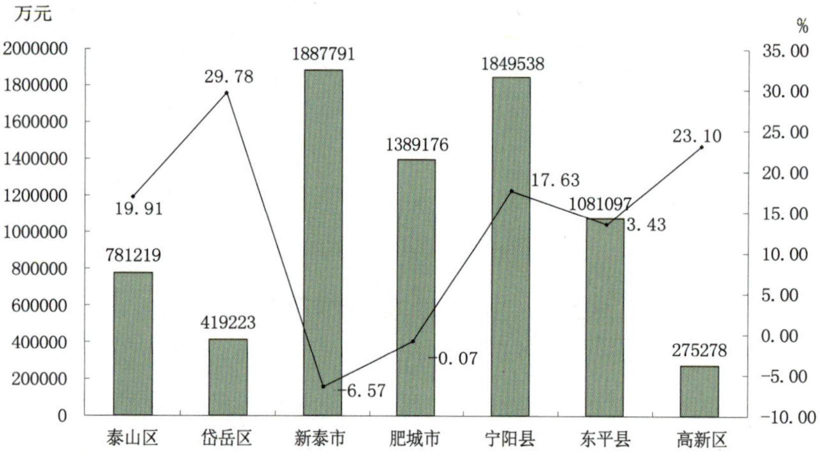

图 4　2014 年泰安市各县（市、区）工业利税变化趋势

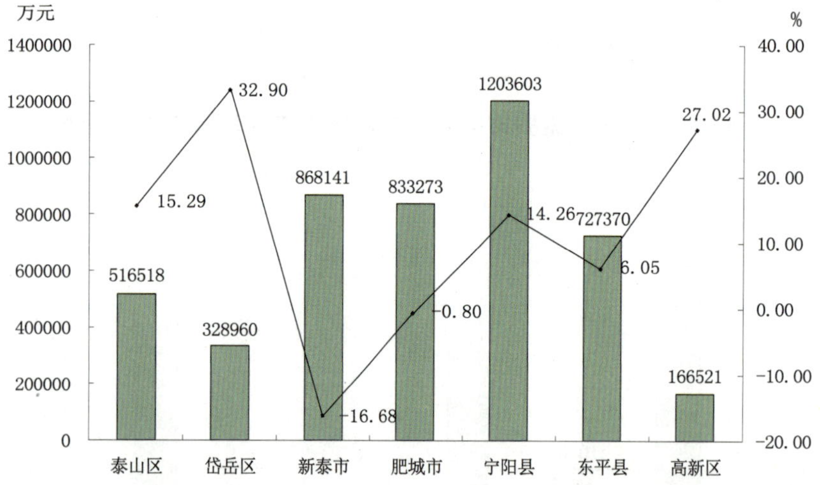

图 5　2014 年泰安市各县（市、区）工业利润变化趋势

增长 3.64%。

①加强监测分析，把握经济运行新动态。突出重点行业、重点企业，对 30 家重点企业进行调度，选择 46 家企业进入全省工业经济运行监测分析系统，加强监测分析预测预警，发现运行中的新动向、新情况，提出对策建议，科学组织经济运行。开展困难行业、困难企业专项监测分析，帮助企业解决实际问题，保证企业生产经营正常进行。②搞好要素保障，保持工业经济平稳增长。市政府印发《关于切实加强要素保障，认真搞好工业经济运行的通知》，从资金保障、能源供应、人力资源保障、营销力度等要素方面采取措施，促进工业经济提质增效。开展专题调研，帮助有条件企业开展短期融资券、中期票据等各种直接债务融资，拓展企业融资渠道。做好煤电运综合协调及迎峰度夏等工作，保障工业稳定有序发展。③强化安全生产。加强对民爆安全监管及长输油气管线巡查整改，强化日常监管，严厉打击违法违规行为，落实整改治理要求，预防和遏制安全事故发生。

【重点行业】　煤炭、食品、纺织服装、化工、非金属新材料、钢铁、汽车、输变电设备八大产业有规模以上工业企业 1004 家，占全市规模以上工业企业总数的 53.3%，实现主营业务收入 4533.5 亿元、利税 467.9 亿元、利润 275.8 亿元，分别占全市规模以上工业的 63.7%、60.9% 和 59.3%。从企业数和企业总体效益看，八大产业企业总体效益高于全市规模以上工业企业效益。全市原煤产量 1765.7 万吨，比上年减少 8.9%；煤炭工业 34 家规模以上企业实现主营业务收入 1113.5 亿元、利税 73.5 亿元、利润 22.2 亿元，同比分别下降 3.8%、29%、47.8%，影响全市规模以上工业利税、利润4.2和4.5个百分点。三项指标占全市规模以上工业比重分别为15.7%、9.6%和4.8%，较上年相比分别下降2.5、4.6、4.5个百分点。

【骨干大企业培植】 全市规模以上工业企业1882家，同比增加39家。实现主营业务收入过亿元的工业企业1214家，同比增加92家，其中过10亿元的106家，同比增加3家；利税过千万元的企业1233家，同比增加45家，其中企业实现利税过亿元的150家，同比增加26家。

【企业家队伍建设】 以金融及资本运作、经济转型升级为主题，组织企业家参加浙江大学企业经营管理研修班2期，培训企业董事长、总经理及高级管理人员130余人。发挥工业联盟等中介组织平台，组织全市50余名企业家和政府分管领导到华为技术公司进行访问学习，开拓视野，学习经验，激发创造，为企业家创造良好的提升环境，打造具有远见卓识的企业家队伍。

【工业结构】 ①装备制造业。全市规模以上装备制造业实现主营业务收入2541.1亿元、利税298.4亿元、利润186.4亿元，同比分别增长19.5%、13.4%、8.2%。泰安康平纳毛纺织集团责任有限公司开发的“筒子纱数字化自动染色成套技术与装备”获2014年国家科学技术进步奖一等奖；山东硕力机械制造有限公司生产的“SKWB-2500型大型数控弯板机”装备到江南造船厂；泰安华鲁锻压机床有限公司开发的“WEF11K-40×21000超大型数控船用卷板机”通过工信部验收，打破国外技术封锁和价格垄断；山东恒通膨胀节制造有限公司生产的“22000吨压力机”、山东山一重工机械有限公司生产的“18000吨压力机”进入国内整体成型高端装备市场；特变电工泰山电缆公司500千伏电缆附件研发成功，填补国内空白。②电子信息产业。信息技术制造业方面，形成以电线电缆、电力电子元器件为重要支撑，仪器仪表、电子元器件及组件，锂离子电池制造、光伏设备及元器件制造快速崛起的发展格局；软件和信息服务业方面，形成由通用软件、矿山安全软件、电力软件、嵌入式软件、系统集成服务、软件外包、游戏动漫和远程医疗八个特色板块组成的软件产业集群。全市信息产业（制造业、软件业）规模以上企业98家，实现主营业务收入238亿元，比上年增长22.2%；实现利润12.4亿元，比上年增长16.3%；实现利税23.6亿元，比上年增长40.4%。③现代物流业。把发展现代物流业作为全市经济转型跨越的重要抓手，全市物流发展基础性工作进步明显，物流园区初具规模，物流企业和物流市场迅速成长，物流信息化水平提高迅速。物流信息平台“三星物流信息网”每日提供20多万吨货运运力信息，年运费交易额

2014年泰安市八大产业主要经济指标完成情况

表9

产业名称	企业数（个）		主营业务收入（万元）		利润总额（万元）		利税总额（万元）	
	2014	2013	2014	2013	2014	2013	2014	2013
煤炭工业	34	29	11134971	11579629	221694	424538	734577	1034324
食品工业	182	177	5875417	5210783	430278	423109	688467	629805
纺织服装工业	196	191	5051666	4111844	323298	285130	556133	473764
化工工业	151	148	6226078	5547605	395836	436423	585500	616186
非金属新材料工业	222	218	5278979	4468787	503031	381604	767534	594297
钢铁工业	14	14	2109864	2441407	135011	99934	174089	147308
汽车工业	84	84	4041659	3445868	380866	341737	547047	490625
输变电设备工业	121	121	5616535	4858174	368308	318605	625895	504591

度突破200亿元，居国内同行业第1位。

【技术创新】 打造工业科技创新平台，推进企业观念创新、制度创新、技术创新，在创新体系、创新机制、创新项目、创新人才、创新文化、创新品牌六个方面加大工力度。全市组织实施技术创新项目1100余项，373个项目被列入省技术创新计划，康平纳集团被认定为国家技术创新示范企业，11家企业被认定为省级技术中心。通过政府产学研平台发布合作信息、企业难题需求和人才需求200余条，达成合作意向10余项。完成70余项省级技术创新项目鉴定验收和124个加计扣除项目的鉴定工作，落实71家企业技术开发费加计扣除4.56亿元。全市70%以上规模企业与高校院所建立不同形式的合作关系，90%以上的大中型骨干企业建立技术研发机构，成功转化国家级科技成果5项，转化省级以上科技成果20多项，突破高端装备、新材料、电子信息、生物技术等领域的自主技术240余项。

【技改投资】 2014年，全市工业在建技术改造项目724项，累计完成投资653.2亿元，同比增长17.3%；新开工技术改造项目581项，累计完成投资532.8亿元；竣工技术改造项目347项。2014年累计完成投资339.3亿元，项目累计完成投资489亿元，可新增销售收入726.1亿元、利税124.3亿元。

【两化融合】 开展“两化融合”（信息化和工业化）助企服务行动，通过典型示范和两化融合整体性评估，推进全市两化融合发展水平。将机械、纺织服装、汽车、化工、钢铁、建材等作为全市两化融合发展的重点产业，重点推广应用先进数字化装备、工业软件和行业解决方案改造传统设施装备及生产工艺，努力实现生产过程的自动化、网络化和智能化；在新矿集团、华宁集团、泰丰矿业等煤矿企业重点推广智慧矿山建设；在中小微企业推广应用财务管理系统、办公自动系统、供应链管理系统、ERP等信息化应用系统，节约运营成本，提高企业整体素质和综合竞争力。列入全省信息化和工业化深度融合专项行动方案的33个重点规划项目中，开工建设29个，累计投资额25亿元。

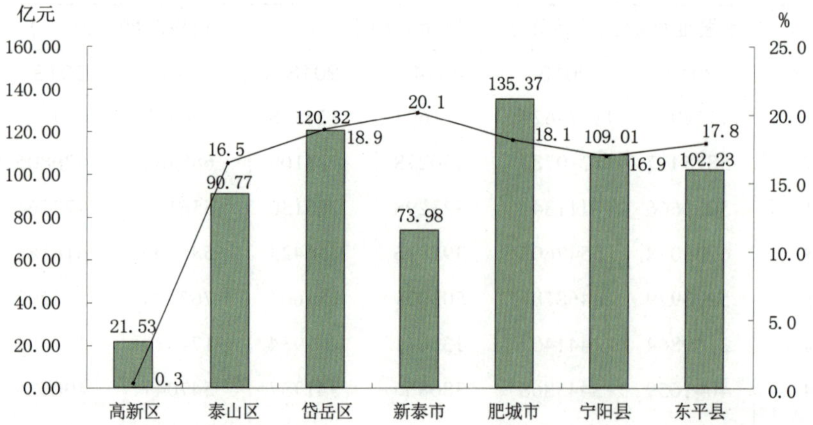

图6 2014年泰安市各县（市、区）技术改造投资变化趋势

【节能降耗】 2014年，全市万元GDP能耗下降超过5%，超额完成年度目标任务。①推行节能创新。完善节能服务业制度和体系，鼓励用能单位通过合同能源管理方式实施节能改造，鼓励金融机构支持节能服务业发展。支持市级节能专项资金项目21个，市级节能服务公司备案6家，申报国家级备案1家。重点推进节能环保项目50项，计划总投资148.7亿元，完成投资66.5亿元。②发展循环经济。重点培育8个行业18个特色产业循环经济产业聚集区、10个循环经济产业集群和4个静脉产业资源综合利用示范基地。新泰国家循环经济示范县建设、全市园区循环化改造、国家餐厨废弃物资源化利用和无害化处理试点项目进展顺利。拓宽资源综合利用产业范围，实现工业“三废”综合利用产业化，36家企业获资源综合利用企业称号。③化解过剩产能。全市列入上级淘汰计划的山东石横特钢集团有限公司65吨电炉1座、产能60万吨，山东东岳能源有限公司泰山铝业分公司190千安预焙电解槽124台、产能6.4万吨，泰安市泰山区聚鑫源针织厂高温溢流染色机等12台（套）、产能1185万米全部按时完成，产业产能得到优化，能

耗和废弃物排放得到缓解。④推进散装水泥工作。完成散装水泥供应量520万吨，节约包装、水泥损失等折合标准煤11.6万吨，减少粉尘排放5.1万吨，二氧化碳排放30.5万吨，二氧化硫排放992吨，实现综合经济效益2.3亿元。

【工业招商引资和重点项目建设】 围绕工业转方式、调结构、扩总量的要求，发挥工业指挥部职能，引进和建设一批工业大项目。①推进“六个一批”。“在谈一批”项目42个，包括投资70亿元的工业设计产业基地、50亿元的华能集团燃气热电联产等项目，意向投资356亿元；“签约一批”项目50个，总投资484亿元，包括30亿元的新泰天宝现代物流园等项目；“新开工一批”项目51个，总投资414亿元；“挂牌一批”培育项目50个，其中康平纳国家级企业技术中心、航天特种车研究院等2个项目挂牌，批准建设院士工作站6家；“技改扩规一批”重点项目36个，总投资235亿元；“竣工投产一批”重点项目31个，投产后新增销售收入250亿元、利税30亿元。②主动出击发现商机。突出“产业招商”，围绕产业集群引进关联配套项目，做好“建链”“补链”文章，重点围绕完善拉长煤机产业链，成立煤机协会，借助中国（泰山）国际矿业装备与技术展览会和中国煤炭30人高层论坛的契机，实行产业招商，明确“六个一批”项目31个。借力“集中招商”，坚持市领导带队，重点组织企业赴广交会、西洽会、深圳投洽会等大型展会，举办洽谈会，开展招商活动，接触客商100余人，洽谈项目50余个，促成签约10余个。实施“专业招商”，高新区分指挥部充分发挥专业招商队伍的作用，走访拜会企业200余家，洽谈项目100余个，促成签约30余个。③龙头带动，培植百亿企业。重点培植泰丰集团、山能机械、泰山石膏、恒基新材料等4家企业。召开全市百亿企业培植工作座谈会，建立百亿企业培植工作联席会议制度，定期汇总企业发展过程中的困难和问题；成立服务直通车，与企业面对面对接服务；举办高端培训会议，聘请知名专家、专业团队会诊献策。泰丰矿业集团实现主营业务收入99.7亿元，成为准百亿企业。④健全机制制度。突出园区载体建设，坚持“抓工业就是抓园区、抓园区突出抓工业”的思路，整合资源，延伸拉长产业链条。完善指挥部工作机制，成立分指挥部11个，规范工业指挥部工作制度，确保高效运转。协调解决如意工业园、山东聚化等30余项目建设单位遇到的问题近100项。（韩　念）

·行业管理·

【概况】 市行业管理办公室制定“推进改革改制、优化发展环境、构建服务体系、搭建服务平台、整合资源优势、引导行业发展”的工作思路，行业管理工作取得新突破，获全省轻工联社系统先进单位、市级文明单位称号。

【行业服务平台建设】 完善行业协会发展服务中心建设，年内完成二期工程建设，可容纳60家行业协会和中介机构入驻办公。拓展行业行情网站服务功能，新增电子商务、金融超市两大板块，为行业企业提供市场营销、融资贷款服务。建立行业企业文化交流中心。融合行业优势资源，搭建交流和协作平台，开展战略研讨、文化交流等活动100余次。行业发展服务平台初步形成行业发展服务中心、行业协会发展服务中心、行业企业文化交流中心、行业行情网站、再就业服务办公室、行业青年创业基地等服务实体。

【行业服务体系建设】 年内，中国棉纺织协会年会、中国数控机床推进会等4个全国性行业会议在泰安市召开，促进行业内交流与合作，提高了全市行业企业影响力。与市委宣传部等9部门联合开展“行业领军企业和领军人物”宣传活动，在《泰安日报》、泰安市行业行情网站上推广先进事迹和管理理念，出版10期，宣传人物20个。组织全市重点行业企业参加“山东省行业重点企业调度直报系统”，定期分析全市行业经济运行情况，按季度发布行业发展状况，为市政府和企业决策提供依据。

【企业改革改制】 推进原煤炭局所属3家企业的改革改制工作，

完成改制前审计工作，推动煤炭运销、煤炭供销的清算工作以及鲁中煤矿的破产工作。做好离休人员医药费报销、灵活就业人员社保补贴发放、职工权益兑现等工作。年内，兑现职工权益111人、48万元，发放离退休人员社保卡160人，办理“4050”人员养老金补贴返还150人，转付职工困难生活救助金21.5万元。（邵　振）

·链接·　“4050”社保补贴政策

“4050社保补贴”是指灵活就业困难人员社保补贴政策。政府针对就业困难人员中的“4050”人员（女性满40周岁，男性满50周岁）灵活就业后，及时申报就业，申请人已办理托管或建立社保档案，并按规定及时足额缴纳社会保险费的，可申请社保（基本养老保险、基本医疗保险）补贴。

【概况】 2014年，规模以上工业企业中采矿业企业89家，比上年增加3家；采矿业实现主营业务收入1264.9亿元，降低1.2%，占规模以上工业企业的18.0%；利税93.5亿元，降低22.3%，占规模以上工业企业的12.3%。

（武　军）

·地方煤矿·

【概况】 至年底，全市境内有煤矿41处，年核定生产能力2125万吨。其中，市、县直接监管煤矿34处，年核定生产能力1247万吨，实际生产原煤937.06万吨，实现商品煤销售收入36.66亿元。

【安全生产】 年内，全市发生原煤生产责任事故1起，死亡2人，连续9年控制在市政府下达的考核指标内，21处煤矿安全生产周期超过10年。①隐患排查治理。落实矿长到每个从业人员的“五级”隐患排查制度，按月、旬、周、日、班逐级排查治理安全隐患。开展全市煤矿隐患大排查、大整治活动，成立排查组6个，全覆盖排查安全隐患1253项，排查隐患3000余条，投入治理资金1.3亿元。②安全基础建设。全市“双基”建设典型经验在全省推广，年内申报国家级质量标准化一级矿井9处、二级矿井15处，瓦斯综合治理工作体系建设达标矿井24处。③企业安全文化建设。通过树立企业安全文化理念，完善制度建设，开展安全文化宣讲及竞赛评比，打造出以明兴“孝德文化”、泰丰“天地人和”和辰信集团“汇人达”等为代表的优秀企业文化品牌。④职工教育培训。全员培训3.2万人次，培训特种作业人员3493人，安全管理人员1232人。华宁集团职工培训中心被中华全国总工会命名为全国煤炭教育百强和全国职工教育示范点。⑤行政执法。开展执法检查136矿次，提出问题984条，提出建议75项，下达责令整改书31份、现场处理决定9份，实施行政处罚7矿次。

【产业结构】 落实市政府“转方式、调结构”战略部署，按照“做大做强煤炭主业、发展非煤产业”的思路推进结构调整，全市煤炭系统共发展非煤企业78家，实现销售收入233.24亿元，利税12.74亿元。①省外资源开发。发挥本埠煤矿技术、人才、管理等优势，开展省外煤矿托管和开采服务业输出。隆源集团先后在陕西、内蒙古托管煤矿6个，年生产能力达2000多万吨；明兴集团托管陕西鸿森煤矿，年增产能45万吨。②非煤产业由安置型向效益型转变。高佐集团医药中间体生产项目、山东辰信清洁柴油调和组分生产项目前景广阔；恒丰集团特种阀门生产项目建成达产后，实现年销售收入6亿元，安排500多人就业；海力集团围绕汽车产业，开拓上下游生产服务项目，筹建海力汽配科技园项目和海力速恒物流与供应链一体化建设项目。

【节能减排】 ①推广应用以矸石填充为主的绿色开采技术，通过充填开采置换煤炭76.5万吨，消化矸石106.4万吨，煤矸石综合利用率97.7%。②推进矿井系统优化。34处煤矿累计投资近1亿元淘汰高耗能设备1337套，10处煤矿对井下主要机电提升运输设备进行更新、改造。全市矿井水循环利用率达到73%，并实现100%达标排放，万元产值能耗0.26吨标准煤，吨煤生产综合能耗8.8千克标准煤，吨煤生产电耗35.7千瓦时。新陶阳、新查庄、华恒矿业三家煤矿企业获全国绿色矿山试点单位称号。

【淘汰落后产能】 通过产业升级改造、生产系统优化、合理生产布局、提升采掘机械化程度等有效手段提高全市煤矿生产集约程度。全市淘汰关闭小型煤矿2处，完成机械化提能改造4处，完成产业升级改造2处，进行生产系统优化14处。至年底，全市在籍采、掘头面个数分别为72个、169个，比上年分别减少4个、10个；采掘机械化程度达到74.6%和91.7%，全市煤矿全员平均吨煤工效1.5吨/工。

【招商引资】 通过招商引资寻求新项目，拓展新产业，延伸发展链条，实现企业持续发展、长效发展，推动主副产业的转调补位。全市煤炭企业共引进合作项目11个，海力集团物流与供应链一体化建设、汶南益客明兴工业园等4个重点项目陆续筹建，累计引进外来资金45亿元。

·山东能源新汶矿业集团·

【概况】 2014年，新矿集团以“创新发展、转型提效”为主题，以开展“治亏创效”行动为抓手，凝心聚力、创新举措，实现原煤产量4966万吨，精煤产量1685万吨，营业收入691亿元，利润2.08亿元。集团公司获首届山东省管理创新优秀企业奖、中国煤炭工业优秀企业管理奖、全国企业文化优秀奖，并获全国资源综合利用先进单位、全国煤炭行业节能减排先进企业、全国劳动争议调解工作示范企业、山东省AAA级劳动关系和谐企业等称号。

【煤炭生产】 全面推进设计源头控本、生产过程降本、系统节能降耗、生产提速提效四项工程，实现煤炭生产效率、质量双提高。平均单产同比提高0.51万吨，增幅10%，人吨效率同比提高8%；综合单进同比提高7.3米，增幅4.3%，人均单进同比提高3%，万吨掘进率同比减少3.6米。启动煤矿充填开采国家工程实验室，孙村、华恒、鄂庄、新阳能源被国土资源部命名为第四批国家级绿色矿山试点单位。

【治亏创效】 分4个专业组推进以“扭亏减亏、增盈增效”为目标的“治亏创效”行动。各单位综合评价煤炭储量、生产能力、生产系统、组织架构、人力资源、成本构成、产品结构、市场环境、政策环境等各类要素，找准节支增效空间，对生产流程、业务流程进行系统再造，优化各类要素配置。21对生产矿井原煤综合成本平均同比下降28元/吨，其中华泰矿同比下降243元/吨，鄂庄矿同比下降105元/吨，孙村矿、翟镇矿、盛泉矿、万祥矿、华恒矿等同比下降均超过50元/吨。开发新巨龙高灰肥煤、协庄高灰气煤等适销品种；创新模拟代理销售方式，青岛华通代理采购新巨龙高灰肥煤35.4万吨，客户合同兑现率同比提高6.42%。

【安全保障】 以“安全责任落实年”为主题，固化“越是困难越要抓安全、抓不好安全更困难”的理念，坚持安全管理不放松、投入保障不减少、质量标准不降低、监管力度不弱化，好安全工作。鄂庄矿连续安全生产周期超过22周年，翟镇矿、华泰矿超过4000天。 （史　涛）

·山东能源肥城矿业集团·

【煤炭产量】 2014年，累计商品煤产量682万吨，同比增加102万吨；商品煤销量677万吨，同比增加101万吨。建立产运销协调会制度，坚持配煤调质、拓展用户、及时回款，库存基本控制在合理区间。严格成本管控，技术、人工、材料、电力成本控制效果明显，全年节支7.2亿元。

【新区建设】 鲁西南3对矿井投产，设计生产能力255万吨/年、装备能力420万吨/年。陈蛮庄煤矿经过两轮“百日会战”，8月22日梁宝寺一二号井高精度贯通，12月10日二号井联合试运转，通过单项工程质量认证。履行国有资产处置程序，推进低效无效资产对外转让，完成电厂设备资产处置。以持有的国电山东公司部分债权，转为泰安热电项目股权。将依可馨纸业占用土地和房产，与中国环境保护公司合作建设生物质能热电项目。推进商业模式创新，试点发展生产服务业，组建梁宝寺安装公司，托管青海江仓煤矿，向汾西矿业集团输出管理，实施物资供应重组整合。云南磷矿、内蒙古百灵煤矿和黑山煤田等项目合作顺利。青海托管煤矿顺利，年创收1500万元。

【深化改革】 制定老区深化改革、新区强化管理、老区新区一体化同步推进的“一揽子”方案和脱贫解困方案。老矿区超额完成控员分流1800人目标，部分区队整合为大工区。各矿围绕控员分流、外出增收目标，找寻洽谈托管项目。成立集团公司集控中心，撤销原科技信息中心，将信息化及“三网”、科技、系统设备维护等业务划归集控中心。节能、计量、环保业务划归农事与后勤处；生产技术处原生产调度业务划归集控中心管理。采用安全心智模式培训、物联网信息技术在智慧矿山应用等一批自主产权创新成果，建成业绩考核体系。数据中心基本建成，实现生产经营各类“大数据”统一标准、采集、存储；建成协同管理平台，实现基于流程的岗位五维指标协同管控，将锁定的指标纳入业绩管理。表彰优秀科技创新成果54项、优秀专利19项、管理创新成果43项、QC成果60项。

【概况】 2014年，全市有规模以上工业企业中制造业企业1764家，比上年增加36家；实现主营业务收入5660.1亿元，增长16.5%，占规模以上工业企业的80.6%；利税655.3亿元，增长13%，占规模以上工业企业的86.3%。（武　军）

·机械制造业·

【概况】 2014年，全市有机械制造业（通用设备、专用设备、汽车制造业、铁路、船舶、航空航天和其他运输设备制造业、电气机械及器材制造业）612家，实现主营业务收入2066.2亿元，增长20.7%；实现利税247.2亿元，增长15.5%。主要产品中，起重设备115.4万吨，增长30.7%；变压器9469.9万千伏安，增长32.5%。（武　军）

【泰开集团有限公司】 公司下设全资公司22个，业务涵盖输变电设备制造、专用汽车、低压电器等多种行业。综合经济指标位居全国输变电行业前列，在山东省同行业连续多年居首位，是全国完全具备550千伏及以下电压等级输变电设备总成套供货、电站工程总承包交钥匙能力的大型企业集团之一。先后被授予国家火炬计划重点高新技术企业、全国守合同重信用企业、山东省机械工业百强企业、省级文明单位等称号，“泰开”商标为中国驰名商标。产品产品分为开关类、开关柜类、变压器类、自动控制类、电线电缆类等五大类，涵盖550千伏及以下多个电压等级，180多个品种，2000余种规格。30余种产品填补国内、省内空白，20余种产品列入国家重点新产品计划和火炬计划，近300余种产品获国家专利。通过ISO 9001-2008版质量体系认证、低压电器产品CCC认证和国家电能产品质量Pccc认证。产品出口到俄罗斯、印度、巴基斯坦、波兰、非洲、南美等60多个国家和地区。

【中国重汽集团泰安五岳专用汽车有限公司】 为中国重汽集团的全资子公司。公司占地840亩（56万平方米），是最早通过ISO 9001质量体系认证、国军标GJB 9001质量体系认证和CCC认证的企业之一，具备中国人民解放军总装备部“装备承制单位”资格，“五岳牌汽车起重机底盘”产品、“五岳牌自卸汽车”产品为山东名牌产品。公司总资产5.6亿元，有数控精细等离子切割机、大型剪板机折弯机、各种机械加工设备、专用生产线、专用检测线等设备工装470多台套，是改装汽车、特种汽车、军用装备三大系列产品专用车生产基地。生产能力达到10000混合辆，二期技改完成后可达到30000混合辆。

【特变电工山东鲁能泰山电缆有限公司】 建于1996年。2003年7月，特变电工股份有限公司出资2.7亿元，山东鲁能泰山电缆股份有限公司出资9000万元联合组建，主要从事大型电线电缆研发、制造，在四川德阳、新疆、重庆设有分公司，为国内最大的电线电缆生产研制、出口基地之一。生产五大类、400多个型号、20000多种规格的电线电缆产品，其中110千伏交联电缆为国内首家通过“两部”鉴定的产品；220千伏交联电缆为国内首家投入电网运行的产品；220千伏智能电缆为国内首创并大批量投入运行；1000千伏级耐热型扩径母线为国内最高电压等级架空导线新产品，成为国内首条特高压示范线路唯一供货商。公司先后通过ISO 9001质量管理体系、ISO 14001环境管理体系、OHSAS 18001职业健康安全管理体系认证和CCC国家强制认证。“泰山”牌电缆获得中国名牌产品、中国电缆用户满意第一品牌、产品质量国家免检等称号。

【泰山集团股份有限公司】 拥有全资和控股子公司11家，下设国家级技术开发中心1个、省级技术开发中心2个，是集工业锅炉、电站锅炉、压力容器、电力设备、电缆电器、船舶尾气制冷等产品研发、制造、销售和服务于一体的国家级重点高新技术企业，被科技部和国家电网认定为电力电器产业化基地骨干企业。公司是中国工业锅炉协会副理事长单位，获中国500家最大机械工业企业、中国500家最佳经济效益工业企业、中国500家重合同守信用企业、中国大企业集团综合竞争力500强、自主创新能力行业十强、全国“AAA”级信誉企业等称号。“TAISHAN及图”商标于2011年被国家工商总局认定为中国驰名商标。拥有A级锅炉和A1、A2级压力容器的设计制造资质，通过ISO 9001国际质量管理体系认证，有锅炉产品10大系列、400多个品种，其中国家级新产品17个，列入山东省重点技术创新计划。QXL70-1.6/130/70-AII系列强制循环热水锅炉列入国家工业和信息化部第一批“节能机电设备（产品）推荐目录”，“鲁能”牌电力电器设备是国家质量检测合格质量信得过产品，船舶尾气制冷技术及其设备填补国内空白，被科技部、环保部、商务部和国家质检总局四部委列入2008～2009年度国家在重点新产重点新产品计划。

【泰安华鲁锻压机床有限公司】 前身是建于1968年的国营泰安锻压机床厂，原机械部定点企业，2003年改制成为股份制公司。公司主导产品包括数控卷板机、矫平机、校平机、剪板机、折弯机、开卷矫平剪切生产线等5大系列、300多种规格，部分产品代表了国内最高水平、达到国际先进水平。是国家级高新技术企业、中国机床工具工业协会锻压分会常务理事单位、中国机械工业质量管理协会会员单位，通过ISO 9001、ISO 14001、OHSAS 18001三体系认证。公司现有员工760人，其中外国专家2人、工程技术人员193人、操作技师55人。多项产品列入国家重点新产品和国家火炬计划项目，其中WES11K-35×21000大型数控船用卷板机为世界最大，完全替代进口，填补国内空白，达到世界先进水平；“大型数控船舶成形专用装备制造项目”列入“国家重点产业调整振兴和技术改造新增中央预算内投资计划”。“岱岳”商标为山东著名商标，卷板机和矫平机分获山东名牌产品。

【山东宏康装备集团】 简称宏康集团。主导产品为数控板料开卷矫平剪切生产线、数控铣镗床和钢铁物流配送，成为中国研制生产数控板料开卷矫平剪切生产线的骨干企业之一。有50多项国家发明和实用新型专利。负责制订的《板料开卷矫平剪切生产线》国家行业标准获中国标准创新贡献奖二等奖，“大型数控中厚板精整成套设备产业化项目”被列入2011年山东省自主创新成果转化重大专项计划。

【山东硕力机械制造有限公司】 该公司是一家集产学研一体化的现代高科技企业，主要生产液压顶升系统、三维数控弯板机等产品。2008年，公司同武汉理工大学合作研发“独特的方形压头可调活络模具”等具有自主知识产权的新技术、新产品，集成“机、光、电、液、控”等技术，生产出国际领先技术水平的船舶三维数控弯板机，首创“自动化”造船装备，研发制造的SKWB-2500型三维数控弯板机达到国际领先技术水平，被列为国家“863计划”储备项目。

【山东能源机械集团有限公司】 建于1957年，为新汶矿业集团全资子公司，国内最大的煤矿机械制造企业。注册资金10亿元，下设子公司15个，中外合资公司5个，在新疆伊犁、内蒙上海庙等地开工建设煤化工机械、矿山设备制造两大基地。公司具有精密铸造、锻、铆、焊、机械加工、热处理、装配等完整的生产工艺流程，是国内首家制造千万吨采煤工作面成套装备的煤机制造企业，国家发改委、经贸委批准的全国唯一的矿用设备再制造生产基地，被国家工业和信息化产业部列为第一批矿采机械再制造试点单位。先后获中国煤炭工业优秀企业管理奖、山东省富民兴鲁劳动奖状、山东省高新技术企业、质量信誉AAA等级企业、山东省守合同重信用企业等荣誉称号。

【力博重工科技股份有限公司】 由泰安力博机电科技有限公司改制而成，注册资本1亿元，是国内最大的带式输送机生产基地，行业技术龙头企业。拥有山东省企业技术中心、带式输送机电工程技术研究中心，是山东省创新型试点企业、守合同重信用企业。通过ISO 9001:2008认证、国家矿用产品安全标志认证、工业产品生产许可证。主要从事散料输送装备，特别是带式输送机及圆形料场堆取料机的整体、关键部件以及关键技术的研发设计与制造，在长距离带式输送机、大倾角上带式输送机、大倾角下运带式输送机、线摩擦带式输送机、弯曲带式输送机的开发设计具有技术优势和开发能力。主导产品有液体粘性软起动装置、自冷盘式制动装置、液压自动拉紧装置。此外还研究开发了矿山机电类附属产品，如高密封耐磨托辊、高耐磨钢缆托轮等，技术达到国内领先、国际先进水平。公司近几年来始终保持高速发展的态势，主导产品的销售额占全国同类产品销售收入市场份额的50%以上。

【山东厚丰集团公司】 始建于1968年，下设子公司4个，拥有自动化生产流水线6条，集科研、设计、开发、生产、销售为一体，是国内车用散热器行业产品门类最多、品种最全、自主开发能力最强、生产规模最大的专业化集团公司。公司生产管理以ERP系统为支撑，年生产能力达400万台套，以出口欧美市场及服务于中国自主品牌汽车为主，40%产品出口美国、加拿大、欧洲及澳洲等14个国家及地区，60%产品为国内各种轿车、大中巴客车、轻重卡车配套。产品有十大系列2000余种型号，包括铝质汽车散热器（全铝、铝塑）、铜质汽车散热器、工程机散热器、汽车空调器、空调两器、汽车暖风机、内置式铜管和铝质板翘式机油散热器、中冷器、工程塑料水室、塑料导风罩等。厚丰在全国行业内率先通过ISO 9001:2000、ISO 9001:94/QS-9000:98及ISO/TSO 16949:2002质量管理体系认证，产品荣获“山东名牌”“山东省标志产品”称号，“鲁美”“东岳”商标为山东省著名商标。

【山东煤机装备集团有限公司】 为国内最大的矿物洗选装备研发制造企业，2007年开工建设，2008年建成投产。占地面积85平方米，总投资4亿元。职工2599人，各类专业技术人员520人。其中，高级以上职称61人，工程技术应用研究员2人，省级专业技术拔尖人才16人。公司连续多年获国家和山东省“守合同重信用企业”“全国十佳选煤设备制造厂”“全国煤炭机械工业优秀企业”，“企业技术创新先进企业”和“国家AAAA级标准化良好行为企业”“洗选装备工业主体园区”等称号。

公司主要生产固液分离设备、矿物洗选设备、矿物破碎筛分设备、矿山提升井工装备、井下支护及运输设备、快速计量储装设备、冶金烧结设备等，产品销往全国各大矿山企业，部分出口澳大利亚、俄罗斯、印度、土耳其、孟加拉、越南等国家。公司资产总额6.5亿元，拥有各类加工设备1500多台套。

【泰安航天特种车有限公司】 国家特种汽车定点生产企业，2011年5月完成增资扩股，注册资本4.6亿元。拥有总资产20亿元，具备年产各类特种车3000辆的综合生产能力。军民用特种专用车的开发，制造能力及生产装备总量均居国内同行业前列。公司承担多项国家重大科研项目，其中有国家高新工程、国家专项任务、国家级火炬计划项目、国家重大装备国产化创新项目。研制的TA系列军民用特种车填补多项国家空白，具有完全自主知识产权。拥有国家专利技术30余项，先后荣获全军科技进步一等奖，部、省级科技进步一、二等奖30余项；TA5380系列特种重型车为部级高新技术产品；TA5450、TA4410被国家科技部等四部委评为国家重点新产品。产品通过GB/T 19001-2008、GJB 9001B-2009军品、民品质量体系双认证。主导产品4×4-20×20等型式的各类军民用特种专用车底盘，实现了重、中、轻型系列化发展。已形成军品、民品两大支柱、五大系列近百个品种。军品主要为战略武器型号配套用车近80个品种，占国家新一代战略、战术武器型号汽车装备量的70%。民品主要是为满足各种特种行业作业需求的特种专用车辆，主要有油田专用车、矿山自卸车、沙漠专用车、消防专用车、登机桥专用车近20个车辆品种，主要涉及行业有全国各大油田、矿山、水利、地质、空港、消防等行业系统。特别是工程矿用自卸车在国内行业处于首位，并出口到蒙古、俄罗斯、缅甸、安哥拉、赞比亚等国家。年出口额超过4亿元。

·化学工业·

【概况】 2014年，全市有化学工业企业151家，实现主营业务收入622.6亿元，增长12.2%；实现利税58.6亿元，降低4.98%。主要产品中，化肥（折纯）128.0万吨，增长16.2%；氢氧化钠（烧碱）（折100%）12.5万吨，降低7.4%；化学农药原药（折有效成分100%）2.9万吨，增长23.4%。（武　军）

【山东阿斯德化工有限公司】 公司先后获中国化工500强企业、山东省200户重点工业企业集团、山东省管理创新优秀企业、山东省循环经济试点企业等称号，建有山东省省级企业技术中心和全国博士后科研工作站。“春旺”牌尿素获山东省名牌产品、山东省著名商标称号，“阿斯德”牌甲酸获得山东省名牌产品、山东省著名商标、向欧盟市场推荐产品和高科技质量产品等称号。年产15万吨甲酸、18万吨合成氨、30万吨尿素、5万吨甲醇、2万吨混甲胺、1.5万吨甲酸钙、1万吨甲酰胺等十余种产品。主导产品甲酸采用世界最先进的甲酸甲酯法生产工艺，技术、质量水平居国际先进、国内领先，规模居亚洲第一、世界第二位。

【山东华阳农药化工集团有限公司】 原名宁阳县农药厂。1966年10月，宁阳县石油化工厂扩建为宁阳县农药厂，为集体所有制企业。1976年转为全民所有制。1996年，以宁阳农药厂为核心企业，组建山东华阳农药化工集团有限公司，并获得自营进出口权。1998年，改称山东华阳集团，并通过ISO 9002国际质量体系认证，入选全省百强重点企业集团。1999年12月，设立山东华阳科技股份有限公司，总股本5000万元。2000年被科技部认定为国家重点高新技术企业。2001年，通过ISO 9001国际质量体系认证。

【山东省瑞星化学工业集团总公司】 国家级重点高新技术企业，全国最大的化肥生产基地，山东省重点骨干民营企业，是山东省确定的30家对地域经济发展有重大影响的企业之一，是集制造、商贸物流、金融服务、高新技术、新能源和文化旅游为一体的综合性大型企业集团。总资产80亿元，年销售收入70亿元。主要产品为尿素、甲醇、乌洛托品、硬脂酸、甘油、淀粉、葡萄糖等，建有世界最先进的粉煤气化装置和化肥生产装置。建成山东省企业技术中心、山东省重点实验室，设立院士工作站、博士后科研工作站，承担多项国家“863”计划项目和技术创新重点项目，获得省、市科技进步奖10余项，申请专利800余项。

【泰安瑞泰纤维素有限公司】 隶属山东瑞泰化工集团有限公司，是以研究、开发、生产、销售、出口贸易为一体的综合性国家级重点高新技术企业，国内规模最大、品种最全的纤维素药用辅料生产企业。主要产品有羟丙基甲基纤维素（60RT、65RT、70RT、75RT）、甲基纤维素、高取代羟丙基纤维素、乙基纤维素、羟乙基甲基纤维素、乙基纤维素水分散体（国家“八五”“九五”攻关项目）、羟丙基甲基纤维素邻苯二甲酸脂（HPMCP）、阳离子羟乙基纤维素、低取代羟丙基纤维素、药用色彩包衣剂、微晶纤维素等。产品广泛用于化工、建材、涂料、医药、食品、化妆品、农业等领域，远销欧洲、美洲、南亚、东南亚一带的40多个国家和地区。

• 建材工业 •

【概况】 2014年，建材工业（非金属矿物制品业）222家，实现主营业务收入527.9亿元，增长18.1%；实现利税76.8亿元，增长29.2%。主要产品中，水泥893万吨，增长2.1%；石膏板24195万平方米，降低4.2%；日用玻璃制品2.2万吨，增长-23.1%；玻璃纤维纱32.9万吨，增长13.6%。 （武　军）

【泰山石膏股份有限公司】 该公司是以生产纸面石膏板为核心业务的新型建材企业，中国建材集团旗下的新型建筑材料生产企业、中国建材百强企业、中国最大的纸面石膏板生产企业、居世界同行业第七位。在全国20个省（市、自治区）建立30条纸面石膏板生产线，拥有资产30亿元，主导产品纸面石膏板年生产能力8亿平方米，是亚洲最大的纸面石膏板生产企业。公司通过ISO 9001质量保证体系认证、ISO 14001环境管理体系认证、环境标志产品认证，为国家环保总局倡导的“双绿色之星”企业，山东省诚信纳税企业、AAA级银行信用企业、山东省质量管理先进企业、省资源综合利用示范企业、省循环经济示范企业、省环境保护优秀企业、山东省高新技术企业、山东省消费者满意单位、山东省守合同重信誉单位。

【泰山玻璃纤维股份有限公司】 是以玻璃纤维及其复合材料为主业的国有大型企业。1997年建成国内首条万吨级池窑拉丝生产线，2014年玻纤及制品总量达42万吨，为全球五大、中国三大玻璃纤维制造企业之一。主导产品为无碱玻纤无捻粗纱系列、短切毡、方格布、风电叶片用多轴向经编织物、热塑性短切纤维、热塑性长纤维、耐酸型的无碱无硼TCR纤维、电子级细纱等，应用于建筑、交通运输、电子电器、航空航天等国民经济各个领域，远销美国、西欧、加拿大、中东、南非等70多个国家和地区。2014年1月24日，泰山玻纤与全球最大的玻纤复合材料和民用、商用建筑材料生产商OC（美国财富500强）合作的AR耐碱玻纤项目点火，产能1.1万吨/年。2014年7月12日，泰山玻纤与美国AGY公司合作的S-1HM玻纤项目点火，S-1HM纤维具有优异的抗拉强度和拉伸模量，应用于大型风电叶片、复合材料电缆芯材、高压气瓶、耐热膨胀性的电子线路板等高强高模复合材料产品。

• 食品药品业 •

【概况】 2014年，全市有食品加工制造、饮料业57家，实现主营业务收入147.8亿元，增长5.6%；实现利税20.5亿元，增长1.1%。主要产品中，白酒10809.4万升，降低0.6%；小麦粉180.7万吨，增长12.1%；乳制品33.9万吨，降低2.5%；软饮料15.0万吨，增长25.3%。 （武　军）

【泰山酒业集团股份有限公司】 山东省44家重点工业企业集团之一，综合实力和经济效益连续多年保持全省同行业第一，获得中国白酒工业经济效益十佳企业、中国食品行业百强企业、中国酿酒行业先进企业、中国企业信用评价AAA级信用企业等称号。企业先后通过ISO 9001质量管理体系、ISO 10012计量检测体系、AAAA级企业标准化体系、ISO 14001环境管理体系、ISO 22000食品安全管理体系及酒类产品质量认证，获得“纯粮固态发酵白酒标志”。公司拥有的小窖酿酒车间入选大世界基尼斯之最，被认定为“最大的纯粮固态发酵酿酒车间”。“泰山牌”商标为中国驰名商标，“泰山牌”系列白酒连续十余年保持山东名牌称号，位居山东省白酒十大品牌榜首、山东十大名酒第一名；并被评为中国白酒新秀著名品牌、中国白酒工业十大竞争力品牌。

【山东泰山啤酒有限公司】 大型（二）企业，原名泰安啤酒厂。1979年，泰安酒厂以啤酒生产车间为主筹建泰安啤酒厂。2000年8月，加盟香港虎彩集团有限公司；2004年2月，正式更名为山东泰山啤酒有限公司；2005年10月，成功重组莱芜广寒宫啤酒厂成立泰山啤酒（莱芜）有限公司。2008年9月，投资5.8亿元的泰山啤酒工业园建成，占地总面积500余亩，年生产能力20万吨，是国内领先、山东省内较大规模的现代化复合型啤酒生态旅游工业园区。公司技术力量雄厚，聘请德国著名啤酒专家罗伯特·克利策先生、格哈特·卢特哈德先生为常年技术顾问，全套引进德国、丹麦、香港等国家和地区先进设备和生产工艺技术。2010年，公司在卢特哈德先生的带领下研发并推出中国第一支原浆啤酒，打破了国内单一生产下面酵母啤酒的局面，并凭借对上面发酵技术和不过滤工艺引领着行业的发展。企业通过ISO 9002国际质量体系认证。“克利策”商标被省工商局认定为山东省著名商标。

【山东银宝食品有限公司】 国家重点龙头企业、全国农产品加工业出口示范企业、农业部唯一猪肉出口示范企业、国家猪肉储备生产定点厂、商务部“万村千乡市场工程”和“双百市场工程”示范企业。“银宝”商标为中国驰名商标。公司以生产出口高标准猪肉产品为主，集畜禽饲养、屠宰加工、肉制品、面制品、生化制药和连锁经营于一体，下辖银宝肉联厂、速冻面制品加工厂、阳雪宝生物科技有限公司、山东经典食品有限公司、山东满地香食品有限公司、莱芜银宝商贸食品有限公司、肥城畜牧养殖公司等多家子公司，有连锁店500多家。公司通过ISO 9001质量国际认证、HACCP质量国际认证。“鲁农I号猪配套系、鲁烟白猪新品种培育与应用”荣获国家科技进步二等奖，银宝分割肉食品被评为山东名牌产品、中国国际农业博览会名牌产品。

【山东泰邦生物制品有限公司】 该公司前身是山东省生物制品研究所，于2002年11月重组成立中外合资企业。公司注册资本为1.6亿元，总资产5亿元，是国家定点、山东唯一的血液制品企业，是以血液制品为主，集科研、生产、经营一体化的国家级高新技术企业。公司生产人血白蛋白、静脉注射人免疫球蛋白、乙肝人免疫球蛋白、狂犬病人免疫球蛋白等7个品种、21个规格的产品，产品批签发合格率100%，销售收入年增长率超过50%。

【山东宝来利来生物工程股份有限公司】 该公司成立于1996年8月，是中国最早研究和生产动物微生态制剂的企业，是中国最大的动物微生态制剂产品供应商和微生态技术及其解决方案服务商。公司业务领域涉及饲用微生态、畜禽生态养殖微生态、水产微生态、奶牛及反刍微生态、生物发酵等，产品出口到欧盟、美国、韩国等国家和地区。公司有生物工程研发人员120人，其中博士5人，有中高级职称的56人。

【山东光大日月集团】 创建于1998年10月，总资产30亿元，有子公司10余家，以油脂和食品加工为基础，进行精细化工和生物有机肥生产。先后获国家级扶贫龙头企业、全国放心粮油进农村进社区示范加工企业、省级（兵团级）农业产业化重点龙头企业、山东省农产品加工骨干企业、山东省守合同重信用企业、山东省诚信企业、山东民营企业百强等称号。通过“高新技术企业”认定，研发中心被评为省级技术中心。主要产品为“智育”“光大智育”“光大”牌系列食用油，“智育”牌红花籽油软胶囊，“鸥唛”牌奶油、花生蛋白粉、“光大田园”牌有机肥、复合肥、有机无机复混肥、专用肥，“英瑞”“赛璐王”牌系列淀粉醚、纤维素醚以及“西域山河”“西域雪莲花”牌精制棉、棉浆粕、纤维素醚、淀粉醚等。“年产30万吨生物有机肥复合肥”项目被列为国家星火计划，淀粉醚生产工艺填补国内空白。

【蒙牛乳业泰安有限责任公司】 公司成立于2003年11月，2004年4月初正式投产，项目总投资6亿元，二期项目总投资2.6亿元，项目定位以中高端酸奶为主。厂区总占地面积25万平方米，职工近2000名，乳制品日生产能力达 1200 吨。公司拥有常温液体奶、冰淇淋、酸奶生产车间 3 个，常温液体奶生产线 22 条，冰淇淋生产线 13 条，酸奶生产线 11 条，拥有液态奶、酸奶、冰淇淋三大系列 160 多个品项，产品以其优良的品质覆盖国内市场。先后通过质量管理体系、环境管理体系、职业健康安全管理体系、食品安全管理体系。累计投入环保资金超过 1000 万元，全部生产性污水处理均达到国家综合排放一级标准，年总处理污水量达 109 万吨。

【山东亚奥特乳业有限公司】 国家首批认定的绿色食品加工基地，经营范围涉及乳品研发、加工推广、奶牛养殖等整个乳业领域，是省农业产业化重点龙头企业、大型乳品加工骨干企业。公司总资产 1.33 亿元，固定资产 9780 万元，有职工 850 人。市场覆盖全国 10 多个省（市、区），拥有固定用户 60 万户。有瑞典利乐、法国百利、日本岩井等乳品加工线 50 余条，生产过程全部实现电脑控制和自动化操作，年加工鲜奶能力为 20 万吨。在山东省乳品行业率先通过 ISO 9001 国际质量体系、HACCP 食品安全双认证。产品先后被国家农业部认定为绿色食品、国家质检总局认定为无公害食品、中国食品工业协会评为全国质量信得过食品。亚奥特商标被评为“中国驰名商标”，亚奥特牛奶为“山东省名牌产品”。

• 纺织服装业 •

【概况】 2014 年，全市有纺织、服装业 196 户，实现主营业务收入 505.2 亿元，增长 22.9%；实现利税 55.6 亿元，增长 17.4%。主要产品中，服装 11891.5 万件，增长 16.8%；布 65682.2 万米，增长 18.7%；纱 23.3 万吨，增长 5.4%。 （武 军）

【山东岱银纺织服装集团】 集团集纺纱、织布、服装、进出口贸易、跨国生产经营于一体，下设岱银纺织公司、雷诺服饰公司、岱银进出口公司、岱银织造（牛仔）公司、岱银毛纺公司、岱银马来西亚有限公司等分公司 8 家，海外设有美国、加拿大贸易公司、岱银兰卡服饰公司（斯里兰卡）等数家分支机构。有员工 1 万余名，生产规模为纱锭 30 万枚、气流纺 10000 头、织机 2000 台、缝制设备 3500 台（套），是国家 AAAA 级标准化良好行业、全国棉纺织行业竞争力排名前 20 强企业、全国服装双百强企业、中国优秀民营企业。集团通过 ISO 9001 国际质量标准体系认证、ISO 14001 国际环境管理体系认证和 OHSAS 18000 职业健康安全管理体系认证。“岱银”牌竹节纱获得国家发明专利金奖，成为中国唯一一家竹节纱研发基地，精梳纱、包芯纱、气流纺高支纱、牛仔布、毛呢等产品在国内外市场享有很高的声誉。集团培植发展的名牌产品“雷诺”服装已形成西服、商务休闲服、职业装、衬衫等 20 多个系列、2000 多个品种。

【山东傲饰集团】 总资产 15 亿元，下属子公司 6 个，员工 3200 余人。企业以服装生产、印刷包装、酿酒、旅游地产为主导，兼营塑料制品、节能电气、商贸流通等多种产业。“傲饰”牌西服、“康王河”酒分别为“山东名牌”和“山东省著名商标”。傲饰服饰系国家标志服定点企业、山东省出口明星企业，2013 年荣获泰安市市长质量奖。康王酒业系山东省白酒五十强企业，新华印刷系省级文化产业示范基地。

【山东泰鹏实业有限公司】 资产 10 亿元，员工 1500 余人，下设子公司 5 个，主要生产家纺、无纺、家居用品三大系列产品。“安琪尔”家纺商标为“中国驰名商标”。两个国家级高新技术企业（无纺公司和新材料公司）。拥有国家授权发明专利 1 项，实用新型专利 38 项，获得省级以上科技进步奖 3 项。两个省级名牌（泰鹏、安琪尔），一个省著名商标（泰鹏）。两个技术创新平台（省级企业技术中心、山东省涤纶纺粘复合材料工程技术研究中心）。是中国家纺出口百强企业、2012 ～ 2013 年度中国纺织服装企业竞争力 500 强企业（排名第 219 位），2012/2013 年度中国非织造布 10 强企业（排名第 2 位）。家用纺品年综合产能 2000 万条，主要出口欧美、东南亚、澳洲等国家和地区，年自营出口2000多万美元。无纺布产品年综合产能3万吨（涤纶无纺布、仿丝棉、针刺棉、硬质棉、直立棉、喷胶棉等），涤纶无纺布产品填补省内、国内空白，国内非织造布十强企业。国内外市场各占50%。家居用品年综合产能300万PCS（帐蓬、跳床、拱门、大门等户外家居用品），95%以上的产品出口欧美等国家，年自营出口额2000万美元。

【泰安华兴纺织有限公司】 原名宁阳县棉纺厂，建于1987年。1990年，兼并宁阳县织布厂，改为宁阳县纺织厂。1997年，以宁阳县纺织厂为核心企业，组建山东华兴纺织集团，成为集纺织、服装、机械加工、土产贸易、棉花加工为一体的县属国有控股股份制企业集团，生产规模扩大到3万纱锭。2000年，更名泰安华兴纺织有限公司，为国家大型（二）类企业，并通过ISO 9002国际质量体系认证。

【山东康平纳集团有限公司】 该公司始建于1998年，是生产高档毛纺面料和现代纺织染整装备的综合性企业，下属纺纱、织布、染色、整理4个分公司和泰安康平纳机械有限公司。公司主要生产高档粗纺呢绒、半精纺呢绒、精纺呢绒，羊绒、多组份纱线及各种纱线的染色加工，十二个系列上千个品种。染整系列设备有自动化染色成套设备、多功能湿整设备、数控化后整理设备等。

·冶金工业·

【概况】 全市有冶金工业14户，实现主营业务收入211.0亿元，增长-13.6%；实现利税17.4亿元，增长-18.2%。主要产品中，生铁293.0万吨，增长2.1%；钢材449.8万吨，增长1.7%；粗钢315.7万吨，增长2.8%。（武　军）

·山东石横特钢集团有限公司·

【概况】 山东石横特钢集团有限公司（以下简称石横特钢）是集烧结、球团、焦化、炼铁、炼钢、轧钢、发电、机械制造、民间资本、钢铁物流于一体的股份制大型钢铁联合企业。综合生产能力（均含昆玉钢铁产能）为年产铁500万吨、吨钢500万、吨材520万、焦炭160万吨。企业占地面积213.75公顷，员工7000余人（总部）。企业规模和经济实力连续多年跨入中国企业500强、中国制造业企业500强、中国民营企业500强、中国企业集团竞争力500强、中国企业集团纳税500强之列。2014年完成利税15.9亿元，其中利润10亿元，列行业内排名第7位，吨钢利润行业内排名第2位。全年完成钢材出口40万吨，创汇1.81亿美元，创历史最好水平。

【生产经营】 2014年，完成铁产量293.04万吨，钢产量307.20万吨，钢材产量344.56万吨，焦炭产量98.59万吨，完成发电量7.07亿度。资产负债率42%，流动比率220%，速动比率186%，均处于行业第1名；存货周转次数18次，居行业第3名。期间费用占销售收入比率2.36%，比行业平均水平低4.96个百分点，财务费用为零，较目标降低5000万元，继续保持行业领先水平。全年完成降本2.1亿元，超目标8000万元。维修费用实现吨钢较计划降低15.48元。4月30日，肥城石横特钢民间资本管理有限公司成立，至年底实现投资收益4500万元。7月25日，成立肥城桃乡物流有限公司。11月，型材工程成品库破土动工，型材生产线开工建设。组织设备大项修实现装备升级，截至年底完成4项，其中二炼钢和三炼钢转炉炉役及连铸系统改造完成后，钢产量、转炉煤气产量、冶炼周期均有提升。

【企业管理】 修订完善核心技术和核心业务的专业管理模式25个。组织企业管理论坛授课8次，参与课题研讨2242人次。出版《管理与实践》（上）和《管理与实践》（单行本）。表彰财务费用管控、入炉结构优化、钢材出口、人力资源配置优化等特殊贡献项目8个，劳动模范18名，优秀专业人才43名，优秀操作能手55名，奖励现金641.61万元，奖励股份218.5万股，为历年来奖励幅度最大。确定优化人员计划788人，完成648人。

【技术管理】 全年共发布技术创新项目计划201项，新增“十二五技术研究课题”34项。确定验收2013年度公司级技术创新成果81项，发放奖金80万余元。5项科技成果通过山东省冶金工业总公司鉴定验收，其中国际先进水平1项，国内领先水平2项，国内先进水平2项。“焦炉上升管余热回收利用”等4个项目列入山东省经信委2014年第二批技术创新项目计划。“高强度精轧螺纹钢筋低成本生产技术开发”项目获得山东省冶金科技进步一等奖。

【循环经济】 10月14日，2014中华宝钢环境奖获奖者经验交流现场会在石横特钢举办，中国科学院院士孙鸿烈，国家环保部等领导和历届环境奖获奖者代表150余人参会。11月，通过省经信委督查组组织的淘汰65吨康斯迪电炉现场验收检查，获政府淘汰落后产能奖励资金。11月25日，石横特钢集团和子公司昆玉钢铁同时被工信部列入第三批符合《钢铁行业规范条件》企业名单。投资3140万元新建污水处理站一座，日处理水能力1万立方米，实现污水零排放。投资2000万元建立除尘治理系统，投入单体除尘器19台，除尘效果改善明显。投资5000万元，对国家要求的二氧化硫及烟尘排放点实施一次性新上和配套改造，每年减排二氧化硫3000吨、烟尘2000吨，提前5年达到国家最严格的标准要求。厂区绿化面积达19.01万平方米，可绿化率达96.8%。 （李慧星）

·金属制品业·

【概况】 全市有2014年，金属制品业108家，实现主营业务收入343.3亿元，增长13.7%；实现利税37.5亿元，增长5.8%。主要产品中，金属切削工具27.4万件，增长11.8%；锻件16.9万吨，增长3.7%。 （武 军）

【山东山口钢管集团有限公司】 该公司专业生产高频焊管和冷轧带钢，产品形成六大系列500多个品种，行销全国20多个省、市和地区，并出口到英国、非洲、北美等30个国家和地区。2003年，该公司新上GH200、GH450大型空心型钢生产线2条，专业生产80×80～450×450×4～16毫米的钢结构用管，成为全国第一个生产450×450×16毫米大型空心型钢的厂家，填补中国大型空心型钢生产的空白。

【山东九鑫机械工具有限公司】 省级中型企业，山东省工具出口定点厂，中国五金制品协会副理事长单位，是“中国工具五金30强”首批前十强企业，A级纳税信用等级单位。职工1800人，其中工程技术人员210人，固定资产1.5亿元，占地面积40万平方米，是全国最大的呆扳手生产企业。年产量达3500万支。“TS东工”牌商标连续被山东省工商局认定为“山东省著名商标”。

·橡胶和塑料制品业·

【概况】 2014年，全市有橡胶和塑料制品业84家，实现主营业务收入209.2亿元，增长25.3%；实现利税24.4亿元，增长15.7%。主要产品中，橡胶轮胎外胎（轮胎外胎）3135.3万条，降低4.3%；塑料制品43.8万吨，增长-5.1%。 （武 军）

【山东泰山轮胎有限公司】 该公司始建于1970年，系原化工部定点轮胎生产厂，大型（二）类企业。2002年改制为民营企业。年末有员工1726人，其中专业技术人员406人。主要生产经营“泰山牌”农用拖拉机轮胎、工程机械轮胎、巨型矿用轮胎（包括全钢巨型轮胎）、轻型载重汽车轮胎、重型载重汽车轮胎、特种轮胎，已形成六大系列300多个品种规格，年产能力260万套，产品畅销90多个国家和地区。公司先后通过ISO 9001质量体系认证、ISO 14001环保体系认证、“CCC”产品安全认证、内胎产品认证和美国DOT、欧共体ECE认证。公司是海关总署“AA”类管理企业、国家质检总局出口工业产品一类检验监管企业，产品为“山东名牌产品”。

【山东东岳橡胶制品有限公司】 该集团下辖新东岳集团有限公司和山东新东岳再生资源科技有限公司两家橡胶制品企业。其中，新东岳集团有限公司以生产“东岳”牌摩托车胎、电动车胎、力车胎、农用车胎、丁基内胎为主导产品，具有40多年的轮胎制造技术和经验，已形成年产1500万套摩托车胎、1500万条自行车胎、1000万条电动车真空胎、1000万条丁基内胎的生产能力。取得摩托车胎“CCC”国家强制认证，通过“三体系”认证及美国交通部DOT标准认证，产品畅销全国各地，并出口意大利、希腊、波兰、巴西、中国台湾、中国香港地区，企业综合经济指标位居全国同行业前三位，“东岳”商标被认定为中国驰名商标。

【肥城联谊工程塑料有限公司】 该公司主要生产经营各种玻璃纤维、涤纶土工格栅、单向塑料土工格栅、双向塑料土工格栅、新型三维土工网垫、高强度土工网、土工格室、工程纤维、土工布、复合土工膜、经编复合土工格栅、玻璃纤维短切毡、玻璃纤维复合毡等工程材料。产品主要应用于公路、铁路、水利、电力、水土保持及环境绿化与基础建设领域，广泛应用于高速公路、铁路等多项国家重点工程。

【泰安鲁普耐特塑料有限公司】 该公司成立于2002年4月，主要从事以各种新材料的化纤、塑料、金属、植物、特种纤维为主要原料的绳、网、线、带及绳网生产设备、绳网检测设备、塑料制品生产、经营、研发和服务事业。产品应用于军事、航空航天、体育、休闲、作业、养殖、劳保、防护、农业养殖、海洋捕捞等领域，制造专业，品种齐全，质量一流，位居同行业领先水平。公司生产的登山绳和攀岩系列产品先后被清华大学、北京大学、北京航空航天大学、中国农业大学登山队作为指定登山专用绳索；生产的安全类（登山绳、高空防坠落、高空逃生、攀岩绳、安全网、安全带、安全绳等）、消防类（火场逃生、火场救援、消防装备等绳网）、休闲娱乐类、种植养殖类、船用缆绳及游艇绳索等系列产品出口到欧洲、美国、澳大利亚、日本等60多个国家和地区，有专利产品60项。

【概况】 2014年年末，全市电力、燃气、自来水的生产和供应企业有规模以上工业企业22户，实现主营业务收入81.6亿元，增长4.0%，实现利税8.9亿元，降低1.9%。（武　军）

【山东泰山抽水蓄能电站有限责任公司】 该公司于1999年7月2日注册成立，注册资本金7.67亿元，由国网新源控股有限公司、山东电力集团公司、泰安市泰山投资有限公司分别按50.29%、43.39%和6.32%出资建设。安装四台单机容量为250兆瓦的可逆式水泵水轮机组和发电电动机组。电站上水库设计有效库容895.11万立方米，下水库有效库容895.11万立方米，额定水头225米，引水系统长度2065.6/2043.7米，采用两管四机方式布置，设计年发电量13.382亿千瓦时，设计年抽水电量17.843亿千瓦时，年发电利用1338小时，设计综合效率75%。机组以两回220千伏出线接入山东电网，机组全部由山东电网统一调度，主要服务于山东电网，电站在系统中主要担负调峰、填谷作用，兼有调频、调相和紧急事故备用等功能。

【国电石横发电有限公司】 该公司始建于1962年，年末运行6台机组，装机总容量1920兆瓦。处山东电网负荷中心，担负为泰安、聊城、济南等地区供电任务。多年来，该公司充分发扬“特别能战斗、特别能吃苦、特别能奉献”的优良作风，履行社会责任，致力于建设平安石电、绿色石电、幸福石电，各项工作稳中有进、稳中有为、稳中提质，先后荣获“全国五一劳动奖状”“国际一流火力发电厂”“全国文明单位”“全国企业文化建设先进单位”“国电一级奖状”等称号。

• 国网泰安供电公司 •

【概况】 国网泰安供电公司始建于1973年，下辖职能部室11个、业务支撑和实施机构7个，以及4个县（市）供电企业，有员工4155人。担负着为全市557万人口、181万户客户及7762平方公里区域的安全供用电任务。泰安电网以220千伏电网为主网架，网内有500千伏变电站2座，市、县公司所属35千伏及以上变电站141座、总容量1087万千伏安，35千伏及以上输电线路282条、3375公里，10千伏配网线路778条、10557千米，公用配变9803台、总容量235万千伏安。2014年，全市全社会用电量173.61亿千瓦时，同比增长3.71%，增速高于全省平均值0.27个百分点。公司先后获得全国文明单位、全国电力行业思想政治工作优秀单位、全国“安康杯”竞赛优胜单位、全国电力行业用户满意服务企业、山东省先进基层党委、山东省供电示范企业、山东省电力行业安全生产先进单位、山东省安全文化建设示范企业、国家电网公司文明单位等称号，连续4年被评为省电力公司先进单位和先进基层党委。

【安全生产】 启动安全生产百日攻坚活动，开展安全生产大整顿，深化大安全体系建设，“现场作业安全承载力量化实施办法”在全省推广。发布电网风险预警32次，启动线路防护151条次，出动保电人员1700余人次，保障了500千伏岱宗站投运、220千伏红庙站增容等41天极端特殊方式下电网的安全稳定运行。在局部限电36天的情况下，严格有序用电，协调启动泰抽应急负荷，全市电网安全顺利度汛、度夏。举办政企联动大面积停电实战演练，完成国际登山节等48项重大活动及重要时期保电任务，实现了春节“零缺陷、零事故、零差错”的保电目标。

【电网发展】 落实市政府与省电力公司签订的《“十二五”电网建设战略合作协议》，建成投产35千伏及以上线路758公里、变电容量180万千伏安，全省第一座500千伏智能示范站岱宗站、全市第一座220千伏智能站肥东站相继在投入运营。完成“风雨彩虹·强网惠民”为民要办实事工程，新建改造10千伏线路1214千米、低压线路1208千米，新增更换配变1344台、30万千伏安，消除低电压3.2万户，居民电压合格率由66%提升至92%，全市户均容量达到1.2千伏安。

【优质服务】 推进“服务重点项目建设，争作富民强市先锋”专项行动，深化业扩报装管理，开辟绿色通道，班子成员分工包保对接山东以利奥林有限公司等省市重点用电项目94个，平均送电时间缩短7个工作日。开展“彩虹蓝天·亮丽泰山”专项行动，支撑“资源节约型、环境友好型”社会建设。推进光伏、风电等清洁能源并网，完成光伏发电项目并网17个，并网容量2.29兆瓦。完善客户经理包保服务体系，新增村村便民网点675个，完成城市居民户表改造17.5万户。“专家型”彩虹共产党员服务队开展专项服务14次，被省公司授予“彩虹服务典范团队”称号。开展“彩虹春雨润春苗”活动，精简春灌用电报装手续23项，出动抗旱保电服务队49支。京沪高速新泰快充站在全省率先建成投运。

【企业文化建设】 弘扬“登泰山的第五条路”精神，被中央电视台、《人民日报》等多家媒体报道，宣传了泰安电力40多年来服务泰安、泰山的事迹。评选表彰公司劳模，5人获得首届劳模称号，1人被评为泰安市劳动模范，1人被授予振兴泰安劳动奖章。开展“幸福泰安·美在身边”“慈善一日捐”等系列活动，成立“善小”志愿服务队33支，开展“菜单式”服务1000余次，1人被提名为“中国好人”。深化“大培训”工程，培训计划完成率100%，新增初级及以上技术、技能人才1053人，竞赛调考成绩连续3年位居省公司系统首位。

信息产业

【概况】 2014年，全市信息技术产业（制造业、软件业）统计内规模以上企业98家，实现主营业务收入238亿元，同比增长22.2%；实现利润12.38亿元，同比增长16.28%；实现利税23.62亿元，同比增长40.44%。其中，信息技术制造业统计内规模以上企业55家，实现主营业务收入227.0亿元，同比增长20.74%；实现利润9.65亿元，同比增长6.78%；实现利税18.82亿元，同比增长32.26%。软件和信息服务业统计内规模以上企业43家，实现软件业务收入11亿元，同比增长62.86%；实现利润2.73亿元，同比增长69.43%；实现利税4.80亿元，同比增长85.33%。

【无线电管理】 全市有设置使用无线电台站的单位69个、占用无线电频率608个、使用各类无线电通信设备4999部，其中公众移动通信网GSM基站2781个，CDMA基站407个，WCDMA基站424个，TD-SCDMA基站455个；气象雷达1座，占用无线电频率1个；微波通信站133个，占用无线电频率6个；广播电视发射台24个，占用无线电频率68个；短波电台1个，占用无线电频率2个；超短波电台299个，占用无线电频率85个；业余电台370个。对需要监测的频率进行24小时的开机监测，开机监测1.46万小时。保障国家、省、市统一考试19次，排查可疑信号32个，压制作弊信号11个，破获作弊案件5起。联合执法检查，查处伪基站案件9起，伪基站设备6套，伪基站涉案人员2人；查处非法广播电台2个；查处各类干扰46起，其中航空干扰8起，卫星电视干扰25起，设台用户干扰8起，非法广播电台5起。

【中国联通泰安市分公司】 2014年，实现“省级文明单位”十五连贯，获得全市安全生产先进单位称号，1人荣获“山东省富民兴鲁劳动奖章”。

市场经营 以“智慧泰安”建设为依托，推动信息化建设进程。开展包括移动电子政务工程、公众移动信息化工程、移动电子社区工程、无线数字城市管理和应急联动工程五大应用领域的22个重点工程和配套项目的建设。实施4G领先发展策略，完成CBSS新系统上线和沃4G的上市推广，推进3G向4G迁转。实现主营业务收入9亿元，各类在网用户突破350万。发挥泰安市信息化展厅作用，，接待参观190场次、参观人数2000人。

客户服务 拥有自办营业厅120多个、合作营业厅300多个、社会代理点4000多个，建成24小时自助服务点2个。按照客户接入方式和使用量设计不同套餐的标准产品，完善地市、区县、网格三级的客户服务体系，网上营业厅应用发展迅速，宽带重点推出FTTH光纤到户高速率产品及以“沃家庭”“智慧沃家”为主的融合产品，满足不同层次用户需求。落实各项规章制度和服务承诺，严格规范服务行为，全年申诉管控指标并列全省第一。

网络建设 统筹城乡网络建设，提升综合通信能力。全年投资3亿元，加大3G/4G精品网络和宽带精品网络的打造。新一批WCDMA基站、LTE基站开通运营，提升城区3G/4G网络的深度覆盖和农村3G的广度覆盖，3G城区、县城良好覆盖率99%，乡镇驻地实现100%覆盖。将固网宽带与移动网络结合，开展宽带提速工作，宽带城域网出口带宽达到220G。缩小城乡数字鸿沟，完成岱岳区和新泰市农村光纤化改造。

基础管理 推进内部职责和流程变革，完成去职能化、去无效化改革及县级公司组织机构调整优化，完善绩效管理体系，开展效益提升，实施网络瘦身、机房整合、成本管控。推进企业党建、精神文明创建活动。开展员工技能大赛、争先创优等活动，3项创新管理成果分别获省公司优秀创新成果二等奖和三等奖。

（杜 娟）

【中国电信泰安分公司】 2014年，以规模突破为目标，以移动业务发展为核心，以智能终端为抓手，以渠道效能提升为关键，提高服务水平和网络质量，推进泰安电信全业务持续快速发展，服务泰安市经济发展和信息化建设。

市场经营 业务收入超额完成预算任务，增长9.2%；移动网上用户同比增长23%以上，宽带计费用户同比增长21%；终端销售同比增长41%，其中智能机销量增长50%以上。承建市政府“12345”便民服务中心项目、“12349”民生热线的居家养老信息服务平台、肥城数字城管项目、肥城市委组织部“连心办365民生服务”系统，为360余家企业提供外勤助手、综合办公、天翼对讲等信息化行业应用服务。

客户服务 建立黄牌预见警制度、服务协同机制、数据通报机制、会议调度机制4项长效机制，实现百万用户申诉率达标，提升客户感知度。落实《全业务服务标准》，实体渠道业务办理满意度95%。设立内部人员服务支撑热线“6304446”，结合服务监督电话“5070000”为用户及营销一线提供日常业务咨询及支撑服务。降低投申诉指标，参与阳光政务热线活动2次，收听客户心声，在线解答民生问题，反馈落实客户建议。由市政府行风办组织的客户满意度调查中，随机抽取3.6万户电信用户对其随机回访，满意度为91.87分，列同城同行业第二名。

网络建设　采取固网业务保障、区域隐患整治、装维能力提升、服务流程优化、服务问题重点分析整改等多项措施，提升网络服务质量。在市区、县城及泰山景区通过LTE一期、二期工程建设，开通4G基站234处，室内分布21处，4G网络建设全部完成。城市家庭FTTB/FTTH接入带宽能力达到100兆，农村家庭接入带宽能力达到8兆以上，获全国“2013～2014年度通信网络运营维护服务用户满意企业”称号，为山东省运营商唯一获奖单位。（田　倩）

【中国移动泰安分公司】2014年，公司获省级文明单位、中国移动先进基层党组织、中国移动企业文化宣传工作先进单位、2013～2014年度班组建设示范单位等称号。新泰分公司荣获市级文明单位，东平分公司获省公司2014年度收入增幅十快县公司称号。

业务发展　完成运营收入14.57亿元。建设终端一体化营销体系，自营渠道全部实现向4G终端卖场转型。开展流量经营和微营销，官方微信粉丝数12.6万，官方微博粉丝数超过7万个。以4G和信息化平台为切入点，推进公安局“警务通”、物价局“价格通”“数字校园”教育专网、高校学管平台、“电动车卫士”等信息化项目。

网络运营　完成4G一期工程772处、二期工程1077处工程建设任务，启动4G三期工程建设。建设FTTH热点2853处，共计40.6万线。4G网络下载速率超过每秒100兆，为3G网络的30倍，实现泰安城区、各县（市）城区和全部乡镇驻地的4G网络覆盖。

客户服务　贯彻“客户为根、服务为本”理念，推动服务与营销协同发展。优化客户投诉处理和退费流程改革，建立行政值班和首问负责制，投诉抱怨量同比下降12%。

改革创新　深化网络建设维护体制改革，完成基站直供电改造307处，节约电费支出1000多万元。推进集客运维体系改革，实现对集团客户的全量成员维系和全业务拓展。实施营业员、客户经理、渠道经理量化薪酬改革，调动员工工作积极性。推进乡镇经营部改革，乡镇经营部由88个合并至50个，完成“职工小小家”建设40个。（郭　萌）

编辑·校对　**赵　兵**

商　务

综　述

【概况】 2014年，全市新批合同利用外资额7.85亿美元，实际利用外资4.13亿美元；完成进出口贸易总额29.73亿美元，其中出口17.31亿美元、进口12.42亿美元；完成对外承包工程营业额3.38亿美元，境外投资中方协议投资额1.36亿美元；完成社会消费品零售额1188亿元。①利用外资总量增幅提升。新批外资项目78项，列全省第4位；比2013年（下同）增长36.8%，增幅居全省第3位；完成合同利用外资总量居全省第6位，位次与上年持平；增长49%，增幅居全省第4位；实际到账外资总量居全省第9位，比上年提升1个位次；增长34.6%，增幅居全省第1位。②对外贸易规模质量提高。完成进出口总额增长19.5%，其中出口增长26.7%、进口增长10.8%，3项指标增幅分列全省第1位、第1位、第4位。全市有外贸进出口业绩的企业598家，增加50家，其中有出口业绩的企业544家，增加39家；进出口千万美元以上的企业50家，增加10家。③对外合作区域行业拓展。全年新批准境外投资项目13个。完成对外承包工程营业额居全省第7位；增长32.4%，增幅居全省第2位。完成境外中方协议投资额1.63亿美元，总量居全省第11位；增长53.4%，增幅居全省第7位。④经济开发区实力规模扩大。全市6个省级以上经济开发区在最新综合排名中，全部进入前100名。全年完成固定资产投资698.22亿元，增长23.6%；规模以上工业增加值693.83亿元，增长18%；公共财政预算收入64.76亿元，增长14%。实现进出口额14.49亿美元，其中出口8.46亿美元、进口6.03亿美元，分别增长13.2%、21.6%、3.3%。共新批准入区项目269个，合同总额835.96亿元，增长15.3%。⑤商贸流通作用地位增强。全年完成社会消费品零售总额居全省第8位，增长12.8%，增幅并列全省第3位。商贸流通业实现增加值457.5亿元，增长9.6%，对GDP增长的贡献率为15.2%。限额以上商贸流通企业2037家，比上年增加72家；实现零售额1042.9亿元，增长15.6%，增幅提高2.8个百分点。⑥商务领域经营秩序进一步规范。在全市范围内开展“单用途预付卡专项检查行动”，走访发卡企业62家，重点发卡企业均已备案登记；打击制售假冒伪劣商品和侵犯知识产权行政处罚案件共计35起；重点针对各类酒水专卖市场开展4次专项整治活动，下达责令整改书31份，保障了市民酒水消费安全。（赵　静）

商务活动

【概况】 印发《“招大引强”重点国家和地区、重点产业及世界500企业情况》《“扶优培强”重点进出口企业名单》《“扶优培强”重点外经企业名单》《泰安市高新技术企业名单（30家）》等基础资料，编印《2014年泰安市商务发展报告》《外地招商引资经验资料汇编》（3 期）和《泰安市对外招商项目册》600 余份，精心制作《泰安 · 泰山》宣传片影像资料。全年策划包装对外招商引资项目 100 个，总投资 43 亿元。全年调度在谈项目 71 个。加大招商引资力度，香港 · 山东周活动期间，成立全市首家境外商会—香港 · 山东商会泰安分会，聘请 9 名海外知名企业家和协会组织负责人担任政协海外顾问，调动海外人士到泰安创业发展的积极性。开展形式多样、内容丰富的招商活动。7 月组织参加香港 · 山东周活动，9 月组织参加登山节经贸洽谈会暨百家知名外商泰山行、中国（厦门）投洽会等活动，其中在香港 • 山东周活动期间，签约外资项目 19 个，合同利用外资 15.96 亿美元。

【2014 中国泰安投资合作洽谈会】 9 月 2 ～ 5 日在泰安举行，来自美国、英国、德国、俄罗斯、加拿大、韩国、新加坡以及中国香港地区、澳门地区、台湾地区等 20 个国家和地区的 183 名境外客商，来自央企、国内知名民企、上市公司及外省市山东籍企业家和部分驻鲁商会企业家的 545 名国内客商参会。参会机构涉及新加坡益海嘉里、日本三井等世界 500 强企业及美国百盛集团，瑞士 BBMC 环球公司、德勤、安永等知名跨国公司。共签约项目 33 个，其中内资项目 21 个，合同协议引资额 312.2 亿元；外资项目 12 个，合同外资额 21.1 亿美元。其间，举办了第二届“泰安市百家知名外商泰山行”活动启动仪式暨国际生态智慧项目洽谈会、重点园区暨产业项目推介会、境外客商专题项目对接会等。

（赵　静）

消费品市场

【概况】 全市实现社会消费品零售总额 1188 亿元。其中，批发业实现 359.6 亿元，增长 12.9%；零售业实现 718.9 亿元，增长 12.7%；住宿业实现 18.4 亿元，增长 13.2%；餐饮业实现 91.2 亿元，增长 12.8%。全年培训家政服务员 3500 余人，安置就业人员 2492 名。

【骨干企业培植】 全市限额以上商贸流通企业 2037 家，比上年增加 72 家；实现社会零售额 1042.9 亿元，占全部社会零售额的 87.8%，增长 15.6%，增幅提高 2.8 个百分点。全市重点调度的 26 家骨干商贸流通企业实现销售总额 321 亿元，增长 23%，比社会消费品零售额增幅高出 10.2 个百分点；从业人员 3.2 万人，与上年相比基本持平。全市重点调度的 16 家批发市场实现交易额 525 亿元，增长 5.4%；实缴税金 2.8 亿元，增长 8.5%。

【市场体系建设】 ①推进城乡统筹流通体系建设。重点对泰安农贸市场提出改造提升方案，计划改造提升 4 家，总面积 25 万平方米；新建 10 家，总面积 12 万平方米。②推进商贸流通重点项目建设。重点调度万达商业广场、台湾城市广场等 30 个商贸流通重点项目。至年底，实际完成投资 94.5 亿元，实现利税 54.1 亿元；建设完工重点项目 13 个，安置就业人员 12 万人。③推进规划编制工作。聘请中商规划设计院编制《泰安市商业网点规划

9 月 2 ～ 4 日，2014 中国泰安投资合作洽谈会举办，图为签约仪式

（2012 ～ 2020 年）》《泰安市商品交易市场规划（2012 ～ 2020 年）》通过专家评审。

【电子商务培育】 委托安永（中国）咨询有限公司编制《泰安市电子商务产业发展规划》。指导泰安市电子商务协会开展 8 期电子商务培训，联合对外经贸大学举办“泰安市全面提升对外开放水平高级研修班”“泰安（杭州）电子商务研修班”。组织参加 2014 中国义乌电子商务大会、2014 国际（杭州）电子商务博览会、信息社会 50 人论坛等活动。泰山、鲁中国际、梦想谷等一批电子商务产业园已具雏形，新泰杞云农商被列入省示范电商企业，宁阳凌云电子商务产业园被列入省电子商务示范基地。

【生猪屠宰管理】 做好生猪定点屠宰监管职能移交过渡期间的监管工作，坚持日常巡查生猪定点屠宰企业，打击私屠滥宰和制售注水肉、病害肉、劣质肉等违法行为，确保移交过渡期间的肉品安全。落实猪肉储备 650 吨，确保应急状态下泰城居民的猪肉市场供应。至年底，全市有 5 个县、市、区（泰山区、岱岳区、肥城市、新泰市、东平县）完成生猪定点屠宰职能移交工作。　（赵　静）

【概况】 全市各级粮食部门以按照“一二三四五”的工作思路，即以保障粮食安全为中心；以职工队伍稳定、安全生产为两项重点工作；以管好粮食储备、搞活企业经营、发展粮食产业为三项基本任务；实施农户科学储粮工程、居民厨房工程、放心粮油工程、粮食市场秩序稳定工程等四项工程；强化党的建设、粮食执法、粮食宣传、企业服务监管和精神文明建设五项保障措施。全市粮食企业完成销售收入 111.8 亿元，超出年计划 24%；实现综合利润 1.05 亿元，超出年计划 15%；社会粮食收购总量达 510 万吨，对上争取到位资金 4570 万元；产业招商到位资金 5.29 亿元，新发展（升级）龙头企业 5 家。泰安市粮食局被国家粮食局评为全国粮食系统先进集体；被省粮食局评为全省粮食执法效能提升深化年活动先进单位；被评为 2014 年度市级文明单位。

【粮食收购】 认真落实粮食收购政策，积极研判分析夏、秋粮收购形势，全面做好夏、秋粮收购工作。夏粮收购期间，先后召开协调会议 3 次，上报拟托市收购资格企业 23 个，协调市农发行提前准备收购资金 1.2 亿元。全市各企业、各库点整理仓容 21.6 万吨；投资 1200 万元，新购进收购机械设备 678 台套。做好夏粮收购督导检查，发挥国有粮食企业的主导作用，引导各类市场主体积极入市收购，搞活粮食流通，保障市场供应。全市社会粮食收购总量达 510 万吨，其中国有粮食企业收购粮食 186.6 万吨。

【储备粮油管理】 按照储备粮油管理办法要求，对全市地方储备粮油进行“清仓查库”，托清地方储备粮油底子，并结合检查情况，印发《关于进一步加强粮食安全管理实施细则》；严格管理“购、运、检、管、熏、轮、销、效”八个环节，加强地方储备粮承储企业管理，保证粮油储存安全，完成轮换储备粮 1.09 万吨，做到数量真实、质量良好、储存安全、管理规范。指导企业争创省级规范化管理示范粮库，指导山东泰山国家粮食储备库、市粮库和长城粮库加强职工培训，使防保人员对各自职责及所保管的粮情达到“一口清”。统一账、表、卡、牌，平整粮面，达到规范化管理的要求。推进肥城、宁阳危仓老库维修改造试点工作，改造项目 2 个，投入资金 1169 万元，新增仓容 4.7 万吨。倡导科学储粮、绿色储粮，提高和推广科学储粮新技术、新工艺。推进农户科学储粮工程，全年发展农户科学储粮示范仓 1.2 万个，争取省级以上补贴 280 万元。定期组织开展粮食企业安全生产大检查，共检查企业 38 家，查出安全隐患 40 处，并全部整改到位，全市粮食系统无安全生产责任事故。

【粮油应急保障】 印发《泰安市粮食应急预案》，在全市建立粮油应急加工企业 20 家、应急供应网点 121 家、应急运输企业 11 家，粮油应急保障体系进一步完善。全市军供单位认真执行各项军粮供应政策，提高应急保障能力，完成“双拥”和军粮供应工作任务。市军供中心被省粮食局、济南军区联勤部军需物资油料部、省武警总队后勤部评为“全省军粮供应工作十佳单位”。

【监督检查和粮食执法宣传】 开展粮食执法检查活动，开展粮食库存检查、国家粮食仓房清查、夏粮收购、“转圈粮”专项整治等活动。市粮食局联合市食品安全委员会办公室、市工商局开展执法活动，加强日常监管；全市粮食行政管理部门共组织监督检查人员1514人次，检查粮食经营业户1341家，查处违规企业102家，维护粮食生产者、经营者和消费者的合法权益。市粮食局及东平县粮食局、市粮食局直属分局被省粮食局评为全省粮食行政执法先进单位。加强质量监管，年内共抽取小麦样品20份、玉米样品18份，并按时送达山东省粮油质检站进行质验。做好收购资格审核办理工作，年内新办理审核发放“粮食收购资格许可证”24户，注销31户，变更延续申请发放72户，全市累计审核发放334户。加大粮食工作宣传，全年共发表各类宣传和理论文章160篇，编印“爱粮节粮”宣传海报3.5万份，在学校、机关、企业食堂等广泛张贴，营造全社会的爱粮节粮的氛围。

【招商引资和产业发展】 在东平县规划占地200公顷（3000亩）集仓储、加工、物流、科研于一体的粮油科技产业园。一期工程建设面积66.67公顷（1000亩），包括仓储中心、配送中心、信息中心、商服中心以及粮油深加工等。“放心粮油”工程稳步推进，全市放心粮油店累计建成278家，其中泰城新建放心粮油店36家。（李　慧）

【概况】 全市盐业系统实现主营业务收入2.22亿元，同比增长28%；实现利润1045万元，同比增长197%。以“立责于心、尽责于行”为核心价值观的泰安盐业责任文化通过知识竞赛、征文比赛、演讲比赛等活动，在全市盐业系统进行广泛宣传。被评为“全省盐业系统企业文化建设示范单位”“山东省轻工系统第12批企业文化建设示范单位”，继续保持市级文明单位。

【盐政执法】 认真贯彻落实《山东省盐业管理条例》，在全市范围内开展“规范盐政执法、严格依法行政”自查自纠活动，通过泰安盐业行政执法特约监督员、政风行风热线、网络直播上线等社会监督渠道，不定期地开展盐政调档回访，整改提升规范执法、文明办案水平。全年共查处盐业违法案件1769起，没收盐产品193.9吨，实现罚没收入22.49万元。

【行业管理】 泰安盐业系统以《泰安市岩盐资源开发利用管理办法》为依托，加强与国土资源、发改委、经信委等部门在资源管理方面的配合协作，盐资源的出让工作走上规范化；以服务为根本，成立产区管理办公室，依法加强对产区市场的监管和对产区企业的服务；加强驻厂管理服务，在原生产企业驻厂服务的基础上，对新上项目和新建企业都实现驻厂管理服务。7月份成立“泰安市盐业协会”，为全市盐行业加强信息交流合作搭建起平台。至年底，全市共生产各类盐434万吨。其中，生产精制盐350.4万吨，同比增加83万吨；销售精制盐348.1万吨，增加109.2万吨；食盐生产37.1万吨，销售36.7万吨；生产销售液体盐83.5万吨。

【食盐专营】 泰安盐业积极调整食盐品种结构，把绿色盐、低钠盐作为全年入口食盐的主要品种，以“减盐防控高血压”为主题，通过入社区宣传、设立电子屏、制定宣传牌、墙标语等加大宣传推广力度，营造绿色、健康、安全的食盐消费环境；加强食品用盐的监管，对食品加工、餐饮用盐加强监督管理，规范用盐品种；继续落实“送货上门、服务到户”的宗旨，进一步提高对全市小工业用盐户的服务质量；联合电视台集中开展“盐业为民”社区宣传新闻报道，以此提升服务，树立形象。全年共销售各类盐6.74万吨（含液体盐）。其中，食盐 3.93 万吨，完成全年计划的 100.6%；小包装精盐 1.92 万吨，完成 102.4%；小工业盐 2.57 万吨，完成 107.04%。（王延学）

【概况】 泰安市烟草专卖共有卷烟零售户 2.04 万户，资产总计 12.25 亿元，实现销售额 49.13 亿元，同比增长 8.67%；实现税利 9.24 亿元，增长 8.4%；上缴税金 5.52 亿元，增长 4.94%。认真做好员工教育培训工作，全市烟草系统共组织培训活动 120 场次，培训 5524 人次。组织职业技能鉴定考试 5 个批次，考取资格 71 人。在全省第二届烟草专卖管理岗位技能竞赛中，有 4 名选手进入全省前 15 名，泰安市烟草专卖局取得团体第二名佳绩。

【烟草营销】 坚持“稳定销量、调整结构、夯实基础、提升水平”的运行调控方针，开展市场提升活动，调整优势货源，满足市场供应。借助信息化系统，监测市场状态，分析消费行为，完善货源调控机制，细化客户分类标准，均衡精准投放货源。抓好营销基础工作，开发风俗及农村卷烟市场，挖掘市场消费潜力，提升卷烟营销工作水平，全年累计销售卷烟 20 万箱，同比增加 6031 箱，增长 3.1%；人均销售卷烟 9.1 条，增加 0.27 条；实现单箱销售额 2.45 万元，增长 5.5%。实施预算定额管理，控制费用执行，降低运行成本，成本费用利润率为 14.38%，增长 0.34%。

【专卖管理】 完善卷烟市场联合整治工作机制，发挥联席会议的作用，强化多部门协作配合，开展市场整治专项行动。运用专控体系和指挥决策系统，对涉烟违法行为进行预警分析，提升执法检查效能。抓好“打大户、破网络”工作，加大案件经营督导力度，保持卷烟打假高压态势。全年共查获涉烟违法案件 2081 起，查获违法卷烟 1005 万支，烟丝烟叶 3.88 吨，涉烟案值 480 万元，罚没款 156 万元；拘留 77 人，逮捕 27 人，判刑 31 人；破获符合公安部、国家烟草专卖局标准的网络案件 6 起，省打网办督办 2 起，公安部和国家烟草专卖局督办 1 起。

【企业管理】 完善工作流程，优化资源配置，单箱配送费用和经营费用分别下降 25.33% 和 2.43%。固定资产投资 9351.28 万元，其中投资 6883.65 万元，建设集仓储、分拣、配送为一体的新物流配送中心，可存储卷烟 315 万条，分拣效率可达到 2 万条 / 小时。严格规范招标采购工作，实施全过程监督采购活动，公开招标率达 97.54%。加大审计监督力度，开展经济责任审计、审计整改“回头看”及专项审计调查工作。实施创新工作，开展 20 项创新项目研究，征集金点子 70 项，发布 QC 小组活动成果 9 项，提升企业创新能力。签订《安全生产责任书》，开展“安全生产月”活动，全年无安全责任事故。

【零售户致富工程】 建设特色品牌一条街 12 条、示范店 100 户、形象店 1000 户，发展现代零售终端 410 户，组织零售户培训活动 53 场次，开展零售户帮扶活动 320 次，发放慰问金 10.7 万元，为 4152 户零售户提供小额贷款和融资服务，月均融资额 3215.64 万元。实施生态村富民工程，累计投入资金 360 万元，在全市建成科技村 1 个、特色生态村 2 个和普通生态村 8 个。其中，宁阳县蒋集镇中河村波尔山羊养殖合作社社员户均收益 3000 元；完成东平县彭集街道安村食用菌养殖基地厂房建设项目。全面完成生态村文化广场、村级公路、村委办公楼等基础设施建设，村民生产及生活条件明显改善。

【多元化经营】 按照“以利润换市场”的经营指导思想，积极拓展市场，扩大销售份额，提升运营管理水平。至年底，累计建成直营店 22 家，发展网络店 2028 家，举办秋、春两次商品订货会，经营红酒、白酒、饮料、蜂蜜等 61 个品类、377 个规格优质商品，实现销售收入 1.1 亿元，同比增长 71%。（范盛有）

【概况】 全市供销系统实现销售总额 186.8 亿元、利润总额 6429

万元，分别增长21.4%和30%。完成农业招商引资8280万元。对上争取各类无偿资金869万元，增长14.9%。市供销合作社在全省供销合作社系统综合业绩考核中获得优胜单位特等奖（位列全省第6名），被省安委会评为“全省安全生产先进集体”，被省供销社评为“安全工作目标管理先进单位”“安全生产工作先进单位”，获得“市级文明单位”“全市应急管理工作先进单位”等荣誉。

【基层组织体系建设】 ①综合改革试点。新泰市、宁阳县、东平县等3家供销社被省供销合作社确定为全省供销系统综合改革工作重点联系县。②标杆基层社和农民合作社示范社创建。肥城市槐树口大樱桃专业合作社被评为国家级农民合作社示范社，新泰新特蔬菜专业合作社等4家合作社被评为全国总社农民专业合作社示范社，岱岳区山口供销社等3家基层社被评为全国总社基层标杆社，岱岳区润丰蔬菜专业合作社等4家合作社被评为省级农民合作社示范社。③基层组织建设。在全市首次消灭乡镇供销合作社空白，实现基层供销合作组织在乡镇无盲点、全覆盖。新泰市供销社依托新泰市天亿农产品公司、华鲁农资公司和齐云花生合作社，对6处空白乡镇基层社进行恢复重建。东平县供销社借助全省供销系统启动基层组织机遇，对18个下放乡镇管理基层社重新收回整合。④实体性合作经济组织建设。累计领办农民合作社680个，发展区域联合社47个，县级联合社4个。全年培训农民社员3600人次。

【现代农业规模化服务】 6月，与市农业局联合印发《关于推进现代农业服务规模化工作的意见》，联合成立现代农业服务规模化工作领导小组。依托市华源棉业有限公司成立泰安供销农业服务有限公司和泰安市农产品协会。全系统组建现代农业服务公司5家，成立农机合作社15个、联合社2个，组建农机服务队34个，整合大中型农业机械3600（套）、小型农业机械1万台（套），农作物耕种收获作业能力日达1000公顷（1.5万亩），完成机械化作业面积1.2万公顷（18万亩）。农业规模化服务面积达2.18万公顷（32.7万亩）。新泰市供销社与农机局合作，购置、整合社会各类大型农业机械160台（套），各类小型农业机械400余台（套），组建喜耕田、齐云花生两个农机合作社；与粮食局合作实施订单农业，托管种植优质小麦面积4000公顷（6万亩），收储优质小麦6000万斤；与林业局合作，承接经济林和用材林的“飞防”服务。肥城王瓜店供销社与日照市华茂农业技术服务有限公司合作，注册成立山东励志农业服务有限公司。宁阳供销现代农业发展服务有限公司依托农机联合社7个基层社、9个专业社和74个农机大户，购置和整合大中型农机设备200台(套)，现代农业服务规模化项目被宁阳县委县政府列为“2014年为民要办的14件实事”之一。

【党建带社建、社村共建】 4月，与市实施“强村固基”工程领导小组办公室联合下发《关于开展供销合作社与村级组织“社村共建”行动的意见》，岱岳区、新泰市、肥城市、宁阳县、东平县等5个县（市、区）供销社均与组织部门联合出台“党建带社建、社村共建”文件。年内，全系统与“第一书记”联合，创办、领办农民合作社累计达206个，入社社员7.9万户，实现销售额21亿元，助农增收1.6亿元。联合“村两委”共建各类合作项目242个。

【新型农资经营服务体系】 全系统培育发展乡镇驻地发展农资直营店、加盟店68个，在行政村发展农资连锁店286个，培育壮大农资龙头企业15个，农资配送中心25处，连锁加盟店2450个，连锁配送额21亿元，新增测土配方施肥5333公顷（8万亩），供应化肥38万吨。宁阳县供销社直属企业泰安烟农供销农资公司开展技术培训、田间技术指导、基地种植、土地托管、订单农业回收等服务项目。建立农资配送中心5处，发展直营店27家、加盟店56家，衔接“万村千乡市场工程”农资店102个。农资直供和“套餐式服务”辐射6个乡镇（街道）、20个行政村，服务模式在宁阳县及泰安市岱岳区、肥城市等地推广。

【日用品现代流通网络建设】 全系统发展乡镇驻地日用品直营店35个、村（居）级加盟店295个。乡镇驻地网点覆盖率达80%、行政村达70%。泰山新合作公司建成营业面积7万平方米旗舰店1处，直营店25家，加盟店466个，大型仓储式物流配送中心1处，经营商品3万余种，辐射泰山区、岱岳区、宁阳县、东平县等地。岱岳区供销社与泰山新合作商贸有限公司合作，组建泰安岱岳区新合作商贸连锁超市有限公司，建成山口、良庄、马庄、道朗、北集坡5处大型超市，新增营业面积1.3万平方米，实现营业收入4000万元。

【农产品经营服务体系】 ①农产品示范基地。全系统发展农产品标准化示范基地40处，累计达105处，总面积达1万公顷（15万亩），带动农民种植面积8万公顷（120万亩）。与全国20个大中城市的超市实现“农超对接”。泰安新供商贸有限公司新供生活网开辟“农产品交易市场”板块。宁阳县供销社与鹤山乡王卞社区合作共建40公顷（600亩）玉米高产示范田，亩均增产15%。②农产品加工。新上农产品加工项目7个，累计达20个，实现农产品加工产值4亿元，出口创汇1500万美元。全系统开展农产品加工包装业务，印制包装箱30套，加工包装农产品120个品种。③农产品经营。在城区建设优质农产品展销中心5个，改造和扩建农产品交易市场7个，交易额30亿元。④品牌化经营。农产品注册商标7个、质量认证5个。徂徕春茶叶合作社“徂徕春”牌绿茶取得国家有机食品认证，荣获“山东名茶”。

【农村社区服务中心建设】 新建农村社区服务中心6个，参与新型农村社区服务项目建设32个。主要服务项目涉及日用品和农资超市、图书阅览、科技咨询、远程教育、文化娱乐、体育健身、餐饮洗浴、卫生室、幼儿园等。肥城市安临站供销社投资400万元，建设建筑面积2000平方米老年公寓，可同时容纳300位老人居住、娱乐、生活。

【再生资源回收体系】 建设废旧物资市场4个，各县（市、区）供销社全部重新注册成立再生资源回收利用公司。新泰市供销社与山东华和再生资源利用有限公司合作，从事废旧物品回收、拆解、分拣、贸易、加工利用业务，全年实现销售收入2.53亿元，利税2069万元。肥城市供销社开发“易回收”PC端网站和手机无线终端应用程序，借助O2O电商发展模式在全国率先开创再生资源回收体系建设。东平县供销社绿源再生资源有限公司开展东平湖船只拆解业务，收购废旧物资1.5万吨，拆解船只100多只，经营额2000万元，业务辐射梁山县、汶上县、平阴县等地。

【安全生产与统筹统保】 ①安全生产。全年组织隐患排查42次，查改各类事故隐患382次，整改率100%。对直属企业普通员工、农民工、季节工培训1352次，全市供销社系统员工参训率97%。②统筹统保。全年实现统筹收入615万元（不含交强险），继续位居全省第二名。（贾　勇）

【概况】 全市桑蚕业以“产业发展，农民增收”为总体工作思路，围绕年度目标任务，调整工作思路，加快科技创新，强化生产管理，提升服务力度，积极应对各种不确定因素，克服了晚霜冻害、高温干旱和环境污染对桑蚕生产的影响，较好地完成全年各项工作任务。全市有桑园面积6680公顷（10.02万亩），生产收购鲜茧6620吨，全年蚕茧收购均价45.45元/公斤（领先全省和全国收购价格），蚕农茧款收入3.09亿元，成龄桑园亩桑产茧平均收入5500元，户均收入8411.8元。全年各公司补贴蚕农桑苗款200余万元。蚕茧产量连续14年保持全省第一，蚕茧质量全国领先，单产、效益居全省领先水平。

【科技创新】 大力实施“科技下乡”活动和“蚕桑科技入户”工程，结合全市新型职业农民培训，强化对蚕农的技术培训。年内全市累计举办各种类型培训班681场次，培训蚕农3.19万人次，给养蚕户下发各类技术指导明白纸3万份。各公司针对桑蚕季节性强的特点，实行集中培训与田间、农户、大棚现场指导的办法，精心指导，向蚕农传授桑蚕科技知识，为蚕农提供产前、产中、产后系列化服务。3 月 27 ～ 28 日，泰安市公司举办春季全市桑蚕生产培训班，对全市蚕桑技术员和公司全体员工进行技术培训，并聘请山东农业大学林学院专家进行“省力高效养蚕”的专题培训，提高从业人员的技术水平。针对农村养蚕劳动力不足的实际情况，重点突出“省力化、高效益”，加强小蚕共育的管理，提高共育质量，全力推广桑树截枝轮伐、桑园黑地膜覆盖增产、新型回笼火墙加温灶加温、养蚕大棚内铺地膜覆土隔湿、方格蔟自动上蔟等 5 项实用先进省力高效的蚕桑生产新技术，引进推广切桑机、伐条机等新型机械化设备，依靠科技进步实现蚕桑增效，农民增收。

【抗灾救灾】 2014 年 5 月 5 日凌晨气温骤降，温度降至 2 ～ 3℃，部分桑园降到 0℃，全市桑园遭受晚霜冻害，冻害桑园面积达 60%，因冻害蚕农退种或缺叶丢蚕损失蚕种约 4000 张。冻害发生后，各公司立即组织人员深入现场，摸清受灾情况，发动蚕农进行抗灾自救，同时各乡镇蚕茧站印发具体的抗灾技术指导意见，加大对受灾户的技术指导力度，督促蚕农尽快剪除冻枝，加强桑园的肥水管理，帮助蚕农调剂桑叶，力争种叶平衡，把灾害降到最低程度。随着大气环境的经常性污染，蚕大面积中毒现象频发。春季在小蚕共育分蚕后，全市桑园陆续遭受因防治蚜虫形成的大面积污染蚕中毒（损失在 20% 以上）；夏季发生飞防污染慢性积累中毒；设施农业区域（蔬菜大棚附近）桑园不断发生熟蚕不结茧中毒。针对每次中毒事件，市丝绸公司请专家鉴定指导、查找毒源、采取解毒补救措施，减少蚕农损失。同时，积极做好蚕农的安抚解释工作，消除蚕农恐慌心理，稳定蚕农情绪，预防群体性事件发生。

【稳定价格】 全市各丝绸公司从促进蚕农增收、保护蚕农生产积极性、稳定桑资源的角度出发，实行按质论价、优质优价，最大限度地兼顾蚕农利益，通过内部节能降耗、节本挖潜，努力提高蚕茧收购价格，春蚕收购均价 50.01 元 / 公斤，全年收购均价在 45.45 元 / 公斤，比全国各主产区高 6 元以上。

【典型培植】 推广机械化和轻简化系列技术和设施，重视先进典型的树立和挖掘，总结推广一批栽桑养蚕科技水平高、经济效益好的蚕桑重点乡镇、村、专业户的典型经验，提高典型示范样板引导和辐射带动作用。针对蚕桑生产分布广、规模小而散的特点，积极培育蚕农合作组织，使其成为技术服务的主体，并坚持市场主导、政府引导，推行“企业 + 基地 + 合作社 + 农户”的产业化发展模式，强化技术指导和服务，着力培植种桑养蚕专业户，引导农民实施土地转让、置换、出租，促进桑园成片规模种植，桑园得到有效利用，以此带动全市蚕桑产业发展。 （郭　华）

【概况】 中国石化山东泰山石油股份有限公司（以下简称泰山石油）围绕“扩销增量、加油站优化、非油品店面销售”三项重点工作，借助“加油站综合服务提升年”“比学赶帮超”等活动，强化经营管理，注重提质增效，诚信经营，规范服务，企业经济效益和社会效益均取得显著成绩。年末，公司实现经营总量 49.08 万吨，销售天然气 326.52 万立方米，非油品营业收入 6969.99 万元，实现销售收入 39.12 亿元，实现毛利 2.39 亿元，实现利税 6609 万元。持续开展“从严管理年”“安全隐患整改年”活动，坚持问题导向，突出隐患整改，层层落实责任，杜绝事故发生；严格承包商安全资格证管理，抓好承包商施工环节和直接作业环节的监管，制定风险防控措施，严格承包商事故考核，强化员工标准化和规范化操作行为，安全形势平稳，连续 27 年实现安全无事故。

【业务经营】 ①统筹资源。围绕经营需要，结合市场及资源供求变化，以经营成本为依据，科学统筹经营运作。合理调配资源，结合油品换季变类，优化油品经营品种，精准油品投放时间与数量；顺应经营市场低迷状态，适时控制进货节奏，保持低库存运转，实现量效目标；推进油库布局优化，挖掘油库运行潜力，提高油库周转率。②服务经营。加强市场研判，准确把握销售节奏，利用高效的服务手段提升经营质量，通过日监控、周例会、月度经营分析等形式，挖掘加油站增量潜力。创建微信、QQ 群等信息共享平台，将市场信息和分析数据及时传递到营销人员手中，实现管理人员与营销人员良性互动；构建泰山石油骨干零售网络体系，发挥大站示范引领效能，做大零售纯枪量。将人力、薪酬、费用等资源向有增量潜力加油站倾斜，将高速公路加油站作为增量突破口，配备一流设施、一流人员，4 座高速公路加油站实现销量 6.37 万吨；开展点对点竞争，区内 22 座加油站实现客户回流、量利兼收。③开发市场。制定抓大不放小的客户开发策略，全年本地直分销市场销售 5.89 万吨，同比增长 10%；找准市场增长点，将交通运输业客户作为重要目标，实施客户差异化服务手段，年内新开发客户 107 家，销量 1.13 万吨。④激发潜能。设置 7 个条线，15 项考评指标，174 面红旗，激发各经营条线扩销增量活力；实施加油站综合整治，强化细节管理，找管理差距，抓整改落实，加油站综合管理水平迅速提升；加大加油站检查督导力度，将管理节点问题作为检查重点，以检查帮扶为主线，将整改率纳入薪酬考核，加油站管理水平全面提升。

8 月 23 日，中国石化健康快车为山东贫困女大学生孟照雯实施白内障复明手术 （姜 锋 供）

全心全意依靠员工，高度重视加油站“家文化”建设，创建温馨、平安、奋进、和谐的油站环境，员工呈现出朝气蓬勃、昂扬向上的风貌 （姜 锋 供）

【网络布局】 优化网点布局释放用工存量，全区优化关停低效站 19 座，区内公司用工减少 103 人，年人均枪量同比增加 37 吨，增幅 11.8%。注重网络发展质量，加大隐患治理整改力度，对加油站异形罩棚，油库清污分流系统增设、柴油罐区硬化、消防系统、栈桥消防道路等重点项目，关键环节实施安全隐患整改。年内，共实施 8 项省级立项隐患整改项目。推进油气回收改造，完成油气回收改造加油站 155 座，油库 1 座，加油站设备设施全部通过油气回收环保检测。加快加气站营业步伐，继续推进 CNG 加气站建设。

【质量管理】 完善ISO 9000质量管理体系，严格执行质量内控指标；持续加强加油站、配送中心、路途运输的数质量监管，加大计量监控和检查力度，打击偷换油、加油机作弊等行为，堵塞管理漏洞。通过店面打造、大店培育、全员营销、商品结构调整等举措，将便利店由侧重团购逐步向店内零售转变，突出易捷便利店服务客户功能，实现非油经营质量持续提升。非油品店内零售占比83.95%，商品综合毛利率13.31%。（姜　锋）

出入境检验检疫

【概况】 泰安出入境检验检疫局按照“抓质量、保安全、促发展、强质检”的工作方针，改进检验监管模式，提高通关便利化水平，全年检验检疫出入境货物6992批，货值4.03亿美元，同比分别减少37.0%和46.9%。批次货值减少主要受种类表调整影响。荣获“省级文明单位”“泰安市开放型经济管理服务先进单位”“市直机关先进基层党组织”。

【出境货物检验】 检验检疫出境6637批，货值3.14亿美元，同比分别减少37.68%和45.58%。①出境农产品3917批，货值1.72亿美元，同比批次增长4.31%，货值减少3.86%。出口蔬菜产品2368批次、3.53万吨、7370万美元。其中，冷冻蔬菜出口1602批次、2.41万吨、4071万美元，分别增长15.67%、17.53%、17.9%，涨幅居各类蔬菜产品之首，保持泰安地区食品农产品出口量之首的地位，连续三年保持10%以上的快速增幅；盐渍蔬菜出口205批次、2262.5吨、1202万美元，分别增长13.26%、0.99%、48.7%；脱水蔬菜出口519批次、7615.8吨、1847万美元，分别增长1.17%、4.11%、-4.5%；保鲜蔬菜出口68批次、1302.1吨、249.8万美元，分别增长-38.18%、-30.1%、-7%。冷冻蔬菜主要品种是混合蔬菜、毛豆、绿花菜、菠菜、芦笋、青刀豆等，主要贸易国家是日本、美国，加拿大和欧盟。出口竹木草制品643批，1504.3万美元，未出现不合格批次，涉及荷兰、英国、德国、挪威、比利时、法国、日本等个国家和地区。进口木制品2批、4.9万美元，主要为轻木块，来源国为厄瓜多尔。出口饲料及饲料添加剂332批，11698.7吨，1198.4万美元。产品主要有氯化胆碱、黄粉虫、益生素、狗咬胶及苏氨酸五种产品。出口水果23批、421.95吨、62.25万美元，分别增长43.8%、137.7%、130.56%。出口水果品种是冷冻草莓，主要贸易国家是美国、泰国、加拿大和日本。出口花生及干坚果花生果10批次、1000吨、货值98.5万美元，分别增长66.7%、207.19%、72.1%；保鲜板栗出口443批次、1.22万吨、货值2557万美元，分别增长2.31%、-4.67%、1.1%。出口冻猪肉及其产品53批、1175.96吨、430.71万美元，增长562.5%、619.9%、594.2%。该产品出口新加坡、马来西亚等，未出现不合格批次。②出口工业品3082批、货值2.32亿美元，分别减少58.05%和60.11%。出口玩具85批、461.7万美元、283.08万只，分别增加44.1%、46.3%、47.6%。全年无不合格批。出口玩具种类为布绒玩具，贸易国别为瑞典、美国、英国、印度等国家和地区。检验出口危险品包装1205批，总数量92.8万只，同比批次

1月10日，山东泰安检验检疫局工作人员在检验出口危险化学品GHS标签　（蒋　钰　供）

增长 11.3%，数量下降 6.3%。检出包装使用鉴定不合格 2 批，数量 2765 件。检验出口埃塞俄比亚产品 50 批，监装 48 个标箱，1282.2 万美元。其中化工类产品 6 批，42.2 万美元，其余全部为机电产品。出口商品一次检验不合格产品 3 批，货值 2.3 万美元。无最终检验不合格情况发生。检验出口阿尔及利亚工业品检验 20 批次、货值 163.9 万美元，商品种类有机电产品、纺织产品和化工产品，未检出不合格批次。检验出口埃及产品 108 批、标箱数量为 147、货值为 668.4 万美元；监装批次为 95 批；出口埃及产品一次检验不合格批次为 6 批，货值为 19 万美元。检验出口苏丹产品总计 33 批、240.9 万美元，出口产品全部合格，未出现退货情况。出口苏丹产品主要包括轮胎及自卸车、半挂车。

【进境货物检验】 检验入境货物 355 批，货值 8948 万美元，分别下降 20.76% 和 50.98%。检出不合格货物 93 批，货值 1187 万美元，分别减少 23.77% 和 41.07%。①检疫进口农副产品 84 批，货值 4253 万美元，分别下降 23.64% 和 28.47%。检验检疫进境活动物 3 批，货值 198.34 万美元。②检验进口工业品 271 批，货值 4695 万美元，分别下降 19.82% 和 61.85%。检验进口轿车、越野车、客车和货车等共 1417 批，1417 辆，货值 1.16 亿美元，主要进口国为德国、日本、美国等。检验进口棉花 67 批，10.48 万包，1.97 万吨，3980 万美元。检验发现，不合格进口棉花 66 批，对外索赔金额共计 77.5 万美元，占进口货物总值的 1.95%。对外出具索赔证书 66 份，对外索赔金额共计 53.7 万美元。进口主要国别有澳大利亚、印度、美国等。检验进口羊毛 3 批，77.7 吨，68.4 万美元，原产地为澳大利亚。检验进口食品接触产品 3 批，6.1 万美元，其中 2 批来自德国，1 批来自韩国。

【国境卫生检疫】 全年完成出入境人员体检 1.39 万人次，同比增长 5.46%，列全省第一；预防接种 1.12 万人次，检出 2129 个病例。其中，活动性肺结核 5 例，艾滋病 2 例，性病 20 例，病毒性肝炎 70 例。

【出入境木质包装】 检疫出境木质包装 9.83 万件。其中，热处理 8.4 万件；溴甲烷熏蒸处理 1.43 万件。涉及美国、欧盟、印度尼西亚、澳大利亚、埃及、泰国、韩国、日本、马来西亚等国家和地区。受理进境木质包装报检 121 批次，4666 件，批次同比下降 2.54%，数量同比下降 69.09%。

【产地证签证】 签发出入境检验检疫签原产地证书 9525 份，货值 4.08 万美元，同比份数和货值分别增长 11.57 和 25.66%。其中，一般原产地证签发 3770 份，货值 1.66 亿美元，同比份数和货值分别增长 50.08% 和 76.17%。普惠制原产地证书 3878 份、1.33 亿美元，同比分别下降 7.27% 和 5.74%；区域性优惠原产地证书 1877 份、1.09 亿美元，分别增长 1.84% 和 21.87%。普惠制产地证书和区域性优惠原产地证书可以为企业带来优惠，按照两项货值的 5% 估算，累计产地证签证为企业减免关税 1207.45 万美元。

【农产品食品安全】 完成农产品检测业务量 2027 批次，3.08 万项次，样品数 2982 个。其中，法定检验 10 批，10 项次，样品

4 月 8 日，山东泰安检验检疫局工作人员在辖区有机蔬菜基地监管
（蒋　钰　供）

数10个；食品安全监控948批，6041项次，样品数1442个；社会委托1069批，2.47万项次，样品数2063个。按照商品分类，农产品检测为2063批，3.07万项次，样品数3022个，工业品检测6批，12项次，样品数6个。围绕辖区内出口主导产品，及时调整检测项目，拓展检测领域，提升检测能力，食品安全检测项目继续保持增长。面向企业制定“152项多农残一次检测”，大幅降低检测收费，减轻企业负担，免费面对企业举办检测技术培训班，检测业务达2.33万项次，增长149%。

【完善监督工作机制】 开展打击出口假冒伪劣商品”活动，加大进出口秩序的规范和整顿力度，对信誉高、质量好、遵纪守法的企业给予鼓励扶持；对故意弄虚作假、以次充好、以旧顶新的欺诈行为，以及个别不守信誉、造成严重影响的企业，依法从严进行查处。组织完成退运调查16批，共收到退运及国（境）外警示通报16批（其中国（境）外通报1批），完成调查15批，共发现企业管理不规范问题4类，提出检验检疫自身工作建议3项；其他通过电子监察、投诉调查、监督抽查等日常工作中发现的工作质量问题，组织业务人员探究问题发生原因和改进预防措施。

【行政处罚工作】 行政处罚结案1起。新汶一家企业委托报检1批15件，重量为4.24万千克的耐磨钢板热轧合金钢板，型号为HARDOX 450，报检号为372000114001082，货物总值7.08万美元，包装种类及数量为裸装15，集装箱规格及数量为海运20尺普通2个。经现场查验过程中发现，该批货物集装箱内均含有木质包装，该公司并未如实申报。对该公司实施行政处罚，罚款3000元人民币。

【服务发展】 ①推进出口农产品示范区建设。新泰市新获得全省出口农产品质量安全示范区资格，泰安市共有1个国家级示范区和2个省级示范区。②成立技术性贸易措施应对小组。采用发布技术性贸易措施舆情通报专刊的方式，做好对企业、政府相关部门通报工作。全年发布30期，共计300条舆情信息。③做好进口汽车登检工作。安排专人录入、值班，提供便捷的检验、出证服务，做到随到随检，实现登检业务零等待。④帮助企业获得进出口资格。共有5家新申请注册企业获得出口注册备案资格；完成16家食品农产品进出口企业延续备案和换证复查；推荐山东银宝食品有限公司出口俄罗斯猪肉。⑤缩短工作流程。对非敏感、低风险、抽批未抽中货物实施快速核放，工作流程平均时限较2013年再缩短10.89%（全省平均流程缩短1.41%）。8月，开始实施“无纸化报检”，为企业节约大量人力物力。

2014年泰安市大宗和重点进口商品检验检疫情况（货值：万美元）

表10

商品类别	批　次	增减%	数重量	增减%	货　值	增减%
动物	4	33.33	10.91	-45.45	251.1797	63.69
动物产品	39	-35.00	1459.37	-45.35	86.5371	-41.66
植物产品	79	-22.55	20393.01	-29.98	3999.4004	-30.85
纺织品	44	22.22	351.02	-2.95	151.7862	-3.10
金属及制品	31	-18.42	523.30	239.43	148.2660	137.70
化工品	11	-59.26	391.06	10.79	104.8044	-29.50
机床	27	-41.30	0.10	-96.83	256.7196	-93.72
医疗器械	43	43.33	0.05	-20.63	1623.4338	9.95
锅炉及压力容器	33	–	8.67	3236.15	175.9505	-17.63
其他机电产品	25	-28.57	4.85	-31.41	1716.9689	-53.64

2014 年泰安市海关进出口情况

表 11

指　　标	进出口		出　口		进　口	
	总值（亿元）	同比 ±%	总值（亿元）	同比 ±%	总值（亿元）	同比 ±%
进出口总值	182.61	18.30	106.32	25.40	76.29	9.70
其中：一般贸易	156.90	18.10	90.09	30.40	66.82	4.80
来料加工贸易	15.48	25.40	0.99	20.30	0.55	35.70
进料加工贸易	18.75	3.30	15.24	2.60	3.51	6.10
其中：对美国贸易	32.01	4.34	17.07	28.07	14.94	-13.89
对欧盟贸易	23.67	6.40	17.29	10.56	6.38	-3.47
对东盟贸易	20.51	94.22	15.10	94.37	5.41	93.81
对巴西贸易	17.18	4.07	3.90	13.51	13.28	1.58
对澳大利亚贸易	14.71	5.13	2.24	27.39	12.48	1.94
对加拿大贸易	8.03	57.87	6.99	93.53	1.05	-29.12
对日本贸易	7.13	2.04	6.28	3.45	0.84	-7.37
对韩国贸易	6.80	11.57	6.07	16.42	0.73	-17.28
对委内瑞拉贸易	6.66	1114.13	0.14	-18.02	6.52	1618.66
其中：民营企业	142.40	24.70	76.88	36.80	65.52	12.90
国有企业	23.61	2.50	15.13	5.20	8.48	-1.90
外商投资企业	16.60	-2.70	14.31	0.70	2.29	-19.80

【食品安全工程】 做好出口食品原料备案基地监管，保证食品农产品源头安全。清理撤销备案蔬菜基地 28 个 400 公顷（6000 亩），新增蔬菜备案基地 41 个 600 公顷（9000 亩），对来自肥城市示范区和岱岳区示范区的 13 个蔬菜基地实施直接备案。加强疫病疫情的检疫、监测和风险管理，提高疫情疫病的检出率。在 2 批进境虾蟹壳检验检疫中检出活虫，经鉴定为一般有害生物；出口腌渍裙带菜安全监控中检出 2 批金黄色葡萄球菌，作为一般风险信息上报。

【科研工作】 1 个课题获得省出入境检验检疫局立项；2 个课题、1 个项目顺利通过验收并完成成果登记工作；与泰山医学院合作的“RAS 对高血压致心肾损害的作用”项目获泰安市科技进步二等奖；《采用蒽醌 -2- 磺酸钠传感器快速测定食品中三聚氰胺的方法》获得发明专利授权，发表科研论文 2 篇。

【法检目录调整】 根据国家质检总局和海关总署联合发布的公告，《出入境检验检疫机构实施检验检疫的进出境商品目录》再次进行调整，2014 年 6 月 15 日起，222 项一般工业制成品不再实行出口商品检验，是继 2013 年 8 月 1507 个海关商品编码项调出后的又一次调整。泰安市将有 84% 的一般工业制成品不再实行出口商品检验。此次目录调整直接惠及全市出口企业 100 家，这些企业出口的商品主要包括汽车、服装、输变电设备等，出口货值每年 6 亿美元。（蒋　钰）

【概况】 泰安海关共监管进出口集装箱 4.26 万标准箱，货运量 326.04 万吨，货值 93.06 亿元；审核报关单 1.74 万票，征收税款 7.60 亿元。泰安海关继续保持“省级文明单位”和“省级青年文明号”荣誉。

【通关管理】 扩展属地通关业务，着力实施通关无纸化改革，实行24小时预约通关制，推进关检合作“三个一”（实行“一次申报、一次查验、一次放行”的通关模式）改革，积极营造顺畅高效的通关环境。全年审核报关单1.74万票，其中无纸化报关单1.11万票，无纸通关比率达63.52%。

【税收征管】 积极涵养税源，建立对重点纳税企业户籍式管理，密切关注、切实掌控税收进度；严把审价归类关，确保税款应收尽收。征收税款7.60亿元；审价、归类补税额773万元。依法减免，严格执行操作规范和层级审批制，全年办理征免税证明249份，同比增长24.50%；审批减免税货值2.69亿元，减免税款3807万元，同比分别增长18.86%、2.48%。

【保税监管】 全面落实简政放权各项措施，实施取消“加贸六小项”审批改革，即海关加贸业务中的备案（变更）、深加工结转、余料结转、外发加工、放弃货物核准和核销，将外发加工审批改为事后备案；对特殊原因引起的加工贸易合同变更特事特办，实行一级审理通过制，节省通关时间。办理加工贸易合同备案424份、备案值1.84亿美元；加强加工贸易边角料、料件内销管理，内销征税1.12亿元，同比增长213%。

【稽查监管】 引入社会中介参与稽查，有效提升稽查有效率和精准度，开展常规及专项稽查作业14起，追补税款461万元，同比增长194%。严格落实分类分流查验作业要求，提高审单、验估效率，在确保守法的前提下为企业减轻负担，全年查验率为2.36%，同比下降56.5%。

【企业管理】 致力企业分类管理，主动为符合条件企业上调管理类别，使其尽享通关便利，将38家信誉较高的企业升级为A类或AA类企业，同比增长2.8倍；办理进出口收发货人注册登记178家，累计注册企业达1129家。

【打击走私】 深入开展打击农产品走私“绿风行动”，加强风险分析研判，提高行政执法预见性和实效性；探索关警执法联动机制，打击高风险环节走私违规行为。查办行政案件7起，罚没入库1000元。（张　成）

编辑·校对　**冯宪谟**

建设·环保

城乡规划

【概况】 年末，全市有市、县两级规划管理机构5个，工作人员460人，其中市规划局171人。全市有规划专业技术人员53人，其中国家注册规划师26人，具有中、高级专业技术职务人员占专业技术人员的60%。市规划局继续保持“省级文明单位”称号，被省住建委表彰为“全省住建系统政务信息报送工作先进单位”，被市委、市政府表彰为“2014年度全市科学发展先进单位”“全市信访工作先进单位”，被市委表彰为“2014年‘五型’机关建设示范单位”；局规划监察支队被省住建厅、人社厅表彰为获得“全省住建系统先进集体”称号，局重点工程建设指挥部获得市直机关“服务先锋”集体荣誉称号。

【规划编制】 ①总体规划编制。修改完善《泰安市城市总体规划》，总体规划实施评估报告通过省住建厅审查，省政府已报国务院待批；《泰安市历史文化名城保护规划》修编已完成规划方案，待上报省住建厅组织论证。推进各重点片区和乡镇总体规划的编制。《高新区发展战略规划——高科技产业园总体规划》已完成初稿，泰安国家农业科技园核心区规划、财源中央商务区交通与土地利用协调规划研究及城市设计已编制完成。徂徕山汶河景区总体规划，邱家店、大汶口两个省级示范镇以及范镇、道朗、夏张、祝阳等镇总体规划获市政府批复，《山口镇张家户社区规划》《肥城石横镇国华社区规划》等新型农村社区规划已编制完成。②专项规划编制。公共服务设施、城市风貌、城市绿道等专项规划已组织编制；配合有关部门组织编制商业网点、热力、公交、抗震防灾等专业规划。创新单元规划和控制性详细规划编制，将城市划分为60个控制单元，依据总体规划、各专项规划和技术规范规定，确定单元内各类公共服务设施规模和布局，年内编制完成23项单元规划。根据单元规划，按照“统一规划、分步实施”的原则编制控制性详细规划，年内经市规委会审议通过并报市政府批复控制性详细规划68项，规划覆盖面积23.7平方公里。

【规划研究】 居住区综合配套课题研究，选取2004年后投入使用的30个居住区，围绕公共服务设施配套、容积率、绿地率、透空率、停车位等8个专题进行研究，形成《居住区综合配套课题研究报告》，被省住建厅授予优秀调研成果一等奖。城市风貌特色研究，加强对泰安古城、城市色彩和建筑风格研究，明确城市风貌分区和各分区建筑风格，打造高低错落、疏密有致的空间格局和风貌特色。城市交通专题研究，对城区路网密度、高速铁路和城际轨道对城市发展的影响、城际铁路交通走廊控制进行研究，提出优化城市交通的对策和策划。

【规划管理】 坚持“增高度、减密度、扩空间”，严控历史文化轴核心区及环山路南侧建筑高度，放开控制区以外的建筑高度限制。按照“收储到边、净地出让”原则，引导市区零星地块整合，留足道路、停车场及各类公共服务设施用地，合理确定出让边界，最大限度提高土地利用率，完善综合配套。完善专家论证机制，实行专家票评制度，对方案设计进行论证把关和优化提升。严格审查项目的技术指标，实现景观要素与周边环境的协调。严格执行优化发展环境各项规定，实现规划审批提质增速。年内，受理报建项目1517项，核发“一书三证”（项目选址意见书，建设用地规划许可证、建设工程规划许可证、建设工程竣工验收合格证）834件、规划条件128件，发放审查（批）意见通知书1547件。完成万达广场城市综合体、泰山玉石城等重点工程项目的规划审批，完成新104国道泰安段、青兰高速泰安段、引水入城工程胜利渠、范镇60万吨/年LNG装备国产化项目等区域性重大基础设施项目的规划审查，完成佳苑路、花园路、润丰园保障房小区、10处生活垃圾收集站等2014年为民实事的规划手续办理。启动规划大数据整理及二次开发利用，推进规划管理系统升级和规划“一张图”系统建设。做好遥感图斑的核查处理，对住建部下发的两期192处变化图斑进行逐项核查，对发现的问题迅速整改并上报核查情况。《泰安市建筑间距和日照分析规划管理规定》和《日照分析技术规程》已完成初稿。《泰安市停车场建设规范》《泰安市居住区规划管理技术规定》《泰安市平面交叉口规划技术规定》《规划实施公示工作意见》等规范规定已制订完成。其中《停车场建设规范》，在“创建国家级旅游服务综合标准化示范市工作领导小组”计划起草的36项规范中，率先通过专家审查。

【规划监察】 实行全员上岗、错时巡查，定人、定岗、定车、定路线，确保主次干道和重点区域无失查、漏查。强化规划批后项目监管，年内对放线开工的206个项目1413个单体建筑进行全程跟踪检查，立案查处68起，并全部结案。坚持拆罚并举，加大处罚力度，组织百余次大型集中拆违行动，拆除9.4万平方米。坚持应罚必罚，对所有违法建设案件均按照法律规定的上限额度实施处罚。启动运行规划监察数字化指挥系统，安装车载GPS监控设备，配备执法记录仪，提高规划执法的科技含量和信息化水平。年内，查处各类违法建设470起，拆除255处。违法建设发案数下降15%，结案率提高9个百分点。

【重点工程】 按照“招商引资项目建设年”要求和“指挥部加部门”推进机制，市规划局牵头组织实施中央商务区、历史文化轴和时代发展线工程建设，从全局抽调100名精干力量，盯靠在指挥部，全力推动工作开展。①中央商务区工程。需征收各类房产2146处，面积31.5万平方米，新建建筑面积76.7万平方米，其中回迁建筑面积39.06万平方米，开发地块建筑面积37.6万平方米。年内已征收1974处、29.8万平方米，占总量的94.7%，已拆除25.13万平方米；回迁工程投资1.23亿元，开工回迁安置面积20.9万平方米，8栋回迁住宅楼已在施工，回迁学校主体已基本建成。②历史文化轴工程。需征收各类房产377处、8.6万平方米，清退租赁经营业户354家。年内已征收179处、6.1万平方米，占总量的71.8%；清退租赁户215户，占总量的60.7%，拆除2.57万平方米；异地安置工程加快推进，原毛纺厂地块两栋安置楼已封顶，山农大安置楼已开工建设。③时代发展线工程——泰山会展中心已建成投入使用，并承办2014年“两会”和2014中国（泰山）国际矿业装备与技术展览会；泰安万达广场、泰山国际金融中心、鼎基时代广场主体工程均已完工；时代佳苑回迁小区、时代公园、3处过街天桥已建成并投入使用。

配合重点工程建设，加大招商引资力度。概算投资58亿元的泰安万达广场项目，已累计完成投资21亿元；中央商务区项目，中南集团已累计投入7.64亿元；概算投资60亿元的时代发展线三期金融商务区项目，市政府已与海纳弘源投资有限公司签订合作协议。充分发挥城建投融资平台作用，克服融资条件不断增加、渠道异常狭窄的困难，融资到位资金4.99亿元。 （韩长清）

住房城乡建设

·综 述·

【概况】 2014年，全市城乡基础设施建设全面提升、城市管理运行日趋完善，行业实力整体增强，以城带乡，加快统筹发展步伐，建设事业保持稳中有进、进中向好的态势，为全市经济社会发展做出应有贡献。市住房和城乡建设局继续保持“省级文明单位”称号，被市委、市政府表彰为“2014年度科学发展观综合考核先进单位”，被市委表彰为“2014年‘五型’机关建设示范单位”。

【依法行政】 出台《泰安市餐厨废弃物管理办法》(政府令〔第168号〕)《扬尘污染防治管理办法》，制定扬尘治理费用计取标准。南湖公园建设成法治文化主题公园。开展“安全生产责任落实年”活动，依法征收国有土地房屋。做好城建档案收集和指导工作，严把工程建设报签和竣工关口。优化发展环境，提高审批效率，取消房地产开发企业资质年检，简化建筑业企业入泰安备案手续，优化建设类执业资格注册流程。明确建筑市场、房地产市场、公用事业的执法任务和执法程序。完成市级行政审批事项清理精简工作，确定保留21项行政审批事项。153名执法人员通过省政府法制办山东省行政执法证年审，对63名新上岗执法人员进行法律知识培训，经市法制办考核全部合格，准予行政执法证。出台《关于加强泰城城市建设管理工作的意见》，明确市区两级职责分工，探索开展城市管理的网格化、数字化和精细化，完善集管理、执法、服务于一体的“大城管”体制。加快筹建数字化城市服务(指挥)中心，7月份试运行，受理各类城市管理事项2.2万件，办结1.9万件，回复率达95%。

【行业安全】 突出部门监管责任和企业主体责任到位“两条主线”，抓好建筑施工安全、市政施工安全、公用事业安全、城市安全“四个重点”，安全生产形势继续保持平稳态势。督促企业落实安全生产主体责任，在房屋建筑和市政施工、燃气等重点安全隐患风险点普查登记工作，开展燃气管线专项治理、房屋建筑安全专项整治、安全资质检查、打非治违、防坍塌事故等多项安全专项整治行动，提出整改意见3600条。培训、继续教育安全管理人员、特种作业人员及一线作业人员7390人，培训、考核特种作业人员7221人，开展安全生产培训教育538次，有2.22万人次参加。制订完善安全应急预案体系，开展预案演练，实行安全生产预警、分析会议、诚信及不良行为记录、安全生产警示约谈等制度，运用资质管理、市场准入、行政处罚等手段，提升企业安全基础管理工作。

7月1日，泰安市数字化城市服务(指挥)中心开始试运行 (周 岩 摄)

【工程建设管理】 ①长效机制建设。开展构建建筑企业机构、人员、职责与经费保障相结合的“3+1”质量安全保障体系活动，落实企业和项目负责人现场带班制度、质量终身责任追究制度、项目经理质量安全责任十项规定等规章制度，确保企业履行质量安全义务。9月，接受全国建设工程质量安全执法检查，综合排名全国名列前茅。加强施工现场扬尘治理，依据《泰安市扬尘污染防治管理办法》，在全省率先测算扬尘治理费用计取标准，将扬尘治理费用列入工程预算，确保该费用单独计取并足额支付。改进非国有资金投资项目监管方式，简化手续，促进非国有资金投资项目建设速度。②建筑市场秩序。加强施工现场和建筑市场“两场”联动管理，建立综合性监管平台，开发“泰安市建筑市场监管信息系统”，招标投标引入信用评价。全面清理建筑企业各类押金、保证金，取消外地建筑企业进泰安备案制度和农民工工资保证金等。坚持信息公开、竞争公平和评标公正，以电子政务规范监督权力运行。③工程质量管理。开展工程质量治理两年行动，落实五方主体项目负责人质量终身制，提高参建各方主体质量安全意识。引导鼓励企业创品牌、争精品，开展争创鲁班奖、泰山杯、市长质量奖等活动，2014年荣获国家优质工程“鲁班奖”1项、全国建筑工程装饰奖1项、中国钢结构金奖1项；省建筑工程“泰山杯”9项、绿色建筑4项、建设工程优质结构杯21项、无质量通病示范工程4项。④印制《房屋建筑施工安全隐患风险点》工作手册，开展以深基坑、起重机械、脚手架、模板支撑等为重点的建筑安全专项整治，督促指导建设、施工、监理单位落实企业安全主体责任。开展“安全生产月”活动，利用广播、电视等媒体，宣传施工安全标准化、扬尘污染防治等法规政策，强化从业人员及广大群众的安全意识，规范安全行为。2014年荣获国家AAA级安全文明标准化工地2项、省安全文明示范工地9项、安全文明优良工地20项、安全文明施工小区3项。

【职工培训】 全年组织培训3.1万人，增长36%，其中建筑业岗位培训2.4万人（建筑企业专业技术管理人员9078人，建筑企业经理395人，安全三类人员7567人，特种作业人员安全技术考核7035人）；建设行业岗位培训7730人（房地产开发企业主要负责人等培训2286人，预拌混凝土专项试验室试验能力审核培训124人，建筑业农民工工资清欠及解决纠纷工作培训496人，城建档案管理人员培训419人，全省城市园林绿化施工企业项目管理人员考前培训148人，全市“三员”《业绩管理手册》换证和新上岗人员宣贯培训1875人，监理人员323人，工程质量两年行动宣贯培训201人，建设专业技术人员继续教育1658人，园林企业技术工人培训200人）。做好建造师执业资格注册管理工作，组织2014年度二级建造师考试报名，报名人数6898人。做好全市行政区域内的建设执业资格注册管理工作，受理注册732件。做好社会公益培训及学历教育工作，组织2014年泰安市、区两级“加强就业培训提高就业与创业能力培训”活动，完成初级架子工、电工、施工升降机、绿化工培训750人；与山东科技大学、山东省对外经济贸易职业中专联合办学，学历教育招生114人。

【城建档案】 加强档案馆库建设，新增档案库房200平方米，馆内库房总面积扩大至600平方米，缓解存储压力。落实“两书一证”（责任书、预验收意见书，合格证）制度，与建设单位签订《山东省建设工程档案移交责任书》85份，签署《山东省建设工程档案预验收意见书》84份，发放《山东省建设工程档案合格证》67份。做好工程竣工档案验收，年内验收单体工程256个，接收工程档案5143卷、重点工程档案8项、地下管线档案16项。全面应用城建档案信息管理系统软件，启动馆藏档案数字化加工工作，研究制定《城建档案数字化加工项目（一期）实施方案》，与深圳世纪伟图科技开发有限公司合作完成馆藏档案数字化加工一期工作。做好档案管理，年内整理档案2.87万卷，形成档案分类目录和总目录，输入输出案卷7660卷，排列上架7660卷。加强城建档案工作服务体系建设。通过增加接待服务设施、美化查档环境、规范服务流程，构建城建档案服务工作平台，城建档案的接收、整理、验收、目录级输入和全文扫描、入库上架工作环环相扣，形成“一条龙”式城建档案工作服务体系，年内接待社会各界利用人员308人次、630卷次，免费提供档案120卷次。拓宽城建档案信息资源领域，采集城市原貌和建设现状声像档案，范围东至东开发区，西至迎宾大道西端，南至泰玻大街，北至泰明路北端，拍摄照片6680张，录像6303段。对花园路、五马路、双龙路、佛光路、万官大街等重点工程和大型工程项目的档案工作进行指导，确保档案完整规范。举办城建档案管理员培训班，开设城建档案法律法规、建设工程文件整理规范等课程，培训建设、施工、监理等单位400人，为考试合格者颁发泰安市城建档案管理员岗位培训合格证书。

7月11日，市委副书记、市长王云鹏（左二）到博阳路建设工地调研

（刘庆欣 摄）

【城市重点工程建设】 年内，城市建设重点工程进展顺利。其中，花园路、15号路主体工程完工，实现通车；万官大街完成梳洗河桥建设，博阳路铁路立交桥下穿工程完工；温泉路南段完成主车道沥青铺筑；双龙路进入竣工收尾阶段；三合水厂水质提升后续工程完成，走在全省前列；西区汽改水项目完工，泰城主城区400万平方米实现高温水供热；第四污水处理厂主体工程开工建设；第一、第二污水处理厂升级改造工程顺利进行；第二污水处理厂再生水利用工程竣工完成；完成新建、改造垃圾中转站10座、垃圾收集点200个，安装果皮箱500个；泮河叠水坝建设、提水管道安装等全面完成，泮河、梳洗河河道清淤29万立方米；龙潭路地下停车场竣工启用；城中村改造新开工回迁楼82栋，建筑面积66.4万平方米，总投资21.75亿；金桂园等6处农贸市场建成投入使用，韩家结庄等6处农贸市场加快建设，社区内开设蔬菜瓜果连锁精品店57家。

【城市规范化管理】 出台《关于加强泰城城市建设管理工作的意见》，明确市区两级职责分工，探索开展城市管理的网格化、数字化和精细化，完善集管理、执法、服务于一体的"大城管"体制。加快筹建数字化城市服务（指挥）中心，7月份试运行，8月26日通过市政府信息中心评审，9月22日通过市财政局财审中心的评审，11月底数字化中心指挥大厅已基本建成。建立网格化的管理体系，泰城城区划分为122个网格，4个片区，建立4支巡查队伍，对城市管理部件和事件进行巡查、监督、管理。为网格员、巡查员配备终端设备"管e通"，实现"第一时间发现问题，第一时间解决问题"。自7月1日试运行至12月月底，数字化城市服务（指挥）中心受理、立案各类城市管理事项2.17万件，全部转交各城市管理责任单位办理，其中已办结1.99万件。截至12月月底，经中心协调、沟通，清理占道经营摊点544处，修复、补全各类破损、缺失井盖891个、雨水箅子306个，修复道路948处，补植园林苗木438处，修复花坛石、护栏等园林设施307处，更换、修复果皮箱874个，清理瞬间垃圾5267处。

【扬尘及裸露土地治理】 出台《泰安市扬尘污染防治管理办法》，就扬尘防治部门分工、工作原则、治理标准、违规惩处等作出明确规定。制订扬尘治理费用计取标准，将扬尘治理费用列入工程预算，按工程造价0.5%的标准，纳入安全文明施工费，专款专用。治脏治乱，全年拆除各类违法设置广告牌匾1207块、6.4万平方米，迁移疏导各类占道商亭106个，拆除各类铁屋棚厦622处，清理占道经营、店外经营5万处，清理乱堆乱放、乱拉乱挂2万处；开展建筑渣土整治、餐饮油烟整治、露天烧烤"百日整治"行动，防控大气污染；中心城区清运、处理生活垃圾26.63万吨，无害化处理率保持100%；市区污水集中处理率达95.5%。

【房屋征收】 年内，拆除各类征收的房屋约22.8万平方米，其中住宅18万平方米、非住宅4.8万平方米。年初与两区和泰城各重点工程指挥部及旧村改造工程签订《安全生产与扬尘治理目标管理责任书》，制订《房屋拆除工程安全生产管理应急预案》，年内依法查处22个单位违章拆除工程。做好扬尘治理工作，对泰安城区房屋拆除工地全面强化拆除规范操作要求，落实围挡设置、覆网防尘、洒水降尘等防范措施，排查扬尘治理隐患60处，现场整改20处，按程序下达《建设行政执法现场勘验笔录》9份、《拆除工程扬尘治理停工通知书》35份。妥善处理群众来信来访，接待群众到访45件、73人，办理上级转办信访事项15件，答复政协提案2件，回复“12345”便民服务电话7件,答复办结“泰山民生网”相关问题16个，全市未发生因房屋征收进京赴省上访案件。落实政府信息公开规定，公开公示房屋征收有关政策法规、工作流程、补偿标准，在泰安建设信息网《征地拆迁》栏目发布房屋征收信息12条。

•城市环境•

【城市管理】 2014年，市城市管理行政执法局获得争创“五型”机关先进单位、城市环境综合整治工作先进单位、市级文明单位、市政府便民服务电话工作先进单位等称号。①执法工作。城区容貌整治：对泰山大街、南湖大街等路段进行容貌环境综合整治，清理占道经营、店外经营5万处，清理乱堆乱放、乱拉乱挂2万处，清理收缴各类占道灯箱标牌1200处，扣押各类物品100车；清除违规占道经营车辆200辆，处罚360辆，强制拖移车辆15辆。噪声油烟整治：查处露天烧烤130处，取缔露天烧烤45家，升级安装无烟烧烤设备20家；查处油烟扰民案件105件，安装油烟净化器101户135台；查处噪声扰民案件72件，拆除高音喇叭70台。建筑工地整治：审核产生22家建筑渣土准运许可企业；淘汰报废不合格车辆100辆，改装车辆密闭系统363辆，安装定位装置258辆，投资1.3亿元新购置渣土运输车342辆，已挂牌226辆。下达限改通知书500份，立案查处违法行为400件，查处抛洒违章行为200辆次，扣押违章车辆400辆。商亭棚厦整治：对迎春西路、凤凰路等路段和泰山大街泰医附院周边乱搭建商亭棚厦进行拆除，迁移疏导各类占道商亭106个，拆除各类铁屋棚厦622处。户外广告整治：拆除擂鼓石大街、迎胜路两侧墙体广告；拆除泰山大街等路段大型立柱广告喷绘布及立柱广告牌，拆除各类违法设置广告牌匾1200块6.4万平方米；清除擅自搭设舞台200处，乱挂条幅、彩旗等宣传品1500处。两站周边环境整治：取缔火车站、汽车站周边多年形成的26处占道餐饮大排档，拆除大遮阳篷60个，拆除、吊离各类铁屋棚厦、木屋和售货亭38个；清理取缔占道无照经营摊点110个，清理乱堆乱放78处，收缴扣押灯箱标牌20车，清运占道堆放桌椅及各类杂物45车。②投诉接处。受理各类投诉案件6580件，其中市政府便民服务电话2914件、城管投诉电话2820件、民生网829件、市政府门户网站4件、市长电子信箱6件、群众来访6件、信访局1件。③管理机制。实施联合执法管理工作机制，与市中级法院、公安、工商等职能部门（单位）和街道、社区开展联合执法，提高执法工作效率。创新建立重心下移工作机制，协调街道办事处、乡镇、社区等抽调人员定点靠驻整治片区；抽调机关科室工作人员轮流下基层单位帮助工作，实现执法力量向基层单位的“双延伸”。创新建立公众参与工作机制，引导公众参与管理工作机制，建立市民QQ互动平台和沿街经营商户自我管理委员会，及时发布业户经营和城管执法互动信息。创新建立目标管理考核工作机制，定期进行考核评定，促进城管执法工作的开展。

【园林绿化】 ①道路标准段提升。对擂鼓石大街（龙潭路—迎胜路）、东岳大街（望岳西路—体育中心）、泰山大街（长城路—货场路）、灵山大街（泮河桥—

大河路）进行标准段绿化提升改造，栽植各类乔灌木9万株、模纹草坪60万平方米，安装树穴格栅等设施400套，绿化提升面积6万平方米。②裸露土地治理。采取播种宿根花卉、栽植耐阴植物、清理并更新栽植模纹材料、对辖区各路段分车带内超高土进行落土清运等方法对裸露土地治理，同时加强新植苗木的后期养护管理，改善城区绿化裸土和扬尘现象。全年栽植各类乔灌木19万株、花卉17万株，治理裸土面积29.5万平方米。③高标准落实展园建设。代表泰安市参加中国2014年青岛世界园艺博览会和第五届山东省东营园博会，设计、建设泰安展园。在全省17个市中第一个建设完成开园迎客，受到省园博会组委会的通报表扬，并揽获综合奖金奖、最佳植物配置奖金奖、最佳施工奖金奖等奖项。获得青岛世园会2013年度国际景观设计——“艾景奖”和2014年青岛世界园艺博览会室外展竞赛创意银奖。④园林绿化工程。完成市政府大院绿化恢复、灵山大街中段等绿化工程建设，倒运土石方2.2万立方米，开挖铺设管线1600米，栽植各类乔木1500株、大叶扶芳藤3万株。完成泮河公园绿道建设，增植草坪4000平方米，安装各类设施200套，建设完成绿道长度6.12公里。⑤园林绿化管理。制订施肥、修剪、抗旱、喷洒、宿根花卉分栽等各类专项活动计划，完善落实工作措施，细化日常管理内容，注重绿化监管和审批程序，坚决制止违法占绿、破绿行为，确保绿地环境整洁优美、绿化苗木健康生长。对泰山大街双桂园和泰山公馆游园、东岳大街西段石化宿舍游园和实验中学游园进行设施完善和绿化提升，调查实施年度基础设施维修工程，保障市民健身休闲设施的使用。市园林局被授予“2013～2014年度全省规范化管理先进单位”称号。⑥园林科研工作。分期分批培育假龙头、八宝景天、荷兰菊等宿根花卉40种，引种法国冬青、枇杷等常绿阔叶植物，丰富泰城绿化植物种群，提升景观效果。对科研项目《新优特宿根花卉引种、选育及推广应用研究》《常绿半常绿阔叶树种引种选育与应用研究》，先后开展补充引种、栽培管理、物候观测、生长及测量指标、专题论文编写等系列工作，达到同类研究国内领先水平。

【环境卫生管理】 中心城区全年清运、处理生活垃圾26.63万吨，增长4%；机械化作业路线18条，实际作业时间1.5万小时，增长51%；新增免费对外开放沿街单位内部厕所54座，更换统一标准的公共厕所标识和导示牌；受理建筑垃圾处置80件，全部得到即时办理；全年查办处理环卫事件4.2万件。发放民意调查表1.61万份，处理环卫督导240次，“96009669”橘红环卫服务热线协调处理各类求助、投诉、咨询932件，均及时妥善处理，收到表扬信、锦旗3件，办结率和群众满意率均达100%。新建、改造无臭室内压缩式生活垃圾中转站10座，新建、美化沿街垃圾收集点200个，采购果皮箱500只。餐厨废弃物处理厂设备调试后，投产运行。加强环卫文化建设，组织开展垃圾一日游及环卫知识市民大课堂活动，全年先后在国家级媒体刊发宣传报道作品3篇、省级18篇、市级214篇，编发泰安环卫信息48期。组织开展首届（泰山）环卫文化建设高端论坛，全国各地的500名环卫专家和从业人员以及媒体代表参加。初步建立城乡环卫一体化体系。完善日常保洁队伍建设和长效管理机制，所辖新泰市、宁阳县、泰山区、肥城市先后通过全省全覆盖认定工作。

【污水处理】 全年处理污水5155万吨，污水集中处理率达95.5%，其中第一污水厂处理污水1855万吨，第二污水处理厂处理污水3300万吨。两厂处置污泥2万吨（含水率75%），均实现无害化处置。第一污水处理厂荣获“全省污水处理厂运行管理绩效考评示范单位”称号。①污水处理厂监管。加强对污水处理厂运行单位的监督管理，建立、健全污水处理厂监管制度和目标考核制度，制订保障城市污水处理厂正常运行的生产管理制度、安全生产制度、水质检验制度和安全运行应急预案。定期检查考评污水处理厂的实际运行情况，核查污水处理厂每月上报进出水的水质、水量、污泥处置、设备运行状况等情况，发现问题，提出整改意见和措施，并监督落实。②城市排水管理工作。公开排水许可工作流程，严格办理程序，提高工作效率和行政效能。办理建设项目污水排入排水管网许可19件，排水申请批复54件，接办市政府便民服务电话（“12345”热线）34件，办理数字化城市服务事项处理工作6件。③污水处理费征收。针对征收工作中的具体情况和困难，探讨收费方式方法改革。先后两次到省内其他市进行调研，学习考察兄弟单位先进的征收办法和管理经验。联合市水利局、市公用局、市自来水公司、两区水务局等单位，根据市自来水公司提供的名单，逐一核实、调查用水单位的用水方式、水源形式和实际用水量。同时对自备井的数量、分布，污水处理费的应收、实收、欠款情况和计量设施的安装、运行情况进行梳理统计。收费工作基本实现一户一档，依照程序，按时收费，定期跟踪，动态管理。全年征收污水处理费4518万元。④污水处理项目升级改造工程。按照国家城镇污水处理“十二五”规划和省委省政府生态省建设的要求，所有污水处理厂出水水质必须达到一级A的排放标准，完成第一、第二污水处理厂升级改造工程立项批复，施工图设计。与清源公司经商谈，确定升级改造后的服务费价格，签订升级改造协议。

【户外广告管理】 加强门头牌匾的管理，从资料审查、现场勘察、汇总报批到发放证件各个环节严格把关，全年受理报件648份。加强大型户外广告的保洁、维护、安全、巡查等各项管理工作，制订安全管理应对预案；每遇大风等恶劣天气，提前告知有关单位做好防范准备并加强巡查，做好维护、维修等工作，全年采取电话通知、短信通知、召开会议等形式，通知责任单位加强安全管理工作。协调有关单位在东岳大街西段、岱宗大街、长城路等路段新建和改造候车亭164座。协调有关单位参照上海南京路步行街样式设计建设路标400座，材质为高强度不锈钢外壳和高强度钢化玻璃，美观大方，方便保洁维护。协调有关单位利用各类户外广告牌以及沿街LED电子显示屏等形式，安排“创建国家森林城市”“城市无车日”“整治淘汰黄标车”“幸福泰安 美在身边”“平安行 你我他”“四德工程”“创建全国文明城市”等活动的公益广告620处。

•市政公用事业管理•

【市政设施管理】 完成泮河大街维修工程、汽改水东岳大街慢车道恢复工程。承建的花园路建设工程、三路一河（双龙路、佛光路、五马街、双龙河）等工程主体全部完工。完成青年路、金山路、岱北街等路段路灯标识系统建设的试点工作；维修路灯1.2万盏次，更换井盖300套，更换电缆1.05万米，路灯亮灯率保持在99%以上。整治维修泮河大街东段、西段和迎春西路、文化路、金山西巷、金山北路等城市干道，铺筑沥青路面6.2万平方米，修整人行道板8200平方米，更换路沿石930米。整修17条道路排水设施，安装窨井防坠网1800套，维修雨污水检查井870个、更换雨水篦子2400套，疏通排水管线630米，清理淤泥1500立方米。溹河河道日常保洁24万平方米，清运垃圾5000立方米，清淤清障6000立方米，汛期泄洪畅通。

【城市燃气】 全市天然气年供气量5.2亿立方米，CNG年加气量突破3600万立方米，年供液化天然气超过9100吨。燃气铸铁管网全部改造完成。范镇60万吨/年LNG装备国产化项目正式投产运营。新建范镇至邱家店、山口至环山路两条次高压管线，形成“五纵三横”及“内成网、外相连”的燃气区域供输管网。燃气“城乡一体化”逐步向重点乡镇延伸，全年新增燃气用户3万户。

【城市供水】 构建完成供水调度与客户服务、营业抄表收费便民、供水服务微信、用户服务手机定位、供水管网信息系统等数字化平台。全年供水量5325万吨，水质综合合格率达100%。三合水厂水质提升后续工程建设完成，泰城高新区、青春创业园供水调蓄工程竣工。西区环湖水厂主体工程、小安门水库应急引水工程开工建设。自来水户表改造累计16.7万户。

【城市供热】 实现集中供热面积1100万平方米，增长11%。泰城汽改水工程全部完成，主城区结束蒸汽供暖历史，实现高温水供热，集中供热面积增长30%，降低能耗20%以上。配合“蓝天工程”，完成城建热电、鲁帮大河热电环保系统提升工程改造。把拆除小锅炉的山农大南校区、八十八医院、中心医院等规模客户纳入集中供热范围。既有建筑外墙保温节能改造完成32万平方米。

·县乡建设·

【村镇建设概况】 村镇建设快步推进。全市10个省级示范镇全部完成总体规划编制，满庄镇在省级示范镇考核中位列第10名，石横镇位列第20名。有13个镇被列为国家级重点镇。新建农房4.7万户，改造危房1.17万户，其中纳入中央补助范围3318户。已开工建设农村社区431个，其中有151个达到新型农村社区建设标准。全市69个乡镇中已建设生活垃圾中转站70个，所有乡镇成立环卫保洁队伍，村镇保洁队伍达到1.78万人，建立完善管理机制和运行机制，全面实施“户集、村收、镇运、县市处理”的城乡环卫一体化，5个县市区实现农村生活垃圾无害化处理全覆盖，村镇污水处理率明显提高，已建成农村污水处理厂（设施）151个。

【泰山区城乡建设】 城市建设 ①重点项目建设。做好服务协调和拆迁清障工作，累计拆除各类房屋25万平方米，腾空建设用地24.67公顷（370亩）。为速恒物流、嘉和物流等重点项目协调办理各项手续。②片区开发建设。开工面积405万平方米，其中新开工152万平方米，竣工141万平方米，完成投资142亿元，分别完成年计划的100%、138%和103%。开展“片区开发攻坚战”活动，确定万达广场、新华广场、华伟广场、福佳斯南湖花园等一批重点攻坚片区和项目。③路网建设。在双龙小区周边修通佛光路、双龙路和五马街，整治双龙河水系；打通花园路东岳大街至向阳北大街段；实施温泉路南延工程，温泉路城区段从环山路至万官大街全线贯通；拓宽改造万官大街恒大段、七里片区15号规划路等市政道路，拆除房屋2.32万平方米，腾空土地2.36公顷(35.44亩)，通车道路总计8.8公里。④城市防汛。组织应急防汛救灾人员3360人，储备编织袋2万余条、麻绳3300公斤、铁丝4000公斤、沙石2万立方米。全面排查城区双龙河、唐庄河、梳洗河等河流及城区低洼易受灾单位、居民区、危旧临时性住房重点防汛隐患15处，低洼易受灾单位、居民区15个。⑤燃气安全。对区属燃气企业进行节日期间安全大检查活动，下发安全隐患整改通知书35份，提出整改意见150条；对燃气管道灰口铸铁改造、锈蚀严重的老旧燃气管网、与市政管网管沟违规交叉，燃气厂站、阀门井等进行整治。⑥建筑扬尘与裸露土地治理。完善建筑扬尘与裸露土地治理的联防联控机制。督促改造旗门阁大门98处，硬化现场主要道路及出入口2.25万平方米，规范洗车台98处，施工现场覆网防尘或简易硬化10.7万平方米；对查找出的83处、140万平方米裸露土地，按照属地管理的原则，逐一建立台账，逐一进行督导，实行销号制度。全区裸露土地已集中整治78处、135万平方米。⑦政策法规。梳理行政审批事项，确定行政审批事项5项、行政处罚事项140项、行政征收事项2项、行政确认事项1项、行政监督事项6项、其他权力13项；落实涉企执法检查事先报批备案、事中登记记录和事后报告备案等执法制度。全年立案审批案件5起，下达建设行政处罚决定书5份，处罚总金额3万元。

村镇建设 ①农房建设与危房改造。全年农房建设开工3100户，竣工3100户，完成投资10.8亿元；危房改造开工410户，竣工410户，其中完成中央危房改造151户，争取中央及省市补助资金192.75万元。②村镇环境整治。两镇已建成污水治理项目11处，其中2014年建设3处；完成铺设污水收集管道21.5公里，2014年完成4公里；并有6个村庄铺设管道接入第三污水处理厂；推行“村收集、镇清运、市处理”的垃圾处理模式，在省庄、邱家店建成压缩式垃圾中转站4处、地埋式垃圾收集箱144个，配备摆臂车、运输车、侧装车50辆，配备保洁清运工具5000套，满足两镇84个行政村日常保洁需求，同时按照3‰的人口比例配备保洁人员和管理人员411人。③示范镇建设。邱家店被评为省级示范镇，已拨付1800万元专项建设资金。8月，邱家店镇被确定为全国重点镇。④工程建设管理。对辖区内博阳路以东在建工程的施工许可手续办理情况集中进行全面拉网式检查3次，下达责令停止违法行为通知书14份，责令项目建设单位限期办理相关手续并做好安全生产工作。对施工许可申请流程进行优化调整，同时发布到建设局网站上，方便群众查询办理。

住宅与房地产业　①住宅建设。重点抓好万达商业广场和新华城等投资10亿元以上、泰山宝盛广场和三合御都等投资5亿元以上、中天南湖心园和恒基东尚投资3亿元以上的大项目建设，全年总施工面积514万平方米，其中新开工面积132万平方米。全年房地产开发业完成开发投入24.88亿元，销售面积73.36万平方米，销售收入27.47亿元，上缴税金5.75亿元，各指标分别增长17%、16%、15%、82%。②住房保障。向全区2427户廉租住房保障货币补贴申请户发放补贴413.99万元，为1126户棚户区改造户争取补贴资金1503万元，办理廉租住房保障货币补贴申请户变更手续157份，向新增廉租住房补贴户发放银行卡940个；帮助667户经济适用房申请户完成选房、交房工作；回复群众关于住房保障方面问题咨询3000人次；完成一运公司、泰前卫生院等单位51户房改房手续办理，审批区经信局等单位职工一次性住房资金补偿申请，处理完成大众电影院28户未购房职工申请一次性住房资金补偿问题，妥善回迁安置通天街招待所东侧周转楼12户拆迁户。③市场监管。对全区46家到期房地产开发企业统一进行资质延续材料初审，查处违规销售和违反基本建设程序的行为。④房屋产权产籍管理。旧村改造项目测量房产40万平方米；办理房产确权登记1894件,发放房屋租赁许可证1385个，房产评估27项，办理各类查询业务623起。⑤物业行业管理。完成恒盛、万达等48家物业企业资质年检初审、复审工作；指导凤台、花园等10个老旧小区成立“物业管理服务中心”，开展规范的物业管理。新增绿地面积12万平方米、维修楼顶2.1万平方米、粉刷墙面4.8万平方米、整修道路5.3万平方米、外墙保温3万平方米、改造下水主管道2600米、铺设用电线缆1500米、安装路灯240盏、新设置垃圾箱180个等。⑥建筑科技节能。由城建热力公司对云海小区21号楼实施改造，建筑面积约5000平方米。全区房地产业开发面积470万平方米，竣工面积32万平方米，建设项目全部使用符合国家节能标准的建筑材料和节能产品。推广太阳能光热建筑一体化应用项目4个，建筑面积8.66万平方米。⑦老楼危楼排查。印发《泰山区住房和城乡建设局关于组织开展全市老楼危楼安全排查工作的通知》，明确老楼危楼安全排查的责任主体及检查内容，排查出老楼危楼31栋、5.4万平方米。

建筑业　全区有建筑业总承包企业44家（一级资质1家，二级资质20家），专业企业35家，劳务分包企业6家，建筑业企业85家。全年实现建筑业总产值63.06亿元，实现建筑业增加值1.22亿元，实现利税3.23亿元，入库税金3440.36万元。①市场监管。13家公司取得装饰装修、机电、地基基础、钢结构等专项资质，为30家企业办理资质变更、增项等业务，扶持6家建筑装饰企业资质升级业务。组织开展全区在建工程综合大检查活动3次，检查在建项目70项，有效工程单体180个，下达隐患整改通知书83份，停工整改通知书13份。②工程质量安全管理。监督质量报监工程623项，面积282.37万平方米。其中新开工工程152项，建筑面积106.21万平方米，工程总造价16.51亿元；已竣工并办理备案工程91项，建筑面积25.22万平方米，总造价2.47亿元。规划区外办理工程质量监督登记2项，面积7949.5平方米。开展建筑施工安全专项整治和汛期暑期安全大检查，检查、评定施工现场400个（次），下达隐患整改通知书376份、停工整改通知书58份，提出安全隐患4027条。

累计监管在建工程278项、单体689个、面积540万平方米。③人才队伍建设。组织举办各类培训班61期,报名、培训学员4005人。开展技术工人岗位资格证及造价人员年审工作，年审技术工人岗位资格证1万人、造价人员资格证书300人。④清欠工作。对欠薪企业实施“一次拖欠工资、处处受到制约”机制，受理农民工上访投诉30起，为200名农民工解决拖欠工资800万元。

【岱岳区城乡建设】 建筑业 全年新增企业25家，总数达76家。实现建筑业产值37.1亿元，税收2.26亿元（建筑、房地产税收7.55亿元，占全区地税总收入的61.5%），分别增长16%、11.3%。质量监督工程274个、149万平方米；竣工工程216个、108万平方米；开展拉网式安全生产检查4次，检查在建工程465个、926万平方米，下达整改通知书322份，停工通知书143份，提出安全隐患3900条。检查建设工程124个、148万平方米,下达“责令改正违法行为通知书”108份，“责令停止违法行为通知书”112份，制作调查笔录120份，立案查处违法建设工程60个。创建省级文明工地2个、省级安全文明优良工地2个、省级安全文明优良小区1个，创市级优质结构工程7项。以岱岳区管理的在建工程为主，代表山东省接受住建部在建工程项目执法检查，取得全国综合排名第五名的成绩。

房地产业 新增、晋升企业9家，全区房地产开发企业达51家；新开工面积73.7万平方米，竣工面积67万平方米。辖区内50个开发项目，19个已竣工投入使用。完成房地产开发投资额32.7亿元，实现税收5.29亿元，分别增长56.5%、37.8%。

城镇建设 大汶口镇山西街村被列为2014年第一批中央财政支持范围的中国传统村落，满庄镇被列为全省特色村镇风貌设计项目、全省宜居小镇，满庄镇上泉村被列为全省传统村落。满庄、大汶口、山口列入全国重点镇，全省示范镇考核满庄获得全省第十名。全区投资2.6亿元，硬化主次道路260公里、210万平方米，铺设人行道板23万平方米，修砌路沿石71公里、排水沟62公里；栽植绿化苗木200万株，新增绿化面积29万平方米；粉刷美化楼体墙体52万平方米，拆除违法搭建1万平方米，清理店外经营1920户、落地广告3200块，清除乱栽乱种、乱堆乱放4700处、2万立方米；安装村（社区）背街小巷路灯6200盏；安装供水管道14公里，安装排水管道45公里；完成农房建设3142户、危房改造300户；建设完成11个农村社区污水处理设施；完成绿色农房示范项目建设35户。

城乡环卫建设 投入环卫资金6700万元，补贴环卫一体化设施资金473万元，垃圾清运补贴27万元。乡镇新增垃圾压缩中转站10座（总数达26座）、生活垃圾转运车9辆（总数15辆）、收集车40辆、地埋式收集站260个、生活垃圾收集桶1.78万个，清理农村积存生活垃圾7.2万立方米；城区新增生态公厕1处、垃圾压缩中转站1处。

城中村改造 城中村改造累计投资6.8亿元，竣工回迁楼15栋、14.2万平方米，回迁安置居民817户，在建回迁楼51栋、37.7万平方米，可安置居民2936户。其中“御驾新苑”社区居民回迁安置全部完成，安置居民761户、2900人，社区内水、电、气、暖等配套设施齐全，教育、卫生、商业、物业等公共服务设施完善，投资3200万元建成过驾院小学，成为全区城中村改造的典范。

对上争取资金和重点项目建设 对上争取农村危房改造、示范镇建设、棚户区改造专项补助、棚户区配套基础设施建设、既有建筑供热计量改革和节能改造、乡镇污水处理厂建设、农村社区污水处理设施建设、传统村落、特色村镇社区风貌设计项目9个，资金8035.8万元。历史文化轴、时代发展线、京沪高铁A、B、C片区、财源街西段、“910”包保工程、沿大汶河风景带建设、天房美郡国际城、泰安碧桂园、鲁商城市综合体、城中村改造等重点项目顺利推进。全年完成房屋丈量5100户、187万平方米，拆除864户、22万平方米。

【新泰市城乡建设】 城市建成区面积67.9平方公里，城区人口50.67万人，人均道路面积26.2平方米，人均公园绿地面积20.4

平方米，城镇化率 56%。

城乡规划　对《新泰市城市总体规划（2014 ～ 2030）》《新泰市城镇化发展规划》及《新泰市滨湖新区建筑风貌引导》等 11 个专项规划修改完善，城区实现控制性规划全覆盖。严格执行规划管理四级审议制度，严控强制性指标，创新菜单式审查，坚持叠图审查，全年办理建设项目选址意见书、建设用地规划许可、建设工程规划许可 474 件，核发建设工程规划验收合格证 110 件。

城市建设　新区开发与旧城改造同步推进。其中，滨湖新区完成了榆山桥等 3 座桥梁主体工程，实施榆山路、龙池路等 7 条主次干道路基施工，建成综合智能管网 100 公里。青云中学工程、尚品滨湖新居棚户区改造工程加快推进，香港大溪地现代城、珠光公馆、台湾滨湖双语幼儿园等现代服务业项目先后落地。实施清音公园西路、明珠路、青龙路东延 18 项路桥建设改造工程，新建续建改造道路 17.05 公里，铺筑沥青混凝土路面 21.68 万平方米，铺装人行道 5.28 万平方米。开展城市绿荫行动，实施府前街东延、洛沟路等道路绿化工程 10 项，平阳河景观带、东周河滨河绿地等人文景观建成开放，新增城市绿地 40 万平方米。建成宫里镇、岳家庄乡两座生活垃圾中转站并交付使用，完成旧垃圾场垃圾清挖 22.8 万立方米，启动新垃圾场改造和环保产业园的规划建设工作。完成城区供暖汽改水改造、滨湖新区供水、城镇中压燃气建设、平阳河污水管道新建等市政公用设施建设工程 16 项，配套各类综合管网 154 公里，集中供暖面积新增 30 万平方米。严格按照《国有土地上房屋征收与补偿条例》依法征迁房屋，2014 年滨湖新区征迁房屋 2528 户，征迁面积 7.9 万平方米。开展省级节水型城市创建工作，10 月份通过考核验收。

城市管理　城区 45 条道路 8000 盏路灯全部实现单灯节能控制，路灯亮灯率和路灯设施完好率均达 98%。加快数字化城管建设，完成城市部件信息普查、指挥中心建设及硬件安装工作，软件系统开发已进入测试阶段。清除破旧、损坏和违规设置的广告牌匾 167 块，规范设置户外广告牌匾 229 处，拆除历史存量违法建筑 36 处，及时制止、拆除未成型违法建筑和乱搭乱建 162 处。完成城区人行道改造 9254 平方米，安装、调整路沿石 8514 米，修补沥青路面 1.3 万平方米，对城区道路进行沥青灌缝 5.64 万米，改造公园广场地面 3.2 万平方米。

村镇建设　编制完成《新泰市新型城镇化综合试点方案》，8 月份通过省住建厅汇报评审。开展“百镇建设示范行动”，在全省 200 个示范镇考核中，西张庄镇名列 55 位，楼德镇名列 60 位。翟镇、楼德镇、西张庄镇 3 个镇被评为全国重点镇，楼德镇同时被确定为全国建制镇示范试点镇。开展城乡环境综合整治暨乡村文明行动活动，镇村新增硬化道路 672 公里，新增绿地 32.1 万平方米，维修更换路沿石、花坛石 52 公里，新建休闲广场 240 处，新建各类污水管网 15.2 公里，27 个农村社区建成小型污水处理设施，全市示范村、达标村比例达 75%。

保障性安居工程建设　落实各类保障房项目 19 个、5168 套，开工率达 100%，超额完成率 342%。对 429 户发放租金补贴 42.4 万元，保障人数 1115 人，保障面积 1.67 万平方米。继续推进农村危房改造，新开工农村危房改造 1753 户，1242 户主体已经完工。

建设行业管理　①房地产市场。对全市 42 家房地产开发企业开发情况进行高频次、全面集中检查，全年监管拨付预售资金 1.06 亿元。2014 年，全市房地产开发总投资 17 亿元，增长 320%。签订 19 个项目预售资金监管协议，办理商品房预售许可 73 件，预售监管面积 59.8 万平方米，累计拨付预售资金 9600 万元。审核发放房地产项目经营权证 18 件，权证规划建筑面积 57.5 万平方米，预计总投资 10.8 亿元，增长 280%。②建筑业管理。全年完成建筑业产值 44.4 亿元，其中出省施工产值 1.32 亿元，实现建筑业增加值 11.6 亿元，上缴税金 1.67 亿元，收取养老保障金 2593 万元。制订诚信考核制度，完成 86 家建筑、安装、装饰企业的资质年检和 12 家公司资质升级、增项和新申请等工作，规范劳保统筹管理。加强招投标监管，办理监督招标工程120项，工程造价21.98亿元。开展建筑质量安全大检查，先后检查在建工程项目502项次、单体工程1586个，首次在报纸上曝光6个存在违法违规行为的典型案例，对2项工程采取断电措施，遏制建筑市场的非法违法行为。市医院医疗综合楼夺得全国建筑领域最高奖“鲁班奖”。全市获得“泰山杯”、省及泰安市安全文明工地、优质结构、优良工程等奖项60项。落实既有居住建筑改造工程26.28万平方米，增长265%，落实公共建筑节能改造面积2.62万平方米，市医院2号病房楼公共建筑节能改造项目迎接了山东省公共建筑节能改造示范项目验收。青云香格里拉B组团1～10号楼获得国家第四批绿色建筑评价标识。全年整理归集档案700卷，完成234个工程项目档案目录输入，初步建成城建档案信息库。

【肥城市城乡建设】 城乡规划 完成《肥城市中心城区控制性详细规划》和左丘明文化公园、龙山河带状公园桃文化雕塑群、康王河上游生态系统等景观规划。启动《肥城市新型城镇化规划(2014～2020年》、省级传统村落保护规划和特色村景观风貌规划的编制工作。开展“百镇建设示范行动”，完成边院镇总体规划修编和汶阳镇驻地总体规划初稿。加强规划监管，实施“阳光规划”，建立完善的规划公开制度，严格批后跟踪管理，维护规划的权威性和严肃性。

城市建设 完成军民路南延、凤山大街北延、亿嘉路、市民广场、龙山河清淤、雨污水分流及龙山路、军民路、亿嘉路路灯安装工程；推进三馆、电视塔、技校、沿河古建筑、西区管网项目建设。城区绿化补植各类乔木3000株、灌木6万株，铺设草坪10万平方米。城区基础设施建设累计维修路面1.9万平方米、人行道板1.6万平方米、路沿石5800米，安装路灯826盏、信号灯5组。

城市管理 出台《肥城市城市综合管理实施细则》，启动运行数字化城市管理系统，实现街面监控、任务派遣、现场执法、效果评价的信息化和数字化。推进城乡环卫执法一体化，提升镇街村容貌环境卫生水平。

公共服务 增强城市供热能力，完成城区21个小区（单位）的供热管网建设改造，铺设管网30.6公里，新增供热面积80万平方米。提高供水服务水平，新建改造供水管网8.1千米，完成18栋楼的户表改造工作。完成20.4公里的燃气管网占压、灰口铸铁及老旧管网改造任务。实施城区雨污分流改造和龙山河污水管网溢水整治，铺开西区污水管网和各镇街污水管网完善工程，提高城市污水处理率和收集率。

建筑业、房地产业 建筑业总产值213亿元，增加值52亿元，分别增长8.45%和8.79%。获“泰山杯”1项、省级以上优质工程18项，市建管局被评为全省建筑质量管理先进单位。完成外出施工产值146亿元，增长7.4%。整顿规范建筑市场，加大施工安全、质量监督管理和培训力度，遏制重大伤亡事故。房地产业全年完成投资37.42亿元，施工面积381.4万平方米，销售面积62.12万平方米。实施百姓安居工程，保障性住房累计开工1786套，占年度任务的101%；累计竣工1409套，占任务的117.4%。加快农村集体土地房屋登记发证工作，铺开20个村的登记发证。落实房地产开发建设项目物业招标投标管理规定，健全完善物业服务监督考核体系，物业管理行业发展水平实现新突破。

村镇建设 开工建设居民楼109栋、101万平方米。完善城镇基础设施配套，各镇街小城镇基础设施建设投资4.48亿元，其中硬化道路60.3万平方米、绿化27.4万平方米，安装路灯1175盏，供排水管线14.6万米。开展环境整治，各镇街均建设垃圾压缩站，配备垃圾收集车辆，605个村（居）建设地埋式垃圾箱773个，配备卫生保洁、垃圾收集人员3285人，建立多元化农村生活污水处理体系，石横镇、边院镇分别建设处理能力4万吨和日处理能力2万吨的污水处理厂，累计建成农村新型社区污水处理设施37处。

【宁阳县城乡建设】 城市承载功能 启动东部水系和复圣公园建设。开工建设华阳大街东延、经四路、兴隆街西段、郭台路北延、新区四路、清风路北延6条新建道路和郭台路、兴隆街中段2条续建道路。新增城市道路面积12万平方米；更新改造道路面积2.3万平方米；新增绿地面积39公顷，建成区绿地率43.16%，绿化覆盖率36.93%。

城乡环境　开展城市绿荫行动，完成裸露土地绿化18.5万平方米，加密补植各类苗木29万株。实施欣街改造提升工程，解决老城区脏乱和拥堵问题。城中村开发改造稳步推进，启动10个村（居），累计拆迁面积66万平方米，腾空土地73.53公顷（1103亩），开工建设回迁楼39栋。建设垃圾压缩站16处，配置垃圾中转箱383个、垃圾桶1.02万个、三轮车1170辆、对接车21辆、摆臂车9辆、压缩车12辆。镇、村两级保洁人数2200人。城乡环卫一体化实现全覆盖。

村镇建设　编制完成磁窑镇、华丰镇2个省级示范镇规划，通过省级示范镇年度考核。开工建设整村改造项目43个，农房建设、危房改造完成7348户，其中农房集中建设完成5152户，投资金额4.3亿元；危房改造完成2196户，投资金额1.7亿元。乡镇道路新增28.7公里，长度484.2公里，新安装路灯952盏，亮灯率保持在99%以上。新增绿化覆盖面积41.76公顷；新建排水管道17.21公里，总长183.38公里；新建供水管道31.61公里，总长585.12公里。

建筑房地产业　完成建筑业总产值30亿元，外出施工产值3.9亿元。新增建筑总承包三级资质以上企业4家。收缴建筑企业养老保障金1095.1万元。完成7个项目既有建筑节能改造，面积14.3万平方米。完成房地产开发投资11.56亿元，商品房施工面积94.26万平方米，其中新开工面积42.51万平方米。新增房地产开发资质企业3家，晋升资质3家。

公用事业　完成城市自来水供水量549万立方米，供水普及率100%。投资1350万元实施饮用水水质提升工程，完成设备安装、调试，投入使用。“气化宁阳”工程加快推进，全面实现天然气供应镇镇通，城市天然气普及率40%，气化率100%。污水处理厂扩建工程已完成前期手续办理。污水集中处理和生活垃圾无害化处理率分别达98.15%、100%；新建供热管网88公里，集中供热面积新增100万平方米。

机构改革　撤并县住房委员会办公室、建筑工程质量监督站、建筑安全生产监督站、工程建设造价管理办公室、建筑企业养老保障金管理站和建设工程招标投标管理办公室，组建县建筑工程管理局；撤并县城市建设基金管理办公室、县城市排水和垃圾处理管理处、县环境卫生管理处和县城市路灯管理所，新组建县公用事业管理局。通过市场化运作方式，引入山东通源热力集团投资2.2亿元建设低温循环水供热项目，提高城市集中供热面积。成功拍卖城区239万平方米环卫、绿化保洁权，实现由“花钱养人”到“花钱办事”的转变。

【东平县城乡建设】　城乡规划　编制完成《滨河新区总体规划》及《滨湖新区控制性详细规划》初稿。参与《移民避险解困安置项目规划》《东平县九年一贯制学校改造规划方案》《东平洲际花园》《东平汽车总站项目规划设计方案》等31项修建性详细规划技术审查并评审，总用地面积约160.6万平方米，建筑面积291.5万平方米。完成鑫海建工焦村地块、九州钢业南地块、宿城粮所等4宗土地收储放线；完成民心家园、光大家园、河畔豪庭等工程30次定点放线；完成青龙街西段、贵和路、汇河街西段、府后街西段、虹桥中心路等道路定点放线；完成民心家园一期、榕桥中央公馆、丽景小区等6项工程的竣工测绘；配合体育局完成龙舟赛航道、供电局供电线路等外单位测绘业务；配合文物局完成白佛山等文物保护范围划定工作。

规划审批　办理“建设用地规划许可证”的手续要件由原来的16项简化为6项；办理“建设工程规划许可证”的手续要件由19项简化到8项，办理时限平均节省25天。全年办理审批事项179项，其中建设用地规划许可66项，用地面积15.39万平方米；建设工程规划许可49项，规划面积155.62万平方米；建设工程施工许可50项，施工面积102.6万平方米；竣工规划验收许可10项，竣工面积27.58万平方米；选址意见书4项，选址面积4万平方米。

重点建设工程　①白佛山景区。投资6.5亿元，完成南大门、祇园精舍、三面观音东西配殿主体建设，完成舍利宫、卧佛广场、大雄宝殿地质勘探，迎请安装雕塑100尊；开挖人工湖6个；栽植景观树3200棵、花灌木5万株、草坪5.3万平方米。②龙泉水街。投资1.2亿元，完成商业步行街、单体塔楼、大型商场、河道及景观桥施工，三栋高层商住综合楼实现主体封顶。③新东岳城市综合体。完成项目方案评审、施工图纸审查；开挖基槽土石方15万立方米；签订拆迁协议35户，拆除工作已展开。④园林绿化工程。完成平湖路南段、白吉河西段等绿化工程33项，在城区道路节点、广场公园安装雕塑小品15处，整治城区裸露地面25万平方米，新增和补植绿化面积50万平方米，城区绿化覆盖率48%，人均公园绿地面积17.5平方米。⑤农村危房改造工程。农村危房改造1200户，改造面积9万平方米，惠及4000人。

建筑业管理　完成总产值9.3亿元，增长5.7%；建筑业增加值1.8亿元，增长17%；房屋建筑施工面积204万平方米，竣工面积16.3万平方米，分别增长8.6%和7.4%。①行业管理。完成18家建筑施工总承包企业、4家装饰装修企业、4家专业承包企业、6家劳务承包企业和8家商混企业的资质年检，年检合格率为100%；完成4000个职业技能岗位证书的职业鉴定，组织建设岗位职业培训1000人。收取养老保障金1158万元，上解328万元，拨付企业1380万元，超额完成年度工作任务。②品牌创建。全年创“市级安全文明工地”6个，4家企业被分别授予全市“建筑业先进企业”“外拓市场先进企业”“质量管理先进企业”“安全生产先进企业”，6人被授予“市级优秀项目经理”称号，11人被授予“市级建筑业管理先进个人”称号。③建筑工程招标投标。全年建筑工程公开招标27项，累计中标金额7.8亿元，项目公开招标率100%。④建筑节能改造。认定节能产品生产企业7家，其中外墙保温2家、外墙保温砂浆1家、页岩砖3家、节能窗2家，基本达到自产自销的要求。既有居住建筑节能改造力度加大，完成银山小区、平湖小区、人民银行家属院节能改造12.7万平方米，受益家庭超过1000户。⑤建筑质量安全。开展工程质量治理两年行动，组织质量安全大检查13次，下达隐患整改通知书480份，提出整改意见1100条；查处违法建设，下达督办函31份、行政处罚决定书18份。⑥农民工工资清欠。全年接待农民工来访183起、2800人，协调解决农民工工资5186万元。

【高新区建设】　城市建设与维护　①基础设施建设。道路工程主要实施党校南支路、天颐湖北侧2号支路、东天门大街西延伸段、渠西路南段的道路建设工作，新增道路1915米，强电、雨水、污水、消防等各类管线同步敷设；北天门大街人行道板铺设工程，新增道板面积1.54万平方米。亮化工程主要实施北天门大街、一天门大街、东天门大街东延伸段、南天门大街西延伸段、凤源路、凤凰一、二路路灯安装工作，新增路灯599基。绿化工程主要实施东天门大街（奥园区间）、弗瑞斯、华鲁锻压、龙泉东支路部分区域、凤凰河湿地公园、渠西路、党校南支路绿化工作，新增绿化面积8.3万平方米，栽植黑松、雪松等各类乔木3000株。另外，高新区东区对凤台东路、泰前大街东段进行综合治理，新增绿化面积4500平方米，移植补栽苗木5000株，栽植行道树110棵，铺设人行道板1600平方米。②城市维护管理。保持亮灯率100%、树木死亡补植率100%，污水处理率100%、生活垃圾无害化处理率100%。实施各类城市修缮、完善工程，实施道路塌陷临修、项目开口、管线维修、公园设施维修等各类市政零星工程44项；实施2号泵站大修、凤天路污水管线更新、凤凰河公园路灯电缆更新、天颐湖5号支路消防工程建设等工作。联合市排水处开展城市排水管理项目调查99家，发放排水许可证2个。

建筑行业管理　全年在建项目36个、单体213个，建筑面积128万平方米。办理（含补办）质监、安监手续128个，施工许可36个，竣工备案48个。①招标管理工作。全年招标发包工程

26个，发放中标通知书35份，应招标工程招标率100%，国有工程招标率100%，总中标价6.05亿元，完成评标专家管理系统升级改造。②建筑工程管理。组织专项检查、综合检查、阶段性巡查或验收350次，下发“隐患整改通知书”194份，提出各种隐患1230条，责令停工项目21个，整改办理塔机备案告知84台，施工升降机及物料提升机备案告知43台。全年在建工程文明施工达标率100%，有安居幸福里二期、弗瑞斯综合楼等多项工程分别通过省级“安全文明示范工地”或“安全文明小区”初验；妇幼保健院门诊医技楼、泰山学院南校区教工公寓9号楼等3个工程获得“泰安市十佳安全文明工地”称号。③建筑市场执法。推行施工许可管理制度，依法开展施工许可发放前现场踏勘制度，严厉打击转包、挂靠、违法分包、无视质量安全规定、冒险违章作业等违法违规行为。

扬尘治理　依据《泰安城区扬尘治理相关标准》，下发整改通知书20份，提出问题123条。对绿地裸露间隙、空档及尚未正式实施绿化的路段，进行补植栽种，治理裸露土地面积8万平方米，东区对裸露土地栽植绿化苗木8万株、花灌木900株。

建筑业

【概况】　全年完成总产值496亿元，实现增加值153亿元，工程结算利润24.9亿元，缴纳税金14.6亿元，分别增长7.3%、7.7%、0.6%、3.5%，出省施工产值180亿元。收缴建筑企业劳保金2.9亿元，完成年计划的291%，收缴新型墙材专项基金3553.8万元，增长17.9%。对全市524家建筑施工企业、75家建筑装饰企业资质进行了考核，其中504家建筑企业、56家装饰企业考核合格。组织开展群众性质量管理活动，评选出QC成果8项，获优秀成果一等奖1项、二等奖4项、三等奖3项。新泰市建筑安装工程总公司承建的新泰市人民医院综合楼，被评为2014～2015年度“鲁班奖”。开展职业技能培训鉴定工作，全年培训鉴定技术工人2327人。

【勘察设计管理】　全市勘察设计企业总数58家，按行业分，工程勘察的13家，工程设计的32家，专项资质单位6家，设计施工一体化资质7家；按资质分，甲级企业8家，乙级资质单位23家，丙级资质单位17家，设计施工一体化一级资质3家，设计施工一体化二级资质4家，劳务无级别资质2家。单位总数增加7家，其中甲级（包括一体化一级资质）单位增加3个单位。勘察设计行业从业人员2300人，从业专业技术人员1600人，注册人员270人。强化诚信体系建设，开展信用等级评定，泰安市城市建设设计院、泰安市建筑设计有限责任公司被省厅评定为AAA级单位。加强质量监管，严格按照要求开展初步设计审查、抗震专项审查及施工图设计文件审查。全年召开建筑工程初步设计审查审会议160个。对学校、医院、幼儿园等工程全部开展抗震专项审查，完成抗震专项审查33项，抗震设防率100%。完成施工图文件审查（单体）2304项，总建筑面积1682.39万平方米。树立节能减排意识，严把建筑节能第一关，在施工图文件设计及审查中推广太阳能热水系统与建筑一体化、建筑墙体保温与结构一体化等新技术，发展绿色建筑，节能设计不到位不予通过施工图审查。

【建筑市场管理】　重点查处工程项目各方参建主体的行为责任，检查建设项目203个、单体988个，建设规模928.13万平方米，工程造价164.34亿元（其中新建工程103项、单体479个、建筑面积367.70万平方米，工程造价60.76亿元）。下达“责令限期改正通知书”226份、“责令停止违法行为通知书”198份、“安全隐患整改通知单”401份（其中停工151份）、提出整改意见3093条，罚款660.5万元，追缴各种规费4.45亿元，分别增长120%、122%，其中墙改基金1168.96万元、养老保障金5532.1万元、农民工工资保证金3975.24万元、综合配套费3.38亿元。

【建筑施工安全】　开展安全生产标准化工地创建活动，创中国建筑业协会“AAA级安全文明标准化诚信工地”2项、“省级安全文明示范工地”9项、“省级安全文明优良工地”20项、“省级安全文明施工小区”3项。开展安全生产专项检查5次，组织参加安全生产大检查2次。全市检查建筑装饰工程项目749项、单体2894个、建筑面积1973.2万平方米，下达安全隐患限期整改通知书3190份、安全隐患停工整改通知书660份，提出整改意见2.85万条。规范建筑起重机械管理程序，办理2146台建筑起重机械产权备案手续，办理建筑起重机械安装告知111台次。组织特种作业人员培训考核82批次，培训考核特种作业人员7221名；组织企业安全管理三类人员4944人参加继续教育考试；组织2批全省建筑施工企业管理人员2446人参加安全生产知识考试。组织全市222家企业、4411个班组、10万人参加“安康杯”竞赛活动。“安全生产月”期间，在工地现场悬挂标语口号700幅，发放宣传材料2000份。参加全省建筑行业“金宝杯”建筑塔吊司机安全操作职业技能竞赛，2名选手分获二等奖、三等奖。

【文明施工】 完善扬尘治理标准并严格执行，对所有新开工项目，发放“扬尘治理告知书”，以16项扬尘专项整治为重点，规范施工现场洗车台及围挡设置，提高现场出入口、主要道路、加工区路面硬化标准，加强裸露地面及留置回填土的覆网防尘。全年下达限期改正通知书193份，责令停工整改工程24项，提出扬尘隐患整改1570条。增加场区硬化3.3万平方米，新建、改进施工围挡设置6290米，完成覆网防尘7.84万平方米，及时清理建筑垃圾7970立方米，现场洗车台设置率100%，完成回填工作的施工现场喷淋设置率100%。开展文明城市创建工作，更新围挡墙20处、3250米，更换施工布缦围挡256幅。试运行建筑市场监管与信用信息平台，形成“两场”联动。

【建筑工程招标投标管理】 ①招标项目监督。招标工程项目280项（标段），招标项目总标底价65.58亿元，总中标价60.41亿元，下浮率7.87%。其中公开招标项目265项，招标项目公开招标率95%，应公开招标项目公开招标率100%。全面落实招标类信息发布、投标保证金监管、电子辅助评标、项目负责人（总监）押证解锁、评标信息公开等招投标工作制度。②行政备案审批。招投标备案审批事项全部纳入市、县行政审批服务机构集中办理，工作流程和业务办理指南，按照公开承诺的服务时限、办事流程和服务内容办理相关业务，提高行政审批工作效率和服务质量。③违法行为查处。严厉打击“虚假招标”行为，深化招标项目现场勘验制度。加强建筑市场和有形市场的“两场”联动，协同建筑市场执法、质量监督等部门开展建筑市场综合执法检查，规范建筑市场秩序。④简政放权。清理涉及工程招标投标的规范性文件。对涉及招投标的规范性文件进行梳理，对现有管理制度进行改进和修订，保证制度衔接和更新。优化行政权力运行程序，保留行政权力事项6项。扩大非国有资金投资项目企业自主权，印发《关于调整非国有资金投资项目招标组织形式的通知》，对全市范围内的非国有资金投资项目，试行由建设单位自主决定是否招标发包、是否进入有形市场交易，扩大民营经济自主权；优化合同备案程序，对非国有资金投资项目实行一次性备案监管，实现监管模式由“事前监督”向“事后监管”转变。⑤开展招标代理机构信用评价活动。对27家本地招标代理机构、28家外地备案分支机构进行市级初审，完成全省首次信用评价工作，加强招标代理机构管理。⑥评标专家管理和评标专家库建设。结合《山东省建设工程评标专家管理系统》的升级，开展全市评标专家信息完善工作。开展新增评标专家资格申报和组织考试工作，52名新增专家取得山东省建设工程评标专家资格，开展对任期届满评标专家的资格复审工作，确保评标活动公平、公正。

【工程建设标准造价管理】 累计为268家施工企业办理《计价手册》。对招标单位、具有资质的工程造价咨询单位及投标单位编制的工程招标控制价进行审查，审查138个大型工程的招标控制价，涉及工程造价76.1亿元。编辑发行《工程造价信息》4期、

6000册。受理造价工程师各类注册申请材料103人次。加强工程计价依据的日常管理，加强工程造价纠纷调解，维护工程计价依据的合理使用。完善《山东省建设工程造价管理办法》配套制度建设，制订《泰安市竣工结算备案实施细则》和《泰安市建设工程合同价备案管理办法》。

【建筑工程质量监督】 受理新注册监督工程465项，建筑面积362.1万平方米，工程造价60.24亿元；监督市政工程15项，其中道路工程13项、过街天桥工程1项（3处）、河道工程1项；办理竣工验收备案工程253项；受理质量投诉44起，结案44起，投诉办结率100%；办理外地进泰安监理企业登记17项；承接检测业务9.8万组，出具检测试验报告11.19万份，收取检测费用2642.76万元；申报省级优质结构工程24项、质量通病专项治理示范工程10项，参与评选市级优良工程40项、优质结构工程154项。泰安城区规划区内建设工程（已通过施工图审查）质量监督覆盖率100%。创新预拌混凝土质量管理模式，实施预拌混凝土企业试验室能力认证制度。全市建设工程质量状况总体良好，质量水平稳中有升，年内未发生工程质量事故。

【建筑领域节能减排】 召开全市建筑节能与结构一体化发展应用交流会，推行建筑节能与结构一体化技术，CL结构体系、FS外模板现浇混凝土复合保温系统、非承重砌块自保温结构体系等在建筑中的应用比例逐渐加大。全市年均应用新型墙材12亿标块，节地133.33公顷（2000亩），节标煤6.2万吨。累计建成节能建筑3950万平方米，受益居民27万户；对441万平方米既有居住建筑、58万平方米既有公共建筑进行节能改造。对66万平方米办公、学校、医院、商场等公共建筑实施动态能耗监测；利用太阳能热水系统建筑3150万平方米，占民用建筑面积的45%，370万平方米新建建筑实施太阳能光热建筑一体化。30项工程利用地源热泵技术，面积235万平方米，年节标煤2.5万吨。新能源建筑应用不断普及，为能源供应方式从传统的低效率、高污染型向绿色高效型转变提供支撑；绿地公馆、三合御都、海普凤凰城、新泰香格里拉、肥城桃都国际、宁阳县人民医院、泰安市儿童医院和万达广场8项工程获得绿色建筑评价标识，总面积96.3万平方米。全年7个项目获评全省绿色建筑行动百项范例工程，3家企业（华新、墙冠、丽峰）入选山东省建筑节能产品50强。开拓中水资源的循环利用，委托山东建筑大学编制《泰安市中水水源热泵技术集中供暖示范项目可行性研究报告》。中心国际社区、华伟家园2个项目实施中水源热泵系统供暖制冷，项目总建筑面积为22.4万平方米，替代热电供暖每年可节约标煤2300吨，减排二氧化碳0.63万吨、粉尘24吨、二氧化硫3.16吨。

【概况】 2014年，全市房产管理系统完善市场配置和政府保障相结合的住房制度，加强和改进房地产市场分类调控，确保全市房地产市场供应量充足，商品房销售量和销售价格基本平稳，住房保障与商品房两大体系有机融合、协调发展，房地产市场保持健康发展的态势。市房管局党委被评为“2013～2014年度全市先进县级党委中心组”，市房管局荣获“复查合格‘五型’机关先进单位”“市级文明单位”等称号。

【住房保障】 坚持“目标考核、问责检查”和“月调度、季通报”制度，督导全市圆满完成省下达的住房保障任务。年内，全市新开工各类保障性安居工程项目37个、1.05万套，连同结转项目基本建成7700套，全面完成省下达的年度任务目标。至12月月底，全市累计开工建设各类保障性安居工程7.44万套，累计发放租赁补贴6943户，其中市区累计开工建设各类保障性安居工程3.26万套，累计发放租赁补贴4000户。市政府印发《关于加快推进棚户区改造工作的实施意见》，健全住房保障长效管理机制。年内，市区交付使用各类保障性住房2671套，其中公共租赁住房和廉租住房1881套、经济适用住房790套。11月，采用“一站式”服务方法，为惠普家园东区经济适用住房住户统一办理房产证。全年入户普查4450户，查处保障性住房违规出租、私下转让等行为。4月份，市保障性住房管理中心在全省建设系统创新“为民服务”经验交流会上作典型发言，1人被授予省市帼建功标兵称号。

【房屋登记】 构建房产管理服务大平台，规范“预约上门服务”和“绿色通道”制度；深化行政效能提速增效活动，5项行政审批项目办结时限由原来的15～20个工作日压缩为7个工作日，12项房屋登记业务办结时限由原来的10～30个工作日压缩为1～5个工作日或立等可取；规范便民服务工作，民生网、“12345”便民服务电话、政民互动栏目转办件回复率、满意率均达100%；创新房产纠纷调处机制，与市仲裁委联合成立泰安仲裁委员会房产联络处，拓宽便民服务渠道。市区受理各类房屋登记3.90万件，增长35.90%，其中初始登记325件、转移登记1.27万件、他项权登记8217件、预告登记1.22万起、抵押权注销登记3897起、所有权注销登记677起、变更登记（换证、更正登记、在建工程抵押登记）等其他房屋登记946起；发放房屋权属证书及登记证明3.79万起，增长43.64%，其中房屋所有权证1.72万册、他项权证8460册、预告登记证明1.21万册，在建工程抵押证明80本。免费上门为老、弱、病、残、孕等特殊群众提供房产登记服务60次。年内，市房管局被评为“市政府便民电话受理工作先进单位”。

【房产交易和预销售管理】 成立泰安市房地产估价机构资质核准专家委员会，建立估价机构三级资质审批、延续、变更申请集中会审制度。全年受理评估机构资质备案7家，变更评估机构资质6家，延续评估机构资质3家。市区发放商品房预售许可证104个，预售面积284.88万平方米，预售面积增长46.28%；办理商品房合同备案1.57万套，备案面积175.35万平方米，备案面积增长19.93%。严格商品房预售资金监管工作程序，全年签订商品房监管协议备案124次，合同备案1.3万份，预售资金缴存62.40亿元；核准商品房预售款使用申请1720份，核准拨款64.51亿元。创新房产市场秩序监管机制和诚信体系建设形式，累计建立125家开发企业信用档案，与公安部门联合建立打击房产市场违法犯罪协作机制，与人民银行联合将房地产开发企业行政管理信息纳入银行征信系统。10月份，组织开展全市房地产市场预（销）售专项检查，对泰城84家开发企业下发检查通知，对30家有新建项目的企业进行现场查看，对存在问题的及时纠正，维护市场秩序。全年实施房产行政执法500人次，下达“责令限期改正通知书”29份，网上公示开发企业违规销售行为19起，发现并没收伪造房产证27本。

【房屋安全管理】 市政府印发《关于加强房屋安全管理的意见》，明确各级各部门各单位和房屋产权人的房屋安全监管责任。年内，组织6个县（市、区）、高新区、旅游经济开发区、泰山景区和58个市直部门开展房屋安全大排查，排查房屋建筑面积3234.90万平方米，查出危房16.08万平方米。完成房屋安全鉴定30起，总鉴定面积8.39万平方米。

【公房和房屋租赁管理】 严格按照《泰安市房屋租赁管理办法》规定，组织开展“实有人口、实有房屋”管理工作，全年办理市区房屋租赁登记备案2076起，租赁面积33万平方米。建立公房安全隐患定期排查和修缮制度，统一招标、择优确定维修施工单位，对住户报修做到有报必修，维修率100%。直管公房租金收缴750万，收缴率100%。

【物业管理】 市政府印发《关于加强泰城社区物业管理工作的意见》，明确社区物业管理各责任主体的职责。开展物业服务年活动，建立健全物业服务企业信用档案。年内，全市新增物业企业79家，注销企业3家。至12月底，全市有物业企业370家，其中三级物业企业320家、二级企业25家、一级企业25家，物业从业人员3万人。监督全市开展31次前期物业管理招标活动，签订42个项目的物业管理用房和经营性用房规划建设协议。全市累计成立业主大会、业主委员会215

个。市区缴存专项维修资金4557万元、物业质量保修金1055万元。审核6个项目27笔维修资金支用申请，支出资金144万元。全市有1个物业项目申报全国示范项目称号，5个项目申报省物业管理优秀项目称号，16个项目被评为市物业管理优秀项目。

（邢曙光）

国土资源管理

【概况】 年末，全市国土资源系统有县（市、区）国土资源局（分局）7个、国土资源所87个；局设正县级事业单位1个、副县级事业单位4个，内设科（室、站、馆）21个，全系统有干部职工1063人，其中科级以上干部237人。年内，全市国土资源系统贯彻落实国土资源管理各项方针政策，积极主动服务，严格规范管理，在尽职尽责保护国土资源、节约集约利用国土资源、尽心尽力维护群众权益等方面取得成效。市国土资源局先后获评“全省找矿突破战略行动先进集体”“全省国土资源系统首批政府信息公开示范点建设单位”“国土资源政务府信息网上公开工作先进单位”“山东省国土资源系统报刊发行宣传工作先进单位”“全市政府系统信息工作先进单位”，连续10年保持“省级文明单位”称号，年底又被推荐为“全国文明单位”，连续8年获得“全市科学发展先进单位”称号，连续6年被市委、市政府表彰为“争创‘五型’机关先进单位”。

【土地资源管理】 全市国土总面积77.61万公顷，地势东高西低，地形复杂，其中农用地58.67万公顷（耕地36.45万公顷、园地4.04万公顷、林地11.07万公顷，其他农用地7.11万公顷），建设用地12.71万公顷，未利用地6.24万公顷。①保障经济社会发展用地。利用单独选址、增减挂钩、盘活存量等多种方式破解用地供需矛盾，全年报批建设用地1133.33公顷，使用新增指标766.67公顷，有效保障徂徕山汶河景区、104国道改线、中南铁路、东平湖湖区移民等重要基础设施、重点项目和民生项目用地。落实保障性安居工程用地73.33公顷，全市35个保障性安居工程项目全部落实到地块。②严守耕地红线。年末，全市耕地保有量为36.47万公顷，其中基本农田面积31.6万公顷，实现了耕地数量不减少、质量有提高，超额完成省政府下达泰安市的耕地保有量35万公顷、基本农田31.33万公顷的任务目标。全年完成整治项目52个，整治面积2.96万公顷，新增耕地586.67公顷。③土地资产管理。泰安城区储备土地58宗、面积506.8公顷。出让经营性土地54宗、面积271.27公顷，土地出让金到账总额41.04亿元，④节约集约用地。强化建设用地批后监管和闲置土地处置，全年对257宗土地实施监管，监管土地面积800公顷，处置低效土地面积25.6公顷，全市完成地租征收1500万元。严格建设项目用地预审，预审用地25宗，核减70公顷。⑤土地执法监察。开展2014年度卫片执法检查，经核查，全市2014年度卫片违法用地286宗、面积60.53公顷，所有违法用地已全部立案查处，罚款1094万元，拆除建筑物1.79万平方米，没收建筑物15.76万平方米，党纪处分建议10人，实现“零通报、零约谈、零问责”目标。开展泰山石保护及奇石整治，制止违法事件13件，查封大型吊车4台，运输车3台，处理涉案人员4人。⑥基础业务工作。推进农村集体

12月13日，省国土资源厅厅长刘俭朴（前排左四）、副厅长宇向东（前排左五）到泰安市东平县视察调研移民避险解困工作

（裴　鹏　摄）

建设用地使用权和宅基地使用权确权登记和宗地代码编制，建立登记信息数据库。全市办理国有土地使用权登记4306宗，居民住房登记1.03万宗，土地使用权抵押登记1825宗，查封登记774宗。提高服务效能，向市政务服务中心项目派驻工作人员4名，专项负责用地预审、供地审批、登记发证和土地检查核验等建设项目审批服务工作。

10月23日，省人大常委会委员、城乡建设与环境资源保护委员会副主任委员张秋波率（前排右三）调研组，到泰安市调研国土资源工作和《矿产资源法》贯彻实施情况（裴　鹏　摄）

【矿产资源管理】 泰安市矿产资源种类齐全、分布较广，具有优势矿产多、资源储量大的特点。①矿产资源监督管理。建立“三率”指标考核体系，对煤、铁、石膏等重点矿山强化回采率管理，全市煤炭资源回采率普遍提高5～7个百分点。②提升科技管矿水平。建立井下采掘自动监控系统，市局监控中心已建设完毕，与境内16座主要煤矿实现联网，可以有效发现越界开采、破坏浪费资源等违法行为。通过政策扶持促进企业技术升级，安排矿山集约节约利用项目16个，争取财政资金6600万元，带动企业配套自筹资金2.8亿元。③地质找矿成果突出。“肥城市赵家庄矿区岩盐矿详查”项目，探明新增岩盐资源量超过2亿吨，该项成果已入选2014年全省地质找矿10大成果；“新泰市泉河地区金矿普查”项目初步探明金矿金属量0.6吨。④实物地质资料管理。投资建设全省国土资源系统第一个地质资料实物库，已入库10个项目，52个钻孔，入库岩芯总长8679.86米。大汶口矿区东向－马庄矿段石膏（岩盐）矿详查项目的实物地质资料已进行验收并汇交入库。⑤泰山玉开发保护。工业广场主体工程建设顺利竣工，济南境内泰山玉矿区土地征用及采矿手续有序进行。按照适度、限量的原则向市场供应部分玉石毛料，销售收入2000多万元。与中国珠宝玉石首饰行业协会签订泰山玉宣传推介战略合作协议，组织“泰山玉文化与创作研讨会”“泰山玉定向作品”征集等活动，泰山玉雕作品多次荣膺“百花奖”“玉华奖”“天工奖”等国家级玉雕比赛大奖，提升泰山玉知名度、美誉度，“玉出泰山、国泰民安”成为泰安市旅游文化的一张亮丽名片。⑥地灾防治、矿山地质环境治理和地质遗迹保护工作。落实各项防灾措施，对全市重点隐患区域进行深入细致的排查和巡查。全市地质灾害气象风险预警与应急指挥系统通过省厅验收正式运行，争取省财政资金5000万元，对全市8处重要地质灾害隐患点和“三区两线”可视范围内的15处破损山体进行工程治理，消除地质隐患，恢复地质地貌景观。完成岱岳区长城岭、龙湾及宁阳县鹤山省级地质公园的揭碑开园工作。

【测绘管理】 年内，全市具有测绘资质证书的测绘单位35家。①测绘市场管理。通过采取不定期抽查和定期年检相结合的方式，加强对35家具有测绘资质证书的测绘单位的管理，规范测绘市场秩序。查处测绘违法案件，落实市县乡三级巡查责任。②举办首届泰安市“金土地杯”国家版图知识竞赛团体赛。各县市区分别组成一支代表队，通过必答题、抢答题、风险题等题型角逐，最终，新泰代表队获一等奖，泰山区代表队、肥城代表队获二等奖，岱岳区代表队、宁阳代表队、东平代表队获三等奖。③协调市直31个部门完成地理国情普查专题资料的收集汇交。④测量标志和测绘成果管理。建立和完善测量标志管护长效机制，实行日常维护和巡查管理制度，测量标志得到了有效保护。加强测绘成果汇交管理和测绘产品质量检查，强化测绘成果保密，确保测绘成果质量和安全。市国土资源局2014年市县地理信息公共平台技术被山东省国土资源厅评估为“五星级”。（裴　鹏）

环境保护

【概况】　年内，全市COD、氨氮、二氧化硫、氮氧化物四项主要污染物排放量分别较上年削减9.81%、5.36%、5.6%、11.89%，超额完成省政府下达的年底总量减排目标。大气质量持续改善，在全省内陆城市中，二氧化硫、PM10、PM2.5指标及蓝天白云天数均排名第一，二氧化氮指标排名第二。流域水质稳定达标，全市主要河流断面COD和氨氮均值分别为13.9mg/L和0.39mg/L，分别较上年改善15%和49.6%，城市集中饮用水源地水质达标率为100%，水环境质量改善列全省第二位。

【污染减排】　全年规划实施水气减排项目300个，完成286个，完成率为95.3%。①突破减排瓶颈。启动燃煤电力企业烟气脱硝工程建设，规划建设的44个项目全部建成，脱硫烟气旁路全部拆除。日产2000吨以上熟料水泥厂烟气脱硝工程全部完成。②严控污染新增。严格落实“先算后审”“倍量替代”“上大压小”等制度，全年排污总量前置审批新建项目33个，确保增产减污。加大减排项目现场检查力度，监督企业正常运行治污设施，发挥减排效益。③建设运行总量减排监测体系。全市43家国控企业（另外3家国控企业长期停产）均制订自行监测方案，完善监测设备，开展全指标自行监测及信息发布。④农业养殖污染治理。各县（市、区）划定畜禽养殖禁止养殖区、控制养殖区和定点养殖区，逐步关停取缔禁养区内的规模化和专业户养殖。推广畜禽生态养殖模式，指导各县（市、区）建设有机肥料厂，集中整治全市200家规模养殖场，有效降低养殖行业COD和氨氮排放。

2月13日，市政府召开泰安市“蓝天工程”指挥部成立暨第一次全体会议　（姜　燕　摄）

【环境质量改善】　大气环境治理　市政府实施“蓝天工程”，成立指挥部，协调全市力量共同防治大气污染。①工业烟气治理。全市74个大气排污项目完成“提标升级”。②城区小型燃煤炉灶淘汰。全面开展城区燃煤设施清查，查出小型燃煤炉灶186台，通过采取“改热、改气、改造和高污染燃料禁烧区管理”的“三改一禁”措施，完成整治152台，完成率为81.7%，超额完成年度考核目标。③机动车污染防治。落实机动车环保检验和标志发放制度，在城区划定“黄标车限行区”，淘汰“黄标车”、老旧车辆2.81万辆，超出年度目标77.6%，其中提前淘汰“黄标车”4085辆、补贴资金3400万元。开展油品升级和油气回收，全市421个加油站、4座储油库、30辆油罐车全部加装油气回收装置。④城市扬尘控制。重点抓好建筑和道路工地扬尘管理，规范整治渣土车，统一渣土车类型和标识，道路保洁中加大机械清扫和洒水降尘力度，有效降低大气颗粒物浓度。

⑤秸秆禁烧。开展夏秋两季秸秆禁烧专项督察，控制焚烧秸秆行为，全市火点比上年下降 61.8%。

水环境治理　①引水工程全线贯通。8 月 28 日，引水入城工程成功通水。工程铺设直径 1200 毫米管道 5300 米，修复利用原有暗渠 1200 米，建成提水泵站 1 座、蓄水坝 1 处，每年可向泰城渿河、梳洗河输水 700 万立方米，实现四季有水目标。同步实施截污导流工程，铺设城区内黄前西干渠暗渠内 1200 米污水管网，将 7 个直排环境的污水口接入市政污水管网，改善城中河流水质。②生态保护与修复。编制泰安市《南四湖生态环境保护实施方案（2014 ～ 2015）》。参加省环保厅、财政厅组织的湖泊竞争立项，获国家湖泊生态试点资金 8996 万元。建成汇河等人工湿地，全市人工湿地总数达 7 个，面积 2086.67 公顷（3.13 万亩），提高水体自净能力。③加强监管。对超标河流断面及时启动应急响应，采取措施尽快恢复河流水质正常。④污水处理厂建设。督促各县（市、区）加快污水处理厂及配套管网建设，新增污水日处理能力 7.5 万吨。

4 月 11 ～ 12 日，省人大常委会委员、城乡建设与环境资源保护委员会主任委员杨焕彩（右三），省人大常委会委员、城乡建设与环境资源保护委员会副主任委员贾学英（右二）带领视察组到泰安市视察大气污染防治　（姜　燕　摄）

【生态环境建设】　①农村环境保护。全市乡镇（街道）等基层环保执法机构实行派驻制，设立环境监察中队 28 个，每个中队编制 2 ～ 5 名。泰山区、宁阳县继续抓好农村环境连片整治试点工作，43 个示范项目通过验收，受益村庄 206 个，受益人口 73 万；建成 34 个项目，改善农村区域环境。按照“户集、村收、镇运输、县处理”的农村生活垃圾收集处理模式，帮助全市 129 个贫困村建成生活垃圾一体化体系。②生态示范创建。泰山区建成省级生态区，肥城市、新泰市通过生态市（县、区）省级技术核查。全市累计建成省级以上生态乡镇 58 个、省级生态村 18 个。③自然保护区规范化管理。开展泰山、徂徕山、太平山 3 个省级自然保护区和东平湖、腊山 2 个市级自然保护区专项执法检查，推进全市自然保护区的规范化建设。④加强生态文明宣传教育。新建市级环境教育基地 2 个，召开环保专场新闻发布会，开展“泰汶环保世纪行”、不放烟花爆竹等系列宣传活动，针对社区、企业等不同社会群体，发放环保倡议书、环保布袋、新环保法宣传手册等宣传品，提高全社会生态文明理念和环保素养。

【环境安全保障】　①健全环境安全责任网络。制订应急预案，建立专家库，加强监测仪器、应急车辆等资源共享，构建全市统一高效的环境信息平台和应急协调机制。②环境安全百日大检查。检查危险化学品、涉重金属、尾矿库等企业 74 家，以及集中式饮用水水源地、生活垃圾填埋场等 11 处，出动执法人员 284 人次，发现重大环境安全隐患 6 个，下达限期整改通知 12 份，截至年底，全部整改完毕。③危险废物管理。开展 2013 年度危险废物申报登记，全市危险废物产生企业 82 家，产生量为 12.41 万吨。开展全市危险废物规范化管理培训，对企业实行分类管理。④辐射环境安全整治。全年检查辐射单位 194 家，责令整改 8 家，全部按期完成整改。开展放射源安全专项检查，排查可能存在的废旧放射源，发现并安全收贮5家单位的7枚废旧放射源。⑤提升环境应急处置能力。开展全市环境应急实兵演练暨监察监测技术比武，规范完善应急工作程序机制，提高全市环保系统对突发性环境事件的应急响应、应急监察及监测能力。启动重污染天气应急预警，妥善处置环境突发事件。

【环境执法规范化建设】 ①深化行政审批制度改革。全年审批建设项目158个、环保竣工验收项目84个。下放房地产开发类建设项目环保审批权限，实行建设项目环境影响预审制，优化缩短审批流程。通过部门网站等方式，实行建设项目环评信息全过程公开。严查建设项目违法行为，对不符合或未进行社会稳定风险评估的建设项目，一律不予受理审批。②加强执法监督。实行边界执法联动机制，组织全市6个县（市、区）之间、岱岳区等5个县（市、区）与淄博等5个临界地市的12个县（市、区）分别签定《环保跨界联动执法协议》，加密跨区域环境巡查和监测频次，解决边界区域环境执法难题。每季度组织一次“整治违法排污企业保障群众健康环保专项行动”。全市立案查处各类环境违法行为113起，处罚463.1万元，向司法部门移送涉嫌环境犯罪案件15起，入刑11人。③规范执法行为。对泰山区、岱岳区开展环境监察工作专项稽查，及时发现并纠正现场执法工作中存在的问题。严格执行行政处罚自由裁量权标准。

【环境科研、监测】 ①日常监测。完成对重点污染源、饮用水源地、地表水断面、空气环境、环境噪声的日常监督监测及应急监测任务，新增南水北调东线工程调水水质输水干线断面及重要支流断面监测任务。②其他监测工作。两次开展东平湖水质空间分布监测，监测水质点位35个、底泥点位16个，取得监测数据1000个。开展城镇集中式饮用水源地、加油站地下水基础环境状况调查评估，化工企业聚集区及生活垃圾填埋场地下水水质监测。完成全市农村环境质量监测、土壤环境质量监测、生态环境调查遥感解译。③环境科研。完成环境保护部《水质中硼的测定（等离子子发射光谱法）》《水质中酰胺类除草剂的测定（气相色谱－质谱法）》和《水质中氯代苯氧酸类除草剂的测定（气相色谱－质谱法）》三项标准制修订的草案。开展泰安城市大气颗粒物TSP、PM10和PM2.5化学特性和来源的分析研究。④自动监控。启动全市环境空气质量生态补偿考核，推进县级空气自动站实行第三方运营，提高监测数据质量。

（王　斌）

编辑·校对　**袁立轩**

泰山·旅游

泰山

·综　述·

【概况】 泰山，古称东岳，又名岱山、岱岳、岱宗、泰岳，为五岳之首，位于山东省中部，绵亘于泰安、济南、淄博、莱芜四市之间，东西长约200公里，南北宽约50公里。主峰玉皇顶海拔1545米，位于泰安市境内，北纬36°16′，东经117°6′。

泰山的形成经历了一个漫长而复杂的演化过程，经受了泰山运动、加里东运动、华里西运动、燕山运动和喜马拉雅运动五次地壳运动的强烈变革，经历了太古代、元古代、古生代、中生代和新生代五个主要地质历史阶段的改造，保留了丰富而典型的地质遗迹。泰山岩群其原岩为超基性、基性火山岩和火山质凝灰岩组成的科马提质绿岩构造，是华北地区最古老的地层，记录了自太古代以来近30亿年漫长而复杂的演化历史，是中国早前寒武纪地质研究的经典地区，泰山北侧区域被确定为华北寒武系标准剖面，在地质学史上占有重要地位。在新构造运动的影响下，泰山不仅有雄伟厚重的轮廓，而且保留有典型的断裂、褶皱、韧性剪切带、重力滑动构造以及“桶状构造”等复杂的构造遗迹。泰山以典型、完整、系统、稀有、科学的内涵，记录地球的地质历史、地质事件和形成过程，向世人展示博大精深的自然魅力，是一部地质科学的万卷丛书。

泰山是一座文化名山。泰山地区是中国古代文化重要发源地之一，在五万年前的旧石器时期，泰山周围已经有人类活动的踪迹，在母系氏族社会阶段就显露出文明的曙光。在五千年前的新石器时代，泰山南麓的大汶口文化、北麓的龙山文化，不仅影响到山东，而且影响到黄河中下游的广大地区。泰山人文景观，以古建筑和碑刻为主体。保护较好的古建筑群有22处，总建筑面积14万平方米，其最突出的特点就是对地理环境的利用，它巧妙地因自然之势，又以人工之力加强和美化自然环境。泰山存碑刻2000余处，历史久、规模大、数量多，从秦到清，历代皆有巨制，这些碑刻时代之连续性、艺术之精湛、构景之巧妙都堪称一绝，著名的有秦《泰山刻石》、汉《衡方碑》《张迁碑》、晋《孙夫人碑》、南北朝《经石峪金刚经》、唐《纪泰山铭》、宋《青帝碑》、元《天门铭》、明《洪武碑》、清《摩崖碑》等。刻石中所包含的高韵深情与巍巍壮丽的泰山融合在一起，充分体现了中华民族自强不息的崇高精神。泰山吸引了众多的文化名人，历代诗人墨客纷至沓来，朝山览胜，赋诗撰文，留下丰富的文化精品。孔子、管仲、司马迁、张衡、诸葛亮、曹植、李白、杜甫、刘禹锡、苏东坡、欧阳修、范仲淹、王世贞、姚鼐、郭沫若等都挥笔疾书，留下浩如烟海的颂岱诗文，孔子《丘陵歌》、曹植《飞龙篇》、李白《登岱六首》、杜甫《望岳》、苏辙《题灵岩寺记》、姚鼐《登泰山记》等都是不朽的名篇佳作，把游人从山神崇拜中引向游览观赏、求知审美的方向。

泰山总面积426平方公里，

规划面积171平方公里。泰山风景名胜主要分布在南起泰安古城南门（包括蒿里山、灵应宫），东南、西南以环山路为界，北到灵岩寺。根据景点分布区域，主景区又分为登天、天烛峰、桃花峪、樱桃园、玉泉寺、灵岩寺6个景区。景区内有山峰156座、崖岭138座、溪谷130余条、潭池瀑布64处，此外还有旭日东升、晚霞夕照、黄河金带、云海玉盘、雾淞雨淞、碧霞佛光等自然奇观。泰山自然风光优美、壮观，其景观特点以雄为主，"雄、奇、险、秀、幽、奥、妙"兼有。

泰山属暖温带季风性气候，四季变化明显，山顶夏季平均气温为17℃，最高气温为29℃，年平均降水量为1042.8毫米。泰山树草葱茏，鸟语花香，有植物1136种，中草药资源丰富。山上山下古树名木繁多，百年以上的古树名木有2万余株，其中有2100年前的汉柏6株、1300年前的唐槐、被誉为国宝的600年前的盆景松树"小六朝松"、500年前的望人松。山上有野生动物200余种。螭霖鱼、鹿角菜、何首乌、苹果、板栗、核桃、山楂等土特产誉满中外。泰山被誉为"活着的世界自然遗产"。

泰山与西岳华山、中岳嵩山、北岳恒山、南岳衡山合称"五岳"，而泰山以"五岳之首""五岳独尊"称誉古今。泰山积淀中华民族五千年的历史文明，是华夏历史文化的缩影，是中华民族的象征，是文化与自然遗产融为一体的典范。1982年，泰山被国务院公布为第一批国家重点风景名胜区。1987年12月，被联合国教科文组织列入中国首例、世界首批文化与自然双遗产名录。2005年9月，被国务院批准为国家地质公园。2006年1月，被中央文明办、建设部、国家旅游局评为全国文明风景旅游区；9月，在北爱尔兰举行的第二届世界地质公园大会上，获得世界地质公园称号；11月，泰山景区"爱护遗产、享受遗产、传承遗产"的宗旨成功入选山东省服务名牌。2007年，泰山成功入选首批国家AAAAA级旅游景区，被中国书法协会命名为首座中国书法名山。2008年，泰山被山东省文化厅命名为首批山东省文化产业示范基地，顺利通过全国文明风景旅游区全面复核。2009年，泰山AAAAA级旅游景区通过省级复核并列入国家免检单位；"爱护遗产、享受遗产、传承遗产"的宗旨蝉联山东省服务名牌；泰山景区被评为第十一届全运会的文明服务窗口先进单位。2010年，泰山景区被中华环保联合会、中国旅游协会景区分会授予全国低碳旅游实验区称号，泰山景区系统连续4年获全市十大文明行业称号。2011年，泰山景区通过"全国文明风景旅游区"复审，被中央文明办授予全国文明单位，被国家标准化管理委员会授予首批国家级服务标准化示范单位，《泰山传说》入选第三批国家级非物质文化遗产。2012年，泰山景区被国家旅游局等六部门列入全国文明燃香试点单位，被国家体育总局命名为"国家级全民健身登山基地"，被授予"国家级风景名胜区保护管理执法工作优秀单位"、山东十佳文化旅游品牌。2013年，被国家质检总局、国家旅游局联合授予"全国旅游服务质量标杆单位"，荣获"中国最美地质公园""中国最令人向往的地方"、首批"中国楹联名山""好客山东贺年会年味最浓景区""山东省服务名牌"等荣誉称号，被中央台办、国务院台办列为"国家级海峡两岸交流基地"，并列入联合国教科文组织"国际绿色名录"试点景区。2014年，被评为全省、全市森林防火先进单位，全省"重大林业有害生物防控工作先进集体"，泰山世界地质公园顺利通过联合国教科文组织第二轮中期评估。

·泰山管理·

【概况】 泰山景区党工委、管委会代表市委、市政府对景区范围内的经济、行政和社会事务实行统一领导和管理。景区管委会机关设15个局室，辖红门、中天门、南天门、竹林寺、樱桃园、桃花峪、桃花源、天烛峰、玉泉寺、灵岩、巴山、虎山等12个管理区和泰山票务交通管理处、博物馆、文物店等基层单位，并统一管理辖区内1个乡（大津口乡）、13个行政村（居）、2.07万人，代管泰山索道运营中心。景区内设有泰山景区公安分局、工商分局、地税分局、国税局以及一家集团公司——东岳泰山旅游集团有限公司。

全年进山进景点游客546.63万人，同比增长9.9%，其中进山游客416.53万人，同比增长10.9%。门票、客运、索道等收入11.2亿元，同比增长15.23%，其中进山门票收入4.13亿元，同比增长9.91%；泰山客运安全运送游客506.7万人次、收入1.52亿元，同比增长9.8%；泰山索道安全运送游客300.3万人次、收入突破3亿元，同比增长10%。景区公共财政收入6.5亿元，同比增长19.69%；国库税收等收入完成1.85亿元，同比增长16.98%。

【旅游营销】 开展“旅游促销年”活动，加强人财物投入，保持旅游促销强势。与央视联合拍摄《历史的拐点》《中国记忆》大型纪录片，与新华社合作建成南天门、中天门两块泰山平安LED大屏幕；与山东卫视传媒合作拍摄古装神话大剧《石敢当之雄峙天东》，各级电视、网络和传统主流媒体高强度、大范围正面宣传报道景区假日旅游等工作。一是推出春夏秋冬“泰山祈福四季会”。香客市场由半径300公里全覆盖向500公里延伸，游客量同比增长7%。继续拓展与龙头旅行社战略合作成果，累计有近500家大型旅行社与景区签订客源输送协议，初步搭建“两湖”（湖南、湖北）新市场高铁旅游促销网络，与省内景区组成“齐鲁山水圣人”旅游同盟，开展捆绑营销。加大针对有关行业和大企业的直接促销力度，安利公司5000人业务精英团创景区历年来大型团队单日单次进山新纪录。二是推进“智慧景区”建设。手机客户端苹果和安卓系统全面上线，开发微信公众平台，与同程、携程等网站合作拓展网上售票业务，完善电子商务功能，“智慧泰山”建设项目荣获2014年全国智慧旅游优秀案例。三是联合新浪总部及全国各地方站推出“东游泰山”主题活动。微博话题阅读量超过5500万次；与北京专业演艺公司联合推出首届“泰山青年汇”，举办音乐节、主题派对等活动，吸引4万名青少年登泰山。四是举办“泰山彩石溪—桃花春色”等摄影大赛。与住建部合作举办水立方第二届大型风景文化展，以南极科考泰山站命名为载体策划活动、扩大宣传。开通泰山韩语网站，继续推介“祈愿遂愿之泰山”品牌，与韩国慈善协会签订8000人团队协议，6000名韩国游客体验天烛峰徒步登山线路。注重在新景点、新产品推介营销上下功夫，彩石溪“半山游”游客量同比增长40.3%，中华泰山封禅大典实景演出销售收入同比增长56.5%，国庆期间举办的“封禅大典·泰山东街非遗展演”游客量超过11万人。

【旅游文化产业】 举办“2014泰山东岳庙会”，突出“平安、纳福、和谐、共赢”主旋律，提升传统项目，拓展深化海峡两岸民俗文化周、韩国信众泰山行两大主题活动，民俗、商贸交流内容丰富，国务院台办举行泰山国家级海峡两岸交流基地授牌仪式。实现“泰山冠军”系列登山大奖赛向市场化运作转型，举行揭幕赛、环泰山马拉松和迷你马拉松等赛事，推出摄影比赛、趣味性比赛等附属活动，举办徐福记、欧莱雅等10家大企业专场，吸引游客1.2万人，被省体育局评为“全民健身精品活动”。继续实施“中华泰山成人礼”面向百家旅行社、百家院校“双百”促销工程，基本实现市场化、产业化运作，台湾、香港、北师大附中等16批、近万名青年在泰山举行成人仪式。完成文物店搬迁，改善经营环境，提升经营档次。回迁扩建天烛峰山泉水厂，提升产能和效益。

【旅游环境】 集中开展景区环境综合整治,突出治“黑”、治“违”、治“乱”、治“漏”、治“脏”、治“散”六个重点，完成220余项专项整治任务。对道路交通、环境卫生、旅游公厕、信息展示、警示提醒等设施进行大规模更新，对碑碣石刻、文物古建进行描红粉刷，建成南天门索道站游客候车长廊，新增岱庙、中天门等10余处人性化休憩服务点。协调有关部门恢复泰山民俗场所服务经营项目，满足游客需求。加大行政执法力度，严厉查处违法违规建设及黑车野导、违规进山、香客闯卡等破坏景区环境、扰乱景区秩序行为，办理一般程序案件240起，拆除违法建设59处。公安部门成功破获一起特大伪造倒卖泰山门票团伙案，打掉一常年流窜于国内知名景区的扒窃团伙，被市公安局通报表彰。

制定《泰山景区环境卫生考核办法》，强化日常监督考核。实施岱顶北天街、桃花峪游览路等绿化美化工程，开展彩石溪“军民共育双拥林”活动，进一步提升生态景观效果。完成景区工商管理区域界定，推行工商等级制度改革和服务便利化，开展明码标价综合整治，被评为全市示范单位。推进旅游服务标准化体系建设，规范服务流程，细化服务标准，提高服务质量，游客满意率达 99.5%。《山岳型旅游景区安全管理规范》《旅游景区旅游投诉处理规范》在全省推广实施，景区编制的山东省地方标准增加到 5 项。泰山世界地质公园顺利通过联合国教科文组织第二轮中期评估，保持了良好品牌形象。

【景区新农村建设】 完成大津口乡驻地小城镇建设和棚户区改造规划，结合项目建设，推进旧村改造。加强对“强村固基”工程的资金、政策扶持力度，景区财政共投入 1100 万元，并投资 160 万元对锦绣谷拦河截流坝、蒋家沟到七里水库道路建设、鸡窝沟拦水截流、大津口村人畜饮水整修改造工程等 8 个项目进行重点扶持。加快“一村一品”特色产业发展，年内新增茶叶种植面积 6.67 公顷（100 亩）、苗木花卉 6.67 公顷（100 亩）、四大名药 3.33 公顷（50 亩）、螭霖鱼存养量 60 万尾。深化“乡村文明行动”，投资 680 万元完成“三清、四改、四通、五化”（“三清”即清理粪堆、清理垃圾堆、清理柴草堆；“四改”，即改水、改厕、改灶、改圈；“四通”，即通路、通电、通自来水、通宽带网；“五化”，即硬化、净化、亮化、绿化、美化）年度工作任务。完成新型农村合作医疗和城镇居民医疗保险整合工作，落实被征地农民养老保障政策，开展“阳光低保”行动，得到省民政厅好评。全面落实各类优抚对象抚恤补助标准及医疗保障标准，最低报销 60%。补贴 15 万元，完成迎胜居委会日间照料中心的建设。落实义务教育专项经费 3606 万元，中小学装备条件达到省定标准，大津口中学被授予“山东省教育系统先进集体”。投资 300 多万元实施村级道路建设、沟渠塘坝维修和饮水安全工程，投入 500 万元完善城乡居民养老保险，投入 200 万元推进乡村基本药物制度改革，切实解决好事关群众切身利益的问题。

• 泰山保护建设 •

【概况】 按照确保森林安全、文物古建安全、旅游安全、生产安全、遗产资源安全、社会和谐稳定“六个确保”目标，以责任制为总抓手，强化泰山保护管理。继续保持森林防火工作大投入、高强度，投资 4000 万元，加强基础设施建设和基础性工作，落实全员全面防控举措，集中开展“奋战 100 天，确保森林资源安全”专项行动，实现森林火灾“零”发生和第 27 个无森林火灾年，被评为全省、全市森林防火先进单位。完成 1000 公顷（1.5 万亩）森林抚育间伐、2400 公顷（3.6 万亩）病虫害防治和 129 株古树名木保护任务，实现连续 27 年有虫不成灾，被省林业厅授予“重大林业有害生物防控工作先进集体”。松材线虫病预防体

艾洼新农村建设　（吴克欣　供）

系建设、北方风景林抚育被列入国家林业局项目储备库，泰山螭霖鱼博物馆荣获全省科普教育基地称号。投资1600万元，实施76项文物古建及基层工队站所改造维修工程，加大文物保护资金对上争取力度，泰山古建筑群被列入“全国文物消防安全百项工程”，大津口乡被列入山东省“乡村记忆工程”项目库。调整理顺食品药品监管体制，强化危石险段动态治理，实施游览路维修维护和索道设施改造提升，严格落实安全生产监管责任，强化应急预案规范化管理，加大社会治安、公共安全及信访工作力度，营造安全稳定的发展环境。国家及省市有关领导对景区数字化安全管理指挥调度系统给予高度评价，景区数控中心被评为山东省首批“节约型公共机构示范单位”。

年末，总投资2.6亿元的泰山东街基本竣工　（吴克欣　供）

【重点项目建设】　研究确立泰山文化产业园、大津口乡片区建设、桃花峪游人中心二期生态停车场、岱顶综合整治环境提升、城中村改造及环山路旅游设施建设等12个重点建设项目，继续实行一个项目、一名领导、一套班子、一抓到底。总投资2.6亿元的泰山东街基本竣工，情景文化商业街、沿河特色餐饮区开业运营，建成百姓坛文化旅游景观、沿街水系三级景观坝，项目对东麓旅游的带动作用初步显现；总投资10亿元的迎胜居委会城中村改造一期全部竣工，二期工程稳步推进，年初开工的两栋商业楼完成主体工程90%。完成泰前居委会进贤村酒店主体建设，小天庭商业街引入多家餐饮企业。南马套茶场主体工程完成50%，一期建设招商引入资金4000万元。沙岭村防火通道实现通车，沙岭螭霖鱼养殖繁育示范基地完成投资365万元。完成岱顶“云巢行宫”主体项目建设和北天街宾馆改造，档次高、质量好。虎山公园扩建工程规划设计方案通过市政府和人大、政协领导专家论证，征收安置工作稳步推进。调整完善泰山古镇规划，实施艾洼回迁区道路绿化、污水处理等基础设施配套工程，完成消防八中队回迁安置。桃花峪游人中心二期停车场完成地上附属物清理并实施绿化景观提升。年内还依托保护开发项目，积极争取到位上级财政专款等无偿资金6230万元，同比增长29.7%。

（吴克欣）

·泰山索道运营中心·

【概况】　泰安市泰山索道运营中心（以下简称中心），2003年年底由原泰山索道公司改制为市政府直属正县级事业单位，2004年年底划归泰山景区党工委、管委会代管，中心内部实行企业化管理。主要负责泰山中天门、桃花源、后石坞三条客运索道的安全运营、维护和管理等工作。2014年，中心从软件、硬件两方面实施旅游满意度提升工作。软件上，加强教育培训，健全管理制度，全面推进服务管理标准化、细微化、亲情化、人性化；硬件上，投入基建项目建设资金600万元，完成南天门索道站游客候车长廊等14项基础设施建设。年内，运送游客302万人次，实现运营收入3.02亿元，比上年增长10.18%。中心被评为“山东省安全生产工作先进单位”（基层基础工作先进企业）。泰安市游客满意度提升工程调查问卷显示，游客对泰山索道的满意度达到98%。

【运营管理】　①坚持以游客需求为中心的运营指导原则，增加有效运营时间。在保证索道设备运行安全前提下，4～10月旅游旺季开车时间提前至早5∶30，节假日早5点开车运营，中天门、桃花源两条索道平均每天运营时间超过11小时，比上年同期增加半小时。②严格落实满厢满员管理措施，提高索道乘坐率和索道运营效率。实施服务细节优化、服务流程再造，满厢满员管理措施在旅游高峰期间得到较好执行。4～10月，索道车厢载客量由上年平均每车7.2人次提高到7.4人次。③科学设置游客进出通道，在中天门索道下站游客候车长廊外侧增设迂回型不锈钢进站通道，在南天门索道站实行进站、出站通道立交分离，使索道站内外游客容量增加至原来的4倍。

【安全生产】 以《泰山索道运营中心安全生产标准细则》《设备检查维护工作责任制》《设备检查维护质量安全监督细则》为依据，配套实施《泰山索道运营中心机电人员业务能力评价表（试行）》，层层落实安全生产责任制和安全生产标准化。一是强化对索道设备的日常管理，每天运营前必须乘坐检修车进行全线巡视检查，严格执行设备周期检修维护，设备检查维护质量进一步提高，实现索道设备连续安全运行31年无事故的国内行业最高纪录。二是强化应急管理，提高故障、事故防控能力，编制完成《泰山索道运营中心安全生产事故应急预案》，包括1项综合应急预案、5项专项应急预案和7项现场处置预案，并通过泰安市安监局组织的专家评审，完成备案。三是加强预案培训演练，在泰安市消防六中队开展应急救援培训、高空作业安全培训和专项应急处置方案培训，邀请防恐防暴专家在索道站现场进行防恐防暴培训演练。在索道站车库加装烟感报警系统，配置大型灭火器，开展消防演练和高楼火灾处置及逃生应急演练。机电技术人员的创新能力、研究能力显著提升，完成减速机温控模块更新等20余项技术改造和革新，开展控制系统主要部件逻辑关系研究等10项索道专业技术研究。6篇专业论文入选2014中国索道协会年会暨论坛论文集。

【泰山索道实现全线监控覆盖】 建成索道无线宽带覆盖系统，在三个索道站安装29套无线网络设备，实现索道周边区域无线网络全覆盖。开发风速风向测试系统等五项应用软件，实现索道技术指标数据的实时采集、汇总、查询、分析、报警、集成与无线传输。开发可视对讲系统，能实时监控客流量，实现设备管理、技术更新改造、运营服务管理等工作的远程指挥调度。新增中天门上下站之间通讯光纤，将部分通过电缆传输的数据改为光纤传输。在中天门索道全线各个支架安装监控摄像机，实现索道全线监控覆盖。

【中天门索道更换钢丝绳】 2010年开始，在日常检查中发现，中天门索道抱索器进站打开瞬间声音加大。经观察，是抱索器在打开瞬间，钢丝绳在抱索器钳口内部旋转所致。经中天门索道设备制造商奥地利多贝玛亚公司专业技术人员多次调整，钢丝绳在抱索器钳口内转动现象始终没有彻底消除。钢丝绳和抱索器都是索道安全运行的关键部件，由于抱索器打开瞬间钢丝绳在抱索器钳口内部的转动引起这两个部件的磨损和振动，严重影响钢丝绳和抱索器的使用寿命，存在安全隐

6月3～12日，中天门至南天门索道站钢丝绳更换完成，中天门索道成为国内第一条采用8股压实股钢丝绳的客运索道 （瞿祥耀 供）

患。经广泛调研，并由泰安市财政局立项批准，中心于6月3～12日，将中天门索道钢丝绳由之前的6股普通圆股钢丝绳，更换为由瑞士法策公司生产的8股压实股钢丝绳，中天门索道成为国内第一条采用8股压实股钢丝绳的客运索道。经过严密监测，中天门索道新钢丝绳各项运行数据均符合要求。

【冬季培训】 利用冬季3个月的旅游淡季，开展22个项目、51课时的职工集中教育培训，参训人数800人次。主要培训教育活动包括：航空礼仪培训，由资深国际礼仪高级培训师、国际注册高级形象设计师、全国精品航空示范乘务组——山东航空公司“韩晶示范组”乘务长韩晶主讲职业礼仪、职业形象、职业精神以及应急服务处理技巧等知识；泰山文化知识讲座，由山东省旅游行业协会副会长、2010年全国导游大赛一等奖第一名获得者李宝主讲泰山历史文化知识和导游服务基础知识；在泰安市技师学院举行电工基本技能培训和机电维修技能比赛。（瞿祥耀）

【概况】 全市共接待游客5311.8万人次，实现旅游总收入500.5亿元，同比分别增长10%和13.31%，在全省均居第4位。持证留宿人数达424.8万人，比上年增长35.2%，在全省增幅排名第一，旅游总收入占服务业增加值的比重和相当于GDP比重均居全省第一。泰山进山进景点游客546万人，同比增长近10%。由中央电视台、国家统计局、中国邮政集团公司联合发布的《中国经济生活大调查2014～2015》“十大幸福城市”名单中，泰安市作为山东省唯一入围城市高票当选地级市第一名。由中国旅游研究院作为学术指导单位、携程旅行网主办的CTF中国首届十大城市旅游素养大PK暨中国旅行者大会在丽江举行，泰安当选“大学生最爱的旅游目的地”。“微软大数据下的旅游业发现”发布最新内容，根据微软搜索量排名，在“外国人感兴趣的中国景点”一项中，泰山仅次于长城，排名第二。在中国旅游商品大赛中，泰山玉作品“泰山玉缠枝莲纹葫芦”斩获金奖，肥城桃木作品“香道”斩获铜奖，实现“三连冠”。6月22日，中国“大运河”申遗成功，被誉为“运河之心”的东平戴村坝榜上有名，继泰山获世界自然文化双遗产称号之后再添世界文化遗产，泰安市变身“双遗”城市。泰安市旅游局被省旅游局授予“旅游统计工作先进单位”“政务信息报送工作综合考评先进单位”称号。泰安市旅游局连续8年被评为“省级文明机关”，被市委、市政府授予“‘五型’机关先进单位”称号，被市政府授予政务信息报送工作先进单位，被市委宣传部授予“泰安市政务微博发布先进单位”。在“山东旅游产业创新奖”评选活动中，泰安市“中华泰山，天下泰安”三日游荣获旅游目的地产品创新奖二等奖，肥城桃木雕刻流派培树工程荣获旅游人才开发创新奖三等奖。泰安康辉国际旅行社有限公司、泰安肥城宝盛大酒店有限公司、泰山温泉城国际文化旅游景等18家单位被省旅游局授予“2013～2014年度诚信旅游示范单位”荣誉称号。

•旅游开发•

【旅游规划编制】 编制完成全市旅游发展总体规划大纲，并对泰城重要节点以及核心资源进行补充调查。举办“泰安旅游发展大家谈”有奖征文活动，通过报纸、网站等渠道鼓励专家学者、广大市民建言献策，广泛吸纳社会各界对旅游产业发展的意见和建议，征集旅游规划“金点子”225个，其中省内稿件108篇，省外稿件117篇。启动全市旅游业发展“十三五”规划编制工作，完成“十三五”规划重大事项、战略框架和研究课题《泰安市打造国际著名旅游目的地城市研究》。参加《岱岳区里峪村旅游规划》等规划的评审，为《大泰山旅游区整合发展规划》《西部隆起带规划》《养生产业发展规划》等规划提供大量材料。

【旅游项目建设】 全市被纳入旅游业指挥部重点推进的项目13个，其中新建项目2个、续建项目11个，总投资295亿元，年内完成投资33.7亿元。新兴旅游项目取得较好成绩，方特欢乐世界、宝泰隆旅游度假区等7个新兴项目，旅游收入超过泰山进山门票收入。①建成项目运营良好。4月26日，太阳部落景区二期项目文明之光、旋转木马、激情碰撞正式开放。5月24日，泰山方特欢乐世界高空体验项目太空飞梭对外开放。6月，泰山天鹅湖项目试运营，景区道路、绿化进一步完善，新引进羊驼、小矮马、袋鼠等动物，策划丹顶鹤放飞、大雁放飞等观赏项目。9月，泰山东街情景文化商业街试运营。10月2日，泰山宝泰隆旅游度假区二期东海龙宫项目开业。盛世仁和庄园酒堡投入使用，花样年华水上乐园增加遮阳设施，开设泰山传奇杂技表演剧场等节目。②在建项目稳步推进。泰山龙曦国际旅游度假地项目累计完成投资6.3亿元，会议酒店的五栋贝壳式建筑正在进行装饰装修，109栋产权式酒店部分主体施工完毕。完成泰山玉石大市场、泰山岳麓健康益生园、泰山创新科技文化园等项目的规划方案业。加快建设岳海新天街文化旅游广场文化旅游区。泰山白马禅寺风景区白马禅寺即将封顶，宗教手续经办理完毕。泰山石敢当文化园区宗庙主体完工。总投资21亿元的泰山宝盛广场项目，沿街商业外立面施工完成。泰山宝盛广场五星级酒店主体建设及外玻璃幕墙施工完成。总投资7.8亿元的蓝海国际大饭店项目，主体建设封顶。总投资7亿元的泰豪旅游文化商品城购物中心主体完工。总投资1亿元梦泰山啤酒城项目进行啤酒城外立面、外墙粉刷粉饰。总投资1亿元元的叶家庄观光旅游项目概念性规划编制完成，景区道路正在绿化美化，QQ农场南北走廊搭建完成。泰山古镇、泰山景区城中村改造及环山路旅游设施建设，泰山温泉城二期等重点项目加快推进。

【旅游招商引资】 着眼于优化产业布局和丰富产品体系，突出重点部位和重点资源，开展系列旅游招商引资活动，累计洽谈项目50个。其中，东方盛世国际投资（北京）有限公司投资的泰山静心谷项目、美国AdrX公司投资的长庚老年休养中心等18个项目签约，合同投资额398.98亿元。泰山国际养生谷、下港麦黄山等6个项目正在跟踪洽谈，合约金额80亿元。

【乡村旅游发展】 组织选派100人，参加省旅游局组织的赴台民宿旅游培训活动。推进“改厨改厕”工程，47个村、674户业主通过“双改”验收。组织开展旅游强乡镇、旅游特色村、工农业旅游示范点申报和复核验收工作，有11家工农业旅游示范点、5家旅游强乡镇和20家旅游特色村通过复核和审批。将岱岳区里峪村作为重点乡村旅游发展单位，里峪村修建性详规初稿完成，拨付100万元补助资金，用于河道清淤治理、道路整修、沿街绿化及环境综合整治等。组织开展好客人家农家乐申报工作，提高创建质量，提升整体接待水平。

【海外及中国港澳台旅游市场促销】 全市接待入境游客36.6万人次，同比增长-4.99%；实现旅游外汇收入2.25亿美元，同比增长-3.08%，均位列全省第四

8月12～15日，中俄人文合作委员会旅游分委会第十一次会议在泰安举办，建立了与俄罗斯旅游市场更加紧密、务实的合作关系。图为在泰安市与俄罗斯“世界无国界”旅游协会签约仪式上，市委副书记、市长王云鹏（右四）向俄方赠送礼物《泰山织锦》（张作祥　供）

位。海外旅游市场开发继续推行“雄狮模式”和“中欧模式”，采取找准基点、建立合作、推出产品、展开促销的开发模式，提升韩国市场，挖掘中国港澳台市场，重点突破东南亚市场。邀请中国港台、韩国等重点客源市场旅行商、媒体合作旅行商、媒体考察踩线，通过其销售网络和宣传平台，对旅游线路、品牌形象进行重点推介宣传，接待境外旅行商30批次300人次。8月12～15日，中俄人文合作委员会旅游分委会第十一次会议在东岳山庄举办，举行泰安市与俄罗斯“世界无国界”旅游协会签约仪式，签订旅游战略合作协议、《中俄人文合作委员会旅游分委会第十一次会议纪要》《中俄旅行者紧急救援保险合作框架协议》，与俄罗斯旅游市场建立更加紧密、务实的合作关系。参加第十九届北方（天津）旅游交易会和上海国际旅游交易会，组织景区等旅游企业主动走访、会见业内同行，两次交易会共达成旅游合作意向、签订合作协议200份，接待旅游咨询者3.5万人次，发放各类招贴画、导游图、三日游折页、景区、景点画册等宣传资料5万份，发放具有泰山特色的旅游纪念品5000份。

【国内旅游市场促销】 接待国内游客5275.2万人次，实现国内旅游收入486.6亿元，同比分别增长10.09%和13.89%，均居全省第四位，位次与2013年持平。参加省旅游局组织的“好客山东•想来就行的高铁旅游”大型宣传推介活动，组织重点旅行社和三日游景区，分赴北京、天津、上海、杭州、南京和合肥6个京沪高铁沿线的省会城市，以宣传“平安泰山”文化旅游品牌为主线，全力推介泰安三日游产品，共与500多家旅行社进行对接洽谈。组织县（市、区）旅游局、景区景点、旅行社、星级酒店参加国内旅交会、北京国际旅游博览会、北方旅交会，通过发放宣传品、纪念品、优惠门票及现场促销、表演等活动，吸引旅行商、游客洽谈咨询。12月21～23日，组织岱岳区旅游局、东平湖旅游风景名胜区、泰山宝泰隆旅游度假区前往烟台、威海举办省会城市群旅游联盟旅游产品推介活动。利用洛阳市、嘉峪关市、常熟市、潍坊市、临沂市、淄博市等城市旅游局到泰安促销的时机，组织旅行社宣传三日游产品。积极融入省会城市群旅游联盟，启用泰安展厅，展厅位于高铁济南西站的省会城市群游客集散中心，围绕“中华泰山，天下泰安”主题，以五岳独尊刻石为文化符号，辅以新型多媒体技术，全方位展示泰安的旅游资源，充分展示泰安深厚的文化底蕴和浓郁的旅游特色。6月24日，京杭大运河沿线17个城市在杭州成立“京杭大运河城市旅游推广联盟”，泰安市加入联盟，参加京杭大运河庙会活动，整合运河城市资源，让更多的人了解东平戴村坝、了解泰安旅游。亚太经济合作组织（APEC）会议期间，为吸引北京地区游客到泰安旅游，开展形式多样的宣传促销活动，共接团69个3796人，人数居全省第三位，到泰安的自驾游人数也大幅度增长，从北京游客到泰入住宾馆情况看，11月1～12日入住7580人。联合捆绑泰山区、岱岳区，共募集资金700万元，在中央电视台《朝闻天下》投放广告，大力宣传“中华泰山•天下泰安”三日游产品。联合淄博、济宁和青岛旅游局，分别赴上海、南京、武汉三地，开展主题促销活动，与90家旅行社进行交流洽谈，与20家旅行社达成互送游客的合作意向。组织重点旅行社和三日游景区，赴淄博、日照、枣庄开展省内客源市场促销活动，达成互送游客的合作意向，提升三日游产品在省内客源市场的影响力。制定泰安旅游微营销方案，进一步加大旅游网络营销力度。依托省旅游局信息平台，利用百度、谷歌大数据，对客源市场构成进行分析谋划，及时调整营销重点策略和方法，提升网络营销的落地率、转化率和实效性。加强与城市印象的合作，建立泰安旅游微信公众平台，对旅游资源进行全面营销。与谷歌合作，利用谷歌关键词搜索功能，重点引导、推荐海外游客浏览泰安旅游官方网站、泰安旅游外文网站以及泰安旅游形象片等视频资料，面向港台、和韩国进等主要海外客源地进行推广。与百度合作，根据百度提供的搜索关键词方案，策划能够引发游客关注的新闻关键词，在百度网页搜索结果右侧展示泰安品牌地标，有效提升品牌知名度和曝光率。

【编制旅游新产品】 协调景区、酒店等旅游企业，对辖区内旅游要素进行优惠打包，形成覆盖各县（市、区）的二日游、三日游产品。共有63条二日游、三日游休闲度假产品同步在酷旅网和泰安旅行社网络销售。在泰安旅游政务网开辟三日游专栏，与携程、谷歌等网络平台合作，全方位营销三日游产品。形成以“泰山+岱庙+宝泰隆”“泰山+岱庙+宝泰隆+封禅大典”“泰山+岱庙+刘老根大舞台+东平一日游”等经典线路为代表的三日游产品体系。

【旅游商品研发】 参加由国家旅游局和浙江省人民政府共同主办的“2014中国国际旅游商品博览会”系列活动，参赛作品泰山玉和肥城桃木旅游商品分别获得“2014中国旅游商品大赛”金奖和铜奖，实现“三连冠”。参加“第十二届山东省旅游商品创新设计大赛”系列活动，获2金7银4铜，泰安市旅游局获优秀组织奖。参加“2014中原旅游商品博览会暨旅游商品创意设计大赛”，获1金1铜。举办“2014中国泰安（泰山）平安文化旅游商品全国大赛暨旅游商品精品展”，来自北京、浙江、江西、台湾等地的200个系列600件实物作品和省内外近10所院校的200件设计类作品参赛，参赛作品数量多，种类丰富，涉及地域广，创新性和系列化程度进一步提高，实用功能加强。举办“2014全国桃木旅游商品创新设计大赛”，来自北京、河北、陕西、江苏、浙江、湖北等的200家企业和个人参赛，有桃木如意、桃木宝剑、桃核微雕等10余个系列1000多个品种近4000件桃木实物作品和200件设计作品参与终评和展览，展赛期间，游客达10万人次，订货客商3800人，签订长期供货协议200个。举办桃木商品创新发展研讨会，全国相关领域专家从设计、工艺、品牌等多方面进行研讨，指出桃木产业发展过程中存在的问题，给出相应的解决思路和措施。

•节庆旅游•

【贺年会】 12月26～28日，举办贺年会泰安启动仪式暨“中华泰山·天下泰安”新锐媒体营销峰会，来自全省各地的近百位知名微信、微博、论坛等新锐媒体的微信达人参加仪式。贺年会期间，利用元旦、春节、元宵节旅游消费有利时机，以“美丽中国·幸福泰安”为主题，组织开展9大项、43小项具有浓郁泰安、泰山浓郁特色的冬季文化旅游产品和民俗文化活动。春节黄金周期间，全市共接待游客120.17万人次，实现旅游总收入11.17亿元，按可比口径同比分别增长11.63%和17.13%。①贺年会旅游活动。泰山景区举办迎新春名家书画展、“羊年话羊”生肖文化展、“新年祝福”语林、“走福路，绕福石，摸福树”等文化及民俗祈福活动。泰山区推出泰山人家·上高庄园草莓采摘、埠阳庄“农家过大年”、春节大拜年、书法（美术、摄影）贺年大展、宝龙元宵喜乐会等12项贺年活动。泰山花样年华举办泰安新春台湾美食嘉年华庙会。方特欢乐世界推出以“方特团圆，回家过年”为主题的欢乐新年活动。岱岳区推出天庭乐园新春游园会，“好客山东、休闲满庄”新春花灯会，滑雪场篝火晚会，青青农场赶大集、寻年味活动，新春草莓、果蔬采摘活动和广场“灯光秀”“猜灯谜”“故事会”系列元宵文化活动等。新泰市举办迎新祈福法会、元宵狂欢灯会和新泰清音冰雪嘉年华等一系列“好客山东贺年会、新泰休闲过大年”主题节庆活动。肥城市举办第二届春秋大年味活动，以“赏春秋新景，览民俗风情”为主题，陆续推出“真爱有礼，浪漫无罪”情人节专场演出、豫剧专场、二人转专场、舞龙、舞狮、划旱船、游园活动、左脚舞、现代广场舞、空竹表演等精彩节目。宁阳县文庙景区举办书画展。东平水浒影视城开展祈福贺岁、闹元宵活动。各村庄推出赶大集、买年货，划旱船、踩高跷、舞狮、扭秧歌、广场舞汇演等民俗文化活动，将贺年会推向高潮。②贺年会“五大产品”体系。一是贺年礼是以泰山墨玉、肥城桃木、山货、土产、湖产等为主体的泰安特产。二是贺年宴是以弘扬泰山风味为主题的年夜饭、团圆饭、喜宴、婚宴等特色餐饮，适合家庭、同学、同乡、战友、商务聚会等不同文化需求，让更多的普通百姓走进星级宾馆、旅游饭店、农家乐和渔家乐。三是贺年游是整合乡村、民俗、美食、滑雪、温泉等资源，开发暖冬休闲游、冰雪欢乐游、乡村民俗游、欢乐体验游等适宜年节休闲旅游的贺年游产品。四是贺年乐是以元旦、春节、元宵节为节点举办各种晚会、嘉年华以及民间艺术节、爬桥节等民俗活动，让市民游客“乐”在其中。五是贺年福是挖掘传统的“福文化”,开发出寓意“祝福健康”“祝福长寿”“祝福平安”“祝福兴旺”的贺年福产品，包括腰鼓队送“福”活动、贺年会抢福游戏等。

登山节期间，举办了2014中国·泰安旅游景区形象大使大赛。图为10月12日举行的颁奖仪式现场　　（张作祥　供）

【泰山国际旅游文化登山节】 始办于1987年，初名泰山国际登山节。2009年起改称泰山国际旅游文化登山节，每年9月份举办。年内,按照“节俭高效办节”和“文体搭台,旅游、经贸唱戏”的原则，举办开幕式、泰山国际登山精英大奖赛、2014中国泰安投资合作洽谈会、2014中国（泰山）国际矿业装备与技术展览会等活动以及“幸福泰安”旅游文化周活动。登山节主要有4个方面的特点，①突出重点活动，打造国际品牌。突出开幕式、第十九届全国全民健身登泰山比赛暨国际邀请赛、2014中国泰安投资合作洽谈会以及2014中国（泰山）国际矿业装备与技术展览会等活动，进一步提高泰山国际登山竞技比赛赛事水平和档次，提高登山比赛奖金，吸引更多的国内外知名运动员参与，扩大赛事的知名度和影响力。②节俭高效办节。继续将开幕式和登山比赛合并进行，简化程序，压缩规模，将活动推向市场化运作。③开展立体宣传，提高国际影响力。既重视传统媒体的宣传报道，也注重发挥网络、手机等新兴媒体的宣传功能；既注重境内宣传，又注重境外宣传，形成强大的宣传报道合力。中央电视台《新闻联播》栏目播发登山比赛的新闻，中央电视台体育频道播出登山比赛。④立足群众广泛参与，营造浓郁节庆氛围。推出泰安知名旅游形象品牌“10个一”评选、2014中国泰安（泰山）平安文化旅游商品大赛、2014中国·泰山国际音乐节、2014中国·泰安旅游景区形象大使选拔赛、携程网万名游客登泰山暨泰安三日游主题之旅、泰山石敢当文化系列活动、环泰山万人健身跑和天地广场全民健身嘉年华等20多项活动，吸引泰安市民和中外游客参与。

【2014东岳庙会】 4月14日，2014年泰山东岳庙会暨海峡两岸民俗文化周、韩国信众泰山行启会仪式在岱庙天贶殿大露台举行。该届庙会以泰山海峡两岸交流基地的设立为依托，突出“平安、纳福、和谐、共赢”的主旋律，策划组织台湾韩国特色产品展销、非物质文化遗产展演、传统手工艺展示、泰山茶博会、泰山玉石博览会等16项主会场活动，重点展现中韩两国、海峡两岸近年来的合作交流成果，全力打造泰山海内外第一祈福圣地品牌。庙会期间，首次引入的台湾原住泰雅族舞蹈表演、台湾农特产品及地道台湾美食节等活动吸引大量游客，台湾善化东岳殿等各地信众到泰山朝圣并参与各项交流活动，深化了两岸民间交流和文化互动。为扩大各界对非物质文化遗产项目的关注，庙会组织泰安及周边地市济南、淄博、曲阜等地的非遗项目的展演展示，泰山石敢当、泰山皮影、泰山道教

音乐、山东梆子等国家级非遗项目集中亮相，百兽图、独杆跷等表演项目和泰山豆腐宴、泰山驴油火烧等传统技艺项目 2 大类 20 项轮流展示，通过展览、现场表演、静态展示等多种方式向游客和市民全面推介。（吴克欣）

【“5·19”中国旅游日活动】 5 月 18 日，2014 年“中国旅游日”泰安市启动仪式暨泰山人家·上高庄园开园仪式举行。围绕“快乐旅游、公益惠民”主题，推出 18 项精彩活动，主要有泰山方特欢乐世界“酷爽民族风、异域佤族情”表演、泰山花样年华景区摄影采风活动、泰山啤酒生肖园啤酒知识竞赛及喝啤酒大赛活动、满庄镇的金牛山樱桃采摘活动、莲花山景区的樱桃节、百家旅行社采风暨房车营地揭牌仪式、肥城市春秋古城景区的太极文化展示、宁阳县神童山风景区一日游、东疏红色生态旅游民俗游和汶河旅游等活动。各大景区推出优惠政策，泰山花样年华景区、化马湾乡龙湾地质公园、莲花山景区有打折优惠，天庭乐园、泰山温泉城推出优惠套票，新泰市清音公园，宁阳博物馆（文庙景区），东平县博物馆实施免费开放，部分景区针对贫困家庭、残疾人等弱势群体免费，对老年人、学生等特殊人群实行门票优惠。

【“十一”黄金周】 黄金周期间，全市共接待游客 283.18 万人次，实现旅游收入 25.52 亿元，同比分别增长 12.9% 和 12.2%。泰安市旅游产品丰富多彩，节日氛围浓郁，旅游接待火爆，旅游效益明显增长，全市没有发生重大旅游安全事故和重大旅游投诉，实现安全、秩序、质量、效益“四统一”的目标。中央电视台《新闻联播》、山东卫视《山东新闻联播》等栏目对泰安假日旅游情况进行了重点报道。①重点景区持续火爆，大旅游格局更加凸显。“十一”期间，泰山景区接待出现“井喷”，共接待游客 36.74 万人次，实现收入 3277.66 万元。城市旅游板块整体提升，太阳部落、天乐城、宝泰隆度假区、刘老根大舞台、方特欢乐世界、泰山温泉城、泰山封禅大典、花样年华等八个景区接待持续火爆，共接待游客 25 万人次，实现收入 3105 万元。②旅游消费形式更加多元，自驾自助等散客旅游成为主流。黄金周期间，散客约占全市接待总量的 70% 以上，全市主要景区、饭店的停车场爆满，到泰自驾游车辆近二十万辆。游客逗留时间大幅增加，登泰山、玩方特、泡温泉、看演出等活动吸引 50% 的游客选择过夜游，有效带动“吃住行游购娱”各个环节的消费。10 月 2 ～ 4 日，城区重点社会宾馆入住率达 100%，重点星级饭店入住率均在 90% 以上。③旅游市场秩序井然，游客满意度显著提升。开展旅游满意度提升工程，33 个部门联手综合提升城市旅游环境；开展旅游服务综合标准化建设工作，发布多项旅游服务地方规范；启动第二批专项整治事项，开展旅游市场秩序整治。协调空地资源设立临时停车场，交警、交通等部门加强信息提示和引导，保障全市旅游交通安全畅通。通过短信平台为到泰游客推送欢迎短信 12.24 万条，树立“好客”旅游目的地形象。发挥泰安旅游政务网、资讯网和“12301”旅游服务热线的作用，搭建旅游信息发布平台，为游客出行提供导向性服务。

·旅游管理与服务·

【智慧旅游平台建设】 ①旅游管理智慧化。5 月 1 日，泰安旅游信息指挥服务中心启用，接入公安、交通、泰山管委、泰山索道以及泰山区、岱岳区等相关部门、单位及主要景区点 46 路视频监控图像，对全市旅游景区（点）、交通要道、枢纽等重要旅游节点的容量实景、天气状况、停车场状况、交通路况等要素信息实时监测，科学引导客流，处理突发事件。对内网及办公自动化进行改造。拓宽旅游执法手段，开发导游动态管理系统，执法人员可以通过导游动态管理的手机客户端直接在线查询旅行社和注册导游的各项信息，方便对旅行社和导游的管理。11 月，泰安旅游管理服务平台试运行，将旅游主管部门、景区、旅游企业、导游员和游客的管理、服务、评价融合到一起，并开发手机应用客户端，可实现实时查询行业信息、在线评价、兼职导游员的在线聘用等功能。与移动公司合作开发手机短信服务平台，下发通知和提示信息，实现行业内短信全覆盖。“五一”期间，景区数据信息上报系统启用，实现全市各A级旅游景区数据信息的网上直报，数据分析图及累计同比等指标信息都可以在中心电视墙及办公电脑和移动终端查询显示。②旅游营销智慧化。同市云计算中心建立合作关系，确保数据系统的安全和稳定。建立旅游信息员队伍，逐渐完善旅游信息资料，及时充实网站、微博和微信公众平台，发布各类营销信息1.02万条次。10月，改版后的中国泰安·泰山旅游资讯网上线，增设游记、攻略、宣传片等板块。③旅游服务智慧化。与旅行分享网站——蚂蜂窝开展合作，开发泰安旅游网上游记和旅游攻略，向网民游客尤其是散客宣传推广，科学引导游客。9月、10月，泰安三日游游记《五岳之都，印象泰安》、线上版《泰安旅游攻略》相继登陆蚂蜂窝。

【旅游安全监管】 制定完善《泰安市旅游局安全生产“一岗双责”工作制度》，“一岗双责”即市旅游局局长为全市旅游行业安全生产监督管理工作第一责任人，分管副局长为全市旅游行业安全生产监督管理工作第二责任人，具体负责全行业安全生产监督管理和安全生产指导工作，对安全生产监督管理和安全生产指导工作负领导责任；与县（市、区）旅游局局长和旅行社负责人落实目标管理责任制。在全省率先编制完成《泰安市旅游安全监管体系》，该体系以新颁布实施的《中华人民共和国旅游法》为主要依据，结合相关法规，并针对泰安实际，初步建立起政府统一负责、部门依法监管、旅游经营者明确主体责任、旅游者加强自我保护的全程责任监管体系，规范指导旅游安全监管工作。4月1日，召开市旅游安全生产专业委员会第一次联席会议，定时组织开展旅游安全生产督查与排查工作。制定《泰安市旅游行业安全检查工作手册》，对新泰市、泰山管委进行交通安全专项督导，对全市30多家星级饭店和10多家A级景区的火灾隐患进行排查。

【旅游满意度提升】 以游客满意度调查为载体，着力解决突出问题，研究新对策，持续提升游客满意度，将18项工作任务根据责任分解至22个部门，对任务部门整改情况进行督查，确保游客反映的问题得到解决。在“五一”“十一”等重大节日期间，向到泰安游客推送欢迎短信和服务信息。按照《泰安市人民政府关于加强景区周边旅游秩序管理的通告》的规定，联合交通、公安、泰山管委等部门针对景区周边社会闲散人员拦车拉客、占道经营、欺客宰客以及租用无资质车辆等扰乱旅游市场秩序的违规行为开展执法整治行动。联合市交通局、市公安局对“非法从事旅游客运、出租汽车客运经营”扰乱旅游客运市场秩序现象进行整治。联合市工商局制定《关于加强旅行社业务广告监管的意见》，进一步规范旅行社广告宣传行为，对全市旅行社进行拉网式检查。2014年泰安游客满意度指数在全省排第4位。

【旅游标准化建设】 协调全市38个成员单位、19家试点单位及15个相关单位开展标准化工作。泰安市开展标准化创建工作的先进经验，被国家标准化管理委员会推广。对旅游服务综合标准体系进行创新研究，编写《泰安市旅游服务地方规范管理办法》，涵盖“泰山人家”乡村游、老年旅游、旅游咨询中心、“12301”旅游服务热线、旅游形象标识系统等旅游服务、特色美食、旅游产品和公共服务类等特色标准。组织旅游服务地方规范审查发布工作，对24项旅游服务地方规范进行审查，其中23项通过审查。组织专家对行业主管部门和试点单位进行技术指导，指导、推动地方服务规范的发布工作。组织质监局、泰山学院等有关方面专家赴19家试点单位进行督查，全面了解和指导试点建设。对于水平先进、适宜在全省推广应用的，积极申报省地方标准，由市气象局主持发布的《短消息LED屏气象信息显示规范》发布为行业标准，由市旅游局起草的《桃木制品通用技术规范》、泰安市产品质量监督检验所等起草的《泰山玉》、宁阳县十字绣协会起草的《十字绣技术规范》、泰安交运起草的《道路旅客运输安全服务规范》《道路旅客运输行车服务规范》《道路旅客运输站务服务规范》正式发布为省地方标准。《工业旅游区（点）服务规范》《旅游景区（点）艺术表演场馆服务规范》《旅行社老年旅游服务规范》3项标准成功立项。

【A级景区管理】 按照A级景区评定标准，指导宝泰隆度假区等项目创建A级旅游景区，并邀请省旅游局对A级景区申报工作进行检查评定。宝泰隆度假区、太阳部落、岳海新天街文化旅游景区被评为AAAA级景区，泰山文化艺术中心、黄石崖景区、稻蒲荷香休闲农庄被评为AAA级景区。11月，组织专家对全市A级景区进行检查复核。指导岱岳区龙湾风景区申报首批省级原生态旅游景区，岱岳区龙湾风景区被评为首批省级原生态旅游景区。

【旅游饭店】 经过复核，2014年全市星级饭店营业收入总额达到4.02亿元，比上年减少0.3%；平均房价为227.43元，平均客房出租率达56.89%；床位1万余张；从业人员0.84万人。举办2014年度旅游饭店服务技能大赛，19家饭店36名选手参加比赛，展示旅游行业从业人员爱岗敬业的精神风貌、职业素养和娴熟精湛的服务技能，推动业务素质和服务水平提高。召开部分星级酒店总经理座谈会，探讨交流在提倡节约、反对浪费的新形势下，酒店业如何转变经营观念，保持健康快速发展的途径和措施。年末，全市共有星级饭店53家，其中，五星级1家、四星级6家、三星级26家、二星级20家。

【旅行社】 召开2014“智慧·转型·共赢”泰安旅行社行业发展研讨会，引导泰安市旅行社转型升级，旅行社总经理、旅游学院学者、媒体代表共15家参加会议。改革旅行社设立模式，注册资金由实缴制改为认缴制，简化审批办事手续和程序，引导旅行社强强联合，吸引外资旅行社或大型企业集团进入泰安市旅行社行业，鼓励有条件的旅行社兼营住宿餐饮、交通运输、商店娱乐等。引导11家旅行社强强联合成立“泰安市美景假日旅行社有限公司”，指导泰山微微旅行社有限公司与山东梦泰山啤酒城有限公司合并，山东梦泰山啤酒城有限公司控股51%，开创泰安市大型企业夺行业兼并旅行社的先例。继续推进旅行社责任保险全国统保示范项目，85%以上的旅行社加入。与金融单位联系沟通，探讨为旅游小微企业贷款等优惠政策，为旅行社在融资方面创造条件。根据2014年度旅行社业务年报统计数据，全市旅行社旅游总收入为3.28亿元，比上年同期下降20%；实缴税金206.2万元，同比下降32%；旅行社接待人数为38.09万人，比上年同期下降17%；组团人数19.44万人，同比下降45%。年内，新成立旅行社8家，注销3家，旅行社数量达到171家。

【导游队伍】 举办2014年度泰安市精品导游（讲解）员大赛，选拔具有过硬业务知识、良好职业道德的高素质导游员充实到导游队伍中。完成全市导游人员年审工作，1248名导游员参加年审。为导游员发放IC卡208张、“从业临时证明”219份，审核新申领导游证人员73人，安排85名导游员见习工作。制定《泰安市导游员业务办理流程》，方便导游员业务办理。日常办理导游人员迁出手续75人次，办理导游证丢失、损坏补办IC卡手续31人次。协调泰山索道运营中心，未办理导游IC卡的导游人员可以持有“导游乘坐卡”，确保导游人员的正当权益。

【旅游行业协会】5月13日，组织旅行社和导游员开展供需见面会，20家旅行社、80名导游员参加，解决了部分旅行社用人难和导游员求职难的问题。6月26日，泰安市旅游协会换届选举大会举行，审议通过《泰安市旅游协会章程（修订案）》《泰安市旅游协会会费标准和管理办法》等，选举泰安市第二届旅游协会领导班子。8月6日，组织27家会员单位（旅行社总经理）及泰安电视台旅游频道、泰安日报等媒体赴河北邢台爱情山景区踩线踩点，签署合作意向。10月16日，组织5家协会会员免费参加浙江民营经济研究会、赢在移商研究院举办的“2014年中小企业发展论坛暨改革语境下企业发展新机遇”高峰论坛活动。 （张作祥）

编辑·校对 **张云霞**

招商引资与项目建设

招商引资与经济合作

【概况】 年内，全市招商引资继续保持平稳增长势头，新开工境内招商引资总投资3000万元以上项目1082个，比上年增加280个；合同引资总额2647.46亿元，在建项目到位资金570.34亿元，增长16.01%。其中，新开工建设总投资亿元以上项目350个，比上年同期增加69个。

【招商引资工作成绩显著】 ①招大引强。新开工建设总投资亿元以上项目350个，其中大溪地现代城建设项目、三峡新能源光伏发电、港澳高新科技创意产业园、泰山云谷云计算中心、智讯达LED光源模组、六星国际汽车生态文化产业园、五矿城市综合体等24个项目总投资超过20亿元，泰山物流、红星美凯龙家居广场、耐固医疗设备生产、格瑞特电磁线生产、30万吨预焙阳极等32个项目总投资超过10亿元。②招新引优。全市新开工总投资亿元以上项目中工业项目192个，占全部项目的54.86%，其中智讯达LED光源模组、新疆特变电工光伏发电、UPC风力发电项目、禹通环保设备、新奥能源基地、分布式光伏发电系统研发等59个项目属于先进制造业、新兴产业和节能减排项目，占全部工业项目的30.73%；五矿城市综合体、红星美凯龙家居广场、泰山医疗养老健康产业园、台湾商业城、酒文化产业园等现代服务业项目129个，占全部项目的36.86%。③创新招商。市高新区着力加强招才引智，促进与国内外知名高校、科研院所的合作；泰山区组织系列招商活动推动大项目招商；岱岳区突出引进世界500强、国内百强及央字号企业投资项目；新泰市发展"飞地经济"和"回归经济"，有效破解招商引资难题；肥城市以重点区域和城市为目标，开展蹲点招商；宁阳县简化和完善项目评审机制和流程，加快项目进档升级；东平县创办"东平微招商"的首家政府微信公众号，拓展对外宣传渠道。

【招商活动】 5月，举办（深圳）泰安经济合作洽谈会，深圳及珠三角地区的100多名企业界人士参加活动，现场共签约投资项目14个，战略合作协议2个，合同引资额418.1亿元；举办泰安（杭州）重点项目推介会，杭州及周边地区的30多名企业界人士参加活动。9月，泰山国际登山节期间，举办2014中国泰安投资合作洽谈会，美国、英国、德国、俄罗斯、荷兰、捷克、波兰、匈牙利、加拿大、澳大利亚、日本、韩国、新加坡、马来西亚、柬埔寨、约旦等20个国家和中国香港、中国台湾、中国澳门地区的183名客商，以及来自央企、国内知名民营大企业、上市公司及外省市山东籍企业家和部分驻鲁异地商会企业家的545名国内客商参加活动，集中签约项目33个，其中内资项目21个，合同协议引资额312.19亿元，外资项目12个，合同协议外资额21.08亿美元；举办2014泰安市重点园区暨产业项目推介会，向到会的荷兰贸易促进会、英中贸易协会代表及部分省市山东商会和驻鲁异地商会会长等323人，重点推介徕山汶河景区、高铁新区等重点园区及重点招商项目。12月，举办“新鲁商”泰山行，青岛市异地商会战略合作联盟的企业家代表50多人参加活动；举办深圳知名企业家泰山行活动，深圳市企业家代表40多人参加活动。

【民企招商】 2月，全国工商联十一届三次执委会议暨全国知名民营企业入鲁助推转调创洽谈会启动后，成立市民营经济促进及招商工作领导小组及办公室，办公室下设招商组，具体负责督促协调指导县（市、区）、市高新区和市直有关部门针对民营企业开展招商工作，市级领导参与重大招商活动和重大项目洽谈。年内，对民营企业外出招商活动2000人次，活动涵盖京津冀、江浙沪、粤闽赣、川贵渝等20多个省市，走访考察29家全国工商联直属商会和中国华信集团、吉利汽车、特变电工等600家知名民营企业；接待中国民营经济国际合作商会、金银珠宝业商会、礼品商会、汽车摩托车配件用品业商会等全国工商联直属商会及300多家全国知名民营企业到泰考察。年末，签约落地省外知名民企招商项目122个，投资额2088.29亿元。其中，全国工商联执委会会员企业投资项目8个。现代农业项目4个，高端制造业项目29个，现代服务业项目53个。总投资30亿元以上项目22个，百亿元以上项目6个。12月22日，全国知名民营企业入鲁助推转调创洽谈会集中签约仪式举行，泰安市有3个总投资过百亿元的工业项目入选，签约项目数量排全省第六。

【会展业务】 ①举办展览会。8月31日至9月2日，第二届中国（泰山）国际矿业装备与技术展览会在泰山会展中心举办，参展商312家，共展出9大类、4000多种产品，展览面积3.5万平方米，专业观众2万人次。同期举办“中国煤炭经济30人论坛”，煤炭产业管理专家、企业家和经济学家进行专题讲座，深入探讨研究煤炭经济形势和应对策略。国际参与度高成为展会的亮点，共吸引澳大利亚、波兰、德国、瑞典、美国等国家的28家企业参展，东盟各国、澳大利亚、波兰等9个国家使馆商务参赞率团观摩展会。②组织企业外出参展参会。组织企业参加2014山东（济南）台湾名品博览会、美国生物医药大会、2014中国（满洲里）中俄蒙国际机械建材博览会等展会。5月29日至6月1日，2014山东（济南）台湾名品博览会在济南国际会展中心举办，泰安市57家食品、物流、旅游、文化创意等领域企业参加，其中5家企业参加“一对一”采购洽谈会，新泰市原城关医院与台湾秀传医疗体系就管理合作及投资1亿元建立牙科医院达成初步合作意向。③调研发展会展业工作。赴重庆、南京、威海和青岛等会展经济发达地区考察学习、座谈交流，借鉴吸收会展业发展成功经验和做法，撰写《发展会展经济调研报告》，基本理清泰安市发展会展经济的思路。

【贸易促进】 ①带领企业开拓新市场。11月5～8日，带领部分矿业装备企业赴内蒙古自治区开展经贸合作交流活动。在呼和浩特、鄂尔多斯举行“山东－内蒙古矿业装备合作洽谈会”，山东能源机械、力博科技、中选、三元除尘等企业以PPT等多种形式展示产品，介绍技术特点，内蒙古伊泰集团、伊东集团、汇能集团、乌兰集团、蒙泰集团、满世集团、西蒙集团等10多家大型矿业集团负责人参加座谈，达成多项合作意向。活动期间，达成山能机械集团与乌兰集团合作生产矿业装备、伊泰集团引进力博科技皮带运输设备等7项设备销售和技术合作意向。②做好出证认证工作。共签发一般原产地证5436份、优惠原产地证115份、证明书204份、使馆认证251份，新增企业31家。全面启动电子原产地证书（ECO）使用后，161家注册企业办理CA数字证书，共计签发电子产地证书1163份，82家企业申请开通自主打印权限并可自主打印产地证。③为企业提供法律服务。协助国家贸促会法律调解中心调查关于山东鲁钢钢铁与加拿大客户合同纠纷案，涉外法律服务工作取得初步成效。

【2014中国（泰山）国际矿业装备与技术展览会】 8月31日至9月2日，展览会在泰山会展中

8 月 31 日，市委书记、市人大常委会主任李洪峰在 2014 中国（泰山）国际矿业装备与技术展览会开幕式上致辞　（韩合东　供）

心举办，以“矿业装备聚集泰山、科技创新引领未来”为主题，从矿业装备产品展示、高新技术推广两大板块切入布局，突出高新技术、绿色环保、节能减排、循环经济，展品主要涉及矿山勘探、选矿、采矿、煤转化、矿山安全、矿物加工、通用设备、节能环保及配套设备等领域，集中展示国内外最先进的科研成果与技术在矿业装备领域的推广。参展商 312 家，共展出 9 大类、4000 多种产品，展览面积 3.5 万平方米，专业观众超过 2 万人次。国际参与度高成为展会的亮点，共吸引澳大利亚、波兰、德国、瑞典、美国等国家的 28 家企业参展，东盟各国、澳大利亚、波兰等 9 个国家使馆商务参赞率团观摩展会。

【2014 中国泰安投资合作洽谈会】

9 月 4 日，中国泰安投资合作洽谈会在泰安举办。美国、英国、德国、俄罗斯、荷兰、捷克、波兰、匈牙利、加拿大、澳大利亚、日本、韩国、新加坡、马来西亚、柬埔寨、约旦、香港、台湾、澳门等 20 个国家和地区的 183 名境外客商，以及来自央企、国内知名民营大企业、上市公司及外省市山东籍企业家和部分驻鲁异地商会企业家的 545 名国内客商参加活动。会上推介泰安市重点投资产业，举行部分重点项目签约仪式，现场签约重点项目 33 个。其中，内资项目 21 个，合同协议引资额 312.19 亿元；外资项目 12 个，合同协议外资额 21.08 亿美元。

9 月 4 日，2014 中国泰安投资合作洽谈会在泰安举办　（韩合东　供）

【2014泰安市重点园区暨产业项目推介会】 9月3日，泰安市重点园区暨产业项目推介会在泰安举办。市委常委、副市长辛显明出席会议并讲话，邀请荷兰贸易促进会、英中贸易协会代表及部分省市山东商会和驻鲁异地商会会长等323人参加，重点推介徕山汶河景区、高铁新区等重点园区及重点招商项目。

【2014（深圳）泰安经济合作洽谈会】 5月21日，洽谈会在深圳举行。泰安市委副书记、市长王云鹏，市委常委、副市长辛显明，市政协副主席、市工商联主席王淑玲，泰安高新区党工委书记、管委会主任陶长江出席洽谈会。来自深圳及周边地区的100多名企业家参加洽谈会。辛显明主持洽谈会并代表泰安市人民政府与深圳市山东商会签订战略合作框架协议。洽谈会现场签约投资项目14个，战略合作协议2个，合同引资额418.1亿元。

5月22日，2014泰安（杭州）重点项目推介会在杭州举行

（韩合东 供）

【2014泰安（杭州）重点项目推介会】 5月22日，泰安（杭州）重点项目推介会在杭州举行。山东省浙江商会会长章鹏飞，市委常委、副市长辛显明等出席会议，杭州及周边地区的30多名企业界人士参加活动。推介会上，重点推介泰安高铁片区、徂徕山汶河景区开发、泰山玉石城等项目。

【深圳知名企业家到泰安考察】 12月19～21日，深圳知名企业家到泰安考察，市委副书记、市长王云鹏，深圳市委统战部副部长、深圳市工商联党组书记蔡立出席推介会。泰安市委副书记李希信主持推介会，深圳市工商联专职副主席薛兴强，泰安市政协副主席、市委统战部部长朱永强，泰安市政协副主席、市工商联主席王淑玲，市政府秘书长姚霆及来自深圳市的40多位企业家代表参加活动。会上，观看泰安市产业推介片，与会客商与市直有关部门、各县（市、区）、经济开发区、部分乡镇负责同志进行交流洽谈。在泰安期间，与会客商参观考察了泰安高新区、高铁新区等园区片区。

5月21日，2014（深圳）泰安经济合作洽谈会在深圳举行，泰安市委副书记、市长王云鹏讲话

（韩合东 供）

【"新鲁商"到泰安考察】 12月15～17日，"新鲁商"到泰安考察。市委常委、副市长辛显明参加推介会并致辞。来自青岛市异地商会战略合作联盟的50多位企业家代表参加活动。在泰安期间，考察团考察了部分县（市、区）

12 月 17 日，参加“新鲁商”泰山行活动的客商在高铁新区考察

（韩合东　供）

及泰安高新区、高铁新区、徂徕山汶河景区等园区片区。

【中华全国工商业联合会金银珠宝业商会到泰安考察】 4 月 9 ～ 11 日，中华全国工商业联合会金银珠宝业商会常务副会长赵国斌一行 9 人到泰安市考察。市委副书记、市长王云鹏，市委常委、副市长辛显明分别会见考察团一行。在泰安期间，代表团考察泰山玉矿及开采地、泰山玉都和泰山玉石城。（韩合东）

【概况】 全年新策划亿元以上项目 150 个，项目计划总投资 1520 亿元，涉及七大领域，其中现代服务业类项目占 30.7%，战略性新兴产业类项目占 18.7%，10 亿元以上项目占 22.6%。围绕发挥资源、区位、人才、产业等优势，采取县（市、区）策划、指挥部策划、企业策划、园区策划、聘请有关专家或高校科研机构专业策划等多种方式策划项目，策划的项目经专家论证后，编印《泰安文化旅游重点招商项目》《泰安招商项目》等项目汇编，在津洽会、渝洽会、西洽会、泰山国际登山节等活动，及发改委网站、泰安招商网站、全国各地山东商会等各种途径进行发布、推介，多方式、多渠道进行招商，初步形成“策划、论证、发布、推介、招商”的工作模式。参与省组织的各类招商活动，及“一圈一带”投资洽谈会，通过现场推介、播放宣传片、发放推介项目材料，展示良好的投资营商环境。重点项目与金融机构对接活动务求实效，对接方式由企业与银行会议座谈方式向组织银行实地考察企业转变，对接深度和对接效果不断提高。举办全市重点建设项目推介暨项目单位与金融机构座谈会、12 家银行机构跟进重点项目建设考察活动，为项目单位和银行对接资金需求、对接政策信息、交流工作提供平台，有针对性地解决重点项目建设所需资金。122 个重点建设项目总投资 1116 亿元，其中年度计划投资 402 亿元，累计完成投资 428.6 亿元，实际完成年度计划的 106.6%。

【泰安国家级高创中心孵化器项目】 该项目占地 3.3 公顷，总投资 7 亿元，建成后可容纳 200 多家中小微企业入驻孵化，由泰安高新技术产业开发区管委会投资建设。在功能上，分为公共服务区和企业孵化区两部分。公共服务区设置在裙楼，可为孵化企业提供工商税务登记、法律咨询服务、知识产权申报、研发中试、金融贷款、会务洽谈、人才培训、信息查询等一站式服务；企业孵化区在东西两栋塔楼，设有创业苗圃试验区、综合孵化区，大学生创业区，总部经济区，仪器仪表、矿山装备、创意动漫等专业孵化区。该项目打造“孵化器 + 技术平台 + 产业基地”的一条龙产业孵化体系，推动高科技项目的“研发—转化—产业化—效益”链条的形成，实现产业的聚集和产品的上下游链接，进而形成产业集群。

【泰山科技产业园项目】 该项目总投资约 12 亿元，主要规划建设国家机械产品再制造质量监督检验中心；国家级检测服务基地；国家级高新技术创业服务中心创业孵化基地、科技型中小企业加速器及综合配套服务设施。由泰安泰山科技有限公司投资建设，公司注册资本

8 月 21 日，市委书记、市人大常委会主任李洪峰参加泰安万达广场开幕仪式 （石 震 供）

3000 万元，经营范围为科技孵化器开发建设等。

【泰安万达广场项目】 该项目总占地面积 16.2 公顷（243 亩），规划建筑面积 66 万平方米，包括大型商业中心、城市步行街、超五星级酒店、甲级写字楼、国际影院等，集购物、餐饮、文化、娱乐等多种功能于一体的大型商圈。由中国商业地产第一品牌大连万达集团投资建设。

【泰安云计算中心项目】 该项目占地 9.7 公顷(146 亩)，总投资 7.9 亿元，总建筑面积 124763 平方米，建设数据车间、实验车间、评测车间等，是山东省、泰安市两级重点建设项目，由山东泰山云谷信息产业有限公司建设运营。项目的建设将延伸和带动信息产业相关价值链的共同发展，吸引 IT 产业向泰安及周边地区聚集，对加快泰安地区经济发展、加速产业融合和经贸合作、推动区域产业结构优化和传统信息化发展意义重大。

【中国国际时尚产业园项目】 该项目 2013 年 6 月项目签约，计划 5 年内总投资 60 亿元，由山东如意集团投资兴建。按照“总体规划，分布实施”的要求，建设“一基地、四中心”（纺织服装工业制造基地，时尚创意中心、体育健身及休闲服务中心、人才培训中心、生活服务中心），带动泰安及周边地区科技、文化、创意、商贸活动发展，促进岱岳区地方经济和城镇化建设，充分发挥山东如意集团完整的毛、棉纺织服装产业链优势，创新“政、产、学、研、商”模式，以国际一流的科技化、国际化、时尚化的高端视觉，建设及时尚创意、科技研发、人才培训三位一体的国际时尚产业设计创意园，形成以如意纺织服装产业为龙头，相关产业为基

年末，中国国际时尚产业园完成纺织服装工业制造基地建设。图为高档服装项目自动裁剪设备 （石 震 供）

础，吸引各地方纺织业界知名企业和高等院校、科研院所入驻的整体布局。至年底，完成纺织服装工业制造基地建设，占地36.9公顷（554亩），建筑面积23万平方米。

【六星（泰安）国际汽车生态文化产业园项目】 该项目由深圳市六星投资发展集团投资建设，计划总投资34亿元，整体规划面积约53.3公顷（800亩），总建筑面积46万平方米，分两期建设。其中，一期工程投资22亿元，开发建设国际名车城、二手车物流基地、汽车零部件集散中心、综合服务区、文化博物馆、汽车旅馆、国际风情园、酒吧街、道路、绿化等；二期工程投资12亿元，开发建设汽车主题公园、休闲项目及建设商住配套用地等。

【泰安润恒现代农副产品冷链物流产业园项目】 该项目由江苏润恒物流发展（集团）有限公司投资建设，计划总投资30亿元，占地66.7公顷（1000亩），主要建设集大型现代化农副产品展示交易中心、现代化农产品冷藏中心、农产品物流配送中心、信息及结算中心、检疫检测中心、电子商务中心和行政管理大楼及相关配套设施于一体的现代农副产品冷链物流产业园区。

【新型LED光源模组项目】 该项目是光电科技领域的新兴产业项目，由深圳市智迅达光电科技有限公司和山东明兴矿业集团共同投资建设。规划占地53.3公顷（800亩），总建筑面积54万平方米，其中主要生产系统建筑面积41万平方米，辅助生产系统建筑面积8万平方米，辅助设施建筑面积5万平方米。新建生产车间、仓库、污水处理站、职工生活中心、研发办公综合楼、变电室及传达室等。新上各种设备3000台（套），建设封装线、基板线、芯片线等生产线31条。项目总投资19亿元，固定资产投资17亿元。

新型LED光源模组项目建设生产线31条。图为动力车间（石 震 供）

【新泰新易泰物流园区】 该项目规划占地13.3公顷（200亩），总建筑面积11.5万平方米，总投资2.6亿元，主要建设电子商务区、综合贸易区、仓储配送区三大功能板块，由山东新易泰物流有限公司投资建设。可入住快递物流公司300家，发展各类B2C、C2C等各类网商1000家，带动发展本地各类网店1万家。

【鲁中国际电子商务园一期工程项目】 该项目占地15.3公顷（230亩），总建筑面积31万平方米，计划总投资11亿元，由山东浙商电子商务产业园有限公司投资建设，颐高集团负责项目整体运营。主要建设淘宝·特色中国泰安馆、淘宝大学·大学生创业基地、电商O2O体验馆、大宗商品交易平台、网货博览城、城市资源运营馆等，可吸纳各类电子商务企业入驻，培育近千名网商创业就业。

【华电风力发电项目】 该项目总投资23亿元，由华电国际电力股份有限公司投资建设，项目规划建设5个风电场，其中一期安临站风电场选址在肥城市安临站镇荒山坡地进行建设，项目为风光互补发电项目，建设总装机量20兆瓦的光伏发电，安装风机25台，总装机量49.9兆瓦，项目将新建110千伏升压变电站一座，出线回路以1回110千伏线路“T”接至220千伏五凤变电站。安临站风电场计划投资 41178 万元。

【新合源精密冲压项目】 该项目总投资 5.8 亿元，主要建设 4.8 万平方米生产车间及办公、研发等配套设施，由江苏常铝铝业股份有限公司投资建设，专注于为汽车行业、建筑材料行业、空调行业提供热交换器铝材。主要开发、生产和销售用于散热器、空调系统以及用于汽车和建筑行业的其它热交换器的产品。至年底，建设完成车间 2.4 万平方米，新上设备实现竣工投产。年产精密复合铝材冲压件 5000 吨，主要包括散热器的双复合铝制冲压成型零件 2000 吨、涡轮增压冷却系统结构成型件 1800 吨、空调暖通系统耐腐蚀冲压成型连接件和支撑件 1200 吨。

【酒文化产业园仓储物流项目】 该项目占地 10.9 公顷（164 亩），总建筑面积 8 万平方米，总投资 5.2 亿元，由山东金彩山酒业有限公司投资兴建，是集白酒研发、生产、销售和文化展示功能于一体的新兴产业项目。项目分两期建设，一期工程建设生产厂区，主要建设成品酒包装中心、古法酿酒中心、检验中心、原料库、酒瓶库、立体仓库和 1 号地下窖藏酒库等，建筑面积 5 万平方米，其中地下工程建筑面积 4000 平方米。至年底，除古法酿酒中心的发酵池未完工，其他工程基本完工，并投入试运营。二期工程建设酒文化展示区，建筑面积 3 万平方米，主要建设传统酿酒文化展示中心（即三十二酒坊博物馆）、科研中心、销售中心、综合展销中心以及 2 号地下窖藏酒库等。

【宁阳亿丰时代广场二期项目】 该项目占地面积 16 公顷（240 亩），总规划建筑面积 30 万平方米，由中国商业地产十强企业亿丰国际投资集团开发建设。主要是购物、休闲、娱乐、商务等业态。项目共分两期开发建设，一期工程投资 8 亿元，建筑面积 15.2 万平方米；二期工程投资 7 亿元，建筑面积 14.8 万平方米。至年底，建筑面积 3.77 万平方米的 23 层酒店 10 层已封顶，建筑面积 5.3 万平方米的义乌小商品城正在进行内部装修及外挂大理石，建筑面积 2.24 万平方米的美食街正在进行室内外装修，部分商户已试运营。

【山东东平白佛山文化旅游区项目】 该项目总规划面积 416 公顷，总投资 30 亿元，其中一期投资 8 亿元，二期投资 22 亿元，实行滚动开发，总建设期为 5 年。项目由东平白佛山投资开发有限公司投资建设，主要开发及建设原有设施购置和景区扩建两部分。景区扩建包括龙山书院、舍利宫、民俗庙会区、山林休闲区、配套服务区五部分。项目经营期内累计实现销售收入 39000 万元，年均实现净利润 11000 万元。

【100 万吨缓释肥、100 万吨环保专用材料生产装置项目】 该项目占地面积 3.3 公顷（50 亩），总建筑面积 10 万平方米。主要建设 20 万吨 / 年气提法尿素装置、40 万吨 / 年缓释尿素生产装置、40 万吨 / 年多肽尿素生产装置、20 万吨 / 年树脂包膜控释尿素生产装置、100 万吨 / 年环保专用材料生产装置。项目计划总投资 73143 万元，固定资产投资 65000 万元。项目由山东润银生物化工股份有限公司投资建设。

【年产 10 万吨高档生活用纸项目】 该项目总占地面积 21 万平方米，总建筑面积 94398 平方米，总投资 43908 万元，固定资产投资 39784 万元，由山东东顺集团公司投资建设。主要建设造纸车间、后加工车间以及与其配套的排水、消防、变配电、废水处理厂、仓库等公用设施。 （石 震）

编辑 · 校对 **张云霞**

开发区

泰安高新技术产业开发区

【概况】 2014年，泰安高新技术产业开发区、泰安经济开发区（简称泰安高新区）深入开展“跨越发展推进年”活动，以招商引资和项目建设为总抓手，实施创新驱动发展战略，加快建设经济科技强区，各项工作迈上新台阶，被市委、市政府评为“2014年度科学发展综合考核先进单位”“2014年度执行人口和计划生育目标管理责任制先进单位”“全市社会管理综合治理工作先进单位”“全市信访工作先进单位”“2014年度机关作风和政风行风建设争先进位先进单位”，被市政府评为“2014年度安全生产工作先进集体”“泰安市对外开放工作先进单位”。高新区矿山装备高新技术产业化基地被科技部认定为国家高新技术产业化基地。

【经济发展】 全年实现技工贸总收入500亿元，同比增长32.9%；规模工业主营业务收入320亿元，同比增长25.1%；规模工业利税27.5亿元、利润总额16.7亿元，同比分别增长23.1%、27%；完成固定资产投资82.5亿元，同比增长25.1%。实现境内税收收入20.9亿元，增长14.2%。

【项目引进】 全年新签约项目60个，计划总投资639.14亿元。其中，过50亿元项目4个，过10亿元项目12个；外资项目9个，战略性新兴产业项目31个，国家“863”计划项目3个，国家“千人计划”专家项目5个，涵盖节能环保、新材料、生物制药、光伏发电、电子信息等产业。总投资80亿元的五矿甬泰新材料、总投资60亿元的中美泰山绿色环保产业园、总投资30亿元的华新金谷科技园、注册资金10亿元的山东能源重型装备集团、投资5.5亿元的江苏大明不锈钢深加工，以及智能机器人和激光器制造等一批国家“千人计划”专家项目相继入区。

【项目建设】 全年新开工项目25个，计划总投资301.5亿元，其中过10亿元项目7个。全年竣工投产项目23个，计划总投资102.3亿元。4月开工的中国五矿大型城市综合体，年末完成园林展示区、低密度建筑区工程主体和展示中心建设；8月开工的山东中西医结合大学，32个单体工程中28个封顶，创造了当年签约、当年落地、当年开工建设、当年主体完工的新速度；国电热电联产项目，设备安装基本完成，铁路专线等外围工程正在施工。

【科技创新】 年内有8家高新技术企业通过复审或认定，国家级高新技术企业累计达到36家，占全市总数的36%。高新技术产业产值占规模以上工业总产值的比重56.83%，比上年增长1.01个百分点，比全市平均水平（25.6%）高出31.23个百分点。创新平台和孵化器建设扎实推进，矿山装备产业被认定为国家高新技术产业化基地；建设中国泰山高端人才创业基地，哈佛大学、麻省理工学院、清华大学、北京大学等高端人才创办的项目进驻。深入实施“人才强区”战略，新引进国家“千人计划”专家、“长江学者”等高端人才5名，高层次创新团队16个，留学归国创业团队2个。

【企业发展】 输变电设备产业保持较快增幅，汽车及零部件行业产销平稳，医药行业和仪器仪表行业增势强劲。泰开集团、蒙牛乳业、泰山集团等重点企业加大技改投入和新产品研发，生产经营业绩快速增长。重点企业纳税实现较高增幅，纳税额超过1亿元的企业2家，超过5000万元的企业4家，超过1000万元的企业16家。蒙牛乳业、泰山集团、华新地产、京卫制药、航天特车等企业纳税增幅均占50%。科技型中小企业快速发展壮大，众诚矿山公司在全国中小企业股份转让系统（即“新三板”）成功挂牌，成为全市首家新三板挂牌企业。在上海股权交易中心成功挂牌企业2家。上市挂牌后备资源企业新增5家。

4月25日，中国五矿大型城市综合体项目开工仪式在泰安高新区举行 （邱 凯 供）

【新城区建设】 五矿城市综合体、华新现代服务城、香港永盛世纪康城、泺亨国际社区等大型项目开工建设。教育、医疗等民生项目顺利推进，市妇幼保健院（高新区人民医院）正在进行设备设施安装；泰安市实验学校万境水岸小学进行规划设计、土地腾空等前期工作；保障泰安一中新城校区建设，为项目建设创造良好的环境。加快社区建设，年内新回迁安置居民916户，累计3680户；新建成竣工回迁楼建筑面积27.48万平方米，分房入住1335户；新开工建筑面积54.69万平方米。加快道路、公交、文化等公益事业设施建设，新增一批公交线路和公交港湾。全年新增道路1915米，新增路灯599基，新增绿化面积8.3万平方米。落实惠民政策，用于教育、低保、社保、失地农民培训、医疗卫生等方面的民生支出达2.26亿元。

5月11日，全国政协副主席兼秘书长张庆黎（前排左二）到泰安高新区调研企业发展情况 （邱 凯 供）

【中国五矿大型城市综合体项目开工建设】 该项目计划总投资100亿元，占地面积72.47公顷（1087亩），规划总建筑面积160万平方米，是中国五矿地产进入山东的首个城市综合体。4月，开工建设，自签约到开工建设仅用9个月时间，创造了“泰安五矿速度”。至年末，完成园林展示区、低密度建筑区工程主体和展示中心建设，建成后将形成“一

1月8日，山东中西医结合大学落户泰安高新区签约仪式举行 （邱 凯 供）

中心、两轴线、四景观、六组团”的整体布局，集国家级高创中心孵化器、高品质教育资源、商务办公、绿色低碳居住及新加坡邻里中心、南京1912等蕴含泰山文化的商业街区、休闲购物中心。

【山东中西医结合大学项目开工建设】 该项目计划总投资21亿元，占地84.47公顷（1267亩），总建筑面积60万平方米，是省重点建设项目。8月，开工建设。全部建成后，可容纳3.5万名在校生，并为创办全国唯一一所以中西医结合为学科特色的本科院校创造条件，对优化泰安市科技教育资源，促进结构调整，实现学科专业关联、渗透发展，增强大学聚集效应等有重要作用。

【国电泰安热电联产项目进展顺利】 该项目规划建设4×350兆瓦热电联产机组，总投资约59亿元。2013年3月19日，开工建设，至2014年年末，一期工程2×350兆瓦机组基本建成，可集中供暖面积1560万平方米，不仅满足高新区工业和居民的用热需求，同时向泰安市主城区实现集中供热。

【新加坡泺亨现代物流项目开工建设】 该项目计划总投资27亿元，总建筑面积60万平方米。主要建设保税物流中心、国际货代中心、国际采购中心、农产品检验检疫中心、管理服务中心、物流信息平台以及配套国际社区等，项目遵循以商流带动物流，以物流支撑商流的基本原则，定位于国际高端物流服务中心，构建现代化的面向中国华北、华东地区，辐射东北亚的综合性区域物流中心。5月，开工建设。全部建成后，年可实现营业收入240亿元，税收12.2亿元。

【泰开集团核电智能成套设备项目开工建设】 该项目计划总投资12.2亿元，规划占地35.67公顷（535亩），设计建筑面积28万平方米，其中自动化总装配车间单体建筑面积14.4万平方米，创国内同行业单体建筑面积之最，技术装备水平位居国内前列，购置进口和国产设备2281台（套），形成国内一流的核电智能

4月25日，泰开集团核电成套项目开工仪式在高新区举行

（邱 凯 供）

成套设备研发制造装备批量生产能力。4 月，开工建设。建成后，年可实现核电智能成套设备 2.05 万面的生产能力，新增年销售收入 25 亿元（其中核电产品 7.6 亿元）、利税 3.66 亿元（其中核电产品 1.52 亿元）。

【泰邦生物科技园一期投入运营】 该项目计划总投资 10 亿元，规划占地 16 公顷（240 亩），由山东泰邦生物制品有限公司投资建设，该公司是山东省唯一国家定点生产血液制品的国家级高新技术企业，主要从事血液制品、基因工程、蛋白重组研发生产。一期项目建筑面积 3.4 万平方米，主要建设总部大楼、营销楼、研发楼及配套设施等，其中研发中心、营销中心、仓储中心建成投入使用，有利于泰安市生物医药产业和战略性新兴产业的发展。

（邱　凯）

【概况】 该区是 1995 年经山东省人民政府批准设立的省级旅游度假区。总规划面积 23.9 平方公里。辖区内有 15 个行政村、7034 户、1.93 万人，分别隶属于岱岳区粥店和天平两个街道办事处。3.5 平方公里的天平湖位于中心位置，区域环境优美、区位优越、交通便捷。2002 年 10 月，泰安市委、市政府设立旅游经济开发区党工委、管委会，作为市委、市政府的派出机构，负责对规划区域进行管理和开发建设。2014 年，实现地方公共预算收入 2.03 亿元，比上年增长 41.7%，旅游经济开发区连续两年被评为“省级文明单位”，连续三年被评为市级争创“‘五型’机关先进单位”，被评为全市先进县级党委（党组）理论学习中心组，四号社区获山东省安全文明示范工地称号。

【招商引资】 实行挑商选资，整合区内土地、项目资源，采取走出去、请进来等多种方式对旅游经济开发区进行推介，共 50 余家客商到区内洽谈项目，其中山东浙商会泰山养生产业园、泰山圣华茶博园、伊山伊水国际风情园等项目签约。

【项目建设】 优化发展环境，加快推进项目建设。中青旅项目东区建设累计完成投资 7.7 亿元，特色商业街建成并投入使用，主体酒店正在装饰装修。泰山玉石大市场、泰山岳麓健康益生园、泰山创新科技文化园等项目开始办理土地等手续。

完成 5 个地块共 295 公顷的控制性规划编制工作。根据招商项目规划和土地储备计划，完成 17.07 公顷（256 亩）农用地转建设用地手续报批和三宗 12.8 公顷（192 亩）经营性用地出让。采取“先维稳支付，再审计结算，最后依法处置”的方案，解决区内企业拖欠农民工工资问题。筹集资金 349.2 万元，发放附着物补偿款，解决府东路污水排放问题，提前启动天平北街建设。

【社区建设】 创新调整社区建设监管运行模式，变委托项目公司代建为开发区直接管理，即由原来的开发公司出资代建，开发区以土地作为抵偿，代建公司再按工程总造价收取 3% 管理费的模式，调整为开发区直接管理。推行“双监督双保障”（监理审计人员与社会群众双监督、质量技术小组与现场考核小组双保障）工作体制，社区建设快速推进。四号社区一期工程基本完工，小学教学楼及配套设施全部竣工；二期工程 14 栋 17 层住宅楼，主体完工 80%。完成校园建设 2000 平方米，回迁楼建设用地规划许可证、土地证办理完毕，确定招标代理机构。《大陡山村旅游总体规划》通过省旅游规划设计研究院、山东大学、山东建筑大学、市旅游局、市广播电视台等单位相关专家进行的专家评审。争取上级帮扶资金 200 万元，用于大陡山凤凰湖生态旅游工程建设。6 月 19 日，由国家农业部和本山传媒共同打造的大型公益活动——“美丽乡村快乐行”在天平街道大陡山村演出。（朱　涛）

编辑·校对　张云霞

交通·邮政

综述

【概况】 年末，全市交通运输系统在职职工1.08万人。市交通运输局辖县级单位3个、副县级单位6个、正科级事业单位3个、副科级事业单位1个、管理国有企业1个、监管民营企业1个。全系统立足富民强市，把握稳中求进，全力推进基础设施建设，持续优化产业结构，着力提高管理服务水平，切实保障和改善民生，加快构建大路网、大物流、大公交、新场站、新港航“五大体系”。年内，市交通运输局被市委、市政府表彰为“2014年度科学发展综合考核先进单位”“2014年度机关作风和政风行风建设争先进位先进单位”“全市信访工作先进单位”，被市委表彰为“2014年‘五型’机关建设示范单位。

【交通基础设施建设】 全年完成交通建设投资17.5亿元，是年度目标的186.2%。其中，公路建设完成投资8.7亿元，水路建设完成投资1亿元，场站建设完成投资1.37亿元。实施国省干线公路升级改造，完成大中修项目6个、105.3公里，改造危桥1座，全市干线公路综合优良路率达90%。加快农村公路建设，新建和改建农村公路907.5公里，完成投资4.8亿元，全市农村公路通车里程达1.32万公里，行政村通油路率达100%。全市交通建设项目交竣工验收合格率、重点工程竣工验收优良品率均为100%。年末，全市公路里程1.44万公里，增加118公里，公路密度每百平方公里186.1公里。按行政等级划分，国道7条、265公里，省道15条、924.4公里，县道88条、1547公里，乡道2106.1公里，专用公路27.6公里，村道9576.8公里；

2014年泰安市公路通车里程情况

表12 　　单位：公里

行政等级 \ 技术等级	合计	高速公路	一级公路	二级公路	三级公路	四级公路	等外路
国道	265	115	79.5	70.5	-	-	-
省道	924.4	123.8	156.7	546.6	97.3	-	-
县道	1547	-	32.4	641	636.7	236.9	-
乡道	2106.1	-	8.4	117.2	411.9	1568.6	-
专用路	27.6	-	-	-	23.3	4.3	-
村道	9576.8	-	14.1	227	397.6	8858.8	79.3
合计	14446.9	238.8	291.1	1602.3	1566.8	10668.6	79.3

9月16日，104国道界首至满庄段改建工程开工仪式举行。图为市委书记、市人大常委会主任李洪峰（左二），市委副书记、市长王云鹏（右二），中建筑港集团有限公司董事长王连生（左一），市人大常委会党组书记、第一副主任林华勇（右一）按动开工启动杆　（张海宁　摄）

按技术等级划分，高速公路6条、238.8公里，一级公路291.1公里，二级公路1602.3公里，三级公路1566.8公里，四级公路1.07万公里。

【依法行政】　加强法治交通建设，依法梳理交通行政权力清单，规范权力运行流程。加强交通行政执法队伍建设，统一执法服装、执法标识。强化执法监督检查和评议考核，建设交通运输法律知识电子测试系统，提高交通依法行政能力。开展交通普法宣传教育活动，组织执法骨干培训班2期，培训执法骨干600人。规范行政审批服务，市行政审批中心交通窗口办理审批事项1.3万件，办结率、群众满意率均达100%。开展交通公路执法专项整治活动，完善投诉举报快速反应机制，办理行政复议应诉案件，全年未发生行政复议被变更、撤销或败诉案件。开展旅游客运市场、水上运输专项整治，规范道路水路运输市场秩序。开展运输企业质量信誉考核和营运驾驶员（船员）诚信考核，增强运输业户守法经营意识。依法加强路政、运政、航政管理，检查营运车辆24.6万辆次，查处违章违规车辆1.39万辆次。加强治超站点规范化建设，完善路面监控网络，干线公路车辆超限超载率控制在2.2%以下。依法加强交通建设市场管理，强化工程质量监督，规范建设市场秩序。

【运输经济】　年末，全市有道路旅客运输经营业户16家、道路货物运输业户数1.80万家、道路运输相关业务经营业户数1165家，旅客营运车5614辆（包括客运公交、客运出租车），客运营运线路625条，年平均日发班次3794班；货物营运车3.12万辆，中型以上货车比例达47%；跨省运输经营的国内水路运输企业4家、8.35万载重吨，市内水上旅游运输企业9家、2031客位。全市集约化客运线路达58条，集约化客车比例达37.1%，水上旅游船舶全部实现公司化运营。泰城公交完成客运量8303万人次，增长5%。完成春节假期运输和重大节假日运输保障及应急运输任务。

【104国道界首至满庄段改建工程开工建设】　该项目起点为济南、泰安交界处的界首，终点为岱岳区满庄镇，路线全长28.12公里，途经天平、道朗、夏张、满庄4个乡镇（街道）、26个自然村；全路段按一级公路标准建设，设计速度每小时80公里，双向四车道，路基宽24.5米，路面宽21米，主线设大桥2座、中桥5座、小桥2座、涵洞77道、通道3道、天桥4座，互通立交3处，分离立交3处，平面交叉45处，工程预算投资11.2亿元。建成后，泰安城区面积向西扩大100平方公里。9月16日项目开工建设，年末，征地拆迁、临时便道修筑、路基桥涵施工完成投资2.9亿元。

【高速公路建设与管理】　青（岛）兰（州）高速公路泰安段项目，配合项目投资单位山东高速集团有限公司开展前期工作。范县至梁山高速公路东延，作为研究路线列入省高速公路网中长期规划。济南至泰安东部高速公路列入省里有关规划并开展前期工作，项目规划全长约55公里（泰安境内约30公里），路线起点位于济南绕城高速涝坡互通立交处，向北与济南二环东路南延线相接，向南经锦绣川水库西、李家埠东、窝铺东、长城岭东、西麻塔东、山口西，在S31泰（安）新（泰）高速汶河大桥附近与泰新高速衔接，全线拟按双向六车道高速公路标准建设，匡算总投资约80亿元。加强高速公路通行费征收管理，推广应用电子不停车收费系统，全年完成通行费收入5.37亿元，增长14.2%。贯彻落实绿色通道、重大节假日小型客车免费通行等惠民政策，免费放行鲜活农产品运输车辆26.6万辆次，免征通行费2377万元，免费通行7座以下小型客车89.5万辆次。规范高速公路日常养护、病害维修、养护工程作业现场管理，完善京沪高速、泰新高速、莱泰高速公路安保设施，增设雾区警告标志10套，改造中央分隔带开口护栏57处、计1505米。强化高速公路运营管理，建设养护、路政、收费站、服务区、应急中心“五位一体、配套联动”机制，实行重要路段、重点时段领导包保责任制，全市高速公路综合优良路率达100%。开展星级服务区创建活动，加强服务区软硬件建设，泰新高速公路泰山服务区、新泰服务区停车区被省交通运输厅评为“五星级服务区”。

【干线公路建设与养护】 全年干线公路完成建设投资8.7亿元，完成路网改建、养护大中修工程136.8公里，改造危桥1座。S333蒙（阴）馆（陶）线磁窑至宁阳城区段改建工程建成通车。实施干线公路升级改造，S255旧（县）邹（城）线王台大桥北至汶上界段、S333蒙（阴）馆（陶）线光明桥至新泰宁阳界段大修工程等9个大中修项目完工。实施公路养护“六大提升工程”，购置养护机械设备41台套，泰安城区周边道路和国省干线主要路段保洁实现机械化作业。启动“畅安舒美山东路”创建活动，加强公路日常养护管理，推行预防性养护，全市干线公路综合优良路率达90.06%。开展工程建设领域突出问题专项治理，促进工程建设市场健康发展。实施科技兴路战略，《煤炭采空沉陷区旧路路床施工技术研究》《乳化沥青厂拌冷再生应用性研究》被中国公路建设行业协会评定为“国内先进”，荣获公路工程科技成果创新三等奖，《煤炭采空沉陷区旧路路床施工工法》获批为部级工法。市公路局工程一处“彗星一号”QC小组“降低半刚性基层路面裂缝处理成本”研究成果获2014年中国交通行业QC成果发布优秀奖；市公路局工程二处《提高桥梁钢模板的加工精度》研究成果获全国交通行业优秀质量成果奖，二处维修中心QC小组被评为全国交通行业优秀质量管理小组。

【路政管理】 严格路政许可审批，全年办理涉路工程、非公路标志许可168件。依法维护路产路权，完成路政巡查里程163万公里，查处路政事案613起，收取路赔费529万元。加强路政执法队伍建设，建立路政执法车辆GPS监控调度系统，提升基层执法装备水平。明确公路用地和建筑区控制范围，埋设公路标桩、界桩1.21万块。开展路域环境综合整治，落实综合管理责任，建立“政府主导、多方参与、齐抓共管”的治理工作机制。抓好集市贸易、占道经营、非公路标志和“路宅”分家管理，清除非公路标志标牌2497块，清理垃圾5.8万立方米，清理公路两侧乱摆乱放、摆摊设点以及汽车维修洗车点968处，改善干线公路路面状况及路域环境。加强公路调度指挥中心建设，建立数字化路政管理和应急救援平台，全年出动救援车辆340台次，救援故障车辆800台次，处置各类突发事件50起。加强路政执法队伍建设，开展业务素质培训和军事化训练，推进路政管理执法标志、执法证件、工作服装、执法场所外观“四统一”。

【农村公路改造】 优化农村公路路网结构，新建、改建农村公路907.5公里，改造危桥7座、504延米，实施安保工程168.6公里，完成建设养护投资4.8亿元。泰城南部出口通道泰（安）楼（德）路涝坡至四坡路口段大修工程基本完成。泰山区埠（阳庄）黄（沟港）路拓宽改造工程、新泰市泰（安）新（泰）路新阜段大修工程、肥城市大（汶口）边（院）

5 月 16 日，省交通运输厅党组书记、厅长张传亭（右一）到泰调研指导交通运输工作，市委副书记、市长王云鹏（左三）陪同调研（张海宁　摄）

路改造工程、宁阳县黄（茂）吴（村）路大修工程、东平县后（屯）梯（门）路大修工程等一批重要县乡路改造工程竣工通车。新泰市、东平县“村级公路网化示范县”建设顺利推进，新建、改建农村公路 699.4 公里，两年累计完工 1039.4 公里，占总工作量的 80%。实施“千村公路扶贫”专项行动，累计完成 154 个村帮扶任务。实施农村公路服务群众出行“最后一公里”工程，硬化农村公路 22.1 公里，解决一批农村学校和偏远村庄群众出行难问题。年末，全市农村公路通车总里程达 1.32 万公里，行政村通油路率达 100%。

【农村公路管理养护】 继续开展农村公路管理养护年活动，落实管理养护主体责任，加大公共财政养护投入，健全公共财政投资体制和运行机制。完善市、县、乡三级管理养护体系，县级农村公路管理机构内设综合科、工程科、养护科、路政科等业务科室，乡镇层面赋予乡镇交通管理所农村公路管理养护职能。组建乡村道路日常养护队伍，加强养护管理，改善路容路貌，全市农村公路列养率达 100%，县、乡、村道经常性养护率分别达 100%、83.5%、68.4%。加强农村公路路域环境整治，重点整治违章占道等侵犯路产路权行为。组织实施农村公路预防性养护 516 公里，养护工程实施率达 34.5%，全市重点农村公路优良路率保持在 85% 以上。

【道路运输场站建设】 全市道路运输场站建设完成投资 1.37 亿元。完善汽车客运站枢纽功能，推进资源整合、规范经营，泰安汽车站、泰山汽车站、宁阳汽车站、东平汽车总站实现公交车、出租车、旅游直通车进站发车，宁阳汽车站通过一级站达标验收。开展全市二级以上汽车站整合整治活动，实现二级以上汽车站联网售票。完善城市公交基础设施，京沪高铁泰安站公交枢纽一期工程综合业务楼、车队车间、修理车间、倒班宿舍 4 个单体建筑全部完工，泰安高新区南区停车保养场、方特欢乐世界公交停车保养场等项目进展顺利。满庄镇、环湖路、道朗镇、夏张镇、泰安汽车东站、泰山汽车站 6 个公交枢纽及停车场，北集坡镇泉上村、道朗镇鱼池村、徂徕镇李家峪、满庄驾考中心、泰煤机厂、龙湾地质公园等 12 个公交首末站、261 个公交港湾或站亭建设完成并投入使用。

【客运行业管理】 推进运输结构调整，推动道路客运集约化、规模化经营，全市集约化线路 58 条、客车 663 部，集约化客车比例达 37.1%。健全营运客车市场退出机制，推广应用清洁能源客车，鼓励和引导企业发展高档节能环保型客车，清退到期营运客车 160 部，更新客车 91 部，全市清洁能源客车 296 部，占客车总数的 16.56%，占班线客车总数的 20.6%。规范旅游包车管理，启用新版“山东省包车客运管理信息系统”，实现旅游客运企业包车业务网上审批，办理包车业务 8288 件。开展道路旅客运输安全生产专项整治活动，落实汽车客运站营运客车安全例检和营运客车出站检查制度。加强道路客运市场秩序监管，严查未经许可擅自从事道路旅客运输经营、客运车辆超员超载、站外揽客、不按站点停靠等违法违规行为，规范市场秩序，提高服务质量。

【货运行业管理】 推进传统货运向现代物流转型，引导物流企业加快功能整合，促进道路货运服务向现代物流产业链上下游延伸。加快运力结构调整，发展大型专业特种运输货车，全市营运货车达3.2万辆。开展超期货运业户及车辆信息清理工作，停业整顿危险货物运输企业5家，吊销企业经营许可2家。开展货运企业质量信誉考核，评定AAA级优秀企业9家。发展甩挂运输等先进运输组织方式，推广应用集装箱、厢式、冷藏、液罐等专用运输车辆，甩挂运输车辆发展到216辆。开展交通邮政战略合作，联合交警部门为快递车辆办理城市通行证，解决城市配送和邮件快递车辆城乡通行难问题。扶持现代物流园区和交通物流公共信息平台项目建设，山东中物国际物流有限公司项目、嘉和物流园建设项目被市政府列为市区现代物流重点建设项目，年内分别完成项目投资4000万元和7000万元。强化重要时段、重要节假日期间货运保障及危险货物运输安全管理，储备应急运力，提高应急保障能力。

【客运出租行业管理】 完善出租汽车经营承诺制度，理顺客运出租企业、个体车主、承包经营驾驶员劳动关系，规范签订三方经营合同。配合物价部门开展客运出租车运价调整工作，提高出租车驾驶员交通高峰期运载积极性。严把出租车服务资格培训、考核和发证关，完成2期、4个班培训任务，新培训从业人员300人，考试合格率达95%。抓好服务资格证到期换证培训工作，培训出租汽车从业人员2600名。打击出租车违规运营行为，实行“诚信电子档案”管理。年内，检查出租车1400辆次，现场查处违规出租车40辆，查处电话投诉违规出租车90辆，吊销严重违规经营驾驶员服务资格4个。开展“泰山文明号”服务品牌创建活动，组建“爱心车队”“雷锋车队”等品牌车队，组织开展“爱心送考”“关爱孤寡老人”等系列社会公益活动，提升客运出租行业形象。

【公共交通管理】 新增液化天然气（LNG）公交车50辆、压缩天然气（CNG）公交车30辆是2014年市委、市政府“为民要办的10件实事”之一。市交通运输局落实市政府《关于优先发展城市公共交通的意见》，加快公交车辆增新扩容，优化公交线网布局，推进公交线路向居民小区、旅游景区、学校及周边乡镇（街道）延伸，提升公交服务承载能力。年内，泰安城区新增公交车139辆，新开通公交线路14条，优化调整公交线路13条。稳步推进城乡客运公交化改造，道朗、满庄、化马湾、徂徕、夏张、大汶口等乡镇通达公交线路，泰安公交步入城乡统筹、公车公营、多元化发展新阶段。制定泰城公交服务标准，开展“建设幸福泰安，公交人人争先”劳动竞赛、“泰山百合”服务品牌创建等活动，提升公交服务品质。泰安城区2路、3路、4路、6路、9路、11路、14路、15路、18路、28路、33路等11条重点线路夏季、秋季运行时间延时至晚11点，春秋、冬季延时至晚9点30分，满足市民夜间出行需求。年末，泰安城区拥有公交线路52条，公交车辆920辆，公交网络500米半径覆盖率达71%。完成公交客运量8303万人次，增长5%。

【实施“公共交通一小时免费•优惠换乘”政策】 为改善市民公交出行条件，降低市民出行成本，提高公共交通出行分担率，市政府决定自5月1日起，在泰安城区实施“公共交通一小时免费•优惠换乘”政策。免费优惠范围是：市民持市公共交通公司发行的带有电子钱包功能的公交IC卡乘车后，在一小时之内换乘其他公交车辆时，享受一次免费或优惠换乘；成人月票卡、小学生月票卡、老年月票卡、老年半价卡不再纳入本次优惠范围，上述卡种有“电子钱包”功能的，在原优惠使用完毕后，启用电子钱包时可享受“免费•优惠换乘”政策；现金购票不享受该政策。免费优惠幅度是：换乘车辆票价低于或等于首次票价的，实行免费换乘；换乘车辆票价高于首次票价的，实行优惠换乘，只需支付票价差额部分。免费优惠方式是：乘客自刷卡购票开始计时，五分钟后执行“免费·优惠换乘”政策，一小时内可享受一次“免费·优惠换乘”；再次乘车需重新购票，可再次享受该政策；依次类推。该政策适用于市公共交通公司所有线路的公交车辆。政策实施以后，日均免费优惠换乘达 1.3 万人次。年内，泰安城区公交免费优惠换乘 310 万人次，为市民节约出行成本约 431 万元，公交 IC 卡新发行 4.47 万张，增加 77%。

【机动车维修行业管理】 规范维修经营许可，严把市场准入关口，新许可维修企业 34 家，取缔不合格企业 28 家。2014 年年末，全市有各类汽车维修企业 769 家，检测企业 6 家。开展维修检测企业质量信誉考核，评定 AAA 级维修企业 50 家，检测企业 1 家；AA 级维修企业 324 家，检测企业 3 家；A 级维修企业 331 家，检测企业 1 家；B 级企业 19 家。开展机动车维修企业安全生产标准化达标活动，组织维修企业安全生产达标管理员培训 120 人，维修技术人员从业资格培训 400 人，通过达标考核 9 家。开展“泰山快修”服务品牌创建活动，首批筛选 50 家汽车维修企业加盟试运行。加强车辆二级维护上线监管和车辆技术等级评定检测管理，全年完成营运车辆技术等级评定 2.8 万辆，二级维护备案 9.91 万辆次。

【机动车驾驶员培训管理】 加强机动车驾驶员培训管理，全面实施计时培训，建立市、县运管机构动态监管机制。贯彻落实《机动车驾驶员培训机构资格条件》《机动车驾驶员培训教练车技术要求》国家新标准，提升驾校培训条件和服务水平。严格《培训记录》审核、签章程序，全年审核签章《培训记录》10.44 万份。开展驾校、教练车、教练员队伍整顿活动，查扣违规教练车 37 辆，取缔非法招生培训点 27 处。开展驾校质量信誉考核，评定 AAA 级驾校 11 所，AA 级 28 所，A 级 5 所。严把道路运输驾驶员从业资格证报名、培训和考试关，规范培训行为，提高培训质量，组织从业资格证培训 4580 人。开展道路运输驾驶员诚信考核和继续教育工作，全年考核、培训道路运输驾驶员 6 万人。

【车辆超限超载治理】 贯彻落实《山东省治理超限和超载运输办法》，建立健全治超工作目标责任制和追究制，治超工作纳入全市年度科学发展观考核和社会治安综合治理考核体系。开展公路治理超限超载执法专项整顿活动，加强执法队伍建设，规范执法行为。印发《交通稽查（监察）法规汇编》手册，修订完善《交通稽查（监察）实用手册》《交通稽查（监察）岗位作业指导卡》，细化岗位分工，落实主体责任，全年没有出现违法违纪案件、公路“三乱”问题和省级以上投诉案件。开展“打非治违”专项整治行动，加大国省道和重点县乡道路、高速公路主要出入口等重点部位流动检查力度，保持路面执法高压态势。开展城区客运市场整治活动，集中治理非法旅游包车、非法营运客车，规范城区运输市场秩序。健全治超源头管理网络，启用化马湾Ⅱ类治超检测站，建设完成黄前Ⅱ类治超检测站，形成源头管理与路面执法长效机制。全市累计出动行政执法人员 7.5 万人次，执法车辆 1.5 万辆次；检查客、货运输车辆 24.5 万辆次，查处违章车辆 1.38 万辆次。其中，查处超限超载运输车辆 5107 辆次，卸货 1.9 万吨；查处脱落扬撒车辆 2936 辆次，干线公路车辆超限超载率控制在 2.2% 以下。

【水上运输行业管理】 加强地方海事管理，开展水路运输业年度核查，核查水运企业 19 家、船舶 228 艘、6.76 万载重吨、2387 客位。推行海事管理阳光服务、微笑服务、规范服务、高效服务、廉洁服务，提升行政许可规范水平，办理海事业务 1067 件，整理完善船员档案 260 卷。加强水上现场执法检查，实行东平湖巡航、黄河浮桥、大清河巡查和船舶航次签证制度，强化船舶出航管理，严厉打击各类违法违章行为，出动海巡艇 52 艘次，巡航 1870 公里，现场纠正违章行为 30 起，水运秩序保持良好。编制《泰安市水路交通突发事件应急预案》，完善水上应急救预案体系，组织开展水上应急消防演练，提高应急反应能力和救助水平。2014年年末，全市旅游航道通航里程达177.54公里，旅游码头17个，拥有跨省运输经营的国内水路运输企业4家，船舶运力6.76万载重吨；拥有市内水上旅游运输企业9家、2387客位。

【京杭运河泰安段复航工程建设】 年内，港航建设完成投资1亿元。八里湾船闸主体和引航道施工完成，大堤交通桥正式通车。破除东平湖堤防287米，实现八里湾船闸引航道与东平湖相连相通。《泰安港总体规划》通过省级审查，东平湖湖区航道、大清河航道可行性研究报告编制完成。其中，八里湾船闸工程位于东平湖大安山旅游码头西5公里处，是国家南水北调东线一期南四湖至东平段输水与航运工程结合的一部分，也是京杭运河续建工程东平湖至济宁段重要的梯级船闸。船闸按照二级船闸标准设计，包括船闸上下闸首、闸室、上下游引航道、大堤交通桥、八里湾公路桥、管理区等配套建筑和设施。泰安港规划建设东平港区，设置银山、老湖、彭集3个作业区，预留港口作业区及渡口、修造船厂、航道养护基地岸线，规划泊位87个、岸线9925米、占地面积460公顷（6900亩）。东平湖湖区航道采用内河Ⅲ级航道标准，起点位于八里湾船闸上游引航道，终点设置在银山、老湖作业区，全长15.5公里。大清河航道采用内河Ⅲ级航道标准，起点设置在彭集作业区，终点接湖区航道，全长33.6公里。

【平安交通建设】 以“安全生产责任落实年”活动为主线，加强从业人员教育培训，健全安全生产监督、约谈等工作机制，落实行业监管和企业主体责任，夯实安全生产基层基础。开展交通企业安全生产标准化建设，全市客运、危化品运输企业全部达标定级。加大科技兴安力度，完善交通运输安全管理系统，安全监管实现全过程网上监控。建立责任、管理、考核体系，界定管理责任，量化岗位指标，实行网格化管理，健全安全管理长效机制。严格执行道路运输市场安全准入条件，落实“两客一危”车辆（旅游包车、三类以上班线客车和运输危险化学品、烟花爆竹、民用爆炸物品的道路专用车辆）强制检测、驾驶承诺和限时禁行等规章制度，道路运输安全监管由事后追责向事前预防转变。加强水上运输安全管理，疏浚航道15公里，补充安全警示标志57处，整改安全隐患40项。实施安全生产大检查和隐患排查整改，加强重点领域和重点环节安全监管。组织安全督查组、检查组128个，进行综合排查2次，采取“四不两直”（不发通知、不打招呼、不听汇报、不陪同接待，直奔基层、直插现场）方式，检查运输企业472家次，对1100项不安全问题、665项安全隐患进行限期整改。强化安全宣传教育，举办安全管理培训班26期，培训干部职工3600名。加强应急预案体系建设，组织开展东平湖水上消防演练、道路运输应急拉练、公交应急反恐、公路防汛抢险等应急演练活动。年末，全系统各项安全指标均低于省交通运输厅和市政府下达的预控指标，市交通运输局被市政府表彰为“安全生产先进单位”。

【交通文明行业创建】 以提高交通干部职工文明素质为核心，深入开展践行“三严三实”争做“四德”好人主题实践活动，干部职工守规矩、知荣辱、尽责任的自觉性不断增强。推进“五型”机关建设和基层党组织建设，开展“践行群众路线、争创服务品牌”活动，提高管理服务效能。继续与市文明办联合开展“创优夺杯”竞赛活动，调整考核指标，创新考核方式，发挥激励导向作用。开展“创建文明城市、交通当好先行”活动，打造“红叶服务”“泰山百合”“春风服务”“汇元爱心车队”等具有交通特色的志愿服务品牌，提升行业文明程度。推行党风廉政建设主要领导负责制和分管领导“一岗双责”，落实党风廉政建设责任。建立廉政风险防控体系，深化工程建设、行政执法等重点岗位廉政风险防控。推进廉政文化建设，开展分层分类教育活动，健全完善监督管理和信息公开制度。落实中央关于作风建设的“八项规定”、省委实施办法和市委若干规定，整治文山会海，规范行政事务管理，开展“慵懒散”“衙门”作风等专项治理活动，提高机关行政效能。加强干部职工队伍建设，配齐配强各级领导班子，选拔培养年轻干部，激发干部队伍活力。开展群众性建功立业活动，加大扶贫帮困力度，维护职工群众合法权益。开通“12328”交通服务热线，注重新闻宣传工作，加强交通综合治理，提升行业群众满意度。2014年年末，全系统创建成省级文明单位11个，市级文明单位15个，市局被省交通运输厅推荐为拟由国家人力资源和社会保障部、交通运输部联合表彰的“全国交通运输系统先进集体”。（周　真　张　文）

铁　路

【概况】 境内有铁路6条，营运里程316.25公里。其中，京沪线北起界首入境，南到宁阳县南驿站前石桥村出境，营运里程58.51公里，为国家Ⅰ级干线双线电气化铁路；泰（山）肥（城）支线起点为京沪线泰山站，终点为肥城湖屯站，营运里程49.34公里，为单线铁路；磁（窑）莱（芜）线西起京沪线磁窑站，东至新泰北师店出境，营运里程84公里，为国家Ⅰ级单线铁路；辛（店）泰（山）线由岱岳区范镇站入境，在泰山站与京沪线接轨，营运里程27.2公里，为国家Ⅰ级单线铁路；东（都）平（邑）铁路起点为磁莱线东都站，在新泰放城站出境，营运里程45公里；京沪高速铁路泰安市境内长52.2公里。泰安市境内形成以京沪线和京沪高铁为主干线，辛泰线、磁莱线、泰肥支线和东平线分布东西两侧的铁路网。

【泰山火车站】 地处京沪干线中段，车站中心里程位于京沪线555千米+864米处，是泰肥支线的起点，辛泰线的终点。北端衔接大河站，西端衔接天平店站，南端衔接洪沟站，东端衔接上高站，是济南铁路局管内二等中间站，办理客货运输业务，是泰安市的重要窗口单位。泰山火车站4个方向接发列车，日均接发列车294列，其中旅客列车127列、货物列车167列。车站行车设备为K5B计算机联锁，设正线3条、到发线10条、货物线5条，固定调车机一台（东风5型）。2014年年末，车站设综合技术室和3个车间，有职工386人（各级管理人员26人），其中运转车间131人、客运车间187人、货运车间51人、其他人员17人。车站设旅客候车室2座，建筑面积4032平方米，设自动扶梯2部，垂直电梯1部。售票大厅1处，面积1125平方米。旅客站台3座，一站台（基本站台）长520米、宽14米、高1.25米，二站台长642米、宽8.3米、高0.5米，三站台长550米、宽8.2米、高1.25米。天桥1座，长84.8米、宽6米。地下通道1座，长37.3米、宽4米、高2.6米。车站货场有仓库4座，总面积5128平方米，货物站台2座。

全年旅客发送量为373.84万人，日均1.02万人，旅游旺季最高日发送旅客达2.80万人，年旅客到达量为395万人。货物吞吐量79.46万吨，日均到发货物2177吨。（孙启峰）

邮　政

【概况】 全市有邮政普遍服务营业支局所136个，其中乡镇支局（所）105个；机要通信营业网点5个；全市累计建设邮政便民服务站3600个，“三农”服务站1668个；规模以上快递服务企业33家，包括邮政速递（EMS）、中铁快运2个国有品牌和申通、圆通、中通、韵达、顺丰、汇通、天天、德邦、优速、宅急送、D速、雅通商务等民营品牌企业。

全市邮政企业和快递服务企业业务收入（不包括邮政储蓄银行直接营业收入）累计完成5.2亿元，增长5.99%；业务总量累计完成5.11亿元，增长19.64%。

全市快递服务企业业务量累计完成1217.14万件，增长50.02%；业务收入累计完成1.54亿元，增长31.64%。其中，同城业务收入累计完成0.12亿元，增长31.63%；异地业务收入累计完成1.17亿元，增长26.39%；国际及港澳台业务收入累计完成0.05亿元，下降30.17%。

年内，市邮政管理局被市委、市政府表彰为“2014年度科学发展综合考核先进单位”；荣获“全市档案工作先进集体”“全市应急管理工作先进单位”“全省邮政管理系统统计工作先进单位”等称号，继续保持“市级文明单位”称号。

【邮政普遍服务和特殊服务监管】 全市135处普遍服务网点全面开办法定业务；严守普遍服务“两条红线”，严肃查处邮政企业擅自撤销邮政普遍服务营业场所、限制办理邮政普遍服务业务等违法行为；公示全市邮政普遍服务网点信息；开展2013年度邮政普遍服务用户满意度调查；做好信报箱规划建设验收，两年验收50处住宅小区、2.36万户楼房。举办全市邮政普遍服务法律法规培训班，提高企业法律意识和水平。做好《人民日报》等党报党刊发行监督；加强特殊服务监管，全市机要通信连续实现第31个质量全红年。组织开展纪特邮票发行专项监督检查，规范集邮市场。加强邮政特邀监督员监督管理，发挥社会监督作用。《中国极地科学考察三十周年》邮票首发仪式在泰山岱顶大观峰举行，“泰山极地科考”主题邮局同时在泰山设立。

【快递市场监管】 推进车辆通行政策常态化，完成换发和新办邮政快递车辆通行证122张。依法行政，开展备案工作，受理企业变更申请8件，分支机构备案9件，完成36家企业年度报告审查等工作。加强行业统计工作，完成全国邮政行业第一次统计专项调查。聘请律师，建立法律顾问制度和重大案件集体审查制度。“四通一达”和顺丰等规模以上快递企业除个别偏远乡镇外，其他各乡镇均设立了服务网点，新增网点118处，覆盖率达93%，增长23.26%。推进快递进校园工程，规范各快递企业在山东农业大学、泰山医学院等校园设点76处；推动山东省交通运输学校等院校设立校园快递超市。推进快递标准化门店建设，以泰安中通速递为试点建成全市首家快递标准化营业门店。建立邮政业申诉情况通报制度，及时处理市政府12345便民服务热线转办事项。建立泰安邮政快递行业技能人才培养基地，定期有针对性地举办安全生产、应急管理等培训达10次。推进快递员考级奖励制度，提升从业人员素质。发挥快递协会作用，凝聚行业发展合力。

【行业安全监管】 树立安全发展理念，强化底线思维和红线意识，健全安全责任体系，组织召开全市邮政业安全生产工作会及法律法规培训班达10次，同企业签订安全责任书，落实企业安全生产主体责任。开展“送法上门”活动，汇编邮政快递行业法律法规向企业发放6000册；印制发放寄递安全操作手册1800册、行业安全警示教育光盘和收寄验视教育光盘200张、收寄验视歌墙贴1500张。在特殊时期，敏感节点，下发传真电报或文件，并联合市公安、国家安全、安全监督等部门进行督导检查达30次。建立安全考核机制，奖罚分明。制定《泰安市邮政业突发事件应急预案》，组织突发事件应急演练。建立和完善寄递渠道安全监管机制，成立泰安市寄递渠道安全监管领导小组，与公安、国家安全、安全监督等有关部门成立协调机构12个，发挥多部门综合协调优势，确保寄递渠道平安畅通。

【邮政行业专项规划编制】 加强行业规划编制，编制《泰安市邮政基础设施专项规划》《泰安市快递产业发展规划》《泰安市快递物流园区选址规划》，《泰安市邮政业“十三五”规划》编制工作也已全面启动。

【快递物流园区建设】 3月14日，市政府副市长陈湘安主持召开专题会议，听取关于《泰安市快递物流园区选址规划》编制情况汇报，会议原则同意泰安快递物流园区布局规划意见，确定泰山区地块（泮河大街以南，山东农业大学实验基地以东，京沪高速以西，万官大街以北）、岱岳区地块（岱岳工业园区）、高新区地块（长城路以西，中天门大街以北，凤天路以东区域）作为泰安快递物流园区发展布局点，根据各区实际情况分时段、分区域展开建设。

【政风行风建设】 优化行政审批（备案）服务环境，开展集中整治审批事项和服务项目“五不”（不放权、不精简、不集中、不提速、不脱钩）现象活动，严格按照法律规定进行快递企业分支机构备案、住宅信报箱验收等服务事项，建立市邮政管理局权利清单和负面清单，梳理出保留的许可审批事项1项、服务事项8项，报送市法制办、市编办备案。推行党务政务公开，在市政府门户网站及市局门户网站公开市局及各科室主要职责、全市邮政普遍服务营业场所名录；发布行业运行情况、使用快递服务警示等，把与人民群众利益相关的事项、邮政管理系统及行业大事实事对内对外公开，增强工作透明度。参加政风行风热线直播节目，认真办理市政府“12345”便民服务电话转办事项，维护消费者的合法权益。（刘芳泉）

【山东省邮政速递物流有限公司泰安市分公司】 以坚持科学发展观为主题，围绕“求真务实 改革创新 增强能力 提升品质”总要求，扎实推进各项重点工作，实现平稳发展。年内，实现业务收入3900万元，服务质量指标居全市快递服务业前列，各项运行指标均达到省公司要求。

企业经营 ①标快业务。通过专线营销、重点区域营销、散户营销、商（店）超（市）写字楼专项营销活动等发展标快业务。2014年实现标快收入占全年自营速递收入57.73%。②拓展电子商务业务。通过网上寻找、客户介绍、外地引进等方式，发展代收货款业务，2014年代收货款业务增长16%。挖掘网购类客户，通过推广热敏打印等措施，提升客户粘性，提高EMS占比。③同城业务。成立同城业务部，实体化经营，政务类、银行类、商务类等同城业务稳步发展，实现收入200万元。④物流业务。东平光大项目运行稳定，四季度开发肥城一滕项目，县域物流业务发展较好。⑤邮政代理业务。通过强化两网整合、业务培训，遏制收入下滑趋势，全年累计完成进度列全省第2位。

能力建设 加快全市揽投网点建设，全面实行揽投合一为主作业模式，全年新建揽投网点7个，其中城区新建3个、县域新建4个，缩小服务半径，提高客户响应能力。优化拆分段道，通过政策引导，鼓励各营业部（揽投部）增加一线揽投人员，划小揽投范围，全市新增揽投段道30条。

管理创新 市公司通过组织架构改革和竞争上岗，压缩管理人员和营业部（揽投部）内部处理人员；建立竞争上岗常态机制，实现易岗易薪；调整一线员工薪酬分配方式，加大薪酬分配向创收一线员工的倾斜力度，引导二、三线员工向一线流动；细化领导班子分工，建立领导班子深入基层常态化机制；建立新入职大学生跟踪培养制度；通过集中培训、现场培训、视频培训等多种方式，分批分层级进行培训，增强员工综合素质；严格规范法律事务管理，规范合同文本和审批程序，维护企业权益；推进一级核算，强化财务管控，降低企业资金风险。

党建和企业文化 开展党的群众路线教育实践活动，对存在的问题查摆深入、立行立改、建章立制，得到督导组和基层单位的认可。开展“深入一线，跟班顶段”活动，体验一线生活，为一线解决困难。推进工会工作，开展“夏日送清凉”“旺季送温暖”活动，完善职工小家建设，加强对一线员工慰问和关心。为员工配发标志服，增发午餐补助，增强员工凝聚力。强化监督检查，加强反腐倡廉教育，加强对重大决策执行，按照规定对“三重一大”事项进行决策。健全以职工代表大会为基本形式的民主管理制度，落实职工的知情权、参与权、表决权、监督权。（李士栋）

编辑·校对 **袁立轩**

财政·税务

财 政

【概况】 年末,全市有市、县（市、区）、乡镇（街道）三级财政机构 100 个。其中，市级财政机构 1 个,县(市、区)级财政机构 6 个,市高新技术开发区财政机构 1 个,泰山风景名胜区管理委员会财政机构 1 个，旅游经济开发区财政机构 1 个，乡镇（街道）财政机构 90 个。在职职工 1380 人，其中具有高级技术职称的 107 人、中级技术职称的 387 人。全市有会计人员 7.1 万人。全市地方一般公共预算收入，加省级税收返还和转移支付补助、地方政府债券转贷收入及上年结转收入等 129 亿元，收入共计 316.4 亿元。全市一般公共预算支出，加上解省级支出及结转下年支出等 30.4 亿元，支出共计 316.2 亿元。收支相抵后，全市累计净结余 2066 万元。通过“全国文明单位”复评检查。

【财政收入】 全市一般公共预算收入 187.4 亿元，增长 11%，完成年初预算的 100%。其中，税收收入 135.2 亿元，增长 14.2%，占财政收入的比重为 72.2%，较上年提高 2 个百分点；主体税收完成 71.9 亿元，增长 12.1%，占税收收入的比重为 53.2%。市级税收收入中，增值税 18.7 亿元，完成预算的 102.1%，增长 17.8%；营业税 39.6 亿元，完成预算的 101.6%，增长 15.8%；企业所得税 10.1 亿元，完成预算的 83.8%，下降 5.2%；个人所得税 3.4 亿元，完成预算的 92.5%，增长 2.4%；其他税收收入 63.4 亿元，完成预算的 100.6%，增长 16.7%。非税收入 52.2 亿元，完成预算的 101.6%，增长 3.5%。

【财政支出】 全市一般公共预算支出 285.8 亿元，完成预算的 102.7%，增长 10.3%。其中，一般公共服务 23.5 亿元，完成预算的 87.5%；国防和公共安全 14.0 亿元，完成预算的 106.2%；教育 53.1 亿元，完成预算的 96.6%；科学技术 4 亿元，完成预算的 92.9%；文化体育与传媒 5.7 亿元，完成预算的 123.7%；社会保障和就业 38.6 亿元，完成预算的 114.3%；医疗卫生与计划生育 30.0 亿元，完成预算的 116.9%；节能环保 6.1 亿元，完成预算的 107.2%；城乡社区事务 30.4 亿元，完成预算的 151.4%；农林水事务 35.5 亿元，完成预算的 94.8%；交通运输 8.7 亿元，完成预算的 110.8%；资源勘探电力信息等事务 15.4 亿元，完成预算的 117.3%；商业服务业和金融等 5.0 亿元，完成预算的 84.6%；国土海洋气象等事务 3.4 亿元，完成预算的 61%；住房保障 3.8 亿元，完成预算的 93.7%；粮油物资储备事务 8759 万元，完成预算的 214.8%；国债还本付息 4919 万元，完成预算的 348.4%；其他支出 7.0 亿元，完成预算的 47.3%。

【预算执行不断完善】 ①收入预算完成。通过建立健全班子成员联系县（市、区）和乡镇制度以及“2463”蹲点调研机制（每季度每个县市区至少实地调研 2 个财政困难乡镇、4 个经济薄弱村、6 家重点纳税企业，时间不得少于 3 天），开展对 87 户重点税源

3月27日，市委副书记、市长王云鹏（前排左一）到市财政局调研　　（高　磊　供）

2014年泰安市公共财政预算收入情况

表13　　单位：万元

预算科目	年初预算数	决算数	完成预算（%）	比上年增长(%)
收入合计	1873829	1873936	100.01	11.01
税收收入	1360682	1352369	99.39	14.18
增值税	183468	187392	102.14	17.79
营业税	389800	396002	101.59	15.77
企业所得税	120850	101272	83.80	-5.22
个人所得税	36882	34124	92.52	2.40
资源税	62115	79837	128.53	53.26
城市维护建设税	73906	67652	91.54	4.15
房产税	43144	39371	91.25	5.43
印花税	18945	16338	86.24	-0.69
城镇土地使用税	114017	98057	86.00	-1.99
土地增值税	61923	91327	147.48	73.93
车船税	15366	15654	101.87	17.11
耕地占用税	113597	114996	101.23	60.21
契　税	126669	110347	87.11	-17.98
非税收入	513147	521567	101.64	3.54
专项收入	46388	49116	105.88	-45.69
行政事业性收费收入	135447	164446	121.41	37.83
罚没收入	38575	45635	118.30	24.78
国有资本经营收入	68407	21180	30.96	-78.41
国有资源（资产）有偿使用收入	214128	235045	109.77	59.22
其他收入	10202	6145	60.23	-47.41

企业的专项调研，掌握收入工作主动；通过调整完善县（市、区）收入考核体系，完善税收定期督查通报、地方财税贡献百强企业定期发布等制度，使抓收入有压力有动力；通过开展纳税评估、税务稽查和会计信息质量检查，共查补入库税款5.6亿元。②预算体系不断完善。市级完善以一般公共预算、政府性基金预算和国有资本经营预算为主要内容的政府预算体系。在抓好一般公共预算收支的基础上，全市政府性基金预算收支分别完成116.4亿元、132.1亿元，增长14.7%和18.3%；市级国有资本经营预算收支分别完成1.84亿元、1.58亿元，增长71.8%和47%。③借力发展成效显著。在统筹政府所有财力的同时，加大政府融资和对上争取力度。其中，市级政府性平台融通到位资金84.1亿元，超额完成全年融资计划，强力保障重点建设项目资金需要。全市争取上级转移支付和地方政府债券共102亿元，创历史最高水平。④支出结构不断优化。全市财政拨款安排的“三公”经费同比压减6373万元、下降16.4%。用于各项民生事业的支出达168.2亿元，增长9.4%，占一般公共预算支出的58.8%。用于政府为民要办的10件实事的财政投入，达到20亿元。市及以上财政安排对下转移支付和地方政府债券达到104.6亿元。

【企业减负】　围绕“财政更有为，市场更有效”目标，不断优化发

2014 年泰安市公共财政预算支出情况

表 14　　　　单位：万元

预算科目	年初预算数	决算数	完成预算（%）	比上年增长（%）
支出合计	2781381	2857756	102.75	10.31
一般公共服务支出	271839	237877	87.51	3.82
国防支出	15418	14680	95.21	-25.72
公共安全支出	116961	125930	107.67	13.34
教育支出	550139	531279	96.57	3.24
科学技术支出	42559	39537	92.90	2.02
文化体育与传媒支出	45778	56646	123.74	37.22
社会保障和就业支出	334527	382187	114.25	27.36
医疗卫生与计划生育支出	257931	301570	116.92	7.96
节能环保支出	57070	61167	107.18	9.72
城乡社区支出	199484	302042	151.41	63.78
农林水支出	376486	356730	94.75	3.56
交通运输支出	78410	86881	110.80	3.24
资源勘探信息等支出	144242	169253	117.34	14.44
商业服务业等支出	50255	42038	83.65	-7.26
金融支出	1159	872	75.24	-14.84
援助其他地区支出	880	1351	153.52	67.83
国土海洋气象等支出	50797	30966	60.96	-66.21
住房保障支出	36648	34320	93.65	-9.24
粮油物资储备支出	4121	8851	214.78	84.63
国债还本付息支出	1412	4919	348.37	274.35
其他支出	145265	68660	47.27	20.08

12 月 19 日，省内第一家政府采购微信平台——泰安政府采购微信公众平台开通　（高　磊　供）

展环境。①减税清费。落实“营改增”试点、资源税改革以及支持小微企业发展的税收政策，全市共向企业减税让利 40.1 亿元，其中“营改增”试点直接和间接减税 4.5 亿元；清理政府收费和基金项目，共停征 5 项、降准 1 项、取消 1 项，帮助企业和社会减负 1.3 亿元，其中暂停征收煤炭价调基金，为煤炭企业减负 7600 万元。②加快财政资金退出竞争性领域的步伐。市级财源建设资金较上年压减 5000 万元；清理规范税收等优惠政策，减少对市场行为的过度干预，提高财政资源配置效率。

【财政调控】　①强化资金引导。采取股权投资等方式，引导和撬动社会资本投向“转调创”领域，东岳创投和泰山天颐创投两支基金，完成 4 个项目、7200 万元股权投资；探索财源建设资金“拨改股”，市级及以上财政支持企业发展的 12.3 亿元资金中，用于资本金注入和股权增持的达 5 亿元，同比增加 4.7 亿元，推动由“直接无偿投入”向“间接引导撬动”转变。②强化财银合作。通过过桥还贷和融资租赁，帮助 59 个项目贷款 16.7 亿元；通过农村集体经济发展基金，带动银行贷款 8790 万元，支持 33 个村经济项目；通过财政贴息，引导全市金融机构发放小额担保贷款 3.5 亿元，帮助下岗失业等弱势群体 4830 人；通过设立 1000 万元“小贷险”风险准备金，在“无抵押、无担保”前提下，帮

4月14日，市财政局召开党代表、人大代表、政协委员座谈会，征求对财政工作的意见建议　　（高　磊　供）

助32户小微企业贷款3610万元，直接带动就业420人。③强化公私合作。由东岳金财公司作为项目法人，以政府与社会资本合作（PPP）模式为主，融集资金承担政府公益项目建设任务。市第四污水处理厂、市中心医院新院区等工程建设启动。

【保障民生】　①加大教育投入。筹集资金6.3亿元，落实义务教育经费保障和资助政策，将农村中小学的生均公用经费分别提高至910元和710元。②加大社会保障投入。筹集资金4.2亿元，将城乡低保标准分别提高至每人每月470元和每人每年2900元以上；筹集资金7亿元，支持完善居民基本养老保险制度，将基础养老金由每人每月65元提高至75元。③加大医疗卫生投入。筹集资金12.2亿元，建立居民基本医疗保险制度，将政府补助标准由每人每年280元提高到320元；筹集资金2.5亿元，支持基本公共卫生服务和基本药物制度改革，将基本公共卫生服务补助标准由人均30元提高到35元。④加大住房保障投入。统筹一般公共预算和政府性基金预算财力，筹集资金6.3亿元，支持公租房建设、棚户区改造等安居工程，超额完成省下达建设任务。筹集资金11亿元，保障各项惠农补贴政策落实。筹集资金5.1亿元，支持大气和水污染防治、城乡环境治理等；筹集资金1.7亿元，支持企业节能减排治污和资源综合利用。

【预算改革】　①规范预算编制。单列部门公务接待费预算，并适当调整车辆燃修费定额标准，提高住房公积金、养老保险财政负担比例，为预算公开创造条件。②延长预算编制周期。9月初开始编制下年度预算，比往年提前一个月编制，为编准、编全、编实、编细预算提供有利条件。③加快信息公开。市级和6个县（市、区）本级全部公开政府预决算及“三公”经费预决算总额，并公开67个市直部门和281个县直部门的部门预决算、“三公”经费预决算，在清华大学公布的全国289个城市财政透明度排名中，泰安市位居第60位，较上年前移12个位次。

【支出管理】　①盘活存量资金。不断加快支出进度，防止形成新的结余和沉淀，在全省每月的考核通报中，泰安市均位居前列。大力压减结余结转，积极清理财政暂付款，全市共压减结余结转13.4亿元、回收暂付款19.7亿元。②深化支出管理改革。全市通过国库集中支付系统支付资金387.2亿元，其中直接支付354.8亿元、直接支付率91.6%；发放公务卡2.1万张，消费结算7116万元。完成政府采购额52.8亿元，节约资金5.3亿元，其中市级采购额32.5亿元、节约资金2.9亿元；完成财政投资评审项目1152个，评审总额157.3亿元、审减资金13.8亿元，其中市级评审额110.3亿元、审减资金8.8亿元。

【财政基础管理】　①强化资产管理。加大行政事业资产收益收缴力度，市直实现有偿使用收入9949万元。深入推进办公用房专项整治，全市共清理腾退超标准建筑8.1万平方米、领导干部多占办公用房1.5万平方米。②强化会计管理。创新会计培养方式，打造会计人才品牌，通过实施会计领军人才培养选拔工程，确定首批53名培养人选。③强化财政监督。共开展各类专项检查和治理20项，全市查出违规违纪金额7.5亿元，其中通过“小金库”治理，查出5509万元。④强化津补贴管理。在完成市直机关津补贴调整工作的基础上，市级筹集资金5104万元，帮助县（市、区）兑现乡镇津补贴调整政策，乡镇公务人员及教师津补贴水平人均增加300元左右。⑤强化基层财政管理。全市87个财政所全部通过省级规划化验收，成为首批规范化全覆盖的3个市之一。⑥强化信息化建设。完善财政大平台体系，开发、改造、升级工资统发、办公自动化、政府采购代理机构管理和财政投资评审管理等多个系统，为科学理财、精细理财，提供技术支撑。

（高　磊）

【概况】 全市有住房公积金管理机构9个，其中市级管理中心1个、县（市、区）管理部6个、矿业集团分中心2个，在职人员60人。2014年，市住房公积金管理中心继续突出“安全、增值、服务”三大工作重点，牢固树立“法律、大局、风险、服务、创新、廉政”六种意识，强化管理、科学运作，住房公积金使用力度不断加大，增值收益率再创新高。年末，全市累计归集住房公积金139亿元，归集余额101亿元；缴存单位2913个，缴存职工38万人；提取住房公积金38亿元；发放个人住房公积金贷款75.2亿元，户数5.3万户，贷款余额40亿元。继续保持省级文明单位等称号。

【住房公积金归集】 ①政府推动。落实市政府《关于加快推进住房公积金制度的通知》要求，与县（市、区）签订住房公积金管理工作目标责任书，促进县（市、区）住房公积金任务指标的完成。②非公企业扩面。以非公企业扩面为工作重点，尤其是对新成立企业，上门宣传指导，全年新增开户单位155家，新增缴存职工4624人，新增公积金4900万元。③规范缴存比例。调整落实缴存比例和缴存基数，市本级和泰山区执行12%的缴存比例，岱岳区、肥城、宁阳、新矿缴存比例在原来的基础上提高为10%。④加大执法力度。受理对未缴、欠缴公积金的投诉22起，督促多个单位为698名职工缴存住房公积金837万元。全年共归集住房公积金27.4亿元，占全年计划的107%，同比增长15%。

【住房公积金支取改革】 完善提取政策，制定“提取住房公积金偿还公积金贷款”等实施意见，还贷提取由每年10～11月集中办理，改为全年每个月都可以办理；对销户提取实行核准制，初审、复审符合规定的可直接办理

2014年泰安市住房公积金业务指标完成情况

表15　　　　单位：万元

单位	公积金归集				公积金支取		公积金个人贷款			
	当年归集	占计划（%）	同比增长（%）	累计归集	当年支取	累计支取	当年贷款	占计划（%）	同比增长（%）	累计贷款
市级	90002	112	20	520065	55310	208776	37145	186	-7	302429
泰山区	9684	105	16	47233	5594	16503	8300	277	42	49118
岱岳区	12274	137	50	49146	4814	14328	11018	367	81	37340
新泰	32538	107	16	155206	9288	25538	7931	159	32	69454
肥城	23385	106	17	109772	9420	26248	11980	240	8	65974
宁阳	18657	156	103	59345	4612	15172	9557	191	-6	51063
东平	14303	131	40	57799	6152	14083	13973	279	-1	60609
新矿	58768	105	7	273951	17885	37451	9327	155	-11	49435
肥矿	13890	56	-42	116573	9287	22584	6634	111	-47	66039
合计	273501	107	15	1389089	122362	380682	115864	200	-0.3	751461

资金划拨手续；修改相关程序，对条件具备的职工，将支取资金直接划入其个人账户；将支取审批单上传网站，方便职工使用；探索实行网上审批办法，提高提取审批效率。全年为4.39万名职工提取住房公积金12.2亿元。其中，购买自住住房提取4.7亿元，退休提取2.5亿元，与单位终止劳动关系提取1.05亿元，偿还购房贷款本息3.7亿元，其他提取2161万元。

【住房公积金贷款】 ①个人公积金贷款。开展“一次性冲还贷”、集体贷款、按揭贷款等业务，完善担保公司担保业务，推进房产信息、个人征信查询系统建设等工作。强化贷款管理，建立贷款业务月度通报制度，及时调度、考评受托银行业务开展情况，严格执行国家《关于发展住房公积金个人住房贷款业务的通知》。控制风险，落实贷审会审议制度，全年共召开贷审会5次，强化逾期贷款管理，成立逾期贷款催收小组，开通手机短信服务平台，逾期率降至0.28‰。年内，发放个人住房公积金贷款11.6亿元，占全年贷款计划199.8%，贷款户数4928户。②保障性住房建设项目贷款。加强对项目贷款资金的监督管理，确保合理使用和安全回收。全市累计发放保障性住房建设项目贷款2.33亿元，占全部贷款计划58.25%，建设经适房20万平方米，解决9000人的住房困难。

【住房公积金增值收益】 实现增值收益2.17亿元，同比增长36%，增值收益率达2.29%。计提风险准备金后提供廉租住房建设资金1.9亿元，同比增长33%，累计上缴廉租住房建设资金5.8亿元。

【公积金管理】 进一步强化“零余额账户”管理，对零余额账户开设、银行汇票的收兑管理、对账、资金划拨等进行完善。严格执行资金使用四级审批制度，全市所有资金支付必须经中心领导审批，贷款、支取资金需提出申请经市中心审批后拨入银行专户，专款专用；健全“支取审查委员会”“贷款审查委员会”审查制度，重大资金使用经中心办公会议审议通过后办理。落实监督机制，资金管理岗位设置相互监督、制约，资金划拨必须经制单、复核、授权程序；与银行签订大额资金支付协议，市中心收入总账户发生大额资金支付业务时，经办银行电话确认复核后方可办理；实施交叉对账，不定期组织分支机构、银行开展交叉核对。加强经费使用管理，强化预算控制，严格执行中央“八项规定”和财经制度，严把经费支出报销关，加强平时的监督检查，进一步增强了经费使用的规范性、合法性。及时报送“三重一大”事项，构建廉政防控机制，接受审计、财政、纪检、财政委托中介机构的审计监督，聘请法律顾问和社会监督员，接受社会监督，确保资金安全运营和保值增值。

【基础设施建设】 ①服务平台建设深入推进。重点做好新建市中心服务大厅的功能完善，增加服务设施，完善服务功能，延伸建设客服中心、应急管理系统等。加快分支机构服务大厅建设进度，新矿、肥矿、东平服务大厅投入使用，肥城服务大厅经改造即将投入使用，宁阳服务大厅进入施工阶段，岱岳区服务大厅购置列入预算，泰山区、新泰市开始前期考察。②继续进行信息化建设。一期项目包括归集、贷款、财务核算、系统控制等子系统，二期项目包括银行联网接入、客服中心及“12329”服务热线、异地容灾数据备份等子系统，三期项目建设包括电子档案、稽查管理、经费管理、资金管理和网上营业大厅等模块。一、二期建设项目全部完成上线，三期建设项目不断进行调整完善。

（杜继祥）

【概况】 年末，全市纳入国税系统管理的纳税人6.48万户。全市全口径税收完成97.8亿元，增长3.4%。其中，国内税收完成91.1亿元，增长4.6%；市以下地方级收入完成25.43亿元，增长15.3%；国税地方级收入占国内税收收入的比重达27.9%，提高2.6个百分点。市国税局被评为“六五”全省普法依法治理中期先进集体、“全市依法行政先进单位”。

11月13日，省国税局郭吉毅巡视员（左三）到肥城市国税局调研青年干部教育基地建设情况　　（刘　峰　供）

【税收征管】　梳理修订税收征管岗责体系和业务流程，建立完善全市税收征管业务框架和工作机制。一是加强普通发票管理，建立普通发票代开管理“风险数据下达—核对排查反馈—分析评估通报”监控分析工作机制，违规代开行为得到遏制。二是加强金税三期应用，在全省率先制定金税三期税收管理信息系统运维及应急处理操作规程，金税三期运维能力逐步提高。三是强化税收风险管理，全面加强风险分析和应对处理。全年完成各项风险应对任务4527户次，应对成果2.48亿元。四是加强货物和劳务税管理，积极推进车辆购置税征管模式改革，对福利、资源综合利用等税收优惠企业实施专项检查，查补增值税4128万元。五是加强企业所得税管理，全面贯彻落实小型微利企业税收优惠调研，在全省所得税管理部门第一个创建小微企业微信宣传平台。六是加强出口退税管理，加快退税审批办理进度，建立基层管理单位AB角出口退税管理员工作制度。七是加强大企业税收管理，深入开展分集团、分事项等全流程税收风险管理，督导和促使大企业建立健全税务风险防控机制。八是加强国际税收管理，健全非居民专业化管理机制，加大跨境税源监控力度，强化国际税收征管协作，提升反避税工作绩效。

【纳税服务】　落实县级税务机关纳税服务规范，提升“12366”热线管理水平，加大咨询辅导及税收政策培训力度。一是拓展多元化办税方式，扩大网上“预申请”服务功能，新上自助办税设备15台，形成“网上主办、电话兼办、窗口补办、自助选办”的多元化办税模式，95%以上一般纳税人通过网络办理涉税业务。二是建立办税延伸服务点，全市7个社区、26个乡镇推行委托财政部门代开发票和委托代征税款业务。三是创新服务手段，开发应用“共享窗”系统，实现6大类26项常用业务的数据共享，在全省国税系统推广应用；宁阳局“号”前服务、新泰局便民办税做法得到国税总局、省国税局肯定。四是推进国地税合作办税，召开联席会议，探讨制定合作意见，肥城局合作办税做法得到国税总局、省国税局肯定。加大办税服务厅建设管理力度，建立视频管理系统，开展纳税人之家建设，新泰局纳税人之家被省局评为“十佳纳税人之家”。

【营改增扩围】　在上年营改增试点的基础上进一步扩围，提前调查测算，进行效应分析，协调解决改革中的突出问题，完成营改增扩围任务。全市共有7757户纳税人纳入试点，试点纳税人直接享受减税4456万元，原增值税一般纳税人因抵扣范围扩大累计减轻税收负担3.02亿元。

【便民办税春风行动】　优化纳税服务，做到“六提速、三减负、三公开、一首问”，即提速宣传咨询、提速登记办理、提速发票领用、提速多元办税、提速涉税审批、提速投诉处理；减轻资料报送负担、减轻表单填写负担、减轻税务检查负担；公开行政审批清单、公开执法权力清单、公开纳税人信用状况清单；推行首问责任制。公开87项税务行政审批事项、取消20个进户执法项目、取消下放10项行政审批事项。

【依法行政】　落实结构性减税和税收优惠政策累计35亿元。规范税收执法，落实税务行政审批事项目录清单制度，提速审批效率；建立税收法律顾问制度；制定实施《泰安市国税系统税收执法争议调解管理办法》，初步建立行政纠纷化解制度；提升重大税务案件审理质量。全市共审理重大税务案件53起，占检查机构查结案件总数22.96%。严肃督察内审，开展任期经济责任审计和“三审”工作；开展税收执法督察，查处问题21类，涉及违规税款5137万，提出整改建议32条。查处涉税案件，开展重点税源集中检查，查办大案要案，推进打击发票违法犯罪活动，强化涉税违法举报案件查处和金税协查工作。全市稽查查补入库2.53亿元，增长57.25%。信息化执法督察新模式、查管协作等经验做法在省国税局工作会议上作典型发言。

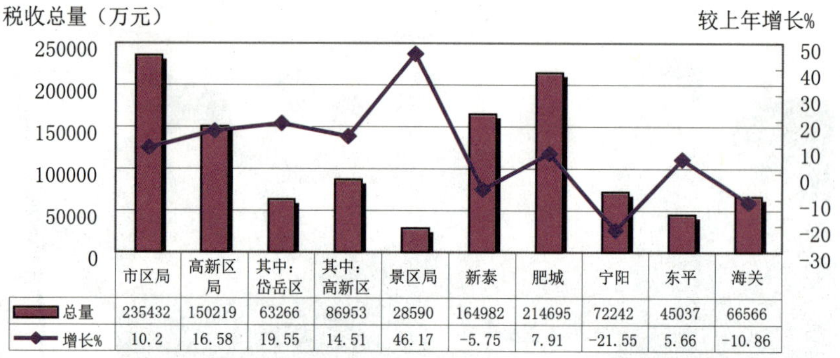

图7 2014年泰安市国税收入分县（市、区）完成情况

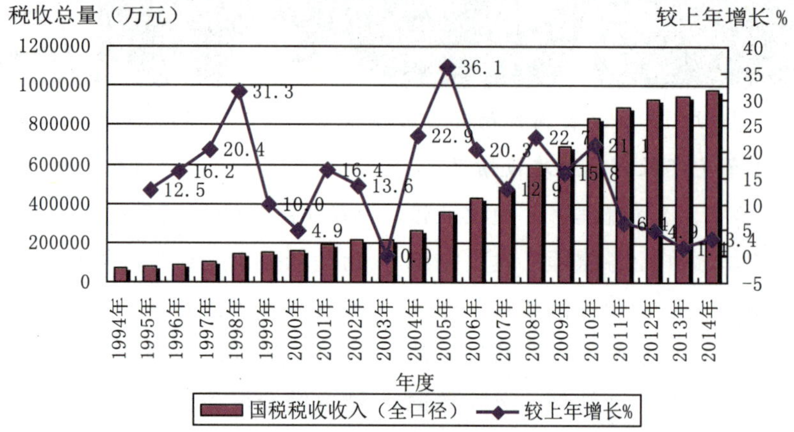

图8 1994~2014年泰安市国税收入完成情况

【年度税收分析】 ①税收增速探底回升。受经济税源形势和主要工业品价格持续低迷等经济因素以及国家加快推进营改增、小微企业免税等结构性减税政策等因素影响，全市国税税收增速进一步探底，上半年全市国税税收收入下降1.5%。下半年，全市国税系统开展“抓征管、防风险、促收入”活动，争取免抵调库指标，加大对重点行业和企业的税务稽查，实现月度税收连续5个月加快增长。全年全口径税收增长3.4%，增速较上半年加快5个百分点，较上年加快2个百分点，税收增速高于全省0.36个百分点，在全省的位次较上年前移2位，实现税收收入增速探底回升。②地方级收入实现历史性突破。全市市以下地方级收入完成25.43亿元，同比增长15.3%，增收3.36亿元，超出年初预算增速3.3个百分点，超收0.72亿元。国税地方级收入占国内税收收入的比重达到27.9%，较上年提高2.6个百分点，较2008年大幅提高4.7个百分点，占全市财政收入的比重，较上年提高0.5个百分点，地方级税收增速较整体税收增速高11.9个百分点。③税收结构调整优化。突出表现为重化工业税收持续减收，装备制造业逐步壮大，服务业税收加快增长。全市工业税收完成61.57亿元，同比下降10%；服务业税收完成36.18亿元，同比增长39.8%万元。工业税收分行业看，煤炭、钢铁、建材、化工等传统重化工业市场严重过剩、产品价格持续低迷，严重影响泰安市税收增长。其中，受全年煤炭平均价格同比大幅下跌影响，全市煤炭税收下降幅度达26.7%，减收3.87亿元，影响全市税收下降4.5个百分点。由于连续30个月的大幅度减收，泰安市煤炭税收总量已萎缩至2008年的水平。装备制造业受泰开电气等骨干企业效益拉动保持平稳增长。服务业税收中，交通运输业和现代服务业改征增值税全年完成4.08亿元，月度税收逐月增加，较上年增长425%。④税收收入在地区间呈现明显变化。受区域税源结构性差异影响，全市市辖区税收受服务业和装备制造业发展带动实现平稳增长，合计完成税收收入41.42亿元，同比增长14.4%，占全市国内税收的比重45.5%，较上年提高3.9个百分点。县（市、区）税收收入受煤炭、钢铁、建材等工业税收下降影响明显，其中新泰市、宁阳县税收收入分别下降5.8%和21.6%。⑤结构性减税广度和深度进一步扩大。税制改革政策调整减税效应日益凸显，全市累计实现固定资产进项税额10.63亿元，实际抵扣6.56亿元，出口企业“免、抵、退”税额12.19亿元，落实高新技术企业、资源综合利用企业、小微企业税收等税收优惠6.41亿元。下半年以来，国务院又陆续推出月销售额3万元以下增值税营业税纳税人纳入免征范围，部分行业增值税征收率统一兼并下调为3%，煤炭资源税改革等新的减税政策。上述结构性减税政策和税收优惠政策合计34.83亿元。（刘　峰）

地方税务

【概况】 全年共组织入库各项地税收入126.41亿元，增长10.65%，增收12.17亿元。其中，中央级收入完成10.28亿元；市县级收入完成116.12亿元，增长13.39%，增收13.71亿元。纳入地方财政公共预算的税收收入完成109.81亿元，增长13.93%，增收13.43亿元。坚持品牌建设与税收工作并重，全面打造“泰山魂·地税情”品牌，经验做法在市直机关服务品牌推进会上作交流。围绕用人导向的落实、干部实绩的评价，以新泰市地税局为试点，将被考评的10个县级局划分为A、B两类，实施差别化管理，初步构建起科学、完备、管用的绩效管理体系，被确定为全省地税系统唯一试点单位。启动《泰安市地方税务志》编纂工作，编辑出版《峥嵘税月》文集。市地税局全国文明单位复审合格，所属7个县级局继续保持“省级文明单位”称号。

4月3日，国家税务总局党组副书记、副局长解学智（左三）到宁阳县地税局调研指导党的群众路线教育实践活动　（曹丙珂　供）

【征管改革】 以在全省地税系统率先实现税收现代化为目标，推进行政审批、权力清单、税式支出等改革，优化减免税业务流程。制定《泰安地税金税三期税收征管业务规范》（试行）、《金税三期工程业务运维办法》（试行）等，梳理业务办理流程，明确业务操作标准，为基层提供操作范本。制定《泰安市地方税务局以查促管暂行办法》，探索交互检查方式，深化以查促收、以查促管、以查促查工作。抽调人员组织开展税收执法督察，对督察发现问题及时处理，防范执法风险，规范执法行为。

【税源管理】 在加强税源基础管理的同时，强化税源管理创新。探索“向财务报表要税收”办法，强化财务报表涉税风险分析。加强印花税征收，对土地出让合同、招投标合同、政府集中采购供销合同实行“先征税、后备案”办法。开展建筑业、房地产业、金融保险业等地方税收专项清理检查，加大执行和处罚力度，全市稽查查补入库税款、罚款、滞纳金2.52亿元。

【服务经济发展】 开展“为经济发展献良策、为纳税人办实事”活动，共为纳税人办理实事1072项。整合国地税资源，深化国地税合作，实现财政、国税、地税和纳税人的多方共赢。落实税收优惠政策，年内共计减免各项地税收入8.47亿元。其中，改善民生减免1.95亿元，鼓励高新技术减免3247万元，促进小微企业

12 月 4 日，泰安市地税系统"泰山魂·地税情"品牌建设推进会在泰山分局召开　（曹丙珂　供）

发展 4019 万元，支持金融资本市场减免 1340 万元，支持其他事业减免 2.93 亿元。

【年度税收分析】 ①地税收入创新高。总量达 126 亿元。其中，地方级收入完成 116.12 亿元，占全市地方财政收入的 61.97%；地方级税收收入完成 109.81 亿元，占全市地方级税收收入的 81.21%；地方级主体税收完成 46.47 亿元，占全市地方级主体税收 64.72%。②地方级收入好于中央级收入。中央级收入完成 10.28 亿元，同比下降 12.92%，减收 1.53 亿元；市县级收入完成 116.12 亿元，增长 13.39%，增幅列全省第 4 位。③三产总量超二产。提供全口径收入比重为 45.97∶53.11，比重分别较上年提高和下降 3.35 和 3.12 个百分点。其中，二产完成 58.11 亿元，增收 4.17 亿元，增长 7.74%。三产完成 67.14 亿元，增长 12.30%，增收 7.35 亿元，其中房地产完成 28.14 亿元，增长 18.12%，增收 4.32 亿元，是三产增长的主要动力。④收入前高后低状况有所改观。2013 年上半年、下半年收入比重为 59.94∶40.06，上半年比下半年多收 23.71 亿元。2014 年上、下半年收入比为 55.19∶44.81，上半年比下半年多收 13.11 亿元，不合理的收入曲线明显修复。⑤结构性减税力度大。年内全市共计减免各项地税收入 8.47 亿元，比上年增加 5.27 亿元。⑥主体税种比重提高。与经济运行密切相关的营业税、企业所得税、个人所得税三大主体税种，完成 56.74 亿元，增收 2.85 亿元，增长 5.29%，占全部收入的 44.89%。⑦重点税源贡献表现各异。按独立纳税人统计，地税收入千万元以上的纳税人共计 239 户，较上年增加 37 户，完成全口径地税收入 57.94 亿元，较上年增加 7.28 亿元，占全部收入比重的 45.83%，较上年提高 1.49 个百分点。该部分企业完成主体税种 25.88 亿元，占其全部收入的 44.67%，映射全市经济结构调整艰难。（曹丙珂）

编辑·校对　张云霞

金　融

综　述

【概况】 2014年，全市金融机构和金融组织159家，从业人员3.2万人。其中，银行业机构26家，存款余额2458.4亿元，新增197.1亿元，比年初（下同）增长8.7%；驻泰安银行业机构表内贷款余额1591.6亿元，新增175.2亿元，增长12.4%；保险业机构42家，保费收入61.1亿元，增长6.4%，累计各项赔款20.3亿元；证券机构4家，开户总数30.9万户，累计成交额1577亿元，实现收入2.2亿元；小额贷款公司15家；融资性担保公司10家；民间资本管理公司37家；民间融资登记服务公司1家；典当行21家；融资租赁公司3家。

全市金融工作按照“把确保大项目建设融资和企业生产资金需求作为金融工作的重中之重，把防范化解风险作为金融工作的生命线”的要求，应对严峻的金融经济形势，抓好“六推进一优化一防范”（推进项目融资、企业上市、银企合作、金融机构引进、地方金融组织发展、金融示范区示范县建设，优化金融生态环境，防范地方金融风险），为全市经济社会发展提供资金支持。省专门在泰安市召开现场会，推广泰安市创新发展民间融资机构的经验；化解企业资金链风险，全市金融稳定考核居省内前2位；小额贷款公司省监管评级一级率居全省第一位；引进异地银行5家，落户数为省内第一位；“新三板”挂牌企业列全省第6位；银企合作签约额创历史最高水平；率先在省内设立第一只普惠金融种子基金、金融资产交易分中心和股权运行中心等。市金融工作办公室被市委、市政府表彰为“2014年度机关作风和政风行风建设争先进位先进单位”。

【资金支持】 年末，驻泰安银行业机构存款余额2458.4亿元，新增197.1亿元，增长8.7%，增幅居全省第9位。驻泰安银行业机构表内贷款余额1591.6亿元，新增175.2亿元，增长12.4%，增幅居全省第7位，高于全省平均水平0.9个百分点；新增存贷比88.9%，全市社会融资总量399亿元。驻泰安银行业机构中长期贷款余额794.1亿元，新增133亿元，增长20.1%，分别高于全市贷款平均增幅7.7个百分点、高于短期贷款增幅14.6个百分点。驻泰安银行业机构、小额贷款公司、民间融资机构等的中小企业贷款余额600.2亿元，增加81.9亿元，增长15.8%，高于全市贷款平均增幅3.4个百分点。驻泰安银行业机构人民币跨境结算189.5亿元，是上年同期的1.4倍。驻泰安银行业机构和小额贷款公司贷款余额880亿元，增加96.2亿元，增长12.3%。

【政银企合作】 ①筛选项目。按照“五个符合”（符合国家产业、金融政策、支持实体经济、保障民生、商业银行贷款标准）的要求，超前谋划，在全市精心筛选融资项目250个（亿元以上的项目123个，5亿元以上的项目39个），所需资金752.1亿元，其中需银行贷款324.8亿元，占所需资金的43.2%。②项目融资对接。

9月23日，全省民间融资机构发展现场会在泰安市召开，推广泰安市做法和经验　　　　（金 辉 供）

2014年银企合作签约额240亿元，比上年增加31亿元，资金到位率141.1%，连续5年资金到位率均突破100%。③引进金融机构落户和放款。引进浦发、民生、天津、齐鲁、济宁银行5家异地银行落户泰安，其中济宁银行泰安分行于年初正式开业、齐鲁银行泰安分行于年底正式开业。异地银行放款继续增加，12月末放款271.2亿元，比年初增加23.1亿元。④引导企业与境外金融机构对接。科诺与中非发展基金合作投资1.6亿美元，在非洲建设年产25万吨油气输送结构用钢管项目，加纳配送中心建成营业；与台湾玉山银行合作实现融资2亿元。瑞星与荷兰农业发展银行合作，将给予“肥粮通”项目境外贷款支持。

【化解企业资金链风险】 ①“一企一策”制订化解方案。制订《关于化解企业资金链风险的工作指引》，从“做好预警、摸清底数”“及时对接、签订协议”“综合施策、分类处置”“做好引导、优化金融环境”4个方面，分别提出具体的化解办法和流程。各县（市、区）分别建立过桥还贷周转金制度，各级财政筹集14亿元，为70家企业过桥还贷。②“一对一”对接建立政银企互信。9月份起，直接对接省级国有银行和济南、青岛异地区域银行80次，分别召开银企座谈会，确保政府、银行与企业信息沟通及时到位，增强互信，寻找最优的解决方案。③分门别类制订防控预案。对全市各类企业、重点项目建设的资金需求、市场销售、资产状况、还款来源、资产诉讼等进行调查摸底，对资金链风险隐患企业分别拉出清单，提前防范，特别是做好对重点风险隐患企业提前介入的准备。

【企业直接融资】 ①实施“百家企业上市梯次培育计划”。在126家后备资源企业中，重点培育58家，5家企业启动上市程序，一滕新材料列国家证监会创业板初审第38位，东顺纸业等2家企业报山东证监局辅导。培育境外上市后备资源企业28家，向韩国、香港等境外市场和机构推介对接。②推进“新三板”、股权市场挂牌。10家企业启动“新三板”挂牌程序，3家企业已在“新三板”挂牌，列全省第6位，其中众诚实现股权融资3200万元。有26家企业在齐鲁、上海股权交易中心等区域股权交易市场挂牌，居省内第3位。其中新增13家，新泰市集中挂牌4家。年末全市拟上市企业股权融资达到11.9亿元。③设立股权交易机构和种子基金。与齐鲁股权交易中心合作设立股权交易泰安运营服务中心，与山东金融资产交易中心合作设立金融资产交易泰安分中心，成立普惠金融种子基金，市内企业实现当地挂牌和股权直接融资。④企业上市培训指导。对新泰、肥城116家企业进行上市、挂牌、融资专题辅导讲座。组织50家重点企业参加省金融办或境内外交易所的上市培训。与香港时富金融集团、毕马威会计所等签订战略合作协议。邀请韩国交易所和韩国友利投资、友进投资专家30人次对市内企业进行韩国上市辅导。⑤企业直接融资。通过发行企业债、中小企业私募债、短期融资券、中期票据等，实现融资141.9亿元。其中，姜仔鸭的中小企业私募债2亿元，省内单笔最大；尤洛卡以定向增发的方式募集资金8603万元收购北京富华宇祺公司53.21%股权，成功将经营领域拓展到非煤领域；ST常铝拟并购宁阳新合源已经证监会审核通过。

【民间融资】 全市设立民间资本管理公司38家，已开业的35家注册资本27.2亿元，累计投资65.1亿元。按照“政府引导，市场化运作，融资主体自愿参与”原则，设立辐射全市的盛鼎民间融资登记服务公司。年末，放款登记651笔、金额2.1亿元，借款登记982笔、金额3.7亿元，成交532笔、金额1.1亿元，2万户中小微企业参与。泰安市民间借贷登记服务公司发展模式在全省推广。

【地方金融组织】 ①小额贷款公司。2014年新设立小额贷款公司2家，在省内率先设立分支机构3家。到年底，全市16家小额贷款公司累计向“三农”和小微企业发放贷款116.6亿元。2014年省金融办委托中介机构抽查泰安市5家小额贷款公司，有4家被评为Ⅰ级，Ⅰ级率达到80%，居全省第1位。②融资性担保体系建设。推进融资性担保机构提升担保能力，信泰融资担保吸收新泰市4000万元国有资本，注册资本增加到1.2亿元；华通融资担保吸收市国有资本和部分骨干企业参股，增资后达到5.6亿元；泰安弘泽融资担保吸收县（市、区）和企业参股，增资后达到10亿元。12月月末，全市融资性担保公司担保在保余额52.2亿元。③地方银行。推进市商业银行尽快打造成具有鲜明服务特色和现代经营理念的地方品牌商业银行，增资扩股后注册资本11亿元。通过引进战略投资者、优质资产置换等多种形式，加快化解不良资产，提高资本充足率，推进农村信用社银行化改革，1家基本符合改制条件。

【证券业与保险业】 到12月底，驻泰安42家保险公司保费收入61.1亿元，增长6.4%，累计各项赔款20.3亿元。全年小麦和玉米承包24.58万公顷（368.77万亩），保费收入3687.7万元；能繁母猪、奶牛和育肥猪承保19.43万头，保费收入1160.34万元；森林承保3.82万公顷（57.31万亩），保费收入231万元。全市4家证券机构及13家营业部运行良好，12月末开户总数30.9万户，累计成交额1577亿元，实现收入2.2亿元。

【优化金融生态环境】 ①信用体系建设。建设“诚信泰安”，开展信用村、信用单位等创建活动，改善农村信用环境。通过债权债务转移、担保抵押资产主体转换等方式，化解涉及4家银行2.9亿元的不良贷款。②防范非法集资。制订《2014年全市防范和打击非法集资工作实施方案》，开展“进村入户进社区”宣传活动，利用电视台、报纸、驻泰安金融机构网点、手机网络、农村支付终端、群众活动集中场所进行打击非法集资宣传。通过泰安金融办网站、举报电话接受公众咨询和举报。③优化金融营商环境。对新落户金融机构给予政策支持，解决遇到的选址、租赁、消防、人员等方面的问题。加快金融知识培训，通过“走出去、引进来”，对企业高管、干部、地方金融组织进行金融知识、技能培训1900人次。在时代发展线建设“泰安金融商务区”，打造集金融机构、类金融机构、金融培训、容灾备份等的金融外包服务、投融资信息平台、金融创新研发、金融文化展示、金融高端商业服务以及上下游链接的企业总部、区域总部等于一体的聚集区。（金　辉）

• 中国人民银行泰安市中心支行 •

【概况】 该行坚持稳中求进总基调，以改革创新为统领，认真贯彻稳健货币政策，强化金融管理和服务，持续推进泰安经济金融协调健康发展。年内，获得并保持“全国工人先锋号”“省级文明单位”“泰安市商务工作服务先进单位”“振兴泰安劳动奖状”等荣誉称号，被市委、市政府表彰为“2014年度科学发展综合考核先进单位”“2014年度机关作风和政风行风建设先进单位”。

【金融运行】 年末，全市金融机构人民币各项存款余额2458.4亿元，增加197.1亿元，同比少增129.6亿元。①单位存款增长较为乏力。全市单位存款余额821.9亿元，增加26.9亿元，同比少增

2014年泰安市银行业金融机构信贷收支情况

表16　　　　单位：万元

栏目 / 项目名次	年末余额	比年初增减数 当年	比年初增减数 上年	栏目 / 项目名次	年末余额	比年初增减数 当年	比年初增减数 上年
各项存款	24583947	1971049	3267356	各项贷款	15916058	1752095	1893835
单位存款	8219298	269379	1098337	境内贷款	15915854	1752140	1893842
活期存款	3350411	11567	214499	短期贷款	7261692	376782	341113
定期存款	2541541	182940	322465	个人贷款及透支	1640549	5736	51508
通知存款	58310	-135445	92347	个人消费贷款	351729	-359	91799
保证金存款	1341337	217152	159116	单位普通贷款及透支	5314594	622433	230262
个人存款	15669915	1670381	2090729	经营贷款	5314542	622381	239280
储蓄存款	15307134	1555986	1889116	固定资产贷款			-9017
保证金存款	5498	1119	1389	普通并购贷款			
结构性存款	357282	113276	200224	银团贷款	96100	-15950	56522
财政性存款	368750	7809	-39214	贸易融资	210449	-235437	2820
临时性存款	7872	-4868	-18378	境外筹资转贷款			
委托存款	–	-16858	13197	中长期贷款	7940932	1329657	1761016
其他存款	318112	45206	122685	个人贷款	3011773	585371	587250
金融债券	11	–	–	个人消费贷款	2538129	465945	507361
中长期借款	–	–	–	单位普通贷款	4672029	658729	1115784
应付及暂收款	726562	122704	152089	经营贷款	2380022	659720	784277
应付利息	534726	89948	127130	固定资产贷款	2292007	-991	331507
同业往来（来源方）	43	-7161	3179	普通并购贷款	72540	-8780	4420
系统内资金往来（来源方）	–	–	–	银团贷款	183596	100599	46306
外汇买卖（来源方）	420254	291735	260798	贸易融资	994	-6262	7256
结售汇	420254	291735	260798	境外筹资转贷款	–	–	–
各项准备	412630	88900	81485	融资租赁	–	–	–
贷款损失准备金	410466	88347	81194	票据融资	663619	-79	-209932
所有者权益	869715	136634	200398	贴　现	663619	-79	-209932
实收资本	410966	53894	71564	各项垫款	49611	45779	1646
其　他	-5029305	-807356	-1346950	境外贷款	204	-45	-7
				有价证券	1058742	446252	418145
				股权及其他投资	3240	-15250	-21413
				应收及预付款	243465	50578	103356
				应收利息	125783	58926	10284
				同业往来（运用方）	–	–	-2508
				系统内资金往来（运用方）	3943201	-755691	-68186
				金银占款	–	–	–
				外汇买卖（运用方）	419087	291390	260275
				结售汇	419087	291390	260275
				固定资产	234851	21718	23227
				库存现金	164791	5064	11628
				投资性房地产	423	348	-5
资金来源总计	21983857	1796504	2618355	资金运用总计	21983857	1796504	2618355

82.9亿元。表面企业资金面收紧，直接收窄企业存款来源，导致企业存款增长乏力。②个人存款年末冲高。受非对称降息等因素影响，存款利率上浮幅度扩大，个人存款出现年末冲高。个人存款余额1567亿元，增加167亿元，增长11.9%，其中个人储蓄存款1530.7亿元，增加155.6亿元。

全市人民币各项贷款余额1591.6亿元，增加175.2亿元，同比少增14.2亿元。在存款增长乏力情况下，造成金融机构存贷比偏高，全市新增存贷比88.9%。①短期贷款增速平稳，总量略超上年。短期贷款余额726.2亿元，增加37.7亿元，同比多增3.6亿元。其中，单位经营性贷款增加62.2亿元，同比多增38.3亿元；贸易融资减少23.5亿元，同比多降23.8亿元。②中长期贷款增速减缓，自2013年后首次出现环比下降。全市中长期贷款余额794.1亿元，增加133亿元，同比少增43.1亿元。表明在去产能、去库存阶段，投资意愿进一步降低。③票据融资呈现回升态势。全市票据融资余额66.4亿元，下半年出现连续5个月持续回升。

外币存贷款小幅下降。全市外币存款余额2.6亿美元，减少0.2亿美元。全市外币贷款余额1.1亿美元，减少0.5亿美元。由于外汇总量较小，主要以贸易融资业务为主，各行受规范转口贸易影响，贸易融资较年初大幅下降。年末，全市外币贸易融资余额0.7亿美元，减少0.8亿美元，同比下降4.7个百分点。

【金融调控】 年初，制订《关于认真贯彻稳健货币政策 改进金融服务 支持全市经济提质增效转型升级和持续健康发展的意见》，以及提升“三农”金融服务、落实小微企业服务措施、支持服务业加快发展、发展科技金融和普惠金融等指导意见，引导金融机构加大对重点领域、产业转型升级和经济薄弱环节的金融支持，促进信贷投向实体经济。在全市民营经济工作会议上，该行作典型发言。

5月8日，人民银行泰安市中心支行召开全市金融管理工作会议，全市各金融机构主要负责人参加会议 （岳安玉 供）

开办常备借贷便利 作为新型货币政策工具，主要功能是满足金融机构期限较长的大额流动性需求。成功为宁阳农村商业银行办理常备借贷便利金额1.8亿元，为全市首笔、全省第二笔。年末，常备借贷便利金额8.2亿元。

传统货币政策工具 下调两家法人金融机构存款准备金率2个百分点。为银行业金融机构发放支农再贷款6.2亿元，办理再贴现5.1亿元，争取转贴现17.3亿元，发挥了货币政策工具杠杆作用。

金融支持现代农业发展 印发《关于进一步做好金融支持现代农业加快发展工作的通知》，出台金融支持家庭农场、新型农业经营主体、家禽业发展等意见，推动各县市召开银农合作会议，签约资金13亿元。推进主办行制度，实现对涉农机构的全覆盖。全市涉农金融产品、涉农保险业务、金融支农规模实现新突破。

外汇政策扶持 出台《关于加强和改进外汇管理促进全市涉外经济提质增效跨越发展的意见》，明确21项措施，90%以上的涉外企业享受政策便利。实施主体监管，精简下放审批业务19项。开展“外汇政策巡回辅导进企业”活动，促进外汇政策落地。成功办理全省首例境外期货收益结汇业务，金额300万美元；争取短期外债指标1000万美元，实现泰安市短期外债指标零突破；办理内保外贷2441万美元，促进涉外经济提质增效。

【金融生态】 贯彻《征信业管理条例》，健全征信管理体系，组织开展“学习征信文化，实践征信文化”活动、“信用记录关爱日”活动，弘扬“唯信、唯实、团结、创新”征信文化，优化全市金融生态环境。

中小企业和农村信用体系建设 印发《加快小微企业和农村信用体系建设工作方案》，召开推进会，建立督查督导制度，完善地方征信数据库的信息采集机制。年内，有信贷需求的小微企业（农户）信息全部入库。

征信市场管理 实行征信机构和信用评级机构许可备案管理，指导3家融资性担保公司及3家村镇银行做好征信系统接入工作，对6家投资担保公司和3家小额贷款公司进行信用评级，促进辖区征信市场稳健发展。

征信知识宣传 开展以“信用点亮梦想，征信伴我成长”为主题的“征信知识讲堂”宣传月活动，以及“迎中秋 送征信”“金融知识大篷车”等活动，与团市委共同组织推动主题征文活动，与东方学院联合举办“征信知识进校园”专题讲座，普及征信知识，营造良好信用环境。

【金融管理与服务】 坚持寓管理于服务之中，召开全市金融管理工作会议，全面加强金融管理和服务，对全市银行业、证券业、保险业金融机构年度综合评价先进单位进行表彰，促进金融服务效率提升。

金融消费权益保护 6月5日，召开泰安市金融消费权益保护协会首届会员大会暨成立大会，泰安市金融消费权益保护协会正式挂牌成立。至6月13日，辖区4个县市金融消费权益保护协会全部挂牌成立，金融消费权益保护工作实现全覆盖。

农村支付环境建设 召开农村支付环境建设推进会，印发《泰安市农村支付环境建设实施方案》。全市实现银行卡助农取款服务点行政村覆盖率100%和手机支付业务行政村覆盖率100%。

电子商业汇票 推广新汶模式，承办山东省支付清算协会组织的“山东省电子商业汇票业务宣传推介会”，并作交流发言。全市电子商业汇票承兑业务金额达86.16亿元，增长45%，业务量居全省第二名。

反洗钱工作 举办反恐融资培训暨反洗钱案例分析会，提升反洗钱监测分析能力，移交9条可疑线索，立案3起，协助公安部门实现全省反洗钱工作立案新突破，有效预防和打击辖区洗钱犯罪及其上游犯罪。

国库服务 扩大国库直接支付范围，办理直接支付业务49万笔，金额7305万元。拓展非税收入直缴入库项目，办理直缴入库7万余笔，金额1.06亿元。加强财政直接支付业务的管理，率先构建代理银行资格动态管理模式，该做法被《金融时报》报道。

现金服务 推进冠字号码查询工作，全市存取款一体机支付现金全部实现冠字号码的采集和查询。推进金融机构对外支付现金的全额清分工作，完成现金全额清分工作目标。

金融稳定 健全地方金融风险管控体系，加强金融风险监测、评估、预警和处置，组织开展金融稳定跨部门应急演练，牢牢守住不发生系统性、区域性金融风险的底线。 （岳安玉）

·中国银行业监督管理委员会泰安监管分局·

【概况】 该局有在职职工55人，内设科室9个，辖新泰、肥城、宁阳、东平4个监管办事处，依法对全市银行业金融机构履行监管职责。年内以促改革、防风险、助实体、强监管为主线，应对复杂严峻的经济金融形势，加强监管能力建设，促进辖内银行业整体实现健康平稳运行。全年不良贷款余额、不良贷款率控制在较低水平，总体风险保持可控，未发生系统性、区域性重大风险。辖内银行业贷款损失准备充足率和拨备覆盖率分别为175%和109%，法人机构统算资本充足率8.77%，保持较好的风险抵御能力。泰安监管分局保持“省级文明单位”称号，被山东银监分局评为“优秀分局领导班子”，被市委、市政府表彰为“2014年度科学发展综合考核先进单位”。

【支持地方经济发展】 连续第三年组织“服务实体经济、精细信

12 月 16 日，泰安市召开“服务实体经济 精细信贷管理”活动总结表彰会议，表彰先进单位，交流各银行机构的工作经验。图为先进单位受奖　（高　风　供）

贷管理”活动。引导辖区银行业加强与实体经济的对接，贷款保持持续均衡增长态势，促进地方产业转型升级。12 月，组织开展活动总结表彰会，评选先进单位 7 家。引导银行加大信贷投放力度，对接和服务好市百亿企业培植、万亿三年行动、科技型中小企业发展计划等。支持全市一批重点企业、重点工程，促进优势主导产业转型升级和战略新兴产业加快发展。开展“第三届小微企业金融服务宣传月”活动，在《泰安日报》开展连载宣传，与市中小企业办联合组织 2 场、300 家企业参加的小微企业金融产品推介会，鼓励全市银行机构落实银监会关于加强小微企业金融服务的有关政策，开展续贷业务，累计帮助 113 家小微企业解决过桥资金难题。年末，全市小微企业贷款同比多增 18.73 亿元，高于全部贷款平均增幅 12.39 个百分点。增强支农支小力度，推广以农村宅基地、土地承包经营权、林权“三权”抵质押为代表的支农产品，保障对“三农”的信贷支持力度。

【防控重点领域风险】 建立大额授信风险管理机制，全年组建大型客户债权人联席会议 19 个，顺畅银银、银企沟通渠道。配合市委、市政府，加强银、政、企三方协作，探索实施集团企业贷款封闭运行、组建钢材市场债权人联席会议等措施，缓解个别风险企业资金链危机。构建风险监测预警机制，加强重点行业和领域风险防控，钢贸、煤炭、房地产等重点行业不良贷款保持较低水平。组织辖内银行业排查大额授信和担保圈风险，摸清风险底数。落实银行业金融机构案件防控主体责任，各银行推行岗位轮换等防控措施；召开年度案件防控工作会议，与各行签订案件防控责任书，印制《案件防控法规知识手册》1.2 万本，推动各银行业金融机构自考面达到 100%，监管集中抽考比例达到 20%、2064 人次，增强银行员工案防意识。全年未发生因内部违法违规引发的一、二类案件，控制了信息科技风险、流动性风险、声誉风险。

【推进银行改革转型】 泰安银监分局多次向市政府汇报农村信用社银行化改革事宜，提升全辖农村信用合作社机构监管指标。其中，泰山区联社溢价增资扩股 2.4 亿元，各项监管指标达到农村商业银行组建标准；肥城联社引进战略投资者，增资扩股 2.5 亿元；岱岳区联社已完成增资扩股 1.5 亿股。指导泰安商业银行走“差异化、特色化”转型发展之路，实施组织架构调整，基本完成同业业务专营部门制和理财业务事业部制改革，初步建立资本充足评估程序和全面风险管理体系，支持二级资本债发行，提升监管评级。完善全市银行业金融机构体系，齐鲁银行泰安分行、天津银行泰安分行已正式开业，浦发、民生银行泰安分行已获批开业，向县域及农村地区增设支行 10 家，全辖 5 家小微支行已获批开业，增强支农支小力度；督促农村发展银行坚持政策性定位，加强平台贷款管理；年内召开银、邮、政三方会谈 2 次，提升邮储银行服务“三农”和小微企业水平；引导城市商业银行异地分支机构明确市场定位，服务当地小微企业发展，提升差异化竞争力。4 月份，分局与市委组织部联合召开“泰安市金融人才培养座谈会”，采取“请进来、走出去、自主组织”等方式，组织参加高水平培训10次。与中国银行业协会对接，银行业从业人员资格考试考点首次落户泰安。

【深化监管工作成效】 全年开展现场检查项目18个，发现重要违规问题432个，依法实施行政处罚5起，罚款20万元，责任追究300人次；深化监管统计信息系统应用，全年汇总分析报表500张，累计形成报告20份，下发各类风险提示和监管意见书34份，增强非现场监管的专业化水平；建立“联合课题调研小组机制”，由局领导牵头开展调查研究，全年完成各类调研成果30篇，编发信息专报151篇。在消费者权益保护日，组织“金融知识普及有奖知识竞答”等活动，督促银行业金融机构，根据业务特点与客户受众，灵活开展公益宣传，普及基础金融知识。9月，全市银行业开展“金融知识进万家”银行业金融知识宣传服务月活动，贯彻“细分受众，精准传播”的理念，借力第27届泰山国际登山节，综合运用校园宣传、网点宣传、媒体宣传、电子平台宣传等途径，拓宽宣传阵地、搭建联合宣传机制，宣传覆盖人群近百万人次，社会反响良好。

（高　风）

【中国农业发展银行泰安市分行】 该行辖市分行营业部和新泰市、肥城市、宁阳县、东平县4个支行；职工170人，其中市分行机关41人、中级以上技术职务65人。全年累计发放贷款36.4亿元，比上年多投放12.1亿元；年末各项贷款余额77亿元，增加5.3亿元，增幅7.4%（剔除核销粮油附营挂账停息呆账贷款和收回到期中长期贷款因素，年内实际新增各类贷款22.7亿元），贷款增量在全省排名第4位；不良贷款继续保持零余额。各项存款余额18.1亿元，增加2.1亿元，增幅13.5%，贷存比425.4%。缴纳各类税金及附加2124万元，实现账面利润1.6亿元。

9月25～26日，泰安银监分局在驻泰安高校组织开展“送金融知识进校园”活动。活动围绕“金融知识早接触，走向社会有帮助”主题，通过政策宣讲会、现场咨询、发放宣传折页等形式，向师生宣讲基础金融知识。活动中累计发放宣传资料近万份，解答师生咨询1500人次。图为青年监管干部在山东农业大学进行公益宣讲

（高　风　供）

信贷业务　①维护重要农产品市场稳定。累计发放收储贷款8.7亿元，增加4.1亿元；支持收购粮3.1亿公斤，调入棉花15.8万担，确保粮棉油收购资金及时足额供应。支持3家粮食购销企业参与市场化收购，确保全市县域夏粮收购无“空白点”，支持企业多购小麦2074万公斤，维护国家粮棉市场稳定。②促进城镇化和农村水利基础设施建设。实施重点项目“市县两级联动营销”策略，市分行领导班子多次到省行、总行汇报，争取政策和资金支持。总行和省行审批项目4个，其中大汶河雨洪资源综合利用项目贷款15亿元，东平县、宁阳县3个土地、水利项目贷款4亿元，均按工程进度逐步发放。需投放的16.63亿元续贷资金全部及时到位，其中，支持新建农民集中住房项目4个，惠及8192个农户；支持新泰市土地综合整治项目1个，新增耕地237公顷（3553亩）；支持东平县水利项目1个，增加灌溉面积967公顷（1.45万亩）。③促进农业产业化发展。实施贷款、银票、贸易融资等“一揽子支持”策略，满足企业不同形式资金需求。争取和落实优惠

2014 年中国农业发展银行泰安市分行各支行（部）基本情况

表 17　　单位：人、万元

支行（部）	职工人数	年末存款		年末贷款	
		金 额	比上年增％	金 额	比上年增％
市分行营业部	43	88789	9.9	363484	9.5
新泰市支行	20	52166	23.5	218293	18.9
肥城市支行	25	14722	0.1	84617	-11.5
宁阳县支行	21	7159	-15.0	51385	-19.1
东平县支行	20	18079	37.0	52044	22.5
合 计	129	180913	13.5	769823	7.3

备注：表中职工人数不含市分行机关 41 人

政策，为岱银集团、康平纳集团、华兴纺织、龙祥纺织 4 家企业发放民品贷款 3.2 亿元，利率下浮 2.88 个百分点，企业节约融资成本 922 万元。因地因企实施差异化管理，确保符合条件的客户贷得出、用得上、不断档。年内为 19 家客户续贷 9 亿元，签发银票、办理贴现各 2.1 亿元。

营运效能　以“抓存款组织、盯国际业务、促中间业务”为主线，加大奖惩考核力度，累计集中 500 万元财务指标用于考核挂钩，组织开展春、秋季业务营销和红五月活动，提高经营效益。全年实现账面利润 16191 万元，超省行利润计划 881 万元。各项存款人均余额 1164 万元，比全省平均水平高 288 万元。坚持本外币一体化营销，年内成功开办跨境人民币结算、进口代收两个结算品种，累计办理国际业务 672 笔，业务结算量 7958 万美元，实现收益 86 万元，分别完成省行任务目标的 133% 和 110%。实现中间业务收入 226.7 万元，增加 100.8 万元，完成省行下达任务目标的 113%。

风险防控　该行始终把防控风险作为业务工作的重中之重，主动向企业讲解信贷政策，分析融资环境，为企业投资决策提供参考。定期召开 5 家大型企业债权人联席会议，定期向监管观察员报告客户授信风险评估情况，营造有序的金融信贷市场环境。及时排查所支持客户的贷款风险，对担保数额较大的客户，与其共同分析担保伙伴的抗风险能力，提示企业对还款期限合理摆布；加强与各家银行的联系，提前做好贷款申报，确保融资渠道畅通，协助企业未雨绸缪，做好担保风险传导的“防火墙”。逐企业建立“负债及对外担保台账”，严密监测担保圈及企业融资结构变化，提示企业加强与国有大型银行的合作，审慎选择担保伙伴、谨慎使用高息资金，切实避免外部风险导致自身陷入困局。对已经出现的风险及时化解，对担保风险关联的其他企业，不盲目抽贷、压贷，而是帮助企业整合担保资源，积极向省行汇报争取，对信誉良好、经营稳定或暂时下滑的企业继续支持，稳妥化解风险隐患。

基础管理　在全行开展法律法规和案例警示教育，提高守法合规意识。组织开展“基础管理年活动”，对支行操作合规性进行全面检查辅导，建立问题台账，明确责任，严抓整改。每季组织召开合规管理点评会，支行与机关部室互相针对合规管理情况点评，分支行面对面互动，揭示短板，达成共识，提高管理和服务水平。在省行信贷基础管理年活动验收中获得第 2 名，在全省合规专业会议上作典型发言，被泰安市银监分局评为“‘服务实体经济 精细信贷管理’先进单位”。修订考核办法，加大对支行班子成员、机关中层管理干部的考核力度，促进领导干部履职尽责。择优选拔 6 名年轻员工到市分行机关缺岗部室。组织开展以“学制度、学技能、学做人”为主要内容的“三学”活动和争创“信贷、会计双十佳”标兵活动，举办专业培训班 22 次，累计培训员工

481人次。在省行信贷业务技能知识竞赛获得团体三等奖，在鲁西协作区活动分获一等奖和三等奖。 （王秀丽）

【中国工商银行泰安分行】 该行辖县（市、区）支行9个，设置各类营业机构54个。职工994人，其中大专以上学历825人、中级以上技术职务269人。年内，实现拨备前利润7.27亿元，同比增加4606万元；实缴税金9662万元，同比多缴1320万元。

存款业务 以巩固和扩大优质客户占比为重点，以推广业绩评价系统为依托，以构建“大个金”经营格局为目标，重点加强个金业务的产品整合和捆绑营销，修订完善存款考核办法，实行分类管理、单独考核，增强基层网点的综合营销意识，促进个金业务全面发展。转变营销观念，从完善稳存增存长效机制入手，不断挖掘市场潜力。加大对中小企业、“三资企业”、民营企业的营销服务力度，挖掘存款空白点和新的优质客户群，扩大市场份额，促进对公存款的稳定增长。通过报纸、广播电视等各类媒体宣传工行特色产品、优质服务，与各大批发市场、行业商会联合举办产品营销活动，全年举办金融产品推介会30场；通过金融知识进机关、进社区、进学校、进企业等活动，做好客户营销及维护工作，发现和培育客户需求，提高产品的渗透力。年末，全行本外币全部存款余额279.60亿元，较年初增加6.48亿元，增长2.37%。

信贷业务 将旅游、交通、能源、土地储备、医院、物流等行业以及高新区、工业园区等涉及的大项目列为重点目标，抓好有关项目贷款业务的营销拓展工作。针对小微企业客户的经营特点和融资需求，建立快速响应机制，通过不断实施流程升级改造、优化审查审批模式、更新产品设计、拓展授信额度等措施，全方位、多角度、高效率满足小微企业融资需求。推进个人贷款业务持续快速发展，重点抓好优质房地产开发项目和个人住房按揭贷款项目，在贷款审批中建立“绿色通道”，遵循“特事特办、急事快办”的服务原则，简化手续，畅通渠道，提高贷款审批速度。年内，各项贷款余额281.73亿元，增加14.72亿元，增长5.51%。

优质服务 ①优化物理网点。调整营业网点布局，重点在技术开发区、居民集中居住区、学校和商业密集区增设或调整网点，方便企事业单位和居民办理业务。加快老旧网点升级改造，先后投入上千万资金，对所有营业网点进行装修改造。年末，已建成各类物理网点54家，

2014年中国工商银行泰安分行各支行（部）基本情况

表18 单位：人、万元

单 位	职工人数	人民币存款		其中：储蓄存款		人民币贷款		税金（含个人所得税）	
		余 额	同比增％	余 额	同比增％	余 额	同比增％	余 额	同比增％
合 计	329	2769396	3.22	1734951	7.60	2109352	6.60	9662	6.93
分行直管	50	387727	14.43	206344	9.14	371969	27.17	1744	-8.10
高 新	71	177596	-4.90	112804	6.69	124452	28.84	540	31.67
泰 山	59	256569	8.34	160109	9.45	94393	-6.07	500	-6.73
岱 岳	61	176294	30.03	87909	17.68	123514	9.07	604	22.49
财 源	102	192848	12.21	156178	7.17	104866	4.53	527	39.40
新 泰	139	418123	-13.15	234280	0.78	343959	8.12	1355	3.85
肥 城	70	509890	3.56	345970	12.50	404271	-6.71	1832	6.65
宁 阳	47	161312	9.01	112149	9.17	119348	-0.78	483	15.50
东 平	66	158687	7.59	93176	12.87	208339	13.65	931	20.77
新 汶	994	330349	-3.96	226032	0.17	214240	-2.81	1146	3.29

2014 年中国农业银行泰安分行各支行（部）基本情况

表 19 单位：人、万元

单 位	职工人数	年末存款		其中人民币储蓄存款		年末贷款		税 金	
		余 额	同比增％	余 额	同比增％	余 额	同比增％	总 额	同比增％
新泰市支行	235	1029013	6.86	563401	12.36	829817	18.53	3214	24.17
宁阳县支行	142	277161	10.12	189543	11.59	117091	-0.99	471	4.40
肥城市支行	211	608260	8.35	411440	11.67	466202	1.51	1836	-0.33
东平县支行	129	300592	19.58	181781	18.36	151221	44.52	517	8.23
泰山支行	189	605629	5.49	433472	5.62	333722	34.11	1386	20.34
龙泽支行	160	478189	5.15	321512	7.28	284911	25.48	1446	31.58
市分行营业部	46	219037	-2.08	53239	-18.89	334757	17.95	871	7.87
高新区支行	16	44909	26.35	31715	12.43	28004	82.04	–	–
岱岳支行	21	107481	-8.07	45986	7.39	20723	5.03	106	74.35
东岳支行	16	60340	-18.32	23718	-18.71	33365	-29.48	181	-14.55
岱宗支行	24	32976	-22.93	24265	-28.67	21013	7.86	95	0.52
市分行直管	247	2373	-57.09	–	–	23936	215.99	481	183.23
合 计	1436	3765962	5.92	2280073	8.41	2644763	17.47	10605	18.44

满足了客户的服务需求。②拓宽电子渠道。加大离行式自助银行建设和自助机具布放，新建自助银行全部配齐 ATM 和各类自助服务终端设备，遍布全市的 500 台 ATM、自助终端，可以提供 24 小时的自助服务。推广电子银行、银行卡等金融产品，其中转账 POS 的特约商户 3000 家，发展个人网银客户 40 万户、企业网银客户 7000 户，信用卡发卡总量达到 30 万张，离柜业务量占比超过 70%。③争创示范网点。各营业网点按照规范要求，改善服务环境，重新规划服务分区，添置能体现工商银行社会责任的服务设施、服务标识和宣传栏。年内，所辖肥城支行营业室被中国银行业协会授予“五星级文明示范单位”荣誉称号、被中国工商银行总行授予客户服务“最满意单位”荣誉称号，肥城支行宋守任入选中国工商银行第四届“感动工行”员工，这是“感动工行”员工评选活动开展 6 年间，山东省分行首次入选的员工，为山东省分行和泰安分行赢得了荣誉。

（赵绪春）

【中国农业银行泰安分行】 该行坚持“稳中求进、稳中有为、持续发展”，把信用风险防控作为第一责任和头等大事，坚持从严治行、从严管理，扎实做好基础性工作，全年业务经营总体良好，主体业务保持同业领先，主流银行地位不断巩固。年内，实现拨备前利润 7.57 亿元，同比增加 0.2 亿元。实缴税金 10605 万元，同比多缴 1651 万元。

负债业务 各项存款余额 376.6 亿元，增加 21.05 亿元，存量居全省农行系统第 8 位，较上年提升 1 个位次。其中，储蓄存款余额 228.01 亿元，增加 17.68 亿元；对公存款余额 148.59 亿元，增加 3.37 亿元。

资产业务 各项贷款余额 264.5 亿元，增加 39.33 亿元，增量居全省农行系统第 7 位，增幅居第 3 位。存贷比 70.23%，较年初提高 6.9 个百分点。新增个人贷款 18 亿元，小微企业贷款实现“两个不低于”目标。

中间业务 实现中间业务收入 2.55 亿元，其中，实现新兴业务收入 1.75 亿元，占比 68.9%，同比提高 7.5 个百分点，订单融资、回购式贴现等 5 项业务实现破题。新建自助银行 10 处，自助设备总量达到 554 台，电子渠道分流率 91.7%，居全省农行系统第 3 位。营业网点全部升格为

12月31日，中国农业银行副行长、纪委书记龚超（前排左二）到泰安农行调研工作　（乔　鹏　马金星　供）

综合机构，网点服务水平连续七年保持全省农行系统第一位。

服务“三农”　加快农村金融产品和服务创新，拓宽新型农业经营主体融资渠道，推广季节性收购贷款、应收账款融资、国内信用证、动产质押等业务，涉农贷款余额141.1亿元，增加12.7亿元。实施“惠农通”工程，以惠农卡为载体，以服务点为依托，以电子渠道为平台，提高农村基础金融服务覆盖面。年内，建立“惠农通工程服务点”1234家，增加166个，电子机具行政村覆盖率达到74.01%。

（乔　鹏　马金星）

【中国银行泰安分行】　该行机构总数29个（分行1个、支行28个）。其中，泰安城区机构总数16个，即分行1个、管辖支行3个、经营性支行12个；各县（市）机构总数13个，即管辖支行4个、经营性支行9个。在岗职工678人。本外币资产合计247.03亿元，负债合计244.47亿元，所有者权益合计2.56亿元。资产利润率为0.74%，实现净利润1.75亿元。

负债业务　本外币一般性存款213.83亿元，新增11.07亿元。其中，人民币一般性存款余额211.95亿元，新增9.12亿元；人民币企业存款余额126.93亿元，新增4.47亿元；人民币个人存款余额85.02亿元，新增4.65亿元。

资产业务　本外币贷款余额176.52亿元，增加7.30亿元。其中，人民币贷款余额174.61亿元，新增8.83亿元；人民币公司贷款余额118.84亿元，新增7.12亿元；人民币个人贷款余额55.77亿元，新增1.70亿元。该行新模式中小企业贷款余额达到21.63亿元，户数达到316户。

中间业务　实现中间业务净收入2.34亿元，增加0.46亿元，增幅24.15%。办理国际结算26.50亿美元，增加2.19亿美元，增幅9.02%；外管口径市场份额

2014年中国银行泰安分行基本情况

表20　　单位：人、万元

单　位	职工人数	人民币存款		其中储蓄存款		人民币贷款		税　金	
		余　额	比上年增%	余　额	比上年增%	余　额	比上年增%	余　额	比上年增%
市分行直管	300	660049	5.17	218618	5.64	530691	6.45	5609	-10.61
泰　山	51	155644	-21.20	73092	-6.07	144187	-6.48	2698	104.89
东　岳	48	132139	-5.56	74998	5.36	101138	2.53	2341	91.51
岱　岳	47	178019	9.71	82791	6.26	107062	13.98	1783	12.74
肥　城	70	318060	9.53	117755	6.56	309188	0.85	4818	9.54
新　泰	82	408189	10.56	179799	11.16	319170	9.41	3834	24.83
宁　阳	52	163460	3.88	70534	2.72	89813	2.73	755	120.91
东　平	28	103888	23.95	32611	12.79	144801	14.25	4473	63.69
合　计	678	2119447	4.51	850196	5.79	1746050	5.32	26310	25.65

2014 年中国建设银行泰安分行各支行（部）基本情况

表 21　　单位：人、万元

单 位	职工人数	人民币存款		其中：储蓄存款		人民币贷款		税 金	
		余 额	同比增%	余 额	同比增%	余 额	同比增%	余 额	同比增%
分行直属	355	382262	-0.09	203019	5.87	264359	8.88	1407	-11.83
泰山支行	111	193548	2.19	114958	9.69	176349	-1.95	730	20.90
市中支行	113	229360	8.32	145951	6.17	138966	25.13	557	17.53
新泰支行	98	269555	7.06	165260	10.57	178654	-1.65	741	15.56
新汶支行	107	480092	-0.47	254288	3.06	195095	10.95	858	10.24
肥城支行	127	477224	7.33	192557	14.05	409358	19.62	1361	3.41
宁阳支行	50	67484	-1.13	35957	17.66	75088	17.41	274	14.49
东平支行	41	98465	7.96	31248	17.94	187915	55.45	532	18.78
青年路支行	53	118648	-3.40	29444	1.00	94371	-15.51	468	4.66
东岳支行	44	91239	6.73	44192	7.80	110791	15.99	429	33.69
岱宗支行	39	61356	8.12	23775	11.54	51700	10.85	248	23.24
农大支行	29	106329	11.34	46000	10.42	17060	2.67	80	12.31
大河支行	26	55111	13.46	29534	5.32	65819	51.60	231	75.01
合 计	1193	2630672	3.93	1316185	8.13	1965526	13.47	7915	–

34.68%。叙做跨境贸易人民币结算业务 50.55 亿元。

内部管理　以防控风险、打造队伍、优化机制、提升服务为着力点，夯实转型发展根基。强化主动风险管理，针对授信政策风险、行业风险、客户风险等，多次下发风险提示，确保授信资产的安全稳定。持续抓好内控建设，先后举办警示教育现场会、制订违规积分管理办法、开发“业务答疑平台”，确保全年无案件、无事故。推进人才兴行战略，年内开展全行范围的中层管理人员后备选拔活动，建立起分行中层管理人员后备库、省行“基业常青”经营性支行行长后备库以及管辖支行基层管理人员后备库三级后备体系，并通过挂职培养、以干代训、人才下沉等方式，加快后备人才成长。加强人员培训，全年举办各类培训班 1161 期，参训人员 1.3 万人次，累计培训时间 6.5 万小时。重视企业文化建设，引进体验式模拟场景培训，举办全员“士兵突击培训”，组织员工开展健步行、篮球赛、足球赛、羽毛球赛、辩论赛等文体活动。　（李　勇）

【中国建设银行泰安分行】　该行辖县（市、区）支行 13 个，营业网点 45 个；在岗人员总量 1193 人。按照“固本强基、创新超越、高点定位、加快发展”的指导思想，开展“四项主题年活动”（竞争力提升年、战略创新年、精品行打造年、服务质量年），各项工作实现健康发展，主要业务指标均实现在市内工商银行、农业银行、中国银行、建设银行四行“保二争一”的目标。一般性存款时点新增 10 亿元，日均新增 26.6 亿元，日均新增居四行第二位；中间业务收入 2.5 亿元，居四行第二位；拨备前利润 7.2 亿元，比上年增盈 9475 万元，居四行首位；不良贷款率 0.34%，资产质量稳居同业首位。

综合融资　任务型团队力促重点项目高效运作，全年有 58 个项目纳入任务型团队运作，19 个项目实现信贷投放，投放额 47.1 亿元。新增个人贷款客户 5157 户。

客户拓展　对公有效客户数量 3758 户，新增 371 户，系统排名第 7 位；个人有效客户 25.35 万户，居系统第 10 位，新增 2.97 万户。

创新业务　国际业务新型融

9月20日，建行泰安分行与泰山区政府举行战略合作暨助保贷启动仪式　　（李文姣　供）

资累计办理38.6亿元。完成投行业务新型融资额29.6亿元，创投行业务新高。成功发行全行首单私募债20亿元。完成全省唯一一单并购融资类理财产品1亿元。成功办理2期合计金额4.1亿元的同业新型资金议价业务，为全省建行最大单笔业务。成功办理全省首笔金融POS保险分期业务。成功推广应用肥城一中“校园E路通”，开展鲁信影院、横店影城的手机购票业务，泰山温泉城的门票“e拍享购”业务等创新项目。发放善融助业贷163笔，金额7758万元，居系统首位。

风险管控　全行累计组织风险排查29次，先后对58户存量小企业客户适时主动退出，将30个存在风险隐患的客户纳入重点监控客户名单。建立逾期贷款限期收贷办法，建立动态报告制度。不良贷款额和不良率始终保持领先地位，健全内控体系，持续保持“安全生产无事故”态势。

机构综合竞争力　44个网点开办对公业务，15个单一对私转型网点实现对公账户开立。启动渠道建设三年规划，优化营业网点布局，提升网点产能。全年新装自助设备64台，新设离行式自助银行10个，储备新增离行式自助银行7个。　　（李文姣）

【交通银行泰安分行】　该行辖县（市、区）人工网点10个、自助网点21个（含离行单体8个），在用现金类设备71台、非现金类自助设备24台。年内坚持“改革创新、转型发展”，抓住“转型发展”和“风险管控”，知难克难，实现拨备前利润1.45亿元，实缴税金2366万元。

存款业务　人民币各项存款49.87亿元，其中人民币对公存

2014年交通银行泰安分行各支行基本情况

表22　　单位：人、万元

单　位	职工人数	年末人民币存款		其中人民币储蓄存款		年末贷款	
		余　额	同比增%	余　额	同比增%	余　额	同比增%
分行营业部	24	197661.23	-56.39	40427.46	-27.77	136672.48	4.17
青年路支行	12	44023.78	-33.47	13591.24	-29.45	19942.13	22.90
岱岳支行	12	32439.35	-36.10	17685.85	-0.82	45346.61	5.83
岱北西路支行	12	36116.91	4.65	16576.86	11.69	34644.46	-45.06
花园支行	14	29006.45	-17.30	16569.45	-17.55	8876.12	-50.60
文化东路支行	11	28607.00	-25.66	15733.66	-16.67	24489.47	47.31
岱东支行	11	31145.40	2.66	18790.36	16.15	11364.60	-12.36
向阳支行	17	28456.52	-16.87	16585.45	2.07	14065.23	-64.69
新泰支行	15	38090.02	-1.91	9187.41	14.35	127599.81	270.83
肥城支行	13	33134.76	53.13	5514.44	3.53	100444.29	9.51

款 32.80 亿元、储蓄存款 17.07 亿元。①强化政策引导激励。组织“首季开门红劳动竞赛”“激流勇进，行庆献礼劳动竞赛”等各项劳动竞赛，营造发展氛围，利用一切有利条件发展负债业务，并不断推进负债业务增长方式的转变。通过“银企签约”“优秀企业家峰会”“薪金代发峰会”“社区行、企业行”等形式，利用“日增利”“稳添利”“天添利”“薪金理财”等产品优势，基础客户及中高端客户，和提升潜力客户。②发展中间业务。通过发展融资租赁、信托、托管、基金理财销售等业务，建立分行融资和客户维护渠道。通过以上新兴业务为当地企业实现融资 3 亿元，销售基金 0.84 亿元、理财产品 6.45 亿元。③加强与同业联系。推介交通银行同业产品，营销代理国际结算业务。

信贷业务 年末，该行一般授信贷款余额 34.80 亿元，小企业贷款余额 6.66 亿元，个人贷款余额 1.87 亿元。①加大民生保障和消费升级领域支持力度。对基础设施类领域实施战略性调整；加强投向一般性制造业的资产和业务结构调整，信贷和业务资源逐步转移到先进制造业上来；关注和支持符合洁净、高能效要求的资源能源产业；坚决减退落后和过剩产能企业；探索和跟进现代农业、节能环保、战略新兴和新型城镇化等领域发展机遇。②优化资源配置。在客户结构上重点拓展中小型客户，降低“两高一剩”（高能效、高污染，过剩产能）行业贷款占比；产品结构上优先发展短期融资和贸易融资，控制中长期贷款占比。③加强授信精细化管理。优化信贷组合管理和授信方案设计，全行授信业务联动效益较好，推动了各项业务的发展。

优质服务 以“客户体验”为中心，在标准化、规范化服务的基础上，持续推进“网点的特色化服务管理”和“客户的体验化个性化服务”，加快服务创新步伐；以客户的感受评判服务水平；将消费者权益保护工作作为服务提升工作的重中之重予以推进。

（韩 惠）

【泰安市商业银行】 2014 年年末，该行有营业网点 33 个，其中营业部 1 家、支行 32 家。资产总额为 345.62 亿元，增加 68.69 亿元，增幅 24.8%；负债总额为 324.53 亿元，增加 65.52 亿元，增幅 25.3%；各项存款余额 275.93 亿元，增加 43.67 亿元，增幅 18.8 %；信贷规模 141.34 亿元，增加 14.76 亿元，增幅 11.66%；实现净利润 3.06 万元，实现纳税额超过 2 亿元。

存款业务 各项存款余额 275.93 亿元，增加 43.67 亿元，增幅 18.8 %。其中，储蓄存款 145.83 亿元，对公存款 91.22 亿元，保证金存款 38.88 亿元，三类存款占比分别为 52.85%、33.06%、14.09%，存款结构进一步优化。

贷款业务 信贷规模 141.34 亿元，增加 14.76 亿元，增幅 11.66 %，其中贷款 135.4 亿元，增加 19.67 亿元，增幅 17%。小微企业贷款余额 64.80 亿元，增加 10.93 亿元。小微企业贷款户数 896 户，小微企业授信户数 1343 户。

其他业务 银行卡累计发卡量 38.66 万张，手机银行累计客户达到 6 万户，网上银行客户累计达到 3.6 万户，电子银行柜面替代率达到 70%。累计布放自助设备达到 160 台。

经营管理 从抓好主动营销和提升服务质量着手，发挥柜面营销作用，强化主动营销意识，实现存贷款规模较快增长。推动组织架构改革，开展以事业部制为主的条线化改革；强化专业委员会职能，建立专业人做专业事的决策机制。推进金融市场业务，被人民银行批准成为全省首批人民银行市场利率定价自律机制基础成员，主体信用评级提高至 AA⁻，评级展望为稳定，债券交易结算量进入全国百强。创新开展投融资业务，推行无缝续贷，依托与市财政局战略合作协议，支持地方经济发展。创新发展零售业务，市民“一卡通”项目持续推进，多个行业及园区应用成功落地，小微企业批量业务及“保险保证”贷款业务全面上线。完成全面风险管理体系评估和规划工作，细化风险管控条线，强化信贷风险防控和全面风险管理体系构建，压降不良贷款。关注移动互联网金融发展趋势，探索互联网金融业务，创新推出手机银行客户端、微信银行，完善电子渠道服务功能。提升成本预

2014年泰安市商业银行基本情况

表23 单位：万元

单位	年末存款		其中储蓄存款		年末贷款	
	余额	同比增%	余额	同比增%	余额	同比增%
营业部	221311	19.68	73179	-16.65	260426	93.53
泰山支行	78284	-1.01	42626	3.03	18805	-51.23
车站支行	66705	7.50	53359	66.27	19601	-52.19
青年支行	51836	-37.40	42645	-1.76	6004	-79.44
岱宗支行	193774	63.71	59998	4.49	157992	155.52
工业支行	83484	12.43	52731	8.19	14358	-68.75
泰前支行	83954	-3.63	54939	3.37	32435	-26.31
东岳支行	63059	-3.44	30849	1.36	13144	-61.15
广生泉支行	97020	22.76	58211	7.86	35509	-7.23
财源支行	38800	-10.01	31046	12.08	7283	-62.97
普照支行	54067	-18.42	40915	-4.91	4094	-85.43
青年路支行	75075	4.98	59798	-0.16	8137	-64.29
新区支行	48847	-23.77	25208	35.70	5009	-91.41
市中支行	76181	-15.20	59453	8.95	24397	-41.20
英雄山支行	74911	1.32	48208	3.53	9924	-74.21
开发区支行	35208	-34.82	25742	16.35	1621	-97.19
灵山支行	73871	-0.25	56348	4.68	10390	-72.56
城东支行	73865	16.13	56993	10.09	6340	-67.94
迎胜支行	110798	5.92	69694	11.45	20134	-60.95
红门支行	153111	92.96	56684	16.38	129974	258.04
市政中心支行	138036	13.73	81467	-4.46	159307	475.22
建设大厦支行	155987	-15.33	53925	-6.99	8151	-84.34
岱道庵支行	64838	-19.87	47594	15.78	19792	-61.75
新泰支行	86108	-2.64	44198	4.83	39485	-13.56
肥城支行	61055	10.82	33117	37.91	56650	11.36
宁阳支行	39976	-8.56	11779	7.15	28171	69.15
东平支行	81316	175.51	15323	59.88	75836	232.96
泰西支行	90296	636.51	27803	299.81	173544	25496.46
泰东支行	13670	–	12936	–	243	–
新泰府前街支行	5855	–	5651	–	20	–
肥城凤山支行	639	–	639	–	–	–
东平银山小微支行	696	–	696	–	–	–
肥城边院小微支行	119	–	119	–	–	–

算管理和专业化服务督导力度，先后赞助第二十八届泰山国际登山节、冠名环泰山60公里大徒走等活动，提高泰安商业银行的品牌形象。年内，在中国金融领域最具权威主流媒体《金融时报》和中国社会科学院金融研究所联合举行的全国性金融行业年度评选活动中，被评选为“年度最具创新力中小银行”。 （陈　潇）

【山东省农村信用社联合社泰安办事处】 辖农村商业银行1家、农村合作银行1家、农村信用联社4家，营业部6家，信用社（支行）93家，直属分社（分理处）25家，分社（分理处）128家，在岗员工3645人，其中中级以上技术职务607人。年内，继续实施人才培育工程，加强后备人才培养；开通“泰安市农村信用社网络教育学院”，为员工提供包含38个模块、2469门课程的网络自学媒介；举办金融知识进万家、金融诚信服务及打击非法集资等宣传活动；举办登山比赛、乒乓球比赛、业务技术比赛、高考免费乘车志愿服务等活动。泰安办事处荣获首届泰安金融微笑天使“最佳团队奖”，1名员工获全市唯一“最美金融微笑天使”称号；在全省农村信用社第五届职工运动会中获团体总分第七名和“体育道德风尚奖”；在全省农村信用社第三届职工乒乓球比赛中获男子团体第六名；包括泰安办事处和6家县级联社在内的全市农村信用社系统实现省级文明单位全覆盖；新泰市联社营业部被评为“中国银行业文明规范服务‘千佳示范单位’和五星级营业网点”。

存款业务 2014年年末，各项存款余额621.16亿元，增加73.73亿元，增长13.47%，存款市场占有率25.27%，新增存款市场占有率达37.41%。其中，储蓄存款余额573.19亿元，增加72.63亿元；企事业单位存款余额47.88亿元，增加1.47亿元。

贷款业务 各项贷款余额389.6亿元，增加33.4亿元，贷款市场占有率24.5%，全年累计投放贷款520.8亿元。①集中信贷资金支持现代农业和中小微企业发展。年末，涉农贷款余额293.6亿元，增加27.4亿元，增幅10.3%，高于各项贷款增幅0.89个百分点，同比多增3.8亿元；小微企业贷款余额82.8亿元，增加13.8亿元，增幅19.9%，高于各项贷款增幅10.53个百分点，同比多增2.2亿元。加大对现代农业的扶持力度，新型农村经营主体贷款余额10亿元。②满足居民市场消费需求。年末，消费贷款余额33.8亿元，增加9.3亿元。其中，个人住房贷款余额29.6亿元，增加8亿元；汽车消费贷款余额6016万元，增加2284万元。通过出国劳务贷款、巾帼致富贷款、下岗失业人员再就业贷款、农村青年创业贷款等形式，加大对社会特殊群体的信贷支持。③提高金融服务水平。以6大系列42类信贷产品体系为基础，细化客户群体，建立产品客户对应匹配关系。探索农业产业链模式贷款，转变传统单一营销。主动做好与保险公司对接，开展小额贷款保险工作。抢抓农村产权改革机遇期，扩大可抵质押物范围，加大宣传和办理以农村区域门头房和厂房为抵押物的“公证抵押＋担保”模式贷款以及股权、土地承包经营权、商标专用权、林权、存货担保、钢结构、

6月6日，山东省副省长夏耕（前排左二）一行到宁阳农商行调研指导工作，副市长周静（前排右一）陪同活动　（户安乐 供）

2014年泰安农村信用社系统基本情况

表24　　单位：人、万元

单 位	职工人数	年末存款		其中储蓄存款		年末贷款		税 金	
		余 额	增幅%	余 额	增幅%	余 额	增幅%	总 额	同比增%
泰山区联社	597	802351	8.94	642512	12.55	594573	11.84	4331	-9.47
岱岳区联社	696	1399995	14.82	1303148	15.50	904967	8.90	5016	1.79
新泰市联社	753	1226219	14.13	1163598	14.23	760234	8.10	4432	11.96
肥城市联社	602	1251746	15.98	1189964	16.73	637940	10.51	3453	-7.49
宁阳农商行	473	691863	11.29	644020	13.81	487722	10.52	4229	-7.30
东平农合行	490	839460	12.94	788697	12.26	510073	6.95	3302	6.39
办事处	34	–	–	–	–	–	–	122	-12.86
合 计	3645	737343	13.47	5731939	14.51	3895509	9.38	24886	-1.28

汽车合格证等多种财产、权利抵质押贷款。年末，抵质押贷款新增27.2亿元，新增占比78.7%；抵质押贷款余额140.9亿元，余额占比40.3%，较年初提高4.2个百分点。其中，林权抵押贷款余额7046万元，公证抵押贷款余额2.1亿元，商标专用权质押贷款4398万元，汽车合格证质押贷款4565万元，钢结构抵押贷款余额9.5亿元，股权质押贷款余额5.5亿元，蔬菜存货担保贷款200万元，第三方动产质押贷款8.9亿元，“个人创业通”贷款5.5亿元。

中间业务　全年实现中间业务收入4995万元，同比多增1235万元；银行卡存量260万张，卡存款余额48.8亿元，分别增加37万张和3.8亿元；银联传统POS存量6183台，系统内电话POS存量5746台，分别增加428台和87台；累计销售贵金属10.65万克，累计实现代理国际业务结算量2650万美元。

（户安乐）

【中国邮政邮储银行泰安市分行】年末，该行有一级支行5家、二级支行62家、邮政代理网点75处，网点遍布城乡。员工592人，其中大专以上学历529人。全年实现拨备前利润0.73亿元，同比增加3919.82万元；实缴税金840.26万元，增长25%。

存款业务　突出个人金融业务基础性地位，加快发展上规模。以“个人客户价值提升活动”和“员工风采营销活动”为抓手，以理财业务、代收代发等业务为切入点，开展交叉销售，优化提升客户结构。通过组织开展客户经理“赢在金秋”特训营活动、“百日争先”营销活动、感恩客户系列活动，对内加强激励、锻炼队伍，探索营销模式创新，对外扩大宣传、提升形象，促进重点业务稳步发展。以项目营销为抓手，以新业务推广为助推力，着力提升公司业务条线的市场竞争能力、经营管理能力、客户服务能力和风险管控能力，实现公司业务快速发展。至12月底，各项存款余额209.67亿元，增加26.51亿元，增幅为14.48%，其中，个人存款市场占有率为12%，在全市金融机构中居第3位。

信贷业务　重点扶持新能源产业、高新技术产业、现代服务业、现代农业。零售贷款方面，加大业务创新，先后开办新型农业经营主体贷款、汽车消费贷款、农机补贴贷款等新品种，实现零售贷款净增1.32亿元，其中与市畜牧兽医局合作开展“邮储银行贷款，助力畜牧业发展”活动，助力畜牧业发展。公司贷款方面，以新矿集团、泰山石油等全市重点企业营销为抓手，通过高端切入、持续营销、上下联动项目运作等方式，加强市场开发、创新服务产品、实现业务规模持续增长。至年底，各项贷款余额71.43亿元，增加14.96亿元，增速为51%。

服务管理　健全规章制度，完善工作流程，提高内部管理精细化程度。推进网点转型标准化流程导入推广工作，强化培训和监督检查，增强员工服务意识，提升服务水平。在省行举办的技

2014年中国邮政储蓄银行泰安市分行各支行基本情况

表25　　单位：人、万元

单位	职工人数	年末存款		其中人民币储蓄存款		年末贷款		税金	
		余额	同比增%	余额	同比增%	余额	同比增%	总额	同比增%
新泰市支行	88	522579.78	12.37	466317.33	12.27	23785.58	-2.62	90.85	4
肥城市支行	75	425038.73	17.19	384691.51	13.56	27083.87	2.59	104.49	3
宁阳县支行	68	282845.79	20.98	269184.00	21.34	17466.06	38.74	72.98	58
东平县支行	66	304401.05	18.92	288704.84	19.84	11166.88	34.90	48.38	57
郊区支行	163	561820.32	9.22	479142.65	13.14	110049.87	61.62	523.56	29
市分行	132	–	–	–	–	–	–	–	–
合计	592	2096685.67	14.48	1888040.33	15.11	189552.25	35.48	840.26	25

能比武中，该行获团体总分第4名，有两人被授予“十佳全能”选手称号；在“泰安市金融微笑天使”比赛中，该行获优秀组织奖，2名选手进入前10强。推进文明创建工作，市分行通过“省级文明单位”复验，80%的一级支行被评为市级文明单位，山口支行被评为“全国银行业雷锋岗”，并有多个网点被评为各级“青年文明号”和“工人先锋号”，树立了邮储银行良好的社会形象。（张　明）

保险业

【概况】 2014年年末，驻泰安保险公司42家，其中财产险公司18家、人身险公司24家。全市县级以下保险分支机构250家，其中财产险公司分支机构106家、人身险公司分支机构144家。全市保险从业人员达两万人。

【行业发展】 全年保费收入61.17亿元，增长6.37%。其中，财产险公司实现保费收入15.84亿元，增长9.84%；人身险公司实现保费收入45.33亿元，增长5.21%。全年累计各项赔款和给付支出20.35亿元，增长18.09%，其中，财产险赔款支出7.54亿元，增长11.16%；人身险赔款（给付）支出12.81亿元，增长22.59%。各公司上缴税款3.12亿元，其中税款1.57亿元，产险公司代收代缴车船税1.55亿元，增长20.19%。全年农业险保费收入3709.86万元，赔付1859.49万元；保证险保费收入266.17万元，增长82.42%。自2013年3月起，保险业先后承办新农村合作医疗、城镇居民医疗保险（后统称为“城乡居民大病保险”），至年底，已累计服务436万人，赔款支出7089.33万元，为参保对象提供了大病补充保险保障。在山东省卫生厅组织的全省检查中，中国人寿泰安市分公司以考核得分95分的成绩获得全省第一名。

【行业自律】 ①开展保险行业调研。市保险协会开展针对性调研，就进一步做好行业自律工作达成共识。组织各保险公司加大调研力度，对调研成果进行汇总分析，取得了保险市场的第一手资料。开展县域保险机构调研，10月份分别到宁阳县财产险市场、东平县人身险市场进行专题调研，详细了解9家宁阳县财产险公司和9家东平县人身险公司的经营情况，对基层保险市场发展提出意见和建议。②强化监督检查。市协会遵从监管部门的统一安排，组成自律检查小组，分产、寿险对驻泰各保险公司进行自律检查。在财产险方面，自律检查小组通过查阅承保清单、保单卷宗、营业费用、手续费支付凭证及明细账、调阅业务信息系统、财务信息系统等方式，完成对永安财险、中华联合、安邦财险、大地财险、阳光财险、渤海财险、长安财险、国寿财险、安盛天平9家驻泰安 财险公司承保、理赔等业务的现场检查，审核机动车险业务1.94万笔、赔案3037笔、财务凭证340笔、缮制业务管理费及手续费情况表18份，出具检查报告9份。在人身险方面，从各公司人员管理系统中调取在职人员1.46万人，检查各公司培训的场次及档案258份，抽查各类宣传资料239份，投保档案卷宗2918件、合作网点60个。③做好风险防范。市协会按照上级监管部门的要求，制订《非

10月13日，市保险行业协会组织驻泰安各财产险公司总经理参观泰安交警支队服务窗口（韩　健　供）

4月28日，市保险行业协会组织开展车险理赔查勘模拟测评工作

（韩　健　供）

正常退保和满期给付重大突发事件应急预案》，组织风险防范及处置培训班，着重对应急处理预案、突发性群体事件、客户投诉处理流程、满期及退保产品的应对话术、应对技巧、处理流程等进行培训。对上级监管机关认为风险较高的部分人身险公司进行风险提示，督促各公司打击清理非法中介、传销、非法集资等行为。转发《山东省保险销售人员流动管理自律公约》，并结合保险营销市场发展实际组织召开了销售人员流动管理自律会议，传达学习自律公约的内容，规范从业人员的流动行为。④开展车险理赔查勘模拟测评。市协会分别在4月、11月组织两次车险理赔查勘模拟测评，对财产险公司的接报案服务质量和到现场时间及各项服务能力进行暗访，并在泰安主流媒体上公示私家车理赔效率指标，通过媒体舆论监督，督促财产险公司进一步做好理赔服务工作。⑤加强交通服务中心建设。市协会在市交警支队和各财产险公司的配合下，分别派员到东营市道路交通事故保险理赔服务中心、厦门市保险事故车辆拆检定损中心学习考察，借鉴先进地区经验，确定在高新区北天门大街2999号建设道路交通服务中心，于9月份后进行内部装修，修订完善各项规章制度，规范车辆事故处理流程，提高道路交通事故处理效率。

【服务会员】①反对保险欺诈。市反对保险欺诈工作站年内接报各类案件13件，涉及保险公司7家，涉及保险金额67万元。全年编发反欺诈情况简报24期，分发到各公司及较大的4S店、修理厂等单位，并通过协会网站、新闻媒体等，宣传反欺诈工作情况和各地反欺诈案例。2014年12月29日，《大众日报》刊文介绍了泰安市反对保险欺诈的工作经验。②严把销售队伍入口关。市协会高度重视保险销售从业人员资格考试工作，年内报名考试人数2.01万人次，比上年增

2014年12月泰安市财产保险业务情况

表26　　　　单位：万元

险　种	承保数量/户/辆/笔		保险金额（万元）		保费收入（万元）		同比增长%	赔款件数		赔款金额（万元）		赔付率%
	当　期	累　计	当　期	累　计	当　期	累　计		当　期	累　计	当　期	累　计	
企财险	76	1497	141945.02	4039113.24	116.94	4389.10	-15.77	47	874	460.19	1588.50	36.19
机动车交强险	52506	510074	620054.80	5958545.33	4561.89	44370.16	12.51	5718	115434	2840.69	25461.88	57.39
机动车商业险	31878	312168	1311268.90	13337040.32	9053.79	97804.82	12.51	11262	246809	4950.83	42718.84	43.68
家财险	683	7280	14832.83	445486.23	6.82	519.86	-5.08	88	1179	9.17	85.63	16.47
责任险	702	7959	659858.48	6154015.33	145.61	3358.40	7.03	62	2157	693.49	1629.44	48.52
保证险	4	43	554.01	34489.38	10.43	266.17	82.42	1	3	4.32	75.73	28.45
工程险	4	24	3651.94	169143.27	6.24	180.63	-28.87	1	53	5.12	62.83	34.78
货运险	788	8933	48097.73	946427.52	41.05	537.40	-3.23	4	575	40.16	165.94	30.88
意外险	6328	169469	164219.95	3673068.66	127.95	2796.26	20.26	148	3596	328.81	1357.23	48.54
健康险	1134	17944	53144.25	1093442.15	21.25	428.80	37.45	92	951	66.46	329.69	76.89
农业险	215	7600	3869.92	219505.77	155.16	3709.86	-29.81	1260	9416	239.94	1859.49	50.12
其它险	22	78	622.00	9424.28	0.27	50.72	-38.06	1	8	4.60	4.60	9.07
合　计	94340	1043069	3022119.83	36079701.48	14247.40	158412.19	9.84	18684	381055	9643.78	75339.80	47.56

2014 年 12 月泰安市人身保险业务情况

表 27　　　　单位：万元

项目	保险种类	保费收入(当月)			保费收入(累计)			同比增长%	退保支出(累计)	赔款支出(累计)				
		首期	续期	小计	首期	续期	小计			满期给付	死伤给付	医疗给付	年金支付	赔款支付
团体业务	人寿保险	10.17	20.26	30.43	1689.70	382.24	2071.94	63.92	77.12	529.04	168.66	6.00	2211.77	–
	意外保险	213.18	0.21	213.39	4514.37	2.27	4516.65	4.11	0.62	–	5.00	32.58	2.28	888.94
	健康保险	36.31	0.34	36.65	22508.86	2.71	22511.56	35.30	0.58	–	–	16.07	1.52	16731.66
	分红保险	19.53	170.63	190.16	1736.42	1535.75	3272.17	-32.72	3081.29	162.17	13.73	–	11.73	–
	小计	279.19	191.44	470.63	30449.35	1922.97	32372.32	19.44	3159.61	691.21	187.39	54.65	2227.30	17620.60
个人业务	人寿保险	635.81	4672.77	5308.58	14986.43	50398.50	65384.93	15.89	4984.35	4472.46	3934.79	3382.64	4441.88	714.84
	意外保险	117.22	155.00	272.22	1686.72	1922.81	3609.53	3.50	100.70	232.55	220.91	186.32	13.13	557.19
	健康保险	648.00	1120.83	1768.83	9862.28	15416.98	25279.26	31.43	552.07	470.33	522.57	2142.46	25.04	2350.36
	分红保险	1187.77	5305.73	6493.50	33301.61	122519.52	155821.13	6.06	15002.08	6805.17	2721.87	1270.04	5252.15	185.49
	小计	2588.80	11254.33	13843.13	59837.04	190257.81	250094.85	10.63	20639.20	11980.51	7400.14	6981.46	9732.20	3807.88
银行业务	人寿保险	2394.43	58.49	2452.92	62043.10	1468.43	63511.52	433.54	3013.54	280.28	36.31	44.13	40.25	0.30
	意外保险	24.13	–	24.13	313.07	0.54	313.61	-27.06	0.35	–	–	–	–	98.93
	健康保险	7.17	2.07	9.24	9190.41	33.02	9223.44	4457.04	363.30	14.79	0.10	4.13	–	78.50
	分红保险	887.11	2194.84	3081.95	51485.93	46315.21	97801.14	-40.78	93230.96	60848.28	1053.14	502.59	1614.44	2812.97
	小计	3312.84	2255.40	5568.24	123032.51	47817.20	170849.71	-3.84	96608.15	61143.35	1089.55	550.85	1654.69	2990.70
合计		6180.83	13701.17	19882.00	213318.90	239997.98	453316.88	5.21	120406.96	73815.07	8677.08	7586.96	13614.19	24419.18

加 1674 人次。全年组织安排考试 357 场次，考试通过人数 1.09 万人；新发放资格证书 1.01 万本，其中 A 证 3235 本、B 证 6853 本；换发资格证书 6500 本，换发公估证书 39 本、经纪证 18 本。③信访投诉处理。2014 年接到来人来访、电话、传真、邮件等各类信访投诉 177 件，其中保险消费者投诉 53 件、保险销售人员投诉 124 件。经过协调，绝大多数投诉人对处理结果表示满意。④做好保险数据统计分析工作。协会坚持每月上报业务数据统计制度，主要数据月初汇总后，立即发送各公司，为各公司及时掌握市场动态提供第一手资料。年内结合新改版的协会门户网站，建立了网络数据统计平台系统，运用网络平台系统开展统计工作，提高了保险数据统计的准确性和时效性。

【宣传工作】 5 月 26 ～ 30 日，市协会组织中国保险报山东记者站、齐鲁晚报、泰安电视台、泰山晚报 4 家媒体组成“保险服务泰安行”采访组，赴肥城市、岱岳区及部分保险公司对农业保险、城镇大病医疗保险、新农合合作保险、保险帮助困难家庭、保险服务当地经济社会建设及部分理赔案例进行集中宣传报道。市协会 5 月份印发《泰安市保险业双十佳“优秀服务标兵”“优秀保险明星”评选活动工作方案》，经广泛参选、公开投票、社会公示等流程，从 28 家会员公司报送的 56 位候选人员中评出“优秀服务标兵”“优秀保险明星”各 10 名。为贯彻落实保险行业核心价值理念的学习和宣传，市协会组织开展“保险让生活更美好”征文活动，评出一等奖 1 名、二等奖 2 名、三等奖 3 名、优秀奖 5 名。7 月 4 日，市协会召开表彰大会，会议对双十佳“优秀服务标兵”“优秀保险明星”获奖人员及“保险让生活更美好”征文活动的获奖人员进行表彰。年内，根据协会实际情况对门户网站进行改版，提升保险宣传时效性、承载性和保存性；与多家新闻媒体建立长期合作机制，利用电视、报纸、刊物、网站等多种宣传渠道，形成强势的宣传合力。全年在《中国保险报》刊登《“泰安模式”让更多人享受医疗二次报销》等信息 4 篇，在《大众日报》《齐鲁晚报》《泰安日报》等省、市级报纸上刊登信息 19 篇，在泰安电视台“泰安新闻”栏目播出 2 次计 5 分 42 秒，在《山东保险信息》、山东保险信息网等省级刊物、网站上刊登信息 62 篇。

（韩　健）

【中国人民财产保险股份有限公司泰安市分公司】 该公司是泰安规模最大的国有非寿险公司，主营业务覆盖机动车辆保险、农业保险、企财险、责任险、货运险、保证险、家财险、短期意外险、健康险等非寿险领域的近百个险种，能最大限度地满足社会各界的保险需求。辖县（市、区）支公司6个、营业部12个，在32个中心乡镇建立“三农”服务站，构建覆盖全市的服务网络。全年实现保费收入53083万元，承担各类风险责任1239亿元，支付各类赔款36552万元。

业务发展　该公司持续做好传统主业发展，车险的市场份额、保费增速、车商业务、续保率等关键指标明显好转，月度增速跻身全省前列；顺利续保阿斯德化工、泰山玻纤、石横特钢等辖区内大型企业的财产险，提高财产险市场份额。联合市财政局、商业银行开办小额贷款保证保险，帮助全市小微企业实现零担保得到贷款，缓解担保缺失、资金不足的难题。全省首家与市食品药品监督管理局签订《食品安全责任保险合作意向书》并顺利实现签单。开办政策性农业险种9个、商业性农业险种4个，取得全省农业保险险种开办数量第一、养殖险保费收入第一的良好业绩，其中奶牛医疗、桃、育肥猪均是全省首家签单。拓展商业性涉农奶牛险种，提出“一牛三保”方案，在政策性保险基础上办理商业性奶牛医疗、奶牛养殖保险，解决了政策性保险保障不充分的问题。

内控管理　创新性提出设立3个委员会的管理模式，分别设立业务发展委员会、绩效考核委员会、招标采购委员会，实时调度各经营单位业务发展情况，督导、落实考核奖励办法执行，招标采购时坚持“有采购合同必谈保险业务合作”的原则，既密切业务合作，又带动保险业务发展。

客户服务　该公司注重内在服务品质和外在服务形象的提升，通过营业职场改造、商务礼仪培训、规范客户服务界面接触人员服装等，推广总公司VI手册，全面改善客户服务环境；通过细化工作流程、员工业务技能培训、商务礼仪培训、专项劳动竞赛，提升员工客户服务能力，提升客户服务操作的规范性；通过畅顺理赔流程，规定时间节点，加快理赔提速，推广万元以下不涉及人伤案件一小时通知赔付，减少客户等待时间，提高客户满意度。

企业文化　该公司推进幸福感工程，把“员工分享发展成果”当作公司的经营理念，先后投入资金改造食堂、订制工装，为基层员工及优秀营销员体检，提高员工的归属感和忠诚度。参与开展“3·15”保险宣传、爱心送考、“十一黄金周”客户自驾游服务、泰安首届国际马拉松比赛、首届金融微笑天使评选等丰富多彩的社会活动，彰显负责任的国有公司形象。营造良好的工作氛围，机关“一切围绕业务服务、一切围绕基层服务”，提升执行力和工作效率。班子成员与基层员工面对面交流，倾听员工心声，公开公正透明地处理热点问题、敏感问题，形成风清气正心齐的发展氛围。　（梁国欣）

7月8日，泰安人保财险公司员工到举办保险知识宣传活动

（李　乾　供）

【中国人寿保险股份有限公司泰安分公司】　该公司机关设客户服务中心、个险销售部、银行保险部、团体业务部、健康保险部等部（室）11个，辖县（市、区）支公司6个、城区营业单位2个、县域营销服务部65个、中介代理机构436个，员工271人，持证保险代理人3882人。向个人及团体提供人寿、意外和健康保险产品，涵盖生存、养老、疾病、医疗、身故、残疾等多种保障范围，满足客户在人身保险领域的

保险保障和投资理财需求。

发展优质业务　全年实现总保费12.14亿元，是全市唯一一个年度保费规模突破10亿元的保险公司，市场占有率26.77%，领先同业主要竞争对手10个百分点。2014年省公司对其考评成绩为AAA⁺。

提升队伍素质　推行“机制引才、制度用才、培训育才、环境留才”战略，着力培养素质优良的员工队伍和销售队伍。全公司有管理人员271人，拥有持证保险代理人3882人，是泰安寿险市场销售人力规模最大的保险公司。

提高运营效能　在全市保险业中率先建立风险防范、风险预警和风险评估三大系统；落实“零现金收付费”“反洗钱”要求和客户回访制度，推行银行代收代付制度，新业务回访率达100%；实现短险业务市级集中管理；完善VIP客户俱乐部服务体系，连续八年开展“6•16”客户服务节活动；推行“国寿1+N”服务战略和国寿牵手系列活动，提升服务品质。独创“E宝账”，实现个人业务的手机终端操作，方便客户办理自助业务。

投身社会保障事业　自2012年起，为全市大学生村官和省直选派“第一书记”统一办理人身保险，其中2014年为432名村官提高保险保障服务。自1996年起，连续19年为泰山国际登山节的运动员、教练员提供意外保险保障，累计保险金额达9.6亿元。自1989年起参与泰山景区公共保险保障机制建设，向社会各界游客提供旅游意外保险服务25年，累计服务人数1700万人次，处理死伤及游客纠纷事件100起。2008年起与市老龄办联合推出为老年人提供意外伤害风险保障的“银龄安康”工程，累计参保160万人，风险保额达到117亿元，累计赔付1.5万人次，赔付金额970万元，其中2014年投保老年人达33.13万人，占应投保老年人总数的44.3%。参与城镇居民补充养老保险，累计代理各类企业年金业务2.67亿元，其中受托、投资和账户分别达成9100万元、9100万元和8300户。承办“城乡居民大病保险”，至年末累计服务436万人，承保保费每人35元，保费规模15264万元，支付赔款10585万元；在省卫生厅组织的全省新农合大病保险工作检查中，泰安国寿以考核得分95分的优异成绩名列第一。2014年独家开办“女性安康防癌及意外伤害保险”，全年有8500名育龄绝育人群参加计划生育绝育手术保险，占全市适龄投保人群的90%以上。持续开展“学生平安保障”工程，全市有700所学校在该公司参保，当年投保学生总数达39万人，占全市学生总数的73%。

推进合规经营　该公司将依法合规经营、防范化解风险作为生命线，并作为重要指标纳入考核范畴。加强销售督察工作，全年预警1.6万人，提交排查1800人。开展第七届“诚信我为先”活动，强化营销员信用品质分级管理措施执行效果，信用评估正面激励引导效果逐步显现。履行反洗钱法律义务和责任，提高公司反洗钱工作水平。　（邓国庆）

证券业

【齐鲁证券泰安分公司】　该公司辖区内有9家营业部，其中市区4家、县（市、区）5家，分布在泰山区、高新区、新泰、新汶、肥城、宁阳、东平。该公司坚持“合规创造价值，诚信铸造品牌，人才提升效率，创新推动发展”的经营理念，按照“各种专业化证券业务协同发展”的目标，推进包括经纪、投行、投资咨询、证券投资、固定收益、资产管理、直接投资、融资融券、期货中间介绍业务等在内的全牌照业务体系建设。发挥区域优势，强化并完善服务网络，加大对现有客户的服务力度，不断开发新客户，整合区域内的企业上市主板、创业板、企业债、直投、固定收益、新三板等各类业务资源，努力做好当地政府和企业的投资顾问，为泰安资本市场的发展提供优质的金融服务。年内各营业部办理沪、深A股、B股、债券、基金、融资融券、期货、约定式购回、股票质押等交易品种，缴纳营业税及附加等各项税款额709.38万元，缴纳所得税税款总额595.19万元，缴纳房产、土地、个人所得税等地方税款356.23万元。

通道业务　全年完成A股交易量956.62亿元，增长43.39%；实现佣金收入1.62亿元；实现利润 8153.53 万元，增长 60.88 %。市场份额为 0.0627%，在泰安当地占据 62% 的份额，佣金费率 1.71‰，客户资产净流入 4.68 亿。

非通道业务　全年新增融资融券账户 2156 户，实现净收入 6712.52 万元；两融余额 89438.04 万元，两融日均余额 39773.02 万元，两融日均市场份额 0.0765%。IB 业务年内开立 89 户，实现净手续费收入 55.08 万元。

机构业务　年内，泰安分公司机构业务部为恒通膨胀节发行私募债一单，成功推荐华阳迪尔、宝来利来挂牌新三板，正在运作赛特电工、舜世高科、亚翔动力、综艺包装等 4 家企业挂牌新三板，成功推荐兴岳食品、天亿重工、金池工贸、天盾矿山等 4 家企业挂牌齐鲁股权，各项指标均占到泰安当地 50% 以上。

【齐鲁证券泰安分公司机构业务助力企业发展】　齐鲁证券是第一家在泰安成立分公司的券商，成立伊始，分公司就集证券经纪、投行、固定收益、场外市场、资产管理等全牌照业务为一体，占据泰安地区证券业较大市场份额。年内，注重企业需求，将客户利益放在首位，以传统经纪业务为引领，拓展资产管理和投行业务等新业务。其中，为恒通膨胀节发行私募债一单，为企业融资 3000 万元；推荐华阳迪尔、宝来利来挂牌新三板，赛特电工、索力得焊材挂牌新三板正在运作中；推荐兴岳食品、天亿重工、金池工贸、天盾矿山等 4 家企业挂牌齐鲁股权。　（孔　谦）

【海通证券泰安营业部】　海通证券股份有限公司的全资直属机构，注册资本 500 万元。该部在做好 A 股、B 股、基金、债券、回购等传统经纪业务的同时，拓展融资融券、股权融资、个股期权、公募、私募资管产品、公司柜台理财产品销售等，依托总公司强有力的业务平台及分公司的区域性管理策略，实现从传统的经纪业务向创新业务的转变。抓住互联网金融纵深发展、一码通持续深入、深港通推进、股票期权启动等市场有利契机，构建创新型经纪业务综合平台，实现业务收益、市场占有率和类贷款指标等稳中有升的良好业绩。年内营业部缴纳营业税及附加等各项税款总额 472.68 万元，缴纳所得税税款总额 151.55 万元，缴纳房产、土地、个人所得税等 71.65 万元。

通道业务　完成交易量 337.81 亿元；实现佣金收入 4394 万元；实现净利润 4142 万元（含融资融券），较上年上升 62.55%；市场份额为 0.02255%。

非通道业务　年内，该公司开立融资融券账户 341 户，融资融券账户实现净佣金收入 581 万元、息费收入 787 万元，两融余额 2 亿元；股票质押回购业务年累计初始金额为 9.40 亿元；IB 业务年内开立 27 户，实现净手续费收入 34 万元；完成基金、理财产品销售额 6.34 亿元。

机构业务　把握股票质押、IPO 重启、新三板扩容、新型银证合作、融资租赁等业务契机，利用政府、金融机构、高科技园区等合作资源，依托经纪业务客户基础及公司平台优势，执行“有的放矢走出去、引进来”战略，勤于拜访客户，挖掘存量机构客户的业务需求，提升信任度和客户粘度。全年拜访重点企业 10 家，涉及多个行业。通过制订一对一个性化服务策略，运用资本市场平台，解决企业资金短缺、业务发展制约等问题，优化公司治理结构，推动企业和当地金融市场的发展，同时带动营业部在市值管理、资产证券化、IPO、新三板、债券融资、再融资、金融租赁等各项业务发展，其中股权质押业务全年稳中有升，居分公司前列。

（王　琳）

编辑·校对　周美广

科技·教育

科技综述

【概况】 2014年，泰安市规模以上工业企业实现高新技术产业产值1742.7亿元，占规模以上工业总产值比重为25.6%。全市获省级以上科技奖励33项，其中国家科技进步一等奖1项；发明专利申请量1401件，授权230件；发明专利申请占专利申请总量27.81%；136个项目列入国家、省科技计划，争取无偿支持科技资金1.35亿元。2013年，全市研究与试验发展（R&D）经费（该数据为统计数据，一般推迟1年公布）59.89亿元，占GDP比重2.15%。市科技局连续12年获省级文明单位，并获“五型”机关建设示范单位。

【高新技术及其产业】 市政府印发《关于加快发展科技型中小企业的意见》，培育认定科技型中小企业326家，有效期内高新技术企业103家。全市规模以上工业企业实现高新技术产业产值1742.7亿元，占规模以上工业总产值比重25.6%，比上年提高1.36个百分点，6个县（市、区）均实现较快增长。泰安高新区被科技部认定为国家矿山装备高新技术产业化基地。

【科技计划】 泰安市获国家、省科技计划项目立项136项，争取无偿支持科技资金1.35亿元，应用技术研究与开发资金2716万元。山东泰邦生物制品有限公司承担的“凝血因子类新产品开发及产业化关键技术研究”项目获国家“重大新药创制”科技专项立项，获支持经费2205万元，是泰安市首次获此专项立项的项目。

【科技创新资源与能力建设】 启动泰安市产业技术研究院建设，首批认定产业技术研究院30家；新增省级重点实验室1家，累计3家；新增山东省院士工作站6家，累计23家；9家省级工程技术研究中心升级为省级示范工程技术研究中心，居全省第4位；解放军军事交通学院与山东鲁峰专用汽车有限责任公司合作，在泰安市挂牌组建“国家应急交通运输装备工程技术研究中心山东分中心”。开展“科技企业孵化器推进年”活动，新认定市级科技企业孵化器6家，新增孵化面积17.65万平方米，新增在孵企业113家。至年底，全市科技企业孵化器达到11家，其中国家级1家、省级3家、市级7家，总孵化面积39.78万平方米，累计孵化企业400家；拥有国家级高新区1家、国家级农高区1家、“863”计划成果产业化基地2家、国家火炬计划特色产业基地2家、国家高新技术产业化基地1家，省级工程技术研究中心42家、省级企业重点实验室3家、省级产业技术创新战略联盟7家。

【农业与社会发展】 继续培育农业特色产业，推广优良品种和优化集成先进技术，“肥城桃提质增效”工程、“樱桃提质增效配套技术开发”工程、“泰山名贵药材”示范工程、“泰山茶”精品工程、“泰山汉麻”精品工程进展顺利，制定标准化栽培技术规程16项，建立精品园6000亩。

2014年泰安市争取国家及省级科技项目

表28

项目类别	项目名称	承担单位
国家重点新产品	筒子纱数字化自动染色成套装备	山东康平纳集团有限公司
	DGY70E型履带式吊管机	泰安泰山工程机械股份有限公司
	基于玻璃钢旋流设备的高效烟气净化系统	山东中玻节能环保发展有限公司
	高含量二甲戊乐灵	山东华阳农药化工集团有限公司
	智能远程控制煤矸分采、矸石回填液压支架	山东新煤机械装备股份有限公司
	乙醇三效蒸馏节能装置	肥城金塔机械有限公司
	高纯石英砂40～180目	山东海友工贸有限公司
	ZQS700Z高强度汽车传动轴管	山东泰丰钢业有限公司
国家“重大新药创制”科技重大专项	凝血因子类新产品开发及产业化关键技术研究	山东泰邦生物制品有限公司
国家富民强县计划	现代奶牛业关键技术集成创新及产业化开发与示范	泰山区
国家科技支撑计划	印染清洁生产关键技术研究及示范	山东康平纳集团有限公司
	先进印染关键技术研究与装备开发“数控化经纱染色技术和设备的研发与应用示范”	泰安康平纳机械有限公司
	船体三维曲面外板数控冷弯加工成套技术与装备	山东硕力机械制造有限公司
国家创新基金	基于全自动存取车模式的智能人性化立体车库	山东沃尔重工科技有限公司
	空气净化消毒器	山东帅迪医疗科技有限公司
	金属熔炼尾气控制（作业）线	山东一清环保设备有限公司
	煤矿压力无线监测系统	山东诚德电子科技有限公司
	基于食品安全的视觉智能检测系统	山东明佳科技有限公司
	新型空气净化器及技术的研发	山东恒诺自动化科技有限公司
	工业烟气净化脱硫脱硝组合装置	山东中玻节能环保发展有限公司
	基于大颗粒三氯蔗糖结晶方法研制三氯蔗糖	山东三和维信生物科技有限公司
	斜巷运输人机闭锁系统	泰安万川电器设备有限公司
	高大空间燃气红外辐射采暖设备	山东格瑞蓝热能设备有限公司
	TBVF系列矿用隔爆型永磁同步变频智能驱动系统	山东欧瑞安电气有限公司
	北方露地杜鹃多抗品系的筛选及工厂化育苗技术研究	泰安市天泽农园科技有限公司
国际科技合作专项	大型履带拖拉机双动力驱动桥关键技术引进	泰安九洲金城机械有限公司
国际合作专项结转项目	灾难逃生产品新技术引进开发	泰安普鲁耐特塑料有限公司
	纺织染料助剂自动配色输送关键技术引进	泰安康平纳机械有限公司
	500KV高压电缆附件制造技术引进	特变电工山东鲁能泰山电缆有限公司
国家创新基金服务项目	山东省食品企业设立辅导及检验检测服务平台	山东新泰华高科食品检测有限公司
国家创新基金结转项目	废旧橡胶粉塑化新工艺及设备的研究开发	泰安市金山橡胶工业有限公司
	生物质成型燃料压块技术成套设备	肥城市宏源环保机械有限公司
	石油成品油智能配送系统	泰安市鲁科海电子信息产业有限公司
	煤矿用补偿装置及真空电磁起动器	山东荣立达矿用电器设备有限公司
	矿用型气动绞车	泰安巨菱钻探装备有限责任公司
	基于物联网的全方位智能验瓶机	山东明佳包装检测科技有限公司

续表 28-1

项目类别	项目名称	承担单位
国家创新基金结转项目	风道式集尘装置	泰安市泰山木工机械有限公司
	高清数码光学滤波器晶体材料	山东博达光电有限公司
	基于乙烯基复合材料的旋流喷雾烟气脱硫装置	山东中玻节能环保发展有限公司
	空间转弯越野带式输送系统	力博重工科技股份有限公司
2014 省科技发展计划结转	DTQY-Studio 管理软件开发平台	泰安市大通前沿电子科技有限公司
	产品数据云资源平台开发与建设	山东泰山制造业信息化生产力促进中心
	风管智能清扫系统	泰安泰山工程机械股份有限公司
	基于物联网的区域蔬菜安全预警系统研发	山东众志电子有限公司
	在牧场环境调控中微生态制剂应用技术的研究与开发	泰安巴夫巴夫农业科技有限公司
	高浓度大量元素生物肥关键技术的研究与开发	山东农大肥业科技有限公司
	侧支撑高地隙多功能作业机的创新设计	泰安海松机械有限公司
	燃煤锅炉烟气硫硝汞联合脱除技术与设备	山东永安环保工程有限公司
合作承担	超高产小麦科技创新示范工程	泰安市农科院
	生物法 1，3 丙二醇生产高分子量	山东瑞星集团
	配套国产数控系统的万台数控机床应用工程	山东宏康机械有限公司
山东省成果转化专项	高档生物新材料纺纱关键技术及产业化	山东华兴纺织集团有限公司
	基于纳米技术的海藻纤维功能面料的产业化	泰安市金飞虹织造有限公司
	数控交捻复合竹节纱技术产业化开发	山东岱银纺织集团股份有限公司
	高精度智能化大型数控卷板机的研发与产业化	泰安华鲁锻压机床有限公司
	高压大容量智能电力变压器	山东鲁能泰山电力设备有限公司
省科技惠民计划	黄前水库水体富营养化生态治理与修复科技惠民示范工程	泰安市岱岳区黄前水库管理局
省科技富民强县专项行动计划	工厂化海鲜菇、茶树菇栽培示范与产业化开发	山东泰禾农业开发有限公司
省农业科技成果转化资金项目	规模奶牛废弃物收集处理技术示范与推广	泰安市金兰奶牛养殖有限公司
省农业良种工程	“宁阳黄瓜“品种培育及开发	宁阳县蔬春种业有限公司
	泰山硫磺菌新品种选育及精准栽培技术研究	泰安市农业科学研究院
	越冬温室黄瓜专用新品种选育及开发	泰安市泰丰园艺有限公司
	青檀种质创新利用与新品种培育	泰安市泰山林业科学研究院
	铁皮石斛北方设施栽培品种选育与开发	泰安三益生物科技有限公司
省科技成果转化先导资金	泰安开发区泰山创业投资公司	泰安开发区泰山创业投资公司
省自主创新专项	高强智能集成化纤维复合土工材料关键技术研发及产业化	泰安路德工程材料有限公司
	大型高档板带材冷轧机轧辊电火花毛化数控机床关键技术研发及产业化	山东宏康机械制造有限公司
	特高压输变电用大截面、高导电率节能导线研发及产业化	特变电工山东鲁能泰山电缆有限公司
	新型多功能微生物肥料研制	山东农大肥业科技有限公司
	高强高韧汽车传动轴管冷弯成型与焊接技术及产品开发	山东泰丰钢业有限公司
	筒子纱数字化自动染色成套技术与装备研发及产业化	山东康平纳集团有限公司

续表 28-2

项目类别	项目名称	承担单位
2013 年省自主创新专项结转资金	棉短绒生化再利用制备高取代度纤维素醚产业化	山东一滕新材料股份有限公司
	基于三维 GIS 的矿山装备远程可视化控制系统	山东蓝光软件有限公司
	矿井提升机 AFE 回馈式四象限电控系统研发及产业化	山东泰山天盾矿山机械有限公司
自然基金	嗅鞘细胞联合神经干细胞移植对脊髓损伤模型大鼠神经功能的修复作用	泰安市中心医院
	尿激酶型纤溶酶原激活因子介导纤维蛋白组织溶解对前交叉韧带损伤修复的影响及机制研究	八十八医院
	心理负情绪对辅助生殖技术中卵泡液微环境以及胚胎质量的影响	泰安市中心医院
	多 ADP 核糖聚合酶在动脉粥样硬化中的作用及其机制	泰安市中心医院
	p38MAPK 信号通路参与血管性痴呆大鼠海马细胞凋亡机制的实验研究	泰安市中心医院
	乳腺癌干细胞新型特异性标志物的筛选及鉴定	泰安市中心医院
	针刺改善骶髓损伤模型大鼠膀胱功能及膀胱纤维化的作用机制研究	泰安市中心医院
	参松养心胶囊与美托洛尔联合应用治疗心律失常的合理性评价	泰安市中心医院
中小企业创业补助创新（孵化器）奖励资金预算指标	天龙科技企业服务平台	泰安市天龙企业管理咨询有限公司
	新型大转矩直驱防爆永磁同步电动机	山东欧瑞安电气有限公司
	数控旋风铣车床	泰安泰科瑞克智能数控有限公司
	基于色度法的点源污染远程图像水质检测系统	山东航大测控科技有限公司
	科技技术信息公共服务平台	泰安高新技术创业服务中心
	科技企业孵化服务平台	泰安泰山科技有限公司
	泰山创业科技孵化器（加速器）	泰安开发区泰山创业投资有限公司
	城镇数字化运营服务系统	山东望泰信息技术有限公司
	跨系统的电子政务协同应用软件平台	泰安征途信息科技有限公司
	肥城高新技术产业开发区创业公共服务平台	肥城高新技术产业开发区创业服务中心
	山东海力汽配科技园创业服务平台	山东同创汽车散热装置股份有限公司
2014 年省科技发展计划（第一批）	矿井提升机远程监控与故障分析云系统	山东泰鼎矿山机械有限公司
	多向拉伸塑料土工格栅研究开发	泰安路德工程材料有限公司
	不锈钢纤维超高温非织造过滤材料	山东泰鹏新材料有限公司
	360 度高精度玻璃及 PET 容器标签质量在线控制系统	山东明佳科技有限公司
	寒冷地区采暖用太阳能平板集热器集成热泵装置	山东科进能源科技有限公司
	甜樱桃增产提质关键技术研究	山东天地园艺科技有限公司
	小麦玉米周年氮素运移特征及高效利用技术研究	泰安市农业科学研究院
	新型复合菌在生物饲料发酵过程中应用的技术研究与开发	泰安市农业再生资源综合利用研究开发中心
	环保节能型纤维增强保温装饰板的研发	山东鲁泰建材科技集团有限公司
	锂云母提锂过程中综合利用分离回收铷、铯技术研究	山东瑞福锂业有限公司
	固态发酵白酒糟综合治理工艺技术及装置	肥城金塔机械科技有限公司

续表 28-3

项目类别	项目名称	承担单位
2014 年省科技发展计划（第一批）	再制造矿山机械零部件检验方法研究及应用	泰安市产品质量监督检验所
	酶法合成植物甾醇酯关键技术开发	山东德普化工科技有限公司
2014 年省科技发展计划（第二批）	全降解聚羟基脂肪酸材料的改性研究与开发	山东春潮集团有限公司
	新型螺旋卷式蒸汽渗透复合膜组件的开发与应用	山东蓝景膜技术工程有限公司
	加衬增强型 PVDF 中空纤维膜关键技术研发与产业化	山东净水源膜科技有限公司
	低振幅高频率节能环保振动洗矿机的研发与产业化	东平华锴机电设备有限公司
	五轴联动数控铣床的研制与开发	山东华迪机械装备有限公司
	磁悬浮潜水电泵的发明及应用推广	泰安易扬科技有限公司
	浸出制油关键技术与装备的研发	山东光大日月油脂股份有限公司
	新型太阳能光伏发电系统的研发与生产	宁阳县瑞普太阳能有限公司
	宁阳县十字绣产业化开发与示范	宁阳县鲁韵千彩工贸有限公司
	有机无机缓释肥研制与开发	山东光大肥业科技有限公司
	樱桃提质增效配套技术开发	泰安市科技信息协会
	防止哺乳仔猪断奶腹泻产品的开发应用	山东宝来利来生物工程股份有限公司
	食用菌优良品种研发、选育及工厂化栽培	山东泰禾农业开发有限公司
	热带水果高效增产关键技术转化及推广	东平县宝岛农业科技有限公司
	肉獭兔人工受精应用与推广	东平县大自然兔业专业合作社
	杨树胶合板材和纸浆材优良无性系选育	宁阳县林业局
	农作物秸秆综合利用	山东东平容业达植物纤维科技有限公司
	花生联合收获机产业化关键技术集成和示范	东平县华伟机械科技有限公司
	蛋鸡新型功能化微生物发酵饲料的研制与示范	山东众成饲料科技有限公司
	生物法 1，3- 丙二醇中试及产业化研究开发	山东祥瑞药业有限公司
	新型生物复配制剂全面防治植物线虫、地下害虫及地上刺吸式口器害虫的研制与开发	泰安市现代农业科技有限公司

2014 年泰安市获国家及省科学技术奖项目

表 29

奖项名称	项目名称	完成单位
国家科学技术进步奖一等奖	筒子纱数字化自动染色成套技术与装备	山东康平纳集团有限公司（第一完成单位）
国家科学技术进步奖二等奖	奶牛饲料高效利用及精准饲养技术创建与应用	山东农业大学（第二完成单位）
	花生品质生理生态与标准化优质栽培技术体系	山东农业大学（第二完成单位）
	小麦种质资源重要育种性状的评价与创新利用	山东农业大学（第五完成单位）
省自然科学奖三等奖	植物环境应答过程中气孔运动的调控机制	刘新（青岛农业大学）、张伟（中国农业大学）、王秀玲（山东农业大学）等
省技术发明奖一等奖	果蔬采后品质控制关键技术及新产品研发与应用	王庆国（山东农业大学）、牟文良（山东营养源食品科技有限公司）、陈庆敏（山东营养源食品科技有限公司）等
省技术发明奖二等奖	防草、抑菌、调温功能性农用地膜的研制与应用	米庆华（山东农业大学）、李纪蓉（山东农业大学）、谭业明（山东农业大学）等

续表 29-1

奖项名称	项目名称	完成单位
省科技进步奖一等奖	山东省地方羊品种资源挖掘、保护与利用	山东农业大学、山东省畜牧总站
省科技进步奖二等奖	WD11K-8×10000 罐车用数控三辊卷板机	泰安华鲁锻压机床有限公司、南京理工大学
	基于合成氨循环排放气有效资源全部利用的节能减排技术与产业化	山东润银生物化工股份有限公司、开封空分集团有限公司、河南开元空分集团有限公司
	液态食品生产线全程质量智能管控装备研究与应用	山东明佳科技有限公司、清华大学、北京燕京啤酒集团公司
	小麦玉米简化高效施肥技术研究与应用	泰安市农业科学研究院、北京市农林科学院
	条带煤柱长期支承性能及其对地表变形控制研究与应用	山东科技大学、淄博矿业集团有限责任公司岱庄煤矿、山东济矿鲁能煤电股份有限公司阳城煤矿等
	露天转地下开采人工境界矿柱法关键技术开发与应用	山东黄金归来庄矿业有限公司、山东科技大学、东北大学
	多源遥感矿区环境及灾害动态监测技术与评价预警系统	山东科技大学、兖矿集团有限公司、中国科学院遥感与数字地球研究所等
	移动实景三维位置服务技术及应用	山东科技大学、正元地理信息有限责任公司、山东泰华电讯有限责任公司等
	经济林新型生物肥料关键技术创新与应用	山东省林业科学研究院、山东农业大学、德州创迪微生物资源有限责任公司
	厚冲积地层大型深基坑变形与控制技术研究	济南市建筑工程质量协会、山东科技大学、中建八局第一建设有限公司
	高性能磷酸铁锂及其动力电池模块应用技术	日照华轩新能源有限公司、山东科技大学、机械科学研究总院、山东国恒能源有限公司
	南水北调平原水库建设与渠道清淤关键技术	山东省南水北调工程建设管理局、山东省调水工程技术研究中心、山东省水利勘测设计院等
	滨海地区水资源综合管理关键技术	山东省水利科学研究院、龙口市农村水利建设管理站、山东大学等
	高产多抗广适小麦新品种山农 20 的培育与应用	山东农业大学、山东圣丰种业科技有限公司
	生姜种质资源创制利用与高产高效栽培技术	山东农业大学、莱芜市农业科学研究院
	苹果芽变选种体系创新及新品种选育	山东省果树研究所、沈阳农业大学
	玉米重大病虫害发生机制及防控关键技术研究与示范	山东农业大学、菏泽市农业科学院、临沂市农业科学院
	高效安全肉鸡饲料配套技术研究与应用	山东农业大学、山东和美华集团有限公司、北京科为博生物科技有限公司
	禽肿瘤性疾病发病机制及防控技术	山东农业大学、北京市华都峪口禽业有限责任公司、青岛市畜牧兽医研究所
	氢分子对多器官组织氧化应激相关损伤的保护作用	泰山医学院、中国人民解放军第二军医大学、北京活力氢源饮品有限公司
省科技进步奖三等奖	矿用避难硐室或救生舱综合生命保障系统	山东国泰科技有限公司、山东科技大学
	年产 5000 吨高纯石英砂	山东海友新材料科技有限公司
	特深矿井超高地应力大倾角复合岩层穿层巷道围岩综合控制技术研究	新汶矿业集团有限责任公司、天地科技股份有限公司
	并联机构的关键基础理论与应用	山东科技大学、江南大学、燕山大学
	肾素-血管紧张素系统在高血压致心肾损害中的作用	泰山医学院

新建12396基层服务站点5个，总数76个。148个省农村农业专业信息服务站点和70个省综合信息服务站点建设进展顺利。新认定新农村建设民生科技示范村（乡镇）8个，累计46个。加强节能减排工作，实施转化节能减排科技成果19项，推广应用先进实用节能减排技术36项。

【科技成果与奖励】 全市获国家、省科学技术奖33项，其中山东康平纳集团“筒子纱数字化自动染色成套技术与装备”获国家科技进步一等奖，是泰安市企业首次作为项目主持单位获此奖项。泰山石膏股份有限公司1人、山东春潮集团有限公司1人获泰安市科学技术最高奖。泰山区、新泰市获泰安市科技创新先进县（市、区），评选市科技进步奖项目98项，其中一等奖10项、二等奖30项、三等奖58项，市技术发明奖2项。

【知识产权管理】 泰安市加入山东省会城市经济圈知识产权战略推进联盟、西部经济隆起带知识产权联盟，泰山区晋升为国家知识强县（市、区）工程试点区。新泰市、肥城市被省知识产权局列入省级知识产权试点市。至年底，全市拥有国家知识强县工程试点县（区）2个，拥有省级知识产权示范县（市、区）3个、省级试点县（市、区）3个。全市发明专利申请量1401件，授权230件，发明专利申请占专利申请总量的27.81%，居全省第7位；全市获中国专利奖优秀奖专利3项。获山东省专利奖专利5项，其中一等奖1项、二等奖4项；新增山东省知识产权优势培育（贯标）企业16家。立案查处假冒专利案件29件，调处侵权纠纷立案9件，受理12330举报投诉案件26件。

【政策法规与环境建设】 市政府印发《关于加快推进山东泰安国家农业科技园区建设的意见》，以泰安国家农业科技园区建设为重点，创建一批市级农业科技特色示范园区，加强品牌农业建设。制定《泰安市专利奖励办法》，首次设立政府专利奖。高新技术产业发展列入市政府重点督查事项和对县（市、区）科技创新考核。市科技局创建“创新无止境、服务零距离”服务品牌，并制定《泰安市产业技术研究院暂行管理办法》，通过组织、优化和整合科技资源，突破产业关键共性技术瓶颈。制定《泰安市科技计划项目承担责任主体信用管理办法》，强化项目承担责任主体信用意识。制定《泰安市科技成果评价暂行办法》《关于改进泰安市科学技术奖励工作的意见》，推进科技成果分类评价，建立主要由市场决定评价成果的机制。

【科技合作与交流】 市科技局深化与院校科技合作，启动华中科技大学泰山技术转移中心、上海大学泰安技术转移中心共建工作，先后举办“武汉——泰安校地科技合作对接活动”“山东大学——泰安校地科技合作对接交流活动”“上海大学——泰安校地科技合作对接交流活动”，120家企业与20家知名高校和科研院所达成科技合作意向。争取国家国际科技合作计划项目2项。

【科技人才】 “科技创新人才培养工程”项目列入市委组织部人才工作重点项目计划，市科技局印制《泰安市科技创新人才推进计划实施方案》。年内，全市引进高层次人才13人，其中海外引进6人、国内引进7人。力博重工科技股份有限公司1人、山东科技大学1名教授入选国家创新人才推进计划，是泰安市首次入选该计划。泰安宝来利来工业微生物有限公司引进的2名海外人才进入“泰山学者海外特聘专家”公示范围。华鲁锻压有限公司引入的1名教授入选山东省泰山学者蓝色产业领军人才。

【科技宣传及普及】 5月16～23日，举办“科学生活、创新圆梦”科技周活动，举办校（院）地科技合作对接交流活动，组织知识产权、科技政策、科普知识培训班及中小学生航模比赛，组织重要科技成果展和地震科普宣传教育活动，组织科技专家、科普志愿者到企业和农村，宣传推广科普知识，回应社会关切的热点问题。突出媒体和稿件报道，宣传科技成就、科技典型、科技政策，国内有关媒体采用科技宣传稿件630篇（条），科技部网站刊载《山东泰安市大力实施“1351”工程加快发展科技型中小企业》《山东泰安创新科技人才工作机制助推产业转型升级》信息2篇。《科技日报》对《创新排名跑赢GDP："五岳之尊"的突破之道》《千年"桃王"怎么了？——抢救"世界最大桃园"始末》等进行了报道。（徐海鹏　姚　文）

气　象

【概况】 2014年，全市发布暴雨、寒潮等气象灾害预警信号28次，发布森林火险气象等级预报211期，启动气象保障服务Ⅳ级应急响应1次，实施人工增雨作业13次。市气象局被市政府表彰为全市森林防火先进单位，被市政务服务中心评为"优胜窗口"，获省气象局综合目标管理优秀达标单位、气象服务先进集体、国库集中支付工作先进单位，连续15年获省级文明单位。宁阳县气象局首获省级文明单位，市气象台被省总工会授予"山东省女职工建功立业标兵岗"，泰山气象站获市直机关"青年服务先锋队"称号。

气象业务　泰山国家基本气象站站类调整为国家基准气候站。2个县局更换新型气象自动站，全市6个台站全部实现固态降水自动观测。全市有122个自动站，86个乡镇（街道）实现区域站点全覆盖。卫星天气应用平台（SWAP）和卫星监测分析与遥感应用系统（SMART）建成应用。在第五届全省气象行业职业技能竞赛上，市气象局取得团体总分第4名。市气象台获山东省城镇降水预报竞赛优胜单位第3名。

气象服务　发布暴雨、寒潮等气象灾害预警信号28次，发布森林火险气象等级预报211期，启动气象保障服务Ⅳ级应急响应1次。做好国家突发事件预警信息发布平台的信息发布和预警信息发布工作，与市旅游局、泰山管委共同建设山岳型景区旅游气象服务体系。

人工影响天气　全市实施人工增雨作业13次。中国气象局人工影响天气中心在东平县建设人工增雨随机试验基地。

气象防灾减灾　市政府办公室印发《关于加快气象现代化建设提高气象灾害防御能力的意见》。强化气象预警信号发布多部门联动机制和常态化气象灾害防御部门联席会议制度。新泰市石莱镇被中国气象局评为标准化气象灾害防御镇。

农业气象服务　完善气象、农情、灾情、农作物产量会商制度、农业气象灾害应急联动机制。泰安农业气象试验站建设为农服务网，宁阳县以宁阳县伏山镇作为农气服务典型示范镇，各县（市、区）气象局组成气象为农服务专家团队。

气象社会管理　依法对市、县级防雷机构进行集约化运行，依规开展施放气球社会管理。对行政审批事项清理和精简，优化办事流程、办理时限、申报材料。组织施放气球资格证考试并发放资质证书。

气象科研　市气象局确立自立科研课题15项，获省气象局科研课题2项、市科技局科研课题2项。在中高级刊物发表科研论文21篇。

【气候概况与气候特点】 2014年，泰安市气候主要特点是降水量正常略偏少，平均气温偏高，日照时数正常略偏少。

降水量　1～12月，全市平均降水量537.4毫米，较常年同期（664.5毫米）偏少19.1%，属降水正常年份。降水量时空分布不均，2月、4月、5月、9月和11月降水较常年同期偏多。其中

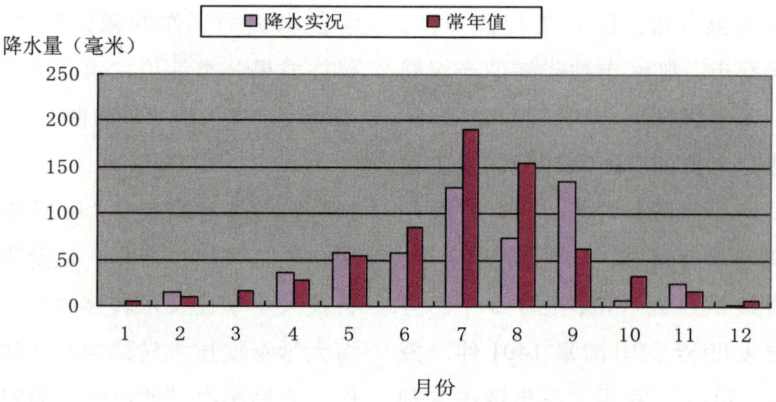

图9　2014年泰安市1～12月逐月降水量

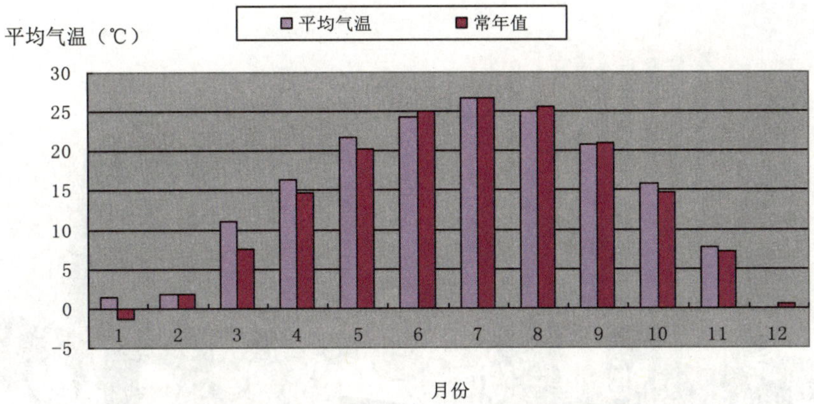

图 10　2014 年泰安市 1 ～ 12 月逐月平均气温

2 月较常年偏多 56.5%，属降水显著偏多月份，9 月较常年偏多 113.2%，属降水异常偏多月份；其他月份降水量均较常年偏少。其中 1 月、3 月分别较常年偏少 100%、97.6%，属降水异常偏少月份；8 月、10 月、12 月分别较常年偏少 51.7%、77.6%、71.4%，属降水显著偏少月份。宁阳县年降水量 573.2 毫米，较常年（646.9 毫米）偏少 11.4%，为全市最多；东平县年降水量 509.2 毫米，较常年（614.3 毫米）偏少 17.1%，为全市最少。泰安年降水量 532.1 毫米，较常年（685.6 毫米）偏少 22.4%；肥城市年降水量 545.8 毫米，较常年（645.7 毫米）偏少 15.5%；新泰市年降水量 526.5 毫米，较常年（730.0 毫米）偏少 27.9%（如图 9）。

平均气温　1 ～ 12 月全市平均气温 14.4℃，较常年（13.6℃）偏高 0.8℃，属气温正常年份。6 月、8 月、9 月、12 月平均气温较常年偏低，2 月平均气温与常年持平，其他月份均较常年偏高，其中 1 月、3 月异常偏高。1 月平均气温 1.4℃，较常年偏高 2.7℃，仅次于 2002 年，为 1951 年建站后历史同期第二位高值；3 月全市平均气温 11.1℃，较常年偏高 3.6℃，为历史同期最高值。年极端最高气温 38.6℃，5 月 30 日出现在新泰市，年极端最低气温 -12.5℃，2 月 11 日出现在肥城市（如图 10）。

日照时数　1 ～ 12 月全市平均日照时数 2235.8 小时，较常年（2313.3 小时）偏少 77.5 小时，属日照时数正常略偏少年份。其中 1 月、2 月、4 月、6 月、8 月、9 月、11 月日照时数较常年偏少，其他月份较常年偏多。日照时数最多的是肥城市为 2412.3 小时，较常年同期（2281.3 小时）偏多 131.0 小时；最少的是宁阳县 2109.8 小时，比常年同期（2272.7 小时）偏少 162.9 小时（如图 11）。

【主要气候事件】　①夏季降水近 10 年最少，部分地区旱情较重。夏季，全市平均降水量 261.4 毫米，较常年同期（431.2 毫米）偏少 39.4%，为 2003 年后同期最少值。部分地区旱情持续发展，玉米、棉花等农作物受灾。②雾霾天气多，空气质量差。全年出现轻雾或霾天气 66 天，雾霾主要集中在 1 ～ 4 月，11 ～ 12 月。③气温波动异常，春末局部地区遭受干热风灾害。1 月，较常年偏高 2.7℃。3 月，全市平均气温 11.1℃，较常年偏高 3.6℃。4 月，全市平均气温 16.4℃，较常年偏高 1.7℃。5 月，全市平均气温 21.8℃，较常年偏高 1.5℃。5 月 20 ～ 23 日，出现重干热风；5 月 26 ～ 31 日，再次出现干热风，其中，27 ～ 30 日，全市大部分地区出现重干热风。④秋季出现连阴雨。9 月 14 日夜间到 19 日，全市出现连阴雨天气，平均降水量 53.9 毫米。10 月 18 ～ 22 日、29 ～ 31 日，全市出现 2 次连阴

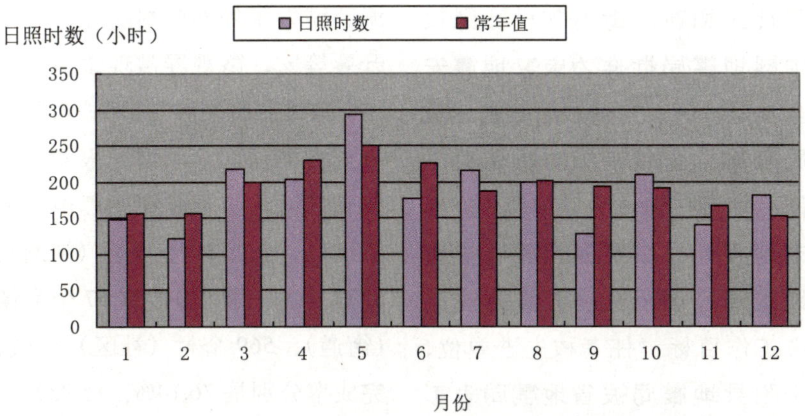

图 11　2014 年泰安市 1 ～ 12 月逐月日照时数

雨天气过程。⑤寒潮。2 月 1 ～ 3 日、3 月 11 ～ 13 日出现寒潮天气。11 月冷空气活动频繁，受强冷空气影响，11 月 1 ～ 3 日、11 月 11 ～ 13 日、11 月 29 日至 12 月 2 日，全市出现 3 次寒潮天气。第 1 次 48 小时最低气温降温幅度泰安达到 12℃，最低气温 -0.9℃；第 2 次 48 小时最低气温降温幅度泰安达到 10.8℃，最低气温 -3.9℃；第 3 次 48 小时最低气温降温幅度泰安达到 14.2℃，最低气温 -8.6℃，出现在 12 月 2 日早晨，3 次寒潮天气过程阵风均达到 6 级。 （蒋　蒙）

5 月 15 日，市地震局和泰山区地震局联合武警泰安支队、市公安消防支队、泰安蓝天救援队、市地震现场工作队及省庄一中 1000 名师生开展地震应急疏散和救援演练 （赵红明　摄）

【概况】 全市地震系统推进监测预报、震灾预防、紧急救援三大体系建设，工作重心向基层和宣传教育倾斜，夯实基层基础，提高社会公众防震减灾意识。新泰市被中国地震局认定为全国防震减灾工作示范市，宁阳县、东平县被省地震局认定为省级防震减灾基层基础示范县，泰山区华新社区、新泰市青云街道福田社区和新汶街道孙村社区被中国地震局批准为国家地震安全示范社区。市地震局被省地震局表彰为全省市级防震减灾工作目标责任考核先进单位，新泰市地震局、东平县地震局被省地震局表彰为全省县级防震减灾工作目标责任考核先进单位，宁阳县地震局被省地震局表彰为全省县级防震减灾工作目标责任考核优秀单位，新泰市地震局被中国地震局表彰为全国县级防震减灾工作先进单位。

监测预报体系建设 执行《震情会商工作制度》，与泰安基准地震台配合，完成周、月、年中、年度震情会商工作。完善地震前兆观测手段，实现东平县体应变观测井与泰安基准地震台联网和数据资源共享。执行宏、微观地震异常零报告制度，对泰安基准地震台形变异常、泰安林科院抽水干扰泰安基准台形变、肥城新城办事处西尚村房屋、地面开裂等宏、微观异常现象调查核实。推进防震减灾“三网一员”(地震宏观测报网、灾情速报网、科普宣传网，防震减灾助理员）体系建设，全市 88 个乡镇（街道）、3737 个村（社区），有 67 个乡镇（街道）、569 个村（社区）完成，完成率分别是 76.14%、15.23%。

震灾预防体系建设 市政府印发《关于优化建设项目审批服务工作的意见》，明确将抗震设防审批前置于项目立项阶段。联合市住房和城乡建设委员会制定《关于进一步加强建设工程抗震设防管理工作的意见》，实现抗震设防要求确定、图纸设计、施工图审查、施工、监理、质量监督、竣工验收全过程监管。市、县（市、区）地震部门依据地震小区划结果，在行政审批服务窗口为 147 个一般建设项目提供抗震设防地震动参数，依法监督 55 个重大工程和生命线工程开展地震安全性评价。在东平县接山镇肖庄村开展“十二五”期间全省第二批地震安全农居工程试点建设，并通过省专家组验收。开展地震安全示范社区、示范企业创建活动，新认定命名市级地震安全示范社区 10 个和市级地震安全示范企业 9 个，至年底，全市有地震安全示范社区国家级 4 个、省级11个、市级17个，市级地震安全示范企业16个。

应急救援体系建设 5月，市地震局、泰山区地震局联合武警泰安支队、市公安消防支队、泰安蓝天救援队、市地震现场工作队在省庄一中开展地震应急疏散和救援演练。县（市、区）分别在学校、医院、社区开展地震应急演练。推动县（市、区）应急物资储备库建设，为县（市、区）集中购置卫星电话、充气帐篷、发电机、破拆工具、救援三脚架等应急装备。完善地震应急预案体系建设，市防震减灾工作领导小组成员单位地震应急预案全部修订完毕，指导县（市、区）完善人员密集场所地震应急预案。规划建设泰安城区第二批地震应急避难场所66处，面积90万平方米。至年底，泰安城区避难场所75处，总面积210万平方米，可满足城区105万人应急避险需求。推进地震应急避难场所向乡镇、社区和村延伸，全市乡镇（街道）避难场所完成77个，完成率87.5%；社区和村完成431个，完成率11.5%。

防震减灾宣传教育 制定《泰安市地震科普宣教基地管理办法》，继续在泰安日报开辟《防震减灾知识》专栏，每月1期；在泰安广播新闻台开辟《防震减灾知识》专栏，每周播出2次；在泰安电视台党建频道播出《地震发生时如何避险逃生》和《家园》专题宣传片。市地震局联合市教育局，在全市中小学集中开展主题宣传月活动；利用市科协“科普村村通”工程，开展防震减灾进农村活动；在市委党校中青班、县级干部和科级干部进修班举办防震减灾知识专题讲座；在泰安基准台和泰山区防震减灾宣教基地举办“地震开放日”活动。肥城市开展“地震科普电影下乡”活动，为605个村庄（社区）的群众免费放映地震科普电影。泰山区地震科普宣教基地被省科协命名为山东省三星级科普宣教基地；新泰市宣教中心被省科协命名为全省科普宣传教育基地；东平县宣教中心已完成室内装修和设备安装。全市新建省级地震科普示范学校7所、市级13所，省、市、县级地震科普示范学校分别为27所、51所和34所。 （赵红明）

5月10～11日，泰安市地震局、泰安基准地震台联合举办“地震开放日”活动，在泰安基准地震台接待泰安日报社小记者团200名学生参观采访 （李学军 摄）

【概况】 年末，全市有各级各类学校（含幼儿园）1876所，在校学生95.11万人。其中，幼儿园1110所，在园幼儿14.34万人；小学555所，在校学生30.33万人；初中141所，在校学生21.47万人；普通高中31所，在校学生10.54万人；特教学校7所，在校学生895人；中等职业学校18所（不含技工学校），在校学生5.53万人；山东农业大学等本科院校5所和泰山职业技术学院等高职院校9所，在校学生12.8万人。全市3～6周岁幼儿入园率96%；学前一年入园率99.04%，小学、初中入学率100%。全市中小学教职工共4.82万人，专任教师4.40万人。其中，小学教职工2.04万人，专任教师1.93万人；普通中学教职工2.46万人，专任教师2.23万人；中等职业学校教职工2940人，专任教师2190人；特殊教育学校教职工293人，专任教师233人。幼儿园教职工共1.33万

人，专任教师9704人。

年内，新泰市通过国家义务教育均衡发展评估验收，泰山区通过省级验收。启动全面改善贫困地区义务教育薄弱学校工程和食堂建设工程，泰山区、岱岳区、新泰市、肥城市、宁阳县5个县（市、区）达到省普通中小学基本办学条件标准化。投资5000万元，建设"智慧教育·数字化校园"网络，泰安市成为全省教育信息化区域试点市。年末，全市有市级规范化幼儿园390所，省级实验（示范）幼儿园130所，省"十佳"幼儿园6所；市级以上规范化中小学393所，其中省级规范化学校185所，全市市级以上规范化学校创建比例78.75%。宁阳县通过第二批国家级农村职业教育和成人教育示范县省级验收，泰山文化产业中等专业学校立项为省第二批规范化中职学校建设工程。全市有国家中职示范学校4所、省级规范化中职学校3所，实现国家中职示范校和省级规范化中职学校县（市、区）全覆盖，提前1年完成省政府"2015年年末每个县（市）至少建成1所规范化中等职业学校"的要求。市教育局被评为全国教育新闻宣传贡献奖、山东省群众体育先进单位、山东省教育科研工作先进单位、山东省远程研修组织工作先进单位、山东省经典诵读优秀组织单位、泰安市科学发展综合考核先进单位、"五型"机关建设示范单位、泰安市政府系统信息工作先进单位、泰安市政务微博工作先进单位、泰安市人口与计划生育工作先进单位、泰安市信访工作先进单位、泰安市安全生产先进单位，连续12年获省级文明单位。

【义务教育发展基本均衡县验收】 10月13～14日，国家验收组对新泰市义务教育均衡发展工作评估验收。10月16日，国家验收组宣布新泰市通过国家义务教育均衡发展县验收。至年底，肥城市、宁阳县、新泰市通过国家义务教育发展基本均衡县（市、区）验收。

【义务教育经费保障】 农村义务教育段小学、初中生均公用经费标准分别比上年提高100元，分别为每生每年710元和910元；特殊教育学校按照4200元的标准落实生均公用经费；农村初中和小学家庭困难寄宿生生活费补助标准分别为1250元和1000元，享受补助的学生占寄宿学生的10%。

【教师队伍建设】 年内，全市中小学校新进教师921人，其中市直学校招聘教师129人，按照国家规定安置免费师范生5人，新进教师中到农村中小学任教568人。选派到新疆喀什和岳普湖县援教教师17人；接收新疆喀什地区青年科技人才到泰安一中挂职学习3人；选派"强村固基"工程第一书记3人，参加市委党校、国家教育行政学院培训16人。按照国家教师支援专项计划，安排教师到东平县、新泰市、岱岳区偏远农村学校支教102人。10所学校通过市级校本培训示范校验收，3915名校长、教师参加市级以上及国际培训交流，3.58万名一线教师参加全省远程研修，泰安市教育局被评为全省远程研修组织工作先进单位。首次对远程研修合格学员进行学分登记。组织第五届泰安市教育系统人才递进培养工程评选，表彰泰山功勋教师30名、泰山名师99名、泰山功勋名校长5名、泰山名校长15名。表彰泰山教坛英才200名，泰山教学新星399名。全市教师职称评审通过中小学高级教师114人，中小学一级教师289人、二级教师6人，高校讲师30人、中专讲师8人。在全市遴选泰山名师、齐鲁名师、省特级教师202人作为领衔人，建立第2批市级名师工作室，全市市级名师工作室达到242个。"名师工作室建设工程"被列为全市重点人才工程项目。

【语言文字工作】 年内，完成普通话测试任务12个，测试1.3万人。全市5000名初中学生参加2014年泰安快乐汉字大赛海选，3名选手进入省36强，泰安市获省教育厅、省委宣传部等5部门颁发的优秀组织奖。做好新泰市、肥城市、宁阳县、东平县国家三类城市语言文字评估工作，开展"书法名家进校园"活动200次，开展有声资源数据库山东库泰安点建设工作，泰山区、肥城市2个方言调查点工作初步完成；全市25所学校通过市级语言文字规范化示范校（园）评估验收；成立泰安市教育书法家协会，个人会员164名，征集书法作品200幅。市人社局、市教育局、市文明办、市语委办联合表彰在迎接国家二类城市语言文字工作评估中表现突出的先进集体和先进个人。

【平安校园建设】 年内，全市学校投入资金1171万元，新配专职保安197人，增配安保器械247套、1976件，更换、增设高清视频监控摄像头3253个，386所学校与公安110报警系统联网。组织校园安全检查4次，排查整改校园各类安全隐患860处，落实整改资金1920万元；开展治安保卫、交通、消防、食品等专项排查整治行动4次；迎接教育部、省教育厅、省公安厅、省消防总队、省食品药品监督管理局等部委的督导检查5次。争取市级专项资金3650万元，市直5所校舍完成加固项目施工，加固改造面积2.2万平方米。全市各级各类学校开展防震、防火、防暴力侵害、防踩踏等应急疏散演练4580场次。

【学生资助】 年内，资助学生4.58万人次，资助金额3641.7万元。其中，市属高校资助学生4039人次，资助金额782万元；普通高中资助学生1.58万人次，资助金额1183.7万元；中等职业学校资助学生4319人次，资助金额375万元；学前教育资助幼儿2.17万人次，资助金额1301万元。为5542名大学生办理生源地信用助学贷款3364万元，争取财政支付贴息和风险补偿资金120万元。

【各类考试】 年内，全市组织春季高考、夏季高考、成人高考、研究生考试、教师资格考试等各类考试30次，参加考试人数85万人。

【艺术体育教育】 年内，实施学生体质健康提升计划，建立“学校—县—市”学生体质测试和抽测制度。在全市中小学普及开展重点体育项目，做好第二批学校重点体育项目申报工作，评选出第二批559所中小学申报（含重新申报）的重点体育项目。组织体育竞赛31场次，1713校次、2.67万人次参加竞赛。在全市田径比赛中，破平记录66项。在省级比赛中，泰安市田径团体总分居全省第2名，高中组获奖牌17枚，其中金牌7枚、银牌6枚，奖牌数量居全省第1名；初中组金牌总数居全省第4。市教育局被评为山东省群众体育先进单位。在第三届泰山情校园学生才艺展示大赛中，252所学校、1363人次参加，114所学校获优秀组织奖。在全省中小学生器乐和舞蹈大赛中，全市获奖节目23个，其中一等奖5个，优秀创作奖3个。在全省“梦想起航”少年儿童人文艺术作品大赛中，泰安市参赛作品和获奖总数居全省第1名。15所学校获“市级第五批中华优秀文化艺术传承学校”称号，全市中华优秀文化艺术传承学校达到91所。

【打造“教育惠民”服务品牌】 以教育惠民服务中心建设为主体，构建市、县、乡、校四级教育惠民服务体系，将学籍办理、学生资助等10项业务集中入驻市行政服务大厅，设立教育行政便民服务中心。办理业务4493件次，资助学生5.98万人次，接受政

7月10日，市教育局举行教育惠民——泰安市学生成长服务平台启动仪式
（景 婧 供）

策咨询 1867 件次，群众满意度 100%。市教育惠民服务中心被市直机关工委授予“市直机关青年服务先锋队”称号，教育行政便民服务中心连续被市政务中心评为红旗窗口。建立教育惠民学生成长服务中心，组建“教育惠民志愿者联盟”，全市各级各类学校以及泰安市小记者团、泰安市心理学、泰山小荷公益等 50 余家社会公益组织加入，通过网上服务平台、线下服务大厅、手机微信平台、服务大篷车、公益大讲堂等载体，为学生提供心理教育、家庭教育、学业指导等多个功能模块服务项目。年内，学生成长服务中心受理学生成长便民服务事项 500 项，资助困难学生 219 人，提供心理咨询 300 人次，参与结对帮扶留守儿童 200 人。

11 月 10 日，2014 汉语桥——美国中小学校长访华之旅中美中小学校长论坛在泰安市举行　（景　婧　供）

【信息化建设】 12 月，市教育局与中国银行泰安分行合作，建立教企合作推进机制，由企业投资 5000 万元，建设教育城域专网、教育云计算中心、教育资源公共服务平台。年内，完成泰安市基础教育云平台数据中心整体架构、软件应用平台的设计和建设。市教育局列入省级信息化区域综合试点单位，全市有 3 个区域综合试点，15 所普通中小学校试点，2 所中等职业学校试点。《中国教育报》《大众日报》《新华网》《齐鲁晚报》等媒体予以报道。

12 月 9 日，泰安市教育局与中国银行泰安分行签署数字化校园建设战略合作协议　（景　婧　供）

【教学科研】 组织申报省翻转课堂课题 194 项，基地学校 46 处。组织开展微课评选活动，征集中小学微课作品 1141 件，推荐参加全省首届微课评选活动 495 件，获一等奖 23 项、二等奖 93 项、三等奖 157 项。重视中小学特色课程建设，被评选为省特色课程 14 项。组织首届学前教育“十大科研名师名园长示范园评选”活动；泰山学院附中、新泰市实验幼儿园分别获全省首届科研示范学校、示范幼儿园称号，3 人获全省首届教育科研名校长、名园长称号。

【对外交流】 年内，泰山职业技术学院与澳大利亚启斯蒙学院、泰安一中与美国启培高中中外合作办学项目审批通过；5 批次中小学校长教师团组赴美国、加拿大、德国友好学校、孔子课堂访问和参加教学业务培训；接待汉语桥德国中学生夏令营、汉语桥美国中小学校长访问团等国（境）

外教育考察交流团组 32 批次；600 名师生赴国外参加夏（冬）令营游学交流活动，泰安一中、泰安市实验学校组织学生赴国外参加国际机器人大赛、书画展等国际中小学生赛事和作品展示活动。（景　婧）

【概况】 年内，全市有独立设置幼儿园 1110 所，教职工 1.33 万人，在园幼儿 14.34 万人，比上年增加 1.48 万人。小学 555 所，专任教师 1.93 万人，在校学生 30.33 万人。普通初中 141 所，比上年增加 3 所，专任教师 1.51 万人，在校学生 21.47 万人。普通高中 31 所，比上年减少 2 所，专任教师 7140 人，在校学生 10.54 万人。特殊教育学校 7 所，教职工 293 人，在校学生 895 人。民族中小学校 16 所，在校学生 4889 人。泰安一中、泰安二中 2 所中学招收西藏学生 249 人。市级以上规范化中小学 393 所，其中省级规范化学校 185 所，全市市级以上规范化学校创建比例为 78.75%。

【调整公办幼儿园收费标准】 9 月 17 日，市政府第 25 次常务会议研究通过市物价局、教育局、财政局调整规范全市公办幼儿园收费标准的意见，印发《关于调整规范公办幼儿园收费标准的通知》，对全市财政全额拨款、部分拨款和经费自筹的公办幼儿园的保教费分别按照省级实验、示范园，市级规范化幼儿园，县级规范化幼儿园，县级规范化以下幼儿园等次进行调整。

【改善薄弱学校工程】 7 月，市教育局等 6 部门联合印发《关于做好全面改善义务教育薄弱学校基本办学条件工作的通知》，市政府成立“改薄”领导小组，建立联席会议制度。计划 2014 ～ 2018 年，全市“全面改薄”规划投资 14.76 亿元，其中中央专款 3.7 亿元，市级专款 2.13 亿元，规划校舍建设面积 76 万平方米，购置图书 177 万册、计算机 1.47 万台、课桌凳 9.96 万套、学生用床 3.63 万张，新增教学仪器设备价值 1.94 亿元。预计到 2018 年，腾出学校用地 22.79 万平方米，由政府统筹安排使用；按照“全面改薄”规划，预计新增学校占地面积 104.67 万平方米。至 2014 年年底，全市完成投资 3.06 亿元，新建、重建开工项目 360 个，开工面积 26.1 万平方米；竣工项目 325 个，竣工面积 19.66 万平方米。新增图书 135.38 万册、计算机 5308 台、课桌凳 4.35 万套、学生用床 1.63 万张，各类音乐、美术、体育设施及运动器械 4.8 万件（套），教学仪器设备价值 2924 万元。

【招生制度改革】 改革高中段学校志愿填报顺序和录取办法，采取“先出分数，后报志愿”方式，学生分两次选择和填报志愿。第一次填报指标生、艺体生、统招生志愿，第二次填报剩余统招生计划学校志愿、择校生志愿和是否服从调剂志愿，分 9 个批次录取。规范高中段学校录取加分项目，根据 2014 年全市初中学业考试与高中段学校招生意见规定，自 2015 年起，取消市级优秀学生加分；自 2017 年起，除国家政策性加分外，其他加分全部取消。

【教师资格认定】 年内，开展中小学教师资格面试和面向社会人员及在校大学生教师资格认定，全年 4141 人获教师资格证书。首次开展教师资格定期注册，制定《泰安市中小学教师资格定期注册工作实施方案》，明确定期注册的网上申请、现场确认、初审及复审的各个环节的时间安排。全市有 4.11 万人进行网上申报，3.95 万人初审合格。

【中小学办学条件标准化验收】 年内，泰安市组织专家对岱岳区办学条件标准化建设情况进行市级验收，依照《山东省义务教育均衡发展办学条件评估办法》，采取实地查看、查阅资料、随访座谈等方式，对岱岳区 170 所义务教育段学校（教学点）进行逐校实地查看验收，最终全部通过市级验收。至年底，泰山区（含泰山景区、市直中小学）、岱岳区（含高新区）、新泰市、肥城市、宁阳县基本达到省定办学条件标准并通过验收。

【素质教育成果】 在第 28 届中国化学奥林匹克竞赛中，全市 3

2014 年泰安市各县（市、区）幼儿园基本情况

表 30

单　位	园　数	在园人数		教职工		办园条件		
		计	其中：女	计	专任教师	占地（m^2）	建筑面积（m^2）	图书（册）
合　计	1110	143481	68020	13313	9704	2796557	1071596	1511680
泰山区	163	21916	10422	2553	1673	300705	163855	245492
岱岳区	250	18117	8546	1741	1454	536666	190925	227190
新泰市	263	31135	14318	3051	2176	691882	234803	391288
肥城市	124	27266	13236	2242	1913	538553	222417	260325
宁阳县	96	21760	10431	1952	1311	367540	133401	252582
东平县	183	20193	9528	1363	933	299254	98516	108266
高新区	28	2885	1429	384	229	59378	26431	25937
泰山景区	3	209	110	27	15	2579	1248	600

2014 年泰安市各县（市、区）小学基本情况

表 31

单　位	小学	教学点	毕业生数	招生数	在校生数	教职工		占地面积（m^2）	建筑面积（m^2）	图书（册）	计算机（台）	校园网（所）	电子图书（G）
						计	专任教师						
合　计	555	154	87213	54352	303293	20406	19331	9804756	2218856	9647296	56339	458	25768
泰山区	57	5	9354	8271	42897	1824	1761	668295	247874	1161899	6890	51	5553
岱岳区	92	67	9760	6163	45290	2581	2537	1850495	376219	1461107	9762	92	4991
新泰市	144	38	30418	16452	76446	5493	5051	2670276	528766	2629400	15654	144	7268
肥城市	79	16	11384	8379	55728	3916	3722	1814314	455198	1935820	10268	79	3306
宁阳县	68	20	8866	7161	42937	3631	3378	1487016	350958	1494355	8384	68	3198
东平县	102	8	15629	7031	35196	2607	2577	1173924	216326	796823	4145	11	421
高新区	10		1687	818	4270	297	248	121140	37498	145259	1029	10	1027
泰山景区	3		115	77	529	57	57	19296	6017	22633	207	3	4

2014 泰安市各县（市、区）初中基本情况

表 32

单　位	校数	教学点	毕业生数	招生数	在校生数	教职工		占地面积（m^2）	建筑面积（m^2）	图书（册）	计算机（台）	校园网（所）	电子图书（G）
						计	专任教师						
合　计	141	59927	84962	214662	16466	15125	6737166	2222489	8306987	35522	134	13213	25768
泰山区	17	8571	9521	37193	2329	2122	817711	231456	1253368	6552	17	1769	5553
岱岳区	28	10933	9480	30745	2267	2138	1285745	424492	1397738	6008	28	5189	4991
新泰市	29	15102	29285	59105	4430	4243	1360115	489276	2309799	8937	29	2222	7268
肥城市	26	9840	11176	31813	2854	2434	1089225	376354	1552760	6656	26	1895	3306
宁阳县	17	7438	8533	23566	2167	1936	910561	374618	1005987	4147	17	1679	3198
东平县	21	7199	15174	28583	2166	2037	1017937	273930	661315	2644	14	394	421
高新区	2	684	1687	3177	203	166	228927	44681	102700	444	2	60	1027
泰山景区	1	160	106	480	50	49	26945	7682	23320	134	1	5	4

2014 泰安市各县（市、区）高中基本情况

表 33

单　位	校数	教学点	毕业生数	招生数	在校生数	教职工		占地面积（m^2）	建筑面积（m^2）	图书（册）	计算机（台）	校园网（所）	电子图书（G）
						计	专任教师						
合　计	31	26380	35442	105360	8125	7140	3108227	1649868	3881892	16606	31	5038	25768
泰山区	6	5813	6372	19976	1390	1222	466325	219327	565410	3129	6	1470	5553
岱岳区	5	4167	5147	15676	1029	977	425395	330210	720443	2262	5	1290	4991
新泰市	6	5826	8191	23016	1850	1606	795293	400853	997734	3678	6	724	7268
肥城市	6	4302	6362	19053	1555	1260	510615	222308	959421	3582	6	853	3306
宁阳县	4	2757	4865	13614	1162	1066	528140	297655	472617	1761	4	675	3198
东平县	4	3515	4505	14025	1139	1009	382459	179515	166267	2194	4	26	421

人获全国一等奖、15 人获二等奖、25 人获三等奖、86 人获省一等奖，市基础教研室获优秀组织奖，泰安一中获全国高中化学奥林匹克竞赛金牌学校，1 名教师获优秀教练员称号。在全国数学联赛中，10 人获一等奖（占全省获奖总数的 1/6）、43 人获二等奖，市基础教研室获优秀组织奖，泰安一中、新泰一中、新泰一中北校获“全国数学联赛金牌学校”称号。在第 31 届全国中学生物理竞赛中，8 人获全国一等奖、40 人获全国二等奖，市基础教研室获优秀组织奖，泰安一中、新泰一中、新泰一中北校获“山东省物理竞赛金牌学校”称号。泰安一中代表队获 2014FTC 机器人工程挑战赛中国总决赛季军。

【启动泰山公益大讲堂】 11 月 1 日，“泰山名师公益大讲堂”开讲，大讲堂于每周六举行，开设《名师面对面》《泰山少年说》《外教拉呱》《好父母工作坊》栏目 4 个。大讲堂邀请知名教育专家、教育部门领导、名师名校长、大学教授、外籍教师、优秀学生和家长等义务授课。讲座内容涉及学前教育、小学教育、初中教育、普通高中教育、职业教育、特殊教育、假期教育 7 大领域，包括教育政策解读、学业考试指导、家庭教育经验、亲子关系协调、行为习惯培养、健康人格心理教育、职业人生规划、科普教育、文明礼仪、自救自护知识技能 10 大主题。年内，举办讲座 50 场，受益市民 5000 人。　（景　婧）

【概况】 全市有中等职业学校（不含技工学校）18 所，比上年减少 2 所（泰安市中医药学校、宁阳县卫生职业中专撤销）；招收学生 1.84 万人，比上年减少 2539 人；毕业学生 1.76 万人，比上年减少 3104 人；在校学生 5.53 万人，比上年减少 2521 人。教职工 2940 人，专任教师 2190 人，专任教师学历达标率 93.47%。

【职业教育发展规划】 泰安市制订《泰安市职业教育发展规划（2014 年～ 2020 年）》，从培养规模、基础能力建设、专业建设、师资建设等 6 个方面制定发展目标及系列保障措施。按照规划，到 2020 年，全市中等职业教育在校学生达到 7 万人，高等职业教育在校学生达到 3.5 万人；打造出一批省级特色专业，完成全市公共实训中心整体建设，全面投入使用；建设一批与区域经济社会和相关行业产业紧密联系的特色专业和专业群，产生品牌效应和社会效益；建设 3 ～ 5 所省内一流的示范性特色职业学校；建立现代学校制度，形成政府主导、行业指导、企业及社会共同参与、公办与民办职业教育共同发展的格局。

【建立中高职职业教育体系】 搭建中高职衔接发展合作平台，成立专业建设指导委员会，吸纳市域内中高职院校共同参加。全市有 3 所高职院校开设 13 个五年一贯制专业，7 所中职学校开设

2014 年泰安市各县（市、区）中等职业学校基本情况

表 34

单　位	校数	教学点	毕业生数	招生数	在校生数	教职工		占地面积（m^2）	建筑面积（m^2）	图书（册）	计算机（台）	校园网（所）	电子图书（G）
						计	专任教师						
合　计	18	17641	18410	55290	2940	2190	1574153	809717	1056473	1058	8713	5038	25768
泰山区	9	7222	7105	24283	952	610	531501	358539	402708	120	2750	1470	5553
岱岳区	1	1209	1588	3686	376	303	239000	108019	136047	260	1561	1290	4991
新泰市	2	2824	2609	6339	496	327	186735	95694	223860	60	1458	724	7268
肥城市	3	1729	1282	4577	509	407	106248	114332	138358	8	1057	853	3306
宁阳县	2	2221	2181	8114	367	325	377329	61194	70300	100	1213	675	3198
东平县	1	2265	2179	5846	240	218	133340	71939	85200	510	674	26	421
高新区		108	1466	2445	–	–	–	–	–	–	–	–	–

注：高新区中等职业学校在校生为山东服装职业学院附设中专部学生。

12 个“三二连读”专业，招收学生 5000 人。泰山职业技术学院等高职院校与泰城中职学校合作办学，共同分段育人。

【双证互通试点】 8 月 4 日，市教育局、市人社局联合制定《全市中等职业教育“双证互通”试点工作实施意见》，推进职业教育学历证书与技能证书双证书制度，自 2014 年起，试点中等专业学校可向当地县（市、区）人社部门申请设立职业技能鉴定机构，毕业生在获得本专业学历证书的同时，取得相对应的职业资格证书；试点技工学校的学生学业考试合格，在获得职业资格证书的同时，取得相对应专业的中等职业教育学历证书。

【特色名校建设】 泰安市文化产业中等专业学校立项山东省第二批规范化中职学校建设工程，泰安市实现国家中职示范校和省级规范化中职学校县（市、区）全覆盖，提前完成省政府“2015 年年末每个县（市）至少建成 1 所规范化中等职业学校”的工作要求。宁阳县职业中专被教育部等 3 部门正式命名为首批国家中等职业教育改革发展示范学校，新泰市职业中专先后接受省教育厅、教育部第二批国家示范校项目建设验收，岱岳区职业中专和省交通运输学校接受省教育厅第三批国家示范校项目建设中期检查。

【“3311”品牌建设工程】 根据《泰安市教育局关于实施中等职业教育“3311”品牌工程建设的意见》（“3311”品牌工程建设，即用 3 年的时间培育和扶持 30 个市级品牌专业建设，完成 100 门精品课程建设，培养 100 名“双师型”学科或专业带头人），全市评出第一批市级职业教育品牌专业 12 个、精品课程 33 门；建立理实一体化教室 50 个、名师工作室 25 个，评选第一批“双师型”学科（专业）带头人 35 人。

【职业院校技能比赛】 6 月，5 个赛项 11 名选手参加全国职业院校技能大赛，获二等奖 2 个，三等奖 1 个。11 月，62 名选手参加 29 个项目的山东省职业院校技能大赛，获一等奖 4 个、二等奖 6 个、三等奖 20 个。市教育局被山东省教育厅、共青团山东省委等 6 部门授予第十一届全国中等职业学校“文明风采”竞赛作品选拔组织工作特殊贡献奖。

（景　婧）

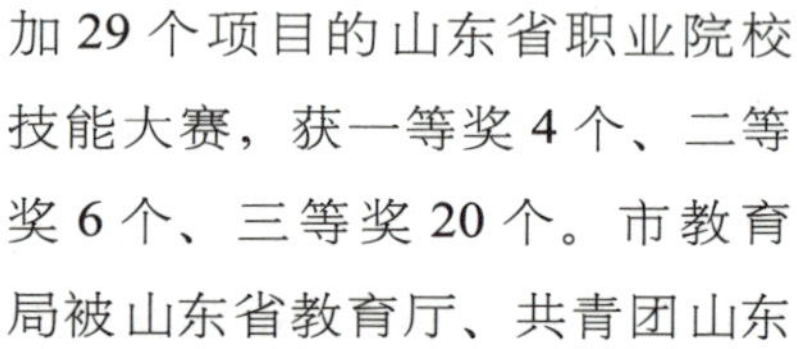

【概况】 年内，全市有山东农业大学、山东科技大学、泰山医学院、泰山学院、山东财经大学东方学院本科院校 5 所和泰山职业技术学院、山东服装职业技术学院、泰山护理职业学院、泰安技

师学院、山东力明科技职业学院、山东交通职业学院泰山校区、山东外贸职业学院泰安校区、山东电力专科学校高职院校9所，在校学生12.8万人。

·山东农业大学·

【概况】 该校占地面积343公顷，建筑面积118万平方米，教学科研仪器设备总值4.9亿元，图书馆藏书245万册、数字资源量87156GB。有教职工2656人，其中教授、副教授895人，中国科学院院士2人，中国工程院院士4人，入选国家“百千万人才工程”专家8人，国家有突出贡献中青年专家4人，“长江学者奖励计划”特聘教授1人，国家千人计划1人，国家青年千人计划2人，国家万人计划1人，国家杰出青年科学基金获得者1人，国家级教学名师4人；“长江学者和创新团队发展计划”创新团队2个，国家级教学团队3个；泰山学者攀登计划2人、“泰山学者”17人。在校学生3.37万人，其中本科生3.06万人，博士、硕士生0.31万人。在职攻读硕士学位739人，继续教育类学生2.28万人。设有农学院等20个学院。拥有博士后科研流动站12个，一级学科博士点10个、二级学科博士点49个，一级学科硕士点24个、硕士点99个，本科专业87个；国家重点实验室1个、国家重点学科2个、国家工程实验室2个、国家工程技术研究中心2个，国家小麦育种栽培技术创新基地1个，科技部、教育部新农村发展研究院1个，农业部重点学科2个、农业部综合性重点实验室1个、农业部专业性（区域性）重点实验室2个、农业部农业科学观测实验站2个、国家林业局山东泰山森林生态系统定位研究站1个，省级重点学科21个、省级重点实验室13个、省级人文社科研究基地1个、省级软科学研究基地1个，国家小麦改良分中心1个、农业部谷物品质检测中心1个、农业部农药环境毒性研究中心1个、黄淮海区域玉米技术创新中心1个、省级协同创新中心2个，省级工程技术研究中心12个、省级国际合作研究中心4个。有国家精品课程5门，国家双语示范课程2门，国家级精品资源共享课5门，国家特色专业9个，国家人才培养模式创新实验区2个，国家实验教学示范中心3个，国家级大学生校外实践教育基地1个。

【人才培养】 新上本科专业1个，学士学位授予专业2个。列为省属普通本科高校拨款定额改革试点高校。授予学士学位6954人，完成2013级本科生二次选择专业，加强双专业教学管理与监控。新增省级精品课程14门，慕课（MOOCs）开发建设进展顺利，批准为省首批教育信息化试点单位。获省高等教育教学成果奖11项，入选“十二五”本科国家级规划教材1部，获全国农业教育优秀教材资助5部。新增国家级虚拟仿真实验教学中心1个，新建校外教学科研与就业基地16个，获国家级大学生创新训练计划63项。完成网络课程21门和省级特色课程建设3门，新增继续教育站点4个，新上社会热门专业2个和省级特色课程2门。录取博士生112人，全日制硕士生1072人，在职人员攻读专业学位185人。启用学位论文相似性检测系统，严格学位论文评审，获博士学位98人，获学术型硕士学位651人，获硕士专业学位305人。博士生发表论文219篇，其中SCI收录116篇，一级学报76篇；硕士生发表论文781篇，其中SCI收录182篇，一级学报171篇。

【师资队伍】 招聘博士硕士教师103人，首次入选长江学者特聘教授建议人选。入选泰山学者攀登计划1人，通过泰山学者海外特聘教授答辩评审1人。作物学学科入选泰山学者优势特色学科人才团队支持计划，农学院被授予全国教育系统先进集体，获省有突出贡献的中青年专家2人，新增国家万人计划1人、省级教学名师1人；获国家优秀科技工作者1人，获省留学人员回国创业奖1人，获省优秀科技工作者4人，获第七届齐鲁巾帼发明家优秀奖1人；入选国际合作培养计划5人，入选国内访问学者计划6人；聘任兼职教授10人、讲座教授3人、客座教授2人；博士后进站49人，出站32人，获中国博士后科学基金会资助9人。

【学生工作】 通过全省高校大学生思想政治教育测评，实施学风精品工程、班级磐石工程、学业规划工程等活动，健全学校、学院、班级、宿舍、学生“五位一体”学风建设体系，打造校院两级思政教育品牌。获全国大中专学生志愿者暑期“三下乡”社会实践活动先进单位。设立学生发展性资助，通过奖、勤、助、补、贷等资助学生5200万元。面向29个省(市、区)招收本科生7759人。至年底，应届毕业生正式就业率91.9%，总体就业率93.6%，考研率30%。

【科研与服务】 按要求自主设置目录外二级学科3个，新增硕士专业学位点3个。建立国家小麦育种栽培技术创新基地和农业部重点实验室1个、区域性专业实验室2个、实验站设计与论证2个。省园艺机械与装备重点实验室、泰安茶叶工程技术研究中心通过验收。建成岱岳农业协同创新综合试验示范基地，建设土肥资源高效利用国家工程实验室田间设施。举办作物生物学国家重点实验室学术年会等活动232场次。年内，科技项目立项493项，立项经费2.53亿元。首次主持省重大自主创新专项和泰山学者种业计划项目，新增省农业产业技术体系首席2人、岗位专家19人、实验站站长1人。授权专利124项，成果奖励41项。首次在《美国科学院院报》(PNAS）公开发表论文。签订各种技术合同、项目合作协议830项，合同金额6750万元。小麦新品种和玉米新品种实现转化金额1695万元。

【合作交流】 组织108名学生赴台湾中国文化大学、义守大学学习。与美国密西西比州立大学、日本九州外国语学院签订“3+1”联合培养项目，与德国FOM大学签订经济管理硕士班协议，与法国图卢兹综合理工学院签订“4+2”硕士项目。成立北美、广东校友分会，完成上海、吉林等省外校友分会筹建。与新兴元、农大肥业等签订捐赠协议，接受捐赠86项、金额740万元。

（刘洪仁）

·山东科技大学·

【概况】 该校占地面积243公顷，建筑面积142万平方米，固定资产总值19.33亿元，其中教学仪器设备总值5.27亿元。设博士后科研流动站9个，博士学位授权一级学科8个、二级学科43个，硕士学位授权一级学科24个、二级学科127个，硕士专业学位类别7个（其中工程硕士包含19个授权领域），本科专业81个。泰安校区设资源与土木工程、机电工程、信息工程、经济管理、文法、基础课6个系部和继续教育学院、泰山科技学院（独立学院）、采矿工程研究院。矿山灾害预防控制国家重点实验室在省科技厅中期绩效考核中居全省第3名。

【教学】 该校加强特色名校建设，对14个重点建设专业进行检查。获批信息工程、工程造价、人力资源管理本科专业3个。对部分学院本科专业设置进行调整。制定《关于进一步深化本科教学改革全面提高人才培养质量的若干意见》等教学管理和激励措施。新增公共管理硕士（MPA）专业学位授权点，将应用统计硕士专业学位授权点调整为金融硕士，专业学位授权类别7个。对部分学院负责建设和管理的学位授权点进行重组，新增工程造价、人力资源管理、工程分析与检测成人教育专业3个，新增省级特色课程、网络共享课各3门。

【科研】 科研立项938项，计划与合同经费2.06亿元，其中纵向项目597项、1.18亿元，横向项目341项、0.88亿元，实到经费1.42亿元。纵向项目经费首次突破1亿元，占比首次超过50%。鉴定成果32项，获授权专利348件，获计算机软件著作权登记27项，出版学术著作49部，发表论文1049篇。获各类科技奖励175项（含人文社科45项），其中省部级政府奖49项，获国家安全生产管理监督局第六届安全生产科技成果一等奖成果2项。

【教师情况】 有教职工2900人，其中教授288人，中国科学院院士3人，中国工程院院士1人，入选国家“千人计划”1人，教育部创新团队2个，“百千万人才工程”国家级人选4人，教育部“新世纪优秀人才支持计划”人选5人，山东省高校创新团队2个，泰山学者特聘教授、海外特聘专家各4人，享受国务院政府特殊津贴54人，国家有突出贡献的中青年专家7人，山东省有突出贡献的中青年专家17人，博士生导师158人，全国模范、优秀教师10人，省级优秀教师17人、教学名师10人。

【学生情况】 在校学生4.11万人，其中博士、硕士研究生6790人，另有泰山科技学院学生7500人、成人教育类学生3万人。录取本科学生8906人，泰山科技学院录取本专科学生2369人。组织学生参加科技创新竞赛133项，获省级及以上奖励1107项，其中全国性奖励498项。在全国大学生创业大赛中获1金、1银、4铜。学生获授权专利153件，本专科生发表学术论文91篇，获全国大学生创新创业训练项目101项。

【交流与合作】 与美国、德国等23个国家和地区109所高校和研究院所建立交流与合作关系，接收俄罗斯、美国等40个国家和地区的留学生。录取留学生152人，在校留学生506人。聘请外籍和港台地区教师81人。获国家外国专家局“高端外国专家”项目1项、引智项目1项、中俄政府间科技合作项目1项。1人获全国留学生教育工作先进个人。推进校地、校企和校际间合作交流，签订合作协议13项。新成立校友会4家，校友分会总数41家。

（韦　伟）

·泰山医学院·

【概况】 该校占地面积200公顷，建筑面积80万平方米，固定资产总值14.1亿元，教学科研设备总值2.2亿元，各类图书270万册。在职教职工1472人，其中专任教师1146人，泰山学者2人，泰山学者海外特聘专家3人，山东省高等学校重点实验室首席专家4人，15名院士受聘为学校教授。全日制普通在校生2.31万人，其中硕士研究生680人，在校留学生900人，成人教育学生1.25万人。有山东省“十二五”省级重点学科3个，省级特色重点学科1个，山东省医药卫生重点学科4个；山东省“十二五”高校重点实验室2个，山东省医药卫生重点实验室2个，山东省首批中医药重点科研实验室1个。一级学科硕士授权点4个，学术型硕士学位授权点36个，专业型硕士学位授权点22个。有16个教学院部，40个本科专业，有国家级特色专业4个，省级特色专业8个，省级卓越工程师教育培养计划试点专业3个。省级教学团队6个，省级精品课程43门，省级双语教学示范课程2门；省级实验教学示范中心2个，省级人才培养模式创新实验区1个。有实践教学基地250家，其中附属医院14所（直属附院1所、非直属附院13所）。编辑出版学术期刊《高校医学教学研究（电子版）》和《泰山医学院学报》。年内，获省级文明单位，山东省高校幼教工作先进单位；获第五届高等医学院校大学生临床技能竞赛全国总决赛一等奖、第二届全国医学影像学专业大学生实践技能大赛特等奖、第十三届“挑战杯”全国大学生课外学术作品大赛三等奖。

【教育教学】 推进卓越医师和卓越工程师项目，率先在省内改革研究生培养模式。成为山东省第一批教育信息化试点单位。护理学专业获山东省应用型人才培养专业发展支持计划立项。新增省级精品课程群3个，省级精品课程15门；省成人高等教育特色课程2门。4部教材入选第二批“十二五”普通高等教育本科国家级规划教材。新增本科专业3个。新增非直属附院2家，各类实践教学基地10个。第五届全国大学生临床技能总决赛获团体一等奖，承办第二届全国医学影像专业大学生实践技能大赛，并获特等奖。在全国大学生基础医学创新论坛暨实验设计大赛等各级各类专业技能大赛中获奖40项。硕士毕业生一次就业率87.96%，本科毕业生一次就业率86.01%，专科毕业生一次就业率85.02%，平均就业率85.88%。本科毕业生中有1206人被录取为硕士研究生，占本科生总数的29.05%。31名学生赴韩国延世大学、全北大学、台湾辅仁大学、嘉南药理大学、长荣大学交换学习。首批中韩合作办学临床医学本科、医学影像学本科60名学生赴韩国学习。

【科研立项】 中药现代技术实验室被山东省中医药管理局批准为重点科研实验室。动脉粥样硬化研究所成为河北省心脑血管病防治协同创新中心共建单位。新增专业硕士学位授权点3个，获上级科研课题立项268项，立项资金1384万元，其中学校作为课题负责人之一，获国家重大科学研究计划项目、“重大新药创制”国家科技重大专项子课题各1项；获国家科技支撑计划项目1项，国家自然科学基金课题15项；省部级课题53项、横向课题11项。与东明鑫鼎化工有限公司签订技术转让协议，实现科研成果转化。获上级科研奖励57项，其中山东省科技进步二等奖1项、三等奖1项，获山东省社会科学优秀成果三等奖1项，国家专利46项，发明专利15项，实用新型专利20项。大学生创新创业项目获教育部立项36项，3件作品在首届山东省大学生科技创新大赛中获奖。

【师资队伍】 年内，引进博士18人、硕士15人。攻读博士学位教师44人。新增泰山学者1人、全国优秀教师1人、山东省有突出贡献的中青年专家1人、享受国务院特贴专家1人。新增山东省高校优秀辅导员2人。获山东省留学人员回国创业奖教师1人，1人在山东省高校首届辅导员职业技能大赛中获二等奖。3名教师获山东省政府公派出国留学项目资助，11名教师获教育部、教育厅国际合作培养项目和国内访问学者项目资助，29名教师获学校资助赴国内外知名高校交流学习。推进职称评审改革，完成专业技术岗位分级聘任工作，下放副教授评审权至二级学院。

【直属附院建设】 直属附院持续巩固三甲评审成果，推进精细化管理。1号楼旧病区改造投入使用，床位增至1600张。开展新诊疗技术31项，新成立泰山医学院心脏中心、医院生殖医学中心。当选山东省医院协会门急诊管理委员会副主任委员单位，牵头成立泰安市护理技能专业委员会等专业委员会4个。引进学科、学术带头人14人，博士研究生2人，硕士研究生129人，赴国内外知名医院研修50人次。诊疗病人45.33万人次、出院病人4.29万人次、实施手术1.11万台次、业务收入5.36亿元，比上年增长26.66%、44.93%、50.98%、55.4%。 （刘 伟）

·泰山学院·

【概况】 学校建有校区2个，占地面积92公顷，建筑面积47万平方米。教职工1252人，其中专任教师830人，教授、副教授290人，具有博士、硕士学位的教师589人，有教学名师及省级以上各类专业技术拔尖人才32人。聘任院士、国家教学名师、泰山学者、博士生导师为兼职教授208人。教学单位18个，本科专业59个，涵盖9大学科门类，全日制普通在校学生1.85万人，成人高等学历教育在籍学员6500人。教学仪器设备总值9846万元，图书馆藏书165万册，电子图书27万种，中外文期刊1582种。

【教育教学】 完善资助育人体系，把社会主义核心价值观教育融入德育系统工程，培育泰山德育讲堂、泰山国学堂等德育品牌。1838名学生获助学贷款975万元。开展国防教育工作，47名学生入伍。开展学生课外学术科技竞赛活动、暑期社会实践活动，有省级重点服务队8支。遴选校内特色专业一层次10个、二层次15个。招生专业数量减少至48个。组织2013级本、专科学生和2014级专科学生二次选择专业。毕业生考研上线率和录取率分别为51%、38%。22名研究生通过硕士论文答辩，顺利毕业。参加省高校工委首届思想政治理论课教学比赛，获一等奖2个、三等奖1个。搭建学科技能竞赛平台，获教师教育类学生从业技能竞赛省级一等奖1项、全国大学生英语竞赛特等奖1项。

【科研工作】 加强学科建设，遴选一级学科6个，完成760万元的骨干学科建设项目。到位科研经费1157万元，连续两年翻番，其中横向科研经费617万元，是上年的2.5倍。举办学术交流活动80次，邀请60名专家学者到校讲学。组织申报科研成果84项，获得奖励40项，其中山东省第二十八次社会科学优秀成果奖二等奖1项、三等奖1项，山东省高校优秀科研成果二等奖2项、三等奖3项。完成科研课题的鉴定、结题和验收100项。取得各类科研成果756项。

【师资队伍】 加强人才引进工作，制定《泰山学院人才规划(2014～2016年)》，引进博士研究生11人。做好人才培育工作，修订完善教职工继续教育办法，健全配套政策规定，提高教师的教学科研能力。考取博士研究生教师17人，从事博士后研究教师3人，获国内访学资助教师8人，参加国际合作项目进修学习教师3人。评审通过教授2人，副教授6人、讲师19人。

【招生就业】 录取普通本专科生5432人、成人教育（函授教育、开放教育、网络教育）生1462人，留学生28人。普通本专科一志愿投档率均超过100%，艺术类考试报名人数、分数线再创新高。举办综合及专场招聘会160场次，获国家级大学生创新创业训练计划项目26个。与市人社局签订合作共建“大学生创业孵化培育中心”协议。

【合作交流】与济南尚图科技发展有限公司共建首个校内实验室——机械润滑油检测实验室。与国外9所高校开展合作交流，中外合作办学项目实现零突破，与市外侨办联合承办“2014年韩国华文教师培训班”，学校被授予山东省外派教师先进单位。

（安其心）

·泰山职业技术学院·

【概况】 学院占地面积63公顷，建筑面积22万平方米，教学仪器设备总值5800万元。馆藏图书72万册，固定资产3.8亿元。教职工500人，专任教师324人，其中副高以上职称152人，“双师型”教师182人，省级教学名师、优秀教师和市级拔尖人才等49人。在校学生1万人。教育部、财政部重点支持国家级实训基地5个，省级特色专业、省级精品课程、省级教学团队等质量工程项目33个，获省级以上教科研成果奖7项，其中国家级教学成果二等奖1项、省级科研成果一等奖1项。入选山东省首批教育信息化试点单位，通过省级文明单位复评，获省级荣誉4项、市级荣誉6项。

【教学工作】 ①技能型特色名校建设。名校建设完成中期建设任务95%以上。启动“2+1”人才培养模式改革，通过人才培养工作评估回访。②专业建设和改革。新建玉雕人才培养中心，实施课程与有效课堂教学改革，在全省专业评估排名中，5个专业大类居前20位，其中农林牧渔大类排名第5位。③职业技能大赛。师生参加省级以上技能大赛，获奖92项，其中全国一等奖2项、二等奖9项、三等奖5项，省级一等奖22项、二等奖35项。在山东省第23届大学生运动会上，总分居高职高专组第6名。

【科研与服务】 泰安市现代职业教育研究院成立，获山东省职工教育与职业教育优秀科研成果先进单位，省以上职业教育教学成果奖4项，山东省高校优秀科研成果一等奖1项，省、市级科研课题立项29项。泰山书院被省委宣传部、省社科联确定为省社科普及教育基地，市工艺美术学会落户学院。承办山东省春季高考等社会性考试25种次，承办省青少年航模比赛、全市农技人员培训等活动。

【学生工作】 成立心理健康教育中心，举办辅导员（班主任）心理健康教育培训班；开展社会主义核心价值观主题教育活动。学生公寓管理科获省、市工人先锋号集体，2支“三下乡”小分队获省优秀团队；学院团委获泰安市红旗团委、五四红旗团委称号；1人被评为省高校优秀辅导员。发展学生党员22名，发放奖助学金，减免、代偿学费1551万元。

【合作交流】 与市高新区建立区校战略合作关系，与东平县政府合作建立移民学院，与市商业银行等十余家企业建立合作关系，引入合作办学资金720万元。中澳班首批89名新生入学就读，首批10名学生赴台交流。11人当选中国职教学会教学工作委员会副主任、省农林及纺织服装职教专指委委员等；5人被全国职业院校技能大赛组委会聘为监督组长、监督员和裁判员。

【招生就业】 首次进行单独招生；录取高职新生3187人，在校生总人数首次突破1万人。2013届毕业生就业率在专科134所高校中居第7位，比上年提高2个位次，应届毕业生正式就业率在97%以上。 （马久虎 杨 春）

·山东服装职业学院·

【概况】 该院占地面积40公顷，建筑面积20万平方米。有普通高职、对口高职、五年制大专及成人大专、成人本科、试点本科、网络本科等办学层次，有8个系部、41个专业。有中央财政重点建设专业2个，中央财政重点建设实训基地1个，中央财政重点建设实训室1个，服饰博物馆是中央财政重点支持建设项目，山东省特色专业2个，省级教学团队1个，省级精品课程5门。有专任教师243名，其中硕士研究生137人，副教授及以上职称72人，聘请98名中外专家、教授到校执教。实训基地建设获批省发改委区域战略推进专项资金扶持项目，省财政给予扶持资金1900万元，服饰博物馆建设争取省财政专项资金155万元。年内，近2万平方米的实训中心、文化中心项目建成投入使用。学院被评为全国最具特色高等职业院校，全国职业教育管理创新学校，全省职业教育先进单位，省级文明单位，最受企业欢迎的山东职业技术院校。

【教学科研】 坚持以评促建，通过省教育厅人才培养工作、中央财政支持建设专业、体育课程等多项评估回访验收。新增时装设计、酒店管理等4个专业。与市内外多家企业建立校企合作关系，开设“昊宝”“汇泉”“宝龙福朋”等企业班。加强实践教学，投入300万元购置教学实训设备，深化双证融合，应届毕业生职业技能鉴定通过率达到80%以上。学院师生参加省、市教学比赛获奖21项，获批省、市科研项目23项，在省第23届运动会上获金牌2枚。开展社科普及周、全国科普日启动仪式、科普报告会等活动，学院服饰博物馆被市委宣传部、市社科联命名为首批泰安市社会科学普及教育基地、市科普教育基地。

【学生工作】 开展“山服书画展”“珍珠工艺品作品展”等社团活动，使学生社团组织成为宣传校园文化的主要平台和组织学生活动的重要载体。开展评优树先、扶贫助学、军训和社会实践活动，涌现出大批先进班集体、优秀学生。表彰红旗班集体4个、先进班集体20个、优秀学生436名、优秀学生干部143名、特殊贡献奖12名；省级优秀毕业生54名、院级优秀毕业生175名。发放国家奖助学金215万元，其中获国家奖学金2人、省政府奖学金2人、国家励志奖学金104人、省政府励志奖学金22人、国家助学金601人。

山东服装职业学院新建体育场全景 （毕研兴 摄）

【师资队伍】 完善教师培养机制，建立系级、院级、省级以上专任教师梯队培养制度。加强教师校际交流与培训，印发有关政策支持教师外出学习考察、进修培训、顶岗实习，组织教师到省内高职院校学习考察。加强“名师”培养，2人分别被评为“山东省优秀教师”和“泰山名师”。年内，晋升教授职称2人、副教授职称13人、讲师职称7人。

【招生就业】 招收新生3608人，毕业生1141人。拓宽进入国内大中型企事业单位、专升本、自主创业、应征入伍等就业通道，举办毕业生供需见面会，筹建大学生创业孵化培育中心，为毕业生就业创业搭建平台，100家大中型企业到学院招聘人才，就业率99%。全国物联网技能培训山东培训中心落户学院，自学本科招生232人。 （吴士锋）

·山东财经大学东方学院·

【概况】 学院占地面积22.75公顷，校舍面积12.86万平方米。教育投入经费4535.48万元，固定资产总值6368万元，其中教学、科研仪器设备资产值2356万元。教职工395人，其中专任教师295人；教授41人、副教授67人，外籍教师2人。在校生6115人，其中本科生5180人，专科生935人。普通本专科毕业生1931人，本科毕业生就业率97.62%。招生1990人，实际报到本专科学生1793人。有教学系、部8个，开设32个本专科专业覆盖5个学科，具有一级学科8个，专业学位授权点17个。图书馆建筑面积1.14万平方米，馆藏图书38.8万册。拥有计算机890台，信息化设备资产总值85万元，上网课程15门。

【科学研究】 2014年，学校申报山东省教育厅科研计划项目8项，获批5项，其中科技项目1项，人文社科项目4项。成立社会科学界联合会，制定章程，成立第一届理事会。制定《科研机构建设与管理办法》，鼓励各系部整合研究力量，明确研究方向，提升学校科研水平。上年度学校立项教学改革研究项目13项，2014年下半年完成结项验收工作，13项教学改革研究项目全部通过验收。会计学系1名教授主持的“基于就业导向的应用型会计人才培养模式改革与创新”项目在省第七届高等教育教学成果奖评审中获奖。1名副教授撰写的《35年改革成功的主要经验》，获省高校工委微课比赛二等奖。

【教育教学】 学校通过探索和实践，逐步构建“理论教学＋实践教学＋素质教育＋创业教育＋心理健康教育”五位一体教学体系，提高学生综合素质和心理素质，培养学生创业精神和创业能力。寒假期间，以“调研改革新篇，助力中国梦圆”为主题开展社会实践，涌现出寒假社会调研先进团队35支；暑假期间组织学生到偏远山区义务支教，12月，在共青团山东省委表彰大会上，学校团委被评为优秀组织单位，为省独立学院唯一获奖的团委，1名教师获省级优秀指导教师称号，广西河池支教团队获省级重点优秀团队，是全省独立学院中唯一获奖的学校，学院2名学生获暑期社会实践先进个人称号。组织参加第六届调研山东活动，申报队伍12支，全部入选省级重点团队。在泰安市大学生科技创新行动中，学院获批立项2项，分别是《泰山文化主题大型陶瓷壁画》《移动互联网的校园碎片化营销模式》。在全国大学生英语竞赛决赛中，2名学生获决赛一等奖。学院与市人社局联合共建大学生创业孵化培育中心签约揭牌，推进大学生创业基地建设，为大学生创业教育和创业实践提供了平台。学校实施“五个一”工程（学生至少参加一个社团，至少做一项公益服务或志愿服务活动，至少有一项文体爱好，至少有一项专业技能，至少考取一个资格证书），提高学生综合素质与能力。

【招生就业】 2014年，计划招生1990人，实际报到本专科学生1793人，在全国13个省（市、自治区）招生。应届毕业生1948人。省人社厅印发《关于2013年全省非师范类高校毕业生就业情况的通报》中，该院本科毕业生在全省58所本科专业院校中，正式就业率92.03%，总体就业率97.62%，居全省第6位；专科毕

6月22日，泰山护理职业学院开展党员志愿者服务活动（王 征 供）

业生在全省134所专科专业院校中，正式就业率97.18%，总体就业率98.12%，居全省第2位。

（毕玉青 侣 亚）

·泰山护理职业学院·

【概况】 学院占地面积35公顷，校舍建筑面积10万平方米，在建建筑面积4万平方米。有专任教师193人，其中高级职称29人，硕士及以上学位教师116人，双师素质教师80人。有普通、基础、临床3大学科和1个教育技术中心，设教研室32个和实验室101个。馆藏图书29.6万册，电子图书8万种，专业期刊229种。有国家计划内大专和中专医学教育，开设专业12个，护理和康复技术2个专业为省级教学改革试点专业，助产和医学物理诊查技术2个专业为市级教学改革试点专业。年内，投入资金120万元，完成新校区教室无线网络覆盖；安装服务器设备总值17.85万元。投入资金200万元，完成网络教学建设平台。2014年，学院被评为山东省青少年素质教育重点研究基地。

【科研】 制定《泰山护理职业学院学术讲座管理办法》《泰山护理职业学院科研基金管理办法》等规章制度，健全科研管理制度和激励机制。有上级在研课题39项，其中省高等学校教学改革立项项目2项、省职业教育与成人教育科研“十二五”规划课题14项、省教学研究课3项，泰安市科技发展计划项目7项、泰安市教育科学“十二五”规划课题6项、泰安市社会科学立项课题3项、泰安市职业与成人教育教学研究规划课题4项。年内，首次申报泰安市大学生科技创新行动计划项目，获立项项目10个。

【教学】 加强学院与医院沟通联系，派教师到医院一线实践，邀请医院护理技术专家到校指导专业建设。承办国家职业资格考试、全国统一鉴定理论笔试和实践操作考试等5次，考试人数1152人。自2009年后，每年从泰安市中心医院、附属医院、解放军88医院聘请知名护理专家，共同制定课程教学大纲，筛选临床常用护理操作项目，开发教材7部；与医院护理专家开发《护理实训教材》7部、《临床护士考试必读》1部、《临床护士常见问题答疑》1部。与58家三级甲等医院和医疗机构建立校企合作关系，实施“订单式”培养。年内，学校首次参加全国护理技能大赛高职组比赛，2名选手获二等奖。3月，在全省首次举办的春季高考专业技能考试中，学院参考学生1022人，获得满分（230分）14人，200分以上982人。

【合作交流】 学院在国内率先开设涉外护理特色专业，开展涉外护理教育教学研究、专业课双语教学研究以及CGFNS（美国海外护士资格考试）和NCLEX-RN（美国注册护士资格考试）教学研究。学院与国外十几个国家和地区的几十所学校交流合作，输送学生到新加坡、英国等就业、留学数十批。2014年，与巴西圣卡塔琳州联邦大学、美国马里兰大学、美国华盛顿阿德文替斯特大学签订合作协议达成专升本、专升硕、师生交流、资源共享等意向。中国国际人才交流协会在学院挂牌建立泰山国际护士培训基地。1月，15名学生通过第23批选拔考试赴新加坡从事护理工作。

（张宗起 王 征）

编辑·校对 王云勇

文化·体育

文化综述

【概况】 2014年，全市文化广电新闻出版（简称文广新）系统，紧紧围绕“推进富民强市，建设幸福泰安”的目标要求，弘扬传播泰安泰山优秀传统文化，推动泰安泰山文化走出去，提升泰安泰山文化的影响力和感染力。组织开展文化惠民工程，送戏下乡，继续推进农村公益电影放映工作，创新实施泰山文化走出去战略，打造泰山文化品牌。市文广新局首次被文化部、人力资源和社会保障部联合表彰为“全国文化系统先进集体”。继续保持“省级文明单位”荣誉称号；继续被评为全市科学发展综合考核先进单位。全省“扫黄打非”先进集体。“相约泰山”正能量展示活动被文化部评为“文化志愿服务推进年”系列活动示范项目。文化市场综合执法案卷连续两年被文化部评为优秀执法案卷。

【公共文化服务体系建设】 ①公共文化基础设施建设。以泰安文化艺术中心为代表的一批标志性文化设施已经投入使用，市艺术馆、图书馆、美术馆全部公开免费开放，岱岳区文化艺术中心已完成主体工程建设。全市“三馆一站”（文化馆、图书馆、美术馆、综合文化站），新增服务窗口、服务品牌41个，全市87个乡镇（街道）全部建成综合文化站，3651个行政村建成文化小广场，810家农家书屋数字升级，实现有线电视入户率79%。②文化惠民工程。承办文化部主办的全国性群众文化活动——“大地情深”群星奖获奖作品全国示范性巡演启动仪式及首演活动，被文化部评为优秀组织单位。开展送戏下乡慰问演出2546场（次）。继续推进农村公益电影放映工作，全年共订购故事片147部，科教片40部，共放映农村公益电影4.2万场。③“群众文化艺术年”活动。以残疾人、留守儿童、老年人、进城务工人员等特殊群体为服务对象，策划推出以“相约泰山”为主题的“为你喝彩”正能量展示、“幸福泰安”广场综艺演出等10大项活动，共举办100余场次，参与市民10多万人次，累计惠及民众达660多万人次。“相约泰山”正能量展示活动被文化部评为“文化志愿服务推进年”系列活动示范项目，1～6月，在全省群众满意度考核中，泰安市群众文化生活满意度名列第三。

“大地情深”群星奖获奖作品全国示范性巡演启动仪式 （张 宾 供）

山东省第十一届“文艺精品工程”——山东梆子新编历史剧《两狼山上》 （张宾供）

【文学艺术创作】 全年在各类媒体杂志发表作品126余篇（幅）。其中，小说42篇，诗歌21首，散文63篇。刘黎莹创作的微型小说《鸟窝》荣获第十一届全国微型小说（小小说）年度评选一等奖；窦英琪创作的散文《那年 那屋 那人》荣获首届“中国梦之路”全国主题征文大赛二等奖。专业美术作品创作5件作品入选第十二届全国美展，其中刘建东作品《阳光下的记忆》入选第十二届全国美展获山东省特别创作奖。新编现代小戏《招魂儿》成功入围“山东省舞台艺术精品工程”2014～2015年度初选剧目；山东梆子代表性经典传承剧目《墙头记》入选山东省首届优秀保留剧目奖；山东梆子新编历史剧《两狼山上》、音乐剧《泰山情缘之石敢当》和长篇小说《乡志》入选山东省第十一届“文艺精品工程”，其中《两狼山上》荣获第七届山东省泰山文艺奖戏剧类艺术作品奖一等奖。市艺术馆《山东梆子风》等4件作品入选第十一届中国艺术节“群星奖”复赛。

【广播影视奖评选】 ①组织开展2013年度泰安市广播影视奖评选。全市共报送作品104件，类别涉及广播电视播出的10个奖项，共获奖99件。其中，电视类一等奖18件、二等奖22件、三等奖15件；广播类一等奖12件、二等奖21件、三等奖11件。②遴选泰安市优秀作品参加山东省2013年度广播影视大奖评选。全市共推选作品42件，获奖19项，其中一等奖2个、二等奖5个、三等奖10个、“十佳”栏目奖2个。作品《廉政新风劲吹 泰山奇石滞销》获广播新闻长消息一等奖；《文学天地——泰山之声》获广播文艺文学节目一等奖；《晓溪为您办事》《天天说事》获“十佳”栏目奖；原创曲目《泰山之巅》获原创歌曲奖三等奖。③参加山东省新闻奖评选。全市推选作品获奖10件。其中广播作品获一等奖1件、二等奖2件、三等奖1件，电视作品获二等奖1件、三等奖5件。《廉政新风劲吹 泰山奇石滞销》荣获广播长消息一等奖；《“爸爸妈妈抱抱我”——候鸟圆梦行动》获广播系列报道二等奖；《孝心最美》获广播专题二等奖；《种粮大户忙“三夏”》获电视长消息二等奖。

【创新实施“书香泰安”工程】 以弘扬国学，建设“尼山书院”为契机，实施“书香泰安”工程，打造以“公共图书馆＋尼山书院＋读书人协会＋社区（农家书屋）＋家庭”五核一体的联动机制，创新国学传承新模式，营造“泰山脚下读书好、读好书、好读书”的浓厚氛围。

【非物质文化遗产保护】 全市四级非物质文化遗产名录保护体系已基本形成，共有项目503项，其中国家级11项、省级30项、市级107项、县级355项。在第三届中国非物质文化遗产博览会上，桃木雕刻、泰山驴油火烧、泰山泥塑等14个项目获得优秀项目展览奖。

【文化产业】 ①实施文化项目建设工程。4月，与山东省新闻出版广电局联合举办全国印刷包装机械物资展销会，110多家全国印刷机械生产经销商参展，展出200多台（套）高中档机械设备，交易额达5000多万元。9月，与中国国际剧院联盟联合举办2014中国国际演出商大会，近800家国内外联盟成员代表参会，150

泰安市市级以上非物质文化遗产名录

表 35

序号	项目类别	项目名称	保护单位	项目级别	公布时间	传承人（标注级别）
国家级（11 项）						
1	民间文学	泰山传说	泰安市泰山景区教育中心	国家级	2011	
2	传统音乐	泰山道教音乐	泰安市艺术馆	国家级	2008	霍德忠（省　级）
3		腊山道教音乐	东平县非物质文化遗产保护协会	国家级	2008	岳耀海（省　级）
4	民间舞蹈	独杆跷	新泰市文化馆	国家级	2008	王宗禄（省　级）
5	传统戏剧	山东梆子	泰安市山东梆子艺术研究院	国家级	2008	郝瑞芝（国家级）
6		泰山皮影戏	泰安市艺术馆	国家级	2008	范正安（国家级）
7	传统医药	孟氏正骨	新泰孟氏医院	国家级	2012	孟照明（省　级）
8	传统体育竞技	徐家拳	新泰市泰山徐家拳研究院	国家级	2009	徐勤启（省　级）
9	曲　艺	端鼓腔	东平县非物质文化遗产保护协会	国家级	2011	丁立新（省　级）
10	民　俗	泰山石敢当习俗	泰山风景名胜区管理委员会	国家级	2006	
11		泰山东岳庙会	泰安市旅游协会	国家级	2008	
省级（30 项）						
1	民间文学	泰山传说	泰安市泰山景区教育中心	国家级	2009	于　勇（县　级）
2		范蠡与陶山的故事	肥城市非物质文化遗产保护协会	省　级	2009	
3		大禹治水的传说	宁阳县文化馆	省　级	2009	
4		柳下惠的传说	新泰市文化馆	省　级	2012	
5		水浒传说	东平县非物质文化遗产保护协会	省　级	2012	
6	民间音乐	泰山道教音乐	泰安市艺术馆	国家级	2006	霍德忠（省　级）
7		腊山道教音乐	东平县非物质文化遗产保护协会	国家级	2006	岳耀海（省　级）
8		东平硪号子	东平县非物质文化遗产保护协会	省　级	2009	郑兴月（市　级）
9	民间舞蹈	独杆跷	新泰市文化馆	国家级	2006	王宗禄（省　级）
10		逛荡灯	新泰市文化馆	省　级	2006	李天顺（省　级）
11		百兽图	新泰市文化馆	省　级	2006	张传霞（省　级）
12	戏　曲	山东梆子	泰安市山东梆子艺术研究院	国家级	2006	郝瑞芝（国家级）
13		泰山皮影戏	泰安市艺术馆	国家级	2006	范正安（国家级）
14		宁阳木偶戏	宁阳县文化馆	省　级	2006	孙振涛（省　级）
15		四音戏	东平县文化馆	省　级	2006	孙庆江（省　级）
16	曲　艺	端鼓腔	东平县文化馆	国家级	2006	丁立新（省　级）
17	传统美术	泰山泥塑	泰安市岱岳区 泰山泥塑艺术研究院	省　级	2009	玄绪东（市　级）
18	传统体育竞技	徐家拳	新泰市泰山徐家拳研究院	国家级	2009	徐勤启（省　级）
19		子午门	东平县非物质文化遗产保护协会	省　级	2009	王　全（市　级）
20	传统手工技艺	泰山神豆腐制作技艺	泰安市泰山区泰山神豆腐豆制品协会	省　级	2012	
21		泰山驴油火烧制作技艺	泰安市传统食品协会	省　级	2012	李　鹏（省　级）
22	传统医药	安驾庄梁氏正骨疗法	肥城市安驾庄梁氏正骨门诊部	省　级	2009	梁盛兴（市　级）
23		孟氏正骨	新泰孟氏医院	国家级	2012	孟照明（省　级）

续表 35-1

序号	项目类别	项目名称	保护单位	项目级别	公布时间	传承人（标注级别）
24	民 俗	泰山石敢当习俗	泰山风景名胜区管理委员会	国家级	2006	
25		泰山东岳庙会	泰安市旅游协会	国家级	2006	
26		桃木雕刻民俗	肥城市非物质文化遗产保护协会	省 级	2006	王来新（省 级）
27		宁阳斗蟋	宁阳县文化馆	省 级	2009	刘德强（市 级）
28		东岳大帝与碧霞元君信仰习俗	泰安市非物质文化遗产保护中心	省 级	2012	
29	岁时节令	宁阳彩粽及送彩粽习俗	宁阳县文化馆	省 级	2006	轩辕诗运（市 级）
30	文化空间	泰山封禅与祭祀习俗	泰山风景名胜区管理委员会	省 级	2006	
市级（107 项）						
1	民间文学	泰山传说	泰安市泰山景区教育中心	国家级	2006	
2		范蠡与陶山的故事	肥城市非物质文化遗产保护协会	省 级	2008	
3		大禹治水的传说	宁阳县文化馆	省 级	2008	于 勇（县 级）
4		柳下惠的传说	新泰市文化馆	省 级	2010	
5		水浒传说	东平县非物质文化遗产保护协会	省 级	2010	
6		乐圣师旷的传说	新泰市文化馆	市 级	2010	
7		肥桃的传说	肥城市文化馆	市 级	2010	
8		无盐娘娘的传说	东平县文化馆	市 级	2010	
9	民间音乐	泰山道教音乐	泰安市艺术馆	国家级	2006	霍德忠（省 级）
10		腊山道教音乐	东平县非物质文化遗产保护协会	国家级	2006	岳耀海（省 级）
11		东平硪号子	东平县非物质文化遗产保护协会	省 级	2008	郑兴月（市 级）
12		宁阳朱氏唢呐	宁阳县文化馆	市 级	2006	朱殿军（市 级）
13		段家唢呐	岱岳区文化馆	市 级	2006	段传宾（县 级）
14		泰山挑夫号子	泰安市非物质文化遗产保护中心	市 级	2010	
15		泰山唢呐（肥城唢呐）	肥城市非物质文化遗产保护中心	市 级	2010	李志全、梁士芳(市级)
16		挂红灯	新泰市文化馆	市 级	2010	
17		泰山石乐	泰安市艺术馆	市 级	2012	
18		泰山唢呐（张氏唢呐）	泰山区文化馆	市 级	2012	
19	传统舞蹈	独杆跷	新泰市文化馆	国家级	2006	王宗禄（省 级）
20		逛荡灯	新泰市文化馆	省 级	2006	李天顺（省 级）
21		百兽图	新泰市文化馆	省 级	2006	张传霞（省 级）
22		高跷牌坊	肥城市文化馆	市 级	2008	宫文革（市 级）
23		扑蝴蝶	新泰市文化馆	市 级	2010	毛松虎（市 级）
24	戏 曲	山东梆子	泰安市山东梆子艺术研究院	国家级	2006	郝瑞芝（国家级）
25		泰山皮影戏	泰安市艺术馆	国家级	2006	范正安（国家级）
26		宁阳木偶戏	宁阳县文化馆	省 级	2006	孙振涛（省 级）
27		四音戏	东平县文化馆	省 级	2006	孙庆江（省 级）
28		宁阳拉魂腔	宁阳县文化馆	市 级	2006	朱丁香（市 级）
29		宁阳弦子戏	宁阳县文化馆	市 级	2006	郑春修（市 级）

续表 35-2

序号	项目类别	项目名称	保护单位	项目级别	公布时间	传承人（标注级别）
30	戏　曲	箍漏担子	新泰市文化馆	市　级	2012	
31		皮筋儿顶灯	新泰市文化馆	市　级	2012	
32	曲　艺	端鼓腔	东平县文化馆	国家级	2006	丁立新（省　级）
33		东平渔鼓	东平县文化馆	市　级	2006	王笃篙（市　级）
34		汶河大鼓	岱岳区文化馆	市　级	2008	葛业森（市　级）
35		宁阳渔鼓	宁阳县文化馆	市　级	2008	于建修（县　级）
36		山东柳琴	新汶矿业集团	市　级	2008	郑长荣（市　级）
37	传统美术	泰山泥塑	泰安市岱岳区泰山泥塑艺术研究院	省　级	2008	玄绪东（市　级）
38		徐家庄木版年画	泰山区文化馆	市　级	2006	王连洋（市　级）
39		杜家庄木版年画	岱岳区文化馆	市　级	2008	王金生（县　级）
40		王家面塑	岱岳区文化馆	市　级	2008	王焕璧（县　级）
41		宁阳鸣虫葫芦	宁阳县文化馆	市　级	2008	赵振经（市　级）
42		宁阳伏山剪纸	宁阳县文化馆	市　级	2008	苑举莲（县　级）
43		东平湖麻鸭蛋壳彩绘	东平县浒源艺术品有限公司	市　级	2010	侯庆佩（市　级）
44		东平湖莲子彩绘工艺	东平县浒源艺术品有限公司	市　级	2010	
45		泰山剪纸	田氏剪纸 新泰市文化馆	市　级	2010	田晓明（市　级）
			刘氏剪纸 新泰市文化馆	市　级	2010	刘方红（市　级）
			韩氏剪纸 宁阳县文化馆	市　级	2010	韩运水（县　级）
46		范氏面塑	泰山区文化馆	市　级	2012	
47		卢雪剪纸	岱岳区文化馆	市　级	2012	卢　　雪（县　级）
48		张氏陶泥彩塑	肥城市文化馆	市　级	2012	
49		泰山糖画	东平县非物质文化遗产保护中心	市　级	2012	
50	传统体育竞技	徐家拳	新泰市泰山徐家拳研究院	国家级	2006	徐勤启（省　级）
51		子午门	东平县非物质文化遗产保护协会	省　级	2008	王　全（市　级）
52		摔二鬼	东平县文化馆	市　级	2006	吴绪江（市　级）
53		石横武术	肥城市文化馆	市　级	2012	
54	传统手工技艺	泰山神豆腐制作技艺	泰安市泰山区泰山神豆腐豆制品协会	省　级	2006	
55		泰山驴油火烧制作技艺	泰安市传统食品协会	省　级	2010	李　鹏（市　级）
56		宁阳龟山砚制作技艺	宁阳县文化馆	市　级	2006	曹文代（市　级）
57		范镇油酥火烧制作技艺	岱岳区文化馆	市　级	2006	徐太国（市　级）
58		宁阳乡饮小凉席制作技艺	宁阳县文化馆	市　级	2006	许振萍（县　级）
59		泰山煎饼制作技艺	岱岳区文化馆	市　级	2006	
60		泰山竹龙制作技艺	泰山区文化馆	市　级	2008	何洪川（县　级）
61		宁阳乡饮粉皮制作技艺	宁阳县文化馆	市　级	2008	巩现喜（市　级）
62		萧府宴酒传统酿造技艺	泰山萧府酒业有限公司	市　级	2010	
63		大汶口彩陶制作技艺	岱岳区文化馆	市　级	2010	刘　安（市　级）
64		果都咸菜腌制技艺	新泰市文化馆	市　级	2010	

续表 35-3

序号	项目类别	项目名称	保护单位	项目级别	公布时间	传承人（标注级别）
65	传统手工技艺	泰山锡具制作技艺	徐氏锡具制作技艺 肥城市非物质文化遗产保护中心	市　级	2010	徐衍文（市　级）
			宁阳镶锡制作技艺 宁阳县文化馆	市　级	2010	吴兆富（市　级）
66		东平古粥粉制作技艺	山东国丹食品开发有限公司	市　级	2010	
67		东平湖松花蛋制作技艺	山东国丹食品开发有限公司	市　级	2010	
68		彩山特曲传统酿造技艺	宁阳县文化馆	市　级	2010	孟现波（市　级）
69		孔氏装裱技艺	宁阳县文化馆	市　级	2010	孔庆河（市　级）
70		泰山翟家香烤鸡制作技艺	泰安市艺术馆	市　级	2012	
71		泰山道家茶制作技艺	泰安市艺术馆	市　级	2012	
72		泰山盘面制作技艺	泰安市泰山研究院	市　级	2012	
73		泰山酒传统酿造技艺	泰山酒业集团股份有限公司	市　级	2012	
74		汶南虎头鞋帽制作技艺	新泰市文化馆	市　级	2012	
75		尚氏锔艺	肥城市文化馆	市　级	2012	
76		东平湖传统木船制造技艺	东平县非遗保护中心	市　级	2012	
77	生产商贸习俗	泰山白菜种植技艺	岱岳区文化馆	市　级	2006	
78		泰安红心萝卜种植技艺	岱岳区文化馆	市　级	2006	
79		横山蚕丝传统技艺	新泰市文化馆	市　级	2006	
80		新泰芹菜种植技艺	新泰市文化馆	市　级	2006	
81		泰山女儿茶种植技艺	泰山区文化馆	市　级	2008	
82		泰山板栗栽培技艺	岱岳区文化馆	市　级	2008	
83		肥城桃栽培技艺	肥城市文化馆	市　级	2008	
84		泰山赤磷鱼养殖技艺	泰山区文化馆	市　级	2010	
85	传统医药	安驾庄梁氏正骨疗法	肥城市安驾庄梁氏正骨门诊部	省　级	2006	梁盛兴（省　级）
86		孟氏正骨	新泰市孟氏医院	国家级	2010	孟照明（省　级）
87		王氏正骨	岱岳区文化馆	市　级	2008	王佃木（县　级）
88		宁阳许氏烧烫伤膏贴	宁阳县文化馆	市　级	2008	许　鹏（市　级）
89		伏山纪氏中医皮肤疮疡疗法	宁阳县文化馆	市　级	2010	纪洪来（县　级）
90		洪德堂于氏中医皮肤病疗法	肥城市文化馆	市　级	2012	
91		伏山李氏中医治疗面瘫法	宁阳县文化馆	市　级	2012	
92		张氏万应膏	东平县非遗保护中心	市　级	2012	
93	民　俗	泰山石敢当习俗	泰山风景名胜区管理委员会	国家级	2006	
94		泰山东岳庙会习俗	泰山市旅游局	国家级	2006	
95		桃木雕刻民俗	肥城市非物质文化遗产保护协会	省　级	2006	王来新（省　级）
96		宁阳斗蟋	宁阳县文化馆	省　级	2006	刘德强（市　级）
97		宁阳神童山梨花会	宁阳县文化馆	市　级	2008	
98		东岳大帝与碧霞元君信仰习俗	泰安市非物质文化遗产保护中心	省　级	2010	

续表 35-4

序号	项目类别	项目名称	保护单位	项目级别	公布时间	传承人（标注级别）
99		宁阳四八宴席与酒礼	宁阳县文化馆	市　级	2006	于朝良（县　级）
100		开口笑水饺	肥城市文化馆	市　级	2008	尹　涛（市　级）
101	消费习俗	东平湖大安山王家炖鱼	东平县非物质文化遗产保护中心	市　级	2008	王绪军（市　级）
102		新泰八顶八宴席	新泰市文化馆	市　级	2010	
103		泰山豆腐宴	泰山区文化馆	市　级	2012	
104		泰山封禅御宴	泰山区文化馆	市　级	2012	
105	岁时节令	宁阳彩粽及送彩粽习俗	宁阳县文化馆	省　级	2006	轩辕诗运（市　级）
106		七月十五放河灯	岱岳区文化馆	市　级	2006	
107	文化空间	泰山封禅与祭祀习俗	泰山风景名胜区管理委员会	省　级	2006	

多个演艺项目参加演出大会大展，60多个演艺项目签署合作意向，总交易额达8.5亿元。②实施泰山文化走出去战略。4月，音乐剧《泰山情缘之石敢当》在杭州展演。10月21～22日，山东梆子新编历史剧《两狼山上》进京展演。泰山杂技对外演出剧目50余个，先后赴美国、韩国、日本、中国香港地区、中国台湾地区等37个国家和地区进行商业性演出3000余场次。③实施泰山文化品牌打造工程。以国家级非遗项目——泰山皮影为依托打造系列泰山皮影戏；以国家级非遗项目——泰山石敢当信仰习俗和螭霖鱼传说故事为依托打造国内首部驻场、山东省首部原创音乐剧《泰山情缘之石敢当》；以泰山豆腐宴、泰山封禅御膳宴、驴油火烧为依托打造泰安文化产品品牌——“舌尖上”美味泰安；以肥城桃木工艺雕刻为依托，打造肥城市桃木工艺雕刻基地；与中国美协连续举办两届“泰山之尊”全国山水画（中国画）、水彩画作品展，其中“泰山之尊”美展品牌已纳入中国美协固定的展览规划。

【创新实施剧院管理新模式】 为确保泰山大剧院在第十届中国艺术节后得到更加科学的有效利用，提出以弘扬传播泰山文化为核心的“托管经营＋驻场演出＋剧目引进”的剧场管理运营模式，探索出一条公共文化场馆管理新路子，被称之为剧院管理“泰安模式”。在这一模式推动下，泰山大剧院运营一年多利用率达70%。

（张　宾）

群众文化艺术年·社区广场文艺演出　　（张　宾　供）

文化市场管理及综合执法

【概况】 全市文化市场综合执法工作，按照“规范、发展、繁荣、稳定”的总体思路，坚持“打防并举、标本兼治、综合治理”的工作方针，以开展“一项”活动、抓好“两个”目标、树好“三种”形象、打好“四个战役”为载体，在制度、队伍、执法规范化建设、日常监管、专项整治、“扫黄打非”上实现新突破，在完善执法责任制、创新执法运行机制、深化综合执法上迈出新步伐，在规范文化市场秩序、净化文化环境、推动文化市场繁荣发展上做出新贡献，全面加强出版物市场的日常监管和专项治理，促进全市出版物市场稳定、健康、有序、繁荣发展。共建立完善制度8项，开展专项整治21次，出动检查执法人员1350人次，查处违法经营单位115家。

【文化市场规范化建设】 ①文化市场技术监管平台应用工作。举办全市文化市场技术监管与服务平台应用培训班2期，对县市区管理执法人员借助技术措施监管文化市场进行强化培训，同时对全市文化市场技术监管与服务平台应用工作落实情况进行督促检查，已正式上线，审批与执法工作已经正常运行。②规章制度建设。完善建立《泰安市文化市场“12318”举报投诉受理工作管理办法》《泰安市出版物鉴定规程》《泰安市文化市场执法从业人员廉政准则》《泰安市“扫黄打非”暨文化市场综合执法考评办法》。与市公安局联合印发《关于建立文化市场行政执法协作机制的意见》；与市无线电管理办公室制订《关于开展无线广播电台、电视台、转播台等整治工作的实施意见》；与市邮政管理局联合制订《关于加强寄递渠道非法出版物查堵工作的通知》；与市工商局、国家安全局等部门联合制订《关于开展卫星电视地面接收设施及广播电视传播秩序专项整治的通告》等多项工作制度。③队伍建设。4月，组织执法人员和经营业户进行集中培训。学习《行政处罚法》《行政诉讼法》以及娱乐市场、网吧、印刷、演出市场、广电等管理条例，提高文化市场执法人员政治素质、业务素质和廉政素质。

【文化市场管理与执法】 ①专项集中行动。协调市公安局、工商局、交通局、邮政局等部门，开展清源、净网、秋风、固边四个专项集中行动和移动智能终端应用商店，少儿出版物市场，假媒体、假记者站、假记者，防范境外文化、宗教渗透等专项整治。与教育部门联合开展校园周边文化市场进行大规模综合整治，共检查各类文化出版物经营单位500余家，下达整改通知书20余份，取缔无证无照经营单位10家。②集中销毁活动。4月24日，将查缴的非法音像制品、图书报刊、电子出版物19万余盘和非法卫星地面接收设备、发射器材1500余套进行集中销毁，并进行广泛宣传。活动期间组织2所中小学、2家电影院、10家图书、音像经营单位开展“拒绝盗版、共筑未来”为主题的“绿书签行动”。③开展“扫黄打非”专项整治和文化市场综合执法检查。全年共组织开展各类专项集中整治行动21次，检查文化市场经营单位1300家（次），取缔无证经营单位9家，立案调查56家，没收违规图书、报刊、音像制品5300余册（盘），收缴地面卫星接收设施、非法电视台设备35件。 （张　宾）

新闻出版管理

【概况】 ①印刷绿色工程。全年向上级争取专项资金500万元。全市两个企业通过绿色认证，其中，肥城新华印刷有限公司被国家总局认定为“2014年国家印刷示范企业”荣誉称号。②农家书屋工程建设出版物更新工作。争取国家和省奖励资金280万元用于农家书屋出版物的更新，并完成政府采购工作，为1400家农家书屋进行出版物更新。数字化升级工作。全年完成农家书屋数字化升级任务810家。③报刊版权管理规范市场秩序。各县（市、区）采取场地授权方式，通过政府采购，统一购买、安装办公软件，办公软件正版化率达100%。报纸、期刊审读工作。为提高全市连续性内部资料出版物出版质量，开展报刊市场、著作权维权等执法行动。④新闻宣传。年内在《光明日报》《中国文化报》《大众日报》、山东电视台等媒体发表各类新闻报道1万多篇、条（次），其中36篇、条（次）在头条或头板报道。以“建设最具影响力的区域性文化网站”为目标，加强泰安文化网及市文广新局官方微信、微博建设，在网站（微信、微博）发布各类新闻、工作信息963篇(条)。 （张　宾）

广播电视

【概况】 泰安市广播电视台为市政府直属事业单位，设广播中心、电视新闻中心、电视社教中心、电视文体中心，具备在多级市场上进行多媒体运营、对内容进行多渠道传播的资源优势。广播中心有广播新闻台、广播旅游台、广播交通台、广播故事台、都市音乐之声、私家车广播等系列台6个，全天播出90多个小时；电视中心拥有新闻综合频道、公共频道、教科频道、旅游文化频道和“泰山先锋”党建电视频道等专业化频道5个；新媒体领域有泰山网、泰安民生网、泰山先锋网一站三网，手持电视、公交移动电视、楼宇电视等新兴媒体；泰安广播电视报每周一期，平均发行3万多份。有不同规格的电视演播室5个，演播大厅2个，广播直播室6个；流动电台直播车和大型电视转播车2辆，流动文艺演出车2辆。2014年，全面推进电视节目制作的网络化，启用数字硬盘播出系统，实现节目制播的全程数字化。全年完成总收入8800万元。被山东新闻出版广电局评为先进集体、山东广播电视宣传先进集体一等奖、泰安市二类城市语言文字工作评估先进集体、泰安市委争创五型机关先进单位等荣誉。①时政宣传。广播、电视、报纸、网站紧紧围绕市委市政府中心工作，弘扬“中国梦”和社会主义核心价值观，以新闻为阵地，把握主动，体现主流，在融合发展中变革创新。圆满完成党的群众路线教育实践活动、人代会、政协会、登山节等重大活动的宣传报道任务。在电视《泰安新闻》栏目中全年开设《推进富民强市 建设幸福泰安》专栏，宣传报道全市在“转调创”（转方式、调结构、争创发展新优势）、生态泰安建设、旅游服务业发展、农业现代化等方面所取得的成就，开设“弘扬社会主义核心价值观”“四德工程”（个人美德、家庭美德、社会公德、职业道德）新闻专栏，保障党的群众路线教育实践活动的宣传报道，党建电视频道开设“为民务实清廉 践行群众路线”版块，播发新闻500多条、优秀党员教育电视片110多部。电视新闻中心根据活动进展情况，推出“整改进行时”“基层实践”等分专栏，为“推进富民强市、建设幸福泰安”和教育实践活动的深入开展营造良好的舆论环境。②公益宣传。推出大型电视新闻专栏《天南地北泰安人》。5月，《新闻零距离》栏目推出《情系泰山•味美泰安第二季》。继续发挥“有爱守在你身边”全国首个新闻公益品牌作用，开展“爱心同行 慈善暖冬”大型公益活动；与爱心企业联合，开展公益助学活动，资助贫困学生100名，发放助学金近10万元；与公益组织联合，开设爱心慈善超市2家；与泰安同仁眼科医院联合开展“慈善光明行”活动，免费为白内障患者实施手术500多例。泰安民生网为民着想，收集整理解决群众反映的问题1.64万（条），比上年同期增长180%。③对外宣传。对省台供稿荣获2014年度山东广播宣传先进集体一等奖。党建频道加大对山东卫视《齐鲁先锋》栏目供稿力度，全年在《齐鲁先锋》播出专题片28部，继续位列山东17城市电视台首位，荣获2014年度山东电视宣传先进集体一等奖。与中央电视台合作完成大型专题《美丽中国乡村行——走进泰安》的拍摄制作并播出。完成泰山国际登山节电视节目现场直播，实现泰山国际登山节登山比赛首次在泰安广播电视台有线、无线频道现场直播。④广播监管。联合工商、药监部门加大广电广告播出监管力度，停播养生类广告20多条。

【精品创优】 年内，广播电视共有30多件作品获得省市奖励。其中广播新闻《廉政新风劲吹 泰山奇石滞销》荣获2014年度山东新闻奖一等奖、广播剧《大汶口》获得山东省第十一届精神文明建设“文艺精品工程奖”、《晓溪为您办事》节目获省广电学会广播新闻“十佳栏目奖”、《天天说事》栏目第三次荣获山东省广播电视“十佳栏目奖”，成就终生荣誉。泰山网“泰山拍客团”荣获中国城市新闻网站品牌栏目最高奖“精品奖”。投资拍摄的数字电影《世界屋脊的歌声》《国旗阿妈》取得丰硕成果，其中《世界屋脊的歌声》荣获全国第十三届精神文明建设“五个一工程奖”、2014 山东省“精品工程奖”和第六届欧洲万像国际电影节“原创影片奖”，为全市影片制作史上尚属首次。

【机制创新】 电视旅游文化频道播出试点平稳顺畅，《泰安经济信息联播》《泰山大擂台·快乐升级》节目运行良好。广电艺术送文化下乡完成演出 50 余场次。盘活闲置资产，引进泰山天元石和“400 呼叫服务中心”两个文化产业。报刊编辑部发行两期《先锋地产》。广电 TV 快乐营小记者发展小记者 2000 余人，全年开展主题活动 100 余次。新媒体部在实现手持电视频道和公交频道实现并机播出，新上 TV 摇摇乐，提高节目的收视率。与东平县签订战略合作协议，创作两部微电影，圆满完成“幸福泰安”首届微电影大赛。

【技术保障】 广播 6 个频道共播出 3 万多小时，出动流动电台 4 人次，电视 6 套节目播出发射近 4 万小时。严格执行“不间断、高质量、既经济、又安全”的工作方针，严格工作程序，实现全年广播电视安全优质播出。

（李申圣）

泰安日报社（泰安传媒集团）

【概况】 泰安日报社拥有《泰安日报》《泰山晚报》《泰安手机报》“3 报”，《天下泰安》《领跑生活》《内部参考》“3 刊”，中华泰山网系 7 网站，“最泰安”客户端，共计 10 余个媒体；泰安传媒集团拥有泰安传媒、泰报置业、泰报会展等 10 余家有限责任公司。集团现有干部职工 480 人，其中青年职工队伍占到 70% 以上，一线编辑记者平均达到大学本科学历。2014 年，报社（集团）报业总收入达到 1.12 亿元，广告收入 6000 万元，较上年增长 20%。荣获中国报业融合发展奖、中国地市报经营创新十强、山东报业创新发展奖、省新闻出版优秀集体奖等多项荣誉。被市委市政府评为市级文明单位。

【媒体建设】 围绕全市中心工作，服务发展大局，有 55 件作品在各级各类新闻奖评选中胜出。《泰安日报》优化版面设计、创新内容编排，组织“大河奔流”“空中看泰安”等系列重大策划报道，开设“践行群众路线”“认真落实四中全会精神解读”等专栏，《泰山晚报》贴近民生，新闻更加有态度、有温度，实施“爱心肉夹馍”“寻找最美村庄”等报道活动。“泰山体育”派出记者飞赴巴西，为泰城球迷呈献“过巴瘾”世界杯特刊；以官微为主要平台，实现多维立体传播，“千万别报体”创意策划走红中国。中华泰山网政风行风网络热线、幸福 e 家园网络宣传受到市民欢迎，策划实施首届网络主持人大赛等众多接地气的大型活动。7 月“最泰安”客户端上线，获得“中国报业新媒体项目创新 50 强”。《天下泰安》《领跑生活》改版内容设置，优化覆盖范围，改善投递质量，全年共出版 11 期。

【报业经营】 专题新闻中心，举办首届泰山国际马拉松赛、省城市英雄联盟争霸赛、金融微笑天使等多个创意活动，广告经营收入 6000 万元。4 月，发行中心重新启动自办发行，发行结构优化，质量提升，泰安日报发行量 5.6 万份，泰山晚报发行 9.1 万份，实现逆势跃升，泰报系列报纸日均版数和发行总量进入全省前五；买晚报中大奖、无人售报等零售活动不断，日均零售达到 4000 多份；阅报栏扩张发展，达到 59 块，实现对泰城主要小区的全覆盖。印务中心全年本报印刷 1.86 亿对开张，社会营收实现 790 万元，日报、晚报蝉联“全省报纸印刷精品报”。

【跨界发展】 2014 年填充传媒业、文化地产业、现代会展业、非报文化产业四大产业布局，完成传媒广场主楼地上 6 层，裙楼地上 1 层施工任务，销售渠道拓展，记者村顺利交房。会展中心完成队伍组建、前期考察和人员培训工作，实施配套设施和展装设备采购，8 月加入中国展览馆协会，成为省内第七家场馆会员单位，初步试水花卉苗木展，取得成功。物业中心强化经营服务一体化理念，实现经营收入 750 万元，品牌中心举办书画展 10 余场，网络传媒公司系统集成业务突破发展，业务范围实现泰城大、中、小学校业务全覆盖，中标政府信息化工程四分之一项目。

【体育产业】 成立传媒体育协会和电子竞技协会，5 月，与腾讯联合举办英雄联盟争霸赛山东总决赛；11 月 9 日，集团联合泰安市对外友协、泰安市体育总会举办首届泰山国际马拉松比赛，18 个国家和地区的 1.39 万多名选手参加，创下国内马拉松赛事举办当年实现收支平衡的市场化运营记录。

【小记者团】 泰安市小记者团在线小记者数量达到 1.9 万人，其中泰城区域 8500 人，连续 5 年领跑山东。投资百万元建成山东省首家小记者学校，成立小记者艺术团，并与团市委、市教育局联合打造山东省教育系统内首家学生成长服务平台，搭建起全市教育惠民服务体系，受到中央文明办、省文明委重视，在简报中分别刊文推广。（程文涛）

【概况】 全市文物工作坚持“保护为主、抢救第一、合理利用、加强管理”的方针，以构建科学有效的文物保护和利用体系为主线，以泰山、大汶口遗址和大运河文化遗产保护为重点，发挥全国重点文物保护单位保护项目带动作用，形成重点突出、点线面相结合、社会效益和经济效益显著提升的文物事业管理新局面。被省政府评为大运河申遗工作先进集体。

【第一次全国可移动文物普查】 共确定纳入普查单位 3706 个，覆盖率 100%。反馈有（疑似）文物单位 38 个，初步统计文物（疑似）总量 9.12 万件（套）。三级以上藏品数量 5226 件。

【全市“乡村记忆工程”普查工作】 对全市所有乡镇、村、街道、社区进行全面普查登记，有 96 处文化遗产符合“乡村记忆工程”登记范围，其中传统文化乡镇 6 处、传统文化村落 24 处、传统文化街区 1 处、传统民居 56 处、乡村博物馆 9 处。红门路—岱庙—通天街被省政府公布为第一批历史文化街区，山西街村被列入中国传统村落文物保护工程名录。

【大运河申遗】 6 月 22 日，戴村坝及小汶河东平段入选世界文化遗产名录。至此，泰安市共有三个世界文化遗产。全市不可移动文物遗存 2422 处，文物保护单位 417 处。其中，国家级 14 处，省级 55 处，市级 70 处，县级 278 处。

【文物保护基础工作】 ①推进国家、省级文物保护专项资金申报及项目实施工程。争取国家、省批复泰安文物保护项目 20 余项，资金共计 3682 万元。②推进大汶口国家考古遗址公园建设，北岸护堤工程已经完成。遗址公园环境整治工程方案和南岸护堤工程方案已经国家和省批准。③加强泰山片区文物保护。泰山古建筑群被国家文物局列入全国文物消防安全百项工程，完成岱庙内古建保护维修工程 5 项，岱庙天贶殿壁画修复工程开工实施。

【文物执法】 开展田野文物安全检查，建立健全田野文物保护体系，打击田野文物违法犯罪活动。开展大汶口文化遗址和岱庙安防、消防、防雷项目 4 项，落实资金 1477 万元。加强与公安、工商、海关等部门合作，积极开展联合检查，遏制盗掘、盗窃古遗址、古墓葬、石刻等案件的发生。

【博物馆服务体系建设】 开展文物展览、讲座、鉴定、市民与名家面对面、进社区、进校园等活动 10 余项。在新泰博物馆建立青铜器修复工作室，已修复青铜器 30 余件。肥城市博物馆新馆建设主体完工。肥城市毛公山红色博物馆经省批准设立，成为泰安市第 2 家民间博物馆。

（张　宾）

泰安市市级以上重点文物保护单位名录

表 36

全国重点文物保护单位

序号	名 称	地 点	时 代	类 别	公布时间	批次
1	大汶口遗址	岱岳区大汶口镇、宁阳县堡头村	新石器	古遗址	1982.2	2
2	岱 庙	泰安市泰山区	宋至清	古建筑	1988.1	3
3	冯玉祥墓	泰安市泰山区泰山南麓	1953 年	近现代重要史迹及代表性建筑	1988.1	3
4	齐长城遗址	泰山景区、岱岳区、肥城	春秋、战国	古建筑	2001.6	5
5	泰山石刻	泰山红门景区	北齐至唐	石窟寺及石刻	2001.6	5
6	白佛山石窟造像	东平县东平镇焦村白佛山	隋、唐	石窟寺及石刻	2001.6	5
7	泰山古建筑群	泰安市泰山区	明至清	古建筑	2006.5	6
8	洪顶山摩崖	东平县旧县镇屯村铺村	南北朝	石窟寺及石刻	2006.5	6
9	大运河	东平县彭集镇、宁阳县堽城镇堽城里村	春秋至清	古建筑	2006.5	6
10	大汶口古石桥	岱岳区大汶口镇西南门外大汶河上	明	古建筑	2013.3	7
11	萧大亨墓地石刻	岱岳区满庄镇东萧家林	明	石窟寺及石刻	2013.3	7
12	徂徕山抗日武装起义旧址	岱岳区房村镇黑石埠村，在徂徕山大寺	抗日战争时期	近现代重要史迹及代表性建筑	2013.3	7
13	颜子庙和颜林	宁阳县鹤山乡泗皋村	元、清	古建筑	2013.3	7
14	棘梁山石刻	东平县戴庙镇棘梁山	北朝至宋	石窟寺及石刻	2013.3	7

省级重点文物保护单位

序号	名 称	地 点	时 代	类 别	公布时间	批次
1	泰山盘路古建筑群	泰山景区	唐、清、民国	古建筑	1992.6	2
2	范明枢墓	泰山南麓普照寺南	1950 年	近现代重要史迹及代表性建筑	1992.6	2
3	周明堂遗址	泰山风景名胜区大津口乡沙岭村明家滩	周	古遗址	2013.10	4
4	藏峰寺遗址	泰山风景名胜区曹家庄村	元	古遗址	2013.10	4
5	中天门二虎庙	泰山风景名胜区中天门管理区	明清	古建筑	2013.10	4
6	泰山玉泉寺	泰山风景名胜区玉泉寺管理区	北魏	古建筑	2013.10	4
7	桃花峪元君庙	泰山风景名胜区桃花峪管理区	清	古建筑	2013.10	4
8	竹林寺	泰山风景名胜区竹林寺管理区	唐	古建筑	2013.10	4
9	总理奉安纪念碑	泰山风景名胜区红门管理区	1929 年	近现代重要史迹及代表性建筑	2013.10	4
10	乐善桥	泰山风景名胜区竹林寺管理区	1936 年	近现代重要史迹及代表性建筑	2013.10	4
11	博城故城	泰山区邱家店镇后旧县村	东周至宋	古遗址	2013.10	4

续表 36-1

序号	名　称	地　点	时　代	类　别	公布时间	批次
12	泰山区清真西大寺	泰山区财源街道清真寺街	明清	古建筑	2013.10	4
13	杨家庄七圣堂	泰山区上高街道杨家庄村	明清	古建筑	2013.10	4
14	省庄清真寺	泰山区省庄镇	明至中华民国	古建筑	2013.10	4
15	萃英中学建筑群	泰山区岱庙街道青年路	清、中华民国	近现代重要史迹及代表性建筑	2013.10	4
16	泰安火车站站房	泰山区财源街道龙潭路	1909 年	近现代重要史迹及代表性建筑	2013.10	4
17	山西会馆	岱岳区大汶口镇会馆街	明	古建筑	2006.12	3
18	无梁殿	岱岳区夏张镇梨园村	明	古建筑	2006.12	3
19	西界清真寺	岱岳区马庄镇前营村	明清	古建筑	2013.10	4
20	下旺清真寺	岱岳区粥店街道下旺村	清	古建筑	2013.10	4
21	新泰智人化石地点	新泰市东都镇乌珠台	旧石器	古遗址	1992.6	2
22	徂徕山摩崖石刻	新泰市新泰市天宝镇	北齐、唐	石窟寺及石刻	1992.6	2
23	新泰市周家庄东周墓群	新泰市青云街道办事处周家庄村	东周	古墓葬	2006.12	3
24	徐琛墓	新泰市羊流镇徐家庄村	元	古墓葬	2013.10	4
25	东街清真寺	新泰市放城镇东街村	明至中华民国	古建筑	2013.10	4
26	光明东村正觉寺	新泰市刘杜镇光明东村	明至中华民国	古建筑	2013.10	4
27	莲花山云谷寺	新泰市泉沟镇	明清	古建筑	2013.10	4
28	青云山三官庙	新泰市汶南镇青云山村	清	古建筑	2013.10	4
29	阁老顶观音造像	新泰市放城镇郗家峪村	宋、金	石窟寺及石刻	2013.10	4
30	大协炮楼	新泰市小协镇大协村	1938 年	近现代重要史迹及代表性建筑	2013.10	4
31	陆房战斗遗址	肥城市安临站镇东陆房村东北 500 米处	抗日战争时期	近现代重要史迹及代表性建筑	1977.12	1
32	泰山显灵宫	肥城市石横镇石横四村内	明	古建筑	2006.12	3
33	护鲁山泰山行宫	肥城市孙伯镇大石桥村	明清	古建筑	2013.10	4
34	陶山朝阳洞石刻造像	肥城市湖屯镇陶山主峰西北侧山崖	宋至中华民国	石窟寺及石刻	2013.10	4
35	圭山石刻	肥城市王瓜店街道印山子村	明	石窟寺及石刻	2013.10	4
36	潘茂汉墓	宁阳县东疏镇潘家黄茂村北	汉	古墓葬	1977.12	1
37	西磁古窑址	宁阳县华丰镇西部、磁窑火车站东三公里处	宋、元	古遗址	1977.12	1
38	宁阳文庙	宁阳县县城东街 313 号	元至清	古建筑	2006.12	3
39	宁阳禹王庙	宁阳县伏山镇堽城坝村北	明	古建筑	2006.12	3
40	宁阳灵山寺	宁阳县华丰镇灵山	唐至清	古建筑	2006.12	3

续表 36-2

序号	名 称	地 点	时 代	类 别	公布时间	批次
41	西太平窑址	宁阳县磁窑镇西太平村	唐、宋	古遗址	2013.10	4
42	义和寨寨墙	宁阳县磁窑镇贺家庄村	清	古遗址	2013.10	4
43	南陈村北窑遗址	宁阳县东庄镇南陈村	隋、唐、宋	古遗址	2013.10	4
44	神童山摩崖石刻	宁阳县葛石镇刘家庄村	北朝、五代	石窟寺及石刻	2013.10	4
45	神童山观音庵	宁阳县葛石镇黑石村	明清	古建筑	2013.10	4
46	堽城坝（闸）遗址	宁阳县堽城镇堽城里村	元	其他（大运河）	2013.10	4
47	东平故城	东平街道宿城村附近	汉至唐	古遗址	1977.12	1
48	北桥墓群	东平县老湖镇北桥村	汉	古墓葬	1977.12	1
49	梁氏墓群	东平县老湖镇梁林村	宋	古墓葬	1977.12	1
50	理明窝摩崖造像	东平县斑鸠店镇六工山	唐	石窟寺及石刻	1992.6	2
51	尚书林	东平县梯门镇西梯门村	明	古墓葬	2013.10	4
52	常庄民居	东平县接山镇常庄村	明至中华民国	古建筑	2013.10	4
53	前山西屯大队部	东平县梯门镇前山西屯村	1975 年	近现代重要史迹及代表性建筑	2013.10	4
54	东平安山闸	东平县商老庄乡大安山村	明	其他（大运河）	2013.10	4
55	东平戴庙闸	东平县戴庙镇戴庙村	明	其他（大运河）	2013.10	4

市级重点文物保护单位

序号	名 称	地 点	时 代	类 别	公布时间	批次
1	汉明堂	泰山区泰前办事处	汉	古遗址	1994.3	1
2	育英中学	泰山区岱庙办事处	清末	近现代重要史迹及代表性建筑	1994.3	1
3	中华圣公会	泰山区岱庙办事处	清末	近现代重要史迹及代表性建筑	1994.3	1
4	柳杭遗址	泰山区省庄镇柳杭村西南	商周	古遗址	1994.3	1
5	三官庙	泰山区邱家店	明	古建筑	2006.12	2
6	云亭山遗址	岱岳区大汶口镇中大吴村北云亭山上	新石器至商、周	古遗址	2006.12	2
7	文姜城遗址	岱岳区大汶口镇和平街村	东周至汉	古遗址	1994.3	1
8	西萧家林古石桥	岱岳区满庄镇西萧家林	明	古建筑	2010.12	3
9	东埠前刘氏谱牒碑	岱岳区徂徕镇东埠前村	清	石窟寺及石刻	2010.12	3
10	古运河水源地—上泉古泉群	岱岳区满庄镇上泉村	明、清	其 他	2010.12	3
11	燕语城遗址	岱岳区化马湾乡沙沟村东	商至汉	古遗址	1994.3	1
12	十字穿心阁	岱岳区角峪镇鹿角村	清	古建筑	2006.12	2

续表 36-3

序号	名 称	地 点	时 代	类 别	公布时间	批次
13	阴佛寺造像	岱岳区角峪镇苏庄村	唐	石窟寺及石刻	1994.3	1
14	二圣宫	岱岳区良庄镇高胡庄村，在徂徕山庙子营林区	元，始建于金	古建筑	2006.12	2
15	茅茨东村遗址	岱岳区良庄镇茅茨东村	商至汉	古遗址	2010.12	3
16	姚庄遗址	岱岳区祝阳镇姚庄村	商至汉	古遗址	1994.3	1
17	付家庄观音阁	岱岳区范镇付家庄村	清	古建筑	2010.12	3
18	粥店崇兴寺	岱岳区粥店办事处堰堤小学	清	古建筑	2010.12	3
19	粥店古石桥	岱岳区粥店办事处粥店社区西泮河之上	清	古建筑	2006.12	2
20	宁家沟遗址	新泰市汶南镇宁家沟村西	旧石器	古遗址	1994.3	1
21	抬头寺遗址	新泰市汶南镇果庄村北	新石器	古遗址	1994.3	1
22	羊祜城遗址	新泰市天宝镇古城村	晋	古遗址	1994.3	1
23	光化寺	新泰市天宝镇光华寺林场	元、清	古建筑	1994.3	1
24	莲花山行宫	新泰市泉沟镇莲花山林场	清	古建筑	1994.3	1
25	峙山上清宫	新泰市新汶街道办事处	明、清	古建筑	2010.10	3
26	东焦遗址	肥城市王庄镇东焦村东侧	商至汉代	古遗址	1994.3	1
27	小王庄遗址	肥城市潮泉镇小王庄村南	西周、汉代	古遗址	1994.3	1
28	文庙大成殿	肥城市老城办事处	元代	古建筑	1994.3	1
29	泰西武装起义遗址	肥城市仪阳镇空杏寺西院	现代	近现代重要史迹及代表性建筑	1994.3	1
30	唐仲冕母墓	肥城市湖屯镇陶山前涧北村正北	清	古墓葬	2006.12	2
31	小泰山古建筑群	肥城市湖屯镇关王殿村北的小泰山极顶	明	古建筑	2006.12	2
32	金山庙	肥城市边院镇兴隆村北宝金山南坡	清	古建筑	2006.12	2
33	武氏家庙	肥城市孙伯镇庄头村东 150 米	清	古建筑	2006.12	2
34	玉都观	肥城市新城办事处长山街南首	民国	古建筑	2006.12	2
35	小店遗址	肥城市湖屯镇小店村西北 150 米处	汉、唐	古遗址	2010.12	3
36	小中泉天主教堂	肥城市湖屯镇小中泉居委会中心街北	民国	古建筑	2010.12	3
37	新城群力放水洞	肥城市新城办事处东尚里村北	现代	近现代重要史迹及代表性建筑	2010.12	3
38	柳园遗址	宁阳县东疏镇柳园村	大汶口文化	古遗址	1994.2	1
39	沈西皋遗址	宁阳县鹤山乡沈家西皋（原黄家西皋）	龙山、岳石文化商周	古遗址	1994.2	1
40	成城故城址	宁阳县东庄乡南故城	春秋战国汉	古遗址	1994.2	1
41	前张庄遗址	宁阳县东疏镇前张庄村	旧石器	古遗址	2006.12	2
42	古城遗址	宁阳县泗店镇古城村	新石器至汉代	古遗址	2006.12	2

续表 36-4

序号	名 称	地 点	时 代	类 别	公布时间	批次
43	黄家庵遗址	宁阳县蒋集镇黄家庵村	新石器至商代	古遗址	2006.12	2
44	刚邑古城址	宁阳县堽城镇堽城里村	春秋至北魏	古遗址	2006.12	2
45	西台里清真寺	宁阳县堽城镇西台村	明至清	古建筑	2006.12	2
46	琵琶山石塔造像	宁阳县鹤山乡琵琶山	唐	石窟寺及石刻	2006.12	2
47	河洼遗址	宁阳县葛石镇河洼村	商、周	古遗址	2010.12	3
48	泗店许家桥	宁阳县泗店镇后许家桥村	明	古建筑	2010.12	3
49	东疏关圣帝君庙碑	宁阳县东疏镇马庙村	清	石窟寺及石刻	2010.12	3
50	朱冥阶烈士墓	宁阳县东庄乡东庄村	近现代	近现代重要史迹及代表性建筑	2010.12	3
51	东疏华东野战军司令部指挥部旧址	宁阳县东疏镇大伯集崔家大院	1948 年	近现代重要史迹及代表性建筑	2010.12	3
52	大孔扬水站	宁阳县堽城镇大孔村	1977 年	近现代重要史迹及代表性建筑	2010.12	3
53	青峰山摩崖造像	东平县东平街道焦村北白佛山	宋、明	石窟寺及石刻	1994.12	1
54	沟坝遗址	东平县梯门镇西沟流村	商、周	古遗址	1994.12	1
55	王村墓群	东平街道王村	汉	古墓葬	1994.12	1
56	百墓山墓群	东平县斑鸠店镇松柏山村	汉	古墓葬	1994.12	1
57	月岩寺	东平县银山镇山沃村	明、清	古建筑	1994.12	1
58	祥龙观	东平县银山镇腊山	明、中华民国	古建筑	1994.12	1
59	仲子读书处	东平县斑鸠店镇子路村	清	古建筑	1994.12	1
60	腊山古建筑群	东平县银山镇	清至中华民国	古建筑	1994.12	1
61	清真寺	东平县州城街道州城内	清至中华民国	古建筑	1994.12	1
62	一担土汉墓	东平街道一担土村北	汉	古墓葬	2006.12	2
63	龙山石窟造像	东平县东平街道龙山	明	石窟寺及石刻	2006.12	2
64	黄石崖石刻造像	东平县老湖镇水牛山东面	明	石窟寺及石刻	2006.12	2
65	华岩洞石窟造像	东平县梯门镇西沟流村西北	明	石窟寺及石刻	2006.12	2
66	银山石刻	东平县银山镇前银山村	北朝、宋	石窟寺及石刻	2010.12	3
67	阳谷邑故城遗址	东平县旧县乡王古店村东	商周至汉	古遗址	2010.12	3
68	峗山汉墓群	东平街道白佛山前	汉	古墓葬	2010.12	3
69	刘曜墓	梯门镇芦泉山前	汉	古墓葬	2010.12	3
70	玉皇庙	东平县斑鸠店镇六工山	清至中华民国	古建筑	2010.12	3

（张　宾）

【概况】 全市拥有档案馆8个。其中，国家综合性档案馆7个，专门档案馆1个。总建筑面积1.1万平方米；馆藏档案1092个全宗92.3万余卷（件）；馆藏资料14.7万余册。①档案接收。全市各级档案馆共接收各类档案11.67万卷（件）、其中市档案馆接收移交档案2.26万卷（件）。②档案征集。全市各级档案馆共征集档案资料150件（册），其中市档案馆征集档案8件、资料76册。③名人综合档案征集。对在泰安工作或泰安籍在外地工作的社会知名人士档案进行重点征集，共整理入库档案7347卷（件）。④档案信息化建设。完成档案数据库续建招标工作，并对市财政局等全宗档案进行全文数字化，共扫描42万页；转发省档案局《关于加强电子档案容灾备份工作意见通知》。全市7个档案局均被评为全省档案宣传工作先进集体。市档案局并获得全省档案刊物发行先进集体，位列全省第一，被市委评为“争创‘五型’机关先进单位”，档案服务窗口被评为“巾帼文明岗”。

【档案开发利用】 全市各级档案馆、政府信息查询点共提供资料查询9102人次，3.4万卷（件）。编辑2014年泰安市大事记600余条，6.7万字；编辑出版《泰安市大事记（2013）》；与市委党史办联合出版《历史足迹（1945.8～1949.10）》《历史足迹（1956.12～1966.5）》。

【机关企事业档案工作】 对10家企业单位文件材料归档范围和档案保管期限表编制进行指导和审查；对110个市直机关和省以上驻泰安单位的126名档案工作人员进行了归档整理工作集中培训。市档案馆和泰山区、宁阳县档案馆通过国家二级档案馆复查验收。

【档案宣传工作】 市档案局与“中华泰山网”联合开办“读档泰安”栏目，刊发文章30余篇，并设纪念抗日战争胜利69周年专栏，推出“历史的控诉”系列报道6篇；在中国档案报上发表《追忆中国“童子军”点滴往事》，在《山东档案》上发表《褒奖泰安人的清康熙五十二年圣旨》等学术文章。获山东省档案学优秀成果7项，其中获一等奖2项。泰安市档案馆被定为全市首批社会科学普及示范基地。（车文翔）

【概况】 全市新华书店系统共有资产总额1.23亿元，其中固定资产7920.49万元、投资性房地产4365.46万元。全年实现销售码洋3.99亿元、利税2289.45万元。泰安分公司荣获全国“第二十一届青少年‘走复兴路 圆中国梦’读书教育活动”组织特等奖，被评为“省级文明单位”；肥城分公司和东平分公司顺利通过“省级文明单位”复查验收；所属泰山书城通过省级“青年文明号”复查验收、并荣获“省级巾帼文明岗”和“市直机关服务先锋先进集体”等荣誉。

【图书销售】 全市新华书店系统共发行各类图书4880万册，实现销售码洋3.99亿元，较上年增长4.28%。全市共发行中小学教材4536万册，销售码洋3.5亿元，确保“课前到书、人手一册”。全年发行一般图书344万册，销售码洋4865.46万元。全年中转图书19.5万件，代发图书码洋2.8亿元，较上年增加6500万元，增长30.23%。成立营销业务部，各县（市）分公司在中心门市部设立图书陈列专架，做好中共十八大和十八届三中、四中全会学习文件、《习近平总书记系列重要讲话读本》等图书的发行。完成185家省财政资金集中采购“农家书屋”图书配供任务。全市共建成校园图书馆5处，其中新泰分公司新建“校院图书馆”2处。全年征订发行青少年读书活动用书、国防教育、军训教材等共计745.82万元。积极参加“三下乡”活动，送书进社区、部队，到乡村、医院、厂矿企业等，全年开展流动供应1150余人次。

【发行网点】 全市新华书店系统共有城乡营业网点54处，总营业面积2.5万平方米。其中泰安分公司设有图书发行网点4处，图书、电子音像制品经营面积7600平方米；泰山书城经营面积5100平方米，上架图书、电子音像制品15万种。3月，泰安分公司青年路门市部完成搬迁。8月，泰山书城百新文具馆开业。泰安分公司高新区图书物流中心占地2公顷，承担山东新华书店集团在鲁西南的图书代发任务。

【经营管理】 泰安分公司坚持“为人民服务、为社会主义服务”的基本方针，弘扬正版，发挥图书发行主渠道作用，满足读者的文化需求，强化经营管理，泰安分公司首次被纳入全市科学发展考核范围。加强内控制度建设，完善相关业务流程，形成科学规范的管理机制。根据集团财务管理系统要求，全面加强会计基础工作，强化会计监督功能。坚持推行网上办公系统、工作计划管理和“三项考核”（岗位职责考核、安全卫生考核、门市规范服务考核）；实行领导点评制度，分管领导每月对分管部门工作进行一次点评。开展职工调研论文评选活动，共收集论文40余篇，评出优秀论文18篇。加大员工培训力度，举办全市财务人员培训班3期、全市中金业务管理系统培训班3期，增强员工操作水平和工作能力。

【文化活动】 4月26日，与光明日报出版社联合举办主题为“阅读提升正能量——泰安书香节”活动，优惠展销各类图书1万余种。4月26～27日，举办首届“新华书店杯”职工象棋比赛，丰富职工文化生活。5月17日，承办全市青少年新华书店杯“走复兴路 圆中国梦”演讲（讲故事）比赛，全市共有35位选手参加比赛。5月25～30日，参加“市直机关第二十四届乒乓球比赛”，荣获男子团体第一名。6月19～22日，举行泰山书城开业五周年系列庆典活动。7月19日至8月30日，泰安分公司与市委宣传部、市教育局、市文联、市书协、市美协联合举办“泰山书城第五届书画义卖助学活动”，全市有43位书画艺术家参加，共创作书法绘画作品125幅，资助品学兼优的贫困中小学生20名。10月26日，举办主持人、作家大冰新书《乖，摸摸头》签售活动。 （韦　芹）

体　育

【概况】 全市体育系统以“转变发展方式，建设体育强市”为统领，以“公共体育服务功能明显优化，竞技体育实力明显增强，体育彩票销量明显增加，行业服务水平明显提升”为目标，体育强市建设步伐不断加快。市体育局连续第四年被省文明办评为“省级文明机关”；被省体育局评为山东省第四届全民健身运动会“优秀组织奖”“体育道德风尚奖”；被中共泰安市委评为“‘五型’机关建设示范单位”。

【全民健身】 以发展民生体育、建设幸福泰安为目标，推进公共体育服务公益化，通过落实“五动”（行政推动、科学发展考核政策驱动、市县全民健身领导小组捆绑联动、多种形式宣传发动、市县财政投入促动）措施，形成政府主导、体育部门牵头协调、有关部门协作同步、社会广泛参与的“大群体”发展新格局。①体育组织覆盖工程。市县两级分别成立社会体育指导员协会、全民健身志愿者服务队。市级单项体育协会发展到30个、俱乐部80个、老年体协单项工委17个，县级协会发展到23个、俱乐部26个，乡镇（街道）体育组织实现全覆盖。组织培训二级社会体育指导员350余人、一级63人，推荐获批国家级15人、一级31人，提前一年完成“十二五”培训计划，全市社会体育指导员发展到1.03万人，占全市总人口的1.85‰。市级成立全民健身志愿者支队，各县（市、区）成立志愿者大队，在各行各业开展健身指导、志愿宣讲、赛事服务等公益活动，全市健身志愿者发展到2160人。②体育设施覆盖工程。建成市体育中心球类广场、足球副场地、健身长廊等项目并全年免费对外开放，投资2000万元的市体校运动员公寓开工建设。深化实施“城区15分钟健身圈建设工程”和“农村健身设施覆盖工程”，全市配建体育设施的乡镇（街道）达到85个、占100%，社区89个、占60%，行政村2971个、占84%，开放中小学校体育场地29所，农村（社区）文体小广场、健身

2014 年泰安籍运动员在山东省第二十三届运动会获得金牌情况

表 37

姓 名	项 目	小 项	成 绩	金牌数
王德军	举重	男子 56kg	第一名	1
陈永龙	举重	男子 77kg	第一名	1
于秀萍	举重	女子 48kg	第一名	1
欧阳小霞	举重	女子 58kg	第一名	1
向利莉	举重	女子 61kg	第一名	1
李学文	举重	女子 69kg	第一名	1
蒋 婷	举重	女子 63kg	第一名	1
李辛虎	拳击	男子乙组 91+KG	第一名	1
徐玲玲	拳击	女子乙组 64KG	第一名	1
贾子涵	拳击	女子甲组 75+KG	第一名	1
文 兵	摔跤	古典跤	第一名	1
周乐乐	摔跤	自由跤	第一名	1
严德祥	竞走	男子甲组 20000 米竞走	第一名	1
宋文艳				
路 洁				
李 雪	竞走	女子竞走团体	第一名	1
李梦真				
高 菲				
邱得成				
李聪聪	射箭	团体淘汰赛	第一名	1
游 冰				
刘一非	体操	个人全能 C	第一名	1
徐珂原	体操	个人全能 A	第一名	1
陈 鹏	体操	全能 c	第一名	1
刘甲孝	武术	棍术	第一名	1
董 艺	武术	剑术	第一名	1
林瑞福	柔道	66kg	第一名	1
邢怡颖	跳水	女子甲 A 个人全能	第一名	1
李冉冉	跆拳道		第一名	1
黄德举	散打	58kg 级男子散打	第一名	1
冀 翔	赛艇	赛艇	第一名	0.5
赵庚萱	蹦床	女甲双人同步	第一名	0.5
赵庚萱	蹦床	网上单人	第一名	0.5
王舜尧	体操	男子乙 B 团体	第一名	0.5
刘向东	蹦床	男甲双人同步	第一名	0.5
葛 浩	田径	400 米	第一名	0.5

站点发展到 6000 余处，全市人均体育场地面积 1.14 平方米。③体育活动覆盖工程。组织举办全民健身月、全民健身日、全民健身运动会等大型活动，重点打造泰山国际登山节登泰山比赛、东平湖龙舟赛、泰山国际马拉松比赛、老年项目展演等活动品牌，承办全省全民健身运动会开闭幕式和部分比赛、全省全民健身志愿服务进基层启动仪式等赛事活动，组队参加山东省第四届全民健身运动会和第三届老年人运动会各项目决赛。全市各级开展各类比赛 350 次列全省第一，开展群众体育活动 552 次列全省第一，组织市县全民健身运动会比赛 202 项列全省第二。全市体育人口保持在 40% 以上，11 个单位被省体育局评为“全省群众体育先进单位”。

【竞技体育】 ①备战工作。强化集中训练、以赛促训，先后举办市级锦标赛 18 项，培强体操、跳水、球类等优势项目，振兴举重、摔跤、柔道等传统项目，发展武术、拳击、跆拳道等潜优项目。先后有 102 名优秀苗子被省专业队调训、集训，全市注册运动员达到 1139 人。②参赛工作。泰安市运动员获世界冠军 1 项、全国冠军 3 项。派出 516 人组成代表团，参加第 23 届省运会 21 个大项决赛，是历届省运会参赛项目和人数最多的一届。本届省运动会共设比赛成绩奖、优秀运动员成绩奖、竞技体育贡献奖和体育道德风尚奖等 4 个类别 7 个

续表 37-1

姓 名	项 目	小 项	成 绩	金牌数
葛 浩	田径	4*400 米接力赛	第一名	0.5
柏钦昊	体操	男子乙 A 团体	第一名	0.5
男 足	足球	男子甲组	第四名	4
女 排	排球	女子乙组	第四名	4
女 足	足球	女子乙组	第六名	3
男 排	排球	男子甲组	第六名	3
男 篮	男篮	男子乙组	第六名	3
女 手	手球	女子乙组	第四名	2.5
女 足	足球	女子甲组	第七名	2.5
女 篮	女篮	女子甲组	第七名	2.5
男 篮	男篮	男子甲组	第七名	2.5
男 足	足球	男子乙组	第八名	2
男 排	排球	男子乙组	第九名	1.5
女 排	排球	女子甲组	第九名	1.5

奖项，泰安市代表团全部进入奖励名次。其中，青少年运动员比赛成绩获得金牌 60 枚、银牌 43 枚、铜牌 41 枚，总分 2382 分，金牌和总分分别比上届增长 89% 和 49%，分列全省第八位；本届省运周期，泰安市向国家和省专业队输送优秀运动员 25 名，先后获得世锦赛金牌 2 枚，全运会金牌 7 枚、银牌 5 枚、铜牌 3 枚，优秀运动员带入成绩金牌 57.25 枚，总分 744.25 分，分别比上届增长 58% 和 66%，分列全省第八位。③青少年体育。全市有 68 所学校 577 人参加省级联赛，131 所学校 2528 人参加市级联赛，1048 校次 1.87 万人参加县级联赛，对 2 个国家级体育后备人才基地、16 个国家级青少年体育俱乐部、6 个省级项目后备人才基地、34 所省级体育传统项目学校在资金、器材和教练力量等方面进行重点扶持，学校体育工作不断加强。对全市 9 个行政区域内 3600 余名学生进行体质抽测，并将学生体质状况纳入教育督导评估内容。④赛事承办。承办全国女足联赛、全国乒乓球俱乐部超级联赛、省越野跑、竞走锦标赛和省运会跆拳道预赛等省级以上赛事活动 5 项。

2014 年泰山国际登山节登泰山比赛国际组冠军阿勒姆 （吴 擎 供）

【体育产业】 全市体彩站点发展到 438 家，实现总销量 6.3 亿元，比上年增长 16.6%，为全市筹集体彩公益金 5000 多万元，支持建设 500 余处体育设施覆盖工程，冠名举办 26 项体育赛事活动，开展 13 次扶贫济困和多项志愿服务公益活动，有效补充竞技体育、群众体育和社会公益事业活动经费。调动和发挥社会力量，发展场馆运营、健身服务、竞赛表演等体育产业，依托社会力量举办首届泰山国际马拉松比赛、全国环泰山 T60 徒步走等大型赛事 37 项。

【泰山国际旅游文化登山节登泰山比赛】 提升泰山国际登山节登泰山比赛品牌影响力，对比赛进行改革创新，将本项赛事打造成国内著名、国际知名的名牌赛事。①改革竞赛规程。打破以往报名年龄界限，开通专业网上报名系统，采用芯片计时录取，提高比赛的竞技性和成绩准确性。②提高赛事奖金。比赛奖金总额增

2014 年泰安籍运动员在全国以上比赛中获得奖牌情况

表 38

姓 名	比赛名称	项 目	名 次	时 间	地 点
卞庆各	武术世界杯散打比赛	90kg 级	第一名	2014.11	印度尼西亚
姜子佩	青奥会选拔赛	1500 米	第三名	2014.5	泰 国
李洪凤	亚洲青年山地越野锦标赛		第一名	2014.5	四川成都
胡 凯（柔道）	全国柔道冠军赛	100kg 级	第一名	2014.10	河北唐山
胡 凯（自行车）	全国场地自行车锦标赛	男子团体竞速赛	第一名	2014.7	北 京
严德祥	全国竞走锦标赛	男子 20 公里竞走团体	第一名	2014.9	吉林长白山
胡 凯（自行车）	全国场地自行车冠军赛第二站	男子团体竞速赛	第二名	2014	浙江长兴
胡 凯（自行车）	全国场地自行车冠军赛第三站	男子团体竞速赛	第二名	2014	北 京
银 山	全国古典式摔跤冠军赛	66kg 级	第三名	2014.10	河 北
陈永龙	全国举重青年赛	举 重	第一名	2014.3	江西新余
欧阳小霞	全国举重青年赛	举 重	第一名	2014.3	江西新余
姜子佩	全国少年田径锦标赛暨世界青奥会选拔赛	1500 米	第一名	2014.4	四川成都
姜子佩	全国少年田径锦标赛暨世界青奥会选拔赛	800 米	第一名	2014.4	四川成都
张 暖	全国青少年蹦床锦标赛	单 跳	第二名	2014.10	上 海
吴奕璇	李宁杯体操总决赛	女子乙组团体	第三名	2014.8	安徽合肥
王 华	李宁杯体操总决赛	女子乙组团体	第三名	2014.8	安徽合肥
赵庚萱	全国青少年蹦床锦标赛	甲组单人	第三名	2014.10	上 海

2014 年泰山国际旅游文化登山节登泰山比赛团体总分前三名

表 39

组 别	成 绩	参赛单位
玉皇顶精英组	第一名	海力财富集团
	第二名	泰安第十九中学
	第三名	山东莒南第一中学
南天门健身组	第一名	天津户外
	第二名	齐都跑吧
	第三名	济南野马铁三队
中天门健身组	第一名	泰山登山俱乐部
	第二名	天津市海河体育俱乐部
	第三名	济南体彩泉城长跑队

2014 年泰山国际旅游文化登山节登泰山比赛个人成绩前三名

表 40

组 别	名 次	姓 名	参赛单位	成 绩
国际组（男子）	1	Hunegnaw Mesfin Alemu	埃塞俄比亚	58 分 01 秒
	2	SAMSON KIFLEMARIAM GASHAZGHI	厄立特里亚	58 分 23 秒
	3	Emmanuel Kiprono Bett	肯尼亚	58 分 36 秒
国际组（女子）	1	Meseret Taye Asefaw	埃塞俄比亚	1 时 11 分 19 秒
	2	Konjit Tilahun Biruk	埃塞俄比亚	1 时 12 分 04 秒
	3	Tigist Abayechew Jabore	埃塞俄比亚	1 时 12 分 13 秒
玉皇顶精英组（男子）	1	李子成	海力财富集团	1 时 00 分 23 秒
	2	田华东	山 东	1 时 01 分 34 秒
	3	王 浩	山 东	1 时 02 分 29 秒
玉皇顶精英组（女子）	1	朱 琳	山 东	1 时 12 分 02 秒
	2	杨 花	贵 州	1 时 12 分 55 秒
	3	郑文荣	云 南	1 时 13 分 43 秒
南天门健身组（男子）	1	喻文利	重 庆	59 分 26 秒
	2	王志成	重 庆	1 时 02 分 02 秒
	3	王建东	河 北	1 时 03 分 12 秒
南天门健身组（女子）	1	张辉骥	重 庆	1 时 10 分 48 秒
	2	潘 梅	辽 宁	1 时 12 分 14 秒
	3	张 谦	辽 宁	1 时 14 分 46 秒
中天门健身组（男子）	1	张 琼	济 南	35 分 26 秒
	2	柳庆秀	辽 宁	36 分 30 秒
	3	尹逊宽	泰 安	37 分 20 秒
中天门健身组（女子）	1	夏玉芬	沈 阳	42 分 42 秒
	2	范 荣	北 京	43 分 15 秒
	3	曾繁群	重 庆	44 分 40 秒

加到 94.59 万元人民币（含税），创下目前国内登山比赛奖金之最。③提高竞赛水平。首次邀请 48 名国外高水平马拉松选手参赛，提高赛事的竞技性和知名度。④加强服务回馈。为运动员免费提供纪念章、T 恤衫、进山票、下山免费车辆等服务，赛事组织更加人性化。⑤加大宣传力度。与中央电视台体育频道合作，在中央五台和泰安台进行现场录播和直播。同时，邀请和组织中央、省、市各级电视、广播、报刊、网络等媒体，在赛前、赛中、赛后进行宣传报道。⑥组织配套活动。配套举办环泰山万人健身跑活动、历届登泰山比赛老照片征集展览活动暨登山比赛摄影大奖赛、天外村全民健身嘉年华三项全民健身活动，以此吸引人们体验运动乐趣，倡导全民健身。⑦推进市场开发。加强赛事品牌营销策略研究，加大市场化开发力度，共争取企业赞助物品和资金总计 180 多万元，比赛被国家体育总局评为“中国体育旅游十佳精品赛事”，并被省体育局纳入全省品牌赛事产业引导资金扶持范围。（吴 擎）

编辑 · 校对 **李 静**

卫生和计划生育

综　述

【概况】 2014年，市卫生局被市委、市政府授予科学发展综合考核先进单位、全市信访工作先进单位、机关作风和政风行风建设争先进位先进单位、履行人口和计划生育职责先进单位，被市委授予“五型”机关建设示范单位，被市政府评为安全生产工作先进单位，局机关被评为省级文明单位（机关）。全年诊疗3372.34万人次，出院74.19万人次。全市人均期望寿命76.87岁，婴儿死亡率和孕产妇死亡率分别降至3.03‰、6.34/10万。全市有综合医院70所，中医院7所，专科医院17所，护理院1所。基层医疗卫生机构3969所，其中社区卫生服务中心（站）182所，卫生院74所，村卫生室2872所，门诊部20所，诊所、卫生所、医务室821所；专业公共卫生机构130所，其中疾病预防控制中心9所，专科疾病防治院（所、站）10所，妇幼保健院（所、站）8所，采供血机构1所，卫生监督所（中心）7所；其他卫生机构6所，其中疗养院2所，医学科学研究机构1所，其他3所。全市有各级各类医疗卫生机构4200所，拥有病床2.8万张，卫生人员4.87万人，其中乡村医生8519人，卫生员245人。

（谢　礼）

医药卫生体制改革

【基本公共卫生服务】 年内，基本公共卫生服务项目全面落实，继续免费为城乡居民提供11类43项服务，全部完成国家、省规定的指标任务。全面落实年度基本公共卫生服务资金，人均基本公共卫生服务补助经费35元。城乡居民健康档案累计建档467.3万人，其中规范化电子建档441.71万人，电子建档率94.52%。对39.75万名65岁以上老年人免费健康查体、健康评估和健康指导，健康管理率70%。全市22.32万名高血压病患者、6.28万名糖尿病患者、4.85万名孕产妇、29.88万名0～6岁儿童、1.01万名重性精神疾病患者均纳入规范化管理，规范管理率分别为65.66%、66%、85.9%、85%、59%，全部高于全省指标。全市健康教育覆盖率85%，0～6岁适龄儿童预防接种建证率96.7%、建卡率99.56%，基础免疫接种覆盖率99%。家庭医生签约式服务签约家庭67.83万户，签约人口248.32万人，签约率43.47%。8月，泰安市代表山东省迎接2013年度国家基本公共卫生服务项目考核，居全国第3名，国家、省奖励资金140万元。

【公立医院改革】 第一批县级公立医院综合改革试点取得成效，继续推进补偿机制、医保支付制度、人事分配制度、现代医院管理制度等综合改革。新泰市5所试点医院22个病种进入临床路径管理，通过开展“优质护理服务示范工程”活动，建成“全省护理服务示范病房”3个，“泰安市护理服务示范病房”16个，优质护理服务病房63个，占病房总数80%。完善“医卡通”门诊

2014年泰安市各类卫生机构、人员和床位数情况

表 41

机构分类	机构个数（所）	实有床位数（张）	在岗职工（人）										
			合计	卫生技术人员（人）							其他技术人员	管理人员	工勤技能人员
				小计	执业（助理）医师	执业医师	注册护士	药师（士）	技师（士）	其他			
总　计	4200	27960	48724	34578	12220	10061	14319	1932	1713	4394	1519	1570	2293
医院	95	20724	24029	20751	6329	5794	10055	1156	1056	2155	866	945	1467
综合医院	70	15592	18515	16093	4791	4371	7868	857	806	1771	556	719	1147
中医医院	7	3329	4038	3514	1206	1134	1615	251	181	261	229	133	162
专科医院	17	1803	1476	1144	332	289	572	48	69	123	81	93	158
护理院	1	–	–	–	–	–	–	–	–	–	–	–	–
基层医疗卫生机构	3969	5004	20087	10328	4596	3155	3065	648	368	1651	276	254	465
社区卫生服务中（站）	182	552	1685	1548	567	401	595	94	32	260	33	46	58
卫生院	74	4422	6982	6181	2417	1574	1745	510	320	1189	243	208	350
村卫生室	2872	–	9145	381	317	78	64	–	–	–	–	–	–
门诊部	20	30	83	78	43	36	28	1	4	2	–	–	5
诊所、卫生所、医务室	821	–	2192	2140	1252	1066	633	43	12	200	–	–	52
专业公共卫生机构	130	1378	3677	2853	1112	941	896	99	252	494	299	281	244
疾病预防控制中心	9	–	713	524	308	287	44	9	73	90	63	70	56
专科疾病防治院（所站）	10	550	489	409	149	137	157	32	36	35	33	23	24
妇幼保健院（所、站）	8	828	1349	1162	369	334	563	38	72	120	94	17	76
采供血机构	1	–	66	42	12	10	14	–	16	–	11	4	9
卫生监督所（中心）	7	–	118	83	–	–	–	–	–	83	11	18	6
计划生育技术服务机构	95	–	942	633	274	173	118	20	55	166	87	149	73
其他卫生机构	6	854	931	646	183	171	303	29	37	94	78	90	117
疗养院	2	854	764	577	180	169	296	27	37	37	64	67	56
医学科学研究机构	1	–	89	16	–	–	–	–	–	16	7	14	52
其　他	3	–	78	53	3	2	7	2	–	41	7	9	9

说明：人员合计中包括乡村医生 8519 人和卫生员 245 人，不含乡镇卫生院在村卫生室工作的执业（助理）医师、注册护士数。

管理系统、电子病历系统、检验信息检索系统。肥城市、宁阳县、东平县9家第二批县级公立医院综合改革试点正式启动。取消药品加成，除中草药外，其他药品一律实行零差率销售。取消加成后减少的收入采取调整服务价格、财政补贴、医院内部挖潜3种方式给予补偿，其中通过调整医疗服务价格补偿80%，政府补助10%，医院增收节支加强管理挖潜10%。

【基本药物制度】 全市87家政府办基层医疗卫生机构和2835所实行一体化管理的村卫生室全部配备使用基本药物并实行零差率销售，基本药物制度覆盖率100%。遴选100种适用于基层医疗卫生机构的补充药品，实行省级网上集中采购和零差率销售。规范基本药物网上集中采购，全市所有公立医疗卫生机构在省药品集中采购平台开设账户，规范构建“六统一”（统一遴选用药品种、统一确定配送关系、统一优化供应链条、统一评判企业服务、统一结算药品货款、统一实行备案管理）集中配送模式。全市订单金额3.88亿元，到货金额3.12亿元，三日到货金额2.79亿元。基本药物配送到位率、三日到货率分别为99.01%、88.55%。构建长效补偿机制，按照“统筹算账、核定收支、综合补助”目标要求，建立以政府补助为主的长效补偿机制，提高实施基本药物制度村卫生室村医的政府补助标准，自1月1日起，由每人每年6000元提高到8000元。10月，选派选手参加全省基本药物合理应用知识技能竞赛，泰安市代表队获团体三等奖，3名选手均授予“山东省基本药物合理应用技术能手”称号。 （谢 礼）

预防保健

【概况】 年内，报告法定传染病22种，其中甲类零报告，乙类15种，丙类7种。发病总数2.44万例，总发病率438.79/10万，比上年增长25.32%；其中乙类传染病8178例，报告发病率146.98/10万，比上年增长1.37%；丙类传染病1.62万例，报告发病率291.81/10万，比上年增长42.63%。

【重点传染病防控】 ①手足口病防控。2月，印发《全市2014年重点传染病防控工作意见》，4月9日、12日召开全市手足口病等重点传染病防治工作会议，专题研究部署，制定防控措施。自7月份起，全市手足口病疫情趋于平稳，疫情得到有效控制。② H7N9禽流感疫情防控。3月4日，确诊全省首例人感染H7N9禽流感输入性病例。疫情发生后，启动应急响应机制，成立疫情处置指挥部和救治专家组，开展病例救治，并做好密切接触者管理、疫点及可能被污染环境场所的消毒工作，落实各项防控措施，防止疫情扩散蔓延。③埃博拉出血热疫情防控。8月4日，召开专题会议，安排部署防控任务，成立防控领导小组和专家组。与市商务局、市教育局、出入境检验检疫等部门沟通协调，加强信息交流与合作，及时掌握疫区到华（归国）人员相关信息情况，纳入健康监测范围归国人员45人，并全部完成监测。④结核病防治。结核病可疑者初诊人数1.52万人，初诊率2.74‰，累计发现活动性肺结核患者2519例，非结核病防治（下简称结防）

5月30日，泰安市卫生系统召开“争当为民务实清廉健康卫士”先模人物事迹报告会，图为先模人物代表作事迹报告 （谢 礼 供）

机构报告肺结核及疑似患者总体到位率99.05%，密切接触者筛查率100%，对耐多药可疑者免费筛查，确诊耐多药肺结核患者13例。市结防中心对县（市、区）结防工作督导4次，其中专题督导3次，重点督导1次。组织“3•24世界防治结核病日”宣传咨询义诊活动。联合山东农业大学和泰山医学院开展“志愿服务，心火相传，奉献社会”构建无结核病和谐校园活动。

【免疫规划管理】 继续推进国家免疫规划工作，提高和保持儿童常规免疫高水平接种率，做好免疫规划疫苗针对疾病监测与控制。市卫生行政部门坚持一月一调度一通报，各级卫生行政部门加强督导检查，实行四级（市、县、乡、村）督导。2014年，新建数字化门诊2处，并与4处原示范化预防接种门诊一并通过省卫生计生委验收和复审，1处预防接种门诊被省卫生计生委命名为群众满意预防接种单位。确诊麻疹42例，同比下降65%，发病数为全省17市最低。

【慢性非传染性疾病综合防治】 与公安、民政部门联合开展死因监测督导考核，对劳务输出中介机构开展疟疾防治知识宣传。新泰市、肥城市通过“国家慢性病综合防控示范区”考核验收。对报告的21例疟疾病例进行个案调查、疫点处理、网络报告、样品采集工作。全市收集盐样1800份，完成实验室检测、数据录入和上报工作。450名小学生和225名孕龄妇女参加碘缺乏病防治健康教育活动。在4个县（市、区）开展碘营养调查。与市教育局、市食品药品监督管理局联合开展减盐示范乡镇、村居创建工作。癌症早诊早治和脑卒中高危人群筛查和干预试点项目进展顺利。全市完成筛查1.85万例，其中大肠癌筛查200例，完成率100%，检出数274例，检出率1.48%，早诊数220例，早诊率80.3%；完成脑卒中高危人群筛查5700例，累计筛出高危人群781人，早期健康干预781人。

【妇幼保健】 ①新生儿遗传代谢病筛查。印发《泰安市新生儿遗传代谢性疾病免费筛查项目实施方案》，自2014年起，对新生儿4种遗传代谢病免费筛查，提高新生儿疾病早诊早治率，减少出生缺陷发生率。②妇幼健康专业培训。举办妇产科、新生儿疾病筛查人员培训班4期，培训1200人次。③妇幼健康技能竞赛。印发《关于举办全市妇幼健康技能竞赛的通知》，竞赛内容涉及“围产保健”“儿童保健”“妇女保健”和“计划生育技术服务”4个方面，4个专业的一等奖获“振兴泰安”劳动奖章。在全省妇幼健康技能竞赛中，泰安市代表队获团体总分第3名，获团体二等奖。④爱婴医院复核。11月29日至12月5日，组织专家对全市爱婴医院抽查复核，抽查21所，4所限期整改。⑤农村妇女“两癌”筛查。市卫生局、市财政局、市妇联联合在全市启动农村妇女“两癌”（宫颈癌、乳腺癌）免费检查项目。连续3年为农村妇女免费检查10万人次。

【艾滋病防治】 全市艾滋病自愿咨询检测5810人次，筛查手术病人、孕产妇、献血人员、羁押人员等120.67万人次，报告发现HIV/AIDS 56例，其中艾滋病病毒感染者42例、病人14例，死亡8例；男性49例，女性7例。

2014年泰安市妇幼卫生保健情况

表42

项 目	指 标	项 目	指 标
孕产妇死亡率	6.34/10万	5岁以下儿童死亡率	3.59‰
建卡数	50826（人）	5岁以下儿童中重度贫血患病率	1.22%
孕产妇系统管理率	86.49%	7岁以下儿童保健覆盖率	90.25%
住院分娩率	100%	3岁以下儿童系统管理率	90.16%
非住院分娩中新法接生率	0	低出生体重儿数	886（人）
高危住院分娩率	100%	6个月母乳喂养率	94.16%
产后访视率	87.53%	6个月纯母乳喂养率	79.54%
婴儿死亡率	3.03‰	婚前医学检查率	49.16%
新生儿死亡率	2.32‰	婚前检查疾病检出率	6.04%

对全市160例HIV/AIDS定期随访，随访率91.43%。免费CD4细胞检测395人次，免费病毒载量检测69人次，为艾滋病病毒感染者免费治疗130人。

【精神卫生工作】 通过国家重性精神疾病管理系统上报重性精神病人1.83万人，重性精神疾病检出率3.33‰，规范管理率83.38%。救治贫困精神病人15人，免费救治国家“686”（中央补助地方卫生经费重性精神疾病管理治疗）项目精神病人150人。

（谢　礼）

【医政管理】 ①行政许可管理权限。7月，市民政局批准成立泰安长城老年护理院。为社会资本投资的全市首家老年人护理院。10月31日，印发《关于进一步明确医疗机构设置审批权限的通知》，明确卫生行政部门审批权限，并完成承接省卫生计生委下放及下放至县（市、区）卫生局的医疗机构许可管理权限的交接工作。②医疗广告审查制度。全市有15家医疗机构取得“医疗广告审查证明”。监测报刊720份、电视526小时、医疗广告484条，其中违法医疗广告16条，对5所违法发布医疗广告机构约谈，给予警告，并责令停止发布。③医护人员准入管理。通过全国护士执业资格考试考生5934人，完成医师执业资格实践技能考试考生2775人，完成医师执业资格笔试考试2236人。④医疗技术管理。成立医疗技术评价委员会。健全审核标准、程序及相关制度。12月，市评价办组织专家分2批对27所2级以上医疗机构申报的119项医疗技术（三级内镜诊疗技术）进行审核，通过审核73项。

【医疗服务与质量管理】 ①医疗机构服务质量管理。医疗机构达到二级综合医院标准17所，其中二级甲等综合医院12所，二级乙等综合医院5所。医疗机构达到三级综合医院标准5所，其中泰安市中心医院通过三级甲等综合医院复审，新矿中心医院、肥城矿业中心医院通过三级乙等综合医院复审；泰山医学院附属医院为三级甲等综合医院，新泰市人民医院为三级乙等综合医院。②医疗质量控制体系建设。成立泰安市重症医学、抗菌药物应用监测、消化内镜和临床检验4家质控中心，制定相关质控标准。③推进责任制整体护理服务模式。11月中旬，组织开展第7批护理服务示范病房创建活动，全市申报病房43个，36个病房被评为全市护理服务示范病房。

【城乡对口支援】 深化城乡医院对口支援，按照科学规划、双方自愿、合作共赢原则，全市28个支援单位对口帮扶94个受援单位，下派医务人员357人，培训骨干医师12名。

【便民正风行动】 6月1日起，全市开展医疗门诊“三增一禁”（增设无节假日门诊、错时门诊和夏季夜间门诊，严禁医院工作人员带熟人插队加塞、挂人情号）便民正风行动，优化医院门急诊环境和流程。至年底，全市“三增”门诊量69.21万人次。

【惠民医疗服务】 9月14～20日，在全市开展“服务百姓健康行动”义诊活动，121所医疗机构派出1300名医务人员参加义诊活动，发放宣传单3.46万张、参加健康大讲堂群众4086人次、免费义诊1.52万人次，义诊手术110台，减免费用15.39万元。6月19日至9月10日，开展“健康快车”泰安站贫困白内障复明工程，为贫困白内障患者成功实施手术764人。

【药事管理】 5月，成立抗菌药物应用监测质控中心，签订《目标管理责任书》，制定相关质控标准。抗菌药物应用监测质控中心完善全市抗菌药物应用监测网，对二级医疗机构抗菌药物使用备案。通过实施监督检查和相关考评，强化医疗机构麻醉和精神药品、易制毒化学品使用监管。年底，对全市持有“麻醉药品和第一类精神药品购用印鉴卡”的医疗机构进行调查摸底。

【平安医院建设】 3月起，开展为期1年的维护医疗秩序打击涉医违法犯罪专项行动，市卫生局、市综治办、市公安局等14个部

4月2日，泰安市政协委员医疗保健服务团组织专家到邱家店镇开展义诊活动 （谢 礼 供）

门联合印发《关于印发泰安市维护医疗秩序打击涉医违法犯罪专项行动方案的通知》，惩治侵害医患人身安全、扰乱正常医疗秩序违法犯罪活动。10月，市卫生局与市公安局联合召开“警医联动”共建平安医院工作现场推进会，建立警医联动机制，维护医患双方合法权益。11月，国家卫生计生委等11部委组成“维护医疗秩序打击涉医违法犯罪专项行动”督导组到泰安市督导检查，并对泰安市工作给予肯定。医疗事故鉴定19起，其中鉴定为医疗事故的6起，同比下降36.84%。

【院前医疗急救】 印发《关于进一步加强医疗救护车交通安全管理工作的实施意见》《关于加强医用救护车监督管理的意见》等文件，举办培训班对院前急救网络单位院前急救人员培训。市120指挥调度中心受理有效求救电话15.2万次，出动救护车5.3万次，抢救伤病员5.9万人，处理较大突发事件20起。

【血液管理】 加强血站血液安全保障能力建设，推进血站核酸检测工作，核酸检测实验室投入使用。2014年，全市采集全血4.29万人次、1580.9万毫升，采集血小板2792人次，共5126个治疗单位，同比增长18.3%；全年向临床提供成分血包括红细胞类血液7.84万个单位，同比增长2.4%。机采血小板5082个治疗量，增长17.2%。成分输血率99.2%，无偿捐献机采血小板100%，献血者一次捐献400毫升的比例为83.9%。全市人口献血率15‰，高于全国9.4‰的平均水平。

【医学科技】 申报市级科技成果鉴定60项，完成鉴定54项；申报泰安市科学技术奖77项，山东医学科技奖23项，山东省医药卫生重点学科（公共卫生领域）3项，获山东医学科技奖3项，市级科学技术二等奖8项、三等奖20项，共奖励资金24.55万元。市疾病预防控制中心申报的“媒介生物控制学”获山东省医药卫生重点学科。

【征兵体检工作】 在各县（市、区）设立征兵体检站，组织征兵体检培训班，完成征兵体检任务。

（谢 礼）

【概况】 2014年，组织开展全市“中医中药中国行‘进乡村’暨中医药服务百姓健康行动”，全市基本实现村卫生室中医药服务能力全覆盖。基层医疗机构国医堂建设达标工程达标率24%。新创建山东省中医药特色基层医疗机构4所，被国家中医药管理局遴选为中医“治未病”服务能力建设项目单位，宁阳县中医院预防保健服务中心被评为省级中医药预防保健服务中心。新泰市中医院、肥城市中医院和宁阳县中医院被确定为全国第一批全面提升综合服务能力重点建设单位。泰安市中医医院被确立为全省首家国家中医药管理局传统医药国际交流中心对外合作基地，并在俄罗斯圣彼得堡市建立中国泰山中医药预防保健康复中心。泰安市第一人民医院通过全国综合医院中医药示范单位评审。至年底，全市拥有国家级重点中医专科及建设单位13个，省级重点中医专科及建设单位26个，市级重点中医专科及培育单位31个，中医特色专科20个。获全省中医护理岗位技能竞赛团体第

三名，获山东省中医药科学技术三等奖2项，泰安市科学技术二等奖3项、三等奖4项，泰安市技术发明三等奖1项；获山东省首批中医药重点学科2个，“山东基层名中医”称号14人。

（谢　礼）

卫生法制与监督

【概况】 2014年，全市有卫生监督执法人员237人，设立卫生监督派出机构87处，村级卫生监督网点3566处，聘任专兼职卫生监督协管员837人、卫生监督协管助理员3651人，逐步建立市、县、乡、村全面覆盖的卫生监督体系。

【卫生法制】 落实市政府关于“首次不罚”和“行政处罚备案”制度，按照要求实行规范性文件制定制度、备案审查制度和定期清理制度，落实规范性文件“三统一”（统一登记、统一编号、统一公布）。将所有行政审批项目精减合并，全部归口纳入市政务服务中心实行集中审批。按照省、市推进行政审批制度改革、实施行政权力清单制度要求，梳理卫生行政权力清单209项。下放二级医疗机构、学校卫生和部分公共场所、生活饮用水行政审批和监督权限。受理食品安全企业标准备案申请229件，办结222件；受理医疗广告审查申请21件，核发“医疗广告审查证明”14件；核发消毒产品生产企业卫生许可证9件；新审核认定职业健康检查机构1家，到期续展认定4家；对预防性健康检查机构资质重新认定公布，统一机构编码，规范管理；受理各类投诉举报事项309件，办结301件。

【卫生监督】 ①打击非法行医专项行动。出动监督员1800人次，监督检查医疗机构516所，查处案件156件，处罚医疗机构59个，罚款75万元。受理举报投诉案件103件，处罚50件。开展打击非法行医宣传周活动，出动宣传人员1429人次，开展法律法规咨询745人次，发放宣传资料6万份。②公共场所卫生监管。监督检查公共场所经营单位1282家次，出动卫生监督执法人员2110人次，车辆640台次，下发卫生监督意见书316份。③生活饮用水卫生监督监测。开展城市自建设施供水、二次供水单位和农村生活饮用水专项整治，水质监测700份，合格率86%。④职业卫生监督。对全市11所职业卫生技术服务机构的职业健康检查、职业病诊断和放射防护工作进行督导检查，监督覆盖率100%。⑤放射卫生监督。检查放射诊疗机构158家，持证率100%；检查放射诊疗工作人员949人，取得“放射诊疗工作证”934人，持证率98.3%。⑥传染病防控监督。组织开展传染病专项监督检查，抽查医疗卫生机构49所。

（谢　礼）

卫生应急

【概况】 全市卫生应急工作以预警处置、控制暴发、突出特点和区域防控为原则，以突发公共卫生事件应急处置和突发公共事件紧急医学救援为重点，完善组织管理网络，形成系统内、部门间、军地间联动协作机制。全市共创建1个国家级、4个省级卫生应急示范县（市、区）。整合辖区内医疗卫生资源、部队卫勤、社会团体等救援力量，组建卫生应急队伍和红十字志愿者泰山救援队12支。11月28日，组织泰安市暨泰山区地震灾害医疗卫生救援应急演练、卫生应急队伍授旗仪式。配合市公安局、市经信委参与反恐事件和突发大面积停电事件应急演练。新泰市、宁阳县建成县级卫生应急指挥平台，实现省、市、县三级互联互通。8～11月，开展卫生应急宣传活动547场次，出动专家1986人次，发放药品价值8万元、宣传材料8万份，参与群众18万人次。利用电视、网络、报刊、微博等多种形式，普及健康防病、灾害应对和自救互救知识，提升群众公共卫生意识和应对突发事件能力，实现城市卫生应急知识宣传教育覆盖率80%，农村达到60%。

（谢　礼）

红十字事业

【概况】 2014年，遗体捐献志愿者登记18例，成功捐献9例；角膜捐献登记21例，成功捐献8例；联合泰山长安陵园共同建设泰安市遗体（角膜）、器官捐献者纪念园；全市造血干细胞采集630份。市中心医院1名护士半年内实施造血干细跑捐献2次，为全市首例。①应急救援。全年山野救援3起，协助搜寻“失联”老人1起，水域救援1起。12月，红十字泰山救援队参加志愿服务广州交流会暨首届中国青年志愿服务项目大赛，获“应急救援类”项目银奖。②应急救护培训。与17个部门联合印发《关于广泛开展群众性现场应急救护技能培训工作的实施意见》，开设“博爱泰山——红十字生命救护”大讲堂，与市电视台、市老年大学、市公交公司等单位联合举办大讲堂4期。市红十字会开展群众性现场应急自救互救培训16场次，培训2000人，为35人颁发急救员证书。

（谢　礼）

爱国卫生

【国家卫生城市复审】 组织开展国家卫生城市复审迎审准备工作，提交泰安市国家卫生城市调研工作报告，组织爱卫会成员单位负责人参加国家卫生城市复审培训班，印发《国家卫生城市标准》，组成督导检查组2个，对泰城建成区环境卫生状况摸底排查，查找环境卫生方面存在的薄弱问题，明确责任，督促整改落实。至年底，新泰市、肥城市被命名为国家卫生城市，东平县、宁阳县通过省级卫生县城复审。

【卫生创建工作】 组织开展“卫生镇街、卫生村居、卫生单位”评比活动，创建省级卫生乡镇5个，省级卫生村13个，省级卫生单位13个。市爱卫办对卫生先进单位实行动态管理，定期进行督导检查。

【城乡环境卫生整治】 ①完善城乡环境卫生管理制度。环卫部门逐步实现规范化、标准化、数字化管理，推行全市生活垃圾城乡一体化收集和无害化处理。以“户分类、村（居）收集、乡镇（街道）集运、市及县（市）处理”的垃圾处理模式，加强全市城乡生活垃圾收集、运输、处理一体化工作，优化城乡居民生活环境。②城乡环境卫生综合整治。结合秋季爱国卫生运动和传染病防控工作，各县（市、区）爱卫会、市爱卫会成员单位，印发《关于深入开展秋季爱国卫生运动切实防控秋冬季传染病的实施方案》，组织公安、工商、卫生、城管执法、食品药品等有关职能部门，成立城市环境综合整治指挥部。开展城区环境卫生综合整治，集中清理占道经营、店外经营、乱堆乱放、乱拉乱挂，推进城区农贸市场建设，开展露天烧烤、户外广告、占道商亭和棚厦、建筑工地和建筑渣土、机动车占道经营等专项整治活动。③公益宣传。市爱卫会与泰安电视台签订爱国卫生公益广告宣传协议，在泰安电视台第一频道进行爱国卫生公益宣传，连续播出一年。

【健康山东行动】 印发《泰安市推进健康山东行动实施方案》，成立健康山东行动领导小组。市爱卫会印发《泰安市推进健康山东行动（2014～2016年）任务分工方案的通知》，明确各部门工作职责，督促方案实施。4月，组织开展爱国卫生月活动和春、冬季集中灭鼠活动和夏季灭蚊蝇、灭蟑螂活动，转发《山东省病媒生物预防控制考核评估办法（试行）的通知》，并印发《关于组织开展春季集中灭鼠活动的通知》《关于组织开展冬季集中灭鼠活动的通知》，降低病媒生物密度。

（谢　礼）

食品安全

【食品安全风险监测】 成立食品安全风险监测和食源性疾病主动监测工作领导小组，市疾病控制中心成立技术指导小组，加强对食品安全风险监测工作的领导和技术指导。市卫生局印发《2014年泰安市食品安全风险监测实施方案》及《2014年泰安市食源性疾病监测实施方案》，细化完善工作任务，明确质量控制措施。

4月25日，召开全市食品安全风险监测工作会议暨培训班，分管领导与承担食源性疾病主动监测任务的相关县（市、区）卫生局、哨点医院签订目标责任书。在上半年全省食源性疾病主动监测情况通报中，泰安市居第一位。制定《关于实行流行病学调查员制度的通知》，市县两级通过培训、考试，聘请流行病学调查员125人，成立专家库，明确食品安全事故调查处置工作流程。

【食品安全企业标准备案】 2014年，办理食品安全企业标准备案申请234件。根据省卫计委食品安全国家标准跟踪评价工作会议和《2014年山东省食品安全国家标准跟踪评价工作方案》，泰安市承担7家强化食品生产企业以及5家蒸馏酒食品企业跟踪评价。组织市卫生监督所在全市开展《食品中真菌毒素限量》（GB2761-2011）等4项食品安全国家标准（检验方法）问卷调查、专家咨询和指标验证等工作。

（谢　礼）

1月17日，市委、市政府召开2013年度全市人口和计划生育目标管理责任奖惩兑现大会　（唐恒勇　摄）

人口和计划生育

【概况】 全市总人口558.1万人。全年出生6.78万人，出生率12‰；死亡2.91万人，死亡率5.15‰；自然增长3.87万人，自然增长率6.85‰。全市已婚育龄妇女112.31万人，占年末总人口19.85%；领取独生子女父母光荣证57.68万人，领证率51.36%；长效节育措施落实率95.15%；出生人口男女性别比108.9∶100。全市连续24年保持低生育水平，连续13次获全省人口目标责任考核先进单位。人口和计划生育委员会获争创“五型”机关先进单位、全市社会管理综合治理先进单位、全市政府系统信息工作先进单位、全市政府信息公开工作先进单位、全市档案管理工作先进单位、泰安市“三八红旗集体”、2014年度最具社会责任单位等称号。肥城市是全省唯一被中国计划生育协会命名为全国计划生育基层群众自治示范县的县（市、区）。

【单独两孩政策】 组织开展“计划生育宣传月”活动，做好政策解读、咨询指导。在泰安日报刊登“实施‘单独两孩’政策答记者问”，回应社会关切的计生政策，为政策实施营造良好舆论环境。贯彻执行国家和省确定的政策口径，严格政策适用范围，网上办证和现场办证相结合，防止出现“办证难”问题。对符合单独两孩政策的高龄妇女，快审快批。组织开展单独夫妇信息核查，把握目标人群规模和结构。健全出生人口动态监测和预警制度，把握出生人口动态，有针对性地做好工作，确保出生人口不出现大的波动。年内，全市审批“单独两孩”生育证1.98万例。

【基层基础】 开展以“抓基层、打基础、苦练基本功”为主要内容的“三基”工程建设和计划生育示范县、乡、村“三级联创”活动，解决网络、队伍、阵地、制度等问题。抓两头、带中间，实行分类指导，组织开展春季集中督导、调研活动，发挥10个计划生育先进乡镇示范带动作用，对10个计划生育薄弱乡镇实施重点帮促，对120个薄弱村（居）集中督查指导。开展人口基础信息核查工作，摸清人口计生工作底数。至年底，全市有“三自”（自治、自主、自觉）模式示范村（居）1323个，占总村

9月28日，全市出生人口性别比暨违法生育综合治理现场会召开。图为市公安局作经验介绍（唐恒勇 摄）

居数的35%，其中29个村（居）被评为全国计划生育基层群众自治示范村（居），119个村（居）被评为全省计划生育基层群众自治示范村（居）。

【出生人口性别比治理】 成立综合治理出生人口性别比工作领导小组，召开工作推进会或调度会4次，并实行专项考核。落实“八项工作制度”（孕期监测和随访、B超管理、终止妊娠手术管理、终止妊娠药品管理、住院分娩实名登记、信息交流、部门联合督查、有奖举报），规范经常性工作，防止“两非”（非医学需要胎儿性别鉴定和选择性别人工终止妊娠）行为发生。打击“两非”行为，形成查处“两非”行为高压态势。年内，全市查处“两非”案件32例，处理相关责任人9人，没收B超6台，罚没违法收入40.7万元。

【技术服务】 组织开展“计划生育技术服务质量管理年”活动，提升基层服务装备水平、人员素质和服务能力。推进避孕节育优质服务工程、出生缺陷干预工程和生殖健康促进工程，定期组织环情、孕情检查，开展妇科疾病查治活动，落实访查制度，防止非意愿妊娠现象发生。全市避孕措施落实率和及时率均达96%以上，出生缺陷发生率控制在4‰以下。年内，全市检查8.94万人，符合条件人群参检率100%。6个县（市、区）均成为计划生育国优县（市、区），3个县级服务站、23个乡级服务站被表彰为全国计划生育优质服务示范站。

【计生利益导向机制建设】 ①奖励扶助。享受奖励扶助和特别扶助人数为4.96万人和2481人，发放奖扶金5785.5万元。全市独生子女父母奖励费落实率100%。②制定优惠政策。各级在研究制定政策时，对计划生育家庭优先优惠。新泰市对符合奖扶条件独生子女和双女绝育户父母提前10年享受奖扶政策。宁阳县实行计划生育家庭新农合、新农保补贴政策，对奖扶、特扶对象及双女户提高补贴标准。③打造品牌。市人口计生委、计生协组织开展“生育关怀、情暖泰山”活动，各县（市、区）采取项目化运作模式，各策划实施关怀项目2个以上，发挥计划生育公益金和生育关怀基金作用，对计划生育困难家庭给予救助。④企业退休职工养老补助落实。市政府专门下发文件，明确一次性养老补助金来源，并确保落实到位。年内，为全市困难、破产企业退休独生子女父母一次性加发30%养老补助金1060万元。

（郭志刚　王　峰）

编辑·校对　王云勇

社会·生活

人力资源社会保障

【概况】 2014年，全市人力资源社会保障系统坚持“以人为本、幸福民生”的部门宗旨和“仁爱包容、勤廉创优”的核心理念，创新思路、积极作为，推动人力资源社会保障事业转型发展。市人力资源和社会保障局被省委、省政府授予“全省军转安置工作先进单位”称号，连续12年保持省级文明机关荣誉称号，被市委、市政府表彰为“2014年度科学发展综合考核先进单位”“2014年度机关作风和政风行风建设先进单位”“全市信访工作先进单位”，被市委表彰为“2014年‘五型’机关建设示范单位”，被市政府表彰为“2014年度全市对外开放工作先进单位”。

·创业就业·

【概况】 2014年，以开展贴近式和精细化服务为抓手，积极开发用工岗位，落实就业政策，提升服务质量，推动创业带动就业，全市就业局势保持稳定。全市新增就业6.24万人，新增农村劳动力转移就业7.95万人，城镇登记失业率2.27%。

【推动创业带动就业】 加大创业帮扶投入，出台《关于促进创业带动就业的意见》，从失业保险基金中拿出1亿元设立创业扶持资金，扶持各类群体创业就业。利用扩大失业保险基金支出范围政策，增加小额担保基金数额，全市担保基金达1.91亿元。实施农民工返乡创业回归工程，建立农民工返乡创业园6个，进驻企业300家。成立大学生创业联盟，建立大学生创业孵化基地61个，高校创业培育中心8个，“高校内培育—基地内孵化—园区内做强做大”的大学生创业全程助推服务模式被誉为“泰安模式”在全省推广。《大众日报》等媒体进行专题报道。6月，人力资源和社会保障部副部长胡晓义到泰调研，对泰安市省级大学生创业孵化基地建设给予高度评价。全市首批评估认定市级创业孵化示范基地3家、创业示范园区3家、农民工返乡创业示范园2家，市级创业带动就业扶持资金拨付一次性奖补资金500万元。启动创业型街道（乡镇）、社区创建工作，评选12个街道（乡镇）、30个社区为首批市级创业型街道（乡镇）、社区。举办泰安市第三届创业大赛，95个团队，近300名选手参赛；组织参加山东省第二届创业大赛，获一、二等奖各一个，在全省名列前茅。

【大中专毕业生就业】 推进“济南都市圈”高校毕业生就业服务一体化建设，签订《“济南都市圈”高校毕业生就业工作合作协议》，组织用人单位参加“济南都市圈”济南、淄博、泰安、莱芜、德州、聊城、滨州七市高校毕业生就业供需见面会。实施高校毕业生就业促进计划，高校毕业生实现就业1.6万人。实施“三支一扶”和“社区就业”计划，全市招募91人，就业见习大学生3335人。启动新一轮大学生创业引领计划，完成大学生创业培训2089人，引领897名大学生实现自主

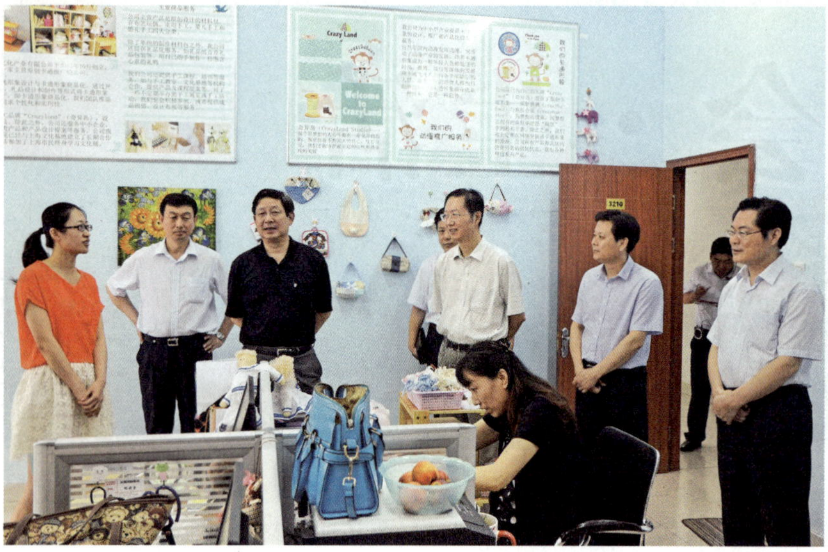

6月25日，人社部副部长胡晓义（左三）到泰安市调研大学生创业孵化基地建设工作。省委组织部副部长、省人社厅党组书记、厅长韩金峰（左四），市领导王云鹏（左二）、辛显明（右一）陪同调研
（杜　倩　摄）

创业。开展“创业讲堂进校园”活动，深入驻泰安8所高校向大学生面对面进行创业事迹、就业政策、就业服务、社保政策宣讲。健全完善公平就业制度，启动实施泰安市国有企业公开招聘方案审核、发布及招聘结果备案制度。

【农村劳动力转移就业】 年初，市政府印发《泰安市人民政府关于切实做好新形势下农民工工作的意见》，明确促进农村富余劳动力转移就业、农民工职业技能培训、农民工就业服务管理及扶持农民工创业等政策规定。实施“春潮行动”，开展农民工职业技能提升计划，明确农民工就业技能培训、岗位技能提升培训及创业培训年度目标任务、保障措施，制订《加强就业培训提高就业与创业能力五年规划(2014～2018)》，为农民工就业技能奠定基础。启动实施农民工职业技能提升3年3项行动计划，市政府办公室印发实施方案，明确2015～2017年每年开展农民工各类培训8.01万人，明确责任单位及目标任务。

【就业公共服务】 开展就业政策“家喻户晓”工程，把就业服务“直通车”开到乡镇农村，举办下基层活动254场，提供培训信息3.8万条，为3.6万人推荐就业，解决农村与城市就业信息和服务不均衡的问题。开展“七进四送”活动，深入基层送政策、送培训、送岗位、送服务，进村2214个、进社区139个、进校园40家、进困难家庭2352家、进集市290次、进创业基地76家、进企业901家。打造“半小时就业服务圈”，以社区为主体，提升基层就业服务能力。统一印制《2014“春风行动”服务手册》和“就业服务 在您身边”年历等资料，开展就业宣传，营造良好舆论氛围。全市组织用工洽谈会393场，提供用工岗位10.1万个次，8.7万人次进场招聘，推荐介绍就业7.5万人次。重点对1万名劳动者实施就业创业能力提升培训，组织培训机构开展创业培训“进校园、进基地、进村居”三下基层活动，有针对性地组织不同群体的创业指导。全年就业创业培训8.7万人，其中就业技能培训6.7万人，创业培训2万人。对就业困难群体进行调查摸底，组织“春风行动”“就业援助月”“民营企业招聘周”“庆三八妇女专场招聘会”等专项服务活动，帮助6973名就业困难人员解决就业难题。对出现的“城镇零就业家庭人员”和“农村零转移家庭人员”598人做到“出现一户、帮扶一户、解决一户”动态消零。提升信息化水平，7月底，建立三级联动的就业服务微平台，为高校毕业生提供就业指导服务。全面实施高校毕业生实名制跟踪服务，实名登记离校未就业高校毕业生1.44万人，实名登记率和就业服务率100%。市级公共人才服务机构办理鉴证应届毕业生就业协议1682份，激活省外院校泰安生源高校毕业生就业信息网账号1914个，办理落户手续242个。

• 社会保险 •

【概况】 实施全民参保登记计划，推动社会保险人群全覆盖，社会保险保障能力不断增强。2014年，全市各项社会保险扩面 8.55 万人次，收缴各项保险费 133.66 亿元，增长 11.3%。全市参加城镇职工养老保险 124.57 万人，收缴保险费 64.32 亿元；参加医疗保险 572.05 万人，收缴保险费 44.55 亿元（含新农合）；参加失业保险 60.01 万人，收缴保险费 2.76 亿元；参加工伤保险 86.33 万人，收缴保险费 3.89 亿元；参加生育保险 75.63 万人，收缴保险费 2 亿元；参加居民养老保险 290.05 万人，收缴保险费 16.14 亿元；5 个险种 10 个类别的社会保险费收缴率均达 95% 以上。全市发放各项社会保险金 114.15 亿元，增长 17.9%。其中为 20.03 万名机关企事业单位离退休人员发放养老金 58.46 亿元，企业离退休人员养老金社会化发放率保持 100%；支付职工医疗保险费 24.20 亿元，其中统筹基金支付 15.73 亿元，涉及职工 36.27 万人；支付居民医疗保险费 3.43 亿元；为 1.51 万名失业人员支付失业保险金 0.85 亿元；支付工伤保险费 3.66 亿元；支付生育保险费 1.54 亿元；为 80.57 万名城乡居民发放养老金 7.69 亿元。

【养老保险】 调整社保缴费年度，自 2015 年起，将社会保险缴费年度调整为当年 1 月至 12 月，与自然年度一致。最低缴费基数明确为全省上年度在岗职工平均工资的 60%，由各级社保经办机构负责，采用保底封顶的办法进行基数核定。全市企业累计申报 4812 户、36.1 万人，人均缴费基数 2727 元，增幅 11.1%；全市机关事业累计申报 1761 个单位、14.5 万人，人均缴费基数 3692 元，增幅 9%。连续第十次调整提高企业退休人员养老金，月人均增加养老金 257.1 元，12.5 万名企业退休退职人员受益。为 14.94 万名企业离退休人员发放养老金 36.17 亿元，为 5.09 万名机关事业单位离退休人员发放养老金 22.28 亿元。调整提高市直企业离休人员待遇水平，涉及 432 人，人均增加 497 元。调整提高企业退休人员取暖补贴标准，由每人每年 1100 元提高至 1700 元，惠及 13.6 万人，增发取暖补贴 8159 万元。免除异地居住离退休人员领取养老金手续费，减轻群众负担。顺利完成市委、市政府为民办的首件实事，完善居民养老保险政策，提高缴费档次，建立一次性丧葬补助金制度，提高政府补贴标准，建立缴费补贴弹性机制，对重度残疾人等困难群体予以照顾。将基础养老金由每人每月 65 元提高到 75 元，为 80.57 万名 60 周岁以上居民发放养老金 7.69 亿元。连续 3 年为市直 22.5 万名参保人员免费邮寄个人权益记录单，企事业单位参保职工足不出户就可以通过权益记录单了解到本人各项社会保险参保缴费情况、待遇享受情况、最新的社保政策指南等信息。开通社保欠费短信提醒和养老金网上测算服务，方便参保人员信息查询。完善社会保险网上经办服务，加快推进县市区网上经办工作，全面提升全市经办能力和服务水平。

【失业保险】 完善失业保险基金市级统筹制度，印发《失业保险基金市级统筹管理工作流程》，规范全市失业保险基金市级统筹工作。扩大失业保险基金支出试点工作，全市支出社会保险补贴、岗位补贴、小额贷款担保贴息和小额贷款担保基金计 5409.7 万元，用于预防失业和促进就业。调整失业保险金标准，市直、泰山区、新泰市、肥城市失业保险金由每人每月 780 元调整为每人每月 850 元；岱岳区、宁阳县、东平县由每人每月 730 元调整为每人每月 800 元。加强失业动态监测监管和督导力度，全市 110 户企业纳入失业动态监测范围。

【医疗保险】 印发《泰安市居民基本医疗保险暂行办法》，整合城镇居民医疗保险和新型农村合作医疗（以下简称新合作）农合制度，实现参保范围、筹资标准、基金管理、待遇水平、信息系统、管理服务“六统一”，涵盖职工、城镇居民、农村居民的城乡一体化的基本医疗保险制度正式建立。完善居民大病保险制度，城乡居民“二合一”，参保人数 468.53 万人，受益 5.1 万人次，补偿 8806.2 万元。推进医疗保险付费方式改革，确定以总额预付方式为主，推进按病种支付、按人头付费、限额付费等复合式的付费方式。调整优化基层医疗卫生机构药物增补目录，将 26 种原新农合目录内药品补充到居民医保药品目录内，有效保障参保人员医疗权益。新矿、肥矿集

3月6日，全市城乡居民基本医疗保险整合工作会议召开　（杜　倩　摄）

团医疗工伤保险纳入泰安市统筹工作稳步推进。

【工伤保险】　推进“三位一体”工伤保险体系建设，完善工伤职工康复认定工作流程，健全工伤康复审批制度，规范工伤康复程序。3月份调整提高52家用人单位工伤费率，壮大基金规模。调整1至4级工伤人员伤残津贴、生活护理费和供养亲属抚恤金标准，提高工伤人员待遇。全年认定工伤4019人。

【生育保险】　建立生育基金分析、月通报与反馈机制，推进生育费用目录内项目“零负担”，控制均次费用，参保人员切实得到实惠。针对单独二胎政策出台对生育保险政策的影响，广泛调研，调整完善生育保险待遇，优化生育保险经办服务，实现便民利民惠民。

【社保基金监管】　会同财政、审计部门联合开展社会保险基金管理情况专项检查，托清全市社保基金收缴、存储和发放底子，对企业缴费政策执行不规范、医院不合理收费、财政专户违规存储等问题，责成相关县（市、区）和单位进行整改。会同财政部门制订《泰安市社会保险基金预决算考核管理暂行办法》。发挥社会保险基金监管系统作用，运用科技手段堵塞管理漏洞，确保社保基金安全保值。全年发现疑点信息108条，其中本级自办85条，督办下级23条。加强定点单位监管，对城区275家定点药店开展专项稽查，处罚违规单位37家。

·人事管理·

【公务员管理】　开展公务员平时考核试点工作，将平时考核结果按不同权重纳入年度考核，发挥平时考核结果的作用，将试点单位优秀经验做法整理交流，为全面推开平时考核工作奠定基础。加强基层一线公务员队伍建设，开展争做人民满意公务员活动，深入开展“人民满意示范岗”“人民满意公务员示范单位”创建活动。表彰“泰安市模范公务员”18名，记三等功；2013年度“泰安市优秀公务员”82名；“泰安市奉献基层奖”公务员9名，记三等功。会同市委组织部、市委宣传部印发《关于开展向全国全省人民满意公务员学习活动的通知》。坚持公平公正，为全市各级党政机关（参照公务员法管理单位）考试录用公务员（参照公务员法管理单位人员）325人。完善基层公务员考录制度，首次允许高级技工院校高级班毕业生报考乡镇公务员；首次明确乡镇机关新录用公务员服务期限，并由招考乡镇与其签订为期5年的服务期协议；首次将多个相近岗位合并成一个职位进行招考，设置7个合并招考职位，22名拟录用公务员进行公开选岗。在全市新录用公务员中继续推行基层锻炼和职业导师培养制度，安排符合条件的42名新录用公务员到19个乡镇、两个基层所锻炼。深化公务员“四类培训”（初任、任职、专业、在职），举办乡镇科级公务员任职培训班1期，培训63人；县（市、区）直部门科级公务员任职培训班2期，培训130人；市直部门（单位）科级公务员任职培训班1期，培训57人；新录用公务员初任培训班2期，培训380人；积极争取全省“服务业千人培训工程”项目补助，首次在市委党校和浙江大学举办泰安市现代服务业领导干部培训班，培训各级领导干部

54 人。继续开展公务员职业道德培训教育工作。从严控制行政表彰奖励，审批实施市级奖励表彰项目 49 项，表彰先进单位 1110 个、先进个人 2147 名。规范公务员日常管理，审核批复 2013 年度市直行政机关公务员年度考核 4207 人，其中优秀等次 817 人、称职等次 3335 人、未定等次 42 人、未参加考核 11 人、不称职等次 2 人。落实奖励审批制度，审批记三等功奖励 154 人、嘉奖 663 人。依法审核登记公务员 307 人、参照管理单位工作人员 32 人。畅通“出口”，为 2013 年离开公务员队伍的 39 人办理退出公务员登记备案手续。依法做好政府人事任免工作，提请人大决定任免 3 人次，任免政府工作人员 315 人次。

【事业单位人事管理】 开发启用“市直事业单位岗位聘用实名制”管理系统，通过政府内网实现市直互联互通。落实聘用制度，强化按岗聘用备案和动态管理。严格招聘程序，为市直事业单位公开招聘工作人员 183 人；审核审批县（市、区）公开招聘实施方案 10 个，涉及招聘计划 1246 人。稳慎推进事业单位人事制度改革工作，做好工商、质监系统的人员下划工作以及市食品药品工商质监体制调整人员划转的相关工作，涉及近 3000 人。完成事业单位工作人员年度考核工作，考核部门、单位 326 个，参加考核人数为 1.52 万人，其中有 2711 人被确定为优秀等次，703 人记三等功。

【人事考试】 以考试安全为本，严格落实人事考试工作规程，改善考试环境，严格考务管理，严肃考风考纪，提高人事考试的规范化水平。全年组织各类人事考试 19 项，9.7 万人次参加考试。泰安市成为鲁中西地区重要的人事考试考区，承担 8 项国考、省考任务，辐射济宁、菏泽、莱芜、济南、临沂、聊城 6 市，成为省厅的放心考区。

【机关事业单位工资福利与离退休】 做好市直机关工作人员和机关事业单位离退休人员补贴调整工作，调整机关在职人员津贴补贴 6478 人，其中公务员 5783 人、机关工勤 488 人，人均增资 400 元；机关事业离退休人员 8442 人，人均增加 200 元。完成市直事业单位绩效工资总量调整工作，参照机关津贴补贴调整标准，同步提高调整事业单位绩效工资总量水平，新增部分全部纳入奖励性绩效工资，2014 年绩效工资总量核定完成，涉及市直各事业单位单位 327 个，人数 1.48 万人，6 月份事业单位增资全部兑现。规范公务员收入分配秩序，对 6 个县（市、区）调整津贴补贴标准的报告审查后报省备案，并以市政府名义进行批复。完成 2015 年度事业单位绩效工资总量核定工作，涉及市直各事业单位单位 330 个，人数 1.34 万人。做好日常工资福利审批工作，审批市直机关事业单位日常工资审批 3596 人次，其中，因公务员招考、事业单位招聘、政策性安置、体制调整及调入等新进人员 1243 人，转正定级 231 人，职务、学历等变动 1380 人次，特岗津贴调整 742 人次；审批按 2013 年年度考核结果正常晋升工资 1.18 万人，其中机关晋升级别工资和级别工资档次 4078 人，事业单位晋升薪级工资 1.53 万人；根据 2013 年度考核结果，审批市直机关单位享受年终一次性奖励 4140 人。做好离退休人员管理服务工作，年内办理市直机关事业单位退休审批手续 525 人，其中机关 127 人、事业单位 398 人。

【军队转业干部安置】 坚持公开透明，做好市直军转干部安置工作，接收转业干部 81 名（其中：计划安置 54 名，自主择业 27 名）、随调配偶 11 人。54 名计划安置军转干部实际报到 50 名，其中分配到党政机关 31 名、参公单位 7 名、事业单位 12 名。做好全省军转系统表彰推荐工作，泰安市 2 名军转干部被评为“全省模范军队转业干部”、1 名从事军转安置工作的公务员被评为“全省先进军转工作者”，市人力资源和社会保障局被评为“全省军转安置工作先进单位”。

·人才队伍·

【人才引进】 全年累计引进外国专家（海外人才）318 人次，筛选推荐“外专千人计划”专家 1 人，新增泰山学者海外特聘专家 2 人，1 名外国专家获省政府“齐鲁友谊奖”，1 名留学人员获“山东省留学人员回国创业奖”，1项留学人员创业项目获省留学人员来鲁创业支持计划，该企业评为国家“最具成长潜力的留学人员创业企业”;评选“泰山友谊奖”外国专家9名。续建国家引智成果示范单位1处、省级引智示范基地1处，新建省级引智示范基地1处、市级引智示范基地9处。执行国家引智项目5项、省引智项目6项、市级引智项目9项，争取上级引智经费146.59万元、市财政引智资金61万元。组织参加第八届“海洋经济投资洽谈会”，发布人才技术项目需求728项，对接150项，现场签约8项。严格出国培训条件，确保出国培训效果，审核出国培训人员21人。

【专业技术人才队伍建设】 完善人才梯次培养机制，形成“发现一批、培养一批、推荐一批、储备一批”的梯次递进培养格局，年内新增享受国务院政府特殊津贴专家2人、省有突出贡献中青年专家2人，2家单位被批准为省级博士后创新实践基地。开辟专业技术人员知识更新途径，开发继续教育公共科目网上培训系统，专业技术人员不限时间、不限地点、不缴任何费用即可参加公共科目培训和考试，全市10.29万人次参加网上培训和考试。组织开展专业技术人员专业知识培训班138期，培训3.6万人次。推行网上职称数据直报，经过个人申报、单位审核、主管部门推荐，向省高评委推荐341份高级职称材料，经过评审，694人取得相应专业中级专业技术职务资格、147人取得卫生高级专业技术职务资格、114人取得中小学高级教师资格。

【高技能人才队伍建设】 新增省首席技师5人、市首席技师20人，省技术能手3人、市技术能手37人；组织开展各类技能培训19.8万人；开展技能鉴定4.5万人；举办各类职业技能大赛25场，参赛人数达1.5万人；市属技工院校招生4555人，市高级技工学校被省政府批准改建为技师学院。成功举办全市职业技能大赛，参赛工种38个，参赛人员2139人，设20个赛场，历时一个半月完成，通过大赛产生“泰安市技术能手”37人,20人被授予“振兴泰安劳动奖章”，26人被表彰为“泰安市青年岗位能手”，10人被表彰为“泰安市巾帼建功标兵”。对全市高技能人才存量和需求进行调查统计，形成泰安市受表彰高技能人才数据库，入库1062人，从职业技能鉴定考务系统入库具备高级工以上职业资格人员11.9万人，并在此基础上研究制定2015～2020年全市高技能人才梯次递进培养计划。做大“金蓝领”培训项目，加快青年技师培养，培训技师742人，高级技师244人。加强高技能人才培养平台建设，批准设立技师工作站10家。与教育部门联合出台意见，实现中等职业教育学历证书和职业资格证书的“双证互通”。开展校企合作，校企双方签订订单培养2200人，顶岗实习2525人。开展民办职业培训学校年检，对67所民办学校综合打分，13所被确定为优秀，45所为合格，7所需限期整改，2所不合格，对2所不合格办学单位撤销其办学资格。

•劳动关系•

【劳动合同和工资宏观管理】 推进“劳动合同规范建设年”活动，组织开展劳动保障年检、社会保险和工资支付专项执法检查活动，督促全市各类用人单位补签劳动合同2.66万人份、纠正劳动合同违规违法条款1073条，规模以上企业劳动合同签订率达100%，正常经营小微企业劳动合同签订率达95%以上，从源头上维护劳动者劳动报酬、社会保险、休息休假等权利。加强劳务派遣单位管理，出台加强劳务派遣行政许可工作的意见，对全市劳务派遣用工单位开展调查，严格标准条件，严格审批程序，审批劳务派遣企业43家。规范劳务派遣用工行为，认真解决好劳务派遣用工同工同酬难题，维护好被派遣人员的合法权益。调整全市最低工资标准，泰山区、新泰市、肥城市月最低工资标准由1220调整为1350元，小时最低工资标准由12.5元调整为13.5元；岱岳区、宁阳县、东平县月最低工资标准由1080元调整为1200元，小时最低工资标准由11元调整为12元。发布全市企业工资指导线，2014年泰安市企业工资指导线以2013年全市企业在岗职工平均工资4.30万元为基数，工资增长基准线为12%，上线（预警线）为20%，下线为4%。公布劳动力市场工资指导价位，形成243个职位（工种）的工资指导价位。做好咨询服务工作，所有咨询服务事项准确率、办结率、回复率、满意率均为100%。

【劳动人事争议调解仲裁】 完善劳动人事争议全程调解机制，加强基层调解组织建设。坚持重调慎裁，全市劳动人事争议仲裁机构处理案件1040件，其中案外调解处理310件，立案受理案件730件，当期结案719件，按期结案率100%。开展劳动争议预防调解示范工作，培植19家企业作为劳动争议预防调解示范单位，制订调解示范工作规范，推进基层调解组织规范化建设。推进派出庭、巡回庭建设，加强派出庭职责、工作流程、工作制度建设，确保派出庭运转有序。各仲裁派出庭处理案件69件，其中案外调解49件、立案处理20件。立案案件中，调解结案14件，裁决结案6件。开展仲裁院“规范化”建设，规范仲裁员接待、庭审、调解、送达行为，实行一步到庭和一次性送达制度。组织25名新任仲裁员、20名需要换证的仲裁员参加培训，提高业务能力。

【劳动监察】 全市劳动保障监察立案403起，结案397起，结案率达98.5%。建立信访投诉受理“不过夜”制度，确保及时解决群众反映的难题。开通“8812580”农民工讨薪热线，处理举报投诉和咨询事项976个。出台《农民工工资保证金收缴管理办法》，完善农民工工资欠薪预防工作机制，将保证金范围扩大到交通、水利工程及非建设领域欠薪多发行业。联合打击恶意欠薪长效机制，联合公安局出台《关于建立联合打击拒不支付劳动报酬犯罪行为长效机制的工作意见》，将欠薪逃逸案移交公安机关，按照程序进行网上追逃，打击恶意欠薪行为。筹备建立市劳动保障监察“两网化”（网格化、网络化）管理指挥中心，提高劳动监察执法效能。在3月10日召开的全省劳动保障监察机构负责人培训会议上，泰安市做典型发言。组织开展用人单位劳动保障年检，检查市直各类用人单位536户，涉及职工6.12万人，补签劳动合同4119份，补发拖欠工资432万元，补缴社会保险费519万元。做好农民工维权工作，开展农民工工资专项检查行动，着力查处建筑、餐饮和服务业等劳动密集型行业不按时支付工资问题，检查用人单位409户，涉及职工4.31万人，其中建筑企业126户，涉及农民工1.32万人，追回拖欠工资624.8万元。

·基层基础·

【概况】 ①完善实事推进机制。按照“工作要点具体化，具体工作办实事”的思路，年初研究确定全市人力资源社会保障系统17项重点工作和22件实事，明确任务，落实责任，加快推进。年内，重点工作和实事全面完成。②加强基层平台建设。推动人力资源社会保障服务向基层下沉，将60项人力资源社会保障服务下沉到乡镇（街道）人社所办理。6个县（市、区）下沉业务均实现全覆盖，超额完成省厅规范化建设完成率达到50%的目标任务。围绕解决服务群众“最后一公里”问题，局主要领导、分管领导，不定期到基层人社所开

12月，泰安市人力资源社会保障“云数据中心”上线运行 （沈红叶 摄）

展明察暗访，事前不打招呼，发现问题立即整改，推动基层平台建设。③加强信息化建设。争取财政专项资金1200万元（一期建设投入755万元），对人力资源社会保障数据中心进行改造升级。在全省率先建成人力资源社会保障“云数据中心”，实现核心数据库性能的成倍提升，依托虚拟化平台大力提升业务应用的性能及安全、稳定性，建成对外提供核心业务服务的容灾备份数据中心，人力资源社会保障业务系统效率处于全省领先水平。至年底制作发行社会保障卡240万张，实现社会保障卡市内“一卡通”。④加强部门文化建设。结合全国文明单位创建，提出“以人为本，幸福民生”的部门宗旨和“仁爱包容，勤廉创优”的核心理念，倾力打造“真情人社”服务品牌。叫响“真诚服务，情暖万家——真情人社与您一生相伴”的口号，推出“满意就业”“温馨社保”“活力人才”“阳光人事”“贴心维权”五项服务，提高人民群众对人力资源社会保障工作的满意度。落实“八零”服务，即服务方式“零距离”、服务受理“零推诿”、服务事项“零积压”、服务质量“零差错”、服务操作“零违规”、服务对象“零投诉”、服务态度“零质疑”、服务时间“零间歇”。推行错时服务工作制度，早8：00至8：30、中午12：00至13：00，在窗口安排工作人员值班，避免群众等待。　（沈红叶）

民政事务

【概况】 全市民政系统履行保障民生、发展民主、支持国防、服务社会职责，推动民政事业创新发展，为民服务水平实现新提升，多项工作走在全省、全国前列。在省民政厅组织的年度全省民政工作综合考评中，泰安市考核成绩为“优秀”，得分居全省17市第2名。市民政局被市委、市政府表彰为“2014年度科学发展综合考核先进单位”“全市社会管理综合治理工作先进单位”，被市委表彰为“2014年‘五型’机关建设示范单位”。

【社会救助】 ①城乡低保。全市城市月低保标准提高到469元，农村年低保标准提高到2950元，分别比上年提高50元和625元。建立落实民政干部和低保审批人员公开承诺、近亲属享受低保备案管理制度，对低保对象全部进行入户复核，新纳入低保1.14万人，退出低保1.68万人。②建立居民经济状况核对机制。市级成立居民经济状况核对中心，市、县（市区）搭建起信息核对平台，实现低保信息共享，解决低收入家庭认定难问题。③推广“平台式”综合救助经验。以市委办公室、市政府办公室名义印发《关于实施“平台式”综合救助工作的意见》，统筹救助部门和资源，建立部门综合大救助新机制，该文件被省民政厅全文转发各市学习推广。在肥城市召开全市现场观摩会议，全面推广实施综合救助新机制。④农村“五保”供养。农村“五保”集中和分散供养标准分别提高到5263元和4050元，比上年提高1000元。⑤减灾救灾。全市各级发放救灾款物折合1265.5万元，救助困难群众13万人次。组织开展泥石流灾害紧急救援演练和“5•12”防灾减灾日集中宣传教育活动，完成《救灾应急工作规程》修订工作，全市3800名基层灾害信息员持证上岗。泰山区省庄镇羊楼社区、岱岳区粥店办事处常家庄社区、新泰市青云街道新甫社区、肥城市新城街道兴润社区4个社区被民政部、国家减灾委评为“全国综合减灾示范社区”。

【社会福利和慈善事业】 ①老年福利。全市新建城市社区老年人日间照料中心71处、农村幸福院515处，新增养老床位1.32万张，6个县级养老服务信息平台全面建成。为全市80至99周岁的低保老年人按不同年龄段分别给予每人每月不低于100元至200元的高龄津贴；为符合条件的生活长期不能自理的经济困难老年人每人每月发放60元的护理补贴。全市获得职业资格证书的养老护理员达420人。②儿童福利。福利机构和社会散居孤儿月补助标准分别提高到1200元、720元，为困境儿童每人每月发放基本生活费300元。③慈善救助。募集慈善资金1.31亿元，救助困难群众30万人次。泰安市被中华慈善总会评为五星级中国慈善公益城市，荣登“中国城市慈善公益百强榜”。

【社会组织管理工作】 泰安市被民政部确定为全国首批“社会组织创新示范区”。联合公安、财政等部门印发《关于进一步放宽社会组织登记条件开展创新试验的通知》，从注册资金、银行验资、固定场所、会员数量等方面降低门槛，为社会组织发展创造宽松环境。市政府办公室印发《关于推进政府向社会力量购买服务的实施意见》，市民政局印发《关于确定具备承接政府职能转移和购买服务条件的社会组织指导意见》，明确社会组织应具备的条件、购买服务的程序方式及应用范围，为推动政府购买社会组织服务提供制度保障。配合组织部门全力推进相关人员在行业协会商会类社会组织兼职清理整顿工作，全市共清理兼职（任职）干部206名。6月份，在中央党的群众路线教育实践活动领导小组办公室、中央文明办、国家民政部与中国志愿服务联合会联合召开的全国共产党员志愿服务工作会议上，泰安市作“菜单式”志愿服务工作经验介绍。加强社会组织监管。对全市2287个社会组织进行年检，组织全市400名社会组织负责人分期培训，提升社会组织自我管理、自我发展能力。

【城乡社区和基层民主政治建设】 开展星级社区创建活动，新建、

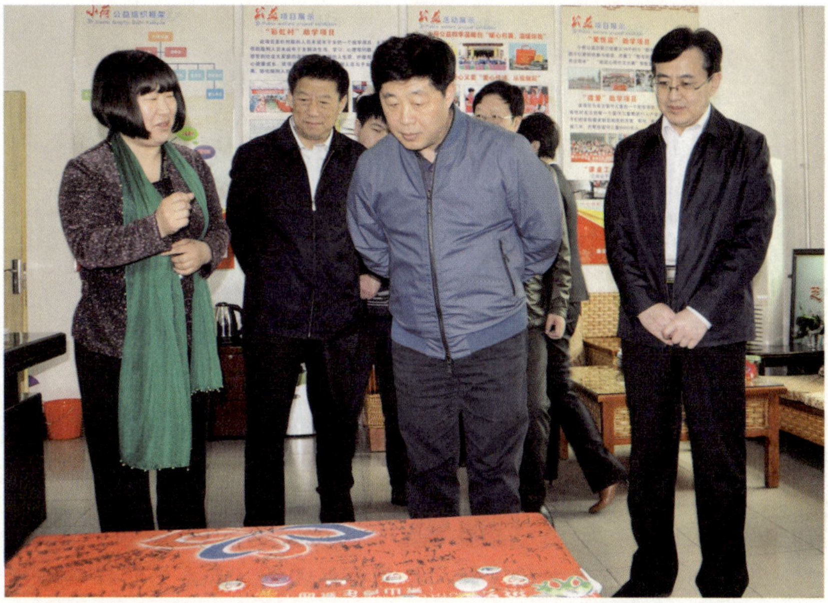

3月25日，民政部副部长（右三）顾朝曦到泰安市调研社会组织管理创新工作 （陈丽娜 摄）

改扩建城乡社区服务中心20个，新建成的农村社区服务中心面积均达到500平方米以上。泰山区及所属财源街道、花园社区、嘉德社区、粥店社区和新泰市青云社区被命名为全国和谐社区建设示范城区、示范街道和示范社区。泰山区“2+N”社区治理服务新机制被民政部评为中国社区治理十大创新成果提名奖。由民政部组织编撰的《中国特色社区建设——泰安市泰山区经验》一书在全国出版发行。村、城市社区“两委”换届工作进展顺利，至年底，分别完成94.41%和93.63%。

【服务军队和国防建设】 ①双拥工作。精心组织春节、“八一”期间走访慰问驻军活动，全力做好部队演习支前保障和随军家属安置工作，推进拥军社会化，军政军民关系更加融洽。②优抚工作。印发《泰安市抚恤定补优抚对象住房优待暂行办法》《泰安市市级烈士纪念设施保护管理办法》，岱岳、肥城、东平烈士陵园升格为市级烈士纪念设施。提高优抚对象抚恤补助标准和住院费补助比例，建立优抚对象联络员制度，为全市1049名“三老”优抚对象进行免费查体，完成残疾军人证和烈士证换发工作，组织230名重点优抚对象到定点医院进行轮流修养。为全市4903户义务兵家庭发放优待金6077万元。组织首个“烈士纪念日”公祭烈士活动，9928座散葬烈士墓实现集中安葬。③退役士兵安置工作。推进符合条件的退役士兵安置工作，自主就业退役士兵经济补助全部落实到位。组织2032名退役士兵进行职业技能培训，提升退役士兵自主就业本领。④军休干部安置工作。做好军休干部、无军籍职工接收安置工作，落实军休干部各项待遇，市军休中心一支部被中央组织部表彰为“全国离退休干部先进集体”，宁

3月28日，市委书记、市人大常委会主任、市委党的群众路线教育实践活动领导小组组长李洪峰（右一）到联系点市民政局，调研指导党的群众路线教育实践活动　　（苏蔚蔚　摄）

阳县军休所被省民政厅命名为星级军休所。

【专项社会事务管理】 ①殡葬工作。协调物价、财政部门对全市殡葬基本服务项目的政府定价、延伸服务项目的政府指导价、殡葬用品的市场控制价进行分类核定，规范殡葬服务30项，督促殡仪馆落实服务项目、收费标准、收费依据、监督电话“四公开”和丧属自愿选择服务项目制度，提高殡葬服务水平。落实困难群体惠民殡葬政策，为全市1590名困难群众减免基本殡葬服务费用110万元。市委办公室、市政府办公室印发《关于党员干部带头推动殡葬改革的实施意见》，发挥党员干部带头作用，引导群众破除丧葬陋俗，推动建立厚养薄葬、文明节俭办丧事的新风尚。②婚姻登记工作。加大婚姻登记场所升级改造力度，优化信息服务网络，健全管理制度，提高婚姻登记服务水平。③未成年人社会保护试点工作。开展未成年人信息普查、家庭监护评估，为4864名困境儿童建立电子档案信息库。通过家庭监护监督干预、委托抚养、类家庭抚养等方式，对1087名监护缺失儿童进行分类施救。开展“成长在家庭，康复在机构”残障未成年人保护项目，为5000人次的困境残疾儿童提供康复训练。11月13日，省民政厅在泰安市召开全省未成年人社会保护试点工作经验交流会，观摩现场，推广泰安市救助管理站工作经验。④区划地名工作。完成《政区大典·山东卷（泰安部分）》编撰任务。对9条县级行政区域界线进行联合检查，修订县级界线详图。协调市政府督查室督查地名标志设置工作。启动第二次全国地名普查工作。⑤三峡移民工作。通过三峡工程外迁移民安置省级初验，三峡移民总体稳定，逐步致富。（陈丽娜）

民族与宗教事务

【民族经济】 年内，申报12个省级少数民族经济发展项目和3个特色村寨项目，争取扶持资金445万元。做好穆斯林农户和城市低保户牛羊肉价格补贴工作，会同财政部门向全市穆斯林农户和城市穆斯林低保户发放春节牛羊肉价格补贴款355万元，其中省财政资金227万元、市财政资金128万元，补助穆斯林农户1.75万户、城市穆斯林低保户304户，每户补贴200元。用足用活用好国家的少数民族特需商品定点生产企业（以下简称民品企业）贷款贴息政策，全年落实贴息贷款20亿元，贴息5400万元，分别增加1亿元和900万元。

【民族团结】 抓好民族团结进步教育基地、示范窗口、民族文化大院、农家书屋等阵地建设，巩固和扩大民族团结进步创建活动示范基地。岱岳区粥店街道常家庄社区9月份被国家民委表彰为第二批“全国民族团结进步创建活动示范单位”，成为泰安市首个被列入国家级的民族团结进步创建示范单位。新泰市政府和泰山区市场社区党支部书记赵勇被国务院表彰为“全国民族团结进步模范集体和模范个人”。泰山区市场社区、省庄镇、肥城边院镇等5个单位年底被省委宣传部、统战部、省民委表彰为“全省民族团结进步创建活动示范单位”。

【城市民族工作创新】 把城市民族工作纳入社会治理创新之中，探索网格化管理、精细化服务的新路子，搭建教育绿色通道、法制保障、就业培训指导、温暖爱心、沟通交流、特殊需求“六个平台”，重点搞好入学入托、法律援助、劳动就业、社会救助、矛盾纠纷调解、宗教等“六项服务”，把少数民族城市流动人口管理纳入规范化、网络化、科学化轨道。10 月份，在全省城市民族工作经验交流会上，泰安市作典型发言。

【民族社会事业】 争取省少数民族社会事业发展资金 50 万元，帮助全市 5 个少数民族村（社区）进行文化、体育和团结进步教育基地项目建设。年内，针对部分民族村出现的水位下降、浅层地下水污染、水利设施老化等问题，启动实施“吃放心水，润民族情”工程，计划用 3 年时间，逐步解决 42 个少数民族村的吃水问题。年内，实施吃放心水项目 21 个，落实市级帮扶资金 200 万元。

【宗教事务管理】 以“教风提升年”为主题，各宗教团体举办不同形式的演讲报告 30 次。推进佛道教领域治理，依法规范宗教活动。治理基督教私设聚会点，5 月 28 ～ 29 日，全省依法治理基督教私设聚会点工作经验交流会议在泰安市召开。国家宗教局、省宗教局、各市民族宗教局局长、业务处科（处）长等 50 人参加会议。会议总结泰安市近年来依法治理基督教私设聚会点工作情况，推广泰安市基督教私设聚会依法治理的经验和做法，实地观摩泰山区青年路基督教堂、三联社区、财源街道办事处、南王庄村基督教聚会点等现场。全年宗教公益慈善捐款达 600 万元。

【第六届玄门讲经暨东岳论道活动举办】 9 月 1 ～ 3 日，中国道教协会第六届玄门讲经暨东岳论道活动在泰安市举办。国家宗教局、中央统战部、中国道教协会会长、副会长、省宗教局、省委统战部及各省、市道教界人士 300 人参加（以省为单位组团参加），来自全国 24 个省、自治区、直辖市和台湾、香港地区的道教界代表、讲经选手参加该次讲经论道活动，弘扬道教优秀文化成果，进一步扩大泰安、泰山在全国的知名度和影响力。

【民族宗教领域和谐稳定】 年内，及时化解 8 起涉及民族宗教问题的矛盾纠纷，审查办理 56 起变更民族成分的核实认定，保持全市民族宗教领域的和谐稳定。

（陈　雷）

【概况】 年末，全市 60 岁及以上老年人口 98.68 万人，占全市人口总数的 18%，其中，60 ～ 69 岁 48.65 万人，70 ～ 79 岁 35.47 万人，80 ～ 89 岁 13.19 万人，90 ～ 99 岁 1.35 万人，百岁及以上老年人 213 人。全市各级高度重视老龄事业和产业发展，加大经费投入，健全工作机制，完善养老服务体系，老龄事业和产业发展取得明显进步。

【老年人优待政策落实】 ①做好高龄老年人生活补贴管理发放工作。年内，全市为 1.19 万名 90 ～ 99 周岁老年人发放高龄补贴金 599.2 万元，为 233 名百岁及以上老年人发放长寿补贴金 80.8 万元。②落实老年人优待政策。市区公交线路，对 65 岁以上老年人乘车实行半价或免费优惠；泰山、岱庙等旅游景点，对老年人实行减免门票费等优惠；群众艺术馆、图书馆、科技馆等公共文化娱乐和体育健身场所，对老年人优惠开放；为 65 岁以上老年人进行免费健康查体。市老龄办与市交通运输局、市发改委、市财政局联合印发《泰安市优待老年人乘坐市内公交车实施办法》，2015 年 1 月 1 日起实行 65 周岁以上老年人免费、60 ～ 64 周岁老年人半价乘坐市内交通工具政策。③维护老年人合法权益。加大对侵犯老年人合法权益案件审判，调处涉老纠纷，对涉老案件实行优先立案、优先审理、优先执行制度，建立老年法律服务、法律援助组织网络，符合条件的老年人可以就近、及时地得到法律援助和服务。

【养老服务机构投入机制建设】 ①开展各县（市、区）养老床位需求与建设现状调研。通过听取汇报、查看现场、座谈交流等方式，深入全市社会福利机构、乡镇（街道）敬老院、老年公寓、农村幸福院等不同类型养老服务机构进行专题调研，了解各县（市、区）老年人对养老床位的需求和养老服务机构建设现状，摸清老年人入住养老服务机构的愿望和需求，弄清全市各县（市、区）养老床位缺口状况，形成调研报告，为市委、市政府决策提供依据。②建立养老服务机构财政扶持机制。按照山东省《省级财政扶持城镇养老服务机构暂行办法》要求，市老龄办调查摸底、评估申报，经省复核组审查复核，泰山区上高街道长寿养老院、新泰市老年公寓、新矿集团第一老年公寓等3家养老服务机构获省级财政扶持资金60万元（每家扶持20万元）。市级财政安排资金90万元，按照每家扶持15万元的标准，扶持养老服务机构6家。新泰市老年公寓、新泰南山老年公寓、泰山区泰山老年公寓、肥城市怡和园老年公寓等初具规模。③组织参加第六届中国（山东）国际老龄产业博览会。按照省老龄办部署要求，市老龄办严密组织，精心准备，联系对接参展企业14家，落实展位12个，超额完成省老龄办安排的任务，被省老龄办评为先进单位，受到表彰。

【银龄安康工程】 按照年初确定的任务目标，各级老龄部门进一步加强与人寿公司的配合协作，通过召开总结会、现场会、调度会等形式进行再发动、再动员，并采取定期督导和集中时间、突击办理等措施，推动银龄安康工程实施。争取省级财政专项彩票公益金12万元，向全市1.2万名老年人每人购赠一份“老年人意外伤害组合险”。全年，收取保费488.26万余元，参保老年人数33.11万人，占全市老年人数的35.35%。泰安市获全省“实施银龄安康工程”先进单位。

【老年文化建设】 落实省委组织部、省老龄办等17部门《关于进一步加强老年文化建设的实施意见》，成立并重视发挥泰安市老年学学会的作用，在全市各地适宜场所，建立没有围墙约束、形式灵活高效的“泰山老来乐剧场”，举办演出7场，受到老年人好评。组织参加全省第三届老年健康与长寿理论研讨征文，全市有7篇论文获奖。组织参加第三届全省银龄风采艺术节，全市有15个节目获奖。组织参加第三届山东省老年书法美术大赛、第二届山东省老龄主题摄影大赛等活动，全市有15件作品获奖。

【老龄宣传工作】 办好泰安老龄工作网站，及时更新内容，增加新颖性和吸引力。加大老龄宣传报道和信息工作力度，严格把关，充分利用各级媒体和信息刊物、老龄网站，开展形式多样的宣传活动。全年在省级以上媒体、网站等发表各类老龄新闻稿件、信息380篇，及时宣传报道全市开展老龄工作的经验和做法。市老龄办被评为2014年度山东省老龄宣传报道工作和老龄信息工作先进单位。

【开展敬老月暨庆祝老年节活动】 10月，市老龄委印发《关于开展“敬老月”活动的通知》，制订具体的活动方案，开展“敬老月”及老年节庆祝活动。①开展走访慰问活动。市领导带头到县（市、区）走访慰问部分老年人，并带去慰问品和慰问金。老年节期间，市老龄办通过多方筹集和争取省级走访资金，在全市开展向老年人送温暖、献爱心活动，走访慰问困难老人和百岁老人175户。各县（市、区）、泰安高新区、泰山景区、矿业集团公司主要领导走访慰问辖区内的敬老院、百岁老人、困难老人和“三无”对象。②开展老年文体活动。“敬老月”期间，全市组织健康、文明、科学的文体娱乐活动，激发老年人参与的热情，营造节日气氛。泰安市老年学学会发挥主观能动性，先后在市直、泰山区、岱岳区、新矿集团举办“泰山老来乐剧场”系列演出，带动全市老年文体活动的开展。市直各部门、各县(市、区)、矿业集团公司根据各自实际，在社区、广场、花园、活动站点等场所（地），开展一系列适合老年人特点，融知识性、趣味性、娱乐性于一体的老年文化、教育、体育娱乐活动。据统计，老年节期间，全市组织开展各类文化、教育、健身、娱乐活动60项，16万名老年人参加。③营造尊老敬老氛围。“敬老月”期间，各级老龄办与电视台、广播电台、报社密切配合，加大宣传力度和密度。抓好《山东省老年人权益保障条例》学习宣传贯彻，通过采取印发宣传法规政策资料、发放涉老法规明白纸、基层涉老法规政策讲堂、老龄工作干部培训班等有效方式，宣传普及《山东省老年人权益条例》知识。组织参加“山东省十大孝星”“泰山寿星”评选表彰活动，泰安市1名老人获评“山东省十大孝星”，2名老人获评“泰山寿星”。市老龄办会同市委宣传部、市文明办、市财政局、泰安广播电视台等部门，联合开展“第二届泰安市十大孝子”评选活动，评选出孝子10名、提名奖10名，并将孝子的先进事迹在泰安广播电视台、泰山晚报等媒体上进行播放和刊登。（张广东）

【概况】 年末，全市有残疾人34.02万，占全市总人口的6.16%。其中视力残疾5.06万人，占14.86%；听力残疾8.22万人，占24.16%；言语残疾5205人，占1.53%；肢体残疾9.89万人，占29.07%；智力残疾2.27万人，占6.68%；精神残疾2.52万人，占7.40%；多重残疾5.55万人，占16.30%。全市各级残疾人联合会（以下简称残联）本着代表残疾人的共同利益、维护残疾人的合法权益、团结教育残疾人、为残疾人服务的宗旨，承担市委、市政府委托的各项任务，残疾人事业健康有序发展。市残联被省残联评为“省残疾人工作先进单位”“第十一届山东省残疾人事业论文评选优秀组织奖”“2013年度全省残联信息通讯工作先进集体”，被市委、市政府评为“市级文明单位”。

【为残疾人办实事】 按照每人每月70元生活补贴标准，省、市、县三级投入资金1173万元为全市符合条件的低保重度残疾人1.40万人发放生活补贴。按照每人每月60元标准，投入340万元为全市4716名无生活自理能力的一级智力、精神和肢体残疾人发放护理补贴。配合市人社局、市卫生局，做好由县（市、区）政府为全市重度残疾人代缴最低养老保险费及基本医疗保险个人缴纳部分，并认真执行重度残疾人提前5年领取养老金的特惠政策。

【残疾人就业培训及残保金征收】 ①残疾人就业。配合市人力资源和社会保障局共同开展“2014年度就业援助月”活动。全市各级走访残疾人1085户，组织各类专场招聘会8场，新安置城镇残疾人就业1181人。②残疾人职业技能培训。5月，在范镇举办农村残疾人种植实用技术培训班，培训残疾人100名，培训时间10天。6月，举办全市残疾人面点培训班，培训残疾人27名，学员全部通过结业考试，其中19名学员获得由市人社局颁发的《中华人民共和国职业资格证书》。全年举办残疾人培训班30期，培训城乡残疾人3048人。三英新潮劳动职业培训学校、宁阳县特殊教育培训中心被评为第二批国家级残疾人职业培训基地。③残保金征收。年内，全市征收残保金2482万元，其中市直1062万元。

12月27日，泰安市残疾人康复中心举行奠基仪式。省残联巡视员牟顺娥（右四），市委常委、副市长辛显明（左五），市人大副主任尹衍祥（左四），市政府副主席张书盈（右三），市政府特邀咨询张庆明（左一），市高新区党工委书记、主任陶长江（左三）等领导出席奠基仪式（曹梅玲 摄）

【残疾人基础设施建设】 泰安市残疾人康复中心在泰安高新区市委党校西邻，征地4公顷（60亩），总投资1.6亿元，总建筑面积4.2万平方米，一期工程投资9100万元，建筑面积2.1万平方米。市政府研究确定由市城投公司负责代建工作。市残联与市城投公司签订《代建协议》，市残疾人康复中心建设有关手续已全部完成，12月27日举行奠基仪式，开工建设。

【残疾人康复救助】 按照每人每年1.2万～1.32万元康复经费，对全市500名0～6岁残疾儿童进行抢救性康复救助工作。组织专家对受助儿童进行两次评估鉴定，康复效果达80%。与市卫生、人力资源和社会保障社等部门沟通，扩大残疾儿童康复门诊报销范围，将残疾儿童康复纳入门诊慢性病医疗，交一档保费享受二档待遇，补助限额由不超过2万元提高到不超过4万元。全年完成肢残儿童矫形手术任务40例，完成全市0～6岁国家人工耳蜗项目手术筛选工作，完成国家“七彩梦行动计划”贫困肢残儿童假肢、矫形器适配任务87例，配发国家“七彩梦行动计划”肢残儿童辅助器具113件，完成40名国家彩金成人助听器项目适配等工作。

【残疾人致富奔小康】 ①实施“基层党组织结对助残扶贫工程”。市残联在全省基层党组织结对助残扶贫工程推进会上作了经验交流发言。与市委组织部联合印发《泰安市“基层党组织结对助残扶贫工程”实施方案的通知》。全市有1163个基层党组织，结对帮扶残疾人1833户。②实施“第一书记”帮包村“助残致富奔小康”项目。在认真落实好省直“第一书记”扶持全市692户贫困残疾人家庭项目的同时，组织实施市直“第一书记”帮包村“助残致富奔小康”项目。市直选派“第一书记”帮包116个村，按照每户1000元的标准，共扶持549户，项目211个，投入资金54.9万元。③实施“百千万残疾人就业创业扶贫工程”。省残联批准泰安市省级优秀扶贫基地11处、“共享阳光”残疾人自主创业标兵12名、致富能手13名，争取扶持资金72.5万元。6月，市残工委召开市直残疾人致富能手和市级优秀残疾人就业扶贫基地座谈会，对22名市直残疾人致富能手每人奖励5000元，对5处市级优秀残疾人就业扶贫基地每处扶持10万元，发放扶持资金62万元。

【残疾人扶贫保障】 开展“迎新春、送温暖”活动，对市直未就业的300名贫困残疾人每人发放生活补贴600元，对30名低保重度残疾人发放慰问金1000元。开展残疾人“阳光家园”托养工作项目，新建托养机构6处，投入118万元，完成机构托养240人，居家托养1015人。为2044辆残疾人机动轮椅车按260元/辆标准发放燃油补贴，计53.14万元。投入46万元，为全市200户残疾人家庭进行无障碍改造。为700户聋人配发闪光门铃，为600名盲人发放多功能电子盲杖。

【残疾人维权】 4月14日，市人大常委会执法检查组对全市贯彻落实《山东省实施〈残疾人保障法〉办法》情况进行执法检查并提出审议意见。市残联与市公交公司印发《泰安市残疾人免费乘坐市内公交车实施办法》，泰山区、岱岳区、泰安高新区及泰城范围内持证残疾人免费乘坐市内公交车，县（市、区）参照执行。全市各级法律维权机构为残疾人办理法律援助案件56件。市残疾人法律维权服务中心为残疾人提供法律咨询200人次，办理残疾人法律援助案件10件。做好12345市长热线和政民互动案件13件，处理残疾人来信、来访、来电1000件（次），处结率99.8%，没有发生集体上访及越级上访事件。

【全国助残日活动】 5月18日全国助残日期间，全市各级围绕“关心帮助残疾人，实现美好中国梦”主题，开展一系列扶残助残活动。①举办泰安市第24次“全国助残日”书法笔会活动。29名书法家现场创作书画作品200幅。②开展“让残障不再是谋生之障”泰安助残企业家全国助残日专访活动。泰安市残疾人企业家李心军、查传忠，爱心企业家孙庆军做客泰安日报中华泰山网直播间，介绍残疾人事业发展的特点和残疾人爱心企业家自强不息、成功创业的事迹。③举办"爱聚泰山 圆梦之旅"无障碍旅游活动。鲁苏两地60名残疾人登上泰山、游览"三孔"等景点活动，让残障朋友领略山东的优美风景。④开展"关爱聋儿，共享蓝天"亲子游园活动。组织市残疾人培训服务中心在训聋儿及家长走进花样年华景区，引导聋儿认识并学会发音，增强学习语言的兴趣。⑤举办"关注盲童 保障安全"泰安盲校消防疏散演练活动。消防官兵们根据盲童的特点，通过听、摸、组织演习等方式，给盲生们上了一堂生动、有效的消防演练课。

7月2～3日，全国农村基层党组织助残扶贫经验交流暨农村残疾人扶贫开发工作现场会在泰安召开　　（曹梅玲　摄）

【全国农村基层党组织助残扶贫经验交流暨农村残疾人扶贫开发工作现场会】 7月2～3日，中国残疾人联合会、国务院扶贫办公室、中央组织部在泰安召开全国农村基层党组织助残扶贫经验交流暨农村残疾人扶贫开发工作现场会。与会人员参观宁阳县蒋集镇张龙村、中河村"第一书记"帮包村助残致富奔小康项目实施现场，并考察4户残疾人家庭。泰安市以"市委领导、政府负责、残联协调、组织参与、社会支持、个人实施"为特征的助残扶贫新路子，得到与会领导的好评。

【全市残疾人基本服务状况和需求专项调查残疾人基础信息核查】 按照国务院、省残工委统一部署，开展全市残疾人基本服务状况和需求专项调查活动。12月11日，市残工委召开全市残疾人专项调查工作会议，安排部署具体工作，加大对县（市、区）专项调查督导、检查力度，逐人逐户进行入户调查，对调查对象认真进行登记、录入、分析、汇总，做到乡（镇、街道）不漏村（社区）、村（社区）不漏户、户不漏人、人不漏项。逐级检查验收，逐层落实残工委、残联主要负责人"双签字"制度。同时做好专项调查工作涉及残疾人的个人隐私，层层签订保密协议，保管好有关统计资料，确保万无一失。举办全市残疾人基本服务状况和需求专项调查残疾人基础信息核查工作培训班，对基层技术人员及专职干事进行培训，确保圆满完成调查任务。

【残疾人文体宣传】 组成代表团参加10月份在济宁市举行的省第九届残运会开幕式及参赛任务，获得7金13银7铜，并荣获"体育道德风尚奖"。动员残疾人参与"乘着歌声的翅膀——共享阳光·山东省残疾人歌唱大赛"，肥城市残疾人孙帅获表演奖二等奖，市残联获优秀组织奖。市肢残人协会组织带领市内30名残疾人到新泰市莲花山开展"好客泰安旅游无障碍"活动并撰写调查报告。开展残疾人事业好新闻评选活动，全市上报好新闻评选作品10件，获奖作品7件。发挥各媒体作用，及时通过广播、电视、报纸、网络宣传全市残疾人工作。在县级以上媒体刊发523篇，其中在国家、省级媒体宣传稿件265篇。编写残疾人简报6期，向市委、市政府办公室、市直机关工委报送信息10篇，并全部刊发。

【市残疾人培训服务中心】 年内，市残疾人培训服务中心聋儿语训部语训聋儿15人，其中3名聋儿完成训练，进入普幼。举办聋儿家长培训班，培训聋儿家长30人次。举办盲人按摩医疗考试培训班，培训考生7名，其中4人通过国家考试并取得医疗资格认定。开展“辅具流动服务车进村入户”适配活动，适配辅具182件。全年发放轮椅、拐杖、助行器、防褥疮坐垫等各类辅具1241件。　　（董　卫　曹梅玲）

【居民收入】 2014年，城镇居民人均可支配收入3.07万元，增长8.9%，扣除价格因素影响，实际增长7.0%；农民人均纯收入1.29万元，增长11.8%，扣除价格因素影响，实际增长9.8%，高于城镇居民可支配收入实际增幅高2.8个百分点。城镇居民人均可支配收入和农民人均纯收入之比由2013年的2.44∶1缩小到2014年的2.38∶1。

工资性收入　城镇居民人均工资性收入2.15万元，增长5.8%，占人均可支配收入的70.1%，拉动城镇居民人均可支配收入增长4.2个百分点。农民人均工资性收入7090元，增长13.8%，占农民人均纯收入的54.9%，拉动农民人均纯收入增长7.4个百分点，工资性收入成为农村居民增收的主要支撑。

经营性收入　城镇居民人均经营净收入3432元，增长9.8%，占人均可支配收入的11.2%；农民人均家庭经营纯收入5045元，增长9.2%，占农民人均纯收入的39.1%。泰安出台一系列优惠扶持政策，鼓励小微企业、个体私营经济发展，拉动居民经营净收入不断增加，对居民可支配收入增长起到明显推动作用。

财产性收入　城镇居民人均财产性收入1496元，增长8.1%；农村居民人均财产性纯收入265元，增长16.2%，比农民人均纯收入增幅高出4.4个百分点。居民的财产性收入主要由4个方面构成：一是以储蓄、信贷、入股等方式所取得的利息、股金、红利收入；二是私有财产取得的租金收入；三是集体公共财产取得的财产性收入；四是土地征用补偿收入。除利息收入外，房租收入、转让承包土地经营权收入等逐渐成为财产性收入的重要内容。

转移性收入　城镇居民人均转移性收入5448元，增长2.4%；农村居民人均转移性纯收入513元，增长9.6%。粮食直补、良种补贴、综合补贴、农机具补贴等各类补贴按时足额发放，补贴标准不断提高。同时，新型农村居民养老保险全覆盖，新型农村合作医疗补助标准和农村低保标准提高，企业退休人员养老金上调，社会保障制度不断完善，使农民政策性收入较快增长，在一定程度上降低农村居民生活中潜在的风险，也为农民增收解除后顾之忧。随着居民收入多元化格局的形成，转移性收入拉动居民收入增长的潜力巨大。

【居民消费支出】 2014年，城镇居民人均消费性支出1.97万元，增长8.3%，消费支出占可支配收入的比重为64.2%；恩格尔系数31.5%。农村居民人均生活消费支出7158元，增长13.3%，比城镇居民消费支出增幅高出5个百分点。农村居民人均消费支出占农民人均纯收入的比重为55.4%，农村居民的人均消费率比城镇居民低8.8个百分点。农村居民恩格尔系数36.8%，比城镇居民恩格尔系数高5.3个百分点。虽然城镇居民人均消费性支出和农村居民人均生活消费支出之比由2013年的2.88∶1缩小到2014年的2.75∶1，但城乡居民之间的消费差距依然明显。

从构成看，城乡居民八大类消费支出全部上升。其中，城镇居民人均食品支出6216元，增长9.7%；衣着支出2221元，增长7.7%；居住支出1690元，增长9.9%；生活用品及服务支出1478元，增长10.7%；交通通信支出2609元，增长4.0%；教育文化娱乐支出2888元，增长10.6%；医疗保健支出1816元，增长6.9%；其他用品和服务支出796元，增长1.8%。

农村居民人均食品支出2634元，增长16.1%；衣着支出427元，增长8.1%；居住支出1169元，增长14.4%；生活用品及服务支出541元，增长6.7%；交通通信支出845元，增长12.6%；教育文化娱乐支出954元，增长13.4%；医疗保健支出512元，增长9.2%；其他用品和服务支出76元，增长16.9%。　　（纪　萍）

编辑·校对　**袁立轩**

县市区

泰山区

【概况】 泰山区因境内泰山而得名。位于泰安市中部，东西南三面与泰安市岱岳区搭界，北部与济南市历城区、长清区毗连。

全区总面积337平方公里，辖8个乡(镇、街道),208个村(社区)。年末常住总人口77.72万人。全年实现生产总值443.69亿元，比上年增长9.6%。其中，第一产业增加值9.99亿元，第二产业增加值154.84亿元，第三产业增加值278.86亿元。固定资产投资339.16亿元，公共财政预算收入28.67亿元，公共财政预算支出18.93亿元。社会消费品零售总额284.84亿元，进出口总额8.59亿美元。年末金融机构本外币各项存款余额211.36亿元，其中居民储蓄存款余额146.41亿元。

粮食播种面积6840公顷，粮食总产量5.08万吨，蔬菜产量16.16万吨，水产品产量950吨，肉类总产量0.93万吨，禽蛋产量0.86万吨，奶类产量11.56万吨。规模以上工业企业148家，规模以上工业增加值增长10.1%，实现主营业务收入494.24亿元、利润46.18亿元、利税71.93亿元。资质三级及以上建筑企业68家，完成建筑业总产值87.47万元。

公路通车里程682.4公里，其中高速公路通车里程37.8公里。公路完成客运量1636.1万人次，完成货运量1127.07万吨。A级及以上旅游景区5家，全年实现旅游总收入88.5亿元。

普通中学23所，在校生3.7万人。小学57所，在校生4万人。幼儿园163所，在园幼儿2万人。取得市级及以上各类重要科技成果16项，专利申请量506件，授权专利101件。档案馆1座，公共图书馆1所，文化馆1座，农村文化大院126处。广播、电视人口综合覆盖率均达100%。卫生机构435家，其中医院（卫生院）30家、社区卫生服务中心68家。各类卫生机构有床位9055张，卫生技术人员1.08万人。体育馆1座，新增群众体育健身活动场地54个。全年参加市级及以上体育比赛获奖牌116枚。

城镇居民人均可支配收入30715元，人均消费性支出19713元。农村居民人均纯收入14764元，人均生活消费支出7379元。城镇职工基本养老、医疗、失业、工伤和生育保险参保人数分别达到9.65万人、9.23万人、4.15万人、8.06万人和9.44万人。城乡居民养老保险有效参保人数40万人，新型农村合作医疗参合率100%。城镇最低生活保障人数1.43万人，农村最低生活保障人数9073人。

【泰山区获“全国文化先进区”称号】 泰山区构建公共文化服务体系，提升文化软实力，对文化工作实行目标管理责任制；每年安排1500万元文化建设专项资金；建设区、街道（镇）、社区（村）三级公共文化设施服务网络；建设泰山文化大厦，树起全区文化建设的龙头；开展星级文化中心（大院）创建活动；实施以打造小广场、小剧场、小剧团、小团队、小擂台为重点的“文化繁星”工程；全面实施文化品牌战略，依托泰山优势，重点打造泰山民族乐团、泰山画派等文

2014年泰山区、泰山景区乡镇（街道）基本情况

表43

乡镇（街道）名称		财源	岱庙	泰前	徐家楼	上高	省庄	邱家店	大津口
党委书记		刘广博	黄涛	吴杰	玄冬梅	李文	李峥	杨波	宋洪兵
乡镇长（主任）		侯世民	马云峰	陈学刚	房宝玉	倪海亮	孙清华		张继亮
面积（平方公里）		9.9	9.0	70.2	18.85	30.2	68.94	74.63	55.47
年末实有耕地面积（公顷）		–	–	111	486	394	2439	4162	141
村（居）民委员会（个）		29	20	28	16	24	40	44	7
人口（万人）		13.2	13.4	16.2	3.6	12.2	6.3	7.0	1.4
地方财政收入（万元）		85539	55111	46614	21569	24493	6350	3121	2381
农业机械总动力（千瓦）		–	–	2053	2500	640	2561	400000	680
农村用电量（万千瓦小时）		–	–	6985	2485	1156	7022	4655	540
农产品总量（吨）	粮食	–	–	334	3434	1014	29751	30672	30
	棉花	–	–	–	–	–	0.86	26	–
	肉类	–	–	434	1361	2439	3012	1000	868
	牛奶	–	–	2270	4337	1241	18200	700	–
普通初中	学校数（所）	–	–	1	1	2	2	2	1
	在校生数（人）	–	–	360	996	1671	2497	2477	480
	专任教师（人）	–	–	47	62	102	176	149	56
小学	学校数（所）	8	9	7	5	7	8	13	3
	在校生数（人）	5272	3344	5545	2325	2555	3012	2636	534
	专任教师（人）	196	412	194	105	172	168	173	45
乡镇卫生院	床位（张）	–	–	20	20	–	100	60	32
	专业技术人员（人）	44	30	51	42	61	90	76	36
村级卫生室（社区门诊）	数量（所）	27	19	24	10	18	37	40	10
	乡村医生（人）	104	30	38	27	80	117	113	48
居民人均纯收入（元）		30715	34254	37860	19500	19537	16235	11160	14820
居民人均生活支出（元）		19713	21714	27502	8500	8489	13270	10421	7407
享受最低生活保障金人数（人）		3042	3943	2456	1197	1788	2040	2312	442
入住敬老院人数（人）		–	68	–	7	35	87	69	16
敬老院数（所）		–	1	–	1	1	1	1	1

化品牌，让群众乐享文化实惠。12月18日，泰山区被文化部、人力资源和社会保障部联合表彰为“全国文化先进区”。

【康平纳“筒子纱数字化自动染色成套技术与装备”荣获国家科技进步一等奖】 在2015年1月9日举行的国家科学技术奖励大会上，由山东康平纳集团有限公司与机械科学研究总院、山东鲁泰股份有限公司联合研制的“筒子纱数字化自动染色成套技术与装备”获得2014年度国家科学技术进步奖一等奖。该项目是全国纺织机械行业首个国家科学技术进步奖一等奖。康平纳集团通过染色工艺、装备、系统三大创新，研制出适合于筒子纱数字化自动染色的工艺技术、数字化自动染色成套装备及染色生产全流程的中央自动化控制系统，创建了筒子纱数字化自动高效染色生产线，建立起数字化染色车间，实现筒子纱染色从手工机械化、单机自动化到全流程数字化、系统自动化的跨越，使中国成为世界首家突破全流程自动化染色技术并实现工程化应用的国家。该技术装备可为棉纱、毛纱、棉麻纱等各种筒子纱染色，色差与缸差由原来4级提高到4.5级以上，染色1次成功率由原80%提高到95%以上；设备使用效率提高10%～15%，节约用工70%以上；吨纱节水27%、节电12.5%、节气19.4%，减排26.7%。

（刘玉朴）

【概况】 该区因位于泰山脚下，泰山古时亦称岱岳而得名。

全区总面积1750(含高新区)平方公里。辖18个乡(镇、街道)、725个村（居）委会（含北集坡街道）。年末常住总人口90.02万人。全年实现生产总值364.5亿元，比上年增长10.1%。其中，第一产业增加值54.5亿元，第二产业增加值154.56亿元，第三产业增加值155.43亿元。固定资产投资347.20亿元，公共财政预算收入14.05亿元，公共财政预算支出29.21亿元，社会消费品零售总额148.70亿元，进出口总额2.1亿美元。年末金融机构各项存款余额308.5亿元。

粮食播种面积6.64万公顷，粮食总产量51.08万吨，蔬菜产量249.25万吨，园林水果产量20.52万吨，肉类总产量6.6万吨，禽蛋产量4.1万吨，奶类产量14.0万吨，水产品产量5480吨。农业机械化水平84%。规模以上工业企业220家，规模以上工业增加值增长17.2%，实现主营业务收入397.66亿元、利润33.91亿元、利税43.60亿元。全社会建筑业实现增加值36.0亿元。

6个乡镇开通城乡、镇村公交线路，成为全市唯一被推荐为全省“城乡公交一体化示范县”单位。新建改建公路113.5公里。全区城镇化率54.5%。建成社区综合服务中心47个、污水处理设施11处。启动棚户区改造3142户，完成危房改造300户。建成文体小广场683个，城乡环卫一体户实现全覆盖。区级建设项目环评执行率继续保持100%，全区工业废水排放达标率100%，工业烟尘达标率100%，粉尘达标率100%，集中式饮用水源地达标率100%。A级及以上旅游景区7家，其中AAAA级旅游景区4家，全年接待旅游人数1083.7万人次，实现旅游总收入13.4亿元。首批列入全省乡村旅游专项改革试点县，被评为“2014好客山东全域旅游示范县”。

全区各级各类学校144所，其中小学92所、初中28所、高中5所、特殊学校1所、成教中心校17所、职业学校1所，另有教学点67个。在校生9.9万人，其中小学4.5万人、初中3.1万人、高中1.6万人、特殊教育74人、职业学校3686人。全年发明专利申请176件，授权45件，增长45.2%。各种艺术表演团体3个，公共图书馆1处，群众艺术馆、文化馆各1处，档案馆1处。农家书屋、文化大院全区行政村全覆盖。新建敬老院9处、城市社区日间照料中心9处、农村幸福院118处，新增养老床位2396张。有卫生机构21所，其中医院2所、卫生院15所、社区卫生服务中心2所、卫生防疫机构1所、妇幼保健机构1所。各级各类医疗卫生机构有床位1969张，卫生技术人员2346人。在省第23届运动会预赛中，岱岳区输送运动员获得金牌3枚、银牌5枚、铜牌9枚。

2014年岱岳区、泰安高新区乡镇（街道）基本情况

表 44

乡镇（街道）名称		天　平	粥　店	山　口	范　镇	徂　徕	角　峪	满　庄	黄　前	大汶口
党委书记		王兆富	孙启龙	赵传星	史　伟	赵永东	燕　光	高传波	刘灿军	金　飞
乡镇长（主任）		张　强	李成勇	杨忠军	夏　芳	孔祥国	王宝元	张继庆		张化军
面积（平方公里）		64.22	94.34	57.79	68.68	133.15	63.7	104.22	104.4	97.82
年末实有耕地面积（公顷）		1448	632	2865	4289	4204	3697	4786	707	6110
村（居）民委员会（个）		34	32	44	42	34	29	42	29	45
人口（万人）		3.0	8.6	5.4	5.8	5.7	3.3	7.6	3.4	7.5
地方财政收入（万元）		23615	49226	2311	3385	2145	998	33496	1269	5259
农业机械总动力（千瓦）		5600	9300	35556	19429	60520	26000	83738	2479	45478
农村用电量（万千瓦小时）		1633	31000	3000	2220	3250	4612	16940	850	6755
农产品总量（吨）	粮食	5000	2641	13625	43307	70890	22194360	45630	4324	77700
	棉花	39	7.5	–	2.2	–	1607	66	–	–
	肉类	350	2549	3912	6680	5323	1824	7253	285	7140
	牛奶	–	5855	15680	16193	17411	–	25350	24.9	9149
普通初中	学校数（所）	1	1	2	2	1	1	2	1	2
	在校生数（人）	1563	1960	1790	1710	2250	1148	3189	931	2292
	专任教师（人）	102	103	133	150	123	76	170	76	149
小学	学校数（所）	9	8	6	5	5	3	6	3	5
	在校生数（人）	1455	2346	2887	2654	2580	1209	4806	1402	3350
	专任教师（人）	95	138	160	120	128	89	151	107	192
乡镇卫生院	床位（张）	34	50	100	62	90	50	120	55	100
	专业技术人员（人）	45	31	90	46	62	48	68	48	34
村级卫生室（社区门诊）	数量（所）	26	32	32	35	36	25	52	27	49
	乡村医生（人）	37	154	95	119	103	69	141	59	180
居民人均纯收入（元）		10300	12755	12562	12300	11800	9640	12466	10695	12280
居民人均生活支出（元）		5639	4800	8351	8209	10800	6870	6860	7000	7560
享受最低生活保障金人数（人）		896	1362	1460	2252	2078	1181	2074	1193	2050
入住敬老院人数（人）		20	8	21	21	32	106	73	20	81
敬老院数（所）		1	1	1	1	1	7	1	1	1

续表 44-1

乡镇（街道）名称		良 庄	房 村	道 朗	夏 张	马 庄	祝 阳	化马湾	下 港	北集坡
党委书记		刘建新	鲁瑞森	姚学理	白安东	钱振华	张和江	刘 灏	朱英文	李 劲
乡镇长（主任）		王建斌	公卫刚	张 猛	王 强	秦 晓	李新卫	王 勇	李怀涛	颜丙洪
面积（平方公里）		136.81	94.73	105.36	116.74	57.24	87.12	99.82	154.75	109.11
年末实有耕地面积（公顷）		7559	4390	4711	6872	3854	4461	2794	2273	3448
村（居）民委员会（个）		40	34	43	71	36	56	32	35	47
人口（万人）		6.9	5.9	3.5	6.4	5.1	5.8	3.8	4.1	8.4
地方财政收入（万元）		821	1505	2641	1295	1946	1284	780	611	4635
农业机械总动力（千瓦）		65421	69592	6300	78471	272649	20000	55800	15736	15400
农村用电量（万千瓦小时）		1722.8	1333	1608	2435	1080	3206	1200	1802	1200
农产品总量（吨）	粮食	4.87	34058	2.77	33524	59506	47212	24000	6658	1277
	棉花	–	–	0.5	251	7.87	87.15	5.6	40	21.2
	肉类	4873.5	6069	5000	3805	5325.9	5874.95	3960	3916	1478
	牛奶	3852	355	7280	6423	6313.4	4451.8	1825	2601	2017.5
普通初中	学校数（所）	2	1	2	1	2	2	2	1	–
	在校生数（人）	3100	1299	1900	2045	1760	1400	1035	1290	–
	专任教师（人）	150	104	110	126	112	150	96	90	–
小学	学校数（所）	8	8	2	6	4	4	5	4	10
	在校生数（人）	2900	3075	900	2770	2200	2450	1611	1820	3928
	专任教师（人）	224	174	113	133	126	183	108	126	235
乡镇卫生院	床位（张）	40	50	34	40	40	96	40	40	40
	专业技术人员（人）	62	40	60	62	35	75	48	42	56
村级卫生室（社区门诊）	数量（所）	31	30	34	54	35	49	28	32	44
	乡村医生（人）	132	36	12	123	135	98	75	96	107
居民人均纯收入（元）		12000	11109	10980	11314	12248	10700	10520	10656	–
居民人均生活支出（元）		7000	9700	14200	5846	7504	8500	4050	6715	–
享受最低生活保障金人数（人）		1757	2122	1190	2909	2092	1870	980	1350	857
入住敬老院人数（人）		42	47	15	37	15	14	24	39	16
敬老院数（所）		1	1	1	1	1	1	1	1	1

城镇居民人均可支配收入30715元，农村居民人均纯收入12064元，农民人均生活消费支出7602元。新增城镇就业1万人、转移农村劳动力2.58万人。征缴各项保险费15.9亿元、发放11.4亿元，企业退休人员养老金“十连增”，居民养老保险基础养老金由每人每月65元提高到75元，参保人数突破54万。城乡居民医疗保险补助、农村低保标准每人每年提高到320元、3000元，累计发放低保金5630万元。社会福利企业5个，安置残疾人员143人。

【岱岳区招商项目量增质优】 年内，新开工合同引资额3000万元以上项目83个，实际到位资金123.1亿元，增长24.6%。投资120亿元的泰安国际矿山机械交易博览城、50亿元的中国绿色建材集聚区等68个投资过亿元项目签约落地。“910”工程重点项目完成投资173.2亿元，增长16.2%，泰山玻纤二期、中化集团精细化工产业园、如意科技时尚产业园100万套西装生产线、中石油天然气LNG等30个项目竣工或投产运营。

【岱岳区片区“十大特色产业集群”】 岱岳区实施片区化战略，将17个乡镇（街道）和2个园区整合为“五大片区”，片区间错位发展，片区内抱团发展，建成各具特色的产业聚集区。该区初步形成以宏康机械为代表的装备制造、以中农联合生物科技为代表的精细化工、以泰安如意为代表的纺织服装、以泰和集团为代表的现代建材、以益海嘉里为代表的食品加工、以明佳科技为代表的高新技术、以泰山玻纤为代表的新材料、以中石油天然气LNG为代表的新能源等“十大产业集群”。

【岱岳区完成11件为民实事】 围绕利民、惠民、改善民生的工作原则，岱岳区将为民实事工作办好办实。城镇新增就业1万人，失业人员再就业4990人；农村劳动力转移就业2.6万人；新增创业扶持项目47个，扶持创业人员1871人次，创业带动就业1.06万人次；定点机构准入合格率、村级定点医疗机构网络覆盖率、监管覆盖率均达100%；发展节水灌溉23个村、面积2333公顷（3.5万亩）；解决40个村、2万人的饮水安全问题；帮助949名在校家庭困难大学生办理生源地信用助学贷款599万元，完成率118%；村集体收入5万元以上的村612个，占全区行政村总数的95%；新增规模以上农业龙头企业10家、农民专业合作社237家、家庭农场61家；农村义务教育学校校舍标准化工程项目完工20处、建筑面积8.85万平方米，完成率177%；文体小广场建成279个，占任务的107%，基本实现行政村全覆盖；45个“千村扶贫工程”场地及健身设施建设完成；11个农村社区污水处理设施全部建成并投入使用；300户农村困难群众危房改造完成；完成道路建设105.8公里，完成任务目标的176%；新建农村幸福院118处，占任务数的106%；破获刑事案件2030起，破案率同比上升4.37%。 （程建民）

【概况】 新泰取境内新甫山及泰山首字而得名，地处山东省中部。

全市总面积1933平方公里，辖21个乡（镇、街道）。年末常住总人口133.5万人。全年实现生产总值769.1亿元，比上年增长7.3%。其中，第一产业增加值54.4亿元，第二产业增加值393.4亿元，第三产业增加值321.3亿元。固定资产投资504.9亿元，公共财政预算收入38.1亿元，公共财政预算支出57.1亿元，社会消费品零售总额264.4亿元，进出口总额2.9亿美元。年末金融机构人民币各项存款余额493.0亿元，其中城乡居民储蓄存款余额328.4亿元。

粮食播种面积58793公顷，粮食总产量43.0万吨，蔬菜及食用菌总产量145.1万吨，园林水果产量13.0万吨，肉类总产量14.7万吨，禽蛋产量4.2万吨，奶类产量11.7万吨，水产品产量2000吨。全年新增造林面积4012公顷。农用机械总动力113.6万千瓦。规模以上工业企业451家，规模以上工业增加值比上年增长6.4%，实现主营业务收入1994.2亿元、利润总额89.8亿元、利税总额186.8亿元。全

2014 年新泰市乡镇（街道）基本情况

表 45

乡镇（街道）名称			青　云	新　汶	东　都	小　协	翟　镇	泉　沟	羊　流	果　都	西张庄	天　宝
党委书记			周京文	朱致义	王茂宁	鲁　涛	贾夫军	史新国	李兴胜	李建军	何　涛	毛松竹
乡镇长（主任）			朱　峰	李　彬	刘忠文	刘其鹏	刘焕校	朱　峰	高　涛	宋岱东	泥德润	王怀起
面积（平方公里）			124.57	35.79	63.39	39.08	644.36	91.83	172.22	48.29	42.96	147.41
年末实有耕地面积（公顷）			3609.32	408.17	2540	1231	2725	2979	7820	2472	2144	6318
村（居）民委员会（个）			77	18	33	18	46	33	90	34	28	50
人口（万人）			19.9	10.6	7.4	5.2	7.3	4.7	8.9	3.8	5.3	7.9
地方财政收入（万元）			31805	46025	17965	15381	28203	6417	8034	4838	21996	1255
农业机械总动力（千瓦）			28998	335065	38780	12610	32700	62500	19300	32920	8100	68000
农村用电量（万千瓦小时）			–	2246	1501	403.79	1673	1200	2480	2160	4200	3256.08
农产品总量（吨）		粮食	7728	434	17231	14115	26608	13774.3	58285	35611	31618	69370
		棉花	–	–	6	75	49	70.2	131	–	–	–
		油料	2224	–	1966	992	556	1951.2	9841	1257	625	5880
		水果	46122	–	5000	540	215	567.4	3268	168	3450	17007
教育事业	普通初中	学校数（所）	2	1	1	1	1	1	2	1	1	2
		在校生数（人）	10658	1647	1826	681	3001	2236	2200	1269	1378	2613
		专任教师（人）	659	130	110	69	223	123	160	98	105	132
	小学	学校数（所）	13	7	6	4	7	6	9	5	4	10
		在校生数（人）	21197	2758	2613	1779	3173	2872	5670	1436	2087	4556
		专任教师（人）	1188	501	202	185	213	156	292	125	152	215
卫生事业	乡镇卫生院	床位（张）	2546	–	25	315	60	20	42	30	30	40
		专业技术人员（人）	1064	37	27	121	107	38	93	49	39	76
	村级卫生室	数量（所）	77	18	29	18	43	28	61	30	26	44
		乡村医生（人）	132	56	84	55	103	82	163	70	138	155
生活保障	居民人均纯收入（元）		16493	–	16459	15621	16352	14855	15338	9880	16451	12205
	居民人均生活支出（元）		12341	–	8762	8950	–	9360	6127	6320	10350	7383
	享受最低生活保障金人数（人）		3636	602	1198	191	1499	1051	2223	732	1448	1695
	入住敬老院人数（人）		635	32	86	28	139	96	73	110	100	221
	敬老院数（所）		4	1	1	1	1	1	1	1	1	1
	社会福利企业数（家）		12	–	6	2	–	–	3	–	–	–
	福利企业残疾员工数（人）		236	–	82	36	–	–	47	–	–	–

续表 45-1

乡镇（街道）名称			楼德	禹村	宫里	谷里	石莱	放城	刘杜	汶南	龙廷	岳家庄	新甫
党委书记			苏永涛	李绪涛	张新	李玲	吕熙伟	公维贞	李锋祥	周鹏飞	潘吉民	周典红	刘祥军
乡镇长（主任）			夏恩东	朱文静	李希刚	范育民	李怀爱	李恒统	肖娟	高飞	李秀新	刘西涛	郭吉永
面积（平方公里）			93.84	89.2	85.14	94.79	163.14	68.96	51.85	185.22	152.16	68.09	52.29
年末实有耕地面积（公顷）			5455	4360	4106	4785	8715	3297	2620	8000	5143	3874	1845.91
村（居）民委员会（个）			36	36	43	51	69	23	28	85	53	25	37
人口（万人）			6.8	5.5	6.3	5.0	6.7	3.4	3.1	9.8	5.9	3.6	4.5
地方财政收入（万元）			10410	2073	2126	5429	1137	765	1026	12019	1640	808	13208
农业机械总动力（千瓦）			200000	37000	8236	24000	63660	360	27000	29000	32000	14060	15677
农村用电量（万千瓦小时）			4000	3600	240	441.4877	2160	967	800	9630	1800	1100	-
农产品总量（吨）		粮食	100000	26022	46991	31672.7	11000	15580	3070	32827	3500	5250	339
		棉花	20	26	1.2	26.4	1.1	6.3	-	92	50	17	1
		油料	1000	3996	2326.5	7868.5	12673	3702	1800	7603	2500	4000	120
		水果	50	2102	3086.6	301	2571	504	8000	15652	18742	365	100
教育事业	普通初中	学校数（所）	1	1	1	1	1	1	1	2	2	1	-
		在校生数（人）	3286	1954	1700	2347	2363	984	816	3756	2400	1453	-
		专任教师（人）	244	146	88	126	106	92	42	202	118	87	-
	小学	学校数（所）	9	6	8	7	10	4	5	11	6	4	3
		在校生数（人）	3370	2879	3200	3003	3772	1560	1192	6697	2600	1891	1050
		专任教师（人）	197	159	162	167	209	121	97	351	165	101	93
卫生事业	乡镇卫生院	床位（张）	380	99	30	40	26	30	35	30	30	20	-
		专业技术人员（人）	190	101	43	45	41	40	40	59	58	34	-
	村级卫生室	数量（所）	36	34	33	36	57	21	28	75	47	20	34
		乡村医生（人）	82	95	130	96	126	65	65	207	121	71	69
生活保障	居民人均纯收入（元）		16769	14360	11521	15970	9106	12205	10152	16545	10377	12181	14380
	居民人均生活支出（元）		7962	10052	5000	6752	2146	6230	8600	10609	8600	12046	10296
	享受最低生活保障金人数（人）		1239	1331	800	573	3320	967	1060	3378	2396	1599	630
	入住敬老院人数（人）		60	48	108	102	211	62	78	226	65	74	143
	敬老院数（所）		1	1	1	1	1	1	1	1	1	1	1
	社会福利企业数（家）		2	-	1	1	1	1	-	1	1	-	-
	福利企业残疾员工数（人）		30	-	10	13	35	12	-	20	54	-	-

市三级及以上（新资质）建筑企业75家，完成建筑业总产值143.2亿元，比上年增长0.1%。

公路通车里程3609.5公里，其中高速公路通车里程78.4公里。全市交通总周转量537167.1万吨公里，其中货运周转量达524027万吨公里，客运周转量达131401万人公里。完成邮政业务总量11284万元，完成固话业务量14974万元，完成移动业务收入50604万元。全市城镇化率55.9%。全年城市维护建设资金支出11.6亿元，村镇建设完成投资37.5亿元。建成区绿化覆盖率45.5%，人均公共绿地面积20.4平方米。全年实现旅游总收入21.2亿元，实现旅游创汇2005万美元，实现旅游商品创汇602万美元。接待旅游人数570万人次，接待海外游客4.5万人次。以“新无止境，泰达天下；三圣山水故里，千年诗画新泰；养心祈福地，新泰莲花山”等旅游品牌为引领，举办莲花山观音圣诞、“浴佛节”“六月六庙会”和圣园灯会等活动。

有普通高级中学6所，专任教师1606人，在校生2.3万人；普通初级中学29所，专任教师4243人，在校生5.9万人；中等职业学校2所，专任教师327人，在校生6339人；小学144所，专任教师5051人，在校生7.6万人；幼儿园263所，在园幼儿3.1万人；特殊教育学校1所，在校生91人。全年获得科技成果41项，其中泰安市级11项。专利申请1200项。医疗卫生机构56所（不含计生服务站，下同），其中医院及卫生院52所。实有病床6360张。卫生技术人员7476人。艺术表演场所2处，剧场、影剧院12个，文化馆1个，公共图书馆1个。广播电台1座，电视台1座。2014年，在国内比赛中，获国家级奖牌7枚，其中金牌3枚。全年体育彩票发行额9390万元。

城镇居民人均可支配收入30497元，人均消费性支出19406元。人均住房建筑面积30.7平方米。农民人均纯收入14380元，人均消费支出7383元。农村居民人均住房面积42.9平方米。居民养老保险参保人数76.0万人，其中18.6万人参加城镇基本养老保险。参加城镇基本医疗保险34.2万人。全市低保对象2.0万户（含新汶矿业集团）3.3万人，发放保障金8114.5万元，其中农村低保对象1.8万户2.7万人，发放保障金6178.9万元。全市有各种社会福利收养单位（含敬老院）26处，床位4373张。社会福利企业32个，安置残疾职工645人。销售福利彩票10194.9万元，筹集社会福利基金203.9万元。

【成功创建国家卫生城市】 新泰市自2011年启动创建国家卫生城市，实施专项整治，推行网格化管理，变革式清垃圾、除顽疾、提设施，城市建设和管理发生根本性变化。2013年8月通过国家暗访调研，11月起将城乡环境整治由城市延伸拓展到乡村，推进“乡村文明行动”，12月通过国家技术评估。2014年8月通过技术评估问题整改验收，创建任务全面完成。

【“新泰芹菜”获全国名特优新农产品称号】 新泰芹菜有300多年的栽培历史，全市常年种植面积保持在666.67公顷（1万亩）以上，有空秆、实秆两个品种，株高茎粗细嫩、纤维少，无渣无丝，常温下能在24小时内保持色泽鲜艳，味美不变。新泰市按照“基地特色化、种植规范化、质量标准化、加工精深化、产业集约化、销售品牌化”发展思路，优化农业产业结构，实施品牌战略，带动新泰芹菜等特色农产品产业扩规提档，形成龙头带动、基地联动、市场拉动的特色产业发展新格局。在农业部召开的2014年第二次农产品地理标志登记专家评审会上，新泰芹菜入选2013年度全国名特优新农产品目录。

（杨　洋）

【概况】 肥城因西周时期称肥子国而得名，地处山东省中部、泰山西麓，为“中国佛桃之乡”。

全市总面积1277平方公里，辖14个镇（街道）和1个省级高新技术产业开发区。年末常住总人口96.07万人。全年实现生产总值666.44亿元，比上年增长8.3%。其中，第一产业增加值48.59亿元，第二产业增加值339.01亿元，第三产业增加值

2014 年肥城市乡镇（街道）基本情况

表 46

乡镇（街道）名称		新 城	老 城	潮 泉	王瓜店	桃 园	王 庄	湖 屯	石 横	仪 阳	安临站	孙 伯	安驾庄	边 院	汶 阳
党委书记		贾同国	付 玲	于芳	董 军	刘灿玉	和 强	于 辉	孙衍辉	张德奇	李宝军	崔绪昌	荆文忠	桑逢智	宋玉革
乡镇长（主任）		肖海霞	韩 鹏	朱建国	杜 辉	宋 毅	赵 伟	聂继佩	李开磊	王 涛	王开军	卢 军	王继荣	孙 栋	韩 宁
面积（平方公里）		55.4	78.6	52.91	91.79	100.8	93.69	85.3	94.43	97.4	130.93	70.9	134.15	111.2	79.5
年末实有耕地面积（公顷）		1348	3709	2453	3984	5967	6111	4427	4706	4058	5890	3208	7196	6734	4361
村（居）民委员会（个）		45	30	11	37	40	53	53	48	49	48	17	71	80	53
人口（万人）		14.3	8.0	2.2	8.1	5.2	5.1	8.1	8.8	4.5	5.4	2.7	8.4	8.2	7.0
地方财政收入（万元）		18290	9027	2667	25865	7569	7380	10178	35396	11144	5367	3079	9806	15889	17147
农业机械总动力（千瓦）		81810	36000	35769	91400	98000	37520	82000	92760	71540	4790	57800	81000	–	55002
农村用电量（万千瓦小时）		4902.53	–	2139	981.5	1268	982	3527.4	99899	2269	3660	790	1990	6550	1680
农产品总量（吨）	粮食	10280.39	27093	15190	30085	6162	62317.2	39933	45418	31485	47502	59907	109780	85385	63223
	棉花	16.25	261	41	41.7	144	259.1	46.4	23	113.8	435	2.27	59	13.6	–
	肉类	7523.54	9238	3858	13810.3	7670	6564.5	9668	4623	6896	26173	3958	4018	4989	4963
	牛奶	8285.2	12475	858	5161.7	5045	3808.2	3374	5942	–	3574	–	312	28860	6804
普通初中	学校数（所）	–	2	1	1	1	1	1	1	1	1	1	2	2	1
	在校生数（人）	–	1480	597	2750	1304	1425	1368	1869	1094	1248	874	1956	2190	2074
	专任教师（人）	–	191	53	168	132	129	110	182	115	161	63	239	178	132
小学	学校数（所）	5	4	1	10	7	6	5	8	3	8	1	9	9	3
	在校生数（人）	–	2398	1114	4200	2755	2477	2084	2980	1795	2293	1697	4029	3757	4149
	专任教师（人）	1197	630	61	668	176	167	314	401	166	204	114	291	450	208
乡镇卫生院	床位（张）	120	178	20	99	80	40	40	80	150	60	45	110	156	80
	专业技术人员（人）	77	88	31	23	67	51	36	76	71	67	36	63	84	56
村级卫生室（社区门诊）	数量（所）	22	26	10	28	29	28	37	37	20	27	17	34	49	36
	乡村医生（人）	86	101	29	120	86	83	124	105	82	94	17	123	161	126
居民人均纯收入（元）		15531	14198	12947	14122	13761	13736	14135	15528	14224	13464	13034	14092	15372	15373
居民人均生活支出（元）		–	–	–	–	–	–	–	–	–	–	–	–	–	–
享受最低生活保障金人数（人）		1354	1382	696	641	1774	1858	1376	1769	1563	1564	827	3050	3342	2717
入住敬老院人数（人）		105	65	46	115	115	50	159	145	78	117	118	157	212	174
敬老院数（所）		2	1	1	1	1	1	1	1	1	2	1	2	1	1

278.84 亿元。全社会固定资产投资完成 476.37 亿元，公共财政预算收入 35.46 亿元，公共财政预算支出 48.54 亿元。社会消费品零售总额 236.04 亿元，进出口总额 7.37 亿美元。年末金融机构各项存款余额 403.1 亿元，其中城乡居民储蓄存款余额 269.6 亿元。

粮食播种面积 7.67 万公顷，粮食总产量 58.4 万吨，棉花产量 1682 吨，油料产量 1.17 万吨，蔬菜产量 223.3 万吨，水果产量 12.6 万吨，水产品产量 5001 吨，肉类总产量 8.1 万吨，禽蛋产量 4.1 万吨，奶类产量 8.5 万吨。全年新增造林面积 3724 公顷，林木绿化率 40.2%。全市拥有农业机械总动力 102.8 万千瓦。规模以上工业企业 376 家，规模以上工业增加值比上年增长 4.3%，实现主营业务收入 1285.5 亿元、利润 77.1 亿元、利税 146.7 亿元。资质三级及以上建筑企业 65 家，实现建筑业增加值 76.07 亿元，比上年增长 33.2%，实现利税 5.9 亿元。

公路通车里程 2600.3 公里。完成邮政业务总量 5654.2 万元。全市城镇化率 54.6%。开工保障性安居工程 1786 套，竣工 1200 套。铺设北部镇街区污水支管网 23 公里，建设改造供热管网 30.8 公里，新增供热面积 80 万平方米。城市空气质量良好率 72%。污水集中处理率 95.31%，垃圾无害化处理率 100%。A 级及以上旅游景区 4 家，全年接待旅游人数 142 万人次，实现旅游总收入 17.1 亿元。

有普通高中 6 所，在校生 1.91 万人。普通初中 25 所，在校生 3.18 万人。中等职业学校 1 所，在校生 4577 人。小学 79 所，在校生 5.58 万人。幼儿园 124 所，在园幼儿 2.73 万人。取得重要科技成果 18 项，专利申请量 562 件，授权专利 238 件。有档案馆 1 个，公共图书馆 1 所，文化馆 1 个，农村文化大院实现全覆盖。广播、电视人口综合覆盖率均达 100%。医疗卫生机构 559 所，其中医院 19 个、社区卫生服务中心 2 个、社区卫生服务站 35 个。各类卫生机构有床位 4329 张，卫生技术人员 5203 人。体育馆 1 座，新建公共健身工程 265 个。全年参加市级及以上体育比赛获奖牌 171 枚。

城镇居民人均可支配收入 31152 元，人均消费性支出 18597 元。农村居民人均纯收入 14440 元，人均生活消费支出 7680 元。居民基本养老保险参保人数 56.98 万人，新型农村合作医疗参合人数 72.52 万人。城镇最低生活保障人数 3106 人。农村最低生活保障人数 2.73 万人。

【2014 中华宝钢环境奖获奖者经验交流会在肥城市举行】 10 月 14 日在肥城举行。该次交流会的主题是“共建生态文明、共享绿色未来”。中华宝钢环境奖组委会主任曲格平出席并致辞，中国科学院院士孙鸿烈主持交流会主题论坛，环境保护部自然生态保护司副司长邱启文等与会代表发表演讲，省环保厅厅长张波以及来自环境保护领域的专家和获奖者代表共 130 人参加会议。与会人员参观国电石横发电有限公司和山东石横特钢集团有限公司，听取大气污染防治工作情况介绍；走进肥城桃园镇晒书城小学，参加由中华环保基金会、“芳菲绿色手绢计划”环保校园行活动组共同举行的环保图书、手绢赠送活动。

6 月 25 日，肥城市左丘明文化研究院揭牌仪式举行

（庄惠丽　郝　航　供）

【肥城市成立左丘明文化研究院】 6月25日上午，有“史圣故里”“君子之邑”之称的肥城市举行左丘明文化研究院揭牌仪式，中国孔子研究院院长杨朝明、山东大学美术考古研究所所长刘凤君等专家学者出席仪式。肥城是“史圣”左丘明的故乡，传世名著有《左传》和《国语》，在中国史学史、文学史上占有显著地位。该研究院的成立为历史文化研究者、爱好者发掘、整理历史文化资源、开展文化研究、交流学术思想、汇聚研究成果搭建了平台。

【肥城桃木系列旅游商品获“中国必购旅游商品”称号】 在“2014中国国际旅游商品博览会”上，肥城桃木系列旅游商品夺得“中国必购旅游商品”称号，并以其浓郁的地域特色、精湛的制作工艺荣膺“中国最佳必购旅游商品”。肥城市通过打造桃木旅游商品城、建设桃木旅游商品博物馆、举办全国桃木旅游商品大赛、实施“肥城桃木雕刻流派”培树工程，为桃木旅游商品发展奠定产业基础。全市生产销售企业达160家，全国连锁销售企业1000家，提供就业岗位4万个，产品发展至20个系列3000个品种，占据国内桃木旅游商品市场份额的80%。（庄惠丽　郝　航）

【概况】 西汉，汉高祖于泰山之南置县，因山南为阳，更取“安宁祥和”之意，故名宁阳。位于泰安市西南部。

全县总面积1125平方公里。辖13个乡（镇、街道）。年末常住总人口76.6万人。全年实现生产总值355.12亿元，比上年增长10.0%。其中，第一产业增加值43.75亿元，第二产业增加值162.02亿元，第三产业增加值149.35亿元。固定资产投资298.78亿元，公共财政预算收入12.38亿元，公共财政预算支出29.51亿元。年末金融机构人民币各项存款余额174.5亿元，其中居民储蓄存款余额134.0亿元。社会消费品零售总额135.38亿元，进出口总额1.64亿美元。

粮食播种面积8.18万公顷，粮食总产量59.77万吨，油料产量7.3万吨，蔬菜产量100.56万吨，园林水果产量4.93万吨，肉类总产量10.11万吨，禽蛋产量3.5万吨，奶类产量9.7万吨，水产品产量1900吨。规模以上工业企业379家，规模以上工业增加值增长17.6%，实现主营业务收入1293.86亿元、利润121.05亿元、利税185.77亿元。资质三级及以上建筑业增加值19.1亿元，增长4%。

公路通车里程1757公里。全年完成客运量379万人次，完成货运量1219万吨。全年邮政业实现主营收入5260.2万元，完成电信业务总量13948万元。全县城镇化率38.2%。城市基础设施建设完成投资3.4亿元，村镇建设完成投资15.1亿元。污水集中处理率98.15%，无害化垃圾处理率100%。A级及以上旅游景区3家，全年实现旅游总收入4亿元。

有普通中学21所，在校生3.8万人。中等职业学校1所，在校生0.8万人。小学68所，在校生4.3万人。幼儿园96所，在园幼儿2.2万人。特殊教育学校1所，在校生199人。取得市级及以上各类重要科技成果5项，专利申请量171件，授权专利5件。博物馆1个，档案馆1个，公共图书馆1所，文化馆1个，农村文化大院476个。广播、电视人口综合覆盖率均达100%。卫生机构21个，其中医院（卫生院）19个、社区卫生服务中心2个。各类卫生机构有床位3160张，卫生技术人员3683人。新建农村体育健身工程100个。

城镇居民人均可支配收入25427元，人均消费性支出15355元。农村居民人均纯收入12010元，人均生活消费支出6859元。城镇职工基本养老、医疗、失业、工伤和生育保险参保人数分别达到11.36万人、19.1万人、6.6万人、9.86万人和7.71万人。城乡居民社会养老保险参保人数50.46万人，新型农村合作医疗参合率100%。城镇最低生活保障人数1686人，农村最低生活保障人数1.82万人。

【宁阳县获“全国粮食生产先进县”称号】 宁阳县加大农作物新品种新技术的试验示范推广力度，通过建立粮食作物高产万亩示范片、抓好小麦管理“一喷三防”、推广先进农业机械、开展

2014 年宁阳县乡镇（街道）基本情况

表 47

乡镇（街道）名称		文 庙	八仙桥	泗 店	东 疏	鹤 山	伏 山	堽 城	蒋 集	磁 窑	华 丰	东 庄	葛 石	乡 饮
党委书记		孙 浩	侯妍妍	刘 峰	许 军	纪维建	张 玮	孔志刚	乔田海	马新华	徐彩虹	刘玉华	刘志强	徐 斌
乡镇长（主任）		鲍怀东	杜焕军	徐 锋	范长征	孟令民	高卫东	马祥波	贾德果	韩树栋		郭怀锋	王艳萍	颜承根
面积（平方公里）		27.28	24.04	56.3	84.4	98.1	84.3	118.4	65.0	159.12	108.08	99.6	132.25	67.5
年末实有耕地面积（公顷）		1072	1621	4130	6456	6279	5988	7417	3200	9023	6348	5691	7761	4716
村（居）民委员会（个）		17	24	36	49	49	59	62	32	92	59	45	27	15
人口（万人）		10.4	4.3	4.2	5.5	4.4	5.6	7.0	4.2	9.1	8.1	5.2	5.4	3.2
地方财政收入（万元）		4821	4785	4952	7258	5636	7962	10300	5094	25690	10815	5504	6630	3991
农业机械总动力(千瓦)		65680	67753	85631	73258	65413	81392	91258	74957	87451	83291	71972	75382	61253
农村用电量（万千瓦小时）		–	–	1618.4	1990.9	1730.4	2419.1	2724.1	1866.3	3349.3	2062.3	1783.2	1997.7	1264.9
农产品总量(吨)	粮食	13279	17700	58880	70803	69944	66091	83485	40308	54797	58050	37794	56302	61691
	棉花			9.25	84.02	232.6	16.15	52.7	–	0.42	31.27	44.41	195.04	48.25
	肉类	2419	1576	5825	6210	10152	8182	13625	5429	9886	9526	11503	11886	4896
	牛奶	10927	5777	8321	24325		11181	540	6840	16918	5505	2461	3091	6594
普通初中	学校数(所)			1	1	1	1	1	1	2	1	1	1	1
	在校生数（人）	–	–	261	392	395	539	432	341	756	605	342	274	203
	专任教师（人）	–	–	107	183	130	106	110	102	151	132	81	101	69
小学	学校数(所)	8	3	5	7	7	7	10	6	9	8	6	8	3
	在校生数（人）	298	541	409	574	489	653	607	435	990	704	495	504	252
	专任教师（人）	826	147	185	274	262	235	260	163	283	273	177	251	149
乡镇卫生院	床位（张）			45	195	98	115	110	126	110	520	135	88	83
	专业技术人员（人）	561	84	196	122	128	136	173	122	573	228	148	123	153
村级卫生室（社区门诊）	数量（所）	9	20	27	42	42	47	56	27	61	48	34	44	28
	乡村医生（人）	39	54	83	136	110	149	136	56	158	139	161	156	102
居民人均纯收入（元）		13941	13795	12024	12715	11727	13386	13419	12206	12527	13711	12216	12889	11785
居民人均生活支出(元)		–	–	–	–	–	–	–	–	–	–	–	–	–
享受最低生活保障金人数（人）		484	745	1064	1707	1702	1718	1892	1256	1934	2178	748	1 295	1209
入住敬老院人数（人）		70	105	148	113	126	240	162	156	372	189	177	133	148
敬老院数（所）			1	1	1	1	1	1	1	1	1	1	1	1

7月，全国农村基层党组织助残扶贫工作经验交流暨农村残疾人扶贫开发工作会议在泰安召开。图为与会人员到宁阳县考察泰安温氏畜牧有限公司现场　（赵先法　胡房亭　供）

科技入户和农民培训工程等措施，调动农民种粮积极性，2014年小麦、玉米两大主粮大丰收，总产6.9亿千克，实现“十二连增”，被表彰为“全国粮食生产先进单位（产粮大县）”。

【全国农村基层残疾人扶贫开发工作会议与会人员到宁阳参访】 7月，全国农村基层党组织助残扶贫工作经验交流暨农村残疾人扶贫开发工作会议在泰安召开。与会人员实地参观宁阳县基层党组织助残扶贫工作现场，考察蒋集镇泰安温氏畜牧有限公司、张龙村龙泉畜禽养殖专业合作社、中河村泰山1532生态农业专业合作社3处残疾人就业扶贫基地，走访4户残疾人家庭。宁阳县发挥基层党组织的核心引领作用，实施“助残致富奔小康”项目，每村均选派“第一书记”到村任职，助力残疾人致富增收，全县安置残疾人就业1936人，自主创业643人，在家务农1.45万人，外出务工0.8万人。

【宁阳县获“全省农业机械化先进县”称号】 年内，宁阳县落实农机购置补贴资金1700万元，补贴各类农机具1299台，受益户945户，带动农民投入5000多万元；对上争取农机项目3个，获得项目资金46万元。全县农业机械总动力104.9万千瓦；拖拉机保有量1.69万台，配套机具3.87万台，动力与配套机具比为1∶2.3；全县农作物耕种收综合机械化生产水平达90%。农机合作社53个，其中国家级示范社1个、省级1个、市级4个、县级2个，实现作业收入2360万元。12月，宁阳县被山东省人民政府授予“全省农业机械化先进县”称号。　（赵先法　胡房亭）

【概况】 东平因《尚书·禹贡》中“大野既潴，东原厎平”之说而得名。位于泰安市西南部。

全县总面积1340平方公里，辖14个乡（镇、街道）。年末常住总人口75.43万人。全年实现生产总值346.24亿元，比上年增长10.5%。其中，第一产业增加值40.87亿元，第二产业增加值164.62亿元，第三产业增加值140.76亿元。固定资产投资完成250.0亿元，公共财政预算收入11.3亿元，公共财政预算支出28.1亿元。社会消费品零售总额116.3亿元，进出口总额5.1亿美元。年末金融机构各项存款余额199.0亿元，其中城乡居民储蓄存款余额145.2亿元。

粮食播种面积9.15万公顷，粮食总产量64.31万吨，棉花产量4832吨，油料产量2.06万吨，蔬菜产量76.27万吨，水果产量1.32万吨，肉类总产量5.49万吨，禽蛋产量3.18万吨，奶类产量1.86万吨，水产品总产7.8万吨。全年新增造林面积1936公顷，森林覆盖率30.2%。全县拥有农业机械总动力104.64万千瓦。规模以上工业企业311家，实现增加值比上年增长17.9%，实现主营业务收入1132.4亿元、利润73.4亿元、利税109.0亿元。资质三级及以上建筑企业25家，实现利税11亿元。

公路通车里程2696公里，其中高速公路通车里程34.5公里。公路水路完成客运量640万人次，货运量4765万吨。完成电信业务总量（联通+移动）25843万元，邮政业务总量4495万元。城镇化率37.8%。开工保障性安居工程397套，竣工110套，城市基础设施建设完成

2014 年东平县乡镇（街道）基本情况

表 48

乡镇（街道）名称		东平	彭集	沙河站	州城	新湖	商老庄	戴庙	银山	斑鸠店	旧县	老湖	梯门	大羊	接山
党委书记		仲光亮	王冰	王成元	王文忠	孙琪	齐宝鹏	郭芮	许洪顺	李振福	万中原	李茂忠	牛东	徐国庆	靳庆新
乡镇长（主任）		郑兴利	李萍	张格柱	杨爱华	郭东	李便宁	吴晓剑	王建军	李传科	焦阳	史金龙	常传奎	李振兴	范思安
面积（平方公里）		159.42	75.0	66.22	65.99	105.11	93.82	86.88	104.56	75.97	70.91	113.0	89.76	82.86	149.52
年末实有耕地面积（公顷）		6734	4891	4903	3819	6600	3605	4003	3884	4207	2536	4371	5206	5348	9488
村（居）民委员会（个）		74	53	65	71	54	35	48	44	40	30	71	42	37	52
人口（万人）		15.0	4.6	4.5	6.4	5.3	3.4	4.3	7.6	4.8	2.8	7.0	3.4	3.4	6.4
地方财政收入（万元）		11748	7613	1520	2049	2927	1841	2077	7829	1423	3911	5645	7047	1093	4246
农村机械总动力（千瓦）		68000	26700	91400	132000	9050	6800	9600	314304	41050	5000	93152	112000	138100	119000
农村用电量（万千瓦小时）		8990	588	2356	5795472	1821	382	118	6400	2979	469	2539	784	2051	2194
农牧产品总量（吨）	粮食	67487	40986	59927	60024	95151	42392	42112	41235	25481	6000	37711	61558	61558	122705
	棉花	421	–	30	41	91	108	647	3355	409	1200	818	209	209	239
	肉类	7620	3465	5743	6771	5549	2631	15975	4742	3292	760	6400	2296	2296	3500
	牛奶	1071	1750	1584	4745	1177	–	1923	1862	–	–	–	369	369	2532
普通初中	学校数（所）	1	1	1	2	1	1	1	1	1	1	1	1	1	2
	在校生数（人）	1650	1816	1242	2054	1400	340	666	1485	1750	506	1163	900	900	1217
	专任教师（人）	144	138	120	177	97	40	73	116	98	62	115	67	67	181
小学	学校数（所）	4	11	8	7	9	5	7	11	7	3	8	6	6	10
	在校生数（人）	1925	4100	1645	1907	2200	1717	2011	3026	2292	657	2224	1100	1100	2670
	专任教师（人）	665	190	132	172	153	95	158	210	102	72	170	136	145	177
乡镇卫生院	床位（张）	60	43	40	30	10	12	108	65	60	20	60	20	20	35
	专业技术人员（人）	101	78	59	48	35	39	125	90	54	23	96	38	38	76
村级卫生室（社区门诊）	数量（所）	51	36	34	30	33	17	23	39	37	12	35	19	19	38
	乡村医生（人）	180	114	122	127	103	86	111	190	120	66	146	62	62	222
居民人均纯收入（元）		12048	11378	10708	11679	10591	7406	9275	11836	11592	9009	8321	8673	8821	11285
居民人均生活支出（元）		7557	2860	5610	5640	5968	3482	7600	5972	6562	4200	5527	8500	3512	7980
享受最低生活保障金人数（人）		2720	2489	1978	2980	2488	1100	1611	1350	1904	683	2970	1441	1781	3077
入住敬老院人数（人）		232	109	97	168	80	53	150	133	70	48	142	90	140	132
敬老院数（所）		1	1	1	1	1	1	1	1	1	1	2	1	1	1

5月25日，2014年中国乒乓球俱乐部超级联赛（东平赛区）在东平体育馆开赛。图为八一冀中能源与大连海昌队入场仪式 （于 磊 摄）

投资1.2亿元，村镇建设完成投资5.1亿元。城市空气质量良好率82.2%。城区污水集中处理率94%，垃圾无害化处理率100%。A级及以上旅游景区10家，全年接待旅游人数500万人次，实现旅游综合收入30亿元。

有普通高中3所，在校生1.42万人。普通初中18所，在校生2.66万人。中等职业学校2所，在校生5846人。小学102所，在校生3.52万人。幼儿园135所，在园幼儿2.43万人。取得重要科技成果45项，获得市级及以上科学技术奖6项，国内发明专利申请量69件，授权专利10件。有博物馆1个，档案馆1个，公共图书馆1所，文化馆1个，农村文化大院510个。广播、电视人口综合覆盖率均达100%。医疗卫生机构123所，其中医院（含卫生院）19所、社区卫生服务中心（站）11个。各类卫生机构有床位2485张，卫生技术人员3079人。体育馆1座，新建公共健身工程141个。全年参加市级及以上体育比赛获奖牌19枚。

城镇居民人均可支配收入22457元。农村居民人均纯收入10598元，人均生活消费支出5972元。居民基本养老保险参保人数48.4万人，城乡居民医疗保险参保人数69.5万人。城市最低生活保障人数1327人，农村最低生活保障人数3.01万人。福利中心1处，床位120张。

【“大运河”申遗成功 “运河之心”戴村坝入列】 2012年，东平县戴村坝（含大汶河东平段）作为“运河之心”被列入大运河申请世界遗产申请报告名单，2013年9月顺利通过国际有关专家的考察评估。2014年6月22日，在卡塔尔首都多哈召开的第38届世界遗产大会审议并通过中国提交的“大运河”申遗申请，被誉为“运河之心”的山东东平戴村坝榜上有名。

【农村改革“东平模式”在全国推广】 东平县积极探索农村产权制度改革，以开展土地股份合作试验为突破口，成立全市首家土地股份合作社，2014年1月3日组建全省首家县级农村综合产权交易所，以落实集体所有权、稳定农户承包权、放活土地经营权为指引，推进土地股份化、产权资本化、农民组织化、农业产业化，引导农民带地入股，通过发展土地股份合作社，推行土地股份制改革，实现以地养农、以社兴农、以业富农，让土地真正“活”起来。东平县“农村集体产权股份合作制改革”的模式，被农业部、中国社会科学院、国务院发展研究中心等组织的“土地股份合作与集体经济有效实现形式高端论坛”评为“地方政府改革创新成果”并予以推广。

【东平县成为全国第二批农村改革实验区】 12月，全国农村改革试验区工作会议召开。会上，农业部、中央农村工作领导小组办公室等13部委联合印发《关于第二批农村改革实验区和实验任务的批复》，东平县跻身全国第二批农村改革试验区，承担“农村集体产权股份合作制改革试点”的任务，是山东省获批的两个县级试验区之一。 （杜 梅）

编辑·校对 戚淑娟

人　物

市级领导人

李洪峰　男，汉族，1956年6月出生，山东青州人。1975年11月加入中国共产党，1972年12月参加工作。中央党校研究生学历，哲学学士。

1972年12月至1975年3月，青州市东夏公社李集小学民办教师；1975年3月至1976年11月，青州市农村工作队队员；1976年11月至1978年10月，潍坊昌潍水文分站工人；1978年10月至1982年7月，山东大学哲学系哲学专业学生；1982年7月至1988年8月，山东省委宣传部干事、主任干事；1988年8～12月，山东省委宣传部副处级巡视员；1988年12月至1994年10月，山东省委宣传部研究室副主任；1994年10月至1996年2月，山东省委宣传部研究室主任(1995年10月至1996年2月，挂职任汶上县委副书记）；1996年2月至2001年1月，泰安市委常委、宣传部部长；2001年1月至2002年1月，泰安市委副书记、宣传部部长；2002年1月至2005年12月，泰安市委副书记；2005年12月至2006年2月，泰安市委副书记、市政府党组副书记（2004年3月至2006年1月，中央党校研究生院在职研究生班马克思主义哲学专业学习）；2006年2～12月，泰安市委副书记，市政府副市长、党组副书记，市国资委党委书记；2006年12月至2007年2月，泰安市委副书记，市政府代市长、党组书记；2007年2月至2011年12月，泰安市委副书记，市政府市长、党组书记。2011年12月至2012年2月，泰安市委书记，泰安市委党校校长。2012年2月以后，泰安市委书记、市人大常委会主任，市委党校校长。

王云鹏　男，汉族，1961年11月出生，山东巨野人。1982年8月加入中国共产党，1981年1月参加工作。省委党校研究生学历。

1979年2月至1980年12月，曲阜师范学校大专班中文专业学习；1981年1月至1984年8月，济宁团地委宣传干事；1984年8月至1985年5月，济宁团市委常委、工农青年部部长；1985年5月至1988年6月，济宁团市委常委、宣传部部长（1986年9月至1987年9月，济宁市湖区开发驻微山县留庄乡工作组组长）；1988年6月至1991年2月，济宁团市委副书记（1989年9月至1991年2月，挂职任微山县委副书记）；1991年2月至1994年10月，济宁团市委书记；1994年10月至1995年2月，汶上县委副书记、代县长（1994年9月至1995年1月，在省委党校中青年干部培训班学习）；1995年2月至1997年12月，汶上县委副书记、县长（1993年9月至1996年7月，在省经济管理干部学院业余本科班经济管理专业学习）；1997年12月至1999年10月，汶上县委书记、党校校长，县人武部第一政委；1999年10～12月，济宁市委常委、汶上县委书记；1999年12月至2006年12月，济宁市委常委、秘书长（2000年9月至2003年6月，在省委党校在职干部研究生班经济管理专业学习）。2006年12月至2009年2月，泰安市委常委，市政府副市长、党组副书记，市国资委党委书记；2009年2月至2011年12月，泰安市委副书记。2011年12月至2012年2月，泰安市委副书记，市政府代市长、市政府党组书记。2012年2月以后，泰安市委副书记，市政府市长、党组书记。

李希信 男，汉族，1962年11月出生，山东临邑人。1983年7月参加工作，1984年7月加入中国共产党。省委党校研究生学历。

1979年9月至1983年7月，山东农业大学农学系农学专业学习。1983年7月至1985年5月，平原县王打挂公社干事、团委书记。1985年5月至1995年5月，德州市委组织部干部科副科长、正科级巡视员、科长（其间：1989年9月至1991年7月，山东省委党校党政干部研究生班脱产学习；1993年3月至1994年5月，挂职陵县丁庄乡党委副书记）。1995年5月至1997年12月，陵县县委常委、组织部部长。1997年12月至2002年12月，陵县县委副书记、县长。2002年12月至2007年4月，陵县县委书记。2007年4月至2008年1月，德州市委常委、秘书长。2008年1月至2010年12月，德州市委常委、副市长。2010年12月至2014年1月，聊城市委常委、常务副市长。2014年1月以后，泰安市委副书记。

陈　刚 男，汉族，1958年4月出生，山东临邑人。1978年2月加入中国共产党，1975年8月参加工作。省委党校研究生学历。

1975年8月至1978年2月，泰安县邱家店公社下乡知青、公社团委副书记、农业学大寨工作队副队长；1978年2月至1981年1月，陆军某营某连战士、副班长、班长；1981年1～7月，山东省军区教导大队学员、副班长；1981年7月至1983年9月，莱芜县人武部见习参谋、正排职参谋；1983年9月至1985年9月，泰安军分区司令部正排职、副连职参谋；1985年9月至1987年7月，山东电大党政干部管理干修科学员；1987年7月至1988年1月，泰安军分区司令部副连职参谋；1988年1月至1989年12月，泰安市人事局干部；1989年12月至1992年10月，泰安市人事局档案科、干部科副科长（1989年8月至1992年6月，中央党校函授学习）；1992年10月至1995年12月，泰安市人事局干部科科长（其间：1993年9月至1995年6月，省委党校研究生班党政干部管理专业学习）；1995年12月至1998年12月，肥城市委常委、组织部部长；1998年12月至2001年1月，肥城市委副书记、副市长；2001年1～3月，泰安市泰山区委副书记、代区长；2001年3月至2003年1月，泰安市泰山区委副书记、区长；2003年1月至2007年1月，泰安市泰山区委书记、党校校长；2007年1～3月，泰安市总工会主席、党组书记。2007年3月至2012年2月，泰安市委常委，市总工会主席、党组书记。2012年2月以后，泰安市委常委、秘书长。

刘卫东 男，汉族，1962年1月出生，山东肥城人。1982年11月加入中国共产党，1980年7月参加工作。省委党校研究生学历。

1980年7月至1983年8月，肥城县王瓜店公社团委干事、团委副书记；1983年8月至1985年3月，肥城县委组织部干事、县委办公室秘书；1985年3月至1986年12月，肥城县委研究室副主任；1986年12月至1989年4月，泰安市委组织部秘书科副科长、调研室副主任；1989年4月至1993年1月，泰安市委组织部研究室主任；1993年1月至1994年9月，泰安市委组织员办公室主任（副县级）；1994年9月至1996年1月，泰安市委组织部副部级巡视员、市委组织员办公室主任；1996年1月至1997年12月，泰安市郊区区委副书记；1997年12月至1998年2月，肥城市委副书记、代市长；1998年2月至2003年1月，肥城市委副书记、市长；2003年1月至2007年1月，宁阳县委书记、党校校长（2001年9月至2004年6月，山东省委党校在职干部研究生班经济管理专业学习）；2007年1月至2008年9月，宁阳县委书记、党校校长，县人大常委会主任；2008年9月至2009年2月，泰安市副市级干部，宁阳县委书记、党校校长，县人大常委会主任；2009年2月至2010年12月，泰安市副市级干部，泰安经济开发区、泰安高新技术产业开发区党工委书记、管委会主任；2010年12月至2011年12月，泰安市委常委，泰安经济开发区、泰安高新技术产业开发区党工委书记、管委会主任；2011年12月至2012年2月，泰安市委常委，市政府党组副书记，泰安经济开发区、泰安高新技术产业开发区党工委书记、管委会主任。2012年2月以后，泰安市委常委，市政府副市长、党组副书记。

张宏伟 女，汉族，1972年6月出生，山东梁山人。1990年6月加入中国共产党，1992年7月参加工作。省委党校研究生学历。

1990年9月至1992年7月，莱阳农学院农经系经济管理专业学习；1992年7月至1993年6月，淄博市临淄区永流乡经管站办事员；1993年6月至1994年6月，淄博市临淄区永流乡建设环保土地委员会副主任；1994年6月至1997年3月，淄博市临淄区永流乡党委委员（其间：1993年8月至1996年4月，在中央党校函授学院本科班经济管理专业学习）；1997年3月至1999年3月，淄博市临淄区团委副书记（其间：1998年3月至1999年2月，在团省委青农部挂职锻炼）；1999年3～8月，团省委青农部副主任科员；1999年8月至2001年5月，团省委青农部主任科员；2001年5月至2002年10月，团省委办公室副主任；2002年10月至2003年1月，团省委常委、办公室副主任；2003年1～5月，团省委常委、权益部副部长；2003年5月至2008年8月，团省委常委、权益部部长（其间：2000年9月至2003年6月，在省委党校在职干部研究生班经济管理专业学习；2006年2月至2007年1月，挂职国家开发银行信用管理局局长助理）；2008年8月至2009年9月，团省委常委、组织部部长（其间：2009年1月获大连理工大学工程硕士学位）；2009年9月至2011年12月，省社会主义学院副院长、党组成员；2011年12月至2015年5月，泰安市委常委，新泰市委书记、党校校长。2015年5月以后，调临沂市工作。

唐福泉 男，汉族，1963年7月出生，山东荣成人。1986年7月加入中国共产党，1989年7月参加工作。经济学博士。

1982年9月至1986年7月，山东大学经济管理专业学生。1986年7月至1989年7月，山东大学国民经济计划与管理专业硕士研究生。1989年7月至1992年11月，山东省人事局调研室干部（其间：1989年10月至1991年4月，挂职任齐河县华店乡组织干事）。1992年11月至1994年1月，山东省人事局调研室副主任科员。1994年1月至1996年11月，山东省人事局调研室主任科员。1996年11月至2001年5月，山东省人事厅政策法规处助理调研员（其间：1997年6月至1998年4月到日本学习研修）。2001年5月至2002年9月，山东省人事厅政策法规处副处长（其间：2000 年 7 月至 2002 年 9 月挂职任沂源县委副书记）。2002 年 9 ~ 12 月，沂源县委副书记。2002 年 12 月至 2003 年 1 月，淄博市临淄区委副书记、代理区长、区政府党组书记。2003 年 1 ~ 4 月，淄博市临淄区委副书记、区长、区政府党组书记。2003 年 4 月至 2004 年 9 月，淄博市临淄区委副书记、区长、区政府党组书记，齐鲁化工区管委会副主任、工委副书记。2004 年 9 月至 2006 年 12 月，淄博市临淄区委副书记、区长、区政府党组书记，齐鲁化工区管委会主任、工委副书记（其间：2005 年 4 ~ 10 月，省中青年干部赴美国康州培训团学习）。2006 年 12 月至 2007 年 1 月，淄博市临淄区委书记。2007 年 1 月至 2008 年 4 月，淄博市临淄区委书记、区人大常委会主任、区委党校校长，齐鲁化工区管委会主任、工委副书记（2004 年 9 月至 2007 年 12 月，南开大学国际贸易学专业博士研究生班学习，获经济学博士学位）。2008 年 4 月至 2010 年 1 月，淄博市临淄区委书记、区人大常委会主任、区委党校校长，齐鲁化工区工委书记。2010 年 1 ~ 4 月，淄博市副市长、市政府党组成员，淄博市临淄区委书记、区人大常委会主任、区委党校校长，齐鲁化工区工委书记。2010 年 4 月至 2011 年 12 月，淄博市副市长、市政府党组成员。2011 年 12 月至 2012 年 2 月，淄博市副市长、市政府党组成员，淄博市委秘书长。2012 年 3 月至 2013 年 12 月，淄博市委常委、秘书长。2013 年 12 月至 2014 年 1 月，泰安市委常委。2014 年 1 月以后，泰安市委常委、组织部部长，市老年大学校长。

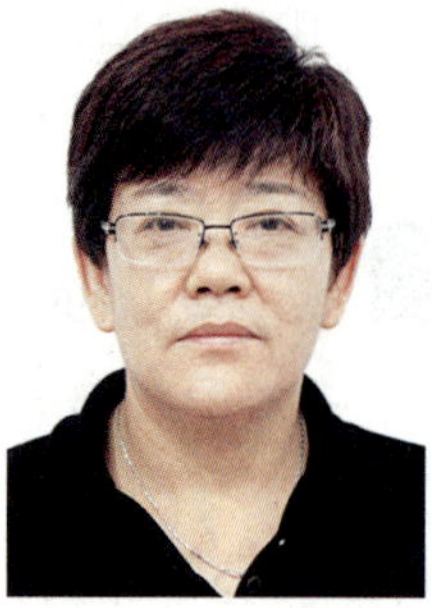

周桂萍 女，汉族，1960 年 12 月出生，山东蒙阴人。1989 年 9 月加入中国共产党，1990 年 8 月参加工作。研究生学历，管理学硕士。

1978 年 10 月至 1981 年 8 月，沂南县饮食服务公司职工；1981 年 8 月至 1990 年 8 月，沂南县新新综合服务公司经理；1990 年 8 月至 1995 年 7 月，沂蒙制动材料总厂副厂长（其间：1991 年 9 月至 1995 年 7 月，在中国人民大学经济学系劳模班经济管理专业学习）；1995 年 7 月至 1997 年 1 月，省经济贸易委员会企业处科员；1997 年 1 月至 2000 年 10 月，省经济贸易委员会主任科员；2000 年 10 月至 2003 年 1 月，省经济贸易委员会企业处助理调研员（2000 年 6 月至 2001 年 8 月，挂职任鱼台县副县长；2001 年 8 月至 2003 年 1 月，挂职任鱼台县委副书记）；2003 年 1 月至 2006 年 12 月，汶上县委副书记、县长（其间：2004 年 7 月至 2005 年 1 月，山东省中青年领导干部赴美国康涅狄格州中央州立大学培训班学员）；2006 年 12 月至 2010 年 1 月，汶上县委书记；2010 年 1 ~ 2 月，济宁市副市长，汶上县委书记；2010 年 2 ~ 4 月，济宁市副市长，济宁北湖省级旅游度假区党工委书记，汶上县委书记；2010 年 4 月至 2011 年 12 月，济宁市副市长，济宁北湖省级旅游度假区党工委书记（2008 年 9 月至 2011 年 7 月，在中国科学院研究生院管理科学与工程专业学习，2011 年 7 月获管理学硕士学位）；2011 年 12 月至 2015 年 1 月，滨州市委常委、宣传部部长；2015 年 1 ~ 2 月，泰安市委常委；2015 年 2 月以后，泰安市委常委，市政府副市长、党组副书记。

张瑞东 男，汉族，1959 年 2 月出生，山东宁阳县人。1978 年 12 月加入中国共产党，1980 年 12 月参加工作。山东省委党校在职干部研究生班经济学专业毕业。

1980 年 12 月至 1986 年 8 月，宁阳县农牧局技术员；1986 年 8 月至 1988 年 5 月，宁阳县委农工部干事、人秘科科长；1988 年 5 月至 1988 年 9 月，宁阳县政府研究室秘书；1988 年 9 月至 1990 年 3 月，宁阳县政府研究室副科级研究员；1990 年 3 月至 1992 年 12 月，宁阳县政府办公室副主任（其间：1989 年 9 月至 1992 年 6 月，在中央党校函授本科党政管理专业学习）；1992 年 12 月至 1993 年 11 月，宁阳县政府办公室副主任兼体改委主任；1993年11月至1994年12月，宁阳县政府办公室副主任（正科级）；1994年12月至1996年7月，宁阳县政府办公室主任；1996年7月至1997年12月，宁阳县宁阳镇党委书记兼人大主席（其间：1995年9月至1997年12月，在省委党校在职干部研究生班经济学专业学习）；1997年12月至2000年1月，宁阳县委常委、办公室主任；2000年1月至2001年2月，宁阳县委常委、副县长；2001年2～11月，宁阳县委副书记；2001年11月至2003年1月，泰安市国有资产经营有限公司董事长、党委书记；2003年1月至2010年12月，肥城市委书记、党校校长；2010年12月至2011年1月，泰安市政府党组成员；2011年1月至2015年5月，市政府副市长、党组成员。2015年5～6月，泰安市委常委、市政府副市长、市委宣传部部长；2015年6月以后，泰安市委常委、宣传部部长。

赵明东 男，汉族，1960年9月出生，山东荣成人。1981年7月参加工作，1991年12月加入中国共产党。省委党校研究生学历。

1979年9月至1981年7月，烟台师范专科学校中文系中文专业学生；1981年7月至1988年9月，省邮电学校教师、助理讲师；1988年9月至1990年5月，省监察厅研究室干部、科员；1990年5月至1993年1月，省监察厅研究室、第一监察处副主任科员；1993年1～3月，省监察厅第一监察处主任科员；1993年3月至1997年7月，省纪委第二纪检监察室正科级检查员（其间：1995年9月至1997年7月，省委党校党政干部研究生班学员）；1997年7月至1999年8月，省纪委研究室正科级检查员；1999年8月至2001年5月，省纪委研究室副处级检查员；2001年5月至2002年12月，省纪委干部室副处级检查员；2002年12月至2004年6月，省纪委干部室正处级检查员；2004年6月至2011年12月，省纪委干部室副主任（其间：2011年3～7月，省委党校第21期中青班学员）；2011年12月以后，泰安市委常委、市纪委书记。

王德慧 男，汉族，1962年4月出生，山东乐陵人。1980年9月参加工作，1982年11月加入中国共产党。中央党校大学学历。

1980年9月至1983年9月，济南陆军学院学员；1983年9月至1984年12月，济南陆军学院技术教研室正排职教员；1984年12月至2011年12月，先后在济南军区政治部、二十六集团军政治部任职；2011年12月至2012年1月，泰安军分区政委；2012年1月以后，泰安市委常委、泰安军分区政委。

郭德文 男，汉族，1964年5月出生，山东牟平人。1986年6月加入中国共产党，1987年7月参加工作。大学学历。

1983年9月至1987年7月，山东师范大学中文系学生；1987年7～8月，山东师范大学校长办公室干部；1987年8月至1992年10月，省政府外事办公室宣传处、机关党委干部（其间：1989年10月至1991年4月，邹平县孙镇乡锻炼）；1992年10月至1994年9月，省政府外事办公室秘书处副主任科员；1994年9月至1996年10月，省政府外事办公室机关党委主任科员；1996年10月至2000年6月，省政府外事办公室秘书处副处长（其间：1999年8～12月，参加省委组织部青年干部班赴国外学习英语，获国家外派学习资格证书）；2000年6～9月，省政府外事办公室秘书处副处长，挂职新泰市委副书记；2000年9月至2002年10月，省政府外事办公室机关服务中心主任，挂职新泰市委副书记（1998年9月至2001年7月，在山东师范大学研究生班中文专业学习）；2002年

10月至2003年1月，新泰市委副书记（正县级）；2003年1月至2006年12月，东平县委副书记、县长（其间：2003年5～11月，参加山东省青年干部行政管理培训班赴美国伊利诺伊大学学习）；2006年12月至2007年3月，新泰市委副书记、代市长；2007年3月至2009年2月，新泰市委副书记、市长（其间：2006年1月至2008年6月，在武汉大学软件工程专业学习，获工程硕士学位）；2009年2～3月，新泰市委书记、市长；2009年3月至2010年2月，新泰市委书记、党校校长；2010年2月至2011年12月，新泰市委书记、党校校长、市人大常委会主任；2011年12月至2012年1月，新泰市人大常委会主任；2012年1～2月，泰安市委常委候选人。2012年2月以后，泰安市委常委、政法委书记。

宋洪银 男，汉族，1964年1月出生，山东肥城人。1983年6月加入中国共产党，1985年7月参加工作。省委党校研究生学历。

1981年9月至1985年7月，曲阜师范大学政治系政治专业学生；1985年7月至1986年4月，肥城县新城镇党委秘书（其间：1985年11月至1986年3月，泰安市委组织部帮助工作）；1986年4月至1991年9月，泰安市委组织部青年干部科干部（其间：1989年6月至1990年12月，泰安市郊区北集坡镇丁家洪沟村包村）；1991年9月至1997年2月，泰安市委组织部企事业干部科（青年干部科）副科级干事（其间：1993年8月至1996年7月，山东经济管理干部学院经济管理专业学习）；1997年2～9月，泰安市委组织部企事业干部科（青年干部科）副科长、主任科员；1997年9月至2000年12月，泰安市委组织部企事业干部科（青年干部科）科长（其间：1998年5月至2000年5月，天津财经学院研究生课程进修班会计专业学习）；2000年12月至2006年12月，泰安市委组织部副部长（其间：2000年9月至2001年1月，泰安市委党校第十一期中青年干部培训班学习；2006年2～5月，省委党校县级干部培训班学习）；2006年12月至2007年11月，新泰市委副书记（其间：2004年9月至2007年6月，省委党校在职干部研究生班经济管理专业学习）；2007年11～12月，泰安市泰山区委副书记、区人民政府代理区长；2007年12月至2010年12月，泰安市泰山区委副书记、区人民政府区长、党组书记（其间：2010年3～7月，省委党校第二十期中青年干部培训班学习）；2010年12月至2012年1月，泰安市泰山区委书记、党校校长；2012年1月至2015年5月，泰安市泰山区委书记、党校校长、区人大常委会主任；2015年5月以后，泰安市委常委，泰山区委书记、党校校长，区人大常委会主任。

支建立 男，汉族，1955年10月出生，山东陵县人。1976年6月加入中国共产党，1972年12月参加工作。省业余大学学历。

1972年2～12月，泰安地区宁阳县机械厂工作（计算连续工龄）；1972年12月至1973年7月，泰安地区宁阳县教育局工作；1973年7月至1976年1月，泰安地区宁阳师范学校教师；1976年1月至1979年10月，泰安地区宁阳团县委学校工作部副部长；1979年10月至1981年11月，泰安团地委干事；1981年11月至1984年3月，泰安团地委组织部副部长；1984年3～9月，泰安团地委副书记；1984年9月至1986年7月，省委党校干修科党政专业学习；1986年7月至1988年5月，泰安团地委副书记（其间：1987年2月至1988年5月主持工作）；1988年5月至1996年7月，泰安市人事局副局长（其间：1993年9月至1996年7月，在省经济管理干部学院业余本科班经济管理专业学习）；1996年7月至1998年12月，泰安市委组织部副部长；1998年12月至2001年4月，泰安市委组织部副部长、市人事局局长、市编办主任；2001年4月至2004年5月，泰安市委组织部常务副部长（正县级）；2004年5月至2008年11月，菏泽市委常委、组织部部长；2008年11月至2010年12月，菏泽市委常委、市纪委书记；2010年12月至2011年1月，菏泽市委常委，菏泽市政协党组书记；2011年1～12月，菏泽市政协主席、党组书记；2011年12月至2012年2月，泰安市人大常委会特邀咨询；2012年2月至2015年11月，泰安市委特邀咨询。

林华勇 男，汉族，1955年8月出生，山东文登人。1971年4月参加工作，1984年4月加入中国共产党。大学普通班学历，行政管理硕士。

1971年4月至1974年4月，烟台粮油食品进出口公司保管员；1974年4月至1976年10月，烟台粮油食品进出口公司文书；1976年10月至1979年8月，山东大学外文系英语专业学生；1979年8月至1986年4月，山东省外办接待处科员；1986年4月至1992年9月，山东省外办友城处主任科员（1987年8月至1988年9月，美国哈特福德大学行政学院研究生行政管理专业学习）；1992年9月至1995年5月，山东省外办友城处副处长；1995年5月至1996年8月，山东省外办亚洲处副处长；1996年8月至2000年7月，山东省外办亚洲处处长；2000年7月至2001年2月，泰安市政府市长助理、党组成员；2001年2月至2003年5月，泰安市政府副市长、党组成员；2003年5月至2008年2月，泰安市政府副市长、党组成员，泰安经济开发区、泰安高新技术产业开发区管委会党工委书记；2008年2月至2012年2月，泰安市政府副市长、党组成员；2012年2～5月，泰安市人大常委会第一副主任；2012年5月以后，泰安市人大常委会党组书记、第一副主任。

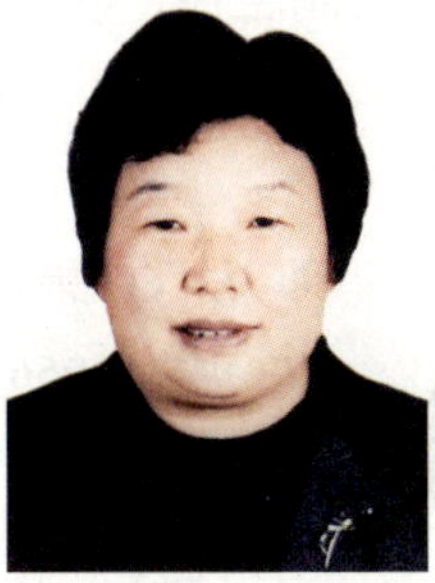

刘汉玲 女，汉族，1956年3月出生，山东泰安人。1976年11月加入中国共产党，1978年12月参加工作。省委党校研究生学历。

1975年11月至1978年12月，泰安地委驻肥城、宁阳、章丘工作队队员、副队长、队长（计算连续工龄）；1978年12月至1979年3月，泰安地委驻平阴县城关镇工作队秘书；1979年3月至1984年9月，泰安县（市）妇联干事、办公室主任；1984年9月至1986年7月，泰安师专干部专修科中文专业学生；1986年7～10月，泰安市郊区妇联办公室主任；1986年10月至1989年1月，泰安市郊区区委组织部干事、组织科副科长；1989年1月至1991年11月，泰安市郊区区委组织部副局级组织员；1991年11月至1992年5月，泰安市郊区区委组织员办公室副主任；1992年5～12月，泰安市郊区区委组织员办公室主任（1988年6月至1992年6月，高教自考省教育学院本科汉语言文学专业学习）；1992年12月至1995年12月，泰安市郊区区委常委、妇联主席，山东省妇联执委；1995年12月至1997年12月，泰安市郊区区委常委、宣传部部长（1997年9～11月，省委党校县级干部进修班学习）；1997年12月至1998年2月，泰安市计生委副主任、党组副书记；1998年2～3月，泰安市计生委党组书记；1998年3月至2001年1月，泰安市计生委主任、党组书记；2001年1～3月，泰安市岱岳区委书记，泰安市计生委主任；2001年3月至2003年1月，泰安市岱岳区委书记、党校校长、区人武部党委第一书记（1999年9月至2002年6月，省委党校在职干部研究生班经济管理专业学习）；2003年1～2月，泰安市政府市长助理、党组成员；2003年2月至2005年5月，泰安市政府副市长、党组成员；2005年5月至2006年2月，泰安市政府副市长、党组成员，市慈善总会会长（其间：2005年9～12月，在省委党校第二十期市副厅级领导干部进修班学习）；2006年2月至2008年12月，泰安市人大常委会副主任、党组成员，市慈善总会会长

(其间：2006年9～11月，在省委党校第五期人大政协领导干部进修班学习)；2008年12月至2012年5月，泰安市人大常委会副主任、党组成员(其间：2009年9～11月，在省委党校第六期人大政协领导干部进修班学习)；2012年5月以后，泰安市人大常委会党组副书记、副主任。

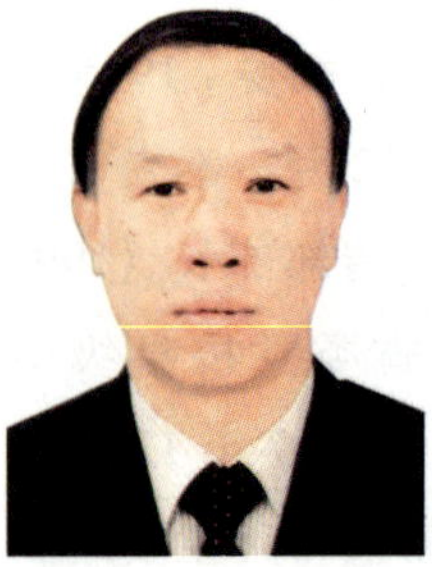

滕先森 男，汉族，1957年8月出生，山东夏津人。1976年6月参加工作，1996年12月加入中国民主建国会。大专学历，研究员。

1976年6月至1978年2月，夏津双庙清凉寺小学教师；1978年2月至1980年1月，泰安师专中文系学生；1980年1月至1984年9月，泰安师专教师；1984年9月至1985年9月，山东大学中文系进修班学员；1985年9月至1986年6月，华东师大中文系助教进修班学员；1986年6月至1987年4月，泰安师专函授处助教；1987年4月至1994年10月，泰安师专中文系讲师；1994年10月至1997年3月，泰安师专副教授；1997年3～5月，泰安师专学报副主编、副教授；1997年5月至1998年3月，民建泰安市委副主委，泰安师专学报副主编、副教授；1998年3月至2001年2月，民建泰安市委副主委，九届泰安市政协常委，泰安师专学报副主编、副教授；2001年2月至2002年1月，民建泰安市委副主委，泰安市政协副主席，泰安师专学报副主编；2002年1～4月，民建泰安市委主委，泰安市政协副主席，泰安师专学报副主编；2002年4～5月，民建泰安市委主委，泰安市政协副主席，泰安师专学报主编；2002年5～7月，民建山东省委常委、泰安市委主委，泰安市政协副主席，泰安师专学报主编；2002年7月至2003年2月，民建山东省委常委、泰安市委主委，泰安市政协副主席，泰山学院学报主编；2003年2月以后，民建山东省委常委、泰安市委主委，泰安市人大常委会副主任，泰山学院学报主编。

孙运飞 男，汉族，1956年11月出生，山东莒南人。1972年2月参加工作，1975年12月加入中国共产党。省委党校大学学历。

1972年2月至1977年5月，济南汽运公司修理厂工人；1977年5月至1981年5月，泰安汽运公司修理厂工人、团总支书记；1981年5月至1984年2月，泰安汽运公司团委副书记；1984年2月至1986年2月，山东师范大学干部专修科青年干部班学员；1986年2～5月，泰安汽运公司团委书记；1986年5月至1989年11月，泰安团市委办公室主任；1989年11月至1993年2月，泰安团市委副书记；1993年2月至1994年4月，泰安团市委书记；1994年4月至1995年12月，泰安旅游经济开发区管委会副主任、党委委员、办公室主任(正县级)；1995年12月至1997年3月，泰安市郊区区委副书记(正县级)(其间：1995年2月至1996年2月，在省委党校中青班学习)；1997年3月至2002年10月，泰安市政府副秘书长，办公室主任、党组副书记；2002年10月至2003年2月，泰安市人大常委会副秘书长、党组成员(正县级)；2003年2月至2006年2月，泰安市人大常委会秘书长、党组成员；2006年2月至2009年5月，泰安市政府秘书长、党组成员，办公室党组书记；2009年5月至2011年12月，山东服装职业学院党委书记；2011年12月至2012年2月，泰安市人大常委会党组成员；2012年2月以后，泰安市人大常委会副主任、党组成员。

尹衍祥 男，汉族，1957年2月出生，山东泰安人。1976年8月加入中国共产党，1980年7月参加工作。在职大学学历。

1980年7月至1984年8月，泰安地区人事局干部；1984年8～9月，泰安地区人事局任免调配科副科长；1984 年 9 月至 1986 年 6 月，泰安师专干修科中文专业学员；1986 年 6 月至 1988 年 10 月，泰安市人事局任免调配科副科长；1988 年 10 月至 1990 年 5 月，泰安市委组织部青年干部科副科长；1990 年 5 月至 1994 年 12 月，泰安市委组织部青年干部科副科长、正科级组织员、干部调配科副科长（其间：1988 年 4 月至 1994 年 12 月，在山东师范大学自考汉语言文学专业本科段学习）；1994 年 12 月至 1995 年 12 月，泰安市委组织部干部调配科科长；1995 年 12 月至 1997 年 12 月，泰安市泰山区委常委、组织部部长；1997 年 12 月至 2000 年 1 月，泰安市泰山区委副书记、组织部部长；2000 年 1 月至 2001 年 1 月，泰安市泰山区委副书记（其间：1998 年 9 ~ 11 月，在省委党校县委书记进修班学习；1998 年 6 月至 2000 年 6 月，在山东政法管理干部学院法律专业学习）；2001 年 1 ~ 3 月，泰安市民政局党委书记；2001 年 3 月至 2004 年 7 月，泰安市民政局局长、党委书记；2004 年 7 月至 2008 年 1 月，泰安市委组织部副部长，市人事局局长、党组书记、编办主任；2008 年 1 月至 2012 年 2 月，泰安市委组织部常务副部长（正县级）；2012 年 2 ~ 5 月，泰安市人大常委会副主任；2012 年 5 月以后，泰安市人大常委会副主任、党组成员。

张庆建 男，汉 族，1955 年 5 月出生，山东东平人。1974 年 1 月加入中国共产党，1978 年 12 月参加工作。省委党校大学学历。

1976 年 7 月至 1978 年 12 月，东平县水河公社九女泉管区党总支副书记（计算连续工龄）。1978 年 12 月至 1981 年 8 月，东平县水河公社二十里铺管区党总支副书记。1981 年 8 月至 1984 年 3 月，东平县水河公社二十里铺管区党总支书记（其间：1982 年 9 月至 1983 年 8 月，泰安地委党校干部培训班学习）。1984 年 3 月至 1987 年 3 月，东平县水河区（乡）党委副书记、区（乡）长。1987 年 3 ~ 10 月，东平县水河乡党委副书记、乡长（1985 年 8 月至 1987 年 7 月，泰安市委党校、山东农业大学联办大专培训班农经专业学习）。1987 年 10 月至 1991 年 1 月，东平县水河乡党委书记。1991 年 1 月至 1995 年 12 月，东平县政府副县长（其间：1995 年 5 ~ 7 月，泰安市委党校县级干部进修班学习）。1995 年 12 月至 1996 年 10 月，宁阳县委常委、副县长。1996 年 10 月至 1997 年 12 月，宁阳县委副书记、副县长（1995 年 9 月至 1997 年 12 月，山东省委党校业余本科班经济管理专业学习；1997 年 2 ~ 5 月，山东省委党校县委书记进修班学习）。1997 年 12 月至 1998 年 2 月，宁阳县委副书记、政府代县长。1998 年 2 月至 2001 年 3 月，宁阳县委副书记、县长。2001 年 3 月至 2003 年 1 月，泰安市发展计划委员会主任、党组书记。2003 年 1 月至 2005 年 12 月，泰安市岱岳区委书记、区委党校校长。2005 年 12 月至 2006 年 3 月，济宁市人民检察院代检察长、党组书记。2006 年 3 月至 2014 年 1 月，济宁市人民检察院检察长、党组书记。2014 年 1 月以后，泰安市人大常委会副市级领导干部。

徐恩虎 男，汉 族，1964 年 12 月出生，山东汶上人。1998 年 9 月加入民革，1992 年 7 月参加工作。研究生学历，工学博士。

1985 年 9 月至 1989 年 7 月，山东矿业学院学习；1989 年 7 月至 1992 年 7 月，山东矿业学院硕士研究生学习；1992 年 7 月至 1995 年 3 月，山东矿业学院教师；1995 年 3 月至 1999 年 4 月，东北大学工程力学专业博士研究生学习；1999 年 4 月至 2001 年 1 月，山东科技大学资源环境学院实验中心主任；2001 年 1 月至 2003 年 1 月，山东科技大学资源环境学院实验中心主任、民革泰安市委副主委；2003 年 1 月至 2005 年 12 月，民革泰安市委副主委、东平县政府副县长；2005

年12月至2006年2月，民革泰安市委主委、东平县政府副县长；2006年2月以后，泰安市政府副市长，民革山东省委委员、常委、副主委，民革泰安市委主委。

周　静　女，汉族，1969年3月出生，山东安丘人。1989年7月参加工作，1997年6月加入中国共产党。省委党校研究生学历。

1987年9月至1989年7月，昌潍师范专科学校中文系学习；1989年7月至1990年7月，潍坊市潍城区仓南路学校教师；1990年7月至1999年8月，潍坊市第十四中学教师、科研处主任（其间：1991年9月至1994年7月，在山东大学中国语言文学系函授学习）；1999年8月至2001年9月，潍坊新华中学科研处主任、党支部副书记；2001年9月至2002年2月，潍坊市樱园中学副校长；2002年2月至2004年2月，潍坊市民政局副局长、党委委员；2004年2月至2006年6月，潍坊市人口计生委副主任、党组副书记；2006年6月至2008年8月，潍坊市人口计生委党组副书记、市计划生育协会会长（正县级）（其间：2004年9月至2007年6月，在山东省委党校在职干部研究生班经济管理专业学习；2007年3～12月，在省委党校第17期中青班学习）；2008年8月至2009年9月，潍坊市纪委、监察局派驻第七纪检组书记、监察室主任；2009年9月至2011年12月，省供销社理事会副主任、党组成员；2011年12月至2012年1月，泰安市政府党组成员；2012年1～5月，泰安市政府副市长、党组成员；2012年5月至2015年1月，泰安市政府副市长、党组成员，市红十字会会长（兼）；2015年1月以后，调滨州市工作。

陈湘安　男，汉族，1959年4月出生，山东泰安人。1976年7月参加工作，1984年4月加入中国共产党。大学学历。

1976年7月至1979年9月，泰安县省庄公社桑家疃大队民办教师（计算连续工龄）；1979年9月至1983年7月，曲阜师范学院中文系学生；1983年7月至1984年5月，莱芜市（县级）城关镇党委宣传干事；1984年5～10月，共青团莱芜市（县级）委宣传部部长；1984年10月至1988年12月，泰安市委组织部党政科干事；1988年12月至1993年1月，泰安市委组织部党政科副科级干事；1993年1月至1997年2月，泰安市委组织员办公室组织员（正科级）；1997年2月至2000年1月，泰安市委组织员办公室副主任、市委组织部组织科科长；2000年1月至2001年11月，宁阳县委常委、组织部部长；2001年11月至2003年1月，宁阳县委副书记、组织部部长；2003年1月至2006年12月，宁阳县委副书记、县长（其间：2004年7～12月，赴美国马里兰大学高级公务员研究班学习）；2006年12月至2007年3月，东平县委副书记、代县长；2007年3月至2008年9月，东平县委副书记、县长；2008年9月至2011年1月，东平县委书记、党校校长；2011年1～11月，东平县委书记、党校校长、县人大常委会主任；2011年11～12月，东平县人大常委会主任；2011年12月至2012年2月，泰安市政府党组成员；2012年2月以后，泰安市政府副市长、党组成员。

展宝卫　男，汉族，1962年12月出生，山东东平人。1982年7月参加工作，1983年12月加入中国共产党。省委党校研究生学历。

1980年9月至1982年7月，泰安师专中文系汉语言文学专业学习；1982年7～10月，东平三中教师；1982年10月至1984年5月，东平县委党校教师；1984年5月至1986年6月，东平县委组织部干事、秘书（其间：1983年7月至1988年6月，在曲阜师范大学政治专业函授学习，获教育学学士学位）；1986年6月至1989年12月，东平县委组织员办公室副主任；1989年12月至1992年6月，泰安市委组织部副科长；1992年6月至1993年8月，市委办公室副科级秘书（其间：1993年7月至1996年6月，在山东干部函授大学业余本科班经济管理专业学习）；1993年8月至1994年9月，泰安市委办公室正科级秘书；1994年9月至1996年1月，泰安市委办公室副县级秘书；1996年1月至1998年6月，泰安市委政策研究室研究员（副县级）（其间：1996年3～6月，在省委党校县处级领导干部进修班学习；1996年4月至1998年4月，在中国社会学院研究生院财贸经济系财政学专业学习）；1998年6月至1999年12月，泰安市委政策研究室副主任；1999年12月至2001年2月，泰安市泰山区委常委、区政府副区长；2001年2月至2003年5月，泰安市泰山区委副书记；2003年5～6月，泰安经济开发区、泰安高新技术产业开发区党工委副书记；2003年6月至2008年2月，泰安经济开发区、泰安高新技术产业开发区管委会主任、党工委副书记(2001年9月至2004年6月，在省委党校在职干部研究室班经济管理专业学习；2006年5～11月，参加省委组织部选派赴美中青年干部培训；2006年9月至2008年7月，在清华大学经济管理学院工商管理专业学习，获高管工商管理硕士学位）；2008年2月至2009年2月，泰安经济开发区、泰安高新技术产业开发区党工委书记、管委会主任；2009年2～3月，宁阳县委书记，泰安经济开发区、泰安高新技术产业开发区党工委书记、管委会主任；2009年3月至2010年2月，宁阳县委书记、党校校长；2010年2月至2011年12月，宁阳县委书记、党校校长，县人大常委会主任；2011年12月至2012年2月，泰安市政府党组成员，宁阳县委书记、党校校长；2012年2～12月，泰安市政府副市长、党组成员，宁阳县委书记、党校校长；2012年12月以后，泰安市政府副市长、党组成员。

鞠向群 男，汉族，1963年4月19日出生，山东沂水人，1985年7月参加工作，中共党员。全日制大学本科学历。

1981年9月至1985年7月，山东大学技术光学专业学习；1985年7月至1989年9月，山东省公安厅刑侦处大要案科办事员；1989年9月至1993年6月，山东省公安厅刑侦处大要案科科员；1993年6月至1994年12月，山东省公安厅刑侦处材料科副科长；1994年12月至1997年5月，山东省公安厅刑侦处缉毒科副科长；1997年5月至2001年2月，山东省公安厅刑事侦查总队大要案侦查科科长；2001年2月至2005年10月，山东省公安厅刑事侦查总队副总队长；2005年10月至2010年7月，山东省公安厅刑事侦查总队副总队长、反恐和打黑工作处处长；2010年7月至2013年3月，山东省公安厅反恐怖总队总队长；2013年3～4月，泰安市副市级干部；2013年4月至2015年5月，泰安市副市级干部、市政府党组成员，市公安局局长、党委书记、督察长。2015年5～6月，泰安市人民政府副市长人选、党组成员，市公安局局长、党委书记、督察长。2015年6月以后，泰安市人民政府副市长、党组成员，市公安局局长、党委书记、督察长。

成　丽 女，汉族，1972年2月出生，山东日照人。1993年6月加入中国共产党，1993年7月参加工作。研究生学历，工商管理硕士。

1991年9月至1993年7月，临沂师范专科学校外语系英语教育专业学习；1993年7月至1995年10月，日照市东港区日照街道党工委组织干事；1995年10月至1997年11月，日照市妇联权益儿童部、儿童部科员；1997年11月至2000年1月，日照市妇联儿童部副部长；2000年1月至2001年12月，日照市妇联儿童部部长；2001年12月至

2004年9月，济宁市妇联副主席、党组成员（2001年9月至2003年6月，在省委党校党政干部研究生班学习）；2004年9月至2005年1月，省妇联办公室副主任；2005年1月至2009年4月，省妇联研究室副主任；2009年4月至2015年5月，省妇联组织联络部部长（其间：2009年9月至2011年6月，在昆明理工大学管理与经济学院工商管理专业学习，获工商管理硕士学位；2011年7月至2012年7月，挂职任济南市信访局副局长）；2015年5～6月，泰安市政府副市长人选、党组成员；2015年6月以后，泰安市政府副市长、党组成员。

张庆明 男，汉族，1961年7月出生，山东泰安人。1989年2月加入中国民主建国会，工商联界别，1983年7月参加工作。大学学历，历史学学士。

1979年9月至1983年7月，曲阜师范大学历史系历史专业学生；1983年7月至1985年7月，莱芜师范政教组教师；1985年7月至1988年4月，泰安师专政史系教师；1988年4月至1989年12月，泰安市工商联工作；1989年12月至1992年9月，民建泰安市委筹备组、民建泰安市委驻会干部；1992年9月至1996年10月，民建泰安市委驻会秘书（副科级）；1996年10月至1998年1月，新泰市翟镇副镇长（正科级）；1998年1～2月，新泰市人民政府市长助理；1998年2月至2001年2月，新泰市人民政府副市长（1998年9月至2000年6月山东大学管理学院研究生课程进修班企管专业学习）；2001年2～12月，泰安市政协副主席，市工商业联合会副会长；2001年12月至2012年2月，泰安市政协副主席，省工商业联合会常委、市工商业联合会会长。2012年2月以后，市政府特邀咨询。

闫新建 男，汉族，1954年7月出生，山东莱芜人。1970年11月参加工作，1978年12月加入中国共产党。省委党校大学学历。

1970年11月至1975年12月，泰安开关厂、矿山机械厂工人；1975年12月至1981年11月，泰安地区二轻局轻工科计划员；1981年11月至1985年9月，泰安地区二轻局供销设备公司副经理、二轻工业公司生产计划科副科长；1985年9月至1987年7月，山东轻工学院工艺美术分院干部专修科经济管理专业学习；1987年7月至1992年1月，泰安市二轻工业公司生产计划科副科长、科长（1989年6月至1991年1月，挂任肥城安临站乡党委副书记、副乡长）；1992年1月至1994年12月，泰安市二轻局副局长、党委委员（1994年9～11月，泰安市委党校学习）；1994年12月至1996年12月，泰安市经济委员会副主任、党组成员；1996年12月至1997年7月，泰安市经济贸易委员会副主任、党组副书记；1997年7月至1998年2月，泰安市泰山区委副书记、代区长；1998年2月至1999年12月，泰安市泰山区委副书记、区长（1996年9月至1999年1月，省委党校业余本科班经济管理专业学习）；1999年12月至2000年11月，泰安市国有资产经营有限公司董事长、党委书记；2000年11月至2001年3月，泰安市经济贸易委员会主任、党委副书记；2001年3月至2005年12月，泰安市经济贸易委员会主任、党委书记（1999年9月至2001年9月，山东农业大学农业经济学院研究生课程进修班学习）；2005年12月至2006年2月，泰安市政府党组成员，市经济贸易委员会主任、党委书记；2006年2月至2012年2月，泰安市政府副市长、党组成员；2012年2月至2014年7月，市政府党组成员、特邀咨询。

李际山 男，汉族，1956年11月出生，山东泰安人。1971年1月参加工作，1978年6月加入中国共产党。大学学历，高

级工程师。

1971年1月，在青海省一建公司参加工作；1978年1月至1982年2月，任青海省一建公司团总支书记；1982年2月至1983年1月，任青海省建委纪委干事；1983年1月至1991年1月，任青海省建委政治处副主任；1991年1月至1992年1月，任泰安市一建公司副经理兼四处处长；1992年1月至1994年12月，任泰安市委接待办副主任；1994年12月至1996年1月，任泰安市委接待办主任；1996年1月至2000年11月，任泰安市建设委员会副主任、党委委员（正县级）；2000年11月至2010年1月，任泰安市建设局局长、党委书记；2010年1月至2011年4月，任泰安市住房和城乡建设委员会主任、党委书记；2011年4～5月，任泰安市泰山风景名胜区管委会主任（副厅级），泰安市住房和城乡建设委员会主任、党委书记；2011年5～12月，任泰安市泰山风景名胜区管委会主任、党工委副书记，泰安市住房和城乡建设委员会主任、党委书记；2011年12月至2013年12月，任泰安市泰山风景名胜区管委会主任、党工委副书记，泰安市住房和城乡建设委员会党委书记；2013年12月至2015年5月，市政府特邀咨询，泰山风景名胜区管委会主任、党工委副书记；2015年5月以后，市政府特邀咨询。

辛显明 男，汉族，1957年10月出生，山东肥城人。1981年8月加入中国共产党，1974年8月参加工作。中央党校研究生学历，教育学学士。

1974年7月至1978年9月，平阴煤矿技术科测量员；1978年9月至1980年7月，泰安师专物理系学生；1980年7月至1981年11月，肥城县安站公社团委干事；1981年11月至1983年10月，肥城团县委干事；1983年10月至1987年10月，肥城县司法局副局长、党支部书记；1987年10月至1990年5月，肥城县老城镇党委副书记、镇长（1983年6月至1988年6月，曲阜师范大学函授政治专业学习）；1990年5月至1993年1月，肥城县（市）老城镇党委书记；1993年1月至1994年9月，肥城市政府副市长；1994年9月至1995年12月，泰安市郊区区委常委、副区长；1995年12月至1997年12月，泰安市郊区副区长；1997年12月至1999年3月，新泰市委副书记、副市长；1999年3月至2000年2月，新泰市委副书记、代市长；2000年2月至2003年1月，新泰市委副书记、市长；2003年1月至2004年11月，新泰市委书记、党校校长；2004年11月至2007年3月，新泰市委书记、党校校长（副厅级）（其间：2005年3月至2007年1月，中央党校在职研究生班世界经济专业学习）；2007年3月至2009年2月，泰安市委常委、新泰市委书记、党校校长；2009年2月至2010年12月，泰安市委常委；2010年12月至2011年12月，泰安市委常委、政法委书记；2011年12月至2012年2月，泰安市委常委、政法委书记，市政府党组副书记；2012年2月至2013年12月，泰安市委常委，市政府副市长、党组副书记，市国资委党委书记；2013年12月至2015年2月，泰安市委常委，市政府副市长、党组副书记；2015年2月以后，泰安市政协主席、党组书记。

白玉翠 女，汉族，1954年10月出生，山东泰安人。1975年5月加入中国共产党，1976年2月参加工作。在职大学学历。

1976年2～5月，泰安县省庄公社党委常委；1976年5月至1981年1月，泰安县省庄公社党委副书记；1981年1月至1982年12月，山东师范大学干修科中文专业学员；1982年12月至1984年3月，泰安县省庄公社党委副书记；1984年3月至1985年5月，泰安市（县级）政府副市长；1985年5月至1990年3月，泰安市郊区副区长；1990年3月至1991年11月，泰安市郊区区委副书记；1991年11～12月，泰安市卫生局党委副书记；1991年12月至1996年1月，泰安市卫生局局长、党委副书记（1989年9月至1993年4月，省高教自考汉语言文学专业学习）；1996年1月至1998年7月，泰安市卫生局局长、党委书记（1996年9月至1997年7月，省委党校中青年干部培训班学习）；1998年7月至2004年1月，泰安市政府副市长、党组成员；2004年1月至2006年3月，泰安市政府副市长、党组副书记；2006年3月至2007年3月，泰安市政府副市长、党组副书记、市红十字会会长；2007年3月至2008年1月，泰安市委常委，市政府副市长、党组副书记、市红十字会会长；2008年1～12月，泰安市委常委、宣传部部长，泰安市红十字会会长；2008年12月至2010年12月，泰安市委常委、宣传部部长，泰安市对外文化交流协会会长；2010年12月至2011年1月，泰安市委常委，市对外文化交流协会会长；2011年1～4月，泰安市人大常委会第一副主任（正厅级）、党组书记，市对外文化交流协会会长；2011年4月至2012年2月，泰安市人大常委会第一副主任（正厅级）、党组书记。2012年2月至2015年2月，泰安市政协主席、党组书记。

宋　鲁　男，汉族，1957年12月出生，山东肥城人。1972年12月参加工作，1976年3月加入中国共产党。省委党校大学学历。

1972年12月至1975年9月，新泰县运输公司工人；1975年9月至1976年8月，新泰县运输公司汽车队长；1976年8月至1979年2月，新泰县交通局副局长；1979年2月至1984年4月，新泰县羊流公社党委副书记；1984年4月至1985年9月，新泰县羊流办事处党委副书记、主任；1985年9月至1987年6月，省委党校干部专修科学员；1987年6月至1990年4月，新泰市经委党委副书记、副主任；1990年4月至1993年2月，新泰市经委党委书记；1993年2月至1995年12月，新泰市副市长（1994年9～11月，泰安市委党校县级干部培训班学习）；1995年12月至1997年7月，新泰市委常委、副市长；1997年7～12月，泰安市经贸委副主任、党委副书记（1995年9月至1997年12月，省委党校业余本科班经济管理专业学习）；1997年12月至1998年2月，东平县委副书记、代县长；1998年2月至2001年1月，东平县委副书记、县长；2001年1月至2003年1月，东平县委书记；2003年1～2月，泰安市政府市长助理、党组成员；2003年2月至2012年2月，泰安市政府副市长、党组成员；2012年2月以后，泰安市政协副主席、党组副书记。

朱永强　男，汉族，1955年8月出生，山东莱芜人。1972年12月参加工作，1974年8月加入中国共产党。中央党校研究生学历。

1972年12月至1977年3月，云南空军服役；1977年3月至1982年4月，新泰县广播局编辑；1982年4月至1983年9月，泰安县（市）广播局编辑；1983年9月至1987年7月，泰安县（市）委党校、郊区区委党校教员、理论教研室副主任、校党委委员（1983年9月至1986年6月，济南市委党校大专理论班学习）；1987年7月至1989年1月，泰安市郊区区委组织部干事；1989年1～4月，泰安市郊区区委组织部副局级组织员；1989年4月至1991年9月，泰安市委组织部组织科干事、副科长；1991年9月至1993年1月，泰安市委组织部电教中心副主任；1993年1月至1997年12月，泰安市委组织部电教中心主任（1994年9月至1996年12月，省委党校业余本科班经济管理专业学习）；1997年12月至2001年1月，新泰市委副书记（1998年9～11月，省委党校县委书记进修班学习；

1998年9月至2000年6月，山东大学研究生课程进修班学习）；2001年1～2月，东平县委副书记，县政府党组书记、代县长；2001年2月至2003年1月，东平县委副书记，县政府党组书记、县长；2003年1月至2008年1月，东平县委书记、党校校长（2004年3～7月，中央党校县市委书记进修班学习；2004年9月至2006年7月，中央党校在职研究生班国际政治专业学习）；2008年1～9月，泰安市政协副主席、党组成员，东平县委书记、党校校长；2008年9月至2012年2月，泰安市政协副主席、党组成员，市委统战部部长；2012年2月以后，泰安市政协副主席、党组副书记，市委统战部部长。

刘　君　男，汉族，1958年6月出生，山东滕州人。1976年6月参加工作，1992年4月加入九三学社，2000年4月加入中国共产党。上海医科大学普外专业硕士研究生，医学博士，主任医师。

1976年6月至1978年5月，滕州城郊下乡知青；1978年5～10月，鲁南化肥厂职工医院卫生员；1978年10月至1982年7月，泰山医学院医疗专业学习；1982年7月至1996年7月，泰安市中心医院医师（1993年9月至1996年7月，上海医科大学普外专业硕士研究生学习）；1996年7～10月，泰安市中心医院外科主治医师；1996年10月至2001年3月，泰安市中心医院外科副主任；2001年3月至2002年3月，泰安市中心医院外科主任；2002年3月至2003年5月，泰安市中心医院院长助理；2003年5～11月，泰安市中心医院副院长兼大外科主任；2003年11月至2007年4月，九三学社泰安市委副主委，市中心医院副院长兼大外科主任；2007年4～5月，九三学社泰安市委主委，市中心医院副院长兼大外科主任；2007年5月至2008年1月，九三学社省委常委、泰安市委主委，市中心医院副院长兼大外科主任；2008年1月至2010年7月，泰安市政协副主席，市中心医院副院长、党委委员，九三学社省委常委、泰安市委主委（2006年9月至2009年1月，山东大学医学院外科专业博士研究生学习，获医学博士学位）；2010年7月以后，泰安市政协副主席，九三学社市委主委，市中心医院院长。

谢崇国　男，汉族，1953年11月出生，山东青州人。1976年12月参加工作，1988年11月加入中国农工民主党。烟台师范专科学校英语专业毕业。

1974年8月至1976年12月，烟台师范专科学校英语专业学习；1976年12月至1985年6月，泰山医学院外语教师；1985年6月至1993年6月，泰山医学院外语讲师；1993年6月至1995年9月，赴坦桑尼亚医疗队翻译；1995年9月至2001年1月，泰山医学院外语教研室主任、副教授；2001年1～6月，农工党泰安市委副主委，泰山医学院外语教研室主任、副教授；2001年6月至2002年5月，农工党泰安市委副主委，泰山医学院外语系副主任、教授；2002年5月至2003年6月，农工党省委委员、泰安市委副主委，泰山医学院外语系副主任、教授；2003年6月至2005年12月，农工党省委委员、泰安市委副主委，泰山医学院外语系主任、教授；2005年12月至2007年3月，农工党省委委员、泰安市委副主委，泰山医学院外国语学院院长、教授；2007年3～5月，农工党省委委员、泰安市委主委，泰山医学院外国语学院院长、教授；2007年5月至2008年1月，农工党省委常委、泰安市委主委，泰山医学院外国语学院院长、教授；2008年1月至2010年12月，泰安市政协副主席，农工党泰安市委主委，泰山医学院外国语学院院长；2010年12月以后，泰安市政协副主席，农工党泰安市委主委。

王昌元 男，汉族，1962年4月出生，山东宁阳人。1983年7月参加工作，1997年12月加入中国民主促进会。曲阜师范大学数学系运筹与控制论专业研究生，理学硕士。

1979年9月至1983年7月，曲阜师范大学数学系数学专业学习；1983年7月至1986年9月，泰安师范专科学校教师；1986年9月至1989年7月，曲阜师范大学运筹与控制论专业硕士研究生学习；1989年7月至2003年10月，泰山医学院教师；2003年10月至2004年5月，民进泰安市委副主委，泰山医学院教师；2004年5月至2005年12月，民进泰安市委副主委，泰山医学院信息科学系副主任；2005年12月至2007年3月，民进泰安市委副主委，泰山医学院信息工程学院副院长；2007年3～5月，民进泰安市委主委，泰山医学院信息工程学院副院长；2007年5月至2008年1月，民进省委委员、泰安市委主委，泰山医学院信息工程学院副院长；2008年1月以后，泰安市政协副主席，民进省委常委、泰安市委主委，泰山医学院信息工程学院副院长。

任先德 男，汉族，1954年11月出生，山东章丘人。1977年8月参加工作，1986年5月加入中国共产党。省业余大学学历。

1974年10月至1975年10月，章丘县文祖公社沙湾学校民办教师；1975年10月至1977年7月，山东省济宁商业学校学生；1977年8月至1984年6月，泰安地区财政局专管员；1984年6月至1987年3月，泰安地区（市）财政局驻厂员管理所副所长、财政局驻厂员管理处副科级驻厂员；1987年3月至1990年10月，泰安市财政局驻厂员管理处副主任（正科级）（1985年9月至1988年7月，沈阳工大工业会计专业函授学习；1988年5月至1990年10月，泰安市财政局预算外资金管理科主持工作）；1990年10月至1991年10月，泰安市财政局预算外资金管理科科长；1991年10月至1993年1月，泰安市财政局办公室主任；1993年1～11月，山东省世界银行贷款项目培训中心副主任（1992年3月至1993年9月，挂职泰安毛纺厂副厂长）；1993年11月至1994年9月，宁阳县副县长；1994年9月至1995年12月，宁阳县委常委、副县长；1995年12月至1996年7月，泰安市信托投资公司副经理、党支部副书记（1994年9月至1997年7月，山东农业大学业余本科班经济管理专业学习）；1996年7月至2000年11月，泰安市财政局副局长、党委副书记（1996年4月至1998年3月，中国社会科学院研究生院财政学研究生班函授学习）；2000年11月至2001年3月，泰安市财政局局长、党委副书记；2001年3月至2005年4月，泰安市财政局局长、党委书记；2005年4月至2009年12月，泰安市政府市长助理、党组成员，市财政局局长、党委书记；2009年12月至2010年1月，泰安市政府市长助理、党组成员，市财政局局长、党委书记，泰山风景名胜区党工委书记；2010年1～11月，泰安市政府市长助理、党组成员，泰山风景名胜区党工委书记；2010年11月至2011年1月，泰安市政府党组成员，泰山风景名胜区党工委书记；2011年1～4月，泰安市政协副主席、党组成员，泰山风景名胜区党工委书记；2011年4月至2015年2月，泰安市政协副主席、党组成员。

张书盈 男，汉族，1962年3月出生，山东泰安人。1980年7月参加工作，1984年12月加入中国共产党。中央党校大学学历，会计师。

1978年10月至1980年7月，山东财政学校财税专业学生；1980 年 7 月至 1981 年 3 月，泰安县夏张公社税务所征收员；1981 年 3 月至 1984 年 9 月，泰安县（市）财税局预算会计；1984 年 9 月至 1986 年 1 月，泰安市（县级）、泰安市泰山区财政局预算科副科长；1986 年 1～10 月，泰安市泰山区财政局预算科科长；1986 年 10 月至 1990 年 10 月，泰安市泰山区财政局副局长（1985 年 9 月至 1988 年 6 月，中央党校函授学院经济专业学习）；1990 年 10 月至 1991 年 10 月，泰安市财政局预算外资金管理科干部；1991 年 10 月至 1992 年 9 月，泰安市财政局预算外资金管理科副科长（1989 年 8 月至 1992 年 6 月，中央党校函授学院本科班经济管理专业学习）；1992 年 9 月至 1993 年 10 月，泰安市财政局行财科科长；1993 年 10 月至 1994 年 9 月，泰安市财政局党委委员、行财科科长；1994 年 9 月至 1996 年 7 月，泰安市财政局副局长、党委委员；1996 年 7 月至 1997 年 2 月，泰安市财政局副局长、党委委员，市国有资产管理局局长；1997 年 2 月至 2000 年 11 月，泰安市财政局副局长、党委委员、企业管理处主任（1998 年 5 月至 2000 年 4 月，天津财经学院研究生课程进修班学习）；2000 年 11 月至 2005 年 12 月，泰安市审计局局长、党组书记（2003 年 2～12 月，省委党校中青年干部培训班学习）；2005 年 12 月至 2006 年 2 月，泰安市泰山区委副书记、代区长；2006 年 2 月至 2007 年 11 月，泰安市泰山区委副书记、区长；2007 年 11 月至 2008 年 1 月，泰安市委副秘书长；2008 年 1 月至 2009 年 7 月，泰安市委组织部副部长，市人事局局长、党组书记、编办主任；2009 年 7 月至 2010 年 1 月，泰安市政府党组成员、秘书长、办公室党组书记，市委组织部副部长，市人事局局长、党组书记、编办主任；2010 年 1 月至 2012 年 2 月，泰安市政府党组成员、秘书长、办公室党组书记；2012 年 2～3 月，泰安市政协副主席、党组成员，市总工会党组书记；2012 年 3 月以后，泰安市政协副主席、党组成员，市总工会主席、党组书记。

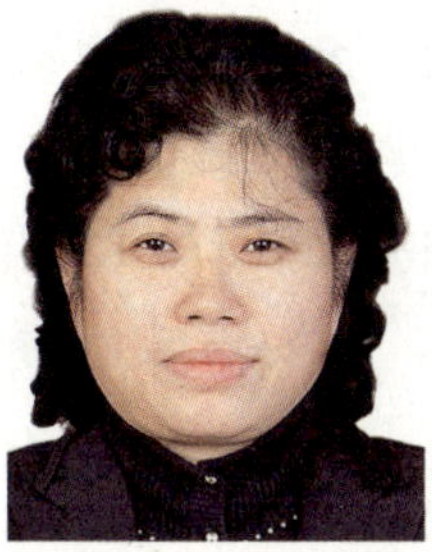

王淑玲　女，汉　族，1967 年 11 月出生，河北沧州人。1993 年 8 月参加工作，1997 年 12 月加入九三学社。研究生学历。

1986 年 9 月至 1990 年 7 月，山东矿业学院煤田地质系矿山测量专业学习；1990 年 9 月至 1993 年 7 月，山东矿业学院地质系工程测量专业研究生；1993 年 8 月至 1998 年 12 月，泰安市政府办公室技术科科员；1998 年 12 月至 1999 年 9 月，泰安市政府办公室技术科副科长；1999 年 9 月至 2003 年 1 月，泰安市司法局副局长；2003 年 1 月至 2007 年 4 月，泰安市泰山区政府副区长；2007 年 4 月至 2011 年 12 月，泰安市泰山区政府副区长、九三学社市委副主委；2011 年 12 月至 2012 年 1 月，泰安市泰山区政府副区长；2012 年 1～2 月，泰安市工商联（总商会）主席（会长）。2012 年 2 月以后，泰安市政协副主席、市工商联（总商会）主席（会长）。

张甲军　男，汉　族，1959 年 1 月出生，山东肥城人。1982 年 12 月加入中国共产党，1976 年 8 月参加工作。省业余大学学历。

1976 年 9 月至 1979 年 9 月，肥城王瓜店十里铺小学民办教师（兼村团支部书记）；1979 年 9 月至 1981 年 7 月，肥城师范学校学生；1981 年 7 月至 1983 年 9 月，肥城县第四中学教师、团委书记（其间：1982 年 5 月至 1983 年 9 月，在肥城县教育局帮助工作）；1983 年 9 月至 1984 年 2 月，肥城县教育局干部；1984 年 2 月至 1988 年 3 月，肥城县人事局干部、股长（其间：1984 年 8 月至 1986 年 6 月，泰安市委党校干部专修科学习）；1988 年 3 月至 1989 年 5 月，肥城县人事局局长助理（副科级）；1989 年 5 月至 1990 年 3 月，肥城县人事局副局长（1988 年 8 月至 1990 年 2 月，挂职王瓜店镇东大封村党支部书记）；1990 年 3 月至 1992 年 10 月，泰安市社会劳动保险事业处科长；1992 年 10 月至 1993

年12月，泰安市劳动局办公室主任；1993年12月至1998年6月，泰安市劳动局副局长、党委委员（1993年9月至1996年7月，山东经济学院业余本科班学习；1997年9月至1998年9月，挂职省劳动厅办公室副主任）；1998年6月至2002年3月，泰安市政府办公室副主任、党组成员；2002年3月至2003年4月，泰安市政府副秘书长、办公室党组成员；2003年4月至2010年1月，泰安市劳动和社会保障局局长、党委书记；2010年1月至2012年2月，泰安市人力资源和社会保障局局长、党委书记；2012年2月至2015年2月，泰安市委组织部常务副部长（正县级）；2015年2月以后，泰安市政协副主席、党组成员。

张甲太 男，汉族，1954年8月出生，山东泰安人。1974年4月加入中国共产党，1978年1月参加工作。中央党校大专学历。

1972年2月至1974年9月，泰安县良庄公社山阳管区统计员（计算连续工龄）；1974年10月至1978年1月，清华大学机械系汽车专业学习；1978年1月至1979年9月，泰安机床维修站技术员；1979年9月至1984年9月，泰安起重机械公司、起重机械厂党委秘书；1984年9月至1985年10月，泰安地委组织部干事（副科级）；1985年10月至1987年4月，泰安市委组织部知工科副科长；1987年4月至1991年5月，泰安市委组织部知工科科长（1985年8月至1988年6月，在中央党校函授学院大专班经济管理专业学习）；1991年5月至1992年12月，泰安市委组织部办公室主任；1992年12月至1995年12月，泰安市泰山区委副书记、副区长；1995年12月至1996年3月，泰安市泰山区委副书记、代区长；1996年3月至1997年7月，泰安市泰山区委副书记、区长；1997年7月至2001年1月，泰安市委组织部常务副部长（正县级）；2001年1月至2010年9月，德州市委常委、组织部部长；2010年9月至2011年12月，德州市政协副主席，党组副书记；2011年12月至2014年9月，泰安市政协特邀咨询。

桑新华 女，汉族，1954年12月出生，山东肥城人。1975年12月加入中国共产党，1980年1月参加工作。大学学历，教育学学士。

1976年10月至1978年2月，肥城农业学大寨工作队桃园分队后鲁工作组组长；1978年2月至1980年1月，泰安师专中文系学生；1980年1月至1984年8月，肥城师范学校教师；1984年8月至1987年3月，肥城县委常委、团县委书记；1987年3月至1990年3月，肥城县委常委、宣传部部长（其间：1983年6月至1988年6月，在曲阜师范大学函授政治专业学习）；1990年3月至1992年12月，肥城县（市）副县（市）长；1992年12月至1996年11月，泰安市委宣传部副部长；1996年11月至2002年10月，泰安市政府外事办公室（侨务办公室）主任、党组书记，市对外友好协会会长；2002年10月至2009年5月，泰安市教育局局长、党委书记；2009年5月至2011年10月，泰山职业技术学院党委书记；2011年10月至2015年1月，泰安市政协特邀咨询。

崔义明 男，汉族，1955年4月出生，山东栖霞人。1982年6月加入中国共产党，1975年8月参加工作。大学学历，教育学学士。

1975年8月至1978年9月，栖霞县供销社秘书；1978年9月至1982年7月，曲阜师范大学中文专业学习；1982年7月至1984年7月，肥城县委办公室秘书；1984年7月至1985年10月，泰安市委组织部干事；1985年10月至1987年4月，泰安市委组织部组织科副科长；1987年4

月至1988年11月，泰安市委组织部正科级秘书；1988年11月至1990年12月，泰安市委办公室正科级秘书；1990年12月至1993年8月，泰安市委办公室副县级秘书（其间：1992年9月至1995年7月，在山东建工学院房地产经营与管理专业函授学习）；1993年8月至1999年7月，泰安市建设委员会副主任、党委委员（其间：1997年9月至1998年9月，挂职省建委房地产管理处副处长）；1999年7月至2000年5月，泰安市郊区区委副书记（其间：1998年5月至2000年4月，在天津财经学院研究生课程进修班学习）；2000年5月至2003年1月，泰安市岱岳区区委副书记；2003年1月至2005年12月，泰安市岱岳区区委副书记、区长；2005年12月至2006年7月，泰安市民政局党委书记；2006年7月至2009年5月，泰安市民政局局长、党委书记；2009年5～6月，山东服装职业学院院长；2009年6月至2012年3月，山东服装职业学院院长、党委副书记；2012年3月至2015年5月，泰安市政协特邀咨询。

朱旭光 男，汉族，1961年6月出生，山东滕州人。1978年6月参加工作，1981年3月加入中国共产党。在职大学学历。

1978年6月至1979年2月，滕县印刷厂工人；1979年2月至1984年7月，滕县法院书记员；1984年7月至1988年5月，滕县法院副院长（1983年9月至1986年9月，在华东政法学院法律专业函授学习；1985年11月至1987年2月，在滕县龙阳乡挂职党委副书记）；1988年5月至1989年6月，滕州市法院副院长；1989年6月至1994年6月，滕州市法院副院长（正科级）；1994年6月至1998年10月，滕州市法院代理院长、院长；1998年10月至2000年12月，枣庄市中级人民法院副院长、党组副书记(1997年9月至1999年7月，在山东大学法学院研究生课程班进修学习；1997年7月至2000年6月，在山东干部函授大学业余本科班法律专业学习）；2000年12月至2002年2月，枣庄市中级人民法院副院长、党组副书记、执行局局长（2001年2月至2002年2月，在省委党校中青年干部培训班学习）；2002年2月至2010年12月，枣庄市中级人民法院副院长、党组副书记（2002年9月至2004年7月，在山东大学网络教育学院法学专业学习）；2010年12月至2011年1月，泰安市中级人民法院党组书记、副院长、代院长；2011年1月以后，泰安市中级人民法院院长、党组书记；2012年6月1日，被山东农业大学文法学院法学系聘为兼职教授。

苏金森 男，汉族，1966年10月出生，福建莆田人。1993年11月加入中国共产党，1990年7月参加工作。大学学历，法学学士。

1986年9月至1990年7月，华东政法学院法律系法学专业学习；1990年7月至1991年9月，威海市环翠区检察院干部；1991年9月至1992年7月，威海市环翠区检察院经济检察科助理检察员；1992年7月至1994年8月，威海市环翠区检察院经济检察科检察员；1994年8月至1995年8月，威海市环翠区检察院经济检察科副科长、检察员；1995年8月至1996年1月，威海市环翠区检察院反贪局侦查科科长、检察员；1996年1～11月，威海市环翠区检察院反贪局侦查科科长、副科级检察员；1996年11月至1997年10月，威海市环翠区初村镇党委副书记；1997年10月至1998年4月，威海市环翠区检察院党组成员、副检察长、检察委员会委员；1998年4月至1999年6月，威海市环翠区检察院党组成员、副检察长、检察委员会委员、正科级检察员；1999年6月至2001年12月，威海市环翠区检察院党组成员、副检察长兼反贪局局长；2001年12月至2002年2月，乳山市检察院党组书记、代检察长；2002年2月至2005年6月，乳山市检察院检察长、党组书记；2005年6月至2007年11月，威海市检察院副检察长、党组成员兼乳山市检察院检察长、党组书记；2007年11月至2008年6月，威海市人民检察院副检察长、党组成员；2008年6月至2011年12月，威海市检察院副检察长、党组成员、正处级检察员（其间：2008年8～10月，省委党校第五十五期处级干部进修班学习；2009年2～7月，省委党校第十九期中青年干部培训班学习；2010年7月至2011年6月，挂职任最高人民检察院侦查监督厅审查逮捕一处副处长）；2011年12月至2012年1月，省人民检察院政治部副主任；2012年1月至2013年4月，省人民检察院政治部副主任、检察员；2013年4月至2014年11月，省人民检察院控告申诉检察处处长、举报中心主任、国家赔偿中心主任；2014年11月至2015年1月，泰安市人民检察院检察长候选人；2015年1～4月，泰安市人民检察院代检察长、党组书记；2015年4月以后，泰安市人民检察院检察长、党组书记。

胡宗智 男，汉族，1958年1月出生，山东临邑人。1976年7月加入中国共产党，1982年1月参加工作。大学学历，工学学士。

1978年3月至1982年1月，山东农机化学院农机设计与制造专业学习；1982年1～9月，临邑县农机局技术员；1982年9月至1984年4月，临邑县委宣传部干事；1984年4月至1989年2月，共青团临邑县委书记；1989年2月至1992年12月，临邑县林子乡党委书记；1992年12月至1995年3月，齐河县委常委、组织部部长；1995年3月至1997年12月，齐河县委副书记；1997年12月至1998年1月，齐河县委副书记、代县长；1998年1月至2001年1月，齐河县委副书记、县长；2001年1月至2003年1月，乐陵市委副书记、市长；2003年1月至2005年12月，乐陵市委书记；2005年12月至2006年3月，泰安市人民检察院党组书记、副检察长、代理检察长；2006年3月至2015年1月，泰安市人民检察院检察长、党组书记。2015年1月以后，调山东省人民检察院工作。

牛玉忠 男，汉族，1955年8月出生，山东莱芜人。1977年1月加入中国共产党，1980年8月参加工作。省委党校研究生学历，国家注册规划师。

1975年9月至1978年2月，莱芜县羊里水利站技术员（计算连续工龄）；1978年2月至1980年7月，哈尔滨冶金测量学校学生；1980年8月至1983年4月，冶金部掖县三山岛金矿技术员；1983年4月至1984年9月，泰安市（县级）城建局测绘队技术员；1984年9月至1986年3月，泰安市（县级）城建局规划科科长（其间：1985年3～7月，脱产参加上海同济大学举办的“建设部第三期领导干部研修班”，获结业证书）；1986年3～12月，泰安市统一征地办公室负责人；1986年12月至1989年4月，泰安市城建局规划科副科长；1989年4月至1990年3月，泰安市城建局规划科科长（其间：1988年9月至1990年9月，在哈尔滨冶金测量专科学校学习）；1990年3月至1996年7月，泰安市规划设计管理处副处长；1996年7月至1998年6月，泰安市规划局（副县级）局长（其间：1994年9月至1997年7月，在山东农业大学业余本科班学习）；1998年6月至1999年9月，泰安市建设委员会副主任、党委委员，市规划局局长；1999年9月至2000年11月，泰安市建设委员会副主任、党委委员；2000年11月至2011年12月，泰安市规划局局长、党组书记（其间：2003年获取国家注册规划师资格；2003年12月至2005年12月，在山东大学专门史专业研究生课程进修班学习；2004年9月至2007年6月，在山东省委党校在职干部研究生班学习）；2011年12月以后，泰安市委党校常务副校长（副厅级）、市行政学院院长。

陶长江 男，汉族，1960年4月出生，山东莱芜人。1985年6月加入中国共产党，1982年7月参加工作。省委党校大学学历。

1980年9月至1982年7月，泰安师专中文系学生；1982年7月至1984年7月，泰安地区新汶水泥厂团委副书记（主持工作）；1984年7月至1986年3月，泰安团地委干事；1986年3月至1987年4月，泰安市委组织部干事；1987年4月至1993年1月，泰安市委组织部党政干部科副科级干事；1993年1月至1997年2月，泰安市委组织员办公室正科级组织员（其间：1993年8月至1995年1月，挂职泰安物资综合公司副经理）；1997年2月至1998年11月，泰安市委组织部党政干部科科长；1998年11月至2000年3月，泰安市委组织部助理调研员、党政干部科科长（其间：1998年9月至2000年6月，山东大学管理学院研究生课程进修班学习）；2000年3～12月，泰安市委组织部助理调研员；2000年12月至2005年11月，泰安市委组织部副部长；2005年11月至2008年1月，泰安市委组织部副部长、泰安市党员干部现代远程教育中心主任；2008年1月至2010年1月，泰安市委组织部副部长，市委老干部局局长；2010年1月至2012年2月，泰安市委组织部副部长，市编办主任；2012年2月至2013年12月，泰安高新区党工委书记、管委会主任；2013年12月以后，泰安高新区管委会主任（副厅级）、党工委书记。

谭业刚 男，汉族，1962年1月出生，山东莱芜人。1981年7月参加工作，1987年8月加入中国共产党。省委党校研究生学历。

1981年7月至1988年3月，泰安地（市）委办公室机要科、综合科秘书；1988年3月至1990年11月，市政府办公室综合科、市委办公室综合科秘书（副科级）；1990年11月至1992年4月，市委办公室综合科秘书（正科级）；1992年4月至1996年6月，泰山航空游乐合资公司副主任（副县级）；1996年6月至1997年12月，泰安市土地管理局副局长、党组成员；1997年12月至2003年1月，泰安市泰山区委副书记；2003年1月至2004年12月，泰安市科学技术局局长、党组书记；2004年12月至2007年7月，泰山管委主任、党工委书记、泰山林场（泰山林业管理局）场长（局长）、泰山管理执法局局长；2007年7月至2009年12月，泰山管委主任、党工委书记、泰山管理执法局局长；2009年12月至2011年4月，泰山景区管委会主任（副厅级）、党工委副书记，泰山管理执法局局长；2011年4月以后，泰山景区党工委书记，泰山管理执法局局长。

姚　霆 男，汉族，1963年5月出生，江苏建湖人。1985年7月加入中国共产党，1982年7月参加工作。大学学历。

1980年9月至1982年7月，泰安师专中文系学习；1982年7月至1987年3月，泰安商业技校教师（其间：1984年9月至1987年7月，曲阜师范学院高师函授本科班中文专业学习）；1987年3月至1988年3月，泰安商业技校办公室副主任；1988年3月至1989年11月，泰安市委研究室秘书；1989年11月至1991年11月，泰安市委研究室秘书（副科级）；1991年11月至1992年3月，泰安市委研究室政教科副科长；1992年3月至1997年1月，泰安市委研究室政教科科长；1997年1～12月，泰安市委研究室《泰安工作》编辑部主任；1997年12月至2001年2月，新泰市委常委、宣传部部长（1998年9月至2000年6月，山东大学研究生课程进修班学习）；2001年2～12月，新泰市委副书记、宣传部部长；2001年12月至2003年1月，新泰市委副书记；2003年1月至2004

年11月，泰安市委宣传部副部长（正县级）；2004年11月至2009年7月，泰安市委宣传部副部长、文明办主任（正县级）；2009年7～8月，泰安市教育局党委书记；2009年8月至2013年2月，泰安市教育局局长、党委书记；2013年2～4月，泰安市政府党组成员，办公室党组书记；2013年4月至2015年5月，泰安市政府秘书长、党组成员，办公室党组书记；2015年5～6月，泰安市政府秘书长、党组成员，办公室党组书记，泰山景区管委会主任、党工委副书记；2015年6月以后，泰山景区管委会主任、党工委副书记。

马德生 男，汉族，1967年3月出生，山东日照人，1988年3月参加工作。中共党员，大学学历。山东能源新矿集团孙村煤矿特采队队长。2015年4月，被中共中央、国务院授予“全国劳动模范”荣誉称号。

他扎深煤海，刻苦钻研，自2006年开始在21101工作面进行似膏体充填开采，在没有任何模式、经验可以借鉴的情况下，边摸索边生产边总结，探索出似膏体矸石充填的成功之路。对似膏体充填工艺进行12项技术改造，创造出一套科学、实用的标准和操作流程，有效解决浆体自流难题，并成功实现无煤柱连续充填开采，已充填置换煤炭40万吨，消化矸石50万吨，解放矸石占地13.33公顷（200亩），不仅让矿区变“绿”、变美，也使孙村煤矿似膏体矸石充填工艺成为国内成熟的充填技术之一。该项技术已做成专业化公司，与10家大型煤炭企业签订合约，累计合同金额突破5000万元，使膏体充填变成一种新的产业化经济。在完成21101面生产后，又先后完成11121面、21102面、21103面等的充填开采，绿色开采技术和理念在全国煤炭行业广为传播。他本人先后荣获“山东省煤炭协会‘双十佳’采煤区队长”“山东省优秀党员”“山东省‘富民兴鲁’劳动奖章”“山东省劳动模范”“泰安先锋共产党员”等荣誉称号。

胡芝同 男，汉族，1961年1月出生，山东省东营市广饶县人，初中学历，1979年12月参加工作。山东能源肥矿集团曹庄煤矿采煤二区电工班班长。2015年4月，被中共中央、国务院授予“全国劳动模范”荣誉称号。

他立足岗位，刻苦学习，熟练掌握煤矿各类机电设备的使用和维护技术，成为该矿井下机电维修的“技术大拿”，在泰安市、集团公司和矿举行的技术比赛中，多次取得第一名、第二名的好成绩。为全面提高区队检修工人的技术素质，他利用业余时间撰写教案，并根据每次维修实践，建立“设备故障档案”，每次设备出现问题和故障，都能在他编制的“设备故障档案”中找到解决办法，提高设备维修效率，有效降低事故影响率。2012年他被评为全国煤炭工业劳动模范后，在矿工会的指导帮助下，组织一批有共同爱好的业务骨干和技术能手，创办劳模创新工作室，组织人员围绕安全生产、减轻劳动强度、提高劳动效率、减少材料消耗等关键环节，有针对性地开展技术攻关，解决部分制约企业安全生产、设备运转、采煤工艺等方面的薄弱环节，提高工作效率，降低材料消耗，促进安全生产。他本人多次被评为集团公司和矿级“先进生产工作者”“优秀班组长”和“技术标兵”。

贺茂群 男，汉族，1977年12月出生，共产党员，大学专科学历。华能泰安众泰发电有限公司检修部主任，助理工程师。2015年4月，被中共中央、国务院授予“全国劳动模范”荣誉称号。

2007年，他带领电气专业人员完成1号、2号机组继电保护定值计算，保护投入率100%，正确动作率100%。2009年，他带领电气和热控专业人员完成风机、水泵变频设计和施工调试工作，大幅降低厂用电，每年为电厂增创效益320万元；9月，公司对1、2号机组的4台一次风机和4台凝结水泵进行高压节能变频改造。在他的带领下，员工们自主完成设计9项，所有项目全部验收合格，投入运行后节能效果显著，每年可节约用电825万千瓦时，为企业创造直接经济效益327.9万元。2015年3月下旬开始煤仓改造，改造后的煤仓成功解决煤仓堵、蓬煤造成屏过超温现象，提高设备运行寿命与安全可靠性，每年节约燃料成本约780万元。他本人先后荣获“2009年泰安市优秀青年岗位能手”“2010年国资系统‘四优’共产党员”“2010泰安市劳动模范”“2013年山东省劳动模范”等荣誉称号。

温广勇　男，汉　族，1974年6月出生，山东泰安人，1992年7月参加工作。山东泰山玻璃纤维有限公司设备动力部副部长。2015年4月，被中共中央、国务院授予“全国劳动模范”荣誉称号。

他凭借勤奋好学的精神，用十年磨砺练就专业，用十年钻研成就业绩，第三个十年他的目标是成为下一个“许振超”。2005年，他陆续参与完成湿法薄毡生产线卷曲控制软件的开发、新型废气处理监控系统的开发、公司首条直接纱窑炉生产线的电气调试和新技术应用等研发、改造工作，有效提升公司产品质量等级和效益；2006年组织的“降低因卷芯不齐出现的湿法毡产品复卷率”等课题被评为山东省优秀成果奖；2007年参与的“降低三通路拉丝机排线过位次数”的课题被评为国家建材系统优秀成果奖；2009年参与的课题获得泰安市优秀成果奖。他参与著作的《中大型直接纱窑炉的控制》论文发表于《玻璃纤维》杂志，撰写的《串级控制与史密斯预估相结合在窑炉通路玻璃液温度控制中的应用》《南京拉丝机步进控制器故障探讨》发表于《自动化应用》杂志。他带领公司机电维修工人陆续实现较大故障的替换维修模式、元器件的验证等，其中仅类似于弹道轴承更换等较大维修项目效率提升50%以上。组织完成的分束板修磨专用设备的研发工作获国家专利。2013年在原技师工作站的基础上成立温广勇劳模创新工作室，2014年老厂区生产线拉丝机单机月停机时间比上年减少5分钟。在2013～2014年公司建设的具有国际行业最高标准的满莊生产基地S窑、F01线建设中，他带领团队实现老生产线德国拉丝机大修成功，替代27台进口设备，为公司节省投入1080万元。

赵焕臣　男，汉　族，1957年10月出生，山东泰安人，大学本科，中共党员，山东岱银集团董事长。2015年4月，被中共中央、国务院授予“全国劳动模范”荣誉称号。

自1997年5月担任山东岱银集团董事长后，他勤奋工作，勇于创新，带领企业实现持续、稳定、健康发展，创造了良好的经济效益和社会效益。实施国际化战略，企业出口市场遍布全球70个国家，年出口创汇额逐年递增。企业先后在境外投资建成岱银斯里兰卡服饰公司、岱银美国贸易公司、岱银马来西亚公司，将设计、生产、营销各环节在全球范围内进行优化配置，逐步建立起跨国企业的发展模式。他带领企业走科技创新之路，被中国纺织工业协会认定为“国家纺织产品开发基地”，有30项技术、产品通过省级以上鉴定，达到国内领先水平，20项技术获国家专利，80项获“中国专利金奖”等国家、省、市级科技创新荣誉称号。在他的领导下，岱银集团的生产规模由1996年的不足3万纱锭发展到现在的30万纱锭、10000头气流纺、1000台织机、3500台（套）缝制设备，发展成为集纺纱、织布、服装、进出口贸易、跨国经营于一体的大型企业集团。他本人先后获得“全国纺织工业系统劳动模范”“全国改革创业优秀企业家”“山东‘富民兴鲁’劳动奖章”“山东省优秀企业家”等多项荣誉称号。

鄂宏超 男，满族，1978年12月出生，黑龙江省佳木斯市人，大专，中共党员，1999年8月参加工作。宁阳县政府党组成员、宁阳县公安局党委书记、局长。2015年4月，被中共中央、国务院授予“全国先进工作者”荣誉称号。

他以提升群众安全感和满意度为主线，以强力解决百姓关注的“热点”和公安工作“难点”为突破口，创新警务机制，全面推进打防管控建等各项工作，有力夯实平安宁阳建设根基，公安工作和队伍建设实现新的跨越提升。他坚持一手抓业务、一手抓队伍，在侦破各类大要案件中，亲临一线，靠前指挥，先后带领专案组成功侦破“4•01”拐卖男婴案，该案件被公安部评为全国“打拐”十大经典案例之一；带领5个专案组先后5次荣获省公安厅集体二等功。宁阳县公安局先后荣获“平安山东建设先进基层单位”“全省文明单位”“全省公安机关信访工作先进集体”“全省治安打防控工作先进单位”“全省公安机关‘打黑恶、反盗抢’安民行动先进集体”“齐鲁先锋警队”“群众安全感满意度成绩突出县级公安局并记集体二等功”“全省优秀公安局”等荣誉称号。他本人先后荣获“山东省人民满意政法干警”“山东省优秀青年卫士”“全省优秀公安局长”“泰安市十大杰出青年”“泰安市青年岗位能手标兵”等荣誉称号，荣立一等功1次、二等功1次、三等功2次。

李　平 男，汉族，1966年4月出生，山东泰安人，大学学历，1988年7月参加工作。山东省泰安市实验学校中学高级教师。2015年4月，被中共中央、国务院授予“全国先进工作者”荣誉称号。

他主持研究的两个山东省教育科学“十五”“十一五”重点课题顺利结题。研究成果被省教研室评为一等奖，论文在《数理化学习》上发表，后由权威期刊《中学数学教与学》转载。他研究得出“五化”（知识之间要转化、例题讲解要深化、习题之间要演化、习题筛选要类化、解题思路要优化）教学方法，探索推出教学新模式，实现“四个同步”，即“使学习与发现同步，使掌握知识与培养能力同步，使探究过程与培养创新精神同步，使教学过程与提高素质同步”。他整理出版的研究成果，已在全市初中毕业班使用并收到良好社会效益。他做好名师的带动作用，为年轻教师作经验报告，所带班级多次被评为优秀班集体。本人先后获得“山东省优秀教师”“山东省‘富民兴鲁’劳动奖章”“山东省先进工作者”“泰山名师”“泰山功勋教师”“泰安市学科带头人”“泰安市模范班主任”等荣誉称号。

苏庆亮 男，汉族，1970年4月出生，山东泰安人，大学，中共党员，1988年10月参加工作。泰安市岱岳区天平街道大陡山村党支部书记。2015年4月，被中共中央、国务院授予“全国劳动模范”荣誉称号。

他担任大陡山村党支部书记后，带领全村党员干部群众，先后栽植各类苗木70万株，绿化荒山（100公顷）1500亩，昔日的荒山秃岭变成“金山银山”，村集体年增收30万元，安置劳动力100人。先后发展有机茶园34.67公顷（520亩），建起2000平方米的泰山极顶茶苑，形成种植、加工、销售一条龙的有机茶生产经营模式，“泰山极顶茶”在北京国际林产品博览会上获得银奖，茶园亩产效益达到1万元以上，成为全村集体经济的支柱产业。带领党员群众规划设计果园采摘、茶园观光、河畔乐园等各具特色的十大功能区，建起“凤凰山旅游接待中心”，年接待游客2万人。大陡山村先后被评为“全国文明村”“全国绿色小康村”“山东省先进基层党组织”“泰山先锋党组织”等荣誉称号。他本人先后荣获“全国农村青年创业致富带头人”“全国科普惠农兴村带头人”“山东省优秀共产党员”“山东省劳动模范”“山东省十大杰出青年农民”“泰安市优秀共产党员”等荣誉称号。

（市总工会）

赵士梅 女，汉族，1968年11月出生，山东胶州人，大学学历。泰山赵氏建材有限公司董事长、泰安市女企业家协会会长。2015年荣获全国“三八”红旗手称号。

自1995年起艰苦创业，经过多年拼搏发展，所领导的企业年营业收入超过11.6亿元。她团结带领全市女企业家共同奉献爱心，回报社会，参与市妇联组织的“救助贫困母亲”行动，率先捐款捐物，弘扬乐善好施、扶危济困的传统美德。为下岗职工提供就业岗位，多方资助困难学生，抚养孤儿17名，并承担他们的学费、生活费，累计向社会捐款捐物达200万元。她资助的贫困孩子最大的已经大学毕业，最小的孩子才4岁。她用自己的实际行动为贫困家庭的孩子撑起一片希望的天空，被大家亲切地称为“爱心妈妈”。她本人先后获得“中国经济女性年度突出成就人物”“全国道德模范身边好人”“山东省‘三八’红旗手标兵”“山东省优秀女民营企业家”“齐鲁杰出创业女性”“泰安市‘三八’红旗手”“首届泰安‘十大女杰’”“十大女企业家”“2012最美泰安人”“2013感动泰安年度人物”等荣誉称号。

（市妇联）

宋宪春 泰山区委常委、政法委书记。2015年被山东省委、省政府评为“人民满意政法干警”，并记一等功。

他紧紧围绕新时期政法工作三大任务，尽职尽责、精心组织、锐意进取，开创全区政法工作新局面。创新治理保稳定，把维护社会稳定作为政法工作的基本任务，创新实施“五个一”社区服务管理模式，全面实行社区“网格化”管理，在全市率先推行社会稳定风险评估，开发社会治理综合信息平台，建立舆情监测网络，深化“平安协会”建设，推进“律师会客厅”法律服务进社区，推进警务“六进”社区，搭建“警民议事会”平台，社会治理工作名列前茅。夯实基础创平安，把群众平安放在心上，每年定期组织“冬季亮剑”“新春平安”“夏季攻势”等集中行动，深化“合成化”大巡防，坚持治安突出问题排查整治和考核通报制度，打造治安示范点，组织推进“天网工程”，辖区视频监控实现全覆盖，立体化治安防控体系不断完善，刑事发案逐年下降，辖区社会治安平稳，群众安全感持续提升。从严治警促公正，把政法队伍职业道德教育作为工作的重要内容，抓班子，带队伍，促进执法为民。指导督促政法部门制订执法规范化建设规划，健全完善执法监督制度，加快执法工作信息化建设，严格执行《执法办案责任制》，每年组织开展案件评查活动，从源头上预防不作为和乱作为问题。泰山区先后被授予“全国平安建设先进区”“全省平安建设先进区”等荣誉称号，2013年5月泰山区委政法委被中央综治委表彰为“全国社会管理综合治理先进集体”；涌现出“全国模范法官范红艳”“全国优秀公安干警李彬”等先进典型。

钱继红 女，汉族，1981年1月出生，中共党员，大学本科学历。泰安市岱岳区人民法院徂徕法庭副庭长。2015年被山东省委、省政府评为人民满意政法干警并记一等功。

她自2004年7月大学毕业考录为省委组织部选调生，被分配至岱岳区人民法院徂徕法庭工作后，一直从事基层法庭的审判工作。她模范履行人民法官的职责，自觉追求办案的法律效果和社会效果的统一，自独立办案以来每年结案100多件，调解率达80%，所审理的案件无一错案，无一上访，是公认的审判能手和调解能手。本人多次被岱岳区人民法院评为“办案能手”“调解能手”“信息调研先进个人”等。2012年2月，被泰安市中级人民法院荣记个人三等功；6月，被中共泰安市岱岳区委授予“岱下先锋”荣誉称号；12月，在“山东好人——每周之星”评选活动中，入选“山东好人榜”。2013年3月，被岱岳区委宣传部、岱岳区文明办等联合评为全区敬业奉献道德模范，被泰安市中级人民法院评为全市法院“三零”竞赛活动优秀法官。2015年，被最高人民法院评为“人民法庭工作先进个人”。（市委政法委）

韩建军 男，汉族，1973年7月出生，中共党员，大学文化，泰安市公安局交警支队泰山区城东大队副大队长，三级警督。1995年参加工作后，始终保持“人在路上，心在路上”的爱岗敬业精神，恪尽职守，甘于奉献。由于饱经风吹日晒、严寒风霜，皮肤黝黑，被市民亲切地称为泰安“小黑哥”。截至2014年10月，先后查处各种道路交通违法行为8.5万起，抓获各类违法犯罪嫌疑人180人，处置各种治安险情130起，带领中队完成各类警卫安保任务600次，以实际行动为泰城的交通管理和治安稳定作出贡献。所在的泰安老市委岗多次被评为全国、省、市青年文明岗。2006～2009年连续4年被市公安局嘉奖。2010年3月，被市公安局评为“优秀公务员”“优秀勤务民警”，并记个人三等功。2011年12月，被评为“全省优秀人民警察”。2012年12月，被省公安厅记个人二等功。2014年9月被省公安厅评为首届“山东最美警察”，并记个人一等功；12月，在由中央文明办、公安部、交通运输部指导，《经济日报》《人民公安报》主办的“中国好交警·中国好司机”大型公益活动中，被评为“中国好交警”。

刘克栋 男，汉族，1960年12月出生，中共党员，大学文化，1978年3月参加工作，2003年10月从部队转业参加公安工作。泰安市公安局特巡警支队党总支书记、支队长，一级警督。他以队伍正规化建设为主线，以建设“校园固定勤务队、应急突击队、便衣巡防队”，争当“反恐处突的战斗员、合成巡防的巡逻员、矛盾纠纷的调解员、社区居民的服务员、法律法规的宣传员、中外游客的导游员”活动为载体，以创“市局党委手中的一张王牌、泰山警察的一个品牌、保障人民群众安居乐业的一面盾牌”“三牌队伍”为目标，开创特巡警工作新局面。在2013年全国公安机关应对处置突发事件实战演练活动中，作为泰安演练组副领队，全力协助领队工作，指挥和带领全体参演民警、武警官兵以流畅的演示、精湛的技能、规范的动作、饱满的精神，圆满完成演练任务。2014年1月，被省公安厅记个人一等功。

（市公安局）

徐西国 男，汉族，1972年1月出生，2004年7月加入中国共产党。泰安市城区邮电局下港邮电支局投递员。他1990年进入邮电局参加工作，承担着全乡1.1万户居民、4.2万村民的投递工作。25年的乡邮路，行程60万公里，投递报刊310万份，邮件27万件，接发邮袋1.8万袋，无论寒冬烈日，他都风雨无阻，及时把信件、包裹和报纸送到用户手中，在平凡的乡邮路上传递着乡村与外界的信息，从未出现一次客户有理由申告，得到社会和群众的一致好评。他本人先后被评为“山东省好人之星”“全国邮政系统先进个人”“泰山先锋优秀共产党员”等称号，并荣登“中国好人榜”“全国敬业奉献好人榜”。2015年3月，入选中共中央宣传部公布的第一批“全国岗位学雷锋标兵”名单（全国50名），成为泰安邮政系统唯一获此荣誉的个人。

（山东省邮政公司泰安市分公司）

先进个人名录（部分）

全国劳动模范和先进工作者

马德生　新汶矿业集团有限责任公司孙村煤矿特采队队长
胡芝同　肥城曹庄煤矿有限公司采煤二区班长
贺茂群　华能泰安众泰发电有限公司检修部主任
温广勇　泰山玻璃纤维有限公司设备动力部副部长
赵焕臣　山东岱银纺织服装集团董事长
鄂宏超　宁阳县公安局局长
李　平　山东省泰安市实验学校教师
苏庆亮　泰安市岱岳区天平街道办事处大陡山村党支部书记

全国三八红旗手

赵士梅　泰山赵氏建材有限公司董事长

全国优秀共青团团员

刘小祎

2013年度全国煤炭行业“五四”优秀共青团员

尹志昌　山东能源肥矿集团曹庄煤矿采煤二区
李邦帅　山东能源新矿集团新巨龙公司
陈　龙　山东能源新矿集团山能机械制配专业公司

中国好交警

韩建军　泰安市公安局交警支队泰山区城东大队副大队长

第九届中国青少年科技创新奖

刘小祎

山东省富民兴鲁劳动奖章

张玉晶　泰安市地方税务局泰山分局局长
孙丰海　泰安市岱岳区总工会主席
李钦顺　新泰市国有太平山林场场长
朱圣金　肥城市地方税务局直属分局局长
宫德锋　国网山东宁阳县供电公司总经理
王宝灿　山东省东平县地方税务局副局长
唐　军　新汶矿业集团有限责任公司华丰煤矿矿长
李修林　肥城矿业集团有限责任公司白庄煤矿掘进一区班长
杨万然　山东康平纳集团有限公司研发中心员工
李慧贞（女）泰安市房产交易中心房产登记科科长
朱爱芳（女）山东省泰安师范学校附属学校教师
诸葛春耕　泰安市口腔医院院长
赵云玲（女）泰安市公共交通公司驾驶员
程化伟　中国移动通信集团泰安分公司副总经理
徐西国　泰安市城区邮政局下港支局投递员
阎复华　山东华新房地产开发有限公司总工程师

山东省三八红旗手

张伟贞　泰安市妇联副主席、党组成员
朱　玲　京沪高铁泰安站值班站长
周　菁　泰安市泰山城区热力公司副经理
蔡丽霞　泰安市岱岳区区委常委、组织部部长
程翠芹　泰安市岱岳区妇联主席、党组书记
宋淑荣　肥城市妇儿工委办副主任
张爱菊　泰安市博物馆副馆长、工会主席
郑　宏　泰安市广播电视台社教中心专题部

主任

彭　娟　山东泰安鹏程集团常务副董事长

山东省优秀共青团员

史存青　东平县关工委办公室科员

秦　晗　泰安五岳汽车公司电焊工

徐　博　泰安第一中学 2012 级团总支书记

刘　惠　泰安市中心医院计生办科员

山东省优秀共青团干部

邸志刚　泰安市博物馆团支部书记

鹿　路　泰安市直机关团工委副书记、主任科员

严萌萌　泰山学院附属中学团委副书记

韦兴波　国电石横发电有限公司团委书记

山东青年五四奖章

崔　山　泰安市公益志愿者协会会长

人民满意政法干警

省委、省政府表彰，记一等功：

宋宪春　泰山区委常委、政法委书记

钱继红　岱岳区人民法院徂徕人民法庭副庭长

省委政法委、省人力资源和社会保障厅、省公务员局表彰，记二等功：

王　峰　泰安市委 610 办公室科员

记三等功：

于善波　泰安市委政法委研究室主任

戚桂亮　泰山区人民法院国家赔偿办公室主任、财源人民法庭副庭长

张仁刚　宁阳县人民检察院政治处主任

赵文宪　新泰市公安局翟镇派出所所长

首届“山东最美警察”、省公安厅记个人一等功

韩建军　泰安市公安局交警支队泰山区城东大队副大队长

省公安厅记个人一等功

刘克栋　泰安市公安局特巡警支队党总支书记、支队长

省公安厅记个人二等功

孙　军　泰安市公安局泰山区分局经济犯罪侦查大队副大队长

张　伟　泰安市公安局岱岳区分局经济犯罪侦查大队大队长

孟维娜　泰安市公安局泰山景区分局红门派出所所长

张庆武　新泰市公安局刑事侦查大队副大队长

贺安锋　肥城市公安局刑事侦查大队副大队长兼一中队中队长

徐　峰　宁阳县公安局文庙派出所所长

李　虎　东平县公安局指挥中心指挥调度室主任

许　哲　泰安市公安局国内安全保卫支队综合大队大队长

唐光峰　泰安市公安局刑事科学技术研究所副主任

王　成　泰安市公安局经济犯罪侦查支队一大队民警

马　坡　泰安市公安局特巡警支队二大队民警

李　峰　泰安市公安局交通警察支队政工科副科长

王　军　泰安市公安局交通警察支队岱岳区大队界首中队中队长

青岛世园会和第二十三届省运会安保工作先进个人，记个人二等功

周长彬　泰安市公安局治安警察支队治安行动大队副大队长

全省优秀公安局长

鄂宏超　宁阳县政府党组成员、公安局局长

全省优秀指挥中心主任

田　军　宁阳县公安局指挥中心主任

全省优秀政工室主任

徐利国　肥城市公安局政治处主任

全省优秀经济犯罪侦查大队长

马新民　新泰市公安局经济犯罪侦查大队大队长

全省优秀特（巡）警大队长

庞根明　肥城市公安局特警大队大队长

全省优秀看守所长

单光科　新泰市看守所所长

全省优秀信访室主任

刘顺勇　新泰市公安局信访科科长

全省优秀食品药品与环境犯罪侦查大队长

刘本良　新泰市公安局食品药品与环境犯罪侦查大队大队长

全省优秀刑事侦查大队长

杨　强　肥城市公安局刑事侦查大队大队长

全省优秀交通警察大队长

范维民　泰安市公安局交通警察支队泰山区城东大队大队长

全省优秀派出所长

亓子超　泰安市公安局泰山区分局岱庙派出所所长

刘长青　泰安市公安局岱岳区分局天平派出所所长

张　杰　新泰市公安局西张庄派出所所长

张海泉　肥城市公安局龙山派出所所长

王海阳　宁阳县公安局伏山派出所所长

全省优秀治安管理中队长

李桂峰　泰安市公安局泰山区分局治安警察大队户政管理中队中队长

陈　萍　泰安市公安局岱岳区分局治安警察大队内保中队中队长

全省优秀刑事侦查中队长

高　罡　新泰市公安局刑事侦查大队一中队中队长

宋　超　东平县公安局刑事侦查大队三中队中队长

全省优秀交通警察中队长

卜相阳　泰安市公安局交通警察支队泰山区城西大队勤务三中队中队长

石海滨　肥城市公安局交通警察大队一中队中队长

全省优秀人民警察

徐国声　泰安市公安局治安警察支队综合大队大队长

张伟才　泰安市公安局经济犯罪侦查支队三大队民警

孔　巍　泰安市公安局刑事侦查支队五大队民警

郑国梁　泰安市公安局技术侦察支队民警

张　莉　泰安市公安局交通警察支队车辆管理所副所长

尹燕鹏　泰安市公安局泰山区分局刑事侦查大队民警

薛　群　泰安市公安局泰山区分局迎胜派出所警长

李德亮　泰安市公安局岱岳区分局刑事侦查大队副大队长

宋洪昉　泰安市公安局岱岳区分局警务保障室情报信息中心副主任科员

孙法芹　泰安市公安局泰山景区分局警务保障室副主任

张广林　泰安市公安局高新区分局龙泉派出所教导员

艾　亮　泰安市公安局泰汶分局警务保障科副科长

刘国勇　泰安市公安局陶山分局队伍管理监督科副科长
张　强　新泰市公安局巡特警大队特勤中队中队长
牛玉武　新泰市公安局刑事侦查大队刑事科学技术室民警
侯　晓　肥城市公安局特警大队便衣中队副中队长
马　田　肥城市公安局交通警察大队三中队指导员
陈电锋　宁阳县公安局刑事警察大队副大队长
赵井勇　东平县公安局经济犯罪侦查大队二中队中队长
赵方峥　东平县看守所综合管理队队长
许传升　泰安市公安消防支队党委副书记、支队长

全省妇联系统新闻宣传先进个人

张　庆　新泰市妇联副主席
熊卫华　东平县妇联副主席

山东省“幸福进家”活动先进个人

周玉萍　李红卫　宫本娟　张玉翠　陈　蕾
刘丽华　刘　燕　刘　建　赵洪霞　邹　燕
张美霞　赵　芹　李春梅　杜海梅　杜　静
赵传敏　侯贵君　陈志明　王文霞

山东省维护妇女儿童权益先进个人标兵

杨晓萍　市妇联儿童部部长

山东省维护妇女儿童权益先进个人

杨晓萍　泰安市妇联儿童部部长
范红艳　泰安市泰山区人民法院少年庭庭长
张玉翠　泰安市岱岳区范缜计划生育协会常务副会长
陈星霞　新泰市公安局党委委员、副政委
高爱莲　肥城市妇联副主席
刘　娜　宁阳县妇联副主席
姜红蕾　东平县公安局东平派出所教导员

吕　惠　山东省惠锦律师事务所主任律师

山东省城乡妇女岗位建功先进工作者

高　红　泰安市教育局机关党委专职副书记
葛秀玲　泰安市救助管理站党支部书记
张　敏　泰安市规划展览馆馆长

山东省巾帼建功标兵

王素美　泰安市中医医院副院长
姚学理　岱岳区范镇党委副书记、镇长
刘　洁　泰安日报社品牌中心主任
李　霞　东平县国家税务局
李　桦　泰安市中心医院妇科

山东省巾帼增收带头人

马文焕　泰安市泰山区省庄镇后省庄村支部书记
张华云　泰安市泰山木工机械有限公司 副总经理
杨世芹　泰安市大观彩印包装有限公司董事长
李　敏　泰安天乐坊餐饮娱乐有限公司总经理
王传粉　新泰市唯特果树研究所所长
李志菊　新泰市双山村党支部副书记
陈玉芬　肥城市仪阳镇土洞鸡腿菇种植专业合作社社长
翟玉玲　肥城市安庄镇桑蚕养殖专业合作社社长
张淑玲　宁阳县金源薄皮核桃种植专业合作社王卞基地经理
孔慧慧　宁阳县华丰镇西爵山村
刘培英　东平县东平街道井仓村
史存玲　泰安泰汶中药材有限公司总经理

山东省十大巾帼增收标兵

程丽华　泰安市岱岳区良庄镇山阳南村

2014 年度山东省“乡村创富好青年”

侯庆迎　泰安市汶农种业有限责任公司董事长

2013～2014年度“全省农村青年致富带头人”标兵

张彦来　泰安吉利标准化养猪专业合作社理事长

2013～2014年度“全省农村青年致富带头人”

尹朋辉　泰安市新农方舟饲料有限公司总经理、泰安市新农方舟畜禽养殖有限公司董事长

山东省省管企业青年五四奖章

王旺旺　山东能源新矿集团赵官能源有限责任公司通防科科长助理

王建亭　山东能源肥矿集团杨营能源公司生产技术科副科长

2013年度选派金融机构年轻干部到县级团委挂职工作优秀挂职干部

孙栋海　共青团肥城市委副书记

李润凤　共青团东平县委副书记

2014年“挑战杯——彩虹人生”全省职业学校创新创效创业大赛优秀指导教师

张　莹　泰山职业技术学院

“树意识、转观念、促发展”征文比赛一等奖

于瑞超　肥城矿业集团白庄煤矿

全市社会管理综合治理工作先进个人

市委、市政府表彰：

张　军　泰山区委政法委副书记、610办公室主任

张　军　岱岳区委常委、政法委书记

刘　辉　新泰市公安局青云派出所所长

赵传兴　肥城市委办公室副主任、信访局局长

王　勇　肥城市湖屯镇党委委员、纪委书记

徐彩虹　宁阳县华丰镇党委书记、人大主席

郭兴华　东平县公安局党委委员、副局长

孙士刚　市委办公室科长

周　利　市考核工作办公室副主任

刘霏霏　市互联网新闻宣传管理办公室副主任

赵　兵　市信访局驻京工作办公室主任、信访教育接待站副主任

刘克栋　市公安局特巡警支队党总支书记、支队长

张　黎　市法律援助中心主任

戚永红　市财政局行政政法科科长

蒋建民　市人力资源和社会保障局党委委员、副局长

高　原　市安全生产监督管理局工商贸安全监督管理科科长

赵福文　市国家安全局主任科员

陈　陆　武警泰安市支队司令部作训股股长

张　红　泰安泰山三和实业有限公司党委副书记、纪委书记、工会主席

苏庆华　泰山景区党工委委员、泰山管理行政执法局副局长

市综治委、市人力资源和社会保障局表彰：

王传江　泰山区泰前街道综治办专职副主任

刘　义　泰山区省庄镇纪委副书记

孙怀海　市公安局泰山区分局治安大队副大队长

李传庆　泰山区信访局接访科科员

白振兴　泰山区社区建设指导中心副主任

邓建强　岱岳区人民法院党组成员、执行局局长

李平伟　岱岳区人民检察院民事行政检察科副科长

刘　涛　市公安局岱岳区分局党委委员、副局长

赵汉举　岱岳区司法局满庄司法所所长

薛立金　岱岳区民政局局长

张新德　新泰市委政法委副书记

刘　虎　新泰市人民法院执行二庭副庭长

高　伟　新泰市民政局党委委员、副局长

申　健　新泰市人力资源和社会保障局党委书记、局长

武金帅　新泰市交通运输局综合科科长

李永亮　肥城市高新区社会事务局副局长

梁俊亭　肥城市新城街道综治办专职副主任
王文强　肥城市桃园镇综治办专职副主任
杨泽雨　肥城市王瓜店街道综治办专职副主任
孙其福　肥城市司法局王庄司法所所长
刘国珍　宁阳县委610办公室副主任
闫　锐　宁阳县公安局党委委员、副局长
张延兵　宁阳县泗店镇人大副主席
张连忠　宁阳县葛石镇党委委员
张茂健　宁阳县乡饮乡党委副书记
李子武　东平县民政局党委书记、局长
马启金　东平县财政局党委委员、副局长
张承志　中国移动通信集团山东有限公司东平分公司总经理
牛　东　东平县梯门镇党委书记、人大主席
姚来涛　东平县银山镇党委副书记、政协室副主任
高文嵩　市委610办公室宣传调研科科长
王庆伟　市中级人民法院刑事审判第二庭副庭长
贾世森　市人民检察院监所处处长
金元超　市教育局安监科副科长
梅延波　市公安局网络安全保卫支队科员
陈丽娜　市民政局团委书记、办公室副主任
赵　凯　市国土资源局科员
张红阳　市河道管理局局长助理、大汶河闸坝管理所所长
张灿宏　市卫生局医政与医疗服务监管科科长
付安萧　市人民政府外事侨务办公室领事科科长
王　略　市粮食局科员
李风波　市烟草专卖局专卖监督管理科科长
乔　妍　泰安监狱后勤装备科副科长
刘玉清　泰安军分区政治部干事
马兵建　人保财险泰安市分公司总经理助理
贾仁义　泰安仲裁委员会办公室联络科科长
赵业刚　新矿集团公司协庄煤矿公安科科长、武装部部长、调解办主任
宋红军　肥矿集团公司保卫处干事
孙　宁　泰安高新技术产业开发区团工委副书记
国红利　泰山景区大津口乡奇石经营办公室副主任

全市见义勇为先进分子

李　军　泰山区徐家楼街道前灌社区居民
张春平　泰山区省庄镇宦家峪村村民
王　涛　岱岳区道朗镇道朗村村民
王德伟　岱岳区化马湾乡贾家庄村村民
侯存国　岱岳区房村镇政府工作人员
鲁　华　泰安监狱民警
郭洪言　新泰市小协镇郭家泉村村民
潘振华　新泰市百货大楼职工
靳贻龙　宁阳县葛石镇信访办副主任
刘广年　东平县州城街道刘楼村村民
李基德　东平县银山镇政府工作人员
邹　华　新矿集团万祥矿业公司治安保障部副主任
李　虎　新矿集团新巨龙能源公司保卫部护卫队员
王　超　新矿集团协庄煤矿公安科护卫队员
李文欣　泰山文欣书画院院长
于　川　山东科技大学教师

全市见义勇为先进群体

李光红、范沅昆2人勇救落水人员先进群体

李光红　肥城市新城街道巧山村村民
范沅昆　肥城市龙山中学学生

侯庆海、侯庆福、董兆军3人勇救落水人员先进群体

侯庆海　东平县沙河站镇二郎庙村村民
侯庆福　东平县沙河站镇二郎庙村村民
董兆军　东平县沙河站镇二郎庙村村民

泰安市就业工作先进个人

泰山区：张向阳　王丕良　宋志伟　李　明
岱岳区：李　侠　李　君　刘　成　徐　菁
新泰市：朱树春　夏　莹　王　静　陈兴民　杨中伟

肥城市：赵 猛 石振东 武 东 赵 峰
宁阳县：徐永华 孟 涛 丁祖文 王 瑜
东平县：杜 慧 孙丽萍 郑允剑 安 腾
高新区：李 明
泰山景区：李立寰
市 直：孙明珍 陈 静 魏其高 张 杨
王 涛 刘善利 叶翠莲 崔大勇
王 岳 陈长举 栾 静 徐秋珍
刘 莹 潘柯歆 吕 勇 孙平伯
陈书来 陈志建 韩智伟 苏立华
兰江华 郑三英 刘庆峰

2014 年度泰安市首席技师

马冠生 泰安航天特种车有限公司加工中心操作工 高级技师
秦 晗 中国重汽集团泰安五岳专用汽车有限公司电焊工 技师
王方凯 泰安市高级技工学校数控车工 高级技师
李 丽 泰安市德润富临酒店投资管理有限公司餐厅服务员 高级技师
岳红亮 泰安市劳动就业培训中心中式烹调师 高级技师
管桂玲 泰安市真爱化妆职业培训学校化妆师 高级技师
户 静 泰安市泰山宾馆有限责任公司餐厅服务员 高级技师
王 静 山东岱银纺织集团股份有限公司并条工 技师
魏 超 山东宏康机械制造有限公司车工 技师
肖海龙 泰安市泰山泉酿酒设备有限公司电焊工 高级技师
刘 谦 泰安北方车辆有限责任公司新泰开发区分公司汽车修理工 高级技师
朱彦国 新泰正大热电有限公司锅炉运行值班员 技师
徐仰连 山东能源机械集团电焊工 高级技师
程银贵 肥城市正港木业工艺品厂精细木工技师
王桂香 肥城市高级技工学校车工 高级技师
张 华 山东傲饰服饰有限公司维修电工 技师
荆忠山 山东肥城精制盐厂精制盐工 高级技师
张运河 国网山东宁阳县供电公司维修电工 高级技师
李 晶 山东宁联机械制造有限公司数控车工 技师
陈培金 山东东平鑫海建工有限公司工程测量工 高级技师

泰安市参加山东省第二十三届运动会先进个人

记二等功、享受“泰安市劳动模范”待遇：

周生涛 泰安市体育总会办公室主任
高蕴生 泰安市体育运动学校党支部书记
管岱宁 泰安市体育运动学校副校长
张景文 泰安市体育运动学校副校长
刘大炜 泰安市体育运动学校教练员（排球）
赵燕龙 泰安市体育运动学校教练员（举重）
赵 明 泰安市体育运动学校教练员（举重）
董西志 泰安市体育运动学校教练员（拳击）
孟 辉 泰安市体育运动学校教练员（足球）
张 红 泰安市体育运动学校教练员（武术套路）
刘四龙 泰安市体育运动学校教练员（武术散打）
孟 晨 山东省泰安第二中学体育教师（篮球）
武文涛 新泰市体育中心主任
王功春 新泰市体操运动学校教练员（体操）

记二等功：

郝 强 泰安市体育局竞赛科副科长
徐炳伦 泰安市教育局副局长
王冬梅 泰安市体育产业发展办公室副主任
王安龙 泰安市体育总会科员
罗 铮 泰安市体育总会科员

王振民　泰安市体育运动学校副校长
孙　波　泰安市体育运动学校办公室主任
王洪年　泰安市体育运动学校训练科科长
尚　军　泰安市体育运动学校教练员（篮球）
万　斌　泰安市体育运动学校教练员（排球）
李云涛　泰安市体育运动学校教练员（排球）
李叶剑　泰安市体育运动学校教练员（足球）
刘秀玲　泰安市体育运动学校教练员（手球）
安　辉　泰安市体育运动学校教练员（篮球）
张庆利　泰安市体育运动学校教练员（田径）
屠　翔　泰安市体育运动学校教练员（田径）
李岱强　泰安市体育运动学校教练员（柔道）
闫仲军　泰安市体育运动学校教练员（拳击）
杨振德　泰安市体育中心主任
狄聚学　泰山博文中学校长
何　斌　新泰市体操运动学校校长
李晓亮　新泰市体操运动学校教练员（体操）
宣光海　新泰市业余体育运动学校校长
张新利　新泰市业余体育运动学校教练员（竞走）
周　新　新泰市青云中学体育教师（竞走）

全市安全生产工作先进个人

刘　伟　泰山区副区长
王　华　岱岳区副区长
刘　玉　新泰市市委常委、副市长
李华民　肥城市市委常委、副市长
董　骞　宁阳县副县长
侯圣玉　东平县副县长
岳荣胜　市检察院副检察长
高传庆　市政府督查室副主任
朱　海　市政府应急管理办公室科长
刘　明　市纪委党风政风监督室副科级纪检监察员
孙　磊　市财政局副局长
李　峰　市安全生产监察支队副支队长
侯存勇　市旅游局监督管理科科长
周　明　市质监局特监科科长
王兵化　市粮食局执法大队大队长
李宝荣　市总工会副主席
葛凤臣　市直机关事务管理局副调研员
王兴荣　省煤田地质局安全管理处处长
玄绪峰　市气象局纪检组长
周　勇　泰安监狱副监狱长

全市基层卫生工作先进个人

倪小娟　泰山区卫生局科员
田　伟　泰山区徐家楼街道社区卫生服务中心副主任
王学坤　岱岳区卫生局副局长
石秀娟　岱岳区山口镇卫生院医师
张宝喜　岱岳区满庄镇卫生院院长
闫家平　新泰市第三人民医院院长
徐希军　新泰市青云街道社区卫生服务中心主任
梁海滨　新泰市泉沟镇卫生院院长
张柏安　肥城市卫生局基层卫生与妇幼保健科科长
郭丽丽　肥城市新城街道社区卫生服务中心副主任
王　林　肥城市安驾庄镇卫生院院长
宁中军　宁阳县卫生局局长
王　强　宁阳县华丰镇卫生院院长
张学文　宁阳县磁窑镇南驿卫生院院长
刘　莉　东平县东平街道社区卫生服务中心主治医师
刘善涛　东平县接山镇卫生院医师
王灿强　泰山景区大津口乡卫生院院长
王　一　泰安高新区北集坡街道社区卫生服务中心主任
李　升　泰安市财政局科长
傅连臣　泰安市卫生局基层卫生与妇幼保健科科长

全市河砂资源管理工作先进个人

张洪港　翟红军　梁传诗　吴传波　侯晓冬
王　鹏　刘振东　秦　斌　张　震　李　萍
李　波　范海营　尹义新　刘发明　张晓楠

栾立军　陈孝波　王凡文　王　新　周传峰

全市绿色生态泰安建设先进个人

陈继海　张洪印　李灿武　张　冰　赵京华
卢玉春　杨同珂　石　娟　孙其胜　张　宁
卢宗元　许兴成　卜文渊　杨　军　李志军
朱士旺　林菁华　朱　磊　张　林　王　伟

2015 年泰安市振兴泰安劳动奖章获得者

张树强　泰安启程车轮制造有限公司车间管理员
王海峰　山东潍坊百货集团股份有限公司泰安中百大厦店长
陈　娟（女）　山东岱银集团雷诺服饰有限公司西裤缝制线班班长
丁明乾　泰安市中医二院康复科主任
王德秀（女）　山东省泰安东岳中学教研组长
耿树勇　山东泰山工业园区管委会副主任
赵　丽（女）　山东泰开电力开关有限公司董事长
宋　涛　泰安岱岳经济开发服务有限公司办公室主任
陈峰清　泰山玻璃纤维有限公司满庄分公司副经理
孔祥君（女）　泰安京日丸善食品工业有限公司工会主席
王晓燕（女）　泰安市岱岳区妇幼保健院信息科主任
王振林　山东省泰安英雄山中学副校长
秦忠法　泰安市岱岳区纪律检查委员会副书记
贺　倩（女）　泰安山水建业混凝土有限公司总经理
马新兵　新泰市人力资源和社会保障局窗口负责人
高　罡　新泰市公安局刑侦大队一中队中队长
万会建　山东泰山天盾矿山机械股份有限公司钳工车间总调度
李树臣　新泰市第二人民医院内科主任
薛　虎　新泰市平阳实验学校教师
郑永坤　国网山东新泰市供电公司总工程师
李　庆　新泰市地方税务局青云征收分局分局长
赵文菊（女）　新泰市青龙路市场管委会主任
白元付　山东明兴矿业集团有限公司董事长
韩　磊　国网山东省肥城市供电公司培训中心党支部书记
荆忠山　山东肥城精制盐厂制盐车间主任
王联合　山东省肥城市国家税务局稽查局科员
孙　文　兴润建设集团有限公司总工程师
朱广运　肥城市中医医院针灸科主任
张作旺　肥城市泰西中学级部副主任
胡建军　肥城市委政法委办公室主任
刘宪长　信邦建设工程有限公司总经理
齐　卫　宁阳县农业局经济作物站站长
李继春　山东超威电源有限公司工会主席
张立房　山东省宁阳实验高级中学校长助理
董绍银　宁阳县总工会副主席
颜　武　宁阳县中医院康复科主任
田　彪　山东金阳矿业集团有限公司机电处工人
沈　伟　山东鲁珠集团有限公司明珠产业园党支部书记
孟志广　瑞星集团股份有限公司审计部经理
张继宾　东平县水利建筑安装公司工会办公室主任
侯　磊　国网山东东平县供电公司营销部市场班班长
张　伟　东顺集团股份有限公司深加工车间主管
范思杰　东平明湖中学副校长
张海英（女）　东平县疾病预防控制中心查体中心主任
亚　军　中国农业银行股份有限公司东平县支行行长
刘同彬　新汶矿业集团有限责任公司安全监察局主任工程师
李开周　新汶矿业集团有限责任公司翟镇煤矿洗选厂厂长

刘清茂　山东新阳能源有限公司采煤二区区长
任保东　新汶矿业集团地质勘探有限责任公司1022钻机机长
陈立华　新汶矿业集团有限责任公司工会副主席
鲁玉栋　新汶矿业集团有限责任公司办公室主任
王　振　山东矿业管理技术服务集团有限公司董事长
赵晓博　肥城矿业集团单县能源有限责任公司机电负责人
柴永春　肥城矿业集团杨营能源有限责任公司采煤二区班长
曹文华　山东鑫国煤电有限责任公司工程师
李　哲　肥城矿业集团梁宝寺能源有限责任公司选煤厂厂长
周亚龙　山东安信机械制造有限公司技术综合部副部长
张祖圣　肥城矿业中心医院党委书记
苗利军　中国重汽集团泰安五岳专用汽车有限公司副总经理
杨焕新　泰山集团股份有限公司设计二处处长
李惠新　泰安市地方税务局高新区分局副局长
刘建萍（女）　山东泰开箱变有限公司董事长
李学启　泰安市泰山票务交通管理处天外村票务站站长
张　鹏（女）　泰安市泰山风景名胜区管理委员会红门管理区副区长
王　震　国网山东省电力公司泰安供电公司变电检修室二班班长
万桂东　国电石横发电有限公司物业部维护队队长
尹延军　山东电力管道工程公司东北分公司职工
杨少泉　山东省煤炭泰山疗养院职防所所长
司增勤　华能泰山电力有限公司总经理
安增涛　泰安市委政策研究室科长
张　艳（女）　山东省泰安市气象台台长助理
吴长征　泰安日报社会展中心主任
许晓峰　泰安市公安局刑侦支队刑科所副大队长
王冬东　泰山玻璃纤维有限公司技术部窑炉组员工
侯文来　泰安市泰山旅游汽车有限责任公司运营中心驾驶员
宋　琦　泰安市泰山城建热电有限公司总经理
顾　冰　泰安市住建局审批服务窗口副科长
任德会　泰安市建设职工培训中心主任
王建中　山东省泰山中学教师
孙文青（女）　山东省泰安第一中学教师
张福业　泰安市第四人民医院科教科科长
李　青（女）　泰安市红十字会服务中心主任
杨桦楠　泰安市交通发展投融资管理中心副主任
刘峻青　泰安市公路局工程一处党委副书记
王秀东　山东省煤田地质规划勘察研究院副院长
姬长涛　泰安市人力资源和社会保障局科长
张　林　泰安市泰山林业科学研究院园林花卉研究所所长
宋绍军　泰安市粮库主任
郭红玉　泰安市农业机械科学研究所副所长
王振波　泰安市广播电视台广播中心副主任
陈　霞（女）　宁阳县邮政局支局长
崔向前　中国移动泰安分公司网络优化中心主任
林榕青（女）　中国人民银行泰安市中心支行支付结算科副科长
单伟强　中国农业银行股份有限公司泰安分行副行长
杨丽霞（女）　中国建设银行股份有限公司新泰支行会计师
刘洪波　中国工商银行股份有限公司泰安分行行长
金卫东　中国邮政储蓄银行泰安市分行行长
杨洪喜　山东石横特钢集团有限公司工会主席

编辑·校对　**戚淑娟**

统计资料

2014 年泰安市各县（市、区）经济和社会发展主要指标

表 49

指标名称	单　位	全　市	泰山区	岱岳区	新泰市	肥城市	宁阳县	东平县
土地面积	平方公里	7762	337	1750	1933	1277	1125	1340
年末常住总人口	万人	558.1	77.7	90.0	133.5	96.1	76.6	75.4
农村人口	万人	251.1	10.1	41.0	58.9	43.6	47.3	46.9
粮食总产量	吨	2816708	50750	510779	430047	584336	597659	643136
全社会固定资产投资	万元	22989585	3391610	3471998	5048911	4763711	2987809	2500182
社会消费品零售总额	万元	11881451	2848441	1486970	2644170	2360433	1353776	1162512
地方财政收入	亿元	187.4	28.7	14.1	38.1	35.5	12.4	11.3
地方财政支出	亿元	285.8	18.9	29.2	57.1	48.5	29.5	28.1
在岗职工人数	万人	76.4	16.2	5.9	20.7	15.6	10.6	4.4
在岗职工工资总额	万元	3657084	817178	281645	978377	756764	488429	205219
在岗职工平均工资	元	48050	50507	48622	46443	49896	45995	46905
农民人均纯收入	元	12913	14764	12064	14380	14440	12010	10598

2014 年泰安市各县（市、区）主要农产品产量

表 50　　单位：吨

	泰山区	岱岳区	新泰市	肥城市	宁阳县	东平县
粮　食	50750	510779	430047	584336	597659	643136
小　麦	25350	207693	180796	254182	323124	323364
豆　类	3	789	616	2182	2254	15281
油　料	121	29297	98374	11717	73397	20641
棉　花	19	861	362	1682	714	4832
蔬　菜（含菜用瓜）	161569	2492533	1450917	2233224	1005593	762744
水　果	12276	243873	82557	139528	44449	25129
肉　类	9232	66175	147440	81096	101116	54857
猪　肉	5217	35524	91405	54570	67335	31249
禽　蛋	8152	40515	41914	40735	34869	31848
奶　类	115627	139553	117404	85443	103878	18564
水产品	950	5480	2000	5000	1900	78000

注：年粮食、小麦产量为调查数据，与以往年度不可比。

全社会固定资产投资

表 51　　单位：万元

指 标 名 称	2013 年	2014 年
全社会固定资产投资完成额	19817769	22989585
固定资产投资项目	18555714	21558702
国有单位	1804100	1840828
集体单位	4240969	4775960
个体经营与私营	7609708	9044749
港澳台投资	40142	48956
外商投资	35895	108023
房地产开发投资	1262055	1430883
国有单位	84568	60507
集体单位	6610	5115
个体经营与私营	497484	471568

泰安市平均每天主要社会经济活动情况

表 52

	单 位	2000 年	2001 年	2002 年	2003 年	2004 年	2005 年	2006 年	2007 年	2008 年	2009 年	2010 年	2011 年	2012 年	2013 年	2014 年	2014 年为2013 年 %
全市每天创造的财富																	
财政收入	万元	522.4	630.7	651.2	755.9	855.2	1113.0	1416.0	1759.0	2093.0	2505.0	3204.0	3784.0	4340.0	4625.0	5134.0	111.0
粮 食	吨	6419	6067	5098	5542	5754	6924	7483	7633	7964	8318	8501	8689	8302	7706	7717	100.1
原 煤	万吨	5.0	6.0	6.4	7.2	6.9	6.4	6.9	6.8	7.5	7.0	7.5	6.0	5.9	5.3	4.8	90.6
发电量	万千瓦时	2049	2104	2276	2561	2639	2984	3103	3408	3019	2981	2693	3515	3424	3584	4092	114.2
布	万米	14.6	19.4	23.2	28.3	43.2	51.4	104.7	172.9	195.2	220.9	193.0	197.1	142.1	148.0	180.0	121.6
其他经济活动																	
公路运输工具客运人数	万人	6.1	6.8	7.1	6.8	8.1	10.6	12.6	13.4	15.5	12.8	13.6	14.7	16.6	17.6	-	-
城镇住宅峻工面积	平方米	3640	2841	3422	2016	1351	1847	1532	1745	3305	4483	2651	4689	6893	6028	-	-
全市人口变动																	
出 生	人	167	152	186	157	190	162	137	139	153	136	159	172	183	-	-	-
死 亡	人	99	88	98	96	91	97	89	100	104	99	124	96	137	-	-	-

注：粮食产量为国家统计局泰安调查队抽样调查数据。

泰安市旅游事业发展情况

表 53

项 目	单 位	2003 年	2004 年	2005 年	2006 年	2007 年	2008 年	2009 年	2010 年	2011 年	2012 年	2013 年	2014 年	2014 年比 2013 年增长 %
旅游人次数总计	万人次	591.8	778.9	1011.0	1244.8	1518.5	1867.7	2345.9	3051.0	3727.9	4357.1	4830.3	5311.8	10.0
海外旅客	万人次	3.8	8.1	9.8	12.6	15.1	19.0	24.1	29.8	35.3	40.6	38.5	36.6	-5.0
国内旅客	万人次	588.0	770.8	1001.2	1232.2	1503.4	1848.7	2321.8	3021.2	3692.6	4316.5	4791.8	5275.2	10.1
国内旅游收入	亿元	34.0	46.7	63.3	83.4	104.8	136.9	177.8	241.1	304.6	371.3	427.3	486.6	13.9
旅游外汇收入	万美元	1455	2910	3740	5267	6492	9518	15050	18380	21852	25745	23223	22508	-3.1

人民生活

表 54

指　标	单　位	2013 年	2014 年	2014 年比 2013 年增长 ±%
城市居民收支				
家庭总收入	元	30178	31900	5.7
可支配收入	元	28201	30715	8.9
工资性收入	元	20347	21524	5.8
经营净收入	元	3127	3432	9.8
财产性收入	元	1383	1496	8.1
转移性收入	元	5321	5448	2.4
家庭总支出	元	22175	23067	4.0
消费支出	元	18201	19714	8.3
食　品	元	5666	6216	9.7
衣　着	元	2062	2221	7.7
居　住	元	1538	1690	9.9
家庭设备用品及服务	元	1336	1478	10.7
医疗保健	元	1698	1816	6.9
交通和通信	元	2508	2609	4.0
教育文化娱乐服务	元	2612	2888	10.6
其他商品和服务	元	782	796	1.8
人均住房建筑面积	平方米	32	30.5	-
农村居民收支				
人均纯收入	元	11547	12913	11.8
工资性收入	元	6230	7090	13.8
家庭经营纯收入	元	4620	5045	9.2
财产性纯收入	元	228	265	16.2
转移性纯收入	元	468	513	9.6
生活消费支出	元	6319	7158	13.3
食品消费支出	元	2269	2634	16.1
衣着消费支出	元	395	427	8.1
居住消费支出	元	1022	1169	14.4
家庭设备、用品消费支出	元	507	541	6.7
交通和通讯消费支出	元	751	845	12.6
文化教育 . 娱乐消费支出	元	841	954	13.4
医疗保健消费支出	元	469	512	9.2
其他商品和服务消费支出	元	65	76	16.9
人均居住面积	平方米	43.2	44.7	-

2014年泰安市对外及对港澳台贸易

表55　　　　单位：万美元

	进出口	为上年（%）	进口	为上年（%）	出口	为上年（%）
合　计	297354	119.5	124246	110.8	173108	126.7
按贸易方式分						
一般贸易	253928	118.9	107282	104.9	146646	131.7
加工贸易	32950	105.2	6613	110.4	26337	103.9
按企业性质分						
国有企业	38441	103.5	13790	99.0	24651	106.2
三资企业	27037	98.4	3721	81.2	23316	101.8
其他企业	230263	125.4	105206	113.1	125057	138.0

2014年泰安市在岗职工情况

表56　　　　单位：万元

	职工人数（人）	工资总额（万元）	平均工资（元/人）
总　计	738088	3553248	48322
按经济类型分			
国有经济	200450	1132806	56350
集体经济	93951	418734	45084
其它经济	443687	2001708	45348
按单位性质分			
企　业	577304	2614094	45485
事　业	120064	717036	59819
机　关	37342	204483	54745
其　他	3378	17635	52160
按国民经济行业分			
农、林、牧、渔业	1419	7418	52239
采矿业	116791	605843	50546
制造业	189509	785708	41916
电力、燃气及水的生产和供应业	11743	60343	52409
建筑业	134940	577661	43725
交通运输、仓储和邮政业	39385	166864	42422
信息传输、计算机服务和软件业	18763	79774	42836
批发和零售业	10818	47771	44216
住宿和餐饮业	6077	42040	70114
金融业	12200	90541	74397
房地产业	14116	62504	44462
租赁和商务服务业	10559	46384	44033
科学研究、技术服务和地质勘查业	9912	53677	54307
水利、环境和公共设施管理业	6450	31032	48541
居民服务和其他服务业	4092	17295	42862
教　育	69419	409082	58808
卫生、社会保障和社会福利业	26139	167621	64736
文化、体育和娱乐业	3147	14501	45585
公共管理与社会组织	52609	287189	54704

主要年份泰安市国民经济和社会发展主要指标

表 57

	单位	1980 年	1985 年	1990 年	1995 年	2000 年	2005 年	2008 年	2009 年	2010 年	2011 年	2012 年	2013 年	2014 年
人　口														
年末总人口	万人	450.9	473.3	527.1	526.6	540.7	550.8	554.7	555.8	557.0	559.5	558.9	–	–
农业人口	万人	412.7	411.7	450.7	426.7	379.3	393.6	395.5	398.1	367.1	365.9	352.3	–	–
全部在岗职工人数及工资														
全部在岗职工人数	万人	28.5	36.4	47.0	57.1	49.8	49.3	50.8	51.7	55.3	62.0	66.5	75.2	73.81
全部在岗职工工资总额	亿元	2.2	4.1	10.3	27.1	35.0	66.1	111.6	132.8	171.2	219.8	26.3	343.4	355.32
全部在岗职工平均工资	元	790	1142	2235	4840	6961	13371	21843	25630	30906	35500	39978	44828	48322
国有单位在岗职工人数	万人	24.1	29.2	35.6	41.4	36.3	18.3	17.8	17.8	19.5	20.0	21.1	20.5	20.05
国有单位在岗职工工资总额	亿元	1.9	3.5	8.9	22.7	29.8	26.4	44.0	49.1	64.4	77.0	89.2	105.2	113.28
国有单位在岗职工平均工资	元	816	1202	2255	5569	8085	14466	24632	27638	32900	38421	42450	49593	56350
集体单位在岗职工人数	万人	4.5	7.2	11.3	13.7	9.6	8.0	7.9	8.4	8.1	11.5	12.0	9.8	9.4
集体单位在岗职工工资总额	亿元	0.27	0.6	1.46	3.55	3.05	7.57	12.81	16.77	21.57	32.22	40.01	41.3	41.87
集体单位在岗职工平均工资	元	614	908	1334	2665	3162	9613	16277	20097	27195	28441	34436	40515	45084
工农业总产值（当年价）	亿元	23.4	41.8	107.7	328.8	567.8	1541.7	3314.2	3793.0	4418.4	5265.2	6233.3	7025.3	7363.86
生产总值（当年价）	亿元	17.2	30.0	60.5	189.6	379.6	871.1	1534.3	1715.7	2051.7	2304.3	2547.0	2790.7	3002.19
农业生产														
农林牧渔业总产值指数（以 1978 年为 100）	%	113.2	176.3	205.8	346.1	498.4	665.4	746.2	781.3	815.6	847.4	888.9	922.7	958.7
主要农产品产量														
粮　食	万吨	158.4	190.8	215.3	257.5	234.3	252.7	290.7	303.6	310.3	317.1	303.9	281.3	281.67
棉　花	吨	5945	11470	8775	8001	3639	14764	12360	9762	9126	8803	8333	8595	8471
油　料	万吨	5.49	12.24	10.31	19.16	19.19	17.30	19.89	19.86	21.58	22.44	23.22	23.3	23.35
麻　类	吨	12312	19645	2941	2234	275	202	184	368	80	81	45	44	74
果　品	万吨	5.83	8.10	7.52	28.28	47.14	58.99	60.20	61.49	59.28	56.94	58.05	61.6	62.39
造林面积	万亩	8.46	25.71	11.82	18.57	9.60	16.25	22.1	17.27	16.92	24.06	19.73	20.9	23.57
水产品	吨	4104	4430	4999	32121	64546	75467	67590	70028	77160	82870	86450	91160	93330
工业生产														
工业总产值（现价）	亿元	12.34	28.34	74.45	203.75	447.19	1353.18	3030.39	3496.8	4080.07	4890.07	5825.49	6570.9	6890.52
工业总产值指数（以 1978 年为 100）	%	95.39	184.63	367.68	790.48	1848.54	4583.97	8887.71	10327.52	11750.65	13527.35	15786.42	17529.2	19106.87
主要工业品产量														
布	万米	0.2	0.2	0.4	0.5	0.5	1.9	7.1	8.1	7.1	7.2	5.2	5.4	6.6
纱	万吨	0.3	0.5	2.1	2.8	5.1	7.3	14.8	20.0	19.6	19.3	23.8	26.2	23.3
饮料酒	万吨	2.6	5.2	8.2	23.2	23.8	27.0	23.6	19.6	21.1	20.9	22.9	20.7	20.6
机制纸	万吨	2.0	3.8	6.7	10.3	13.0	20.3	23.9	26.1	30.4	42.8	64.8	46.4	46.8
原　煤	万吨	1378	1660	1908	2204	1823	2323	2735	2564	2718	2176	2171	1937.8	1765.7
发电量	亿千瓦时	10.0	8.3	52.1	41.5	74.8	108.9	110.2	108.8	98.3	128.3	125.3	130.8	149.4
焦　炭	万吨	27.0	15.7	11.3	15.8	8.8	70.3	162.9	155.9	171.0	221.7	220.0	221.6	222
农用化肥	万吨	6.2	7.0	11.4	17.0	36.1	53.6	70.9	59.5	59.5	68.9	98.9	110.2	128
轮胎外胎	万条	15.9	32.5	45.9	79.9	92.3	555.9	1061.7	2054.3	2982.6	4045.9	4352.6	4778.0	3135
水　泥	万吨	40.8	66.2	94.5	214.5	324.8	830.1	731.6	705.5	743.9	698.3	796.9	788.7	893
钢	万吨	1.6	–	6.7	14.0	27.0	166.6	196.0	214.6	211.0	281.3	296.3	307.1	315.7
小型拖拉机	万台	0.2	1.5	0.8	1.3	10.1	1.1	1.1	1.9	2.4	1.2	–	–	–
内燃机	万千瓦	–	24.8	18.8	116.0	468.0	95.9	58.2	33.0	82.1	99.8	75.8	61.4	47.4

续表 57-1

	单位	1980 年	1985 年	1990 年	1995 年	2000 年	2005 年	2008 年	2009 年	2010 年	2011 年	2012 年	2013 年	2014 年
规模以上工业企业主要财务指标														
资产总计	亿元	13.9	52.0	74.4	222.9	354.6	933.2	1777.3	2122.8	2380.0	2882.4	3356.0	3729.2	4308.22
年末固定资产原值总计	亿元	13.8	22.4	62.4	154.4	209.0	484.0	844.9	1028.3	1188.6	1532.7	1643.8	1845.5	1984.5
主营业务收入	亿元	12.3	19.3	48.8	151.5	231.1	1008.4	2560.0	2918.3	3584.3	4473.4	5537.0	6308.9	6840.39
利税合计	亿元	1.6	2.2	2.8	10.8	22.5	123.0	322.9	362.7	467.8	571.8	658.1	736.9	767.93
利　润	亿元	0.9	1.3	0.4	1.6	6.5	63.0	197.2	218.6	299.1	357.4	405.2	452.5	458.73
全部职工平均人数	万人	20.1	24.6	33.7	38.4	33.8	39.0	43.9	46.2	48.8	50.8	51.5	53.2	51.84
运输邮电														
货物周转量	万吨公里	19124	38370	81995	145218	194252	255186	569782	1195953	1296087	1428062	1577537	1721368	–
旅客周转量	万人公里	17989	48390	92302	76216	117408	241779	365331	378912	405425	429455	466431	483628	–
邮电业务总量（不变价）	万元	1378	2111	3184	20353	94228	152731	213164	317526	356553	289781	314845	353885	365054
全社会固定资产投资	亿元	3.3	6.4	11.3	58.4	88.2	448.7	809.4	1030.5	1274.1	1476.7	1778.0	1985.9	2298.96
国有单位固定资产投资	亿元	1.8	2.6	4.5	28.4	42.4	69.6	44.1	85.7	128.3	132.3	162.0	188.9	190.13
集体单位固定资产投资	亿元	0.3	1.5	3.0	18.2	18.4	77.5	192.6	244.9	324.7	346.3	405.8	424.8	478.11
住宅竣工面积	万平方米	33.4	19.7	23.0	88.6	132.9	215.4	336.5	377.4	475.6	459.6	607.5	594.0	563.04
社会消费品零售总额	亿元	6.0	11.2	21.7	81.5	134.6	273.6	466.8	556.4	687.4	806.7	928.3	1053.8	1188.15
地方财政收支														
财政收入	亿元	1.3	1.7	4.1	7.0	19.1	40.6	76.4	91.4	117.0	138.1	158.9	168.8	187.39
财政支出	亿元	1.1	2.1	5.2	11.9	24.8	63.7	111.6	134.5	175.6	208.4	242.7	259.1	285.78
物价指数														
商品零售价格指数	%	102.4	112.7	99.8	114.8	98.6	98.8	104.9	100.6	103.2	104.0	99.8	100.0	100.1
居民消费价格指数	%	102.4	113.7	102.0	117.1	102.1	101.6	104.9	100.0	102.8	104.4	101.9	101.8	101.8
人民生活														
市区居民人均可支配收入	元	307	586	1494	3837	6323	10337	16095	17672	19953	22687	25659	28201	30715
市区居民消费性支出	元	–	–	1341	3068	5066	7211	11732	12319	13421	14888	16734	18201	19714
农民人均纯收入	元	157	378	616	1726	2782	4124	6046	6600	7592	8974	10194	11547	12913
农民人均生活费支出	元	–	299	484	1111	1488	2352	3573	3870	4273	4855	5588	6319	7158
城乡居民储蓄余额	亿元	1.2	5.0	26.0	97.1	195.0	401.7	624.8	722.5	824.3	967.2	1185.9	1375.1	1530.71
教育文化														
高等学校在校学生数	人	4417	8361	10245	13671	31954	74102	90712	93093	95421	98177	100959	101965	105210
普通中学在校学生数	万人	26.4	21.9	24.8	32.4	43.0	31.8	20.2	20.9	22.9	25.0	26.9	285782	320022
小学在校学生数	万人	65.0	55.9	50.5	54.0	41.6	27.3	36.8	37.9	38.2	37.8	35.1	336429	303293
艺术表演团体	个	8	7	4	3	3	3	3	3	4	4	3	3	3
卫　生														
卫生机构数	个	468	489	556	576	216	288	200	199	1056	1081	1082	1199	1233
医院、卫生院	个	97	112	129	151	159	158	158	152	160	159	166	172	169
医院、卫生院病床数	张	6023	8212	10226	10993	12802	13534	15470	17109	19551	21087	23021	25251	25146
卫生技术人员	个	9432	12898	16051	17418	18203	18879	19679	21688	26817	27272	29083	33631	34578
医　生	人	4451	5072	6887	7145	7878	8358	7842	8509	10382	9597	10155	11904	12220

2014年泰安市教育事业基本情况

表58

项目	学校数（所）	学生数（人）			教职工数（人）	
		毕业生	招生	在校生	总数	专任教师
普通高等学校	8	26956	30948	105210	7594	5409
普通中等职业学校	18	17641	18410	55290	2940	2190
技工学校	9	8824	8658	25778	2170	1742
普通中学	172	86307	120404	320022	24591	22265
初中	141	59927	84962	214662	16466	15125
高中	31	26380	35442	105360	8125	7140
小学	555	87213	54352	303293	20406	19331
特殊教育	7	86	176	895	293	233

2014年山东省各市主要指标

表59

单位	土地面积（平方公里）	常住总人口（万人）	粮食产量（万吨）	社会消费品零售总额（亿元）	地方财政收入（亿元）	地方财政支出（亿元）	出口总额（万美元）	进口总额（万美元）	在岗职工平均工资（元）	市区居民人均可支配收入（元）	农民人均纯收入（元）
全省总计	157126	9789.4	4596.6	24492.0	5026.7	7175.9	14474545	13237004	52460	29222	11882
济南市	7999	706.7	271.2	2964.4	543.1	571.9	606119	443894	60860	38763	14726
青岛市	11175	904.6	323.0	3268.8	895.3	1074.7	4577696	3411137	62104	38294	17461
淄博市	5965	461.5	153.2	1739.5	292.6	342.5	559843	334093	51141	33534	15531
枣庄市	4563	383.1	170.6	706.6	137.9	217.2	115373	28668	46531	27596	12145
东营市	7923	209.9	93.6	659.1	206.2	241.4	609488	716119	60776	36940	14456
烟台市	13746	700.2	202.7	2377.7	490.2	574.9	2940357	2334823	52809	35791	16656
潍坊市	16005	924.7	464.4	1979.5	430.2	527.8	1232904	545743	50924	30973	14776
济宁市	11194	824.0	458.5	1664.1	334.2	466.7	326913	196240	51829	30428	12650
泰安市	7762	558.1	281.7	1188.1	187.4	285.8	173108	124246	48322	30715	12913
威海市	5698	280.9	86.9	1181.9	220.8	280.6	1137218	521511	48476	34254	17296
日照市	5348	287.1	100.2	536.0	111.1	167.8	478865	2998036	49853	27540	12635
莱芜市	2246	134.5	24.7	290.4	49.6	80.1	92056	129828	48716	31728	13540
临沂市	17202	1022.1	435.2	2008.4	251.0	455.1	569408	509646	49303	33026	11629
德州市	10356	570.5	650.6	1116.8	171.3	275.2	222717	128026	43267	27180	12135
聊城市	8715	593.6	509.8	924.7	156.2	286.0	238553	336790	42244	28382	11232
滨州市	9033	384.0	305.7	738.5	187.2	269.8	378169	341746	48479	30870	12691
菏泽市	12194	843.8	613.0	1147.9	162.0	341.8	215759	136457	39420	23344	10436

附录

2014年中央、省主要媒体关于泰安的重要报道索引

新华社

山东新泰严把出资人入口关　引领非公党建良性发展（1月8日）

泰安三日游全省旅行社营销大会在泰安市岱岳区举行（1月13日）

泰山景区去年接待游客497万　创历史最高纪录（2月3日）

国网泰安供电公司"直通车"贴心服务大客户（1月13日）

"水墨泰山"壮美如画（2月19日）

泰安旅游攻略推出国际版　日韩美等为重点客源（2月19日）

泰安：小广场搭建百姓舞台（2月25日）

泰安太阳部落景区"洪荒漂流"3月1日对游客开放（3月3日）

泰安供电公司：开展"三进"活动提升服务能力（3月3日）

肥城供电公司高效优质服务助力区域发展（3月3日）

泰安供电：圆满完成高铁电力线路改造任务（3月4日）

泰安人大代表范红艳两会期间送法进校园进社区（3月9日）

莫言文学研究会泰安揭牌　长兄讲述莫言读书事（3月12日）

泰安市领导赴宝泰隆旅游度假区参加植树活动（3月13日）

泰安供电公司：服务民生工程实现"零缺陷"投运（3月13日）

"泰山幸福E家园"网络文化惠民工程研讨会举行（3月28日）

"十艺节"群星奖获奖作品全国巡演在泰安"首秀"（3月29日）

泰安供电：倡导"文明祭祖"新风　保泰山线路安全（4月4日）

山东泰山游客"爆满"　景区无奈间断分流疏导（4月07日）

山东泰安：东平县以小财政撑起大民生（4月10日）

山东泰安：正式启用"泰山螭霖鱼"标准名称（4月25日）

新泰：打造政务服务软环境　提升区域发展硬实力（4月28日）

吹响转型升级集结号　打造县域经济升级版——肥城市委书记　张成伟（4月28日）

新泰：拓展群众工作新格局（5月10日）

新泰成立群众利益服务中心　多渠道畅通群众诉求（5月12日）

山东肥城："连心办"搭建党群"连心桥"（5月13日）

电影《世界屋脊的歌声》在泰安市举办首映式（5月16日）

山东肥城：整顿软弱涣散基层党组织出实招（5月17日）

泰山索道为何30年无事故（5月19日）

泰山脚下学测绘（5月28日）

泰安构建"六统一"长效机制　终结采砂乱局（6月3日）

泰安设"泰山网络文化传播奖"　传播舆论正能量（6月4日）

泰安举办金螭霖创新厨艺赛　打造餐饮品牌（6月5日）

《世界屋脊的歌声》：国歌中唱响民族团结的赞歌（6月13日）

泰安地税多措并举　打造服务纳税人快速通道（6月16日）

宁阳探索近距离联系服务群众长效机制（6月16日）

山东泰安地税强化服务意识融入经济建设（6月25日）

山东能源集团以生产服务促转型升级走出新路（6月23日）

泰山区建立"马上解决"机制促作风转变（6月30日）

东平县创新活动形式确保流动党员"不掉队"（6月30日）

给婚丧嫁娶大操大办上把制度"锁"——宁阳"摒除婚丧陋习、倡树文明新风"实践调查（7月7日）

山东泰安12万尾螭霖鱼回归泰山 已连续5年开展（7月16日）

山东能源煤机集团（泰安煤机公司）创新谋变突围"煤炭寒冬"（7月21日）

山东宁阳："江北第一木偶"的七代传承（7月24日）

山东省东平县"露营之家"主题营地雏形初现（7月27日）

心存感恩　贫寒姐弟为留守儿童办免费暑假学堂（7月30日）

岱岳区法院创新载体　践行司法为民群众路线（8月4日）

泰安探索"第三方"调解机制　构建和谐医患关系（8月11日）

"四到位"践行群众路线让群众享实惠——岱岳区委常委、宣传部长　雷建民（8月11日）

山东泰安：旅游度假产品将进入俄罗斯市场（8月14日）

国网泰安供电公司用"加减乘除"提升施工水平（8月14日）

山东宁阳："信义兄弟"三十载诚信二字铭心间（8月22日）

泰安探索政府购买服务协调医患纠纷（8月28日）

一所普通中学的幸福答卷——宁阳实验高中探索实践幸福教育调查（9月1日）

泰安以文化魅力提升旅游品牌（9月22日）

山东泰安市岱岳区："片区经济"迸发增长活力（9月22日）

泰安：加强软环境建设　打造开放型经济新高地（11月4日）

泰安74亿元注入"一圈一带"推动区域率先崛起（11月26日）

《人民日报》

山东保障房 围着民意转（列举泰安实例）（1月11日）

土地收益让位群众利益（列举泰安实例）（1月12日）

世界屋脊唱响国歌（3月27日）

山东东平：织起百姓"平安网"（6月22日）

电影《世界屋脊的歌声》励志：当青春遇上雪域高原（7月1日）

山东东平让区域发展和扶贫开发齐头并进——

库区移民吃上“旅游饭” (11 月 9 日)

登泰山的第五条路 (11 月 14 日)

光明日报

群星奖获奖作品全国巡演泰安启动 (3 月 30 日)

用心插柳柳成荫——山东科技大学学生科技创新活动结硕果 (5 月 12 日)

《世界屋脊的歌声》:唱响民族团结赞歌 (6 月 30 日)

28 年的守望——访山东泰安黄前水库水文站 (7 月 6 日)

山东肥城“四不放松”加强暑期交通安全管理 (7 月 25 日)

经济日报

一场深刻的变化——山东、安徽农村土地承包经营权流转调查(上)(采用肥城实例) (4 月 30 日)

一个渐进的历程——山东、安徽农村土地承包经营权流转调查(下)(采用肥城实例) (5 月 1 日)

山东肥城打出农村产权制度改革“组合拳”——非常“6+1”成效有几何 (5 月 9 日)

山东:票务资讯进景区(泰山景区) (10 月 5 日)

农民日报

山东省肥城市:五方协力 确保责任到位 (8 月 9 日)

“宁阳种子”品牌价值达 6.04 亿元 (8 月 11 日)

农民怎样参与市场?——以东平农村为样本的土地股份合作探讨 (11 月 3 日)

科技日报

创新排名跑赢 GDP:“五岳之尊”的突破之道 (5 月 12 日)

“世界 500 强”看中了这里的什么?——探营泰安国家高新技术产业开发区 (10 月 10 日)

中央人民广播电台

2014 年泰山景区贺年会活动正式启动 (1 月 2 日)

《中央和国家机关会议费管理办法》开始实行,泰安严格将严格落实 (1 月 2 日)

全国各地纷纷举办活动,泰安市以节俭、环保方式迎接新年 (1 月 2 日)

各地举办活动,喜迎新年第一天:泰山景区贺年会活动正式启动 (1 月 1 日)

泰山旅游景点检查假进山证 (5 月 2 日)

中央电视台

百山百川行:泰山东平湖里话水浒 (1 月 1 日)

百山百川行:泰山探地下溶洞 访汶河人家 (1 月 2 日)

小荷公益千人舞为“彩虹村”项目赢得 25 万元公益基金 (1 月 31 日)

春节黄金周第三天 迎来旅游小高峰 (2 月 2 日)

春节前三天 八万游客登泰山 (2 月 3 日)

远方的家新春行:山东泰安 寻访泰山守山人 (2 月 4 日)

节俭过年 花灯庙会更接地气 (2 月 11 日)

寻访岱岳好生活 (4 月 25 日)

泰山景区半天游客量突破四万 (5 月 1 日)

五一小长假:旅游火热 保障加强 (5 月 2 日)

岱岳有三宝 (5 月 9 日)

泰山大樱桃红了——岱岳区祝阳镇横岭 (6 月 12 日)

泰山的挑山工 (6 月 14 日)

民国奇案——泰山葫芦瓶 (6 月 17 日)

小石头回家 (7 月 15 日)

中国国际露营大会东平开营 (7 月 27 日)

从农田到餐桌——走进肥城 (8 月 12 日)

人民网

各地游客2014年元旦登泰山观日出期盼国泰民安（1月1日）

殷建光："泰山幸福E家园"让家园幸福更精彩（3月28日）

2014泰山东岳庙会14日举行 台、韩民俗交流成亮点（4月10日）

山东省泰山区:制定"三化"标准扎实推进"大学生暑期志愿服务远程教育活动"（5月29日）

英国国宝级舞台剧《战马》登上泰山之巅（9月23日）

2014山东省善行义举四德榜先模人物在泰安发榜（10月27日）

光明网

泰山学院全面推进德育系统工程建设成效显著（2月21日）

泰安中小学幼儿园全面禁烟 校长为第一责任人（3月3日）

泰安市最低工资上调 泰山区新泰肥城1350元（3月7日）

中国经济网

加大深化改革力度 实现泰安"质变"——专访全国人大代表、山东省泰安市市长王云鹏（3月12日）

凤凰网

山东：冬意重温 今日最低温泰安零下6度（1月4日）

中国文化报

文化为帆 扬泰山精神（3月28日）

泰安：公共文化设施建以致用（4月4日）

山东培育本土群众文化活动主力军（6月2日）

宁阳县："文化推销员"带火乡村文化（5月21日）

"托管经营+驻场演出+剧目引进"山东泰安试行剧院管理新模式（8月11日）

保住泰山地质遗迹的魅力（8月29日）

山东公共文化服务让百姓受惠（8月15日）

中国旅游报

泰安：院校考生更理性（1月6日）

泰山景区实现网上全景浏览（1月10日）

泰山区贺年会开启冬季主题游（1月10日）

泰山向环卫工人赠送200张门票（1月13日）

泰安宝泰隆景区春节期间推出88元探秘泰山地下大裂谷活动（1月24日）

泰安：泰山区再现"贺年惠"（1月17日）

游客在泰山岱庙景区聚集着民俗（2月14日）

泰安：春秋古城里的中国年（2月14日）

闹元宵之泰山爬桥节（2月17日）

泰安泰山区贺年会接待游客超百万（2月21日）

留存"挑山工"精神——泰山筹建挑山工民俗博物馆（3月3日）

泰山挑山工（3月3日）

泰安：做好"大泰山"文章（3月14日）

泰山：服务就是营销（3月26日）

泰安开展博物馆进校园活动（3月24日）

登山泰山岱顶宣传新消法（3月24日）

泰安发展乡村游赏花游能否突围（3月24日）

山东景区限流三步走——泰山景区、方特欢乐世界（4月28日）

泰山景区：控疏结合 筑牢森林防火线（4月14日）

"赶"泰山庙会 看一场极致的民俗文化盛宴（5月5日）

泰安彰显城区游魅力 让居民和游客互为风景（5月16日）

泰安开通旅游微信平台 （5 月 16 日）

东平借露营大会促旅游转型 （6 月 9 日）

泰山玉：产业虽渐壮大 短板仍须破除

（6 月 20 日）

泰山：开启名山的保护与发展之门

（6 月 18 日）

泰安倡导“文明与旅游同行”

（7 月 4 日）

泰安市泰山区推出 36 项“两上线”产品

（7 月 11 日）

由生活用品到旅游商品——泰安木头、布头和饮头的故事 （8 月 15 日）

泰安市泰山区：乡村旅游正当时

（9 月 19 日）

生僻地名激发景区借力营销——徂徕山

（9 月 22 日）

木偶世家的坚守——宁阳木偶戏

（9 月 26 日）

中国工业报

泰山石膏崛起世界巅峰之路 （1 月 29 日）

科技铸品质 品质成就泰山石膏品牌

（1 月 28 日）

福田戴姆勒与泰安航天战略合作 签 1000 辆欧曼购车协议 （2 月 7 日）

政府搭建对话桥梁促进医患和谐——山东省泰安市人民政府 （5 月 7 日）

山东泰安三年打造万亿工业 （6 月 11 日）

中石油泰安 LNG 项目投产 （9 月 10 日）

中国能源报

泰山有条电力人踢云踏风之路

（7 月 28 日）

中国国防报

泰山之巅，挺然屹立傲苍穹——山东省泰安市深化新时期全民国防教育的探索与实践

（5 月 21 日）

支持国防我有责 建设国防我尽责——中共泰安市委书记、军分区党委第一书记李洪峰

（5 月 21 日）

中国教育报

泰安以乡镇为单位统筹管理农村幼师

（8 月 10 日）

中国日报中文网

泰安将开拓俄罗斯旅游市场 （8 月 15 日）

香港文汇报

泰山光明使者踏出第五山路 （5 月 22 日）

泰山挑夫 天梯任我行 （6 月 23 日）

泰安国家高新技术产业开发区—— 一座城市的未来 （3 月 10 日）

环境好 服务快 硬件强———外商眼中的泰安高新区 （6 月 21 日）

投资泰安 稳如泰山——开放的泰安欢迎您

（7 月 14 日）

国家高新区中的后起之秀——泰安高新技术产业开发区 （7 月 14 日）

香港文汇网

调查称年均 5 万港人游泰山 （9 月 10 日）

山东泰安外资 港商占逾四成 （8 月 21 日）

凤凰网

山东泰安力拓俄罗斯旅游市场 （8 月 14 日）

求 是

主旋律电影的新气象 （7 月 1 日）

大众日报

泰山区试点事业单位法人信用等级评定

（1 月 2 日）

中国五矿甬泰（泰山）新材料科技园项目进驻泰安高新区 （1 月 3 日）

东平县科技对经济增长的贡献率达 55%

（1 月 4 日）

肥城引汶调水实施“南水北调” （1月6日）

2014年好客山东贺年会推荐温泉泡汤指南——泰山温泉城 （1月6日）

休闲游风生水起　岱岳区无限风光 （1月6日）

2014年好客山东贺年会推荐滑雪场指南——泰安徂徕山滑雪场 （1月6日）

2014好客山东贺年会推荐主题公园指南——泰安太阳部落、方特欢乐世界 （1月6日）

山东能源新矿集团华新金谷科技园入驻泰安高新区 （1月6日）

新泰打造“平阳警钟”廉政教育品牌 （1月9日）

肥城市民尽享“点菜式”志愿服务 （1月11日）

宁阳：2013浙商最佳投资城市 （1月11日）

新泰以“十化六有”打造乡村文明 （1月10日）

泰安煤机公司靠售后服务年增利润260万 （1月13日）

新泰“学子归巢”两年引才近300人 （1月14日）

泰安“名师工作室”助教师成长 （1月15日）

稳如泰山　铸就传奇——访泰山酒业集团董事长马西元 （1月18日）

泰安煤机公司举办廉政教育专题讲座 （1月20日）

肥城用民心建设民族美丽乡村 （1月24日）

今年过了最温暖的一个冬天——泰安市邮政局发行投递局投递员宋宪臣 （2月2日）

肥城集中开工25个重点项目 （2月8日）

新泰文化惠民成群众“节日大餐” （2月8日）

宁阳留守儿童收到特殊寒假作业 （2月10日）

500多山东青工内蒙古过春节　新矿集团青年职工扛企业发展“大梁” （2月10日）

肥城建起金融超市 （2月12日）

宁阳县男子周西同：春节遇车祸去世　立遗嘱捐献角膜 （2月12日）

山哥，我想你！——崔山 （2月15日）

宁阳——员工介绍一名工人进厂奖励200元 （2月15日）

“休闲岱岳行”走进淄博 （2月17日）

新泰旅游实施3261工程求突破 （2月17日）

泰山区：新年敲定160余项“亮点工程” （2月20日）

新泰林改：绿了荒山　富了农民 （2月21日）

新泰主导产业“凤来栖”年引进600余人 （2月22日）

东平唐营村的“幸福转身” （2月22日）

近5万泰山老人“落户”幸福e家园 （2月23日）

泰安引进院士项目　科技创新排名跑赢GDP （2月24日）

泰安旅游攻略“入驻”海外营销中心 （2月24日）

“四级四调”构建“和美之家”——宁阳：事前调解化解九成以上矛盾纠 （2月25日）

肥城3年建25所幼儿园 （2月26日）

新泰以创新破中介“梗阻” （2月27日）

岱岳区427名流动党员“回家” （3月3日）

肥城救困实行数字化管理 （3月3日）

泰安交警将为14万名小学生发放爱心反光衣 （3月4日）

肥城60人获计生国策“双模”称号 （3月6日）

肥城举办创新桃木旅游商品讲座 （3月10日）

泰安岱岳区：推赏花采摘游 （3月10日）

泰安获评年度最具潜力旅游目的地 （3月10日）

泰安妇联救助贫困母亲　两年来募集资金1120万元救助2万余人 （3月11日）

东平：村支书对决“擂台赛” （3月13日）

新泰打造“平阳百姓大舞台”文化品牌 （3 月 14 日）

肥城：10 个蔬菜种植基地和企业纳入平台监控 （3 月 16 日）

新泰推行“一案双查 一案双追” 7 名领导干部被连带追责 （3 月 16 日）

新矿巧用“捆绑式”破解难题 （3 月 17 日）

肥城市地税局石横中心税务所原所长张书义：用生命书写大义 （3 月 17 日）

东平县州城街道建起流动党员“加油站” （3 月 17 日）

泰山区春季旅游大篷车“开动” （3 月 17 日）

封禅大典 2014 演出季周五在泰山首演 （3 月 17 日）

水浒人家生态旅游村——东平县东平街道塘坊村 （3 月 17 日）

山岳养生旅游村——岱岳区道朗镇里峪村 （3 月 17 日）

全国桃木旅游商品创新设计大赛征集作品 （3 月 17 日）

泰安煤机公司：双柱液单体液压支柱出口孟加拉 （3 月 17 日）

新矿内蒙古焦化项目利用焦炉煤气制取液化天然气——灭了“天灯”每天省下一辆奥迪车 （3 月 17 日）

泰安打造特色“景观”路 （3 月 18 日）

新泰：24 台“执法通”呵护国土资源 （3 月 18 日）

紧密联系实际 切实转变作风——颜世元到联系点新泰市实地调研 （3 月 21 日）

东平 11 名乡土人才成政府“座上宾” （3 月 22 日）

听群众原声　创问题查改——肥城教育实践活动办到群众心坎上 （3 月 23 日）

新矿集团打造轻型洗煤厂——5000 米洗选运输系统实现无人值班 （3 月 24 日）

新泰：厚养薄葬树殡俗新风 （3 月 24 日）

东平经济开发区一个座谈会带来 3 亿订单 （3 月 30 日）

发挥泰安优势　推进融合发展 （3 月 20 日）

邂逅春天　相约泰山区 （3 月 24 日）

清泉煮嫩芽　沉池祀白龙 （3 月 26 日）

建我省西部粮仓　泰安实施千亿斤粮食产能规划 （3 月 27 日）

做好岱岳休闲“微旅游”——张韧 （3 月 31 日）

东平实施国省干线亮点亮线工程 （4 月 1 日）

泰山区：“点点繁星”扮靓泰山文化——小广场小剧场搭建文化惠民新平 （4 月 4 日）

肥城“三级联动”健全文化工作网络“城区 10 分钟”与“农村 2 公里” （4 月 4 日）

十艺节后，谁在演谁来看？——泰山大剧院打造“托管经营 + 驻场演出”全新模式实现多赢，已演出 90 多场 （4 月 4 日）

宁阳七旬老汉用雕塑宣传“正能量” （4 月 4 日）

东平县：“立地”惠民与“顶天”发展 （4 月 4 日）

新泰主攻完整产业链招商 （4 月 4 日）

东平：13 万农民工返乡“不走了” （4 月 4 日）

山东农业大学辅导员赛技能 （4 月 10 日）

机器上料“电梯”送水——宁阳：科技领跑现代农业 （4 月 11 日）

打破乡镇界限抱团发展片区　岱岳区打造现代农业“升级版” （4 月 12 日）

肥城唱红“桃花经济” （4 月 12 日）

泰山区迈入智慧养老新时代 （4 月 14 日）

泰安开办“交警手语”培训班 （4 月 15 日）

喜见泰山百合开——泰安公交公司打造泰山百合服务品牌成效显著 （4 月 15 日）

泰山海峡两岸交流基地挂牌　颜世元出席 （4 月 15 日）

从“面对面”到“键对键”——新泰：线上线下齐听群众真音儿 （4 月 15 日）

与寻找 30 个最美丽村庄同步进行　泰安寻找 30 个环境最差村庄　（4 月 20 日）

新泰每年 2000 万扶持农业产业化　（4 月 20 日）

泰安“公交创作基地”揭牌　（4 月 22 日）

倾听“刺耳声”解决“最盼事”——肥城“蹲点研究”服务群众解民忧　（4 月 22 日）

新泰为民办事“一路通”　（4 月 25 日）

新泰为公务行为划定“红线”　（4 月 29 日）

宁阳的“乡村记忆”传承　（4 月 26 日）

质量先行 服务升华——泰安市中心医院借力标准化建设全面提升医疗服务水平　（11 月 14 日）

东平民间资本青睐民生项目　（4 月 27 日）

吴伯萧故园重教留佳话　（4 月 30 日）

旅游演艺为何由热变冷——泰山《封禅大典》　（5 月 2 日）

新泰 654 个文体小广场流行“舞前一刻钟”　（5 月 3 日）

泰安：1 小时内持 IC 卡换乘公交车不花钱　（5 月 6 日）

宁阳机关干部骑车下乡听民意　（5 月 7 日）

新泰“三网合一”兴水利　（5 月 8 日）

桑新华：梦与鸟一起飞翔　（5 月 9 日）

“抓道德建设不吃亏！”——走进东平街道井仓村　（5 月 9 日）

新泰两个企业的“敬老情怀”　（5 月 10 日）

小螭霖欲泰山跳龙门　（5 月 11 日）

宁阳：“大总理”会倡婚丧简办新风　（5 月 11 日）

泰安“空巢”老人抱团养老　（5 月 12 日）

泰安岱岳区打造“1+X”型旅游目的地　（5 月 12 日）

资源节约集约加速新泰转型跨越　（5 月 13 日）

肥城：群众有诉愿就找“连心办”　（5 月 13 日）

新泰樱桃节吸引投资逾 60 亿　（5 月 14 日）

泰安市广开言路听民声：政府咋整改　群众来“发令”　（5 月 14 日）

泰山文化，“舌尖”上也有魅力　（5 月 16 日）

电影《世界屋脊的歌声》泰安首映　（5 月 17 日）

肥城：找“靶子”除病根转作风　（5 月 18 日）

岱岳区 6000 干部周末“一对一”走亲戚　（5 月 18 日）

泰安煤机技术沙龙月月办　（5 月 19 日）

泰安推出“加减乘除”工作法　（5 月 20 日）

责任重于泰山——泰安市中心医院提高医疗质量工作侧记之一　（5 月 20 日）

东平：30 万群众配上“家庭医生”　（5 月 20 日）

宁阳县国地税合作便民办税——让服务更高效更便捷 让群众更舒心更满意　（5 月 20 日）

宁阳实施现代农业规模化服务工程——土地有了“营养餐”农民有了“打工仔”　（5 月 22 日）

名商强企竞相“抢滩”　泰山区 42 个投资过 10 亿元项目在建　（5 月 23 日）

新泰营造“四德”建设好环境　（5 月 24 日）

泰安 800 余家农家书屋完成数字化升级　（5 月 25 日）

岱岳区微信平台助就业　（5 月 26 日）

责任重于泰山——泰安市中心医院提高医疗质量工作侧记之二　（5 月 27 日）

国土资源服务民生的“新泰现象”　（5 月 28 日）

肥城市石横中心税务所税官张书义的无情和热情　（5 月 28 日）

新泰 12 个压煤村乔迁新居　（5 月 29 日）

泰安市中心医院“三增一禁”方便群众就诊　（5 月 29 日）

荣誉的背后是责任——泰安市中心医院建设国家级“脑卒中筛查与防治基地医院”侧记　（6 月 4 日）

在“医闹”频发矛盾激增的背景下，政府购买人民调解服务或成为一种选择——泰安：温情“第三方”欲解医患心锁　（6 月 5 日）

泰山职院多形式推进国际化办学　（6 月 5 日）

交运传媒品牌研究所落户泰山学院 （6月5日）

宁阳陈清溪："笔尖"记录历史 （6月6日）

提升干部执行力 不换状态就换人——新泰市国土资源局党的群众路线教育实践活动扎实有效 （6月6日）

新泰开展"双十"攻坚专项整治 （6月8日）

肥城桃木系列旅游商品成"中国必够" （6月9日）

新泰"种子企业"助力脱煤转型 （6月9日）

泰安煤机公司问责制打破技术人员铁饭碗 （6月9日）

岱岳推出"就业连心卡" （6月11日）

泰山学子服装设计大赛创佳绩 （6月12日）

宁阳创新约谈制度 （6月12日）

东平：让25万库区移民"有根有底" （6月15日）

新矿创新思想政治工作助推企业转型发展——温暖"心灵鸡汤"解职工困惑 （6月16日）

泰安两企业合作推进文化旅游融合 （6月20日）

由线到面 内通外联——新泰开展"村级公路网便民"攻坚整治 （6月21日）

支书"户户访"干部"走亲戚"——岱岳区：在群众"最盼"上下力气 （6月22日）

山东好人之星王炳兰：52年照料六位亲人 （6月23日）

肥城市抓实基础配套，完善长效保洁机制——605个村向城区环卫标准"看齐" （6月24日）

让乡村"生态宜居"——肥城市委书记张成伟 （6月24日）

"店商"转"电商"——宁阳大学生创业玩转"微力量" （6月25日）

泰安：服务业与"四化"融合发展 （6月26日）

黄河防汛：小水也会出大险（采用东平湖实例） （6月27日）

新泰实施管道管网延伸扩面工程 19万农民喝上城里自来水 （6月29日）

东平戴村坝走向保护开发共赢 （6月29日）

科学发展风正劲 文明和谐溢芳菲——山东省泰安荣军医院精神文明建设纪实 （6月30日）

新泰整治路域环境 （7月1日）

肥城：上半年交通社会满意度98.6% （7月1日）

肥城清退不符合条件低保者2199人 （7月2日）

新泰开展区域治理专项行动 群众安全感满意度明显提升 （7月3日）

肥城籍名家书画首次回乡集中展出 （7月4日）

赵石匠：我有一个梦想……（东平县银山镇毛山头村） （7月4日）

泰山区推36项产品支持"两上线" （7月7日）

宁阳试水县级政风行风热线"触网"：群众问政 网络直播 （7月7日）

肥矿集团打响深化改革管理硬仗，五煤矿领导班子承诺完不成指标集体引咎辞职 （7月7日）

新泰促弱势乡镇借力发力 产业项目"异地发展" （7月8日）

泰安农村饮水安全工程获中央投资3175万元 （7月10日）

泰安获9100万元保障房建设资金 （7月10日）

泰医参加"重大新药创制"国家科技重大专项启动 （7月10日）

泰山深处巡线工 （7月11日）

新泰杀羊祭神风俗今年变了"味"——"六月六"不见公款宴请 （7月13日）

党建品牌项目化建设提升党建效能——新矿集团翟镇煤矿涌现22个"党员红旗户" （7月14日）

传统酒店颠覆式叫卖"养生假期"（列举泰山

名人大酒店实例） （7月14日）

“从黑变白 由白转绿”，传统产业提质增效，新兴产业生机勃发——看肥城经济如何升级换“色” （7月14日）

村居秀美人更美——山东实施乡村文明行动三周年综述（采用新泰市新汶街道大河村实例） （7月14日）

东平打造“公路氧吧” （7月15日）

岱岳区：让道德模范“上”电影 （7月15日）

青山着意化为桥　服务民生谱新篇——泰安市岱岳区人民法院司法为民工作纪实 （7月17日）

泰安教育局建3个服务中心擦亮教育惠民品牌 （7月17日）

泰山职业技术学院深化产教融合，学生入校即入职——就业实现“零距离” （7月17日）

别具视角的历史书写　高洪雷长篇小说《大写西域》被列入国家重点作品扶持项目 （7月18日）

肥城桃登上“国家名片”《水果（一）》邮票肥城首发 （7月18日）

泰安开展机关作风和政风行风网络热线直播13周督促办结并答复问题5018个 （7月18日）

暑期免费辅导60多个农村娃　宁阳姐弟俩爱心回馈乡村 （7月18日）

泰山区综治信息平台投入使用　百名网格管理员用上“社管E通” （7月19日）

岱岳法官巧用QQ聊天成功调解离婚案 （7月21日）

让“五有人士”资金回归、信息回流、人才回乡——“回归经济”成新泰增长新引擎 （7月22日）

上半年泰安进口增幅居全省首位 （7月24日）

宁阳木偶戏被誉为“江北第一木偶” （7月25日）

宁阳县鹤山乡：信义兄弟良心买卖30年 （7月26日）

泰安公开征集“10个一”旅游形象品牌 （7月28日）

山东能源肥矿：“五全”法向管理要效益 （7月28日）

《泰山时报》印刷石板见证抗战岁月 （7月30日）

主题公园扮靓省会经济圈（列举泰安方特欢乐世界、太阳部落景区） （7月31日）

坚持“走出去”“引进来”——泰山大剧院上演音乐剧《简•爱》 （8月1日）

文化体验与山水画的当代之美——王书侠：用大写意手法表现泰山精神，笔墨间处处弥漫着泰山的精神气息 （8月1日）

肥城外贸逆势增长　半年利用外资首破4000万美元 （8月3日）

肥城：山东众成饲料科技有限公司锅炉工贾衍强让服务会说话 （8月4日）

封禅御膳丰富泰安餐饮文化 （8月4日）

新矿集团翟镇煤矿合同能源管理回收余热 （8月4日）

新矿集团孙村煤矿线性材料“定尺化”降成本 （8月4日）

东平进入综合运输时代　除公路、铁路之外，水运将成为重要方式 （8月5日）

基于煤炭业人才、装备、市场、交通的长期积累，新泰将资源劣势转化为服务优势——无煤后的“煤炭生意” （8月5日）

泰安从业资格证7天即可办结 （8月5日）

泰山区：万元可设个人冠名慈善基金 （8月5日）

宁阳为留守儿童搭建幸福港湾 （8月7日）

新矿：作风锤炼全程融入“治污创效” （8月11日）

观景、看山、品文化，泰安从旅游城市转型为旅游目的地城市　新兴旅游项目收入首超泰山门票 （8月12日）

泰安市农村幼师实现乡镇统筹管理，统一聘任统一考核统一发放工资 （8月14日）

与俄罗斯“世界无国界”旅游协会签订旅游

战略合作协议——泰安旅游度假产品走进俄罗斯（8 月 18 日）

新泰西张庄镇推进农民就地城镇化——离土不离乡 进厂不进城（8 月 18 日）

提升素质 服务基层 助力增效——新矿德廉教育提升管理人员服务能力（8 月 25 日）

岱岳区将就业纳入为民办实事“头条”创新“服务链”开通就业“快车道”（8 月 26 日）

新泰对群众诉求“扎口”管理 建十方面问题台账 开展十大整治行动（9 月 9 日）

一门十一人 四袋执教鞭——教师世家见证百年教育变迁（9 月 10 日）

泰安警方全力查找失联学生 定点打击传销聚集点（9 月 15 日）

电影《陈州雪冤》东平影视拍摄基地开机（9 月 15 日）

泰安市泰山区开展旅游经营秩序专项整治（9 月 15 日）

岱岳对外科技合作力推项目落地 上半年全区 44 个科技计划项目“出炉”（9 月 14 日）

山东农大设立“校长奖教金”奖励教学一线教师，突出本科教学中心地位（9 月 18 日）

新泰乡村文明行动标准化，美丽乡村建设微观、具体、可行——“十化六有”：一把文明标尺（9 月 21 日）

新矿治亏创效——钉是钉铆是铆一个都不能少（9 月 22 日）

龙廷记忆：绿水青山畔 人在画境中——新泰市龙廷镇乡村游探访（9 月 22 日）

物华“天宝”处 “乡情”正浓时——新泰市天宝镇乡村游探访（9 月 22 日）

肥城“递进培养”推动民企加速转型（9 月 24 日）

山东农业大学创新学生资助体系 发展性资助变“输血”为“造血”（9 月 25 日）

链群协作长成“森林经济” 宁阳依托“核心企业＋平台建设＋产业链群”探路工业转型升级（10 月 7 日）

1500 名困难老人配上“一家通”手机——泰山区探索区、街道（镇）、社区（村）三级养老服务联动机制（10 月 9 日）

泰山区：乡村游快乐在农家（10 月 10 日）

新泰：村村建起文体小广场（10 月 12 日）

泰安市“靠山吃山”，旅游业、流通业、农业等深度融合 旅游项目落地带来几多生机（10 月 16 日）

山东农业大学学分制改革助推教学资源优化——学生成为教改最大受益者（10 月 16 日）

全力推进“一产四化”进程 打造泰山农业新亮点（10 月 16 日）

肥城近半财政做实民生工程 大事小情民生优先获群众称赞（10 月 16 日）

泰山区创新中小企业融资渠道（10 月 17 日）

新泰市国土资源局——以改革创新践行群众路线（10 月 17 日）

服务效能提升群众点赞 肥城向不良风气“亮剑”（10 月 18 日）

新泰连片打造乡村文明 42 个乡村文明园区引领最美乡村（10 月 19 日）

“到新矿去上班”——新矿集团援疆产业带动当地 3 万人就业（10 月 20 日）

平安行助力泰安交通环境提升（10 月 21 日）

凡人善行义举“登”上泰山之巅（10 月 27 日）

实施大气污染治理和绿化造林并举的“蓝天工程”，全年空气质量优良天数达 335 天——请到东平深呼吸（10 月 28 日）

新泰：“铁拳问责”让作风建设永不止步（10 月 29 日）

泰安 23 条政策扶持大企业发展——百亿级企业年度或增至 8 家（10 月 30 日）

新泰 14000 多只“电子眼”安民保平安（11 月 2 日）

不断创新实践公民道德建设新载体、新途径——肥城：道德清风沁人心（11 月 5 日）

新泰市工业联盟运行一年，促成项目合作 19 项，带动企业研发费用投入近 3 亿——“抱团取暖”抱出企业加速 （11 月 9 日）

“最美宁阳人”评选情暖寒冬

从 16 天到 2 小时——新泰市政务服务中心工作效率不断提高 （11 月 12 日）

新泰：金融创新成经济发展新踏板 （11 月 16 日）

泰山区获颁“全国旅游休闲度假示范区” （11 月 17 日）

泰山“世遗”监测预警系统本月编制完成 （11 月 17 日）

宁阳村级法律顾问畅通群众诉求 （11 月 20 日）

泰安旅游管理、营销、服务智慧化——大数据助力游客登泰山 （11 月 22 日）

实施“文化繁星”工程——泰山区基层群众文化活动常态化 （11 月 23 日）

不花政府一分钱　把医送到家门口——探访宁阳“健康 365 服务队” （11 月 27 日）

拓宽融资渠道　改变管理理念——宁阳多家民企成功探路“新三板” （11 月 30 日）

泰山现云海雾凇奇观 （12 月 1 日）

肥矿聚全员智慧　推动转型发展——“问计于民”破解“四道考题” （12 月 1 日）

外经贸“两年打个翻身仗”泰安前 10 月到账外资同比增六成 （12 月 7 日）

支部生活

泰山区：“文化繁星”工程发挥大作用—安丽 （4 月 3 日）

黄叶村：创新走实“群众路线图”——我省第二批群众路线教育实践活动报道之五 （4 月 6 日）

泰安：由“旅游城市”向“城市旅游”转变 （4 月 6 日）

走好群众路线 温暖居民心——泰安市泰山区岱庙街道花园社区探索实行“刘欣工作法” （4 月 6 日）

此情可待成追忆——写在张书义病逝一周年之际 （4 月 7 日）

三个书记仨故事 （4 月 7 日）

肥城：真听　真学　真改 （4 月 8 日）

山东人民广播电台

泰山之巅撞钟祈福迎新年　游客相聚迎接新年曙光 （1 月 1 日）

2014 年泰山景区贺年会活动正式启动 （1 月 1 日）

最美山东人——盲人教师杜国磊 （1 月 1 日）

泰安菜单式志愿服务　让美德快乐传递 （1 月 3 日）

泰安发出倡议：不购买　不燃放烟花爆竹一起向阳光道歉 （1 月 5 日）

泰山景区提高防火等级　确保森林资源安全 （1 月 6 日）

泰安市实行烟花爆竹专店销售 （1 月 12 日）

聚焦：泰安车站为特殊旅客开辟绿色通道 （1 月 15 日）

全国春风行动今天启动 （1 月 15 日）

2013 泰山迎客 497 月 57 万人　连续 8 年创历史最高 （1 月 18 日）

春节出游兴起“私人定制”风 （1 月 18 日）

聚焦：年底家政服务走俏　签合同降低风险 （1 月 19 日）

山东：城乡医保一制两档　农民享市民医保待遇 （1 月 22 日）

济南泰安签署推进济泰合作发展框架协议 （1 月 22 日）

最美山东人——泰安市公益志愿者协会会长崔山 （1 月 26 日）

泰安市开展年夜饭检查专项行动 （1 月 27 日）

泰安国有林场改革：打响生态建设保卫战 （1 月 27 日）

泰山极顶迎新年 （1 月 31 日）

泰安：民俗活动迎新春　欢欢喜喜过大年 （2 月 1 日）

泰安出租车签订文明春运责任书　春节期间不得拒载、提价（2 月 1 日）

祈福纳新　泰安民俗年味浓（2 月 2 日）

新春佳节　泰安周边景点呈火爆态势（2 月 2 日）

马年元宵吹新风　年味儿在简朴中回归（2 月 11 日）

世界气象日：泰安气象台迎来参观热潮　雾霾成关心话题（3 月 23 日）

泰安发现乾隆年间孙权后人家谱　保存完好全国罕见（3 月 28 日）

泰安居民基本医疗保险破题　缴费打破城乡居民身份限制（3 月 29 日）

泰安遗体器官捐献者公墓迎来祭扫潮（3 月 30 日）

泰安东平湖 4 月 1 日起封湖禁渔（4 月 2 日）

泰安：0 ～ 6 岁先天性聋儿可免费申请人工耳蜗（4 月 10 日）

泰安市公共交通一小时免费换乘（4 月 12 日）

2014 泰山东岳庙会开幕　台湾韩国艺人登台献艺（4 月 14 日）

新泰：走进群众听真音　敞开大门找问题（4 月 17 日）

世界读书日：盲人阅读从听书开始（4 月 23 日）

疫苗接种自费免费如何选择（4 月 25 日）

泰安在全省开先例 1 小时内免费换乘公交车（5 月 1 日）

全国首个“三维云”警务平台在泰安市上线（5 月 6 日）

山东省第四届全民健身运动会暨全民健身月启动仪式在泰安举行（5 月 10 日）

泰安商家拼抢“世界杯经济”商场促销 宵夜市场升温（6 月 13 日）

“中国文化遗产日”去泰山红门看祭祀习俗表演（6 月 14 日）

泰安：全科医生签约百姓家（6 月 15 日）

泰安幸福 E 家园搭起网络惠民新平台（6 月 16 日）

“最美护士”韩菲：传递爱心的白衣天使（6 月 9 日）

山东卫视

泰山景区设立 5000 个投食台　确保鸟类安然过冬（1 月 4 日）

泰安：“菜单式”志愿服务　让美德快乐传递（1 月 4 日）

泰安：大病医疗救助提速扩容（1 月 5 日）

邓向阳到泰安检查煤矿安全和冬季森林防火工作（1 月 7 日）

泰安：好心市民破冰救人（1 月 7 日）

泰安：2013 年 497 万人游泰山　创历史最高纪录（1 月 19 日）

济南泰安签署推进济泰合作发展框架协议（1 月 22 日）

姜异康春节前夕到泰安走访慰问老党员和困难群众（1 月 26 日）

泰山岱庙：拿手绝活亮相（1 月 31 日）

泰安：老有所养　民之所盼（2 月 2 日）

泰安 25 个重点项目集中开工（2 月 8 日）

泰安：建设 500 家“增收公司”带动百万农民增收（2 月 10 日）

泰安：改造棚户区 7 月 5 万户（2 月 11 日）

泰安：专项资金 1 亿元扶持小微企业（2 月 15 日）

泰安高新区“数字矿山”软件系统填补国内空白（2 月 20 日）

为民 务实 清廉—— 张书义：忠诚书大义（3 月 18 ～ 20 日）

山东新泰：男子银行取钱发病　众人相救转危为安（3 月 19 日）

泰安：螭霖鱼养殖超 100 万尾（3 月 22 日）

寻找春天：阳春三月 花如海——宁阳梨花节（3 月 22 日）

泰安：1881 套保障房交付使用（3 月 23 日）

泰安高新区：谋划发展创新招商引资体制机制（3 月 26 日）

泰安：中国肥城第13届桃花节4月开幕（3月27日）

泰安3400个行政村建成“泰山幸福E家园”网站（3月27日）

群星奖获奖作品中国巡演在泰安启动（3月29日）

泰山：实施玉文化与旅游文化互动与整合（3月30日）

泰安：游客山顶突发病　消防队员紧急救援（4月1日）

泰安高铁站：演绎生死时速大营救（4月5日）

泰安：3125万尾鱼蟹苗种放流东平湖（4月6日）

泰安：免费对500名残疾儿童进行抢救性康复救助（4月8日）

泰安：乡村物流实现无缝隙覆盖（4月12日）

王启平：情系水利写人生（4月14日）

东平官兵“倒挂金钩”营救落井妇女（4月16日）

新泰：敞开大门找问题　提高服务群众能力（4月16日）

泰安泰山海峡两岸交流基地授牌（4月18日）

泰安：神童山千年紫藤灿烂盛开（4月20日）

泰安高新区业绩增幅创历史新高（4月26日）

泰安：全民爱运动　健康来骑行（4月28日）

泰山：向不文明行为说“不”（5月2日）

泰安：引入人民调节机制　破解医患纠纷难题（5月9日）

泰安：不让妈妈失望　“脆骨”女孩励志减肥（5月11日）

泰安：路见不平抓小偷　拖行二百米不放手（5月11日）

泰山脚下创作大字榜书（5月12日）

泰安：农家书屋实现数字化升级（5月14日）

泰山水系综合治理工程启动（5月15日）

泰安：千年银杏树　枝繁叶茂老来得子（5月15日）

2014年“泰山冠军”中国泰山登山大奖赛开幕（5月17日）

本台短评：实现作风大改变　要从小问题改起（5月18日）

泰安：广开言路听民声　立说立改抓整改（5月18日）

中国红色电视纪录片《中国老区》山东篇在泰安开机（5月19日）

电影《世界屋脊的歌声》在全国放映（5月24日）

肥城：挖掘传统文化资源　打造特色品牌（5月25日）

2014中国国际矿业装备与技术展览会8月底在泰安举行（6月11日）

泰安新泰：孵化期无菌　村民不必太担心（6月12日）

泰安：“幸福E家园”搭起网络惠民新平台（6月14日）

泰安：徂徕山汶河景区开工建设（6月14日）

徂徕山汶河景区开工建设（6月19日）

泰安：80万户家庭享受“家庭医生式服务”（6月18日）

全省港澳台第五期研修班在泰安举办（6月23日）

东平湖鱼类和水生植物数量居全国淡水湖首位（6月23日）

山东好人之星王炳兰：半个世纪的守护（6月29日）

全国农村基层党组织助残扶贫工作经验交流会议在泰安召开（7月3日）

山东泰山医院：让优质医疗资源惠及百姓（7月5日）

泰安启动政府购买居家养老服务 （7月9日）

泰安肥城：救助白血病患儿　书画家挥毫泼墨献爱心 （7月13日）

大运河东平段：运河之心 （7月17日）

欧阳中石《泰山颂》在泰安首发 （7月18日）

泰安：京杭运河山东行　盛夏清光泛舟东平湖 （7月18日）

泰安：培训十万留守妇女　实现技术增收 （7月19日）

泰安:大汶河河道禁止采砂 （7月22日）

泰安：农村五保供养标准每人每年提高1000元 （7月23日）

泰安:军事夏令营里磨练意志 （7月27日）

泰安：学校体育场馆暑假对外开放 （7月27日）

中国国际露营大会：全民健身　热闹非凡 （7月29日）

泰安：贫寒姐弟为留守儿童办免费暑假学堂 （7月29日）

泰安市花园社区：走实“最后一公里” （8月4～6日）

泰安60万元医用消毒棉捐献灾区 （8月9日）

泰安：第十九届全国全民健身登泰山比赛9月6日开赛 （8月12日）

泰安：年内培训20万新型职业农民 （8月14日）

泰安力拓俄罗斯旅游市场 （8月14日）

泰安：2014泰山音乐节9月举行 （8月14日）

二战劳工：无法抹去的历史记忆　强掳4万中国劳工　约7000名劳工死亡 （8月15日）

泰安：免费治疗1000例贫困白内障患者 （8月25日）

2014中国国际矿业装备与技术展览会在泰安开幕 （8月31日）

泰安宁阳：严格石材运输车辆管理　私设限高杆已拆除 （9月3日）

泰安：“金秋就业工程”每年1亿元扶持就业 （9月13日）

泰山景区：观光休闲度假游提升旅游经济 （9月13日）

古装神话剧《石敢当之雄峙天东》泰山开机 （9月13日）

泰安：古装神话剧《石敢当之雄峙天东》泰山开机 （9月14日）

宁阳：网络问政　畅通民意新渠道 （9月14日）

肥城：干群连心筹资建设新病房　缓解群众看病难 （9月15日）

泰安：新增养老服务床位8000张 （9月16日）

泰安：做强“泰山”文化　拉动旅游经济 （9月17日）

泰安：驴友登山失踪30小时大搜救 （9月18日）

泰安市：建成600所“互助幸福院”破解“留守老人”养老困境 （9月20日）

泰安：驴友登山失踪30小时大搜救 （9月21日）

山东卫视神话电视剧《石敢当之雄峙天东》泰安杀青 （9月29日）

国庆65周年特别节目：泰山消防救援队　游客保护神 （9月29日）

泰安：泰山打造无缝隙服务平台 （9月30日）

泰安：60岁老人最后一次献血　17年献血达成人血量14倍 （10月3日）

动感假日　游乐场里挑战极限 （10月3日）

【假日乐翻天】泰安：农民竹筏赛　欢乐过假期 （10月3日）

泰山:非遗文化　旅游新看点 （10月4日）

欢乐假期泰安：邻里乡亲赛厨艺 （10月4日）

泰安：邻里乡亲赛厨艺 （10月5日）

共筑中国梦　齐鲁气象新：泰安用文化魅力再造新“泰山”（10月6日）

到泰山地下大裂谷享受“地下漂流”（10月7日）

泰安：实行“保姆式”服务创优发展环境（11月22日）

齐鲁电视台

18项泰山民间传统艺术惹火马年春节（2月1日）

泰安：走到肥城看桃花去（4月5日）

泰安公交一小时内可免费换乘（4月26日）

肥城：“连心办”搭建党群连心桥（5月12日）

电影《世界屋脊的歌声》全国院线放映（5月24日）

泰安：挺身拦窃贼　村民被拖行200多米（6月14日）

左丘明研文化研究院肥城揭牌（6月27日）

宁阳县：大学生村里办起免费辅导班（7月25日）

肥城第七届金秋桃节　快乐大采摘（8月24日）

济南驴友爬泰山受伤被困（9月18日）

齐鲁晚报

3天盖了12个章，政府帮着跑手续——新泰市一家中小企业的2013（1月1日）

泰山加快打造国际旅游目的地（1月16日）

泰安至梁山将建旅游专线（1月16日）

稳如泰山　铸就传奇——访山东省人大代表、泰山酒业集团董事长马西元（1月17日）

泰安市委副书记、市长王云鹏：以泰山为轴打包开发精品旅游（1月19日）

泰安市委书记李洪峰：京杭运河东平段将复航（1月20日）

“山东好人”崔山走了，年仅36岁（1月22日）

牵着爸妈的手　高高兴兴爬泰山（1月24日）

受资助女生蒋凤美和父亲跪别恩人　省内外500多名志愿者和市民昨日送别好人崔山（1月25日）

13天就拿到了公司营业执照——泰安市工商局岱岳分局满庄工商所提高服务效能（1月26日）

泰安：东平水浒故里闹元宵（2月13日）

四城市为留游客使“绝招”——泰安在全省旅游工作会议的发言：在泰安可以舒服地玩“三天”（2月27日）

泰山水系话旧（3月6日）

泰安推24种三日游产品（3月20日）

泰安：在城里搞个“二、三日游”（3月20日）

太阳部落将“技术革命”进行到底（3月20日）

太阳部落闪耀旅游总评榜（3月27日）

宁阳县泗店镇大孟村泼辣85后当村官，一干就是四年 春天卖藕种帮村里赚了几十万（4月9日）

泰安公交一小时内换乘免费　5月1日实施，这在我省还是第一家（4月26日）

泰山羊氏：乱世中的道德坚守（4月28日）

9级强风吹停泰山索道　景区启动预案，7小时分流游客5万人（5月3日）

泰山曲阜遇3月5小时“快餐游”（5月4日）

宁阳23个部门公开公务接待费（5月7日）

东平交警：姓名印背后 带“名片”执勤（5月8日）

泰安“90”后护士捐献造血干细胞（6月7日）

泰安老汉王德伟路：遇飞车贼　穿着拖鞋也死追（6月14日）

和行家去泰山古玩早市“捡漏”（7月11日）

百岁老太，最爱民谣（泰安三里村）（7月13日）

（下转445页）

著 名 商 标

泰安市荣获“中国驰名商标”称号企业情况

表 60

序 号	企业名称	商标名称	商品名称	时 间	区 县	认定单位
1	泰开电气集团有限公司	泰 开	高压断路器	2013	开发区	商标局
2	泰山玻璃纤维有限公司	CTG 及图	非纺织用玻璃纤维线	2009	泰山区	商标局
3	新东岳集团有限公司	东岳 DONGYUE 及图	自行车内外胎、	2009	东平县	商标局
4	光明起重机械集团有限公司	金斗山及图	起重机	2009	新泰市	商标局
5	山东泰鹏实业有限公司	安琪尔	床罩、被子、被罩	2009	肥城市	商标局
6	山东泰安山锅集团有限公司	第 714344 号图形	锅 炉	2010	岱岳区	商标局
7	泰山集团泰安市普瑞特机械制造有限公司	普瑞特	金属容器	2010	泰山区	商标局
8	泰安泰山工程机械股份有限公司	岱峰 DaiFeng 及图	移动吊车	2010	泰山区	商标局
9	泰山石膏股份有限公司	泰山及图	石膏板	2010	岱岳区	商评委
10	山东正方轮胎有限公司	正 喜	车辆轮胎	2011	宁阳县	商标局
11	泰山集团股份有限公司	TAISHAN 及图	锅 炉	2011	开发区	商标局
12	山东春潮色母料有限公司	春潮及图	塑料着色母料	2011	新泰市	商标局
13	瑞星集团有限公司	东平湖及图	尿 素	2011	东平县	商标局
14	山东银宝食品有限公司	银宝及图	猪肉、猪肉食品	2011	肥城市	商标局
15	肥城富世康面粉有限公司	富士康	面 粉	2011	肥城市	商标局
16	肥城金塔机械有限公司	金字及图	蒸馏塔	2011	肥城市	商标局
17	泰安华鲁锻压机床有限公司	岱 岳	剪板机；折弯机	2012	岱岳区	商标局
18	山东九鑫机械工具有限公司	泰山及图	扳手（手工具）	2012	东平县	商标局
19	山东光大日月油脂股份有限公司	智 育	食用油 食用油脂	2012	东平县	商标局
20	山东索力得焊材有限公司	索力得 SOLID 及图	金属焊丝	2012	肥城市	商标局
21	山东亚奥特乳业有限公司	亚奥特 YAT	牛奶制品	2012	泰山区	商标局
22	山东云宇机械集团有限公司	云宇及图	汽车配件	2013	肥城市	商标局
23	山东省肥城桃开发总公司	肥 城	桃	2014	肥城市	商标局
24	山东三和化工有限公司	阳和及图	三聚氰胺	2014	新泰市	商标局
25	东顺集团股份有限公司	顺清柔及图	卫生纸 纸手帕	2014	东平县	商标局
26	山东同创汽车散热装置股份有限公司	TCAC 图形	汽车发动机冷却用散热器	2014	宁阳县	商标局
27	山东一滕新材料股份有限公司	一滕集团及图	工业用纤维素	2014	肥城市	商标局
28	泰安安能电气集团有限公司	安能信锐及图	变压器、电开关	2014	开发区	商评委

泰安市荣获“山东省著名商标”称号企业情况

表 61

编号	申 请 单 位	注册商标	认定商品或服务	认定时间
1	泰安市哎呀呀食品有限公司	百里沂蒙红及图	肉；咸肉	2012
2	山东安信起重设备有限公司	安信及图	起重机	2012
3	肥城康王酒业有限公司	康王河及图	酒	2012
4	肥城阿斯德化工有限公司	阿斯德	甲　酸	2012
5	山东润东建材有限公司	双吉及图	石　膏	2012
6	山东依诺威强磁材料有限公司	依诺威	磁铁；磁性材料和器件	2012
7	山东泰鹏无纺有限公司	泰鹏及图	喷胶棉；太空棉；无纺布	2012
8	泰安联达锻压设备制造有限公司	龙腾及图	折边机；剪切机	2012
9	山东省大唐宅配有限公司	图　形	家具；有抽屉的厨碗柜；餐具柜	2012
10	山东瑞丰源食品有限公司	瑞丰源及图	肉；肉肠；肉片；肉干	2012
11	泰安市北方茶业有限公司	五岳独尊	茶；茶叶代用品（许可）	2012
12	泰安市泰山索道运营中心	图　形	空中运输	2012
13	泰安仕全兴涂料有限公司	名仕达及图	木材涂料（油漆）	2012
14	泰安市泰银制丝有限责任公司	雪梅及图	长丝；人造丝；长丝	2012
15	泰安鲁普耐特有限公司	鲁普耐特及图	绳索；网（绳网）	2012
16	力博重工科技股份有限公司	力博科技及图	传送带；机器；马达和引擎调速器	2012
2012 年度续展（27）				
17	山东泰山华岳玻璃有限公司	泰山华岳及图	建筑玻璃；楼房用窗玻璃；隔热玻璃	2012
18	泰安市泰山日出酒业有限公司	泰山日出及图	酒（饮料）	2012
19	山东阿斯德化工有限公司	春旺及图	尿　素	2012
20	山东肥城桃开发总公司	肥　城	桃	2012
21	泰安九洲金城机械有限公司	力星及图	起重设备；装卸设备	2012
22	新东岳集团有限公司	锦科；JINCO	车辆用轮胎；自行车轮胎	2012
23	山东电力管道工程公司	森波管道及图	水泥管	2012
24	东平县正亮淀粉制品有限公司	正亮及图	食用淀粉；粉丝（条）	2012
25	山东九鑫日用化工有限公司	满　婷	肥皂；化妆品；浴液；洗发液	2012
26	山东亚奥特乳业有限公司	亚奥特及图	牛奶；牛奶制品；酸奶	2012
27	山东鲁峰专用汽车有限公司	鲁峰及图	汽车；汽车配件；挂车	2012
28	泰安泰山啤酒有限公司	克利策	啤　酒	2012
29	泰山石膏股份有限公司	泰山及图	石膏板	2012
30	泰安市金港机械制造有限责任公司	金港及图	变速箱	2012
31	山东泰安山锅集团有限公司	图　形	低压蒸气锅炉；热水采暖锅炉；茶水炉	2012
32	山东泰鹏实业有限公司	安琪尔	床罩；被子；被罩	2012
33	泰安市泰山旅游服务有限公司	天街及图	饭店；柜台出租；衣服出租；摄影；录像带录制	2012
34	山东农大肥业科技有限公司	农大及图	肥　料	2012

续表 61-1

编号	申 请 单 位	注册商标	认定商品或服务	认定时间
35	山东宝来利来生物工程股份有限公司	宝来利来及图	非医用饲料添加剂	2012
36	山东岱银纺织集团股份有限公司	雷诺及图	衬衣；男女式茄克衫；牛仔系列服装	2012
37	山东厚丰汽车散热器有限公司	鲁美及图	散热器（汽车配件）	2012
38	新泰市新汶食品酿造有限公司	新汶及图	醋；酱油；调味品	2012
39	光明起重集团有限公司	金斗山及图	起重机	2012
40	山东泰山染料股份有限公司	金斗彩	有机颜料；染料	2012
41	宁阳县鑫晶阳面粉有限公司	晶阳及图	面粉；玉米粉	2012
42	山东华阳科技股份有限公司	神农丹	农 药	2012
43	山东金彩山酒业有限公司	彩山及图	酒	2012
		2013 年新认定（14）		
44	东顺集团股份有限公司	顺清柔	卫生纸；纸巾	2013
45	山东大宝养殖加工有限责任公司	赛 星	死家禽；火腿	2013
46	泰安市雅邦工贸有限公司	雅邦斯诺尔及图	油漆；刷墙用白浆；防火漆	2013
47	泰山生力源集团玻璃有限公司	谷字牌及图	玻璃瓶罐	2013
48	山东容力达矿用电器设备有限公司	RONGLIDA 及图	高压防爆配电装置；电开关	2013
49	山东科大中天电子有限公司	宏 天	电工仪表及仪器；电压表；电度表	2013
50	泰安路德土工材料有限公司	美格瑞诗	非金属栅栏；非金属搁栅；非金属建筑材料	2013
51	山东省泰安泰龙软轴软管厂	泰龙及图	汽车钢索	2013
52	泰安航天特种车有限公司	航天泰特	非公路用自卸车	2013
53	山东农大肥业科技有限公司	农 邮	肥 料	2013
54	肥城泰西无纺材料有限公司	东 岳	工业滤毯；工业滤布	2013
55	山东金泰山漆业有限公司	鲁乐及图	铝涂料；银涂料；油漆	2013
56	肥城市阳光食品有限公司	旭光及图	面条；方便面	2013
57	山东一滕新材料股份有限公司	一滕集团及图	纤维素；工业用纤维素醚	2013
		2013 年续展（32）		
58	泰安市金飞虹织造有限公司	诗非曼尔及图	麻纤维织物	2013
59	泰安科诺型钢股份有限公司	欣诺及图	未加工或半加工普通金属；铁板；钢板	2013
60	山东泰山衡器有限公司	泰衡及图	台称；案秤	2013
61	山东仁达铝业装饰有限公司	仁达及图	金属片和金属板；金属门；金属窗	2013
62	新东岳集团有限公司	东岳及图	车辆轮胎	2013
63	山东社汇酒业有限公司	唐龙及图	酒	2013
64	山东行军食品饮料有限公司	行军及图	无酒精饮料	2013
65	东平县斑鸠店镇农业技术推广站	斑鸠店	新鲜蔬菜	2013
66	山东东平湖饲料有限公司	东平湖及图	尿 素	2013
67	山东三和化工有限公司	阳和及图	三聚氰胺；未加工人造树脂	2013
68	山东华泰电缆有限公司	华泰及图	电源材料（电线、电缆）	2013

续表 61-2

编号	申 请 单 位	注册商标	认定商品或服务	认定时间
69	新泰市海洋酿造食品有限公司	菲 菲	醋；酱油	2013
70	山东裕鑫玻璃纤维有限公司	YUXIN 及图	纺织用玻璃纤维织物；玻璃布	2013
71	山东中意玻璃钢有限公司	泰岳及图	玻璃钢用建筑材料	2013
72	山东汶阳春酒业有限公司	汶阳春	食用酒精	2013
73	泰安泰山工程机械股份有限公司	岱峰 DAIFENG	移动吊车	2013
74	泰安市松源网业有限公司	松源及图	聚酯单丝干网；成形网	2013
75	山东泰山啤酒有限公司	TAISHAN 及图	啤 酒	2013
76	山东正方轮胎有限公司	正 喜	车辆轮胎	2013
77	山东华兴纺织集团有限公司	第 3579023 号 “图形”	纱；线	2013
78	山东华阳科技股份有限公司	华 阳	农 药	2013
79	泰开电气集团有限公司	泰 开	高压断路器；高压隔离开关	2013
80	马尼托瓦克东岳重工有限公司	东岳及图	汽车起重机	2013
81	泰安泰山福神齿轮箱有限责任公司	汶 工	齿轮箱；齿轮	2013
82	泰安市泰山女儿旅游商贸有限公司	泰山女儿	茶、茶叶代用品	2013
83	山东索力得焊材有限公司	索力得 SOLID 及图	金属焊丝	2013
84	山东云宇机械集团有限公司	云宇及图	汽车配件	2013
85	山东傲饰服饰有限公司	傲饰及图	服 装	2013
86	山东泰山轮胎有限公司	泰山及图	拖拉机轮胎	2013
87	肥城金塔机械有限公司	金字及图	蒸馏塔	2013
88	山东富世康工贸有限公司	富世康及图	面 粉	2013
89	肥城鲁泰科技有限公司	鲁泰及图	非金属板	2013
		2014 年认定（14 件）		
90	泰安路德工程材料有限公司	路 德	非金属栅栏；非金属搁栅； 非金属建筑材料	2014
91	泰安嘉和重工机械有限公司	嘉和及图	挖掘机	2014
92	山东省联合农药工业有限公司	联农及图	杀虫剂	2014
93	泰安市君乐太阳能有限公司	君 乐	太阳能热水器；太阳集热器	2014
94	山东泰丰钢业有限公司	青云山	钢管；金属管	2014
95	山东泰丰新水管业股份有限公司	泰水及图	非金属管道；非金属水管	2014
96	新泰市永佳化工有限责任公司	永佳及图	色母粒	2014
97	山东天源重工集团有限公司	力德利及图	起重机；起重机（升降设备）； 起重葫芦	2014
98	山东肥城精制盐厂	鲁祥及图	盐	2014
99	泰安瑞泰纤维素有限公司	瑞泰及图	衍生物纤维素（化学品）	2014
100	肥城瑞达家具有限责任公司	鲁翔及图	家 具	2014
101	泰安市正大油脂有限公司	鲁 统	食用油	2014
102	中国重汽集团泰安五岳专用汽车有限公司	五岳及图	汽车起重机底盘；自卸车	2014
103	山东彩山兴业装饰材料有限公司	彩山及图	金属片和金属板	2014

续表 61-3

编号	申 请 单 位	注册商标	认定商品或服务	认定时间
2014 续展（18）件				
104	泰安东升服装有限公司	MOTO-BOY	服 装	2014
105	山东岱银纺织集团股份有限公司	岱银 DAIYIN 及图	纱 线	2014
106	普瑞特机械制造股份有限公司	泰山及图	酿造机器	2014
107	山东新煤机械装备股份有限公司	零点及图	单体液压支柱三用阀	2014
108	山东泰山恒信开关集团有限公司	泰山恒信及图	电开关；高低压开关板；配电盘	2014
109	新泰市新汶食品酿造有限公司	泰山圣宝及图	酱油；醋	2014
110	山东泰山起重机械有限公司	劲王 JINWANG	起重机	2014
111	泰安百川纸业有限责任公司	百 川	羊皮纸；印刷纸	2014
112	泰安市亚圣食品有限公司	亚圣斋及图	人食用蚕蛹；鱼制食品；鹌鹑蛋	2014
113	山东山口生物发展股份有限公司	山口及图	酱油；醋；酱菜	2014
114	山东宏康机械制造有限公司	宏康及图	锻压设备	2014
115	肥城米山水泥有限公司	米山及图	水 泥	2014
116	山东新轮轮胎有限公司	新轮及图	自行车轮胎；车辆轮胎	2014
117	山东鲁珠集团有限公司	鲁珠及图	水 泥	2014
118	山东同创汽车散热装置股份有限公司	TCAC 及图	汽车发动机冷却用散热器	2014
119	山东天和纸业有限公司	天和兴及图	木浆纸	2014
120	尤洛卡矿业安全工程股份有限公司	尤洛卡	测压仪器；测量仪器	2014
121	山东泰邦生物制品有限公司	鲁岳及图	医药生物制剂；血液制品	2014

（上接 440 页）

泰山工匠大师姜桂松（7 月 17 日）

40 人荣登全省善行义举四德榜（10 月 27 日）

红学大师周汝昌眼中的泰山——周郢（10 月 22 日）

云海雾凇齐现岱顶（12 月 1 日）

济南日报

泰安“留客行动”已现规模效应（2 月 28 日）

山东画报

泰安徂徕山：夫妻护林员（3 月上半月刊）

美哉，东平湖（3 月下半月刊）

便衣老宋（6 月上半月刊）

岱岳星河（6 月上半月刊）

齐 鲁 网

泰山五一黄金周大热　激情与健康唱响年轻市场（3 月 31 日）

鲁　网

高铁咨讯直通“泰山之巅”　济铁为景区旅客推送列车（9 月 6 日）

泰安市地理标志证明商标情况

表 62

序 号	单位名称	商标名称	区 域
1	新泰市农村合作经济组织联合会	新泰芹菜	芹 菜
2	肥城市王庄粉皮协会	孔庄粉皮	粉 皮
3	山东肥城桃开发总公司	肥 城	桃
4	宁阳县林果协会	宁阳大枣	大 枣
5	东平县安山大米行业协会	安山大米	大 米
6	泰安市岱岳区泰安煎饼协会	泰安煎饼	煎 饼
7	肥城市桃木雕刻协会	肥城桃木雕刻	桃木工艺品
8	泰安市水产研究所	泰山赤鳞鱼	活 鱼
9	宁阳县泗店镇蟋蟀产业协会	宁阳蟋蟀	蟋蟀（活的）
10	宁阳县泗店镇蔬菜协会	许家桥大白菜	大白菜
11	泰安市岱岳区下港乡特色农产品产业协会	泰山板栗	新鲜栗子
12	新泰市楼德镇煎饼协会	楼德煎饼	煎 饼
13	泰安市岱岳区徂徕镇果树农民经济协会	徂徕黄金梨	梨
14	泰安市岱岳区岱绿特蔬菜协会	泰安黄芽白菜	大白菜（新鲜蔬菜）
15	泰安市岱岳区岱绿特蔬菜协会	泰安大白菜	大白菜（新鲜蔬菜）
16	宁阳县泗店镇蔬菜协会	宁阳桥白	大白菜
17	东平县彭集街道花生产业协会	彭集花生	新鲜花生
18	新泰市楼德镇煎饼协会	楼德煎饼	煎 饼
19	新泰市唯特果树研究所	新泰苹果	苹 果
20	新泰市黄山红山羊研究所	新泰红毛山羊	活 羊
21	新泰市草猪养殖协会	新泰草猪	活 猪
22	东平县核桃发展协会	大羊薄皮核桃	核桃（坚果）

名 牌 产 品

泰安市荣获“山东名牌产品”称号企业情况

表 63

序 号	企业名称	山东名牌产品名称		属 地
1	泰安百川纸业有限责任公司	轻型胶版印刷纸	（2012 复评）	新泰市
2	泰安百川纸业有限责任公司	羊皮纸	（2012 复评）	新泰市
3	山东能源机械集团有限公司	刮板输送机	（2012 复评）	新泰市
4	新泰市风龙王设备有限公司	风力气压自控扬水机	（2012 年新评）	新泰市
5	山东中玻节能环保发展有限公司	玻璃钢烟气净化旋流器	（2012 年新评）	新泰市
6	山东泰丰矿业集团有限公司	碳酸二甲酯	（2012 年新评）	新泰市
7	山东春潮集团有限公司	包装用塑料薄膜	（2013 年新评）	新泰市
8	山东泰山天盾矿山机械有限公司	矿井提升机★	（2013 年复评）	新泰市
9	山东新煤机械装备股份有限公司	单体液压支柱	（2013 年复评）	新泰市
10	山东新雪矿井降温科技有限公司	片冰机	（2013 年新评）	新泰市
11	山东春潮集团有限公司	色母料★	（2013 年复评）	新泰市
72	光明起重集团有限公司	起重机械（通用桥式起重机）	（2014）	新泰市
76	山东赛特电工股份有限公司	漆包圆绕组线	（2014）	新泰市
77	山东华泰电缆有限公司	3KV 及以下挤包绝缘电力电缆	（2014）	新泰市
12	山东岱银纺织集团股份有限公司	雷诺牌男西服套装	（2012 复评）	泰山区
13	山东泰山啤酒有限公司	啤 酒	（2012 复评）	泰山区
14	山东岱银纺织集团股份有限公司	精梳纯棉纱★	（2013 年复评）	泰山区
15	泰安康平纳机械有限公司	纺织染整设备	（2013 年新评）	泰山区
61	泰安泰山亚细亚食品有限公司	即食黑大蒜制品	（2014）	泰山区
62	山东大唐宅配家居有限公司	板式家具、橱柜	（2014）	泰山区
16	山东华阳科技股份有限公司	除草剂（乙草胺乳油）	（2012 复评）	宁阳县
17	山东同创汽车散热装置股份有限公司	散热器总成	（2012 复评）	宁阳县
18	山东华兴纺织集团有限公司	精梳纱线	（2013 年新评）	宁阳县
19	山东塔高矿业机械装备制造有限公司	液压支架	（2013 年新评）	宁阳县
20	山东华阳农药化工集团有限公司	杀虫剂（灭多威乳油）	（2013 年新评）	宁阳县
21	山东华阳农药化工集团有限公司	杀菌剂（米鲜胺乳油）	（2013 年新评）	宁阳县
65	山东华阳农药化工集团有限公司	毒死蜱乳油	（2014）	宁阳县
67	山东华阳农药化工集团有限公司	二甲戊乐灵乳油	（2014）	宁阳县
22	泰安泰山福神齿轮箱有限责任公司	汶工牌工程机械减速机（8t ～ 400t）	（2012 复评）	高新区
23	山东泰开变压器有限公司	泰开牌电力变压器	（2012 复评）	高新区

续表 63-1

序 号	企业名称	山东名牌产品名称		属 地
24	山东鲁峰专用汽车有限责任公司	自卸汽车	(2012 年新评)	高新区
25	山东泰开箱变有限公司	功能型风电组合式箱变	(2012 年新评)	高新区
26	力博重工科技股份有限公司	带式输送机	(2012 年新评)	高新区
27	山东锐驰机械有限公司	液压缸	(2012 年新评)	高新区
28	泰安市泰山女儿旅游商贸有限公司	绿 茶★	(2013 年复评)	高新区
29	山东科大中天电子有限公司	集中式电能表系列产品	(2013 年新评)	高新区
30	泰安海威数控机床有限公司	工业机器人	(2013 年新评)	高新区
31	泰安海威数控机床有限公司	数控机床	(2013 年新评)	高新区
32	山东蓝光软件有限公司	蓝光数字矿山软件系统	(2013 年新评)	高新区
63	山东农大肥业科技有限公司	复合（混）肥料（缓控释型、腐植酸型）	(2014)	高新区
73	山东泰开高压开关有限公司	组合电器、断路器	(2014)	高新区
74	山东泰开成套电器有限公司	高压开关设备（开关柜）	(2014)	高新区
75	山东泰山恒信开关集团有限公司	高压开关设备	(2014)	高新区
33	山东傲饰服饰有限公司	西 服	(2012 复评)	肥城市
34	山东富世康制粉有限公司	小麦粉	(2012 复评)	肥城市
35	肥城阿斯德化工有限公司	甲 酸	(2012 复评)	肥城市
36	山东云宇机械集团有限公司	驱动桥总成	(2012 复评)	肥城市
37	山东肥城精制盐厂	食 盐	(2012 复评)	肥城市
38	山东泰鹏无纺有限公司	涤纶纺粘热轧非织造布（工程用）	(2012 年新评)	肥城市
39	肥城泰西无纺材料有限公司	非织造布【工业滤毯（布）】	(2012 年新评)	肥城市
40	山东石横特钢集团有限公司	锚杆用热轧带肋钢筋★	(2013 年复评)	肥城市
41	山东石横特钢集团有限公司	热轧带肋钢筋	(2013 年复评)	肥城市
42	山东傲饰服饰有限公司	标志服装	(2013 年新评)	肥城市
43	肥城金塔机械有限公司	酒精蒸馏塔	(2013 年新评)	肥城市
69	山东新轮轮胎有限公司	摩托车轮胎	(2014)	肥城市
71	山东泰山轮胎有限公司	农用车轮胎	(2014)	肥城市
44	山东光大日月油脂股份有限公司	花生油	(2013 年新评)	东平县
45	山东光大日月油脂股份有限公司	大豆油	(2013 年新评)	东平县
64	瑞星集团股份有限公司	尿 素	(2014)	东平县
68	新东岳集团有限公司	摩托车胎	(2014)	东平县
70	新东岳集团有限公司	力车胎	(2014)	东平县
46	泰安科诺型钢股份有限公司	冷弯型钢	(2012 复评)	岱岳区
47	泰安鲁普耐特塑料有限公司	消防安全绳	(2012 年新评)	岱岳区
48	山东省联合农药工业有限公司	吡虫啉原药	(2012 年新评)	岱岳区
49	新汶矿业集团有限责任公司泰山盐化工分公司	聚氯乙烯	(2012 年新评)	岱岳区
50	泰安鲁普耐特塑料有限公司	游艇绳	(2013 年新评)	岱岳区

续表 63-2

序　号	企业名称	山东名牌产品名称	属　地
51	泰安市金飞虹织造有限公司	亚麻凉席　(2013 年新评)	岱岳区
52	泰安市金港机械制造有限责任公司	精密铸件★　(2013 年复评)	岱岳区
53	山东明佳包装检测科技有限公司	液位检测机　(2013 年新评)	岱岳区
54	山东明佳包装检测科技有限公司	PET 瓶盖　(2013 年新评)	岱岳区
55	山东省联合农药工业有限公司	哒螨灵原药　(2013 年新评)	岱岳区
56	山东省联合农药工业有限公司	啶虫脒可湿性粉剂　(2013 年新评)	岱岳区
57	山东省联合农药工业有限公司	啶虫脒原药　(2013 年新评)	岱岳区
58	山东鲁燕色母粒有限公司	色母粒　(2013 年新评)	岱岳区
59	泰安华鲁锻压机床有限公司	卷板机　(2013 年复评)	岱岳区
60	泰安华鲁锻压机床有限公司	矫平机★　(2013 年复评)	岱岳区
66	山东省联合农药工业有限公司	哒螨灵、毒死蜱乳油　(2014)	岱岳区

泰安市荣获“山东省服务名牌”称号单位情况

表 64

序　号	企业名称	服务品牌名称	属　地
1	东平县公共行政服务中心（复评）	用心服务 阳光政务（2013 复评）	东平县
2	东平县供电公司	心立方（2013 新评）	东平县
3	联合网络通讯有限公司肥城分公司	真诚无限（2012 年复评）	肥城市
4	中国移动通信集团山东有限公司肥城分公司	桃乡移动 情移动通信服务 2012	肥城市
5	山东东晨物业管理有限公司	物业管理服务 2012	肥城市
6	肥城市自来水有限公司	城市供水 2012	肥城市
7	肥城市农村信用合作联社	情怀五心 服务桃乡（2013 新评）	肥城市
8	肥城市供电公司	桃乡彩虹（2013 新评）	肥城市
9	山东泰盈科技有限公司（复评）	泰盈科技（2013 复评）	高新区
10	泰安高新技术产业开发区报审咨询服务中心（复评）	投资泰安稳如泰山（2013 复评）	高新区
11	宁阳县纳税人权益维护协会	纳税服务 2012	宁阳县
12	宁阳县外派劳务服务中心	外派劳务服务 2012	宁阳县
13	泰安凌云商社集团有限公司（复评）	凌云满意服务永无止境（2013 复评）	宁阳县
14	泰安市泰山风景名胜区管理委员会	爱护遗产 享受遗产 传承遗产（2012 年复评）	市　直
15	山东泰安交通运输集团有限公司	交好运　运真情（2012 年复评）	市　直
16	泰安市神憩宾馆	天上人间 真情相伴（2012 年复评）	市　直
17	山东泉贸有限公司泰安泉盛大酒店	岱下明珠 温馨家园（2012 年复评）	市　直
18	山东电力集团公司泰安供电公司（复评）	以电连心（2013 复评）	泰山区
19	浪潮软件股份有限公司	软件开发和售后服务（2014）	泰山区

文件选编

中共泰安市委
关于深入开展党的群众路线教育实践活动的实施意见

（泰发〔2014〕2号 2014年2月20日）

根据《中共中央关于在全党深入开展党的群众路线教育实践活动的意见》（中发〔2013〕4号）、《中共中央办公厅印发〈关于开展第二批党的群众路线教育实践活动的指导意见〉的通知》（中办发〔2014〕4号）和《中共山东省委关于深入开展党的群众路线教育实践活动的实施意见》（鲁发〔2013〕8号）、《中共山东省委办公厅印发〈关于开展全省第二批党的群众路线教育实践活动的实施方案〉的通知》（鲁办发〔2014〕2号）、《中共山东省委办公厅印发〈关于全省基层党组织开展第二批党的群众路线教育实践活动的指导意见〉的通知》（鲁办发〔2014〕3号）精神，现就全市深入开展党的群众路线教育实践活动（以下简称“教育实践活动”），制定如下实施意见。

一、总体要求

开展好教育实践活动，是深入学习贯彻党的十八届三中全会精神、全面深化改革的必然要求，是着力解决群众反映强烈的突出问题、把改进作风不断推向深入的迫切需要，是加强基层组织建设、夯实党的执政根基的重大机遇。全市各级党组织要把开展好教育实践活动作为一项重大政治任务，抓紧抓好抓实，务必抓出成效。

1. 把握指导思想。以党的十八大和十八届三中全会精神为指导，深入学习贯彻习近平总书记系列重要讲话和视察山东重要讲话精神，认真贯彻落实中央、省委关于开展教育实践活动的指导思想、目标要求和方法步骤，坚持主题不变、镜头不换，紧紧围绕保持党的先进性和纯洁性，以为民务实清廉为主题，以贯彻落实中央“八项规定”和省委实施办法、市委若干规定为切入点，聚焦作风建设，贯彻整风精神，坚决反对形式主义、官僚主义、享乐主义和奢靡之风，着力解决人民群众反映强烈的突出问题，提高做好新形势下群众工作的能力，使党员、干部的思想进一步提高、作风进一步转变，党群干群关系进一步密切，为民务实清廉形象进一步树立，基层基础进一步夯实，为推进富民强市、建设幸福泰安提供坚强保证。

2. 贯彻“总要求”。开展教育实践活动，要全面贯彻“照镜子、正衣冠、洗洗澡、治治病”的总要求。“照镜子”，主要是学习和对照党章，对照廉政准则，对照改进作风要求，对照群众期盼，对照先进典型，查找宗旨意识、工作作风、廉洁自律方面的差距。“正衣冠”，主要是按照为民务实清廉的要求，严明党的纪律特别是政治纪律，敢于触及思想，正视矛盾和问题，从自己做起，从现在改起，端正行为，维护良好形象。“洗洗澡”，主要是以整风精神开展批评和自我批评，深入分析出现“四风”问题的原因，坚持自我净化、自我完善、自我革新、自我提高。“治治病”，主要是坚持惩前毖后、治病救人方针，区别情况、对症下药，对作风方面存在问题的党员、干部进行教育提醒，对问题严重的进行查处，对与民争利、损害群众利益的不正之风和突出问题进行专项治理。

3. 遵循基本原则。开展好教育实践活动，要坚持正面教育，着力增强广大党员、干部的理想信念、宗旨意识、群众观点，切实解决思想问题，做到“五个更加注重”：更加注重领导带头，上级带下级、主要领导带班子成员、领导干部带一般干部，充分发挥领导机关、领导干部模范带动作用；更加注重问题导向，找准并着力解决“四风”突出问题、关系群众切身利益的问题、影响基层基础的问题，坚持边学边改、边查边改、马上就改；更加注重群众参与，开门搞活动，每个环节、每项工作都让群众参与、受群众监督、请群众评判；更加注重严格要求，坚持严的标准、严的措施、严的纪律，思想上要严起来，整改上要严起来，正风肃纪上要严起来，督导把关上要严起来，切实把从严从实要求贯穿始终；更加注重分类指导，根据不同领域、不同行业基层党组织的实际和党员工作性质、岗位特点、知识结构、生产生活方式等，有针对性地确定活动的目标任务，分别提出务实管用的工作要求和措施办法，增强活动的实效性。

4. 明确主体对象。参加全市教育实践活动的单位主要包括：市、县机关及其直属单位和企事业单位，乡镇、街道及所属单位，村、社区、非公有制经济组织、社会组织等基层单位。要坚持以市、县领导机关、领导班子和领导干部为重点，突出抓好直接联系服务群众的执法监管部门和窗口单位、服务行业的教育实践活动，注重抓好乡镇、街道和村、社区等与群众联系密切的基层组织的教育实践活动，切实加强广大党员、干部马克思主义群众观点和党的群众路线教育。

二、目标任务

坚持围绕中心、服务大局，全面落实为民务实清廉要求，大力弘扬认真精神，抓住反对"四风"这个重点不放，集中解决市、县领导机关、领导班子和领导干部"四风"方面存在的突出问题，对作风之弊、行为之垢来一次大排查、大检修、大扫除。同时，回应群众关切，维护群众利益，注重解决实际问题，解决群众身边的不正之风，把改进作风的要求真正落实到基层，真正让群众受益。

1. 着力解决"四风"突出问题。市、县领导班子和领导干部，重点解决政绩观不正确，发展思路不清晰、定位不明确、重点不突出，搞"形象工程""政绩工程"，只顾眼前、不管长远，换一任领导、变一套思路；弄虚作假，虚报浮夸，做文字游戏；有令不行、有禁不止，对待上级决策部署合意的就执行，不合意的打折扣、搞变通；盲目决策，搞一言堂，听不得不同意见；事业心责任感缺失，不求有作为，只求过得去，不敢担当，不愿负责，求稳怕乱；管理干部失之于宽、失之于软，在干部选拔任用中搞论资排辈、平衡照顾；疏远群众、脱离基层，做事凭经验主观臆断；心浮气躁，跑官要官；利用权力为亲朋好友谋私利，违反工作纪律；玩风盛行，贪图享受，讲究排场等问题。

市、县直属单位，重点解决学风不正、学用脱节，说外行话、办外行事；安排工作照抄照搬，不顾实际情况，搞"创建达标"，给基层增加额外负担；个人主义严重，热衷经营人脉，以感情论是非，拿原则做交易；对工作安排挑肥拣瘦，向组织讲条件、要待遇；大局意识和服务意识不强，追求部门和个人利益，工作"中梗阻"；精神不振、标准不高、贪图安逸，作风飘浮、落实不力；庸懒散拖、推诿扯皮，办事拖拉、效率低下，工作时间拉呱聊天、上网娱乐，随意离开岗位；公仆意识淡薄，对群众需求不重视、不作为，对损害群众利益的问题监管不够、处置不力；做表面文章，应付上级；对"三公"经费控制不严格，专项资金使用不规范，对公款吃喝心存侥幸；部门内部管理松懈，干部在位不在岗、在岗不尽责、出工不出力等问题。

执法监管部门和窗口单位、服务行业，重点解决衙门作风、特权思想严重，架子大、脾气暴，门难进、脸难看、话难听、事难办，对服务对象态度冷漠生硬；执法监管不作为、慢作为、不到位；办事程序复杂，手续名目繁多；对办理事项不一次告知，让群众往返多次；执法不文明、不规范，引发群众对立情绪，形成社会不稳定因素；滥用职权、吃拿卡要，乱收费、乱罚款、乱摊派；多头执法、重复检查、频繁检查，以罚代管、一罚了之；执法不公、不严，搞选择性执法、随意性执法，甚至徇私枉法；出工不出力、懒懒散散，脱岗离岗、迟到早退等问题。

乡镇、街道，重点解决急功近利，搞"路边工程""面子工程"；对群众感情淡薄，不关心群众冷暖，不尊重群众意愿；工作不管实际情况，不顾承受能力，盲目跟风，劳民伤财；看成绩多，看问题少，报喜不报忧；责任心不强，精神状态不振，工作长期徘徊不前，发展多年不见起色；

眼睛向上不向下，面对群众、不懂群众，作风简单粗暴；执行上级部署不到位，落实上级政策缩水走样，截留挪用，增加基层负担；在房屋拆迁、土地征用、重点项目建设等方面不维护群众利益，甚至与民争利；服务意识差，对关系群众切身利益的问题、群众生产生活问题解决不主动、不及时；对党建工作重视不够、责任落实不力、指导把关不严等问题。

村、社区等基层党组织，重点解决服务群众的意识和能力不强，不愿、不会帮助群众解决实际困难；办事不公，在落实惠民政策、发展党员等方面优亲厚友，谋取私利；党务、政务管理混乱，财务不公开、不透明；不关心群众疾苦，遇事不与群众商量，处理问题方法简单、态度粗暴；干劲不足，守摊子、混日子，矛盾纠纷化解不及时，群众诉求长期得不到解决；党组织软弱涣散，干部拉帮结派，宗族家族势力影响扩大，组织生活不经常、不认真、不严肃；拖欠群众钱款，打白条、耍赖账；党员意识淡薄，要求不严、形象不佳；基层党组织“无人办事”“无钱办事”等突出问题。

非公有制经济组织和社会组织，重点解决社会责任感不强、缺乏为民服务的奉献精神；对职工主体地位认识不足、听取职工意见建议不够；片面追求经济效益，对困难职工生活关心不够、职工合法权益得不到有效保障；组织覆盖和工作覆盖不够，活动不经常、不认真；党员不愿亮身份、组织纪律观念不强、发挥作用不够等问题。

2. 着力解决发生在群众身边的腐败问题。大力加强基层党风廉政建设，坚持抓早抓小、抓紧抓深，对于群众身边的各种不良作风、贪腐问题“零容忍”。坚决查处征地拆迁、矿产资源开发、医药购销和医疗服务等群众身边的腐败问题。加强对基层干部的日常管理和监督，规范履职行为，切实纠正在执法和服务中以权谋私、假公济私等行为。强化对党员、干部的廉洁从政教育，形成“廉荣贪耻”的政治和社会环境。

3. 着力解决群众反映强烈的切身利益问题。本着尽力而为、量力而行原则，切实落实各项民生政策，解决群众在教育、就业、社会保障、医疗、住房、交通等方面的基本需求，解决生态环境、食品药品安全、安全生产、社会治安、执法司法等方面损害群众利益的问题，解决农民工、失地农民、孤寡老人、困难企业职工、困难家庭等特殊群体的生产生活问题，解决与民争利的问题。畅通群众诉求表达渠道，做好矛盾纠纷排查化解工作，让群众办事更加便利、得到更多实惠，切身感受到社会公平正义。

4. 着力解决联系服务群众“最后一公里”问题。以加强基层服务型党组织建设为抓手，扩大党的组织覆盖和工作覆盖，建设守信念、讲奉献、有本领、重品行的基层党组织书记队伍，组织带领广大党员、干部为群众提供更多更好服务。加强和改进乡镇、街道和村、社区便民服务工作，提升服务群众的功能和水平。健全服务保障体系，建立稳定的基层组织运转和基本公共服务经费保障制度，推动人、财、物向基层倾斜，充分调动服务群众的积极性，保证群众话有地方说、事有地方办，困难有人帮、问题有人管。

三、方法步骤

全市教育实践活动从2014年1月开始，自上而下压茬进行，9月基本完成。在时间掌握上，市级教育实践活动在2月下旬启动，县级教育实践活动在3月上旬前启动，其他基层单位在3月底完成部署。具体到每个单位，集中教育时间不少于3个月。各级各单位要根据中央、省委、市委部署要求和工作实际，坚持教育实践并重，坚持边学边查边改，把学习教育、群众参与、解决问题、整风精神、领导带头贯穿始终，使各个环节的工作有效衔接、相互贯通。

（一）学习教育、听取意见。重点是搞好学习宣传和思想教育，深入开展调查研究，广泛听取群众意见。

1. 认真组织学习教育。组织党员、干部认真学习中国特色社会主义理论体系，学习党章和党的十八大报告、十八届三中全会精神，学习习近平总书记系列重要讲话和视察山东重要讲话精神，认真学习规定的学习内容和指定的学习教材。市、县机关及直属单位、企事业单位和乡镇（街道）

集中学习讨论时间不少于3天。要采取轮流领读、中心发言、互动交流、专题讨论等方式，坚持原汁原味、原原本本，集体讨论、相互交流，保证学习质量。要结合学习党章等内容，围绕“入党为什么、为民干什么、将来留什么”，在全市各级党组织和党员、干部中开展“为民三问”大讨论。县（市、区）党委特别是组织部门要对基层党组织党员进行集中培训，针对不同领域、不同行业党组织、党员特点，明确集中培训的时间、方式和具体要求，切实抓实抓好，县、乡两级党委书记必须亲自为党员上党课。要根据实际情况，搞好对农村党员特别是流动党员的培训。要制作一部分“地方教材”，主要是对照先进，用身边人身边事、用地方语言把学习内容和要求讲出来，让党员、干部听得懂、记得住、做得好。针对一些特殊对象，要采取一些特殊办法，灵活安排学习。各级要开展以“五学四促”为主要内容的学习教育活动，通过集中学、现场学、实践学、自主学、对照学和以讲促学、以考促学、以述促学、以评促学的方式，增强学习教育实效。各县（市、区）党委要组织开展“组织找党员、党员找组织”活动，在3月底前，以党支部为单位，理顺党员组织关系，落实每个党员参加活动的党组织。党支部要把开展教育实践活动的要求传达到每名党员，抓好党员、干部的学习教育，确保活动全覆盖、无空白。

2. 加强群众观点教育和现实教育。要用好各类红色资源、廉政警示教育资源和党性教育基地，组织党员、干部开展现场教育、观看教育专题片，强化警示教育、党性党风党纪教育和道德品行教育，使党员、干部在实情实景中受到触动、净化心灵，从中汲取政治营养，增强精神动力。要通过从基层一线邀请优秀支部书记、优秀党员作辅导报告等形式，向群众学习、拜群众为师，使群众观念在全体党员、干部中深深扎根，使践行党的宗旨成为党员、干部的普遍自觉。

3. 广泛听取意见建议。要面对面倾听基层群众意见，市、县领导机关和直属部门，3月底前要组织开展一次集中联系走访，认真听取群众意见，了解群众利益诉求。党员领导干部要到联系点、到基层单位蹲点调研，解剖麻雀，听取意见；执法监管部门和窗口单位、服务行业，要听取服务群体、服务对象的意见；村、社区等基层党组织要走家入户，和群众拉家常、听诉求。注意发挥好“第一书记”、驻村帮扶干部的作用，广泛听取群众意见。各级党委（党组）要采取发放征求意见表、问卷调查、座谈走访、个别访谈等方式，综合利用“12345”便民服务热线、政风行风热线、网络调查、设置意见箱等方式，敞开大门听取社会各方面意见。市、县机关和直属单位，可以通过在门户网站开设专门栏目、设立热线电话等方式，方便群众提出意见建议。要注重运用好各方面的意见，对近年来本地本单位来信来访情况进行认真梳理归纳，对群众来信来访、纪委接到的举报等送上门的意见要高度重视。市、县直属单位要加强上下对接，对涉及到本系统、本行业的一些共性意见要进行认真梳理汇总。要统筹做好征求意见工作，防止相互征求意见“公文旅行”、“函来函往”，防止“一窝蜂”下基层、重复征求意见。各系统、各行业左右之间、上下之间要加强资源整合、统筹协调，可采取分批分类方式，开展组团式调研、联合式征求意见，实现信息联用、成果共享，避免给基层造成负担。

4. 打造服务群众的载体平台。在服务群众、帮群众解决实际困难中听取群众意见、增强宗旨意识。深入贯彻《中共泰安市委关于广泛开展党员干部联系困难家庭工作的意见》（泰发〔2013〕10号），组织市县乡机关和企事业单位党员、干部接地气、受教育、解难题、改作风，深入推进联系困难家庭工作。坚持市县乡村四级联动，开展联穷亲、走穷亲、帮穷亲活动。对已经结成帮扶对子和联系的困难户，要在继续联系基础上，进一步扩大联系的覆盖面。深入推进党员“活力细胞”行动，继续开展“服务旅游、党性闪光”、“擦亮窗口、服务百姓”、乡村文明行动和安全环境综合整治等活动，建立和完善乡镇（街道）和村（社区）便民服务中心（站、点），深化为民服务全程代理制度，不断提升服务群众的功能和水平，着力为基层为群众提供优质满意服务。

（二）查摆问题、开展批评。重点是认真查摆问题，撰写对照检查材料，召开专题民主生活会和组织生活会，切实开展好批评和自我批评。

1. 深入查摆“四风”问题。把自我查摆作为重点，引导党员、干部发扬敢于担当的“泰山石”精神，对照党章、廉政准则、改进作风要求、群众期盼和先进典型，采取群众提、自己找、上级点、互相帮、集体议等形式，深入查找在“四风”方面存在的突出问题。机关和企事业单位要对照《党政机关厉行节约反对浪费条例》以及中央、省委、市委有关规定进行检查，乡镇（街道）、村（社区）还要对照《农村基层干部廉洁履行职责若干规定（试行）》进行检查。要切实做到领导带头，班子成员主动查摆问题，对征求到的意见建议自觉认领，真正做到“三个摆进去”：班子查摆的问题，班子成员要摆进去；下级查摆的问题，上级要摆进去；部门、单位存在的问题，分管领导要摆进去。在市、县机关和直属单位可开展“四风”问题反向测试，将可能存在的“四风”问题列出清单，让党员、干部对号入座，清醒看到自身存在的突出问题。各级党委（党组）要汇总纪检、组织、审计、信访等方面掌握的情况，运用好相关调研成果和各类提案、意见建议，对所属领导班子和领导干部状况进行综合分析，如实通报情况、反馈意见。要注重从关系群众切身利益的问题中查找“四风”问题，以下看上，反思和查找不足。每名党员、干部要根据查摆梳理情况，逐条列出存在的具体问题及表现，建立“问题台账”，作为下步剖析的重点和整改的内容。

2. 做好党务、政务、财务集中公开。6月底前，各级党组织通过公开栏、会议通报、发放明白纸等形式，将党组织近年来主要工作、发展党员、活动开展等情况，向全体党员和群众公开。市、县机关、单位要带头执行，可结合公开“三公”经费支出、为民服务承诺等事项进行。村、社区要公开本届任期内的重大村务特别是财务收支、债权债务、集体资产和资源管理使用等情况。党员群众有疑义的，基层党组织要及时作出解释说明；群众意见较大的，上级党组织要组织检查或审计，发现问题，依法依纪作出严肃处理。

3. 深入开展谈心谈话。党委（党组）主要负责同志要与班子成员逐一谈心，班子成员之间要互相谈心，班子成员与分管部门（单位）班子成员也要普遍谈心。各党支部、党小组每位同志之间也要普遍开展互相谈心活动。通过相互提醒、交换意见，查摆出自身存在的“四风”问题。各级领导干部要主动接受党员干部群众的约谈，切实把问题找准、找具体。乡镇（街道）党（工）委可指派专人与所属基层党组织书记进行谈心谈话，进一步了解思想认识和查摆问题情况，针对发现的问题提出加强和改进的意见建议。

4. 认真撰写对照检查材料。市、县机关及其直属部门、单位和乡镇（街道）领导班子及其成员，都要撰写对照检查材料；村、社区等其他基层组织一般应撰写对照检查材料。执法监管部门和窗口单位、服务行业的党员一般应撰写对照检查材料；其他党员是否撰写对照检查材料，由基层党委结合实际作出安排。领导班子的对照检查材料由主要负责同志主持起草，并在一定范围内征求意见；班子成员和党员干部要自己动手撰写个人对照检查材料。对照检查材料要开门见山，直奔主题，逐项列出“四风”问题的具体表现和典型事例，对“三公”经费支出、职务消费、人情消费、公务用车、办公用房和住房、家属子女从业等情况作出说明；要深挖思想根源，触及思想灵魂，从理想信念、党性修养、宗旨意识等方面深刻剖析“四风”问题产生原因，并提出努力方向和整改措施。党员干部个人的对照检查材料，要做到“四个突出”，即突出自己动手、突出个人特点、突出多点聚焦、突出深化剖析，给自己画好像；每名党员干部的材料都要过“三关”，即单位“一把手”严格把关，督导组审阅把关，各级领导小组办公室组织专门力量审核把关。

5. 开好专题民主生活会和组织生活会。市、县机关及其直属单位、企事业单位和乡镇（街道）领导班子，都要召开专题民主生活会。市、县（市、区）党委常委班子召开民主生活会时间一般不少于2天。会前要普遍开展谈心交心，对拟在专题民主生活会和组织生活会上提出的相互批评意见，要谈开谈通谈透，达成共识。会上要开展严肃认真的批评和自我批评，采取“一人谈、众人帮、逐人进行”的办法，一把手带头发言，代表班子做对照检查，然后个人做对照检查；每位同志发言后，其他同志都认真负责、客观公正地逐一对其提出批评意见，做到既揭短亮丑、动真碰硬，又实事求是、出于公心，不发泄私愤，不搞无原则纠纷。党委（党组）要切实负起责任，主要负责同志要带头开展批评和自我批评；班子成员既要深入剖析和检查自己，又要开展诚恳的相互批评。会后，民主生活会情况要在一定范围内进行通报，党委书记主持召开通报会，通报民主生活会情况。督导组要审阅民主生活会通报材料，提出意见建议并在通报会上讲话。通报会可邀请各级党代会代表、人大代表、政协委员、离退休老同志、基层单位负责人和服务对象参加。

基层党组织要按照有关要求，开好组织生活会。对村、社区党组织的组织生活会，县（市、区）、乡镇（街道）党委要稳妥把握、有序组织，区分不同情况作出周密安排。对班子软弱涣散或矛盾突出、情况复杂的，要加强指导和引导，保证组织生活会不出偏差。要结合组织生活会，召开党员大会，对基层党支部班子和党员进行一次民主评议，上级党委要认真组织、全程督导，并按照有关要求运用好评议结果。上级机关党员领导干部要参加下级单位领导班子的专题民主生活会和组织生活会，党员领导干部要以普通党员身份参加所在党支部或党小组的组织生活会，每名党员都要参加党支部或党小组的组织生活会。

（三）整改落实、建章立制。重点是针对作风方面存在的问题，提出解决对策，制定和落实整改方案；对反映出的问题，进行集中整治；注重从体制机制上解决问题，使贯彻党的群众路线成为党员、干部长期自觉的行动。

1. 制定整改方案。活动一开始就要从本地本部门本单位存在的“四风”突出问题和群众反映强烈的突出问题、具体问题改起，边学边改，边查边改，立行立改。市县机关及其直属单位、企事业单位和乡镇（街道）要认真制定整改方案和措施，列出整改任务书、时间表，做到整改目标、任务、措施、时限、责任“五明确”。领导班子整改方案由主要负责同志主持制定，并向社会公开；领导班子成员要制定个人整改措施。整改方案的落实由一把手负总责，班子成员分工抓落实。其他基层党组织要列出问题清单，明确整改措施。要实行开门整改，向群众作出整改承诺，及时公布整改情况，请群众评价和监督。整改要注重上下联动，以上带下、以下促上，持续用劲，步步为营，确保整改成效让群众看得到，感受得到，大多数人满意。上级党组织要定期对整改落实情况进行督促检查，及时进行通报。

2. 狠抓专项整治。落实中央、省委、市委确定的专项整治任务，集中整治文山会海，清理各类会议、文件、简报、节庆、评比表彰和达标活动，精简各类议事机构和领导小组。集中整治庸懒散，解决推诿扯皮、办事效率低下和消极应付、不作为、乱作为，门难进、脸难看、事难办的问题，坚决纠正一些部门、单位、行业和领域损害群众利益的不正之风。集中规范审批事项和服务项目，深化行政审批制度改革，全面优化服务流程，压缩办理时限，为企业和公众提供一流政务服务。集中整治超标配备公车、多占办公用房、滥建楼堂馆所，认真检查领导干部落实有关工作和生活待遇规定的情况。集中整治“小金库”、“三公”经费开支过大，严禁用公款大吃大喝、互相宴请、公款送礼、奢侈浪费、安排高消费娱乐活动，严禁借开会、调研、考察、检查、培训等名义变相旅游。集中整治“形象工程”和“政绩工程”，进一步完善考核评价办法，引导各级领导干部树立正确政绩观，把主要精力放到转方式、调结构、促改革、惠民生上来。各级各部门各单位要结合实际确定专项整治重点，针对突出问题开展整治，尤其要把整治侵害群众利益行为作为重中之重，从活动一开始就集中力量专项整治，不达目的不罢休。

3. 解决突出问题。各级党组织要坚持重心下移，落实关心基层、服务群众的政策，着力解决影响和制约基层党组织、党员作用发挥的突出问题。

实行市县乡党委领导班子成员包案化解信访问题，及时帮助基层党组织化解一批长期难以解决的问题。市直相关部门单位、县（市、区）党委要针对群众关心的教育、医疗、社会治安、道路交通等民生问题和影响群众生产生活的突出问题，确定重点任务，开展专项整治。要加大对班子软弱涣散、干群矛盾突出的重点难点村的集中整治力度，为“两委”换届工作奠定基础。

4. 强化正风肃纪。坚持严字当头，坚决查处发生在群众身边的不正之风和腐败问题，坚决整治特权病、冷漠病、懒散病、享乐病、挥霍病。对有问题不整改、大问题小整改、边整改边再犯的，要严肃批评教育并通报曝光，必要时采取组织措施和纪律措施。加强领导班子建设，严格教育管理干部，对软、懒、散的领导班子进行整顿；对存在一般性作风问题的干部，立足于教育提高，促其改进；对群众意见大、不能认真查摆问题、没有明显改进的干部，要进行组织调整。对活动中发现的重大违纪违法问题，要及时移交纪检监察机关或有关方面严肃查处。要加强基层党组织建设和党员教育管理，对问题突出的基层党组织，进行集中整顿；对长期不起作用甚至起负作用的党员，进行严肃教育或组织处理。

5. 加强制度建设。把制度建设作为一项系统工程组织实施，围绕解决“四风”方面突出问题，加强顶层设计，深入研究制度建设的方法、路径，建立形成科学规范、有机统一、指导力强、能长期管用的制度体系。各级各部门单位要制定制度建设计划，注重制度建设的统筹衔接，防止简单照搬照抄、重复建设；对已有的制度要进行全面梳理，结合实际做好制度“废、改、立”工作，经实践检验行之有效、群众认可的，要长期坚持，抓好落实，对不适应新形势新任务要求的，要抓紧修订完善和废止。根据《党政机关厉行节约反对浪费条例》和《党政机关国内公务接待管理规定》，健全厉行节约、反对浪费制度；认真总结基层创造的有效做法，健全落实党员、干部直接联系服务群众、严格党内生活、关爱服务基层等方面的制度规定。基层党组织要重点完善和落实好“三会一课”、民主决策、基层事务公开和联系服务群众等方面的制度，推动改进作风常态化长效化。执法监管部门和窗口单位、服务行业还要完善落实首问负责、服务承诺、办事公开等制度；村、社区还要完善落实发展党员、无职党员设岗定责、运转经费管理使用等制度；机关、企事业单位还要完善落实在职党员到社区报到、立足岗位为民服务等制度。强化制度执行，提高制度意识，加大对制度落实情况的督促检查，对违反制度规定的坚决查处，坚决纠正有令不行、有禁不止、无视制度的问题，发挥制度的刚性约束作用。

四、组织领导

开展教育实践活动是一项重大政治任务。各级党组织务必高度重视，加强领导，认真组织实施，确保取得实效。

1. 强化领导责任。市委对全市教育实践活动负总责。市委教育实践活动领导小组和领导小组办公室，负责全市教育实践活动的组织协调和督查指导。县（市、区）党委和市直各部门、单位党委（党组）承担直接责任，负责抓好本级班子和本部门本单位的教育实践活动。党委（党组）主要领导同志承担第一责任人的职责，要主持研究教育实践活动的重要工作和重大事项，对领导班子成员对照检查材料、个人整改措施等严格把关，带头参加教育实践活动，发挥好示范推动作用。乡镇（街道）党（工）委要切实担负起组织指导村（社区）等基层党组织和党员开展教育实践活动的重要责任，可派机关干部到村（社区）全程组织参与，共同学习、共同查摆、共同活动。对教育实践活动走过场的，要追究一把手的责任。

2. 加强活动指导。要遵循基本要求和方法步骤，坚持基本环节不能少不变通，把“规定动作”做扎实做到位；同时，各级各单位要灵活安排各环节的工作，着眼于解决问题，使“自选动作”有实效。市委常委将分别联系指导 1 个县（市、区）或市直部门的教育实践活动，并选择 1 个乡镇（街道）作为活动联系点，市委常委参加所联系县（市、区）或市直部门教育实践活动动员会议、专题民主生活会、总结会议等重要节点的工作。各县（市、区）党委常委和县级党员领导也要在乡镇（街道）建立活动联系点，并有重点地联系指导县（市、区）直机关、企业、学校、村、社区等基层单位的教育实践活动，确保每个乡镇（街道）都有县级党员领导同志联系指导。各级教育实践活动领导小组及办公室，要加强调度指导，全面掌握情况，及时解决活动中出现的问题，对所属单位领导班子和领导干部的对照检查材料、整改方案和整改措施严格把关。要用好的作风组织开展教育实践活动，防止文山会海，力戒形式主义。

3. 实行严格督导。市委向市直各部门、单位、各县（市、区）派出督导组，同时巡回督导所辖乡镇（街道）的教育实践活动；县（市、区）党委要向直属部门、单位和所辖乡镇（街道）派出督导组，会同乡镇（街道）党委抓好所辖基层党组织的教育实践活动。要选派政治素质高、坚持原则、责任心强的同志担任督导组成员。督导组要认真履行职责，严格指导把关，认真审阅活动实施方案和动员讲话、对照检查材料、整改方案等，全程参与专题民主生活会并进行点评，督促抓好各项任务落实。各级领导机关和市、县督导组要经常沉到基层党组织，面对面指导活动开展，及时发现和解决问题。要督促开展“回头看”，坚持标准、确保质量、防止降格以求。

4. 注重分类实施。要坚持时间服从质量，统筹协调、灵活安排各级党组织的活动进度。各级党委要在抓好本级教育实践活动的同时，针对不同领域、不同行业基层党组织特点，分类制定实施方案。市县领导机关、领导班子和领导干部要紧紧扭住解决“四风”问题不走神、不散光，在找准和解决突出问题上下功夫、见实效。县以下单位要突出服务群众这个着力点，在增强服务意识、提高服务群众能力上下功夫，创新服务群众载体，把联系服务群众工作做扎实，在直接联系服务群众中受教育、转作风。非公有制经济组织和社会组织党组织要注重采取小型、业余、分散的方式开展活动。可采取送学上门等方式，组织离退休党员及年老体弱党员参加学习教育。对一些软弱涣散的基层党组织，可先进行整顿，再开展活动。

5. 加强宣传引导。各级各单位要广泛宣传教育实践活动的重要意义、目标要求和经验做法，鼓励和支持基层党组织务实创新，注重实效。要丰富宣传内容，创新宣传形式，重视发挥网站、微博客等新兴媒体的作用，加强正面宣传和舆论引导，善于发现、挖掘和宣传先进典型。要曝光反面典型，扩大宣传的覆盖面和影响力，营造良好的舆论氛围。针对教育实践活动中发现的倾向性、苗头性问题，充分发挥评论、言论的引导作用，形成正确的舆论导向。

6. 坚持统筹兼顾。要统筹安排好时间和精力，坚持开展活动与学习贯彻党的十八届三中全会精神结合起来，与贯彻落实中央、省委、市委一系列重大决策部署结合起来，与做好当前改革发展稳定各项工作结合起来，与完成本地本部门本单位各项任务结合起来，把活动成效体现在促进科学发展、促进全市经济建设等中心工作上；解决好事关人民群众切身利益的实际问题，把活动成效体现在促进民生改善上；把党员、干部在活动中激发出来的工作热情和进取精神转化为做好工作的动力，把活动成效体现在促进党员、干部履职尽责上，做到两手抓、两不误、两促进，为推进富民强市、建设幸福泰安提供强大正能量。

中共泰安市委　泰安市人民政府
关于推进新型城镇化发展的意见

（泰发〔2014〕12号 2014年8月8日）

为认真贯彻《中共山东省委山东省人民政府关于推进新型城镇化发展的意见》（鲁发〔2014〕9号），加快新型城镇化科学发展，全面提升城镇化建设水平，现结合我市实际，制定本意见。

一、推进新型城镇化的总体要求

1. 指导思想。高举中国特色社会主义伟大旗帜，以邓小平理论、“三个代表”重要思想、科学发展观为指导，全面贯彻落实党的十八大和十八届二中、三中全会精神，贯彻落实习近平总书记系列重要讲话精神，按照中央、省城镇化工作会议部署，遵循客规规律，以人的城镇化为核心，以推进富民强市、建设幸福泰安为目标，扎实推进规划布局城乡一体、产业发展城乡互动、基础设施城乡对接、公共服务城乡共享、就业保障城乡均等、社会文明城乡共建，走以人为本、四化同步、科学布局、城乡一体、生态文明、文化传承的新型城镇化道路，全面提升我市的城镇化建设水平。

2. 发展目标。到 2020 年，全面构建起以泰安中心城市为核心、县域中心城市为支撑、小城镇为基础、农村新型社区为单元协调发展的新型城镇化格局，使中心城市辐射带动能力和县级城市的综合承载能力显著提升，区域综合竞争力持续增强，城乡基础设施和公共服务设施不断完善，城乡居民生活品质和文明水平显著提高，城乡居民的居住环境质量和生态建设明显提升。

二、促进农业转移人口市民化

3. 推进农村人口向城镇有序转移。在实行城乡统一的户口登记制度基础上，有序放开市域范围户口迁移，全面放开县域城镇落户，降低农民进城门槛，逐步取消落户限制，鼓励农村劳动力就近有序转移。加快住房、就业、社会保障、教育、征兵、退伍安置、优抚、计划生育等与户籍管理相关的配套制度改革，让进城务工人员与城市居民享受同等待遇。全面推行居住证制度，形成户籍和居住证有效衔接的人口管理制度。扎实做好重点群体就业工作，探索建立农民工服务机制，大力开发公益性岗位，完善就业困难人员就业援助机制。健全就业创业培训体系，大力实施农民工返乡创业回归工程，开展农村劳动力转移技能培训，确保培训后就业创业率 85% 以上。积极引导企业依法为农民工参加社会保险，督促参保企业应保尽保，切实提高农民工参加企业职工社会保险率。认真落实城镇职工和城乡居民养老保险转移衔接政策，确保职工、居民养老保险关系转接无障碍。完善劳动关系协调机制，全面推行劳动合同制度和劳动用工备案制度，提高企业特别是非公企业、小微企业劳动合同签订率，提高农民工劳动合同签订率和履约质量，保障农民工社会保险、劳动报酬、休息休假等合法权益。加强劳动保障监察执法，建立健全农民工工资支付“两金三制”等制度，坚决治理拖欠农民工工资行为，促进城乡劳动者平等就业、稳定就业。（市公安局、市委农工办、市人力资源社会保障局、市教育局、市发展改革委、市经济和信息化委、市卫生局、市人口计生委、市民政局、市财政局、市统计局负责）

4. 推动城中村改造。按照“连片开发、合村并点、组团建设、构建大社区格局”的工作思路，坚持“依法、惠民、可行”的原则，把城中村纳入城市片区进行整体运作，打破原有街道、村（社区）之间的区域界限，以道路、河道为界，将相关村合并，实现旧村与旧城改造、新区开发有机结合。依照“市决策、区执行，市监管、区主管，市指导、区实施”的原则，明确各级权责，权责与利益相统一，充分调动泰山区、岱岳区积极性。将部分改造项目自主权下放给区政府，并从行政审批、税费减免、资金等方面进行扶持。加强“城中村”综合改造的指导和管理，统筹协调“城中村”的改造和开发建设。加快集体经济组织产权制度改革，改造成股份公司或其他具有法人地位的经济组织，实现集体资产管理与社会事务管理相分离。（市住房城乡建设委、市发展改革委、市财政局、市国土资源局、市民政局、市农业局负责）

三、推动城镇基本公共服务均等化

5. 强化公共服务功能。加强科技、社会保障、教育、卫生、计生、福利、文化、体育等公共服务设施建设，推动社会服务资源向基层和社区转移。坚持教育优先发展，根据城镇常住人口增长趋势和空间分布，重点做好义务教育学校和幼儿园布局规划，规划区内原则上每 1 ～ 1.5 万人设立 1 所完全小学，每 3 ～ 5 万人设立 1 所初级中学，每 0.5 万人设立一所幼儿园。进一步加大教育投入，加强中小学办学条件标准化建设，逐步消除“大班额”，推进义务教育均衡发展，并将外来进城务工、经商人员随迁子女纳入城镇教育发展规划和财政保障范畴。按照城镇规模，科学规划剧院、图书馆、艺术馆、博物馆、美术中心、音乐厅、展览中心、影视中心等文化艺术设施建设。加强基层文化设施建设，巩固基层文化工作阵地，搞好乡镇文化站、农村文体小广场和综合性文化服务中心建设。深入实施“泰山幸福e家园”网络文化惠民工程，开发建设好六个县市区和泰山景区、泰安高新区网站以及89个乡镇级网站，打造市、县、乡、村网站对接合一，上下贯通的四级网络文化惠民平台。将体育设施建设纳入城镇化发展总体规划，大力实施“全民健身”计划,2020年达到体育强市的目标。加强市、县体育馆、游泳馆、体育公园等体育设施建设，乡镇驻地建设全民健身中心，配齐健身设施，形成“城区—镇区—社区”三级公共文化体育服务体系。按城镇等级建立起布局合理的区域卫生保健网络，加强县级综合性医院和中医医院建设，建成一批医疗水平先进、面向基层的县域医疗卫生服务中心，努力实现“大病不出县”的目标；加强乡镇卫生院和社区卫生服务机构标准化建设，提高乡镇医疗保障能力。各级医院及医疗设施的配套要根据城镇等级及服务对象的分布规模，按国家规范进行配置。（市教育局、市委宣传部、市发展改革委、市规划局、市卫生局、市人口计生委、市体育局、市国土资源局、市人力资源社会保障局、市财政局、市经济和信息化委、市文化广电新闻出版局负责）

6. 完善民生保障体系。以改善民生、造福百姓、富裕群众为目标，在基础设施配套、公共服务、社会保障等方面实现城乡均衡发展。将养老服务设施纳入公共服务配套设施建设，按照人均用地不少于0.1平方米的标准，分区分级规划设置养老服务设施，新建居住区按照《社区老年人日间照料中心建设标准》配建老年人日间照料中心。引导社会力量参与养老服务，建立健全以居家为基础、社区为依托、专业机构为支撑的社会养老服务体系，2020年全市千名老年人拥有养老床位达到40张。继续把住房保障工作摆在重要位置，坚持政府主导、政策扶持、社会参与，科学分解省下达的保障性安居工程任务，形成多渠道、多形式的住房供给模式。搞好住房保障规划，加快保障性住房建设，有效解决城市困难群众的住房问题，逐步提高保障性住房覆盖率。大力推进住房公积金制度建设，为住房保障提供强力资金支持。落实被征地农民参加社会保障办法，将被征地农民社会保险资金落实到位，切实保障被征地农民合法权益。（市发展改革委、市财政局、市国土资源局、市民政局、市住房城乡建设委、市规划局、市住房公积金管理中心负责）

7. 优化就业创业环境。降低创业门槛，加强市场秩序监管，建立统一开放、竞争有序的市场体系。进一步推动村镇银行、小额贷款公司、民间资本管理公司、融资性担保公司的发展，推出专门的创业信贷产品，拓宽创业融资渠道。完善和落实国家对农民工的政策，依法维护劳动者权益，解决农民工就业问题，实现城乡劳动者同工同酬；推进公共就业、创业服务体系建设，研究制定具体配套政策和实施办法，为劳动者提供多元、高效、优质的公共就业创业服务。推动人力资源社会保障服务向基层下沉，实施就业精细化服务，着力提高群众满意度，每年城镇新增就业5万人，农村劳动力转移就业5万人。（市人力资源社会保障局、市发展改革委、市财政局、市金融办、市农业局负责）

四、进一步优化城镇体系、形态和布局

8. 优化城镇空间布局。认真实施《泰安市城市总体规划》《泰安市市域城镇体系规划》和《泰安市土地利用总体规划》，按照统筹城乡、布局合理、节约土地、功能完善、以大带小的原则，优先发展泰安中心城市，积极发展新泰、肥城、宁阳、东平次中心城市，择优培育中心镇，鼓励小城镇向中心城镇合并发展。市域城镇体系形成“一心、两轴、五组群”的市域城镇空间格局。“一心”即泰安中心城，2020年人口规模达到135万人左右；“两轴”即沿104国道发展轴、肥城—泰安—新泰发展轴，为泰安区域开发的骨架，市域城镇和非农产业布局的聚集带；“五组群”即新泰—新汶、肥城—石横、东平—州城、宁阳—磁窑—华丰五处城镇组群。（市规划局、市国土资源局、市发展改革委、市统计局、市住房城乡建设委负责）

9. 做强四个层次的城镇体系。构筑“泰安中心城市—县域中心城市—中心镇——般镇”的区域统筹规划体系，加大城乡一体化整合力度，形成

以生态农业、资源开发业为基础，以现代制造业和旅游业为主导，以现代服务业为支撑的产业结构。大力发展循环经济，实现资源的高效循环利用。加快发展低耗能、低排放的第三产业和高新技术产业，用高新技术和先进适用技术改造传统产业，淘汰落后工艺、技术和设备。严格限制发展高耗能、高耗水、高污染和浪费资源的产业。（市发展改革委、市农业局、市科技局、市经济和信息化委、市环保局、市住房城乡建设委负责）

10. 增强泰安中心城市辐射带动能力。泰安城区作为山东省区域特色中心城市、国内外著名旅游目的地以及环境优美、文明和谐的生态宜居城市，必须充分发挥其辐射带动作用。城市建设以向南发展为主、重点建设南部新城；东、西依托泰山区、岱岳区适度发展；严禁跨越环山路向北发展。泰城中心区围绕“一个中心，一轴一线，七大组团，六条绿带”的空间结构，凸显行政办公、商业服务、文化体育、旅游休闲、教育科研和生活居住功能。南部新城，以国家高新技术产业开发区为依托，坚持高标准规划、高标准建设，形成高新技术产业密集、配套设施完善、生态文明、环境优美的现代化新城区。城市东南部，以山东泰安国家农业科技园区为依托，聚集农业研发机构和涉农科技企业，辅以完善配套生产生活设施，打造以苗木花卉为产业特色，集农业休闲旅游、农业科技与文化融合于一体的现代化农业科技示范区。（市规划局、市发展改革委、市住房城乡建设委、市科技局、市农业局、市旅游局、市教育局、市体育局、市商务局负责）

11. 加快发展县域中心城市。新泰、肥城、宁阳、东平作为市域次中心城市，要依托中心城区，完善城市功能，打造优势产业，壮大经济实力，带动区域发展，构建生态型园林城市。新泰市以资源枯竭型城市转型为契机，健全以新能源、新材料、机械制造、食品加工、生物医药和物流业为主体的产业体系，打造鲁中地区新型产业基地和生态宜居的现代化山水园林城市；肥城市立足肥桃、有机农产品和机械加工优势，打造特色农业基地和装备制造基地；宁阳县在挖掘传统农业优势的基础上，打造新兴能源产业基地，承载高新区的产业转移，建成山东省重要的物流基地；东平县围绕东平湖资源优势，综合开发旅游文化产业。新泰市、肥城市率先发展成为人口集聚能力强、功能完善的大中城市。宁阳县、东平县完善基础设施，扩大城市规模，提升经济实力，努力建成基础设施完善、服务体系健全、具有辐射带动作用的现代化城市。（市规划局、市发展改革委、市旅游局、市农业局、市住房城乡建设委负责）

12. 大力培育小城镇。积极推进国家重点镇、省级中心镇总体规划修编进程，把小城镇作为统筹城乡发展的重要节点，按照规模适度、布局合理、功能健全、特色突出的要求，进一步提升小城镇的综合实力。依照城乡统筹发展的思路，加强小城镇与中心城区产业发展、功能布局的衔接。贯彻“工业进园区”的产业布局思路，中心城区产业功能逐步向外围乡镇转移，各乡镇结合资源优势合理确定产业类型。建立支持重点镇、中心镇在用地、技术、资金等方面的政策机制，加大对重点镇、中心镇的扶持力度。国家重点镇、省级中心镇实施扩权强镇，使其尽快发展成为经济强镇和县域经济次中心。具有特色资源、区位优势的小城镇，要通过规划引导、市场运作，培育成为文化旅游、商贸物流、资源加工、交通枢纽等专业特色镇。远离中心城市的小城镇，要完善基础设施和公共服务，发展成为服务农村、带动周边的综合性小城镇。（市规划局、市住房城乡建设委、市发展改革委、市财政局、市国土资源局负责）

13. 推进农村新型社区建设。完善医疗卫生、养老服务等现代化服务设施，提高城乡公共设施服务水平。积极实施县域村镇体系规划和土地利用总体规划，以中心村改造为核心，以农村住房建设与危房改造为契机，全面加强农村社区规划、建设。以农村新型社区建设为抓手，积极稳妥地推进迁村并点，扎实推进农村住房建设与危房改造工作。新型农村卫生服务机构业务用房面积不少于200平方米，并根据服务人口数量和群众健康保健需求适当增加业务用房面积，以保证辖区基本医疗和基本公共卫生服务需求。各级财政要安排专项资金，加大对农村住房建设与危房改造、农村社区公用基础设施投资力度，逐步改善农村生产生活条件，促进土地节约集约、资源共享，提高农村的基础设施和公共服务水平，促进城乡协调发展。加强基层人力资源社会保障平台软硬件建设，强化乡镇（街道）人社所、村（社区）人社服务站在人力资源社会保障工作中的基础性作用和功能，提高基层人力资源社会保障平台标准化水平。（市规划局、市住房城乡建设委、市发展改革委、市人力资源社会保障局、市民政局、市财政局、市国土资源局、市卫生局、市人口计生委）

14. 提高规划科学性。牢固树立以人为本、生态优先、集约发展的规划理念，围绕提高城镇化发展质量和水平，完善覆盖城乡的规划体系，促进城乡空间合理布局、公共设施集约建设、资源要素优化配置。做好"顶层设计"，借力"一圈一带"，做好融入对接。抓好中心城区和次中心城市的规划编制，推进规划全覆盖，完善城市功能，提升综合承载力。加强城乡规划与经济社会发展规划、土地利用总体规划等的协调衔接，选择部分县（市）稳妥开展"三规合一"或"多规融合"试点工作。做好小城镇总体规划的编制研究，合理确定城镇发展规模，引领小城镇健康发展。统筹考虑所在地域的经济、社会、气候、习俗、传统风貌等特点，充分利用有生态功能的河流水域、植被和有保留价值的地形、地物、道路及建筑物等资源，合理规划农村社区布局。（市规划局、市发展改革委、市国土资源局、市住房城乡建设委、市民政局、市环保局、市林业局、市人防办负责）

15. 严格规划实施。坚持高起点规划，着力增强各类规划的前瞻性、科学性和适应性。全面推进各类规划编制工作，建立完善总体规划、城镇体系规划、专项规划、控制性详细规划相互协调、相互补充的城乡规划体系。从城镇化发展的实际出发，根据不同区域、不同阶段的发展特点，研究和实施不同的办法，分步推进，确保工作落实到位。严格执行规划，维护规划的权威性和严肃性，充分发挥规划的引导和调控作用。（市规划局、市住房城乡建设委负责）

16. 突出城市特色，传承历史文化。加快推进历史文化名城保护规划修编，在规划编制过程中，做好城镇文化特色、历史文化遗产保护方面的引导与控制。广泛吸收国内外城市规划建设的先进理念，精心设计和施工。重要地段和建（构）筑物应充分体现时代气息和地域特色，形成与城市的历史、文化、经济、社会、环境相适应的建筑风格和城市风貌，提升城市品位。加强城市历史文化遗产的保护，重视历史文脉的继承和发展，弘扬传统文化和地域文化特色，提升城市文化内涵，彰显历史文化名城魅力。塑造城镇特色，建设具有当地特色的非物质文化遗产传承基地、民俗博物馆和民俗展厅，抵制"千城一面"的通病。强化城市旅游文化氛围营造，利用传统媒体和新媒体营造旅游氛围，全面提升城市旅游形象。（市文化广电新闻出版局、市旅游局、市规划局、市住房城乡建设委负责）

五、提升城镇综合承载能力

17. 加强市政公用设施建设。扎实开展"提质加速、城乡一体"行动，在改善人居环境上下功夫，解决好城乡居民心的路、水、气、热、房以及城市环境等热点、难点问题，不断增强城镇化发展的内生动力和基础保障。优化城市路网建设，打通瓶颈路和断头路，形成与城市发展规模相适应的道路网络系统；实施公用设施增量扩容，改造提升水处理工艺和设备；加强各级垃圾收集处理设施建设，进一步配套和改造升级环卫基础设施；实施引水入城工程和生态绿化工程，加强生活饮用水卫生监督监测和饮用水污染事故的调查处理工作，做好预防性卫生监督工作，全力推进水环境整治和水污染治理，进一步提高城镇污水收集率和集中处理率；对市区河道进行分步整治，继续完善河道保洁长效机制。（市住房城乡建设委、市发展改革委、市交通运输局、市环保局、市卫生局、市人口计生委、市水利渔业局、市林业局负责）

18. 加快综合交通网络体系建设。加强泰安与济南的交通联系，缩短与济南国际机场的时空距离，更深地融入济南都市圈；加强与青岛海港的便捷联系，提高经济外向度。加快济南至泰安东部高速公路和青兰高速公路建设，尽快形成“一横三纵一联”高速公路网和“三横七纵”干线公路网。重视城际铁路交通的发展，把轨道交通作为区域性公共交通的重要交通方式。优化城市路网结构，全面推进以泰城为中心、高速公路为骨架、普通国省干线公路为支撑、农村公路为末梢，城乡贯通、结构合理、层次分明的公路网建设。结合人防工程实施，突出抓好公共停车场建设，重点做好城市中心区、商业繁华区、重要目标毗邻区的平时地下停车，缓解交通拥堵停车难问题。实施“公交优先”战略，加快构建城市、市县、县乡、新型社区客运服务有机衔接、方便快捷的城乡公共交通服务体系。科学优化、合理布局公交线网、枢纽，增加公交线路，加快公交专用道建设，完善公交停车场、首末站等配套设施建设，畅通城市进出口通道。搞好交通节点规划建设，形成城市交通与城际轨道交通、高速公路、干线公路等的无缝连接，逐步实现基本公共运输服务均等化。（市发展改革委、市公安局、市交通运输局、市规划局、市住房城乡建设委、市人防办负责）

19. 提高建设质量和安全水平。借鉴国内外先进理念，精心设计、精细施工、彰显特色，不断提升城市建设品质。完善政府监管、社会监理、企业负责、群众监督的建设工程质量安全管理体系，保证工程质量，落实监管责任。把建筑业企业开展创优活动与招标投标的评标标准挂钩，促进工程质量和安全生产总体水平不断提高。以政府投资项目为突破口，加快工程项目建设组织方式改革，全面推行项目管理制度。以重大基础设施、基础产业、连片开发项目为重点，全面推行工程总承包制。以农村住房集中建设改造项目为切入点，逐步实行城乡一体的工程建设管理体制。推进建筑工业化，通过标准化设计、部品化构件、工厂化生产，保证工程质量。修编《城市人防工程建设规划》和《城市地下空间开发利用总体规划》，科学组织城市地下空间开发利用，合理兼顾人民防空要求，推进疏散基地、疏散地域建设，提高城市的综合防护能力。（市住房城乡建设委、市国土资源局、市规划局、市人防办负责）

六、完善城镇建管工作体系

20. 创新城乡规划建设管理体制。深化城市管理体制机制改革，逐步完善集城市管理、服务、执法的快速反应于一体的大城管体制。建设数字化城市服务（指挥）平台，推进数字化管理，通过完善泰安地理信息公共服务平台，以信息化、智能化助推城镇化。推广应用物联网、云计算等信息技术，加快实现县级以上城市“智慧城市”建设，逐步实行省、市、县三级联网，推动城市管理模式转型升级。严格按照控制性详细规划的要求，实施用地红线、水体蓝线、绿地绿线、历史文化保护紫线、市政公用设施黄线、公共服务设施橙线等“六线”管理制度，依法规范用地性质和容积率调整。按照城乡一体、精简高效、分工合理、职责明确的原则，建立城乡规划建设管理新体制，提高管理效能。严格城乡规划统一管理，将综合执法范围扩大到整个规划区，落实岗位目标责任制，制定考核标准，建成横到边、纵到底的监管网络，切实减少城市管理的死角和漏洞。（市经济和信息化委、市规划局、市公安局、市住房城乡建设委、市财政局、市科技局负责）

21. 强化社会治理。深入开展平安乡镇(街道)、平安社区（村居）、平安单位、平安企业、平安医院、平安校园、平安景区、平安铁路等创建工作，维护城乡社会和谐稳定。深入推进社会治安“巡防工程”，健全专兼职巡防队伍，积极开展多种形式的群防群治工作。深化“天网工程”建设，在长效管理、实战应用、发挥效能上下功夫，切实发挥好视频监控系统在各个方面的综合效能。健全应急维稳机制，建立健全信息网络和信息员队伍，完善应急处置预案，形成统一指挥、反应灵敏、运转高效的应急工作机制。全面推行城乡社区网格化管理，加强社区阵地、班子、队伍和制度建设，全面推行城乡社区网格化服务管理，强化社区对辖区内人、地、情、事、组织、单位等的管理意识和管理责任，2014 年底前实现城乡社区网格化管理全覆盖目标。实施流动人口精细化管理，完善“以房管人、以证管人、以业管人”措施，落实房屋租赁中介、房屋出租人等管理责任，推动基本公共服务由户籍人口向常住人口全覆盖。健全食品原产地准出、市场准入和食品质量标识制度，完善食品药品质量可追溯制度，加强食品药品生产、流通、消费全过程监管。（市委政法委、市公安局、市安监局、市质监局、市食品药品监管局、市民政局、市卫生局、市人口计生委、市住房城乡建设委负责）

七、强化城镇产业支撑

22. 加快构建现代产业体系。推进工业转型升级，化解过剩产能，改造提升传统产业，大力发展战略性新兴产业和先进制造业，支持新能源、新材料、新信息、新医药等产业发展壮大。在改造提升传统服务业的同时，重点发展带动能力强、发展前景好、成长空间大的现代服务业，促进服务业跨越发展、加快繁荣、提质增效。充分发挥旅游文化资源优势，优化产业布局，推动文化与旅游等相关产业深度融合，拉长产业链条，进一步发挥旅游文化产业的龙头作用。加快推进农业现代化，调整农业产业结构，扩大特色种养业规模和名优品种比重。创新农业生产经营体制机制，着力培养新型经营主体，既注重引导一般农户提高集约化、专业化水平，又扶持联户经营、专业大户、家庭农场。大力发展多种形式的新型农民合作组织和多元服务主体，通过提高组织化程度实现与市场的有效对接。（市发展改革委、市经济和信息化委、市农业局、市商务局、市旅游局、市供销社负责）

23. 促进产城融合发展。将产业结构升级与城市功能结构优化紧密结合起来，以产促城、依城兴产，产城互动、融合发展。以促进社会资源和产业要素的优化配置为重点，坚持居民就业与居住同步推进，农村产业与产业园区同步推进，城市化与经济产业化同步推进，进一步优化城乡产业布局。贯彻“工业进园区”的产业布局思路，中心城区产业功能逐步向外围乡镇转移。（市经济和信息化委、市发展改革委、市农业局、市住房城乡建设委、市质监局、市商务局负责）

八、提高城镇可持续发展能力

24. 加快推进生态文明建设。优先支持绿色城市交通建设、节能降耗施工、宜居建设等技术的转化推广应用。严格落实节能减排目标责任制和节能评估、审查制度，突出抓好重点领域和重点企业的节能，大力发展绿色经济和循环经济。健全生态环境责任追究和环境损害赔偿制度，加大结构性污染治理力度。大力实施《泰安生态市建设总体规划》，全面加强城乡饮用水源地保护，积极开展生态修复和退耕还林；大力推进生态修复与建设，恢复区域自然生态功能，提升生态和景观效能。继续深入开展城乡环境综合整治工作，在提标、扩面、治点上狠下功夫，使城乡环境发生明显变化。实施大气污染防治“蓝天工程”行动计划，落实重污染天气应急预案，抓好重点行业、重点区域大气污染尤其是扬尘污染防治。到 2015 年泰城环境空气质量比 2010 年改善 20% 以上。健全生态文明制度，全方位推动生态村、生态乡镇、生态示范县（市、区）系列创建，新增省级以上生态乡镇 6 个、市级以上生态村 30 个。坚持抓好农村沼气和生态农业与农村新能源示范县项目建设，切实搞好生态农业与农村新能源示范县项目建设。（市环保局、市发展改革委、市财政局、市经济和信息化委、市公安局、市国土资源局、市住房城乡建设委、市规划局、市水利渔业局、市农业局、市林业局负责）

25. 全面推进资源节约。引导农民向城镇和中心村（农村社区）集中，搞好“空心村”整治工作，支持发展高层、多层住宅和公共建筑，提高土地利用效率。在符合规划的前提下，鼓励提高城镇建筑容积率，对使用地下空间单独建设的经营性项目，采取招拍挂方式公开出让，出让起始价格按基准地价的不同比例确定，地下一层按基准地价的 20%、地下二层按地下一层标准减半确定。实施最严格的水资源管理制度，大力推行城镇节水，鼓励中水回用，加大对节水科研的资金投入，推广节水工艺、技术和器具，积极培植节水型企业（单位），保护城市水资源；将村镇建设工程全部纳入基本建设管理程序，推动“禁实”由市县向周边村镇延伸。倡导绿色低碳生活方式，以绿色出行、绿色建筑以及新能源开发为重点，营造生态宜居的低碳发展环境。支持重点区域及政府投资的公益性建筑，引导星级绿色建筑规模化发展，在绿色建筑发展方面率先突破。2 万平方米以上的大型公共建筑，要建立和完善能耗监测系统，拓展建筑能耗数据采集内容，实施能源审计制度。以国内外相关领域前沿技术创新普及应用为依托，着力在智慧城镇建设，节约型城镇区域规划与动态监测，轻质、保温、环保型建筑材料生产，清洁燃料发动机等技术方面实现研发转化新突破。（市经济和信息化委、市发展改革委、市国土资源局、市住房城乡建设委、市规划局、市环保局、市交通运输局、市供销社负责）

26. 推进美丽乡村建设。按照“分层布局、分类指导、示范引领、整体提升”的基本要求，分层次分步骤地推进美丽乡村建设，努力培育中心村，整治脏乱村，提升特色村，打造示范村，积极改善和优化全县农村人居环境，提升人居水平。加大政府财政投入，发展乡村休闲旅游，突出旅游产业对城镇化的促进作用。鼓励乡镇依靠自己独有特色，加快开发乡村旅游产品，打造一批乡村旅游品牌，提高乡镇知名度，形成品牌竞争力。重点做好泰山区、宁阳县农村环境连片整治示范试点工作，加大农村基础设施建设力度，切实改善农村环境质量。抓好重点乡村旅游区域的道路、停车场、交通标示等公共服务设施建设，提升交通通达性和便利性。抓好公共厕所建设和农家乐“改厨改厕”工程，提升公共卫生和食品安全水平。在交通便利、基础设施条件较好的中心村建设农村社区服务中心，综合配置科教文卫、治安、社保等服务设施，推进城乡公共服务均等化，逐步实现农村基础设施城镇化、生活服务社区化、生活方式现代化。（市委宣传部、市发展改革委、市国土资源局、市交通运输局、市委农工办、市财政局、市旅游局、市住房城乡建设委、市农业局、市环保局、市林业局、市水利渔业局负责）

九、创新新型城镇化体制机制

27. 大力推进土地管理制度改革。优化土地利用结构，构建节约集约用地机制，盘活城市存量土地，合理提高城镇建筑容积率，积极开拓城市地下空间，走城市用地内涵式挖潜的发展道路。坚持“依法、自愿、有偿”原则，探索建立农民宅基地自愿、有偿退出机制和承包地流转机制。规范开展城乡建设用地增减挂钩试点，集中连片开展土地整治，增减挂钩周转指标优先满足农村建设发展需要，取得的土地收益要全部用于农村建设用地整治挖潜村庄农民住房和社区基础设施配套建设。建立城乡统一的建设用地市场，有序推进农村集体经营性建设用地出让、租赁、入股，实行与国有土地同等入市、同价同权。（市国土资源局、市发展改革委、市财政局、市住房城乡建设委负责）

28. 创新投融资体制机制。加快建立公共财政体制，进一步加大对城乡基础设施和公共服务投入，特别是扩大公共财政覆盖农村的范围。发挥市场在资源配置中的决定性作用，打造融资平台，拓宽融资渠道，发挥政府资金的导向作用，吸引社会资金投入城乡建设，进一步完善政府引导、市场运作的多元化投融资体制。积极争取国家政策性银行、商业银行和国际金融组织贷款，采取多种形式筹集资金，吸引社会资本进入城市基础设施领域。加快市政公用事业改革，完善特许经营制度和市政公用事业服务标准，强化政府监管。建立健全有利于资源节约、环境保护和推进市政公用事业市场化的价格机制。加大对城镇道路、污水处理、垃圾处理、造林绿化等基础设施，以及教育、卫生、文化、社会福利等城镇公共服务体系建设的扶持。（市金融办、市财政局、市发展改革委、市农业局、市物价局、市住房城乡建设委、市林业局、市商务局负责）

29. 积极稳妥推进行政区划调整。着力解决城镇规模和空间结构不合理问题，扩大中心城区规模，拓展城市发展空间。已经建成的大型农村新型社区，人口数量、经济发展水平、非农化程度等指标达到镇或街道办事处条件的，探索试点设镇或街道。树立组团式发展理念，强化规划引导，建立区域间协调的政策保障机制，适时调整乡镇区划，按产业、城市功能进行整合，使城市区划更加科学合理，区域发展更加协调。（市民政局、市人力资源社会保障局、市住房城乡建设委负责）

十、强化新型城镇化建设的组织保障

30. 加强组织领导。建立健全城镇化工作协调领导机构，指导和协调全市新型城镇化工作。各级各部门主要负责同志要亲自抓落实，层层建立责任制，确保新型城镇化建设工作落到实处。要增强协作意识，正确处理部门利益与全局利益的关系，自觉服务大局，形成密切配合、齐抓共管的工作格局。要加强对新型城镇化的研究，抓好各级党政领导干部专业培训和城镇规划、建设、管理专业技术队伍建设，大胆培养和使用推进新型城镇化的人才。（市委组织部、市委宣传部、市发展改革委、市人力资源社会保障局、市住房城乡建设委、市农业局、市环保局负责）

31. 建立督查推进机制。加强城镇化监测评价，建立健全城镇化考核机制，科学制定考核指标体系和考核办法，把城镇化质量系数纳入市对县市区科学发展综合考核。建立观摩交流制度，及时总结和推广全市推进城镇化的好做法、好经验。充分利用各类媒体，加大宣传力度，普及城镇发展知识，增强城镇快速、健康、持续、和谐发展的群众基础。（市委组织部、市委宣传部、市发展改革委、市人力资源社会保障局、市住房城乡建设委、市农业局、市环保局负责）

32. 积极开展试点工作。重点围绕农业转移人口市民化、提高城镇建设用地利用效率、多元可持续的城镇化投融资机制、产城融合发展、城镇化综合配套改革等方面先行试点。加强对试点的工作指导，积极培育小城镇试点。做好小城镇总体规划的编制研究，合理确定城镇发展规模，加强城乡规划与经济社会发展规划、土地利用总体规划的协调衔接。选择部分乡镇稳妥开展试点，培育一批进入全省乃至全国先进行列的小城镇。（市住房城乡建设委负责）

泰安市人民政府
关于推进工商注册制度便利化加强市场监管的实施意见

（泰政发〔2014〕20 号 2014 年 8 月 4 日））

各县、市、区人民政府，市政府各部门、直属单位，省属以上驻泰各单位：

为进一步深化注册资本登记制度改革，激发市场活力，加强市场监管，推动诚信体系建设，根据《山东省人民政府关于贯彻国发〔2014〕7 号文件推进工商注册制度便利化加强市场监管的实施意见》（鲁政发〔2014〕5 号）精神，结合我市实际，制定本实施意见。

一、指导思想

以科学发展观为指导，深入贯彻落实党的十八大、十八届二中、三中全会精神，坚持宽进严管、简政放权、规范统一、便捷高效的原则，改革工商注册制度及市场监管体系，推进工商注册制度便利化，提高市场监管透明度，进一步优化营商环境，激发投资创业活力，促进各类市场主体健康发展。

二、主要任务和责任分工

（一）推进工商注册制度便利化，激发市场活力。

1. 实行注册资本认缴登记制。除国家明确规定的 27 个行业继续实行实缴登记制外，其他所有行业公司注册资本实缴登记制改为认缴登记制，公司注册资本为在公司登记机关依法登记的全体股东认缴的出资总额或发起人认购的股本总额。公司股东（发起人）应当对其认缴出资额、出资方式、出资期限等自主约定，记载于公司章程，并对缴纳出资情况的真实性、合法性负责。公司应当将股东认缴出资额或者发起人认购股份、出资方式、出资期限、缴纳情况通过市场主体信用信息公示系统向社会公示。公司实收资本不再作为工商登记事项，公司设立登记或注册资本变更登记时，无需提交验资报告。（牵头单位：市工商局）

2. 放宽注册资本登记条件。除国家规定的特定行业外，其余行业全部取消最低注册资本限制。不再限制公司设立时全体股东（发起人）的首次出资比例和货币出资金额占注册资本的比例，不再规定公司股东（发起人）缴足出资的期限。（牵头单位：市工商局）

3. 实行“先照后证”制度。实施主体资格和经营资格相对分离。除决定保留的工商登记前置审批事项外，市场主体直接向工商登记机关申请登记，取得营业执照后即可从事不须审批的生产经营活动；从事须经审批方可开展生产经营活动的，凭相关材料向审批部门申请并取得批准文件、证件后开展经营。审批部门应当及时通过市场主体信用信息公示系统督促市场主体申办审批许可。（牵头单位：市工商局）

4. 严控工商登记前置审批事项。按照《行政许可法》的规定，清理工商登记前置审批许可事项，除法律、行政法规、国务院明确规定的工商登记前置审批许可事项外，其他审批许可事项一律不得作为工商登记的前置条件。（市编办、市工商局、市政府法制办负责）

5. 实行年度报告公示制度。将企业年检制度改为企业年度报告公示制度。企业要于每年的1月1日至6月30日通过市场主体信用信息公示系统向工商部门报送上一年度的年度报告，并向社会公示。企业对年度报告的真实性、合法性负责，任何单位和个人均可免费查询。未按规定期限履行年度报告公示义务的企业，由工商部门在市场主体信用信息公示系统上公示并载入经营异常名录。3年内完成整改的，可申请恢复正常记载状态；超过3年未整改的，永久载入经营异常名录。（牵头单位：市工商局）

6. 实行住所（经营场所）登记改革。实行住所（经营场所）申报制，申请人按照真实、合法的原则申报住所（经营场所）合法使用证明，登记机关负责审查。允许“一照多址”和“一址多照”。允许商务秘书类企业为电子商务企业提供住所托管服务及其他配套服务。住所（经营场所）登记管理的具体规定由市政府有关部门另行制定。（责任单位：市工商局、市政府法制办）

7. 实行名称登记改革。除需前置审批和实行注册资本实缴登记制的企业外，由企业自主决定是否办理名称预先核准，企业名称登记和设立登记可一并办理。企业名称只要不与他人登记在先权利发生冲突、不涉及法律法规禁用条款，均允许使用。允许企业根据经营范围自主选择名称的行业表述。取消企业设立后1年内不得变更企业名称的限制。（牵头单位：市工商局）

8. 实行经营范围登记改革。对前置审批许可项目，按照审批文件、许可证件载明的内容进行登记，取消经营范围中对许可经营项目有效期的标注，改为“有效期限以许可证为准”。对其他经营项目，参照《国民经济行业分类》中的大类、中类、小类或者具体项目，由企业自主选择登记类别，统一加注“（依法须经批准的项目，经相关部门批准后方可开展经营活动）”。支持新兴行业和新型业态登记。对《国民经济行业分类》中没有的新兴行业、新型业态和具体项目，参照有关政策文件、行业标准、文献资料、国际惯例等通行用语登记。（牵头单位：市工商局）

9. 推进登记便利化改革。实行更加便利的登记事权管辖，除法律法规规定及国家工商总局授权登记的权限外，其他登记管辖权限进一步下放。注册资本1000万元以上，住所在泰山区、岱岳区、泰安高新技术产业开发区和泰山景区的私营有限公司，可自由选择在市工商局或所在辖区的区工商局、分局进行登记。注册资本1000万元以下（不含1000万元），住所在泰山区、岱岳区、泰安高新技术产业开发区和泰山景区的私营有限公司，由所在辖区的区工商局、分局进行登记。实行登记就近受理发照制度，大力推广公司登记直通窗口制度，支持具备条件的工商所受理公司制企业的登记申请，方便申请人就近办照。（牵头单位：市工商局）

10. 实行“证照联办”便利化改革。探索建立营业执照、组织机构代码证、税务登记证等“证照联办”制度。在各级政务服务中心设立综合受理窗口，实行相关部门同步审批，证照统一发放。（责任单位：市政务服务中心管理办公室、市工商局、市质监局、市国税局、市地税局，各县市区政府，泰安高新区管委、泰安旅游经济开发区管委、泰山管委）

11. 推行电子营业执照和全程电子化登记管理。电子营业执照与纸质营业执照具有同等法律效力。开辟网上登记服务大厅，推行标准规范的电子营业执照，完善以电子营业执照为支撑的网上申请、网上受理、网上审核、网上公示、网上发照等全程电子化登记管理方式，提高市场主体

登记管理的信息化、便利化、规范化水平。（牵头单位：市工商局）

12. 推行高效登记审核。严格落实简单登记事项（包括名称预先核准、除股权以外的其他登记事项变更、备案、股权出质登记等）窗口登记人员“一次审核制”、一般登记事项（包括设立登记、股权变更登记、注销登记等）“一审一核制”、疑难复杂事项“会商制度”等制度，对申请材料齐全，符合法定形式的一般登记事项即时办结，提高登记审批效率。（牵头单位：市工商局）

（二）强化市场主体监管，促进市场公平竞争。

1. 建立企业公示信息抽查制度。坚持“谁登记、谁抽查”的原则，登记机关对已按规定报送并公示年度报告的企业，随机抽取一定的比例进行监督检查。根据专项整治、举报投诉、上级部署、部门抄告、发现当事人违法违规等情况，对特定企业进行重点核查。抽（核）查结果在市场主体信用信息公示系统公示。（牵头单位：市工商局）

2. 建立经营异常名录制度。对不按规定期限履行年度报告公示义务、通过登记的住所（经营场所）无法取得联系及存在其他经营异常行为的企业载入经营异常名录，并在市场主体信用信息公示系统公示。对被永久载入经营异常名录的，公示信息隐瞒真实情况、弄虚作假且情节严重的，被吊销营业执照以及其他违反法律法规等情形的企业列入严重违法企业名单（“黑名单”）。被列入“黑名单”的市场主体及负有个人责任的投资人、负责人、董事、监事等依法纳入信用监管体系，落实“严管”措施。（牵头单位：市工商局）

3. 加强市场主体住所（经营场所）管理。企业住所只承载确定司法管辖地和文书送达地的功能。市场主体住所（经营场所）依法应当审批的，经有关部门审批后方可开展相关经营活动。对住所应当具备特定条件而不具备的，或利用非法建筑、擅自改变房屋性质等从事生产经营活动的，由国土资源、规划、住房城乡建设（房屋管理）、文化广电新闻出版、卫生计生、公安、消防、环保、安监等部门依法监管；涉及许可审批事项的，由许可审批部门依法监管。对市场主体住所（经营场所）的实际情况与营业执照不符的，由工商部门依法处理。（牵头单位：市工商局及有关审批许可部门）

4. 加强市场主体经营行为监管。强化对市场主体经营活动监管，大力推进反垄断、反不正当竞争执法，规范网络商品交易及有关服务，加强各类商品交易市场的规范管理，维护公平竞争的市场秩序。强化商品质量监管，坚决打击损害竞争、损害消费者权益以及妨碍创新和技术进步的垄断协议、格式合同、滥用市场支配地位行为，严厉查处侵犯知识产权、制售假冒伪劣商品、商业贿赂、限制竞争、虚假宣传、合同欺诈、传销等违法行为，切实维护经营者和消费者合法权益。下达给企业的行政处罚决定书，相关部门要及时将主要内容依法公开并登录市场主体信用信息公示系统。（责任单位：市工商局、市质监局、市食品药品监管局、市公安局、市发展改革委、市商务局、市物价局、市知识产权局等）

5. 构建市场监管新格局。按照“谁审批、谁监管”的原则，进一步厘清政府部门监管职责。严格按照《无照经营查处取缔办法》和《山东省人民政府办公厅关于进一步做好查处无证无照经营工作的通知》（鲁政办发〔2007〕89 号）等文件规定的部门分工，对未取得营业执照擅自从事无需经过审批的生产经营活动的，由工商部门依法查处；对应审批但未取得审批擅自从事相关生产经营活动的，由相关审批部门依法查处。完善协同监管机制，执法部门在市场监管中发现的应当由其他部门依法处理的违法行为或者案件线索，应当连同已经获取的证据材料一并及时移送给相关职能部门依法处理，坚决杜绝监管“空档”。（牵头单位：市有关部门）

6. 做好司法救济和刑事惩治工作。尊重市场主体民事权利，申请人对申请材料的真实性、有效性、合法性负责，工商部门对申请材料实行形式审查。因工商登记争议引发民事纠纷时，当事人应依法向法院提起民事诉讼，寻求司法救济。支持配合法院履行民事审判职能，依法审理股权纠纷、合同纠纷等经济纠纷案件，保护当事人合法权益。当事人或利害关系人依照人民法院生效的裁判文书或者协助执行通知书要求办理工商登记的，工商部门应依法办理。法院要求工商部门协助强制执行的，工商部门应当依据协助执行通知书所载内容直接依法办理。完善行政执法与刑事司法衔接工作制度,建立健全涉嫌犯罪案件移送机制。(市工商局、市公安局、市政府法制办配合审判、检察机关组织实施)

（三）建设社会诚信体系，强化信用约束。

1. 建立市场主体信用信息公示系统。以工商部门企业法人信息库为基础，整合工商登记、行政审批、执法监管等信息资源，建设市场主体信用信息公示系统。各相关部门要及时升级完善自身业务系统，加快与市场主体信用信息公示系统对接，实现互联互通、信息共享。工商部门、行政审批部门和行业主管部门应通过系统平台上传、接收、反馈市场主体注册登记、许可审批、年度报告、行政处罚等信息。工商部门要加强对市场主体信用信息公示系统的管理，方便社会公众查询。(责任单位：市工商局、市政务服务中心管理办公室、市经济和信息化委、市发展改革委、人行泰安市中心支行)

2. 建立信用约束及监管机制。对被载入经营异常名录或“黑名单”、有违法记录的企业及相关责任人，建立部门联动响应机制，依法采取相应措施，形成“一处违法，处处受限”的信用约束机制。落实境外追偿保障措施，将违反认缴义务、有欺诈和违规行为的境外投资者及其实际控制人列入“重点监控名单”，并严格审查或限制其在我市投资。发挥行业协会、会计师事务所、公证机构、仲裁机构等社会组织的引导、监督、约束和自律作用，鼓励社会信用评价机构开展信用评级。支持企业健全经营管理和治理机制，强化自我管理能力。督促公司股东（发起人）履行出资承诺等相关责任。(责任单位：市工商局、市发展改革委、市经济和信息化委、市商务局、市环保局、市安监局、市民政局、市财政局、市司法局、市人力资源社会保障局、人行泰安市中心支行)

三、保障措施

（一）加强组织领导。工商登记制度改革是推进行政审批制度改革、加快政府职能转变、使市场在资源配置中发挥决定性作用的重要举措，涉及范围广，政策性强。各级各有关部门和单位要按照“政府领导、分工负责、协作配合、全面推进”的原则，加强组织领导，健全工作机制，推进工商登记制度改革。有关部门和单位要结合各自实际，制定配套制度和措施，在优化市场环境的同时，健全“严管”制度，防范监管风险；要按年度制定工作计划，明确目标责任，推进工作落实。本意见职责分工中涉及多个部门的，位列第一的为第一责任部门，要定期召集其他部门协调解决工作的具体问题。市监察局要强化监督检查，严肃责任追究，确保各项措施落实到位。

（二）推动机制创新。各级各有关部门和单位要以开展工商登记制度改革为契机，大力改革创新，探索完善面向市场主体、协作高效的政务事项处理新机制，全面优化政务服务流程，提高服务效率和水平，着力改善营商环境。

（三）注重宣传引导。要加强对工商登记制度改革的宣传解读，做好政策宣讲和舆论引导工作，及时解答和回应社会关注的热点问题，引导社会各界正确认识改革，广泛参与诚信体系建设，努力营造全社会理解、关心和支持改革的良好氛围，确保改革工作顺利推进。

泰安市人民政府
关于切实加强要素保障确保工业经济平稳运行的通知

（泰政发〔2014〕24号 2014年10月27日）

各县、市、区人民政府，市政府各部门、直属单位，省属以上驻泰各单位：

为加强生产要素的有效供给，着力破解制约工业企业发展的瓶颈，确保全市工业经济健康快速发展，现就有关事项通知如下。

一、总体要求和工作目标

以党的十八大和十八届三中全会精神为指导，认真贯彻落实中央、省关于加强宏观调控、促进经济稳增长的政策措施，以提高经济运行质量和效益为中心，以加快转方式调结构为主线，紧紧围绕工业发展“万亿三年”计划奋斗目标，强化要素保障，构建经济运行新机制，维护工业经济平稳运行态势。确保到2016年，全市工业企业主营业务收入达到1万亿元，利税、利润同步增长，对财税的贡献率明显提高，工业总体结构明显改善，产业层次显著提升。

二、加强资金保障，着力化解企业资金链风险

（一）加强银企对接合作。构建银企合作新渠道，开展多层次、多方式、多平台的银政企对接，针对重点优势企业和重点工业项目，组织专题银企对接活动。金融机构要进一步搞好对实体经济的服务，尤其是提高对有订单、有市场、有效益的重点企业的金融服务水平。加大对有发展前景的战略性新兴产业和科技型企业的信贷支持力度，切实解决企业融资难题，满足企业信贷需求；加大对小微工业企业的信贷支持力度，有效化解小额信贷中抵押担保不足问题。（责任单位：市金融办、市经济和信息化委、人行泰安市中心支行、泰安银监分局、市中小企业办）

（二）创新企业融资方式。积极帮助符合条件的企业开展短期融资券、中期票据、公司债、中小企业私募债、中小企业集合票据等直接债务融资业务，拓展融资渠道，降低融资成本。用好用足保险业支持企业发展的相关政策，引导保险资金投向我市重点项目和优势企业。（责任单位：市金融办、市保险行业协会、人行泰安市中心支行、泰安银监分局）

（三）积极化解企业资金链风险。坚持“政府引导、分级负责、属地管理、市场化运作”的原则，充分发挥金融业招商引资和重点项目建设指挥部的综合协调作用，摸清企业底数，根据具体情况区别对待，努力化解企业资金链紧张问题。加大对具有良好发展前景企业的支持力度，帮助其渡过难关；对暂时停产以及面临严重困难但产品还有一定市场的企业，支持有实力的企业采取债务债权转移、资产重组、吸收合并以及盘活存量资产、委托经营等方式，帮助其尽快恢复经营。（责任单位：市金融办、人行泰安市中心支行、泰安银监分局）

（四）设立“过桥还贷资金”。各县（市、区）、泰安高新区要设立“过桥还贷资金”，作为信用担保的补充，为企业按时还贷续贷提供接力资金支持。要建立健全“过桥还贷资金”市场化运作制度和运行机制，扩大“过桥还贷资金”规模，简化相关手续，提高“过桥还贷资金”使用效率。（责任单位：市财政局、市金融办、各县市区、泰安高新区）

（五）切实维护金融秩序。公安部门要依法制止和严厉打击个别民间借贷债权人“哄抢”企业资产以及恶意逃废金融债务、骗贷、金融诈骗、非法集资等违法行为，确保全市金融秩序安全和社会稳定。（责任单位：市金融办、人行泰安市中心支行、泰安银监分局、市公安局）

（六）组建大型担保公司。以泰安弘泽投资担保有限公司为基础，吸收各县（市、区）国有、非国有法人资本共同增资扩股，组建国有控股股份制担保公司，着力解决企业融资难、融资贵问题，促进经济社会健康发展。公司先期注册资本达到10亿元以上，随着业务开展逐步追加到20亿元以上。（责任单位：市财政局、市国资委）

三、强化能源供应，确保工业企业生产需求

（一）加强电力保障。加强电力需求侧管理，积极推广节能节电新技术、新设备，提高电力使用效能。严格执行峰谷分时电价和差别电价政策，引导企业科学用电、节约用电。加大对工业企业用电报装支持力度，实施电力报装直通工程，对重点工业企业项目用电报装实行领导联系点制和项目责任制；企业新上项目电力报装的（国家限制类、淘汰类等8类高耗能行业除外），实施报装办理“串改并”，同步推进工程接电。对信誉好但目前生产经营困难、流动资金短缺的工业企业，经供电部门同意，可减少月收费次数。（责任单位：市经济和信息化委、国网泰安供电公司）

（二）保障成品油天然气市场供应。驻泰石油、石化企业要加强资源统筹，搞好产销衔接调运，优化管网运行，确保油品供应不断档、不脱销；要

加强安全管理，确保管道等油气产销储运设施平稳运行；要加强天然气需求侧管理，优化用气结构，科学调用储气资源，对重点地区和资源供应薄弱地区予以重点保障，确保居民生活、公共设施等领域的用气安全。（责任单位：市住房城乡建设局、市经济和信息化委、中石油泰安分公司、泰山石油公司）

（三）加强物流运输保障。开通电煤等资源运输"绿色通道"，提高重要生产生活物资运输效率。积极争取铁路部门的支持，确保铁路运输渠道畅通。用足用好营业税改征增值税试点政策，规范物流收费，减轻物流税收负担，优化物流业发展环境，降低工业企业物流成本。（责任单位：市经济和信息化委、市交通运输局、市煤炭局）

四、强化人力资源保障，积蓄工业企业发展后劲

（一）加强企业家队伍建设。认真落实《中共泰安市委、泰安市人民政府关于加强企业家队伍建设的意见》（泰发〔2014〕9号）文件精神，加强企业家培训，实施企业家素质提升工程，搭建企业家交流合作平台，着力打造职业化企业家队伍。（责任单位：市经济和信息化委、市人力资源社会保障局）

（二）帮助企业解决用工困难。搭建服务平台，充分发挥现有就业服务机构的作用，组织开展专场招聘活动。利用信息网络，免费为企业发布招聘信息。建立健全企业用工联络员制度，构建用工企业与就业服务机构的联系机制。进一步加强企业员工技能培训，强化高技能人才培养，提升职工素质。（责任单位：市人力资源社会保障局）

五、加大营销力度，着力开拓国际国内市场

（一）支持企业开拓市场。鼓励企业走出去，主动参加各类经贸交易展会，对参加国内外各类交易会、博览会等的企业，按其实际交纳的展位费给予一定补贴。鼓励企业组织开展"农产品进城、工业品下乡"活动，拓宽产品营销渠道。认真落实出口退税政策，支持企业开拓东盟、中东欧、非洲、南美等国外市场。引导企业发展网络营销模式，利用"好品山东"等服务平台，大力开展网络营销。（责任单位：市商务局、市经济和信息化委、市财政局）

（二）加大政府采购力度。进一步放宽政府采购市场准入条件，鼓励我市企业特别是中小企业产品参与政府采购市场竞争。创新与金融机构合作方式，探索构建以政府采购合同为担保的企业融资平台，为我市企业融资开辟新渠道，降低参与政府采购活动的资金压力和财务成本。（责任单位：市财政局、市公共资源交易中心、市金融办、泰安银监分局）

（三）开展市场秩序专项治理活动。通过巡查、抽查等手段，严厉打击假冒伪劣产品销售等行为，坚决遏制劣质产品在我市范围内流通、营销，大力净化规范市场环境。（责任单位：市工商局、市质监局）

六、切实加强对工业经济运行的组织领导

（一）加强组织领导。各级各有关部门要切实把加强要素保障，搞好工业经济运行作为经济工作的首要任务，列入重要议事日程。要进一步创新组织经济运行手段，充分利用市场和政府"两只手"，积极应对复杂严峻的经济形势和市场不确定因素。市政府将定期研究分析经济运行中出现的重大问题，提出解决问题的思路和办法，督促工作落实。各县（市、区）、泰安高新区要切实帮助企业解决实际问题，对影响大的重点企业要提前制定工作预案，努力化解金融风险等危机。各有关部门和单位要按照责任分工，认真落实相关扶持政策，扎实开展各项工作，确保工作实效。

（二）加强专题调研和宣传报道。各责任单位要围绕工作中的重点、热点和难点问题，积极开展专题调研，及时掌握新情况，分析新问题；要加强与上级部门及省内外地市的联系，及时捕捉相关信息，了解全国、全省工业经济发展形势；要深入县（市、区）和企业调查研究，及时了解经济运行态势，提出针对性措施，为市政府科学决策提供依据。各级各类新闻媒体要积极宣传我市新出台的有关政策，报道各县（市、区）、各有关部门和单位狠抓要素保障促进经济发展的好经验、好做法，努力营造良好舆论环境，提振企业发展信心。

文 件 选 目

中共泰安市委、市委办公室文件

泰发〔2014〕1号　中共泰安市委、泰安市人民政府关于全面深化农村改革加快推进农业现代化的实施意见

泰发〔2014〕2号　中共泰安市委关于深入开展党的群众路线教育实践活动的实施意见

泰发〔2014〕3号　中共泰安市委印发《市委常委会关于深入开展党的群众路线教育实践活动的实施方案》的通知

泰发〔2014〕4号　中共泰安市委、泰安市人民政府关于推进公共资源交易统一规范管理的意见（试行）

泰发〔2014〕5号　中共泰安市委关于印发《泰安市实施中央〈建立健全惩治和预防腐败体系2013～2017年工作规划〉和山东省〈实施办法〉细则》的通知

泰发〔2014〕6号　中共泰安市委关于转发政协泰安市委员会《2014年协商工作计划》的通知

泰发〔2014〕7号　中共泰安市委、泰安市人民政府关于印发《泰安市党政机关厉行节约反对浪费实施细则》的通知

泰发〔2014〕8号　中共泰安市委、泰安市人民政府关于改进完善科学发展综合考核工作的意见

泰发〔2014〕9号　中共泰安市委、泰安市人民政府关于加强企业家队伍建设的意见

泰发〔2014〕10号　中共泰安市委、泰安市人民政府关于实施"泰安工业经济转型升级万亿三年行动计划"的意见

泰发〔2014〕11号　中共泰安市委关于贯彻《2013～2017年全国干部教育培训规划》的实施办法

泰发〔2014〕12号　中共泰安市委、泰安市人民政府关于推进新型城镇化发展的意见

泰发〔2014〕13号　中共泰安市委关于进一步加强少先队工作的意见

泰发〔2014〕14号　中共泰安市委、泰安市人民政府关于进一步加快民营经济发展的意见

泰发〔2014〕15号　中共泰安市委、泰安市人民政府关于泰安市人民政府职能转变和机构改革的实施意见

泰发〔2014〕16号　中共泰安市委关于认真学习贯彻党的十八届四中全会精神的通知

泰发〔2014〕17号　中共泰安市委关于贯彻落实党的十八届四中全会和省委十届十次全会精神全面推进依法治市的意见

泰办发〔2014〕1号　市委办公室、市政府办公室关于公布2014年市委市政府为民要办的10件实事的通知

泰办发〔2014〕2号　市委办公室、市政府办公室关于成立泰安市农村土地承包经营权确权登记颁证工作领导小组的通知

泰办发〔2014〕5号　市委办公室、市政府办公室关于印发《市直机关开展"践行群众路线争创服务品牌"活动实施意见》的通知

泰办发〔2014〕7号　市委办公室、市政府办公室、市人力资源社会保障局关于表彰全市信访工作先进个人的通报

泰办发〔2014〕8号　关于对全市部分重点建设项目继续实行领导包保责任制的通知

泰办发〔2014〕10号　市委办公室、市政府办公室关于印发《全市集中整治审批事项和服务项目"五不"现象活动方案》的通知

泰办发〔2014〕11号　市委办公室、市政府办公室关于印发《泰安市市直机关会议费管理办法》的通知

泰办发〔2014〕13号　市委办公室、市政府办公室关于印发《泰安市党政机关国内公务接待管理办法》的通知

泰办发〔2014〕17号　市委办公室、市政府

办公室关于厉行节约反对食品浪费的实施意见

泰办发〔2014〕19号　市委办公室、市政府办公室印发《关于党员干部带头推动殡葬改革的实施意见》的通知

泰办发〔2014〕20号　市委办公室、市政府办公室关于做好离岗人员回岗工作的通知

泰办发〔2014〕21号　市委办公室、市政府办公室关于印发《泰安市2014年机关作风和政风行风测评评议实施意见》的通知

泰办发〔2014〕22号　市委办公室、市政府办公室关于实施"平台式"综合救助工作的意见

泰办发〔2014〕23号　中共泰安市委办公室印发《关于进一步加强和改进人民陪审工作的意见》

泰办发〔2014〕25号　市委办公室、市政府办公室关于做好村"两委"换届选举工作的实施意见

泰办发〔2014〕26号　市委办公室、市政府办公室关于做好城市社区"两委"换届选举工作的实施意

泰办发〔2014〕28号　中共泰安市委办公室关于加强组织队伍建设的意见（试行）

泰办发〔2014〕29号　市委办公室、市政府办公室印发《关于进一步加强党管人才工作的实施意见》的通知

泰办发〔2014〕30号　市委办公室、市政府办公室印发《关于进一步加强创新创业人才队伍建设的实施意见》的通知

泰办发〔2014〕31号　市委办公室、市政府办公室关于印发《泰安市创建全国文明城市提名城市总体方案》的通知

泰办发〔2014〕32号　市委办公室、市政府办公室关于贯彻落实鲁办发〔2014〕37号文件精神扎实推进农村扶贫开发工作的实施意见

泰办发〔2014〕33号　市委办公室、市政府办公室关于推进服务型党组织建设创建先锋社区的意见

泰安市人民政府、市政府办公室文件

政府令〔第166号〕泰安市人民政府关于公布市级行政审批事项的决定

政府令〔第167号〕泰安市扬尘污染防治管理办法

政府令〔第168号〕泰安市餐厨废弃物管理办法

政府令〔第169号〕泰安市专利奖励办法

泰政发〔2014〕1号　泰安市人民政府关于切实做好新形势下农民工工作的意见

泰政发〔2014〕2号　泰安市人民政府关于加快推进棚户区改造工作的实施意见

泰政发〔2014〕4号　泰安市人民政府关于印发泰安市政府投融资管理暂行办法的通知

泰政发〔2014〕6号　泰安市人民政府关于加快发展科技型中小企业的意见

泰政发〔2014〕7号　泰安市人民政府关于公布全市最低工资标准的通知

泰政发〔2014〕8号　泰安市人民政府关于公布2014年第一批新开工重点建设项目名单的通知

泰政发〔2014〕9号　泰安市人民政府关于进一步提升邮政普遍服务水平加快推进快递业健康发展的意见

泰政发〔2014〕10号　泰安市人民政府关于进一步加强和改进城乡最低生活保障工作的意见

泰政发〔2014〕11号　泰安市人民政府关于印发泰安市2014年度国有建设用地供应计划的通知

泰政发〔2014〕12号　泰安市人民政府关于加快推进山东泰安国家农业科技园区建设的意见

泰政发〔2014〕13号　泰安市人民政府关于化解过剩产能的实施意见

泰政发〔2014〕14号　泰安市人民政府关于开展小额贷款保证保险工作的实施意见

泰政发〔2014〕15号　泰安市人民政府关于优化建设项目审批服务工作的意见

泰政发〔2014〕16号　泰安市人民政府关于切实做好2013年冬季退役士兵接收安置工作的通知

泰政发〔2014〕17 号　泰安市人民政府关于加强泰城城市建设管理工作的意见

泰政发〔2014〕18 号　泰安市人民政府关于发布 2014 年企业工资指导线的通知

泰政发〔2014〕19 号　泰安市人民政府关于印发第二十八届泰山国际登山节暨 2014 中国泰安投资合作洽谈会总体方案的通知

泰政发〔2014〕20 号　泰安市人民政府关于推进工商注册制度便利化加强市场监管的实施意见

泰政发〔2014〕21 号　泰安市人民政府关于公布 2014 年第二批新开工重点建设项目名单的通知

泰政发〔2014〕23 号　泰安市人民政府关于印发泰安市居民基本医疗保险暂行办法的通知

泰政发〔2014〕24 号　泰安市人民政府关于切实加强要素保障确保工业经济平稳运行的通知

泰政发〔2014〕25 号　泰安市人民政府关于公布 2015 年度泰安市政府采购目录的通知

泰政发〔2014〕26 号　泰安市人民政府关于加强泰城社区物业管理工作的意见

泰政发〔2014〕27 号　泰安市人民政府关于取消下放一批行政审批项目和承接国务院、省政府下放行政审批项目等事项的通知

泰政发〔2014〕29 号　泰安市人民政府关于加快发展现代职业教育的意见

泰政发〔2014〕31 号　泰安市人民政府关于加强房屋安全管理工作的意见

泰政发〔2014〕32 号　泰安市人民政府关于加快发展养老服务业的意见

泰政发〔2014〕33 号　泰安市人民政府关于印发泰安市森林防火管理责任追究规定的通知

泰政办发〔2014〕1 号　泰安市人民政府办公室关于印发泰安市突发环境事件应急预案的通知

泰政办发〔2014〕2 号　泰安市人民政府办公室关于促进创业带动就业的意见

泰政办发〔2014〕3 号　泰安市人民政府办公室关于成立或调整部分临时机构和议事协调机构的通知

泰政办发〔2014〕4 号　泰安市人民政府办公室转发市民政局关于泰安市未成年人社会保护试点工作实施方案的通知

泰政办发〔2014〕5 号　泰安市人民政府办公室关于成立或调整部分临时机构和议事协调机构的通知

泰政办发〔2014〕6 号　泰安市人民政府办公室关于印发泰安市整合城乡居民基本医疗保险工作实施方案的通知

泰政办发〔2014〕9 号　泰安市人民政府办公室关于印发泰安市居民基本养老保险工作实施方案的通知

泰政办发〔2014〕11 号　泰安市人民政府办公室印发关于加快服务业发展任务分工方案的通知

泰政办发〔2014〕13 号　泰安市人民政府办公室关于印发泰安市 2014 年主要污染物减排计划的通知

泰政办发〔2014〕14 号　泰安市人民政府办公室关于进一步做好机关事业单位工作人员带薪年休假工作的通知

泰政办发〔2014〕15 号　泰安市人民政府办公室关于成立或调整部分临时机构和议事协调机构的通知

泰政办发〔2014〕16 号　泰安市人民政府办公室关于进一步推进预决算公开工作的通知

泰政办发〔2014〕17 号　泰安市人民政府办公室关于调整市直机关事业单位养老保险统筹比例的通知

泰政办发〔2014〕19 号　泰安市人民政府办公室转发市经济和信息化委关于加快促进信息消费扩大内需的实施意见的通知

泰政办发〔2014〕20 号　泰安市人民政府办公室关于落实 2014 年和 2015 年县级政府耕地保护责任目标的通知

泰政办发〔2014〕21 号　泰安市人民政府办公室关于提高全市农村五保供养标准的通知

泰政办发〔2014〕22 号　泰安市人民政府办公室关于提高城乡居民最低生活保障标准和补助水平的通知

泰政办发〔2014〕23 号　泰安市人民政府办公室关于印发泰安市国有建设用地使用权及矿业

权网上交易暂行办法的通知

泰政办发〔2014〕24号　泰安市人民政府办公室关于印发泰安市抚恤定补优抚对象住房优待暂行办法的通知

泰政办发〔2014〕25号　泰安市人民政府办公室关于修订或废止有关文件的通知

泰政办发〔2014〕26号　泰安市人民政府办公室关于开展食品生产加工小作坊整治工作的通知

泰政办发〔2014〕27号　泰安市人民政府办公室关于建立政府法律顾问制度的意见

泰政办发〔2014〕30号　泰安市人民政府办公室关于推行行政权力清单制度的通知

泰政办发〔2014〕33号　泰安市人民政府办公室关于印发泰安市农民工职业技能提升3年行动计划实施方案等3项行动计划实施方案的通知

泰政办发〔2014〕34号　泰安市人民政府办公室关于做好2014年普通高等学校毕业生就业创业工作的通知

泰泰政办发〔2014〕35号　安市人民政府办公室关于印发《泰安市市辖区国有建设用地使用权出让定价工作规则》的通知

泰政办发〔2014〕36号　泰安市人民政府办公室关于实行企业设立登记“证照联办”制度的通知

泰政办发〔2014〕37号　泰安市人民政府办公室关于废止部分文件规定的通知

泰政办发〔2014〕38号　泰安市人民政府办公室关于印发“泰山和谐使者”选拔管理规定的通知

泰政办发〔2014〕40号　泰安市人民政府办公室关于贯彻落实《计量发展规划(2013–2020年)》的通知

泰政办发〔2014〕41号　泰安市人民政府办公室关于印发《泰安市居民经济状况核对管理暂行办法》的通知

泰政办发〔2014〕42号　泰安市人民政府办公室关于印发泰安市工商行政管理局主要职责内设机构和人员编制规定的通知

泰政办发〔2014〕43号　泰安市人民政府办公室关于印发泰安市质量技术监督局主要职责内设机构和人员编制规定的通知

泰政办发〔2014〕45号　泰安市人民政府办公室关于建立疾病应急救助制度的通知

泰政办发〔2014〕46号　泰安市人民政府办公室关于印发泰安市市场主体住所（经营场所）登记管理暂行办法的通知

泰政办发〔2014〕47号　泰安市人民政府办公室关于印发泰安市高铁新区政府投资评审管理办法的通知

先进单位名录（部分）

2013年度全国青年安全生产示范岗

山东能源新矿集团新巨龙公司综放一区

2013年度全国煤炭行业‘五四’红旗团委（团支部）

山东肥矿集团梁宝寺公司团委

山东能源新矿集团良庄矿业团委

全国文明城市提名城市

泰安市

2014年度全国纤维质量监督工作先进单位

泰安市纺织纤维检验所

2014年度新增全国文明单位

泰安供电公司

泰安市人力资源和社会保障局

泰安市国土资源局

2014年度新增全国文明村镇

泰山区邱家店镇前燕家庄村

新泰市泉沟镇

全国“最美家庭”提名

田秀英家庭

人民满意政法单位（省委、省政府表彰）

肥城市公安局

人民满意政法单位（省委政法委、省人力资源和社会保障厅、省公务员局表彰）

泰安市委 610 办公室
泰安市中级人民法院立案一庭
泰安市人民检察院反渎职侵权局
泰安市公安局网络警察支队
泰安市国家安全局
新泰市司法局

2014 年度新增省级文明单位

泰安市泰山区统计局
泰安市岱岳区人民法院
泰安市岱岳区政协办公室
新泰市国土资源局
新泰市中医院
中共肥城市纪律检查委员会
肥城市食品药品监督管理局
肥城市统计局
宁阳县气象局
宁阳农村商业银行
山东东平经济开发区管理委员会
山东华新房地产开发有限公司
泰安市国有资产监督管理委员会
泰安市人民政府法制办公室
泰安市疾病预防控制中心
泰安市公安局交通警察支队
山东新华书店集团有限公司泰安分公司
山东农业大学
泰安市科学技术协会
泰安市城市发展投融资管理中心
泰安市徂徕山林场
泰安市救助管理站
泰安市泰山区农村信用合作联社
山东省泰安荣军医院
泰安市国税局北集坡税务分局
泰莱高速公路泰安管理处
泰安市中级人民法院
山东省煤田地质局地质勘查公司
山东省泰安市实验学校

2014 年度新增省级文明村镇

泰安市泰山区上高街道
泰安市泰山区省庄镇兴隆村
泰安市岱岳区道朗镇
泰安市岱岳区房村镇
新泰市西张庄镇
新泰市泉沟镇东刘村
肥城市新城街道沙窝村
肥城市汶阳镇吴店村
宁阳县磁窑镇
宁阳县泗店镇
宁阳县华丰镇东北庄村
东平县彭集街道
东平县戴庙镇
东平县接山镇后口头村
东平县东平街道东豆山村

2014 年度新增省级文明社区

泰安市泰山区泰前街道科大社区
泰安市泰山区财源街道财源新村社区
泰安市泰山区徐家楼街道大白峪社区
泰安市泰山区岱庙街道市场社区
泰安市岱岳区粥店街道过驾院社区
新泰市青云街道府东社区

“山东省富民兴鲁劳动奖状”单位

泰安市市区国家税务局
山东同创汽车散热装置股份有限公司
泰安市泰山景区客运有限公司
泰安市公安局交警支队泰山景区大队

中国农业银行股份有限公司泰安分行

“山东省工人先锋号”单位

新泰市建筑安装工程总公司第一项目部
肥城米山水泥有限公司旋窑车间
山东新合源热传输科技有限公司制管车间
东平县公路局养护中心
泰安市泰山风景名胜区管理委员会消防队
泰安市农业科学研究院小麦研究所
中国移动泰安公司泰山分公司网络部

山东省五四红旗团委

共青团东平县委
泰安市卫生局团委
泰安市公路局团委
泰安市供电公司团委

山东省五四红旗团支部（总支）

肥城地方税务局机关团支部
泰安市泰山区岱庙街道花园社区团支部
东平县东平湖移民管理局团支部
泰山景区南天门管理区团支部
泰山博文中学团支部
泰山市 120 指挥中心团支部
泰安交运公司团支部
泰安市建设工程质监站团支部
山东石横特钢集团有限公司炼铁厂团总支

2013 年度山东省非公有制企业“红旗团委”

山东太阳纸业股份有限公司团委
山东岱银纺织集团股份有限公司团委

2013 年度山东省非公有制企业“先进团委”

山东光明起重机械有限公司团委
泰安宏邦制衣有限公司团委
山东泰盈科技有限公司团委
山东石横特钢集团有限公司团委
山东光大日月集团有限公司团委

山东省青年文明号示范集体

国网山东省电力公司泰安供电公司营销部
泰安汽车站红叶服务班

山东省青年文明号 20 年突出贡献组织单位

共青团宁阳县委
泰安市泰山风景名胜区团工委

2013 年度山东省“青年安全生产示范岗”

山东太阳纸业股份有限公司文化用纸事业部
华茂公司抄纸部甲班
新矿集团良庄矿业机电工区自动化小组
国网泰安供电公司变电运维室变电运维一班
国网泰安供电公司输电运检室
肥城矿业集团杨营能源公司掘进一区生产二班

第五届山东省少先队辅导员技能大赛暨风采展示活动优秀组织单位

共青团泰安市委

2014 年“挑战杯——彩虹人生”全省职业学校创新创效创业大赛优秀组织

共青团泰安市委

2013 年度省级“青少年维权岗”

泰安市泰山区检察院公诉科

第二届“地科杯”“珍惜资源 爱我国土”有奖征文活动优秀组织单位

泰安市少工委
肥城市少工委

2013 年度山东省省管企业五四红旗团委

山东能源新矿集团赵官能源有限责任公司团委
山东能源肥矿集团团委

2013 年度山东省省管企业青年文明号

山东能源肥矿集团曹庄煤矿洗煤厂
山东能源新矿集团华丰煤矿机电二部充电室

山东能源新矿集团协庄煤矿调度中心
山东能源肥矿集团杨营能源公司选煤厂
山东能源肥矿集团梁宝寺能源有限责任公司洗煤厂
山东能源肥矿集团泰山铝业公司板带箔
山东能源肥矿集团接待中心

"树意识、转观念、促发展"征文比赛优秀组织单位

肥矿集团有限责任公司团委

2014年度青年安全生产示范岗

翟镇煤矿几点工区大学生自动化班组
曹庄矿掘进三区生产二班
杨营能源公司掘进一区
白庄煤矿运转工区

2014年度青少年走进科学世界"科学实验嘉年华"全国展示交流活动优秀组织单位

共青团泰安市委

山东省三八红旗集体

泰安市东平县妇女联合会
京沪高速公路泰安管理处
泰安市房产交易中心
山东岱银纺织服装集团一纺车间
泰安市环境卫生管理处环卫三所

全省妇联系统新闻宣传先进单位

岱岳区妇联
肥城市妇联

山东省城乡妇女岗位建功先进集体

泰安市妇联
泰安市财政局
泰安市农业局
泰安市人民检察院公诉处
泰安市泰山区妇联
泰安市岱岳区财政局
新泰市妇联
肥城市地税局
宁阳县人力资源和社会保障局
东平县教育局
泰安市地税局泰山分局

山东省巾帼文明岗

泰安市新华书店泰山书城
泰安市劳动就业办公室劳动代理服务窗口
泰安伟业金属材料有限公司财务部
泰安市泰山区居家养老服务信息中心
泰安市地税局岱岳分局天平税务所
新泰市第一实验小学德育处
肥城市机动车驾驶员培训报名服务大厅
泰安市宁阳农村商业银行营业部
泰安市基金投资担保经营有限公司小额担保部
泰安市东平县东平湖移民管理局财务科

山东省维护妇女儿童权益先进集体

泰安市妇联
泰安市中级人民法院民一庭
泰安市教育局
泰安市泰山区妇联
泰安市岱岳区妇联
肥城市人民法院
宁阳县司法局
东平县妇联

山东省"幸福进家"活动先进单位

岱岳区
新泰市
肥城市
东平县
宁阳县

山东省"幸福进家"活动先进乡镇

泰安市泰山区泰前街道办事处
泰安市泰山区岱庙街道办事处
泰安市岱岳区范镇
新泰市青云街道办事处

肥城市新城街道办事处
肥城市老城街道办事处
肥城市王瓜店街道办事处
肥城市高新区
肥城市仪阳镇
肥城市安站镇
肥城市安庄镇
宁阳县伏山镇
宁阳县华丰镇
宁阳县葛石镇
东平县老湖镇
东平县新湖镇
东平县梯门镇

山东省“幸福进家”活动先进村居（单位）

泰安市泰山区泰前街道办事处金山社区
泰安市泰山区岱庙街道办事处三友社区
泰安市岱岳区良庄镇良庄北村
新泰市教育局
新泰市住房和城乡建设局
新泰市实验幼儿园
山东泰丰矿业集团有限公司
山东明兴矿业有限公司
山东高佐矿业集团有限公司
山东恒丰矿业有限公司
新泰市青云街道办事处青云社区
肥城市新城街道办事处孙庄社区
肥城市王瓜店街道办事处新镇村
肥城市仪阳镇东下庄村
肥城市教育局
肥城市地方税务局直属分局
肥城市聚源矿业集团有限公司
肥城市公共行政服务中心
宁阳县交通运输局
国网山东宁阳县供电公司
宁阳县地方税务局
东平县国家税务局
东平县经济开发区
东平县人民医院
国网东平县供电公司
东平县总工会

山东省“最美家庭”

吴秀云家庭
田秀英家庭

山东省五好文明家庭

崔恒东家庭
杜翠莲家庭
解桂兰家庭
李承卫家庭
李海燕家庭

全省征兵工作先进单位

肥城市人民武装部
东平县人民武装部

山东省质监系统省级依法行政示范单位

泰安市质量技术监督局
泰安市泰山区质量技术监督局
新泰市质量技术监督局

2014年度科学发展综合考核获奖单位名单（市委、市政府表彰）

县（市、区）

1．2014年度科学发展综合考核一等奖：
新泰市　肥城市　泰山区
2．2014年度科学发展综合考核二等奖：
宁阳县　岱岳区　东平县

市直2014年度科学发展综合考核先进单位

经济管理类

泰安市财政局
泰安市发展和改革委员会
泰安经济开发区、高新技术产业开发区
泰安市水利和渔业局
泰安市住房和城乡建设局
泰安市农业局

泰安市经济和信息化委员会

泰安市统计局

泰安市商务局

社会事业类

泰安市人力资源和社会保障局

泰安市民政局

泰安市交通运输局

泰安市教育局

泰安市卫生局

泰安市泰山风景名胜区管理委员会

泰安市文化广电新闻出版局

泰安市民族与宗教事务局

执法监督类

泰安市公安局

泰安市机构编制委员会办公室

泰安市规划局

泰安市委、市政府信访局

泰安市国土资源局

泰安市安全生产监督管理局

党政综合及群团类

中共泰安市委统一战线工作部

中共泰安市委老干部局

泰安市总工会

驻泰双管类

泰安供电公司

泰安市国家税务局

泰安市地方税务局

中国人民银行泰安市中心支行

中国银行业监督管理委员会泰安监管分局

中国农业发展银行泰安市分行

泰安市邮政管理局

中华人民共和国泰安海关

泰安出入境检验检疫局

泰安市“2014年度机关作风和政风行风建设先进单位”名单（市委、市政府表彰）

党群法检机关

中共泰安市委办公室

中共泰安市委政策研究室

中共泰安市委市直机关工委

泰安市中级人民法院

中共泰安市委统战部

泰安市泰山风景名胜区管理委员会

社会管理部门

泰安市人民政府办公室

泰安市人力资源和社会保障局

泰安市人民政府外事侨务办公室

泰安市文化广电新闻出版局

经济管理部门

泰安市财政局

泰安市审计局

泰安市经济和信息化委员会

人行泰安市中心支行

泰安市水利和渔业局

执法监督部门

泰安市公安局

泰安市地方税务局

泰安市规划局

泰安市国家税务局

公共服务单位

国网山东省电力公司泰安供电公司

泰安日报社

泰安市疾病预防控制中心

泰安市中医医院

泰安市广播电视台

山东泰安烟草有限公司

泰安市泰山燃气集团

山东省泰安市第二中学

泰安市“2014年度机关作风和政风行风建设争先进位先进单位”名单（市委、市政府表彰）

泰安市政府国有资产监督管理委员会

泰安市卫生局

泰安高新技术产业开发区

泰安市工商业联合会

泰安市金融工作办公室

泰安市发展和改革委员会

泰安市城管执法局

泰安市归国华侨联合会
泰安市交通运输局
泰安市气象局
中共东平县委政法委员会
泰安高新技术产业开发区
新汶矿业集团公司

全市社会管理综合治理工作先进单位（市委、市政府表彰）

先进县（市、区）

新泰市
泰山区
宁阳县

先进乡镇（街道）

泰山区岱庙街道
泰山区财源街道
岱岳区天平街道
岱岳区满庄镇
岱岳区范镇
岱岳区房村镇
新泰市新汶街道
新泰市西张庄镇
新泰市翟镇
新泰市汶南镇
新泰市石莱镇
肥城市仪阳镇
肥城市潮泉镇
肥城市汶阳镇
宁阳县八仙桥街道
宁阳县东庄镇
宁阳县文庙街道
东平县东平街道
东平县接山镇
东平县彭集街道

先进单位名单

中共泰安市委政法委员会
泰安市中级人民法院
泰安市人民检察院
泰安市公安局
泰安市民政局
中共岱岳区委政法委员会
肥城市人民法院

全市信访工作先进单位（市委、市政府表彰）

县（市、区）

新泰市
岱岳区
宁阳县

乡镇（街道）

泰山区岱庙街道
岱岳区粥店街道
岱岳区满庄镇
新泰市岳家庄乡
新泰市羊流镇
肥城市新城街道
肥城市边院镇
宁阳县文庙街道
东平县州城街道
东平县新湖镇

市直部门（单位）

市编制委员会办公室
市教育局
市公安局
市财政局
市人力资源社会保障局
市规划局
市交通运输局
市卫生局
泰安高新技术产业开发区
市企业国有资产管理中心

2014 年度全市人口和计划生育工作先进单位（市委、市政府表彰）

2014 年度执行人口和计划生育目标管理责任制先进单位名单

泰山区
岱岳区
新泰市

肥城市
宁阳县
东平县
泰安高新区

2014年度全市人口和计划生育工作十佳先进单位名单

泰山区邱家店镇
泰山区财源街道
岱岳区满庄镇
岱岳区粥店街道
新泰市新汶街道
新泰市翟镇
肥城市老城街道
肥城市仪阳镇
宁阳县蒋集镇
东平县接山镇

2014年度履行人口和计划生育职责先进单位名单

市纪委（监察局）
市委办公室
市政府办公室
市委组织部
市委宣传部
市委政法委
市委市直机关工委
市编办
市发展改革委
市教育局
市公安局
市民政局
市财政局
市人力资源社会保障局 市农业局
市文化广电新闻出版局
市卫生局
市审计局
市林业局
市食品药品监管局

全市通报表彰的履行人口和计划生育职责先进单位名单

市法院
市政府法制办
市经济和信息化委
市科技局
市司法局
市国土资源局
市住房和城乡建设局
市水利渔业局
市统计局
市工商局
团市委
市妇联
市总工会
市委党校
市广播电视台
市计生协会

2014年“五型”机关建设示范单位（市委表彰）

中共泰安市委办公室
泰安市人民代表大会常务委员会机关
泰安市人民政府办公室
中国人民政治协商会议泰安市委员会机关
中共泰安市委统战部
中共泰安市委、泰安市人民政府信访局
泰安市机构编制委员会办公室
泰安市中级人民法院
泰安市发展和改革委员会
泰安市教育局
泰安市科学技术局
泰安市民政局
泰安市财政局
泰安市人力资源和社会保障局
泰安市规划局
泰安市住房和城乡建设局
泰安市交通运输局
泰安市水利和渔业局
泰安市农业局
泰安市文化广电新闻出版局
泰安市卫生局
泰安市审计局

泰安市人民政府国有资产监督管理委员会
泰安市体育局
泰安市统计局
泰安市总工会
泰安市妇女联合会
泰安市国家税务局
泰安市地方税务局
国网山东省电力公司泰安供电公司

全市森林防火工作先进单位

泰山区人民政府
新泰市人民政府
泰安市公安局
泰安市财政局
泰安市教育局
泰安市安监局
泰安市气象局
武警泰安市支队
泰安市公安消防支队
泰安市泰山林场
泰安市徂徕山林场
泰山区泰前街道办事处
岱岳区下港镇人民政府
岱岳区国有谷山林场
新泰市羊流镇人民政府
新泰市汶南镇人民政府
肥城市潮泉镇人民政府
肥城市牛山林场
宁阳县华丰镇人民政府
东平县腊山林场

泰安市就业工作先进集体

泰山区财政局
泰山区人力资源社会保障局
泰山区岱庙街道办事处人力资源社会保障所
泰山区财源街道办事处人力资源社会保障所
泰安泰山茶博城管理有限公司
岱岳区财政局
岱岳区人力资源社会保障局
岱岳区劳动就业管理办公室
岱岳区山口镇人力资源社会保障所
岱岳区房村镇人力资源社会保障所
山东明佳科技有限公司
新泰市财政局
新泰市人力资源社会保障局
新泰市工商局
新泰市劳动就业办公室
新泰市新汶街道人力资源社会保障所
新泰市小协镇人力资源社会保障所
新泰市翟镇人力资源社会保障所
山东德普化工科技有限公司
肥城市财政局
肥城市人力资源社会保障局
肥城市劳动就业办公室
肥城市安庄镇人力资源社会保障所
肥城市汶阳镇人力资源社会保障所
山东富世康工贸有限公司
宁阳县财政局
宁阳县人力资源社会保障局
宁阳县劳动就业办公室
宁阳县八仙桥街道人力资源社会保障所
宁阳县华丰镇人力资源社会保障所
山东金彩山酒业有限公司
东平县财政局
东平县人力资源社会保障局
东平县东平街道人力资源社会保障所
东平县接山镇人力资源社会保障所
东平县经济开发区管委会
泰安市发展改革委
泰安市财政局
泰安市地税局
泰安市工商局
泰安市劳动就业办公室
泰安市人才交流服务中心
泰安市职业技能鉴定中心
泰开集团有限公司
泰山石膏股份有限公司
泰山神龙培训学校

山东前程似锦人力资源有限公司
泰安泰山科技创业孵化基地
新汶矿业集团有限责任公司社会保障中心
肥城矿业集团有限责任公司人力资源处

泰安市参加山东省第二十三届运动会先进单位

突出贡献奖：

新泰市
泰安市体育运动学校

贡献奖：

泰山区

全市安全生产工作先进集体

一等奖：

泰山区人民政府
岱岳区人民政府
新泰市人民政府
肥城市人民政府
宁阳县人民政府
东平县人民政府
市经济和信息化委
市公安局
市住房城乡建设局
市交通运输局
泰安高新区管委
泰山管委

二等奖：

市人力资源社会保障局
市水利渔业局
市商务局
市文化广电新闻出版局
市卫生局
市林业局
市农机局
市煤炭局
国网泰安供电公司
新汶矿业集团有限责任公司
肥城矿业集团有限责任公司
中国冶金地质总局山东局水文队

2014 年度泰安市市长质量奖

新东岳集团有限公司
尤洛卡矿业安全工程股份有限公司
肥城金塔机械有限公司董事长张继生

2014 年度泰安市市长质量奖提名奖

山东华阳农药化工集团有限公司
新泰爱克电缆有限公司
山东金彩山酒业有限公司副总经理孟宪军
山东明佳科技有限公司总经理张树君

全市基层卫生工作先进县（区）

宁阳县
岱岳区

全市基层卫生工作先进集体

泰山区泰前街道办事处
泰山区财源街道办事处
岱岳区粥店街道社区卫生服务中心
岱岳区祝阳镇卫生院
岱岳区马庄镇卫生院
新泰市疾病预防控制中心
新泰市谷里镇卫生院
新泰市放城中心卫生院
新泰市西张庄镇卫生院
肥城市卫生局
肥城市边院镇
肥城市疾病预防控制中心
宁阳县八仙桥街道社区卫生服务中心
宁阳县东庄镇卫生院
宁阳县泗店镇卫生院
东平县州城街道社区卫生服务中心
东平县接山镇卫生院
东平县梯门镇卫生院

2014 年度泰安市对外开放工作先进单位（企业）

先进单位：

肥城市人民政府
新泰市人民政府

泰山区人民政府
泰安高新技术产业开发区管理委员会
泰安市人民政府办公室
泰安市发展和改革委员会
泰安市经济和信息化委员会
泰安市财政局
泰安市人力资源和社会保障局
泰安市农业局
泰安市台湾事务办公室
泰安市外事侨务办公室
泰安市企业国有资产管理中心
泰安市国税局
泰安海关
泰安检验检疫局
国家外汇管理局泰安市中心支局
岱岳区经济开发区
岱岳区商务局
新泰市经济开发区
宁阳县商务局
东平县经济开发区
东平县商务局
泰山区三联社区
新泰市张庄社区
肥城市滨河社区

先进企业：

博罗石膏建材（山东）有限公司
泰安鼎峰瑞岳置业有限公司
山东昆驰装备有限公司
肥城石横焦化有限公司
泰安澳亚现代牧场有限公司
山东文捷智能动力有限公司
蒙牛乳制品（泰安）有限责任公司
泺亨（泰安）物流有限公司
泰山玻璃纤维有限公司
山东鲁润石化有限公司
泰安启程车轮制造有限公司
山东泰开电力建设工程有限公司
新泰爱克电缆有限公司
山东泰盈科技有限公司
山东石横特钢集团有限公司
山东泰鹏集团有限公司
东顺集团股份有限公司
山东华阳农药化工集团有限公司
山东沃而丰新能源工业有限公司
莱芜钢铁集团新泰铜业有限公司
兴润建设集团有限公司
山东海华实业集团有限公司
泰安市瑞丰典当有限公司
泰安市鲁岳拍卖有限公司
新泰青云购物中心有限公司
山东泰山新合作商贸连锁有限公司
泰安市巨鼎餐饮有限公司
泰山钢材大市场
山东迪联物流配送有限公司
山东儒原实业有限公司

全市森林防火工作先进单位

泰山区人民政府
新泰市人民政府
泰安市公安局
泰安市财政局
泰安市教育局
泰安市安监局
泰安市气象局
武警泰安市支队
泰安市公安消防支队
泰安市泰山林场
泰安市徂徕山林场
泰山区泰前街道办事处
岱岳区下港镇人民政府
岱岳区国有谷山林场
新泰市羊流镇人民政府
新泰市汶南镇人民政府
肥城市潮泉镇人民政府
肥城市牛山林场
宁阳县华丰镇人民政府
东平县腊山林场

全市农田水利基本建设先进乡（镇、街道）、优质工程

先进乡（镇、街道）：

泰山区省庄镇
岱岳区马庄镇
新泰市天宝镇
新泰市果都镇
肥城市边院镇
肥城市石横镇
宁阳县葛石镇
宁阳县东疏镇
东平县新湖镇
东平县沙河站镇

优质工程：

泰山区石汶河治理工程
泰山区邱家店镇节水灌溉工程
岱岳区彩山水库灌区配套改造工程
岱岳区黄前镇山洪沟治理工程
岱岳区天平街道大陡山村调水工程
岱岳区道朗镇康王河治理工程
新泰市岳家庄乡集中供水工程
新泰市新汶街道张庄水库除险加固工程
新泰市羊流镇羊流河治理工程
肥城市湖屯镇塌陷地治理工程
肥城市王庄镇九顶山小流域治理工程
肥城市小汇河安庄段治理工程
肥城市潮泉镇卧猫岭小流域治理工程
宁阳县月牙河水厂工程
宁阳县东庄镇凤仙山小流域治理工程
宁阳县蒋集镇高标准农田建设工程
宁阳县大汶河汶口坝水毁修复工程
东平县梯门镇坡耕地治理工程
东平县银山镇山赵引湖灌区配套改造工程
东平县商老庄乡高标准农田建设工程
全市河砂资源管理工作先进单位
泰安市公安局
泰山区河道管理局
岱岳区河道管理局
泰安市公安局岱岳分局
新泰市河道管理局
肥城市河道管理局
肥城市汶阳镇人民政府
宁阳县河道管理局
宁阳县鹤山乡人民政府
东平县河道管理局

全市农业产业化龙头企业先进单位、十佳农民专业合作社

龙头企业先进单位：

泰安泰山茶博城管理有限公司
泰安日升食品有限公司
泰安青青家庭农场有限公司
山东泰茶农业发展有限公司
山东八戒食品有限公司
肥城绿源果蔬有限公司
泰安鲁粮面粉有限公司
山东泰禾农业开发有限公司
山东八里香食品有限公司
蒙牛乳业泰安有限责任公司

十佳农民专业合作社：

泰山区福泰女儿茶种植专业合作社
岱岳区天绿蔬菜专业合作社
新泰市众鑫蔬菜专业合作社
新泰市山东泰安谷园农业专业合作社
肥城市孙伯东程有机蔬菜专业合作社
肥城市西大封粮食种植专业合作社
宁阳县友邦粮食种植服务专业合作联合社
宁阳县志远林果专业合作社
东平县科海菌业农民专业合作社
东平县嘉会苗木专业合作社

全市绿色生态泰安建设先进单位

先进县市区：

新泰市人民政府
肥城市人民政府
泰山区人民政府

先进乡（镇、街道）：

泰山区省庄镇

岱岳区徂徕镇
岱岳区道朗镇
岱岳区化马湾乡
新泰市龙廷镇
肥城市安临站镇
宁阳县东庄镇
宁阳县东疏镇
东平县接山镇
东平县旧县乡

全市农机化工作先进单位

肥城市农业机械管理局
东平县农业机械管理局
新泰市农业机械管理局
泰山区省庄镇
岱岳区大汶口镇
岱岳区良庄镇
新泰市石莱镇
新泰市翟镇
肥城市安驾庄镇
肥城市王庄镇
宁阳县文庙街道
宁阳县伏山镇
东平县新湖镇

全市畜牧兽医工作先进单位

新泰市畜牧兽医局
宁阳县畜牧兽医局
岱岳区畜牧兽医局
泰山区省庄镇
岱岳区道朗镇
岱岳区下港镇
新泰市青云街道
新泰市楼德镇
肥城市老城街道
肥城市王庄镇
宁阳县东庄镇
宁阳县堽城镇
东平县戴庙镇

全市农业综合开发工作先进单位

先进县市区：

肥城市人民政府
新泰市人民政府
东平县人民政府

项目建设先进单位：

新泰市东都镇
肥城市安驾庄镇
宁阳县东庄镇
东平县彭集街道
泰安市百惠农林专业合作社
泰安市嘉元生物工程有限公司
泰安市泰银制丝有限责任公司
新泰市羊城蔬菜专业合作社
山东泰禾农业开发有限公司

工程管护先进单位：

肥城市孙伯镇
宁阳县乡饮乡
东平县接山镇

2013 年度全市综合治税暨地方税收保障工作先进单位

泰山区人民政府
新泰市人民政府
市政府办公室
市住房城乡建设委
市工商局
市质监局
市公安局
市人力资源社会保障局
市交通运输局
人行泰安市中心支行
市审计局
市民政局

编辑·校对　**周美广**

说明：

1. 本索引为综合性主题索引。
2. 索引款目按汉语拼音字母（同音字按声调）顺序排列。表格、示意图在其后注明“表”“图”字样。
3. 款目后的阿拉伯数字表示内容所在的页码，数字后的字母 a、b、c 分别表示版面区域。
4. 同一主题的内容在文中多处出现的，在其款目后用不同的页码标明。
5. 对特载、附录等栏目不作主题索引。

数　字

A

B

E

F

J

K

L

Q

R

S

W

X

Y

Z

中国500强企业——

山东石横

2014年3月9日，董事长张武宗（右）在十二届全国人代会期间与山东省委副书记、省长郭树清交谈

2015年4月8日，成功举办全联冶金商会2015年石横特钢企业交流会

2014年5月8日，成立肥城石横特钢民间资本管理有限公司

山东石横特钢集团有限公司是一个集焦化、炼铁、炼钢、轧钢、发电、机械制造、民间资本、钢铁物流于一体的大型钢铁联合企业，具备年产500万吨铁、500万吨钢、520万吨材、160万吨焦炭的综合生产能力（均含新疆昆玉产能），企业规模和经济实力连续多年跨入中国企业500强、中国制造业企业500强、中国民营企业500强、中国企业集团竞争力500强、中国企业集团纳税500强之列，在山东省100强企业、山东省工业100强企业中名列前茅。

在冶金行业多数企业微利或亏损状态下，2014年石横特钢逆势而上、业绩突出，实现利税15.9亿元，其中利润10亿元，在全行业内排名第7位，吨钢利润行业内排名第2位。全年完成钢材出口40万吨，创汇1.81亿美元。

坚持“以人为本、共创共赢”的核心价值观，以“做盈利企业、做健康企业、做长寿企业”为企业愿景，以技术创新和管理创新为支撑，以提高资源能源利用效率为核心，以打造绿色环保企业为己任，把转型升级、结构调整、循环经济、节能减排作为科学发

2014年10月14日，2014中华宝钢环境奖经验交流现场会在石横特钢召开，中国科学院院士孙鸿烈对石横特钢环保工作给予高度肯定

特钢集团有限公司

2015年3月14日，董事长张武宗（中）在十二届全国人代会期间接受新华社等社会主流媒体采访

2015年4月8日，董事长张武宗作《战略选择与管理模式创新》专题报告。左为全联冶金商会会长、沙钢集团董事局主席沈文荣

展的主旋律，大力发展循环经济、低碳经济和生态文明，走出了一条实力持续增强、能耗持续下降、效益持续提升、环境持续改善的科学发展之路。先后被国务院授予“全国再就业先进企业”荣誉称号，被山东省政府授予“山东省节能先进企业”“山东省循环经济示范企业”“山东省和谐劳动关系优秀企业”“山东省优秀创新企业”“山东省富民兴鲁劳动奖状”“山东省履行社会责任示范企业”等荣誉称号。

地　址　山东省肥城市
电　话　（0538）3692512
　　　　3692518
传　真　（0538）3692350
网　址　www.sdstg.com
邮　箱　maqm2518@163.com
邮　编　271612

系统总结张武宗企业管理思想和实践经验，编纂出版《管理与实践》丛书

2014年8月28日，石横特钢举办庆祝建厂44周年大型文艺晚会

中国烟草
CHINA TOBACCO

泰安市烟草专卖局（公司）

2014年12月22日，泰安市委常委、纪委书记赵明东到泰安市局（公司）调研指导工作。图为赵明东（左三）参观廉政展厅

2014年11月5日，泰安市政协副主席任先德（右六）到泰安市局（公司）调研指导工作

2014年2月10日，泰安市局（公司）召开2014年全市局（公司）系统工作会议

2014年7月31日，泰安市局（公司）党委领导班子召开党的群众路线教育实践活动专题民主生活会

2014年，泰安市局（公司）深入学习贯彻党的十八大和十八届三中、四中全会精神，扎实开展党的群众路线教育实践活动，着力提高经济运行的质量和效益，实现了持续健康发展。全年累计销售卷烟20万箱，同比增长3.1%；实现营业额42亿元，同比增长8.67%；上缴税金5.61亿元，同比增长6.45%，为全市经济社会发展做出了应有的贡献。

打造守法规范市场。借助专控体系和指挥决策系统，应用APCD工作法，提升执法检查效能。深入开展卷烟市场治理专项行动，净化卷烟市场，维护国家和消费者利益。全年共查处案件2081起，破获符合公安部、国家局标准的网络案件6起，2起被省打网办督办，1起被公安部和国家局督办。

开展惠农富民工程。实施生态村富民工程，在全市建成1个科技村、2个特色生态村和8个普通生态村，全面完成各生态村文化广场、村级公路等基础设施建设，村民的生产及生活条件明显改善。推进零售户致富工程，发展410户现代零售终端，组织53场次零售户培训活动，开展帮扶活动320次，发放慰问金10.7万元，开展

2014年5月22日，泰安市局（公司）组织干部职工参观反腐倡廉警示教育基地

2014年7月，泰安泰山1532公司成功举办“携手厂家、回报客户”2014年秋季商品订货会

泰安市局（公司）开展社区普法宣传活动，图为专卖人员讲解真假烟鉴别知识

2014年7月19日，泰安市局（公司）组织贫困家庭小学生开展“真情助学”夏令营活动，图为贫困学生在食堂就餐

客户经理为零售户更换卷烟价格标签，认真开展客户服务工作

专卖人员开展市场检查工作，检查卷烟条码

“真情助学月”活动，为40名贫困大学新生提供了12万元助学金，帮助他们圆梦大学。

泰安泰山1532公司快速发展。建成22家直营店，发展2028家网络店，举办秋、春两次商品订货会，经营61个品类、377个规格优质商品，全年实现销售收入1.1亿元，同比增长71%，提升了市场份额，增强了多元化经营能力。

泰安航天特种车有限公司

总经理　王成桥

国家科学技术进步奖特等奖

泰安航天特种车有限公司坐落在雄伟壮丽的泰山脚下，隶属于中国航天科技集团公司一院（中国运载火箭技术研究院），是国家定点生产特种汽车的国有企业，于2004年引进中国航天科技集团战略合作重组，与泰安市政府组建成立的有限责任公司，注册资本4.6亿元。公司占地872亩，拥有总资产35亿元，员工总数1600人，各类专业技术人员470名。已具备年产各类特种车10000辆的生产能力，通过了GB/T 19001-2008、GJB9001B-2009军品、民品质量体系双认证，承担了军用车辆装备以及油田、矿山等系统重型专用特种车的科研生产任务，以及国家重大技术装备国产化创新研制项目、国家级火炬计划项目等多项国家级重大科研生产项目。

公司主要承担了总装、海军、空军、二炮等各军兵种通用底盘及二十余种武器型号配套底盘研制生产任务。近年来，公司军用特种车快速发展，成为国内重型军用特种汽车的领军企业。

公司研制的TA系列特种车均为自主研发，属国内首创，独家生产，填补多项国家空白，具有完全自主知识产权；在建国五十、六十周年阅兵式上，公司的特种汽车作为重点用车，光荣地接受了党和国家领导人的检阅，受到了国务院、中央军委阅兵装备工作领导小组的隆重表彰；2007年，公司作为国家重大科技项目9409工程主要完成单位之一，荣获国家科技进步奖最高奖——特等奖，成为全国唯一获此殊荣的工业企业，也是山东省和泰安市唯一获此殊荣的企业。

公司遵照经营发展理念，坚持“军民融合、协调发展”，全面推进市场化转型，依托特种车自主知识产权和资源优势，提升核心竞争力，立足把产品做特、做专、做精、做新，力争在“十三•五”末，实现销售收入百亿元的目标，创建国际一流特种车品牌。

参加国庆六十周年阅兵式公司产品TA 5450特种车底盘配套某型号发射车

参加国庆六十周年阅兵式公司产品TA 5380A特种车底盘配套某型号发射车

TA 5840系列油田车，驱动型式14×8，载重54吨

TA 5960JQZ全地面起重机底盘，载重500吨

TAS 3730系列矿用自卸车，驱动型式为6×4，载重50吨

TAS 5310XF机场主力消防及救援车，驱动型式6×6，载重16吨

厂区花园

公司厂房一角

山东泰安交通运

董事长、党委书记　邹兰东

山东泰安交通运输集团有限公司（简称泰安交运集团）是国家级“守合同重信用”企业，现有资产17亿元，在册员工6000名。集团公司拥有经营性土地1200亩，具有道路客货运输一级资质，并通过ISO 9001国际质量体系认证和AAA级企业认证，先后荣获国家及省市级荣誉称号300项，企业品牌“交好运、运真情”系山东省服务名牌。

泰安交运集团主要经营道路客运、旅游服务、物流快运、汽车销售及维修、石油天然气运输及销售、驾驶员培训、出租客运、建筑工程设计及施工、医疗服务、金融服务、广告传媒、宾馆餐饮等，客运旅游、现代物流、汽车工业是集团公司三大支柱产业。

客运旅游——在做好传统道路客运的基础上，认真贯彻落实公交优先发展战略，注册成立泰安市第二公共交通有限公司，倾力发展泰城两区及各县市区公交事业。斥巨资购置校车，全力以赴做好校车运营服务工作。组建成立交运旅游集团，提供国际（国内）旅游、游客集散、汽车租赁、景点门票及车、船、航空票代购等全方位旅游服务。

做好校车运营服务，保障学生上下学安全。

现代物流——加快推进投资35亿元的中国物流泰安国际物流产业园建设步伐；新购置一批大型轴线车、LNG槽罐车和冷藏车；自建、租用仓储面积达3.8万平方米，为社会各界提供普货运输、大件运输、集装箱运输、危险品运输、商品车运输、公铁联运、零担快运、冷链物流、仓储配送、信息配载等综合物流服务。

汽车工业——规划建设占地210余亩、计划总投资6亿元的交运汽车园，建成8家汽车4S店、5个综合汽车展厅和交运汽车大卖场，经营北京现代、通用别克、东风雪铁龙、长城等品牌汽车。建有一、二类资质汽车维修车间14个和二手车交易中心，提供汽车维修、配件销售、车辆改装、机械加工和二手车交易服务。

开通多条城乡公交线路，方便广大群众出行。

输集团有限公司

交运旅游，畅通天下。

红叶服务，温馨旅途。

投资35亿元的中国物流泰安国际物流产业园奠基开工。

交运汽车园，购车您首选。

设施齐全、干净整洁的现代化汽车维修车间。

强化监管，确保安全。

新泰市新汶街道

党工委书记 朱致义

党工委副书记、办事处主任　李彬

新汶街道总面积42.1平方公里，总人口12万，辖6个社区、12个行政村。先后获得“全国千强镇、中国乡镇综合实力500强、中国乡镇投资潜力500强、山东省文明村镇、山东省最具成长性乡镇、山东省特色产业镇、山东省绿化模范镇，山东省平安建设先进单位、泰安市安全生产先进单位、泰安市创业示范镇”等荣誉称号。2014年，实现国地税收入9.95亿元，地方财政收入4.6亿元。

突出招商引资。坚持以商招商、产业招商、出击招商，先后引进盈和锂电池、佳禾生物有机肥、昭和电缆附件粘合剂等7个项目，古玩奇石文化城、博达矿泉水深加工、美仑美换汽车轮毂、中港惠普电厂扩建、吉林盛林汽车变速箱等8个项目达成意向；加快项目建设，全年新建续建项目16个，街道成立了重点建设指挥部，盯紧靠牢，强推猛促，截至目前，沈变智能变压器、金瑞电气元器件等7个项目投产运营；完善城市功能，实施孙村路、福源路等3条城区干道改造和9条村居道路硬化工程，新建裕源、石龙等文体广场4处，配套完善城乡绿化、舞台建设等基础设施，改造西岭市场，新发展电子商务实体店16家，建设大寺山小学和孙村中心小学；统筹推进基层党建、计划生育、安全生产、全国文明城市创建、乡村文明行动等工作，多次为全国残联和省、市领导调研提供现场。各项工作位居全市前列，在绩效管理综合考核中，荣获A类乡镇一等奖。

佳禾生物氨基酸项目

沈变智能变压器项目

家家悦超市项目

金瑞电气元器件项目

华新世纪城

龙柏园玉璟阁

村居文体广场

道德讲堂·送吉祥

新泰市市中第一

总经理　张新汶

团结奋进的领导班子

新泰市市中第一建筑工程公司始建于1964年，是一个集建安施工、房地产开发、物业管理等于一体的综合性企业；现拥有房屋建筑施工总承包壹级、房产开发二级、物业管理二级、海外施工、机电设备安装等多项专业承包资质，总注册资金10520万元。

公司秉承“厚德兴业，和谐共赢” 的企业使命，围绕“简单透明、规范责任、诚信奉献”的核心价值观，努力做“客户满意、员工欢迎、社会尊敬”的企业。在近五十年的发展中，各项工作都有了长足的发展。现拥有员工3725人，其中高级技术职称53人、中级技术职称234人；年建安施工能力50万㎡，年房产开发能力30万㎡，物业管理

建筑工程公司

新泰市东城田园项目（正在开发建设中）

泰安市高科技产业园起步区（省泰山杯工程）

新泰市秀水花园（省级泰山杯小区工程、全国优秀物业管理小区）

银河铭座（省级泰山杯奖）

能力100万㎡。2007年相继通过ISO 9001：2000质量管理、ISO 14001环境管理和OHSAS 18001职业健康安全管理三大体系认证。

近五年来，共荣获泰山杯工程28项、省级优质工程16项、省级安全文明工地18项、省级以上优秀物业小区2项，先后获得山东省建筑业质量管理先进企业、山东省管理创新优秀企业、山东省建筑工程安全管理先进单位、山东省“十佳安全管理”企业、山东省安康杯竞赛优胜企业、山东省文明单位、山东省诚信企业、山东省“守合同、重信用”企业、山东省资金信用AAA级企业、全国AAA级诚信经营企业、全国优秀施工企业、全国优秀物业管理小区等荣誉称号。

宁阳经济开发区

近年来，宁阳经济开发区紧紧围绕建设富裕文明和谐幸福新宁阳的奋斗目标，牢固树立“实干就是水平、落实就是能力”的坚定信念，高扬科学发展、跨越赶超主旋律，突出项目建设、基础完善、社区开发、效能提升四大工作重点，凝心聚力，攻坚克难，抢抓机遇，用心破题，实现产业快速聚集，经济实力迅速提升，较好地发挥了窗口、辐射、示范和带动作用，“中京新城•魅力宁阳”品牌效应日渐凸显。

一、基本概况

宁阳经济开发区于2002年开始建设，2006年被省政府批准为省级开发区，2007年被山东省人民政府台湾事务办公室批准为山东宁阳（台湾）工业园区，是泰安市唯一一家台湾工业园区。2010年12月经省发改委批准为省级高技术产业基地，2013年6月被省经信委命名为山东省新型工业化示范基地，成为全省十二个获批的示范基地之一。开发区辖13个行政村、180家企业，总人口3万人，规划控制面积80平方公里，核心区面积20平方公里，目前建成区面积15平方公里。2015年1～6月份，区内规模以上工业企业65家，完成工业产值173亿元，利润11亿元，税收总额4.6亿元，分别同比增长27%、18%、19%。

国内首套液压支架智能焊接生产线

二、工作概况

1、强力推进项目建设，打造产业集群。始终坚持把招商引资和项目建设作为开发区的核心和生命。近年来先后引进过亿元项目36个，今年上半年新开工建设山东重装塔高智能焊接项目、宝胜架空绝缘电缆项目、山东新合源热传输有限公司精密铝材冲压加工、智能永磁直驱电机制造、宏盾消防设备制造等12个过亿元重点项目。同时，开发区先后与中国科学院闻邦椿院士、中国工程院谭天伟院士、蔡鹤皋院士等一批知名专家学者以及清华大学、北京化工大学、山东大学、山东科技大学等高校建立联系。其中，双赢新材料项目与国家胶体材料中心签订战略合作协议，共同打造新材料的生产研发基地。截至目前，开发区共有国家级中心实验室1家，专家工作站4家，博士后科研工作站达到6家，市级以上规范化科研机构已达20家，初步形成生物高技术、矿用机械装备制造、输变电设备、汽车零部件、新能源、新材料、仓储物流等七大产业集群，成为全国知名的大型采煤机制造、生物高技术产业基地。

2、强力推进基础设施建设，提升公共服务功能。持续加大投入，完善城市路网、供水、供电、供热、天然气、通讯以及污水处理厂、垃圾周转站等配套设施。2015年重点加快配套管网建设，新建16公里供水管网、50公里污水管网、13公里天燃气管网、9公里10KV供电管网、18公里弱电管网；开工建设人民医院、消防站等基础设施项目；继续完善城市路网，启动建设3.6公里的堡头大街东延工程，完成2.4公里的爵山大道、凤凰山大道中段、彩山大道中段三条道路建设工程。

3、强力推进社区开发建设，加快城市化进程。近年来，通过市场化运作，先后建成启用彩山苑、望山居一期等新型社区，让广大农民群众就地转变为市民、产业工人，改善群众生产生活质量。2015年启动大旺村整村搬迁、完成枕河、彩石、周庄3个村剩余拆迁工作；开工建设彩山苑、望山居二期，完成亿德阳光城、乐山水家园建设。

金水湖中心商务区鸟瞰图

4、创新工作体制机制，全面提升服务效能。一是实施指挥部作战，重点项目、基础建设、社区开发、生态文明、资金保障5大指挥部分工负责，协同推进；二是落实包保责任，开发区班子成员及每一名副科级以上干部每人至少联系包保一个重点规模企业、一个重点在建项目、一个洽谈签约项目；三是推行行政审批及便民服务代理代办制度，全面提升公共服务水平；四是优化整治发展环境，重拳打击影响项目建设的征地、拆迁，强买强卖、强揽工程等行为，始终保持高压态势，用铁手腕打造开发区跨越发展的金环境。

三、发展前景

宁阳经济开发区将抢抓山东省“一圈一带”战略（省会城市经济圈、西部经济隆起带）、泰安市区域重点带动战略（泰城至磁窑、华丰高端产业聚集带和汶河高效生态产业带）发展机遇，积极承接产业转移，大力引进高质高端高效项目，培植发展战略性新兴产业，到“十三五”末，开发区规模工业企业主营业务收入将达到500亿元；2020年将逐步发展成为环境优美、社会文明、科技创新、产业聚集的现代化工业新城。

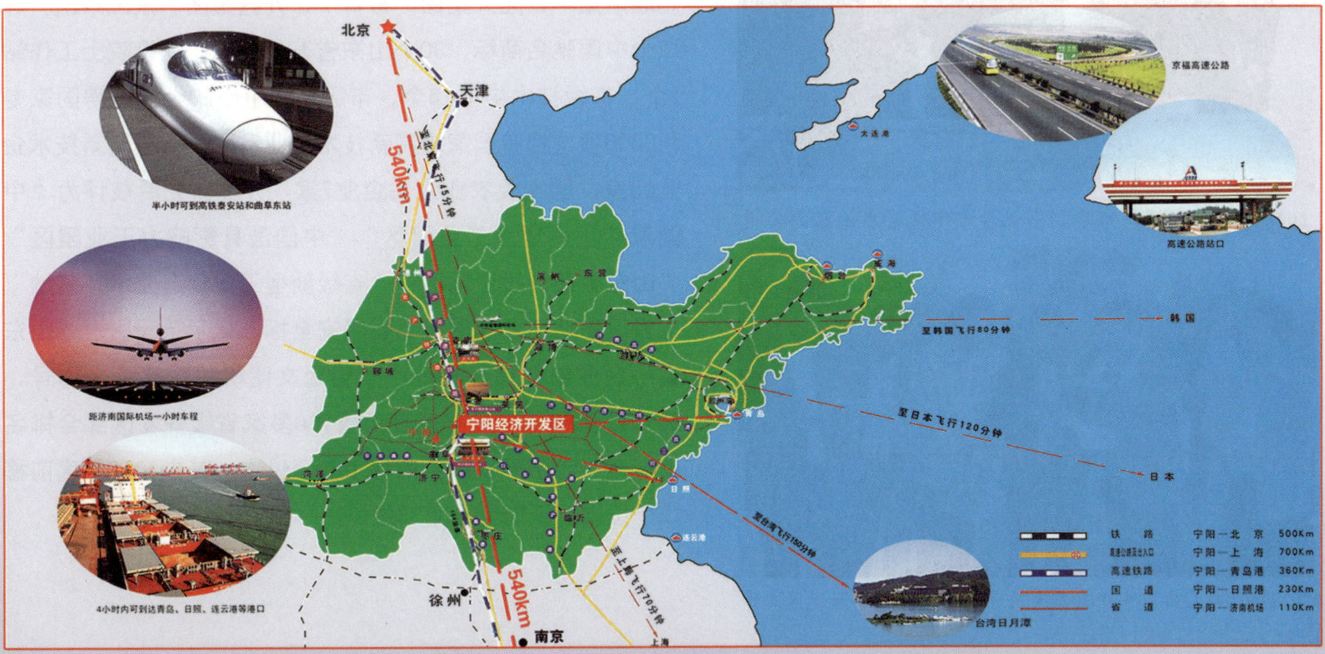

东平经济开发区

2012年4月13日，中共山东省委书记、省人大常委会主任姜异康视察东平经济开发区

2014年6月5日，夏耕副省长到开发区调研

2013年6月24日，市委书记、市人大常委会主任李洪峰等主要领导同志到东平经济开发区进行工作调研

2014年10月29日，市委副书记李希信视察水泊食品公司

2012年10月22日，东平县各大班子领导检查指导开发区工作

东平经济开发区为省级开发区，始建于2002年4月，总规划面积35平方公里，建成区面积18.5平方公里，形成了“四纵十五横”高标准道路框架。开发区紧紧结合“大众创业、万众创新”以及“一区一圈一带”战略规划，抢抓多重叠加的政策机遇，以提高经济增长质量和效益为中心，以招商引资和项目建设为重点，以改革创新为动力，以培优做强为目标，以优质高效服务为宗旨，牢牢把握“稳中求进、进中求好、好中求快”的工作基调，走内涵提升与外延扩张并重的发展路子，工业经济规模效益实现大幅提升。

目前，入区企业已达到170家，形成了以新能源、生物制药、电子电器、精细化工、生活用纸、机械制造、亚麻纺织、休闲食品等为支柱的工业体系。拥有“东岳”牌摩托车轮胎、“鲜八里”休闲食品等15个中国名牌产品，东顺集团“顺清柔”、光大集团“智育”、九鑫集团“东工泰山”等12个中国驰名商标，30个山东省著名商标；建设院士工作站1个、省级技术中心16个、市级技术中心20个，取得国家专利3300项。拥有国家级高新技术企业21家，省级高新技术企业25家，国家级农业龙头企业7家。开发区先后被评为“中国最佳投资环境工业园区”“中国最具影响力工业园区”“山东省最佳投资园区”“省级新型工业化产业示范基地”“省级生态工业园区”“省级安全标准化示范园区”“山东省小企业创业辅导基地“ “省级文明机关”等荣誉称号。2011年至2013年三年间在全省160多家省级开发区综合排名中，东平经济开发区共前移了30个位次，其中2013年度前移12个位次，跃居全省第33位。

山东东顺集团生活用纸生产车间

2013年1月15日，俄罗斯外商到开发区洽谈合作项目

如今，东顺集团成为江北最大的生活纸生产基地，新东岳集团摩托车胎生产位居全国同行业第一，光大油脂公司跻身全国食用油加工企业50强，龙美生物医药技术世界领先，博达光电光学石英晶产能亚洲最大，润声印务公司荣获中国环境标志产品认证、成为全国60家绿色印刷企业之一，东顺、光大、博达光电等10家企业成为国家行业标准制定者。沃而丰、开元、鑫海等多家企业相继到利比亚、尼日利亚等国家投资设厂、开发合作。

东平经济开发区区位优越，交通便利。距济南国际机场120公里，距青岛、日照港口分别为400公里、200公里，东距泰安高铁站50公里、西距京九铁路45公里；105、220国道和济徐、济菏、青兰高速公路贯穿境内；晋鲁铁路、京杭运河东平航运码头即将全面贯通，交通区位优势日益凸显。

新东岳集团橡胶车胎生产车间

中美合资企业——山东龙美生物制药有限公司

山东洲际泰亚麻纺织有限公司生产车间

山东泰山安康生态乳业有限公司

打造奶中贵族 塑造安康人生

山东泰山安康生态乳业有限公司为山东华通集团和泰山酒业集团共同投资建立的合资公司，是集牧草种植、奶牛养殖、纯正巴氏奶与酸奶加工、直销服务为一体的大型现代化生态乳业公司。

安康生态乳业公司位于泰安市郊，坐拥徂徕山数千亩秀水青山与天然氧吧，建有占地700亩的优质饲草基地，引进纯种新西兰优质奶牛，现存养优质奶牛1000头。公司将传统的奶牛圈养方式改为围栏散养，保证了奶牛充分接受阳光沐浴、有效呼吸来自国家森林公园的新鲜空气。

2014年，泰山安康生态乳业公司严格按照国家食品安全要求，斥资1000万元，建成药品级洁净标准的加工与灌装车间。为消费者提供绿色、健康、安全、放心的乳制品，将生力源巴氏奶打造成为真正的奶中贵族。公司自成立以来，先后获得“国家奶牛标准化牧场”“泰安市先进加工龙头企业”“泰安市农业产业化先进单位”等荣誉称号。

泰山安康生态乳业公司坚持不往牛奶中添加任何防腐剂，放弃可以长期储存的常温奶市场，在有效保证牛奶饮用安全的同时，最大限度的保留牛奶原有的营养、特质与风味。公司建立了完善的数据中心，采取订单式生产模式，全程冷链物流配送，对产品质量及工艺流程进行严格监控，对执行标准、规章制度严格把关，保证牛奶的高营养、高保鲜、高品质，真正将食品安全落在实处，切实为广大消费者的身体安康保驾护航。

安康系列

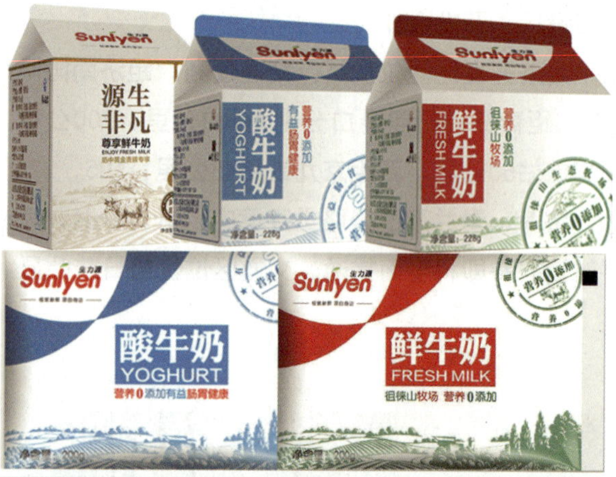

生力源系列

泰山安康生态乳业生产基地

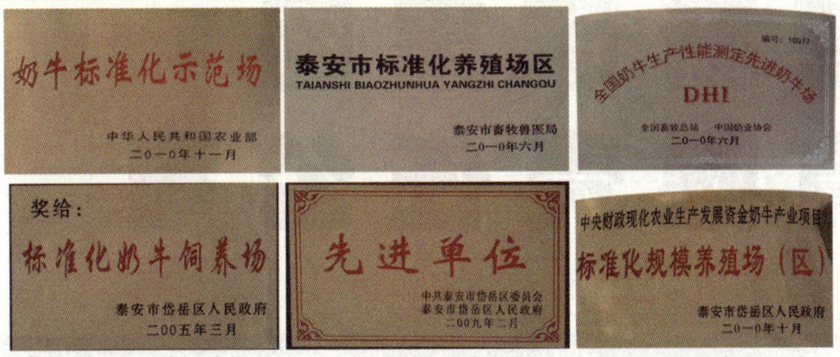

企业荣誉

公司管理层会议

奶加工生产车间

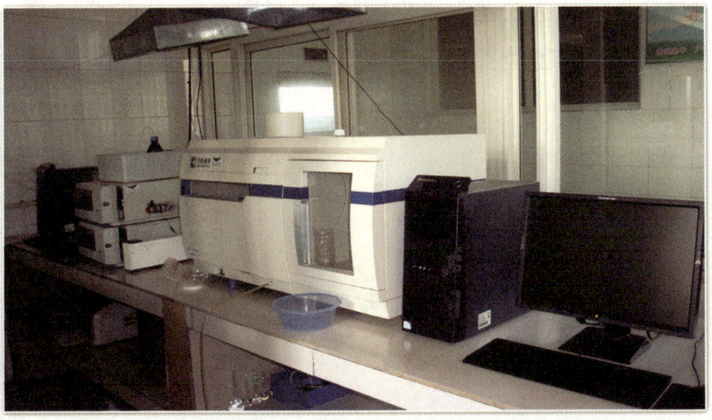
实验室

专业搅拌

奶牛专业养殖场

山东能源新矿集团
泰兴物业有限责任公司

董事长
总经理　史连池

团结奋进的领导班子

山东能源新矿集团泰兴物业有限责任公司始建于1999年12月，2007年6月改制为具有独立法人资格的有限责任公司，国家物业管理一级资质，全国物业企业200强，中国物业管理协会常务理事单位，并通过ISO 9001、ISO 14001国际质量、环境管理体系双认证。公司拥有从业员工2460人，其中注册物业师70人，建设部认证物业管理企业经理80人，经、会、统、工程、机电等技术人员260人，年经营总额近2.5亿元。

公司管理服务面积750万平方米，服务范围辐射泰安、济南、菏泽、德州、新疆、内蒙等地；服务项目涉及水电暖供应维修、卫生保洁、绿化美化、秩序维护、种植养殖、建筑安装、住宿餐饮、学前教育八大类，服务类型涵盖居住物业、工业园物业、商业物业、医院物业、写字楼物业等多个领域。管理服务的多个物业项目先后被山东省建设厅、建设部评为“山东省物业管理优秀住宅小区”“省级花园式小区”“山东省物业管理优秀大厦”“全国物业管理示范大厦”；公司也先后荣膺“泰山先锋基层党组织”“山东省消费者满意单位”“山东省‘守合同、重信用’企业”“国家‘守合同、重信用’企业”“中国物业管理行业承担社会责任优秀企业”“中国物业管理品牌影响力企业”“全国实施用户满意工程先进单位”“中国物业管理金牌服务企业”等荣誉称号。

中国物业管理协会常务理事单位

员工岗前宣誓

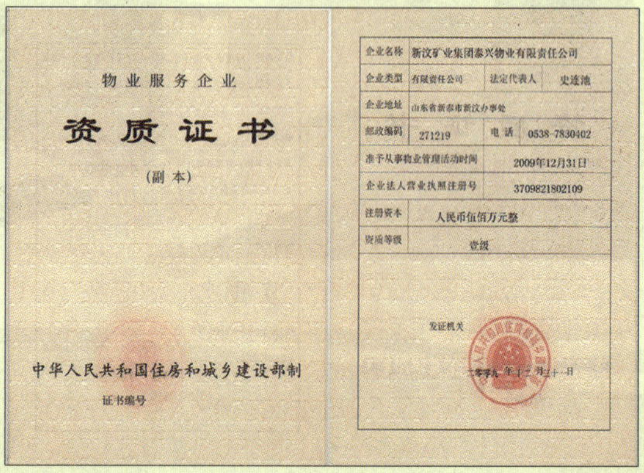

物业服务企业

资质证书

（副本）

中华人民共和国住房和城乡建设部制

企业名称	新汶矿业集团泰兴物业有限责任公司		
企业类型	有限责任公司	法定代表人	史连池
企业地址	山东省新泰市新汶办事处		
邮政编码	271219	电话	0538-7830402
准予从事物业管理活动时间	2009年12月31日		
企业法人营业执照注册号	3709821802109		
注册资本	人民币伍佰万元整		
资质等级	壹级		

发证机关

国家物业管理一级资质

泰安师范学校附属学校

在扎根中拓展幸福教育

2013年11月7日，该校学生参加中国梦·泰山情合唱大赛

学校召开教育专家报告会

校长　姚宗岭

泰安师范学校附属学校，1950年建校，占地23亩，建筑面积22919平方米。学校现有教职工240人，其中正高级教师1人、高级教师21人、中级教师113人；全国模范教师1人，山东省特级教师4人，齐鲁名师1人，泰安市拔尖人才3人，泰山功勋教师6人，泰山名师12人；省级教学能手21人 。学校以“为学生发展服务，为幸福人生奠基，让爱和微笑充满校园”为办学理念，以“志向高远，人格健全，基础扎实，特长明显，勇于创新，善于实践”为育人目标，在各级领导的关心、指导下，在全体附校人的共同努力下，学校连续十年被评为省级文明单位。先后获得“全国劳动技术教育先进学校”“全国校园文化建设先进单位”“全国综合实践活动先进单位”“全国语言文字工作示范学校”“山东省规范化学校”“山东省艺术教育示范学校”“山东省电化教育先进学校”“山东省教学示范校”“山东省优秀家长学校”“山东省绿色学校”“山东省交通安全示范学校”“山东省先进基层党组织”等荣誉。

有着60多年办学历史的泰安师范附属学校，正全力打造着具有科学育人模式、先进学校文化和高超办学水平的优质教育品牌，努力争创“一流理念、一流管理、一流设施、一流师资、一流环境”的国际化学校。

课本剧《晏子使楚》

交通安全活动

幸福课堂

省机器人大赛

阳光大课间

萤光助我成长

泰安市中心医院

泰安市政协副主席、院长　刘君

党委书记、副院长　韩书林

开通远程会诊服务，使患者得到及时治疗

拥有2个国家中医药管理局重点专科

泰安市中心医院始建于1948年，1993年被评为三级甲等综合医院，2004年被评为首批“全国百姓放心示范医院”，2009年6月通过ISO 9000质量管理体系认证，2014年5月被山东省卫生计生委正式命名为第二周期三级甲等综合医院。2014年获批成为国家级住院医师规范化培训基地，是中国国际人才交流中心“泰山国际护理培训基地”，有6个省级专业护士临床教学基地。

医院占地面积8.7万平方米，建筑面积18.7万平方米，总资产10.6亿元。目前开放床位1926张。2014年，医院门（急）诊110万人次、出院病人7.6万人次、完成手术1.85万例。

医院有在职职工3300人，其中高级职称439人，博士后、博士研究生85人，硕士研究生697人。医院设有58个临床、医技科室，拥有1个国家级中医药重点专科、1个国家级中医药重点专科建设项目单位、2个省级临床重点专科、1个省级临床重点专科创建单位、3个省级重点专业、3个省级特色专科、13个市级重点学科、5个市级特色专科。目前，医院有国家级专业委员会常委、委员23人，省级专业委员会委员167人，泰安市专业委员会主任委员43人，硕士生导师52人，市级专业技术拔尖人才14人，“泰山医学家”11人。

医院配有万元以上先进设备1400台（件），先后配置了飞利浦256层微平板极速CT、西门子64排高速螺旋CT、西门子16排高速螺旋CT、西门子3.0T超导核磁共振、美国GE大型C臂、西门子大型C臂2台，西门子数字化医用直线加速器、东芝SPECT、飞利浦DR、西门子数字胃肠机、GE数字乳腺X光机、飞利浦彩色超声多普勒诊断仪、GE四维彩色超声多普勒诊断仪、罗氏全自动生化分析仪、全身超声肿瘤热疗机、多尼尔体外碎石机、美国DATASCOPE主动脉球囊反搏仪、德国莱卡手术显微镜、德国目乐手术显微镜、美国史赛克电子腹腔镜、准分子眼科激光治疗仪、奥林巴斯电子胃肠镜、美国光子嫩肤机等大型先进设备。医院在介入诊断和治疗技术、腔镜微创技术、器官移植技术、二代试管婴儿技术等领域具有鲜明技术特色。全院放射介入治疗每年8000例，其中心脏介入达1500多例。腔镜手术每年近4400例，均达省内同级医院先进水平。

多年来，医院坚持“质量立院、科技兴院、改革创新、科学发展”的工作方针，大力加强医院管理体制改革、后勤社会化和医院文化建设，推动了医院建设发展，综合竞争力不断提升。医院被中华医院管理学会誉为“泰安模式”向全国推荐，提出“南学清远（广东省清远市人民医院），北学泰安（泰安市中心医院）”，先后有8000余家医疗卫生单位来院考察学习，为国家卫生改革做出了贡献。医院新的领导班子以深化医药卫生体制改革为契机，紧紧围绕医疗质量、服务质量、人才队伍、名院名科等工作重点，创新体制、机制改革，致力于打造充满生机与活力的现代化学习型、创新型、质量型、服务型医院。

医院先后获得“全国五一劳动奖状”“全国创建文明行业工作先进单位”“全国百姓放心百佳示范医院”“全国医疗保健服务质量优秀示范医院”“全国医院文化建设先进单位”“全国诚信建设示范单位”“山东省文明单位”“山东省卫生系统先进集体”“山东省优质医疗服务示范单位”“山东省惠民医疗先进单位”“山东省卫生强基先进集体”“山东省院务公开民主管理示范单位”等诸多荣誉称号。